Publikationen der Universitätsbibliothek Basel

Band 51

Schwabe Verlag

Christoph Ditzler, Ilse Rollé Ditzler

Ein Glücksritter als Wegbereiter der Motorisierung

Der Basler Kaufmann Eduard Burckhardt (1847–1897)

Schwabe Verlag

Wir danken den nachstehenden Organisationen, welche die Herausgabe dieses Buches unterstützt haben:.

PANTHEON BASEL

Mercedes-Benz
KESTENHOLZ

SWISSLOS-Fonds Basel-Stadt

MIX
Papier | Fördert gute Waldnutzung
FSC® C011862
FSC www.fsc.org

Bibliografische Information der Deutschen Nationalbibliothek
Die Deutsche Nationalbibliothek verzeichnet diese Publikation in der Deutschen Nationalbibliografie; detaillierte bibliografische Daten sind im Internet über http://dnb.dnb.de abrufbar.

Abbildung Umschlag: Ein Benz Vis-à-Vis vor der Remise der «Ed. Burckhardt» am Schützengraben 8 in Basel 1897. Foto: Mercedes-Benz Classic.
Korrektorat: Jan Urbich, Leipzig
Cover: Stroh Design, Kathrin Strohschnieder, Oldenburg
Layout, Satz und Repro: post scriptum, Hüfingen
Druck: Hubert & Co., Göttingen
Printed in Germany
Herstellerinformation: Schwabe Verlagsgruppe AG, Grellingerstrasse 21, CH-4052 Basel, info@schwabeverlag.ch
Verantwortliche Person gem. Art. 16 GPSR: Schwabe Verlag GmbH, Marienstraße 28, D-10117 Berlin, info@schwabeverlag.de
ISBN Printausgabe 978-3-7965-5277-9
ISBN eBook (PDF) 978-3-7965-5278-6
DOI 10.24894/978-3-7965-5278-6
Das eBook ist seitenidentisch mit der gedruckten Ausgabe und erlaubt Volltextsuche. Zudem sind Inhaltsverzeichnis und Überschriften verlinkt.

rights@schwabe.ch
www.schwabe.ch

Inhaltsverzeichnis

1. Ein «un-berühmter Burckhardt» von vielen?

«Avec l'appui financier de Ed. Burckhardt, représentant général pour la Suisse, depuis 1895, de la fabrique Benz de Mannheim, l'ingénieur Lorenz Popp construisit en 1898, à Bâle, deux automobiles […]»

Ernest Schmid, 1967.[1]

So beschrieb Ernest Schmid 1967 im bislang einzigen Kompendium über die frühen Automobilhersteller der Schweiz die Entstehung von zwei ersten, mit Benzin betriebenen, vierrädrigen Motorfahrzeugen in Basel. 1898 erfassten die Basler Behörden im soeben eingeführten, kantonalen «Motorwagen-Register» 19 Automobile mit ihren Besitzern.[2] Anfangs Februar 1899 folgte der Eintrag eines zweisitzigen Eigenbaus von Lorenz Popp. Dieses Fahrzeug hat sich bis heute in der Sammlung des «Verkehrshauses der Schweiz» in Luzern unter der Bezeichnung «Popp-Patent-Motorwagen» mitsamt dem originalen Nummernschild 20 erhalten (Abb. 162).[3] Ein etwas später entstandener Viersitzer ist seit den 1950er-Jahren verschollen.

Mit seiner Darstellung replizierte Ernest Schmid das traditionelle Narrativ, wonach ein initiativer, ideenreicher Erfinder (der Ingenieur Popp) in einer mehr oder weniger problematischen Beziehung zu einem Geldgeber stand (dem Kaufmann Burckhardt), der primär auf die Rendite seiner Investition bedacht war. Dieser Eduard Burckhardt war uns 2022 in einer kurzen Untersuchung zum historischen Entstehungskontext des Popp-Wagens als Basels erster Händler von Motorfahrzeugen aufgefallen, wobei Details zu seiner Biografie nicht fassbar zu sein schienen.[4] Bei vertieften Recherchen haben wir realisiert, dass die aktive, treibende Kraft und damit die wirklich interessante Persönlichkeit in dieser Geschichte der besagte Kaufmann Eduard Burckhardt (1847–1897) war, denn er agierte in viel weiteren Zusammenhängen.

Dessen Lebensweg verlief alles andere als gradlinig. Aus einem streng religiösen Milieu stammend, verliess er 1867 als knapp 20-jähriger «Commis», d.h. nach Abschluss einer kaufmännischen Lehre, seine Heimatstadt Basel und zog nach Rotterdam. Dort eignete er sich die Techniken des internationalen Warenhandels an. Nach verlustreichen Spekulationsgeschäften als «commissionair» wechselte er die Branche und machte in Holland, Belgien und Frankreich Karriere als «inspecteur général» für französische und englische Versicherungsgesellschaften. Erst nach 20 Jahren kehrte er als gestandener 40-Jähriger nach Basel zurück. Sein Grundeinkommen verdiente er weiterhin als Generalvertreter ausländischer Versicherungen in der Schweiz. Aber ihn bewegte eine durch und durch moderne Leidenschaft: Er suchte ständig nach neuen Geschäftsfeldern, die in Basel noch niemand «auf dem Radar» hatte. Zugleich engagierte er sich vier Jahre lang als Zentralpräsident des «Schweizerischen Velocipedisten-Bundes» (S.V.B.) für die Breitenförderung des damals noch sehr exklusiven Velosports.

Ein besonderes Faible entwickelte er für die revolutionären, «pferdelosen» Motorfahrzeuge, fuhr sie selber mit Freude und formulierte Geschäftsideen. In schneller Abfolge wechselte er vom «Velociped» (schon in der modernen Form des «Sicherheits-» oder «Niederrads») zur «Motor-Bicyclette» und dann zum «Motor-Wagen». Auch wollte er das ganz grosse Rad drehen, indem er in Basel den Einstieg in die Produktion der «Motor-Bicyclettes» wagte. Seine Begeisterung wirkte ansteckend und traf den Nerv der Zeit: Er konnte ein weitreichendes Netzwerk von familiären Beziehungen, Kameraden, Unternehmern, Financiers und technikbegeisterten Kunden in der Schweiz und im Ausland mobilisieren, darunter Persönlichkeiten, die zur damaligen Wirtschaftselite gehörten.

Das Faszinierende an unserem «Basler Fall» besteht darin, dass Eduard Burckhardts letztes, äusserst aktives Lebensjahrzehnt genau mit jener Phase zusammenfiel, in der die neuen Fortbewegungsmittel langsam Marktreife erreichten, aber noch mit zahlreichen technischen Risiken und ökonomischen Unwägbarkeiten behaftet waren. Äusserst modern wirkt seine systematische Kommunikation, die er mit gezielten Inserateserien in Zeitungen und Zeitschriften sowie öffentlichkeitswirksamen Auftritten orchestrierte. So war Eduard Burckhardt zu Lebzeiten medial sehr präsent und weitherum bekannt.

Da er unerwartet am 18. Juli 1897 verstarb, an einem Sonntag mitten in den Basler Sommerferien, ledig und ohne Nachkommen, geriet sein Wirken rasch in Vergessenheit. Geblieben ist der eine «Popp-Patent-Motorwagen» als antiquarisches Relikt, verbunden mit einer vagen Erinnerung an den vermeintlich passiven Financier hinter dem vermeintlich genialen Erfinder. Das hat sich im Verlauf unserer Recherchen als grobe Verzeichnung erwiesen, denn uns entfaltete sich eine ganz andere Geschichte.

1.1 Unverhofft reichhaltige Quellen und neue Erkenntnisse

Die vorliegende, umfassendere Rekonstruktion der Vita und der Taten des Eduard Burckhardt beruht zunächst auf gezielten Auswertungen wenig beachteter Quellen wie Werbeinserate und Reportagen in zeitgenössischen Medien, die in der Universitätsbibliothek Basel, im Schweizerischen Wirtschaftsarchiv, der Schweizerischen Nationalbibliothek oder der ETH-Bibliothek Zürich einsehbar sind. Eine grosse Hilfe war zudem die Möglichkeit, weltweit auf unerschöpfliche Bestände digital zugreifen zu können.[5] Von da aus ergaben sich Entdeckungen in unterschiedlichsten Archiven: Umfangreiche Korrespondenzen sowie Selbstzeugnisse aus jungen Jahren fanden sich im Nachlass der Pfarrersfamilie Im Hof im Stadtarchiv Schaffhausen. In diversen Einwohnerregistern, Adressbüchern, Firmenverzeichnissen und in der Presse von Deutschland, Österreich, Holland, Frankreich, Belgien und Italien hinterliessen Eduard Burckhardt und seine wechselnden Geschäftspartner Spuren.

Ein Dokument im Archiv des Deutschen Museums in München offenbarte, dass Eduard Burckhardt zutiefst in den kometenhaften Aufstieg und Niedergang der weltweit ersten, in Serie produzierten Motor-Bicyclette von «Hildebrand & Wolfmüller» in München involviert war. Die komplexen Geschäftsbeziehungen, die dazu führten, dass die «Schweizerische Motorfahrrad-Gesellschaft Ed. Burckhardt & Cie» am 13. August 1895 gegen die Münchner Firma den Antrag auf Konkurseröffnung stellte, fanden in den historischen Darstellungen bislang keine Beachtung, sodass sich die Geschichte dieser deutschen Technik-Ikone in weiten Teilen neu präsentiert.[6] In der gleichen Zeit fuhr Eduard Burckhardt als erster Basler ab 1895 mit einem Benz Velociped herum und entwickelte daraus sein erfolgreichstes «Nebengeschäft». Das Mercedes-Benz Konzernarchiv in Stuttgart vermittelte uns einige unveröffentlichte Dokumente, die in direktem Zusammenhang mit den Aktivitäten von Eduard Burckhardt standen. Demnach war er von 1896 bis zu seinem Tod der grösste Importeur von Automobilen der Marke Benz in der Schweiz und wuchs dabei in die Rolle eines «Garagisten avant la lettre» hinein. Diese frühesten Schritte zur Verbreitung der individuellen Motorisierung Mitte der 1890er-Jahre konnten dank erhaltener Journale und Kontokorrente so konkret wie kaum je zuvor dokumentiert werden.

Als wir umfangreiche Erbschaftsakten im Staatsarchiv des Kantons Basel-Stadt ausfindig machen konnten, wiesen uns diese den Weg zu Protokollen von Gerichtsfällen in Basel, Luzern, Zürich und Mailand, in die Eduard Burckhardt als Kläger oder Beklagter verwickelt war. Es zeigten sich irritierende Facetten eines selbstbewussten, «schneidigen», aber auch grossmütigen Geschäftsmannes, der Risiken nicht scheute und sich durch Rückschläge nicht entmutigen liess, obwohl er ständig mit finanziellen Engpässen kämpfte. Die postum erfolgte, öffentliche Versteigerung seines gesamten Privatbesitzes, die komplizierten Nachlassverhältnisse sowie die detailliert dokumentierte Erbverteilung erlaubten aufschlussreiche Einblicke in seine Persönlichkeit und sein Netzwerk.

Die zahlreichen Dokumente liessen Handlungen, Überlegungen, Probleme und Lösungen dieses Kaufmanns in ihrem zeitgenössischen Kontext real greifbar erscheinen. Sie ermöglichten eine Nahsicht auf Phänomene, die in der biografischen Geschichtsschreibung oft pauschalisierend mit Begriffen wie «innovativ», «sozial» oder «genial» zugedeckt werden. Eduard Burckhardts abenteuerliche Geschäfte zeigten ihn sowohl als Treiber als auch als Getriebenen. In manchem war er auch einer von vielen Akteuren an der Schwelle zwischen einer alten und einer neuen Welt und sein Handeln somit typisch. Darum soll er hier weder als Held noch als Verlierer dargestellt werden, sondern als Vertreter einer Bürgerschicht im traditionsbewussten Basel, für die technischer Fortschritt faszinierende Entfaltungsmöglichkeiten versprach; dabei zwang ihn die beschleunigte Veränderung des Umfeldes, seine Rolle immer wieder neu zu definieren.

Viele Fragen mussten offenbleiben, denn in dieser Biografie manifestiert sich exemplarisch ein vielschichtiges Zusammenwirken von Technikgeschichte mit Wirtschafts-, Sozial- und Kulturgeschichte, das nicht in aller Breite und Tiefe ausgeführt werden konnte. Auch sind Quellen nie vollständig und wir mussten uns darauf beschränken, grosse Konvolute nur gezielt auf die Person und die Geschäfte unseres Protagonisten auszuwerten; möglicherweise liessen sich weitere Hinweise und neue Fragestellungen in weiteren, bisher noch unerschlossenen Nachlässen seines umfangreichen Beziehungsnetzes finden. Wir hoffen, dass diese Fallstudie noch mehr Forschungen im Bereich jener Wendejahre anregt, in denen sich sowohl ein «fin de siècle» als auch der Aufbruch in die technikgläubige Moderne kristallisierten.

1.2 Dank

Die Wiederentdeckung von Eduard Burckhardt war für uns eine intensive Übung in historischer und dokumentarischer Recherche, die ohne die bereitwillige Hilfe von vielen Seiten nicht gelungen wäre. Ein besonderer Dank geht an jene, die sich die Mühe genommen haben, unser Manuskript in diversen Stadien gegenzulesen. Mit ihrer Expertise in verschiedenen historischen Fachgebieten haben sie manchen Fehler korrigiert und mit wertvollen Hinweisen, Präzisierungen oder inediertem Material zur Bereicherung des

Werks beigetragen: Andres Furger (Kulturhistoriker), Gerhard Heidbrink (Automobilhistoriker), Christoph Jungck (Philologe und entfernter Nachfahre von Eduard Burckhardt), Mike Kron und Edith Stöcklein (Experten für historische Motorräder und insbesondere für die «Hildebrand & Wolfmüller»), Martin Lüpold (Schweizerisches Wirtschaftsarchiv Basel), Christoph Manasse (Staatsarchiv Basel-Stadt), Urs Schuler (Fahrradsammler und -historiker), Hermann Wichers (Historiker).

Bei der Beschaffung, Erschliessung und Deutung des reichhaltigen Quellenmaterials haben uns Vertreterinnen und Vertreter zahlreicher Institutionen mit ihren Teams freundlichst geholfen: Felix Aschwanden, Carolin Baumann (Stadtarchiv Bayreuth), Ruth Beerli (Kanzlei des Schweizerischen Bundesgerichts), Flurin Bertschinger, Manuel Bigler und Lucas Girod (Schweizerische Nationalbibliothek), Renato Bollhalder (Bohest AG), Lorenzo Boscarelli (AISA), Giuseppe Bossi, Leonhard Burckhardt (Universität Basel), Lara Caetano (Landesarchiv des Kantons Glarus), Frieda Da Silva Sengo (Mercedes-Benz Konzernarchiv), Marietta Dubach (Foto-Klinik), Anita Egli (Stadtarchiv Thun), Sara Egli (Swiss Cycling), Kilian T. Elsasser (VINTES), Joachim Friedl (Stadtarchiv München), René Gauch (SHVF), Andreas Gengenbach, Mike Gosteli (Archiv Settelen), Reto Hänni, Claudia Hermann und Jeremias Beerli (Dokuzentrum «Verkehrshaus der Schweiz»), Yosvany Hernández (Staatsarchiv Luzern), Ulrike Claudia Hofmann (Staatsarchiv München), Andreas Kettner (Grundbuch- und Vermessungsamt Basel-Stadt), Daniel Klein (McKlein Publishing), Marco Köhler, Hansruedi Küpfer † (dem wir hier ein ehrendes Angedenken bewahren), Anne Lannoye, Fabienne Merlin und Nadège Guichard (Archives de Bruxelles), Monika Lay (Stadtarchiv Schaffhausen), Stefano Leardi (Archivio di Stato di Milano), Jürgen Lewandowski, Aarne Liebich (Hessisches Wirtschaftsarchiv), Daniela Lilova (Universitäts- und Landesbibliothek Bonn), Marietto Longoni, Franziska Lurk (Tamedia), Sonja Maier-Koutny (Deutsches Marken- und Patentamt), Javier Mejia (Stadsarchief Rotterdam), Laetitia Minery (Archives de la Ville de Mulhouse), Alexandre von der Mühll, Stephan Musfeld (Pantheon Basel), Anne Nagel und Yvonne Stolz (Kantonale Denkmalpflege Basel-Stadt), Patrick Moser 1 (Historisches Museum Basel), Patrick Moser 2 (Basel Mission Archives), Anne-Sophie Nussbaumer Schmutz (Bibliothèque de Genève), Ilaria Pani (Museo Nazionale dell'Automobile Torino), Michael Plisch (Staatsarchiv des Kantons Zürich), Robert (Klantenservice Koninklijke Bibliotheek Den Haag), Alessandro Silva, Matthias Röschner (Archiv Deutsches Museum), Léna Schillinger (Musée National du Sport), Michael A. Strebel (Universität Lausanne), Simone Stucki (Staatsarchiv Basel-Stadt), Matthias Stroux (stroux.org), Ruedi Wenger, Russell White.

Lorenz Heiligensetzer und Noah Regennass verdanken wir die Möglichkeit, die Studie in der Reihe der «Publikationen der Universitätsbibliothek Basel» zu veröffentlichen; Arlette Neumann und Ruth Vachek vom Schwabe Verlag haben mit Umsicht und Kompetenz den Prozess zur Print- und Digitalausgabe betreut, Stefan Krauss das ansprechende Layout erstellt und Nathalie Baumann die Lancierung organisiert.

Allen Beitragenden gilt unser herzlichster Dank!

Christoph Ditzler und Ilse Rollé Ditzler

1.3 Hinweise für die Leserinnen und Leser

Der Vorname des Protagonisten, «Eduard», wurde privat, amtlich und in Firmenbezeichnungen oft mit «Ed.» abgekürzt. Um die Person und das Geschäft im Text eindeutig zu unterscheiden, steht im Folgenden «Eduard Burckhardt» oder «Eduard» (ohne Anführungszeichen) für die Person und «Ed. Burckhardt» für seine Firma, sofern es sich nicht um Zitate handelt.

Das Personenregister im Anhang führt zu den entsprechenden Textstellen. Bei den wichtigsten Protagonisten werden bei der ersten Nennung die Lebensdaten (soweit bekannt) angegeben; in einer zugehörigen Anmerkung finden sich biografische Notizen sowie Quellen dazu.

Die Transkription handschriftlicher Originale in Kurrentschrift erfolgte bestmöglich durch die Autoren.

Es werden grundsätzlich die vom Duden akkreditierten, Deutschschweizer Schreibweisen und Vokabulare verwendet; Zitate, die in Anführungszeichen gesetzt sind, werden hingegen in der originalen, zeitgenössischen Orthografie wiedergegeben.

Die Zitate aus zeitgenössischen Quellen sind nachstehend in den Originalsprachen Französisch, Holländisch oder Englisch belassen; eine deutsche Übersetzung findet sich in den zugehörigen Anmerkungen. Umgekehrt erscheinen längere Auszüge aus Mailänder Gerichtsakten im Text auf Deutsch paraphrasiert, während die italienische Originalfassung im Sinne einer Dokumentation mit einer deutschen Übersetzung in den Anmerkungen vorgelegt wird. Die Übersetzungen wurden mit Hilfe gängiger digitaler Übersetzungshilfen erstellt, aber eigenhändig von den Autoren durchkorrigiert.

Die Verantwortung für die Richtigkeit des Texts und der Anmerkungen verbleibt ausschliesslich bei den beiden Autoren.

Gasfabrik
Kies grube
Schlachtanstalt
Kaserne
St Clara
Werkhof
Strafanstalt
Spital
RHEIN
St Martin
Universität
Museum
Münster
Öff. Bibliothek
Waisenhaus
Centralbahnhof
Schützenmatte
Zielwall
Binningen
St Margarethen
LANDSCHAFT
1
2
3
4
5
6
7
8
9
10
11
12
13
14
15
16
17
18
19
20
21
22
23
24
25
26
27

Die Orte des Geschehens im Leben von Eduard Burckhardt 1886–1897

1. Austrasse 85
Wohn- und Geschäftssitz 1893–1897 von Eduard Burckhardt resp. der «Ed. Burckhardt»
2. Austrasse 90 bzw. 44
Wohn- und Geschäftssitz 1892–1893 von Eduard Burckhardt resp. der «Ed. Burckhardt»
3. Badischer Bahnhof am alten Standort der heutigen Mustermesse. Verbindung nach Deutschland/Mannheim.
4. Birsigstrasse 2
Patentbureau Amand Ritter-Roesch
5. Blumenrain 23
Wohnsitz Lorenz Popp 1898–1901
6. Byfangweg 16
Emil Suter-Dardenne, Optische Anstalt
7. Elisabethenstrasse 27: «Haus zum Kirschgarten»
Stadtwohnsitz des Ferdinand Rüsch-Burckhardt
8. Gottesacker Kannenfeld (heute Kannenfeldpark)
Grablege Eduard Burckhardts
9. Hebelstrasse 32: «Holsteinerhof»
Stadtpalais des Emil Burckhardt-Koechlin
10. Hochstrasse 34
Fabrik und Sitz der «Maschinenbau-Gesellschaft Basel»
11. Holbeinstrasse 2
«Danzas & Cie», Spedition
12. Kaufhausgasse 4
Notariat Dr. Hermann Stumm-Gerber
13. Leimenstrasse 36: Wirtshaus «Augarten»
Stammlokal des «Bicycle-Club Basel» 1889–1892
14. Leonhardsgraben 20
Geschäftssitz der «Ernst Stähelin & Cie» ab 1889
15. Leonhardsgraben 43
F. Schlatter, Maler
16. Missionsstrasse 23
Wohn- und Geschäftssitz 1886–1891 von Eduard Burckhardt resp. der «Ed. Burckhardt»; danach Wohnsitz des Wilhelm Preiswerk-Imhoff.
17. Müllerweg 144 (heute Spalenring)
Wohnsitz Lorenz Popp, ab ca. 1895/96
18. Müllheimerstrasse 50
«Aemmer & Cie», Maschinenfabrik und Giesserei
19. Schönbeinstrasse 1: Spalenkapelle
Abdankungsort für Eduard Burckhardt
20. Schönbeinstrasse 42
Dritte Remise als «Proto-Garage» 1897
21. Schützengraben 8
Zweite Remise «Magazine der Motorwagen» 1896–1897
22. Spalenberg 57
Filiale «D'Illin & Jacom» Photographische Apparate
23. Spalenvorstadt 15
R. Schilling-Jaecklin, Hufschmied
24. Spalenvorstadt 34
J. Hoffmann-Kleiber, Schreiner
25. St. Ludwig (heute Saint-Louis)
Remise im deutschen Elsass
26. Sulzerstrasse 13
Wohnsitz Lorenz Popp 1897–1898
27. Untere Rebgasse 29: «Clavelgut» Kleinhüningen
Landgut des Alexander Clavel-Merian, Seidenfärber

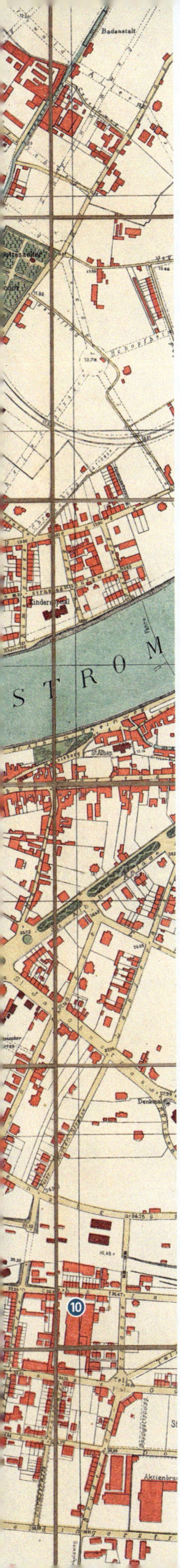

Abb. 1 | Basel ca. 1895: Die Orte des Geschehens im Leben des Eduard Burckhardt 1886–1897.

Das engere familiäre Netzwerk von Eduard Burckhardt

Eduard Burckhardt gehörte zur weitverzweigten Basler Patrizierfamilie dieses Namens, die ihren Stammbaum bis ins 16. Jahrhundert zurückführte. Er stammte aus der Linie «Hieronymus Burckhardt-Sarasin» (ab 1577), die einige städtische Ratsmitglieder, Kaufleute, Gewerbetreibende und mehrere Pfarrer hervorbrachte. Seine hier dargestellten familiären Beziehungen waren kompliziert, da sowohl sein Grossvater als auch seine Mutter und sein Stiefvater zweimal heirateten. In den Korrespondenzen werden Verwandte verschiedenen Grades sowie Angeheiratete unterschiedslos als Grossmama, Mama, Onkel, Tante, Cousin/Neffe etc. angesprochen. Einige spielten in seinem Geschäftsleben eine wichtige Rolle; hingegen gab es nach seiner Jugendzeit kaum mehr Kontakte zum Stiefvater Friedrich Wilhelm Stuckert sowie den sechs direkten Stiefgeschwistern, die zudem alle vor ihm verstarben.

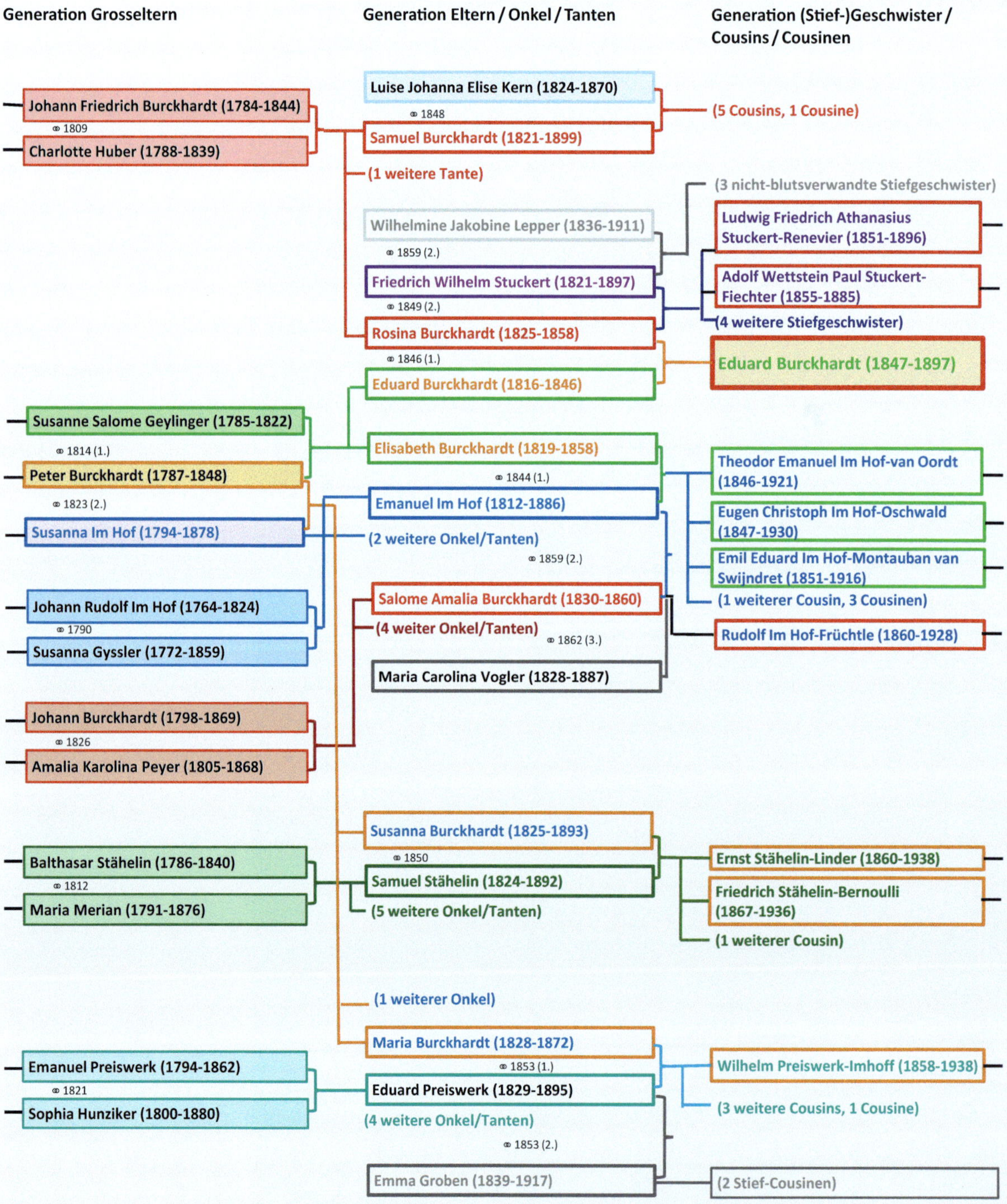

Abb. 2 | Das engere familiäre Netzwerk von Eduard Burckhardt.

2. Als Waisenjunge im ultra-pietistischen Familienverband (1847–1867)

«Der Herr hat Grosses an mir gethan […] Hat er doch die Niedrigkeit seiner Magd angesehen und mich gekrönt mit Gnade und Barmherzigkeit. Ich kann dir nicht sagen, liebe Elise, welche Freude ich empfand beim ersten Laut meines Kindes und dieselbe wurde noch erhöht als es hiess ‹s'isch es Büebli›».

Rosina Burckhardt-Burckhardt, 1847.[1]

Eduard Burckhardt[2] kam als einziges Kind von Eduard (1816–1846)[3] und Rosina Burckhardt-Burckhardt (1825–1858) am 29. Juli 1847 in Basel zur Welt. Seine Eltern hatten im Mai 1846 geheiratet, aber bereits im Dezember desselben Jahres starb Rosinas Gatte, sodass er seinen Vater nie kennenlernte. Briefe der jungen Witwe an ihre Schwägerin Elisabeth Im Hof-Burckhardt (1819–1858)[4], Pfarrersfrau in Schaffhausen, zeugen von der emotionalen Achterbahn, die sie zwischen Trauer und hoffnungsvoller Schwangerschaft durchlief. In tiefer Religiosität nahm sie es als gottgewollt hin und freute sich unbändig, als der Knabe laufen lernte «[…] und wenn er kommt mich am Rock zu zupfen & Mama Mama ruft».

Sie und ihr Söhnchen waren gut eingebettet in einem respektablen Zweig des Burckhardt'schen Familienverbands (Abb. 2), der seit dem vorangegangenen Jahrhundert diversen Ausprägungen des Basler Pietismus anhing. Pfarrer war eine häufige Berufswahl, und Männer wie Frauen gehörten meist der Herrnhuter Brüdersozietät an.[5] Der Grossvater väterlicherseits, Ratsherr Peter Burckhardt-Geylinger(-Im Hof) (1787–1848),[6] war Mitglied des Komitees der «Basler Mission». Auch der früh verstorbene Vater strebte als S.M.C. (Sancti Ministerii Candidatus) die Übernahme eines Pfarramtes an, nachdem er 1831–1836 Lehrjahre im Pädagogium der Herrnhuter Mustersiedlung Niesky in der Oberlausitz verbracht und Theologie in Basel und im Württembergischen studiert hatte.[7]

Die Mutter Rosina stammte aus einer Familie von Goldschmieden in dritter Generation. Sie heiratete am 1. Mai 1849 erneut, wodurch der Kaufmann Friedrich Wilhelm Stuckert (1821–1897)[8] aus Lörrach Eduards Stiefvater wurde. Dieser war einer von mehreren Söhnen des im badischen Raum bekannten Pfarrers, Leiters des Pädagogiums Lörrach und Autors erbaulicher Dichtungen Ludwig Carl Stuckert (1795–1843).[9] Aus schwierigen Familienverhältnissen hatte es Friedrich Wilhelm nach Basel verschlagen, wo er bei Verwandten untergekommen war. Im Comptoir der Baumwollspinnerei von Bürgermeister «Felix Sarasin-Burckhardt(-Brunner) & Daniel Heusler-Thurneysen» im «Haus zum Schönen Eck» in der St. Alban-Vorstadt 49 fand er Arbeit sowie wohltätige Unterstützung von Frau Rosalie Sarasin-Brunner (1826–1908)[10] bis zu seiner Pensionierung in den 1890er-Jahren.[11] Durch die Heirat mit Rosina kam Stuckert in Kontakt mit traditionalistischen Basler Kreisen im Umfeld der «Basler Mission», so etwa als Tafelgast bei der 1853 hochzeremoniell organisierten Hochzeit von Eduard Preiswerk (1829–1895) mit Maria Burckhardt (1828–1872), einer Tante des jugendlichen Eduard.[12] Letzterer behielt den Namen seines leiblichen Vaters und verblieb demnach nominell im altehrwürdigen Familienverband. Nachdem Rosina weitere sechs Kinder geboren hatte, verstarb auch sie noch jung 1858. Die Predigt bei der Bestattung hielt Antistes (Münsterpfarrer) Jakob Burckhardt-Schorndorff (1785–1858), der Vater des berühmten Kulturhistorikers Jacob Burckhardt (1818–1897), und man setzte sie im Familiengrab auf dem Gottesacker St. Elisabethen bei.[13]

Eduard war demnach mit knapp elf Jahren Vollwaise. Möglicherweise gab es nun Auseinandersetzungen um seinen Verbleib in der Stieffamilie. Doch wer sollte sich sonst um den Jungen kümmern? Als nächste lebende Verwandte seiner Eltern kannte er einige seiner Onkel und Tanten zweifellos gut (Abb. 2): den Bruder seiner Mutter, Samuel Burckhardt-Kern (1821–1899),[14] der das Goldschmiedegewerbe seiner Vorfahren zunächst weiterführte, den Ehemann der Schwester seines Vaters, Pfarrer Emanuel Im Hof-Burckhardt(-Burckhardt)(-Vogler) (1812–1886) (Abb. 6),[15] der in Schaffhausen die «Église française» betreute, den Kaufmann Samuel Stähelin-Burckhardt (1824–1892)[16] oder den prominenten Wirtschaftsmann und langjährigen Leiter der kolonialen «Missions-Handlungs-Gesellschaft» Eduard Preiswerk-Burckhardt(-Groben) (1829–1895) (Abb. 5).[17] Obwohl die drei Letzteren nur über die zweite Ehe von Grossvater Peter als «angeheiratete Stiefonkel» mit Eduard verwandt waren, sollten sie in einzelnen Phasen seines späteren Geschäftslebens eine wichtige Rolle spielen, ebenso wie mehrere der zahlreichen Cousins aus deren Familien.

Eine besondere Beziehung verband Eduard mit der für die damalige Zeit aussergewöhnlich langlebigen

Abb. 3 | Porträt Susanna Burckhardt-Im Hof ca. 1858–1878.

Susanna Burckhardt-Im Hof (1794–1878) (Abb. 3).[18] Sie war zugleich seine Stiefgrossmutter und Stieftante, denn man hatte die wesentlich ältere Schwester von Pfarrer Emanuel Im Hof mit Grossvater Peter nach dem Tod von dessen erster Frau zusammengebracht. Susanna nahm es pflichtbewusst auf sich, pflegte den Alt-Ratsherrn nach einem Schlaganfall fünf Jahre lang und überlebte ihn als Witwe um 30 Jahre. Glaubt man dem auf sie gehaltenen Nachruf, wurde sie in Basel zu einer zentralen, familiären Autoritätsperson. Als gut situierte Rentière, Liegenschaftsbesitzerin und fromme Herrnhuterin soll sie sich angesichts der vielen frühen Todesfälle in der Verwandtschaft fürsorglich um einige der hinterlassenen Kinder gekümmert haben – vielleicht auch um Eduard, zumal Grossvater Peter dessen Haupt-Taufpate gewesen war. Seine beiden anderen Taufpaten kamen kaum mehr als Elternersatz infrage: Pfarrer Johann Burckhardt-Peyer (1798–1869), der im entfernten Schaffhausen lebte, sowie Witwe Rosine Burckhardt-Iselin (1783–1861), die ihren Söhnen das Seidenbandunternehmen «Burckhardt-Wildt & Sohn» weitergegeben hatte, waren altersmässig längst von ihren Pflichten in der Kindererziehung entbunden.[19] Jedenfalls war es «die liebe Grossmama» Susanna, die dafür sorgte, dass Eduard gegen Ende langer Auslandsjahre in ihrem letzten Wohnhaus an der Missionsstrasse 23 stets über ein Basler «pied-à-terre» verfügte, wo er dann ab 1886 seine späte Basler Karriere beginnen konnte.[20]

Schliesslich vermeldete Friedrich Wilhelm Stuckert in religiös motivierten Korrespondenzen mit Pfarrer Im Hof-Burckhardt, «[...] dass Eduard meiner Hand übergeben worden ist».[21] Allerdings akzeptierte der Knabe das Regime des Stiefvaters nur mit Mühe, denn dieser folgte einer rigoroseren Moral, als es im «kaufmännisch pragmatisch gerichteten Pietismus» des «Frommen Basel» üblich war.[22] Ein Neffe, der Kaufmann und Lokalhistoriker Otto Stuckert (1857–1919), zeichnete in einer kritischen Familienchronik das Bild eines religiös exaltierten, unverträglichen Suchenden, der sich den damals florierenden Erweckungsbewegungen anschloss.[23] Er folgte religiösen Verkündern wie dem ehemaligen Basler Universitätsprofessor Friedrich de Lachenal (1772–1854),[24] der 1817 seine Stelle aus weltanschaulichen Gründen hatte quittieren müssen, dem Seidenbandweber, Hellseher und Begründer der Basler «Nazarenergemeinde» Johann Jakob Wirz (1778–1858)[25] und schliesslich der ursprünglich aus Schottland stammenden «Katholisch-Apostolischen Kirche der Irvingianer», die den Anbruch der Endzeit des Reiches Christi auf Erden für das Jahr 1864 prophezeite.

Endzeiterwartungen waren besonders im süddeutschen Raum einschliesslich Basel um die Jahrhundertmitte sehr virulent. Eine Lesart der Offenbarung Johannis hatte das Jahr 1836 als genauen Zeitpunkt für die Errichtung eines göttlichen, tausendjährigen Friedensreichs auf Erden berechnet. Als dies nicht eintraf, musste man weiterhin wachsam sein; durch permanente Bibelexegese konnte man krisenhafte Ereignisse und ungewöhnliche Erscheinungen in der Umwelt als entsprechende Vorzeichen deuten. So sahen anfänglich besorgte Kreise in der Eisenbahn in den 1840er-Jahren «das Ungeheuer, von dem die Offenbarung schreibt». Nebst gemeinsamem und individuellem Beten half auch die Heiden- und Judenmission, um sich und möglichst viele Seelen auf die Zeit der Herrschaft Christi vorzubereiten.[26]

In der Stadt beflügelte das Debakel der 1833 von der Eidgenossenschaft schliesslich erzwungenen Trennung des Kantons Basel in die beiden Halbkantone Basel-Stadt und Basel-Landschaft derartige Gedanken.[27] Den politischen Umwälzungen in Richtung Liberalismus und Sozialismus stellte ein traditionell-konservatives Bürgertum eine demonstrativ religiös-heilsgeschichtliche Weltsicht entgegen. Ein pessimistisches Weltbild «charakterisiert [...] auch die Sicht der pietistischen Kreise, die in diesen für die eigene soziale Gruppe bedrohlichen Vorgängen ‹in der Welt› immer auch das ‹Werk Gottes› erkannten. [...] Blicken die bekenntnistreuen konservativen alten Bürger trauernd zurück in die Geschichte und trösten sich in der Betrachtung der Vergangenheit über

Abb. 4 | Kapelle der «Katholisch-Apostolischen Gemeinde» in Basel um 1870.
Im Foto rechts das angrenzende Vorsteherhaus an der Ecke Feierabendstrasse/Byfangweg. Die 1863 auf freiem Feld errichtete Kapelle ist der älteste, vollständig erhaltene Sakralbau einer para-kirchlichen Vereinigung in Basel. Die Aufnahme entstand, als die Bebauung des Quartiers «Am Ring» soeben begonnen hatte.

das Elend der Gegenwart hinweg, teilen [dieselben] mit den Vertretern der ‹neuen Zeit› den Fortschrittsglauben, der für sie allerdings nicht in der Hand der Menschheit, sondern in der Hand Gottes lag.»[28] Dies äusserte sich in der Förderung vielfältiger wohltätiger Werke, im hohen Prestige der innerstädtischen und der äusseren Missionstätigkeit, aber auch in der Bildung «separierter», religiöser Vereine nach dem Vorbild anglo- oder frankofoner Erweckungsbewegungen mit eigenen, para-kirchlichen Organisationsstrukturen.

So fand die «Katholisch-Apostolische Gemeinschaft» im deutschsprachigen Raum weitherum Anklang, galt aber als nicht mehr kompatibel mit der presbyterianischen oder der protestantischen Kirche.[29] In Basel konnte sie sich den Bau eines eigenen Betsaals mit angrenzendem Vorstandshaus leisten. Der Baukomplex entstand 1863 auf freiem Feld und nahm seit dem Ausbau des Quartiers «Am Ring» ab den 1860er-Jahren die Ecke Feierabendstrasse/Byfangweg ein (heute Feierabendstrasse 24); die Kapelle gehört immer noch einer Stiftung «Katholisch-apostolischer Kirchenfonds» und steht wegen ihrer vollständig originalen Erhaltung unter Denkmalschutz (Abb. 3).[30]

Der Konflikt um Eduards Erziehung entsprang demnach auch einem innerfamiliären, religiösen Dissens. Die Familienchronik insinuierte, dass Stuckert vor allem zwecks Verheiratung mit Rosina der Apostolischen Gemeinschaft beigetreten und sich zu deren Priester habe ordinieren lassen.[31] Tatsächlich dürften bereits Eduards leibliche Eltern sowie der Bruder seiner Mutter, Samuel Burckhardt-Kern, derselben exotischen, chiliastischen Schule angehört haben. Dies offenbarte Letzterer in der Schilderung einer doppelten Bekehrung:[32] Nach zwei Lehrjahren im sündig-mondänen Genf habe er seinen anerzogenen Glauben völlig verloren. Da habe seine Schwester (Eduards Mutter Rosina) einen freundlichen, jungen Theologen geheiratet (Eduards Vater), der ihn in einen kleinen Kreis junger Männer aufnahm. Sie trafen sich zu gemeinsamen Bibellesungen und inbrünstigem Beten auf den Knien. «Der Leiter dieses Vereins und auch die Jünglinge stellten die Wiederkunft Jesu und das Kommen des Reiches Christi gar sehr in den Vordergrund», und er sei «ein thätiges Glied» dieser «aus Schottland stammenden apostolischen Gemeinde» geworden. Er habe aber dank seiner Frau «in den Schoss der Landeskirche zurückgefunden». In späteren Jahren gab er das Goldschmiedegeschäft auf – wohl aus religiös-moralischen Gründen – und liess sich, beraten von Antistes Jakob Burckhardt, zum Primarlehrer umschulen.[33]

Friedrich Wilhelm Stuckert war jedenfalls überzeugt, dass die Wiederkunft Christi und der Endkampf gegen Satan in Kürze bevorstanden: «Es dünkt mich, es gehen zur Herbeiführung des Tages Christi & zur Offenbarwerdung seines Gegners grosse Dinge mit gewaltigen Schritten vor sich, die den Kindern Gottes ernst & feierlich zurufen: wachet!»[34] Er wollte Eduard und seine fünf leiblichen Söhne[35] auf die sichere Seite der Heilsgeschichte bringen, indem er sie zum wahren «Gottesleben» erzog, aber: «Wir sind hier für die Knabenerziehung auf einem schlimmen Terrain. Das böse macht sich gewaltig geltend [...]». Besonders beim Stiefsohn Eduard galt es, «die schiefen Falten, die gemacht worden sind, mit Liebe, Geduld & Lehre wieder glatt [...] [zu] bringen.»

Tatsächlich war der Witwer nach dem Tod Rosinas mit der Kinderschar ziemlich überfordert, sodass er nach dem obligaten Trauerjahr 1859 die gottesfürchtige Pfarrerstochter Wilhelmine Jakobine Lepper (1836–1911) (Abb. 2) aus dem badischen Weil am Rhein ehelichte.[36] Die Familie bezog ein neu erbautes, recht komfortables «Haus zum Abendstern» an der Sevogelstrasse 11 und konnte sich eine Haushälterin leisten.[37] Offensichtlich versuchte F.W. Stuckert nicht nur für die sieben Kinder Rosinas, sondern auch für drei weitere von Wilhelmine gut zu sorgen.[38] Gleichzeitig ging sein ganzes Bestreben dahin, den Verkehr mit religiös Gleichgesinnten zu pflegen und sich Freiraum für theologisches Philosophieren und Publizieren zu schaffen. Daneben musste er wohl oder übel diversen Erwerbstätigkeiten nachgehen. Familiäre Schicksalsschläge und psychische Zusammenbrüche blieben nicht aus, die 1864 und 1868 lange Kuraufenthalte bedingten.[39] Hinweise auf Stuckerts berufliche Bemühungen ergaben sich aus einigen Belegen zu seinem Beziehungsnetz.

Eine Spur führte zu Conrad Zäslin-Stähelin (1826–1890).[40] Dieser fungierte 1863 zusammen mit Eduard Preiswerk-Burckhardt als Taufzeuge für Stuckerts drittletzten Sohn.[41] Zäslin begeisterte sich ebenfalls für endzeitliche Propheten und «fand Musse sich dem Studium erleuchteter christlicher Schriftsteller zu widmen, unter denen er den besonders schwer verständlichen Jakob Böhme schätzte […]» Auf seinen Reisen suchte auch er «irvingianisch-apostolische Kreise» in England und Deutschland auf. Den theosophischen Literaten und Prediger Johannes Claassen (1835–1898)[42] motivierte er, das Werk «Die sieben Sendschreiben der Offenbarung S. Johannis und die Kirchengeschichte» zu verfassen und steuerte ein äusserst gelehrtes Vorwort bei.[43] In der Leichenrede distanzierten sich die Nachkommen Zäslins diskret, aber deutlich von der zunehmenden Verschrobenheit ihres Vaters.[44] Dieser besass andererseits seit den späten 1850er-Jahren die Firma «J.J. Frey, Commission und Spedition, Incasso», die er bis 1870 zur «J.J. Frey Spedition, Commission, Agentur für den direkten holländisch-schweizerischen Güterverkehr via Mannheim» ausbaute. Es liegt nahe anzunehmen, dass Stuckert unter anderem für Zäslin arbeitete und das aufstrebende Handels- und Transportgeschäft mit den Niederlanden kennenlernte, in dem später Stiefsohn Eduard sein Berufsleben startete.

In einer weiteren, florierenden Branche sammelte F.W. Stuckert Erfahrungen, nämlich im Versicherungswesen. Insbesondere variantenreiche Lebensversicherungen gewannen für die minimale, familiäre Risikodeckung der vor-sozialstaatlichen Industriegesellschaft in der zweiten Hälfte des 19. Jahrhunderts eine wachsende Bedeutung.[45] Exemplarisch illustrieren dies einige Briefe im Nachlass des zwischen 1868 und 1871 in Basel lehrenden Philosophieprofessors Gustav Teichmüller-Cramer (1832–1888)[46]. Da dieser vom Lohn an der Universität seine Familie nicht ernähren konnte, sah er sich 1871 gezwungen, einen gut dotierten Posten im abgelegenen, russischen Dorpat (heute Tartu in Estland) anzunehmen. Zur beförderlichen Abwicklung seiner Umsiedlung beauftragte er F.W. Stuckert als eine Art bevollmächtigten Treuhänder für allerlei Dienste.[47] Dieser verwaltete ein bescheidenes Franken-Konto für den misstrauischen Professor und musste ihm minutiös über strittige Kleinstbeträge Rechenschaft ablegen, zumal selten genug Geld da war für dessen Wünsche.

Der unerfreuliche Verlauf des Umzugs gab Anlass zu hektischer Korrespondenz: Der Möbelwagen war unterwegs verschollen, die Spediteure arbeiteten schlampig, es gab Ausstände bei Honoraren und Schuldenrückzahlungen. Mit der «Assecuranz-Agentur F.H. Peter» gab es Schwierigkeiten wegen der Abgrenzung von Prämien, Dividendenzahlungen und dem Ausstieg aus den Verträgen. Friedrich Heinrich Peter-Lotz (?–1885)[48] vertrat die schon länger in Basel etablierte «Feuer- und Lebensversicherungsbank für Deutschland in Gotha», die damals ausschliesslich Kunden in Deutschland und der deutschen Schweiz aufnahm. Teichmüller musste also seine laufenden Verträge vorzeitig zu möglichst günstigen Konditionen auflösen, was ihm Stuckert als Agent zu vermitteln hatte.[49] Eine etwas asymmetrische Freundschaft verband die beiden Familien; primär Stuckert ergänzte seine Geschäftskorrespondenz mit persönlichen Fragen und Nachrichten, Reflexionen über die internationale politische Lage, welche für ihn die Apokalypse ankündigte, oder mit Bitten um Spenden für arme Bekannte. Dabei bekundete er lebhaftes Interesse an den Forschungen des Professors und wünschte sich ein Exemplar von einem seiner neuen Werke – natürlich über die «Parusie», d.h. die endzeitliche Wiederkunft Christi.[50]

Der Broterwerb im Comptoir, im Transportgewerbe und in der Versicherungsbranche ergänzten sich, entsprachen aber alle zweifellos nicht den innersten Neigungen Stuckerts. Vom Vorbild seines dichtenden Vaters inspiriert, publizierte er zusammen mit Eduards Onkel Samuel Burckhardt-Kern 1873 ein über 250 Seiten langes, metaphorisch-erbauliches Werk unter dem Titel «David in Verfolgung und Trübsal: Eine Dichtung in Gesprächen nach Andeutungen der heil. Schrift».[51]

Wieviel von dieser im engeren Familienkreis vorherrschenden Mischung aus Angst vor dem apokalyptischen Endkampf und Hoffnung auf einen tausendjährigen Neuanfang nahm der jugendliche Eduard auf? Die Möglichkeit, das Humanistische Gymnasium zu besuchen, erwies sich als Chance. Stuckert berichtete der Verwandtschaft in Schaffhausen zwischen 1858 und 1860, dass seine schulischen Leistungen noch besser wären, «wenn er weniger pomadisch wäre […]».[52] Anlass zu echter Sorge böten jedoch seine mangelhaften religiös-moralischen Fortschritte, aber: «Nach seinem Wunsch lernt er zu Haus noch englisch.» War dies ein Versuch des Jugendlichen, den auf Gottesfurcht und -ergebenheit abzielenden Lenkungsversuchen Stuckerts etwas Eigenes entgegenzustellen? Zwar landete Eduard mit seinen Noten jeweils auf den hinteren Rängen seiner Klasse, sein Betragen war aber «ziemlich gut» und er bestand die Matura 1864/1865, einschliesslich Griechisch und Latein (!).[53] Ein Aufenthalt in der Herrnhuter Pension Reichel in Lausanne diente der Perfektionierung der französischen Sprache in tugendfördernder Umgebung.[54]

Eduard bekam also von Haus aus eine sehr gute Basis-Ausbildung mit, die ihn eigentlich zu weiteren Studien – in Theologie? – befähigt hätte. Stattdessen schlug er eine säkulare Richtung ein, indem er eine kaufmännische Lehre anfing.[55] Ob er selber oder seine Umgebung darauf drängte, um ihn möglichst rasch auf eigene Beine zu stellen, ist unklar. Unbekannt ist auch sein Lehrbetrieb; rückschliessend aus seiner weiteren beruflichen Tätigkeit kämen sowohl eines der Handelshäuser als auch die Versicherungs-Gesellschaft infrage, zu denen Stiefvater Stuckert Beziehungen hatte. Grundsätzlich bot ihm das weitere verwandtschaftliche Umfeld eine Vielfalt von profanen beruflichen Leitbildern, wie sie typisch für die neue Dynamik im Basel des Übergangs von der zünftisch-handwerklichen zur industriellen Wirtschaft waren: viele auf eigene Rechnung handelnde Kaufleute, spezialisierte Gewerbetreibende, einzelne Verwaltungsangestellte und Intellektuelle. Man gehörte nicht zur kapitalkräftigen Elite, wohl aber zum arbeitsamen, professionellen «Wirtschaftsbürgertum», dessen Verankerung in altehrwürdigen Familiensystemen gewisse Startvorteile bei der Realisierung von Aufstiegschancen bot – dabei hatte der Name «Burckhardt» durchaus seinen Wert, fand doch schon der Geschichtsphilosoph, Aufklärer, Philanthrop (und Anverwandte) Isaak Iselin-Forcart (1728–1782), diese weitverzweigte Patrizierdynastie sei in Basel so dominant wie die Medici in Florenz.[56]

Stuckert schwebte für Eduard wohl eine religiöse Karriere vor, was sich aber als nicht gangbar erwies; es funktionierte auch bei zweien seiner leiblichen Söhne, Athanasius (1851–1896) und Paul (1855–1885) (Abb. 2), nur bedingt. Paul durchlief freudlos das 1837 nach dem Vorbild von Beuggen gegründete pietistische Lehrerseminar in Schiers und bewarb sich mangels beruflicher Chancen in Basel 1873 bei Professor Teichmüller in Dorpat um eine «möglichst weit von Basel entfernte Stelle».[57] Als hoffnungsvollster Sohn galt Athanasius; allerdings beging er 1869 Unterschlagungen und wurde als Hochstapler im Grossherzogtum Baden zu zwei Jahren Zuchthaus verurteilt. Man «spedierte» ihn nach Amerika, wo er «ein abenteuerliches Leben führte» und in Jersey City im Bundesstaat New York die «St. Paul's Evangelical Lutheran Church» begründete.[58] In Basel trat er nochmals hervor, als er 1884–1887 ein zweibändiges Werk des amerikanischen Erfolgspredigers und «Pyramidalisten» Joseph Augustus Seiss (1823–1904) in eigener Bearbeitung im christlichen Basler Verlag «C. F. Spittler» herausgab.[59] Die beiden Stiefbrüder Eduards beugten sich demnach der übersteigerten Religiosität ihres Vaters, spielten aber im späteren Leben ihres Stiefbruders keine Rolle mehr.

Eduard hingegen schickte man 1867 mit seinem Schaffhauser Cousin Theodor Im Hof (1846–1921) (Abb. 2)[60] nach Rotterdam, «wo sie ein Colonialwarengeschäft gründeten».[61] Diese Aussage in der Stuckert'schen Familienchronik gibt das Geschehen lediglich verkürzt wieder. Warum Rotterdam gewählt wurde, kann nur vermutet werden – vielleicht weil diese Stadt mitten in der Entwicklung zu einem vielversprechenden Handelsplatz war.[62] Wiederum könnten nahe Bekannte wie Conrad Zäslin-Stähelin mit seiner auf die Rheinschifffahrt nach Holland zielenden Transportfirma, das «Comptoir Sarasin & Heusler» oder Eduard Preiswerk-Burckhardt mit ihren eigenen Kolonialwarengeschäften ein Interesse daran gehabt haben, dort nach neuen Handelsbeziehungen zu suchen. Letzterer baute das übernommene väterliche Geschäft ab 1853 zu einer führenden Handelsfirma aus, prägte ab 1864 als langjähriger «Präsident der Handlungskommission» der «Basler Mission» massgeblich deren kommerzielle Entwicklung und verschaffte mit seinen Finanz- und Verbandsaktivitäten dem Kaufmannsstand neues Prestige.[63]

Eduard verliess ein Basel, das «die wirklichen und die imaginären Mauern», in die es sich nach der Kantonsteilung 1833 eingeigelt hatte, schrittweise abriss und zur riesigen Baustelle wurde.[64] Die Investitionen der kapitalkräftigen Städter in Gewerbe und Fabriken konzentrierten sich auf das kleine Territorium des Stadtkantons. Das Wirtschaftswachstum generierte eine massive Zuwanderung von Arbeitskräften, sodass sich die Einwohnerzahl während Eduards Jugendzeit auf über 40 000 fast verdoppelte. Die katastrophalen hygienischen Verhältnisse im übervölkerten Stadtkern verlangten nach Modernisierung der Infrastruktur. Der Abbruch der Stadtmauern und die Verfüllung der Gräben öffneten den umliegenden Raum für die Überbauung mit neuen Wohnquartieren. Neben weiterbestehenden gewerblichen Strukturen hatte die Mechanisierung mit Wasser- und Dampfkraft in der bis Ende des Jahrhunderts vorherrschenden Seidenbandweberei soeben eingesetzt, während die Farbenchemie noch in den Anfängen steckte. Basel hatte bereits drei Bahnhöfe in Richtung des noch französischen Elsass, der Innerschweiz und des Grossherzogtums Baden, aber noch keine ausgebaute Flussschiffahrt rheinabwärts. Der Grossteil des Waren- und Personenverkehrs über Land lief nach wie vor mit realen Pferdestärken und Kutschen – «und im Übrigen ging man zu Fuss».[65]

Als Eduard 1867 nach Rotterdam kam, war die Stadt dreimal grösser als Basel und ebenso im Umbruch. Er erlebte genau jene Zeit, als sie mit dem planmässigen Ausbau der Verkehrs- und Hafeninfrastruktur zum Sprung ansetzte, der grösste Transithandelshafen Europas zu werden.[66] In diese Welt des internationalen Handels tauchte Eduard Burckhardt mit seinem Neffen Theodor ein. Es sollte für ihn der Anfang eines 20-jährigen Lebens im Ausland werden – einer für die üblichen Auslandspraktika der Söhne von Basler Kaufleuten ungewöhnlich langen Zeit. Als Waise und aus einem auf religiöse Berufe fokussierten familiären Umfeld stammend, hatte er weder die Gelegenheit noch die Verpflichtung, nach einigen Lehr- und Wanderjahren ein väterliches Geschäft zu übernehmen – er musste sich eine eigene Position in der Welt erarbeiten.

Seine Velofreunde, die ihm im Sommer 1897 den einzigen erhaltenen Nachruf widmeten, wussten später nur noch, dass er lange Jahre in Holland, Frankreich und Belgien verbrachte hatte, ohne weitere Einzelheiten.[67] Ein grosses, unpubliziertes Briefkonvolut im Stadtarchiv Schaffhausen,[68] das enge Kontakte zwischen den Familien Preiswerk-Burckhardt in Basel und deren verschwägerter Verwandtschaft um den Schaffhauser Pfarrer Emanuel Im Hof-Burckhardt enthält, führte auf die Spur der Karriere von Eduard Burckhardt in den 20 Jahren seiner Auslandsabwesenheit.

3. Zwanzig Jahre in der Welt unterwegs (1867–1886)

3.1 Vielversprechende Anfänge in Rotterdam

«Rotterdam, den 5. Juni 1867:

Lieber Onkel,

Mit deinem lb. Br. vom 16. Mai hast du mir eine unerwartete Freude gemacht & habe ich mit Vergnügen dem l. Theodor sowohl deinen Brief an ihn, als auch die 10 fr. in deinem & der l. Tante Namen übergeben, Onkel Preiswerk hat mir bereits von letzterem gesprochen [...] Wir haben es hier wirklich in allen Punkten sehr angenehm; erstens das Beisammenwohnen, wodurch man sich doch nicht so fremd fühlt & gewissermassen ein Daheim hat, was viel weniger der Fall wäre, wenn man irgendwo allein ein einsames Stübchen hätte. Und dann noch mehr ist uns die liebevolle Aufnahme der Familie van Oordt, wo wir gewöhnlich die Samstag abende im heimeligen Kreise verbringen & [...] alles Mögliche gutes und liebes erfahren [...] Gestern Abend waren wir alle drei zu ihnen eingeladen zu einer Bowle Erdbeer Punch, da ihr kleiner Hermann seinen 5ten Geburtstag feierte [...] Wir blieben dann vergnügt den Abend dort bis um halb eins und hatten die Bowle so ziemlich auf den Grund gebracht, woran das aufmerksame Einschenken von Herrn van Oordt nicht wenig Schuld trug [...] Es ist mir sehr lieb, auf demselben Bureau, wo Theodor ist, eine Stelle erhalten zu haben, bei Herren Thormann & da die Chefs dieses Hauses sehr artige Herren sind. Ich habe meinen Platz gerade neben ihm & können wir so manchmal unser Wissen oder vielmehr Nicht-Wissen gegenseitig ergänzen. – Am letzten Sonntag war zum ersten Mal hier Musik im Park Abends bei Beleuchtung & ist es ein wahrhaft feenhafter Genuss nach meinen heissen Tagen in der Abendkühle dort auf meinem Bänkchen sitzend die ausgezeichnete Capelle zu hören & und hat nicht nur das Ohr, sondern auch das Auge seinen Theil, da die mit matten Gläsern bedeckten Gasflammen sich in den Teichen wiederspiegeln & im Halbdunkel die Schwäne darauf durchblicken lassen, während die Lichter selbst sanft vom Dunkel der Bäume & schön gestutzten Gebüschen abstechen. Wir waren in vollstem Entzücken mit einem der jungen Herren van Oordt bis etwa 10 h dortgewesen & dann noch zu ihm heimgegangen, doch war der alte Herr van Oordt nicht ganz zufrieden mit uns, dass wir nicht schon früher gekommen, da er uns gern eine Predigt vorgelesen hätte [...] Für das, was du mir über meine eingegangene Verbindung schreibst weit entfernt solches im Geringsten übel aufzunehmen, danke ich dir vielmehr sehr, da es mir wirklich wohl that, daran deine liebevolle Theilnahme & deinen väterlichen Rath zu sehen; sei überzeugt, dass ich solchen auch nicht gleichgültig übergangen habe. Ich habe dem l. Onkel Preiswerk offen & ausführlich über alles innere büssen dabei geschrieben & wenn ich auch nichts mehr kann, als bedauern, dass ich in dem lieben Familienkreis, in den ich mich so oft in Gedanken zurückversetze, nicht herzlicher & unbefangener & mitfühlsamer gewesen, was ich so gut hätte sein können, so will ich doch jetzt so viel ich kann, es gut zu machen suchen. Du ermahnst mich ferner zur Klugheit & Geduld & habe ich das allerdings am meisten nöthig, doch habe ich nun Ruhe & Besonnenheit wieder gewonnen, was mir gewiss durch laangeres Verweilen in Basel weit schwerer geworden wäre. Jedenfalls werd ich ganz gewiss nichts thun, übereilt oder in Wahn & Täuschung, ehe ich nicht die feste innere Überzeugung habe, dass es weder meinem noch meiner Geliebten Lebensglück unheilvoll ist & diese Ueberzeugung kann ich doch erst in einiger Zeit erlangen. Das ist einmal ein Punkt, und was dann das höhere als Lebensglück anbelangt, so glaube ich ganz sicher, dass der Herr mich führen wird, d. h. dass er es mir gar nicht anders gehen lassen wird, als er es will & wie es für mich das Beste ist.»

Eduard Burckhardt.[1]

Dieser frühe Brief von Eduard Burckhardt aus Rotterdam an den Onkel Pfarrer Im Hof-Burckhardt in Schaffhausen berichtet beinahe euphorisch über den Start ins neue Leben in der fremden Grossstadt. Er deckt viel von den Umständen auf, die zu dieser Exilierung führten.

Wir erfahren, dass Eduards familiäre Leitfiguren seine beiden Onkel Eduard Preiswerk-Burckhardt, der umtriebige Kolonialwaren- und Missionskaufmann in Basel (Abb. 5), und dessen Schwager, Pfarrer Im Hof in Schaffhausen (Abb. 6), waren. Letzterer hatte vier Söhne (Abb. 2), von denen der bereits erwähnte Theodor als ältester Eduard begleitete. Um 1873 folgte ihnen der fünf Jahre jüngere Emil Eduard Im Hof (1851–1916) (Abb. 13)[2] nach Rotterdam. Beide Im Hof-Brüder heirateten später Holländerinnen – Theodor 1872 und Emil 1880 – und wanderten definitiv aus. Ein dritter Sohn, Eugen Christoph Im Hof (1847–1930),[3] machte zuhause Karriere als ETH-Absolvent, etablierte sich als Gymnasialprofessor in Schaffhausen und führte ein Leben als respektables Mitglied der dortigen Oberschicht; mit ihm pflegte Eduard Zeit seines Lebens freundschaftliche Beziehungen. Der vierte und jüngste Pfarrerssohn, Johann Rudolf Jakob Im Hof-Früchtle (1860–1928), wanderte

Abb. 5 | Porträt Eduard Preiswerk-Burckhardt(-Groben) ca. 1865–1885. Hier in der Pose eines Mitglieds des «Schweizer Alpen-Clubs SAC» abgebildet.

Abb. 6 | Porträt Pfarrer Emanuel Im Hof-Burckhardt(-Burckhardt) (-Vogler) ca. 1866–1886.

in die Vereinigten Staaten aus; die Familie kommentierte lediglich aus der Ferne seine spätere Hilfsbedürftigkeit.[4]

Man sorgte dafür, dass die einheimische, bibelfeste Familie van Oordt die beiden jungen Cousins Eduard und Theodor in der Fremde engmaschig betreute, damit sie moralisch auf Kurs blieben.[5] Allerdings dürfte die im Brief bedauernd geschilderte, verpasste Predigt des Gastvaters kein Einzelfall gewesen sein. Die jungen Leute genossen ihren «Ausgang», der in der boomenden Hafenstadt einiges mehr bot als im beschaulichen Basel oder Schaffhausen. Über 20 Jahre hinweg verfolgten die beiden Doyens Preiswerk und Im Hof à distance das Geschehen um ihre Jungen, liessen sich rapportieren, verhandelten miteinander darüber und intervenierten, wenn nötig. Dieser Fall traf wiederholt ein, denn es verlief keineswegs alles glücklich; dem ersten Zustupf von 10 Franken sollten bald beträchtliche Summen folgen. Eduard blieb zutiefst in die Höhen und Tiefen der Karrieren seiner Cousins verstrickt, bis er sich im Verlauf der späteren 1870er-Jahre weitgehend von ihnen löste.

Seine Aussiedlung aus Basel erfolgte nicht nur, um die kaufmännische Ausbildung durch Praxis im Ausland zu vervollständigen. Sie half, zwei Konflikte zu lösen: einerseits die offenbar nachhaltige Unverträglichkeit mit der Stieffamilie, andererseits eine von den zuständigen Patriarchen missbilligte Liebesbeziehung – weil zu früh, nicht statusgerecht oder eigenmächtig eingegangen? Verlobungen und Ehen standen ja noch unter dem väterlich-vormundschaftlichen Erlaubnisvorbehalt.[6] Eduard zeigte Einsicht, dass Zeit, Distanz und Reflexion für alle Seiten das Beste wären. Seine Berufung auf die wohlmeinende Führung des «Herrn» entsprach wohl den Erwartungen der Onkel, ohne blosses Lippenbekenntnis zu sein. In allen weiteren Briefen und Zeugnissen wird von Religiosität kaum mehr die Rede sein, aber sie dürfte ihm ein solides Grundvertrauen verschafft haben. Er blieb bis zu seinem Tod ledig, und direkte Kontakte mit dem Stiefvater F.W. Stuckert scheint er vermieden zu haben.

Theodor und Eduard traten ihre erste Stelle in Rotterdam als kaufmännische Neulinge an, als Commis im Geschäft der «sehr artigen Herren Thormann». Die Firma «Thormann & C°»[7] war eine von über 150 alteingesessenen Handelsfirmen der Kategorie «Reeder, Überseehändler, Kaufleute, Kommissionäre und Expediteure» sowie «Privatkundenversicherer»; sowohl beim Langstrecken- als auch beim Seehandel gehörte seit alters her das Angebot entsprechender Transport- und Schadens-Versicherungen dazu.[8] Die meisten dieser Kontore lagen entlang den zentralen Hafenbecken im Stadtkern Rotterdams am nördlichen Bogen der Maas, wo Stückgut aus aller Welt umgeschlagen wurde.[9] Sie gehörten als Akteure zum unverzichtbaren Funktionssubstrat des Handelsplatzes: Sie nahmen die Schiffsladungen in Empfang, registrierten, begutachteten, verzollten, lagerten, verkauften, verrechneten, korrespondierten, packten um und vermittelten die Waren weiter an Agenten und Besteller im europäischen Binnenland, oder belieferten von der Rotterdamer Zwischenstation aus die Neue Welt sowie die Missionsstationen und Kolonien in Übersee.

Kunden und potentielle Interessenten konnten sich täglich in den örtlichen Zeitungen informieren, welches Schiff mit welchen Waren und Mengen für welche Handelsfirma eingelaufen war. So verhandelte das Thormann'sche Bureau in den 1860er- und 1870er-Jahren ein breites Spektrum an Kolonialwaren und Rohstoffen:[10] u.a. Zimt, Rosinen, Kaffee, Erdnüsse, Tabak, Wein, Dividivi (ein Tannin haltiges tropisches Gewächs für Gerbereien), Wolle, Baumwolle, Reis, Tee, Fleisch, Indigo, Linoleum, Rattan (Peddigrohr), exotische Harze, Pottasche, Fischleim, Schellack (ein Läusesekret aus Indien und Südostasien für Firnisse, Kitt, Siegellack, Tinte, Farbstoffe u.v.a. mehr), Zedernholz, Färberkrapp. Es war noch ein sehr traditionelles Geschäft mit überseeischen Spezereien und gesuchten Spezialitäten, die nicht an den grossen Rohstoffbörsen gehandelt wurden.

Rotterdam um 1870

Eindrücklich beschrieb der zeitgenössische «Grand Larousse» die Szenerie:[11] «Rotterdam est le point où la navigation maritime et la navigation fluviale se rencontrent [...] Le long du fleuve se trouve une suite de quais magnifiques, où les grands navires venant des Indes et de l'Amérique peuvent, sans être allégés, aborder à quelques mètres de distance des magasins qui doivent recevoir leur chargement. Toute la ville, pour ainsi dire, est un grand dock, et la conséquence en est que les déchargements s'y font avec une économie extraordinaire. C'est surtout l'application de la vapeur à la navigation [...] qui a aidé à la prospérité récente de Rotterdam, comme entrepôt entre l'Angleterre d'un côté et l'Allemagne de l'autre.» In einer fulminanten Entwicklung veränderten sich nicht nur die Infrastruktur, sondern auch die Volumen und Praktiken des Handels:[12] «Starting in the 1860s, the city government created separate docklands on the south bank of the River Maas that facilitated Rotterdam's transit economy and created a port system specialised in the handling, storage and transport of bulk commodities (grain, coal, iron ore and oil) [...] By 1870, Rotterdam dethroned Amsterdam as the leading port city in the Netherlands. By then, the more dynamic trading network that resulted from the industrial revolution had replaced the rather passive organization of the Dutch staple trade.»

Mit dem Beginn der weltweiten Durchsetzung der Telegrafie ab den 1860er-Jahren[13] beschleunigte sich auch die Kommunikation über das Geschehen an den grossen Warenbörsen. Das Handelsgeschäft veränderte sich völlig, hin zu kurzfristigen Dispositionen mit standardisierten Rohstoffen und Massenware. Der Aufstieg Rotterdams war zudem aufs Engste mit der Industrialisierung des Ruhrgebietes verknüpft: Der Ausbau eines für die neuen Hochseedampfer befahrbaren «Nieuwe Waterweg» Ende der 1860er-Jahre verkürzte den Weg von der Küste bis zur Stadt erheblich; die «Mannheimer Akte» von 1868 liberalisierte die Rheinschifffahrt[14] bis nach Mannheim, wo der grösste deutsche Binnenhafen eingerichtet wurde. «Rotterdam built a port infrastructure that serviced the German hinterland and became the most important Rhine-traffic and transit port for coal, ore, grain and oil on the European continent before World War I.»[15]

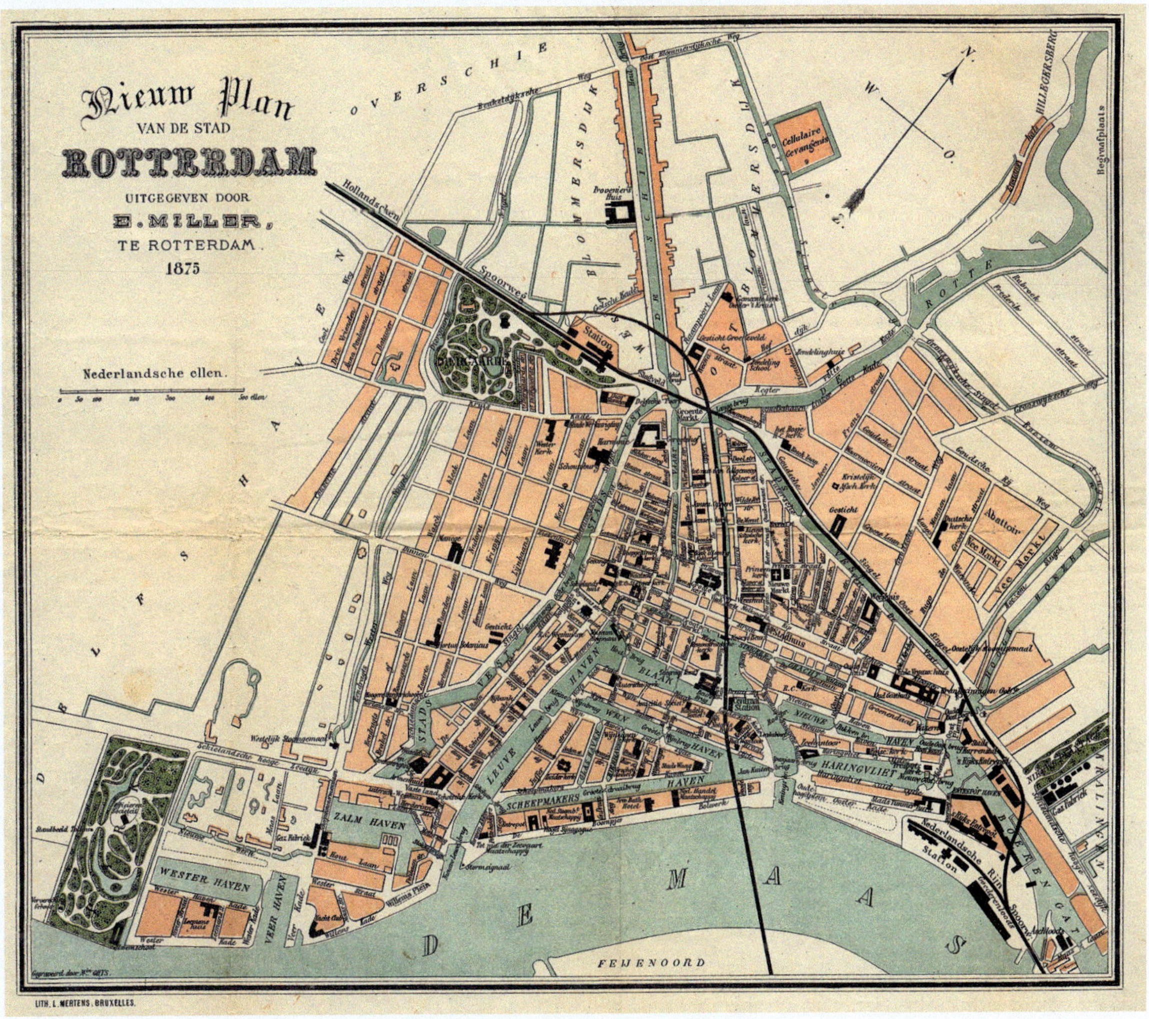

Abb. 7 | Stadtplan von Rotterdam 1875. Die Arbeitsorte von Eduard Burckhardt befanden sich mitten in der Stadt am Wijnhaven, dem zweiten Querbecken in Ost-West-Richtung von der Maas aus gesehen.

Abb. 8 | Rotterdam: Blick vom Turm der Sint-Laurenskerk in südöstliche Richtung 1861. Im Vordergrund befindet sich die Steigersgracht mit der Drehbrücke in der Mitte. Im Hintergrund die Nieuwe Maas und die noch weitgehend unbebaute Insel Feijenoord am südlichen Maas-Ufer. Dazwischen liegt das Gebiet mit den über den Leuvehaven zugänglichen Binnenbecken Blaak, Wijnhaven und Scheepmakershaven. Die meisten einheimischen und ausländischen Handelshäuser und -agenturen hatten ihre Adressen an diesen zentralen Anlandestellen. Das Kontor von Eduard Burckhardt befand sich in wechselnden Häusern an der Wijnstraat, am längsten in Nr. 103.

Abb. 9 | Rotterdam mit dem neuen Eisenbahnviadukt zwischen Bompjes und Wijnstraat 1877.

Abb. 10 | Rotterdam: Wijnhaven ca. 1905–1930.

SUPERPHOSPHAAT VAN BAKER GUANO,
van 18—22 pCt. oplosbaar Phosphorzuur.
(op de tentoonstelling van 1863 te Hamburg bekroond met de groote Medaille)
GECONCENTREERD ZWAVELZUUR-HOUDEND KALI-ZOUT
van Ca. 80 pCt. zuivere zwavelzure Kali.
KALI-SUPERPHOSPHAAT
houdende Ca. 16 pCt. oplosbaar Phosphorzuur en
Ca. 20 pCt. zwavelzure Kali.
Vooral ook aan te bevelen bij het verbouwen van BEETWORTELEN en AARDAPPELEN.
Verkrijgbaar bij THORMANN & Co., Rotterdam, *Wijnstraat, wijk* 2, N°. 12. (58)

Abb. 11 | Inserat «Thormann & Co.» für Dünger von der Baker-Insel im «Landbouw-courant» 19 1865 10 vom 2.3.1865. Eines der zahlreichen Inserate für den Superphosphat-Dünger aus Guano von der Baker-Insel, ausgezeichnet mit der grossen Medaille an der Ausstellung in Hamburg 1863 und der Bemerkung, dass sich dieses Produkt besonders gut zur Düngung von Randen (Rote Bete) und Kartoffeln eigne.

Eduard und Theodor erlebten, wie sich ihr erster Arbeitgeber in Rotterdam von 1863 bis 1870 landesweit mit einer vielversprechenden Exklusivität profilierte, nämlich mit dem Import und Alleinvertrieb eines Düngemittels der Extra-Klasse: Guano von der Baker-Insel (Abb. 10), ein winziges Eiland von kaum 10 Quadratkilometern, weit abgelegen mitten im Südpazifik. Allerdings wurde unter amerikanischer Hoheit das Vorkommen zwischen 1859 und 1878 vollständig abgegraben, sodass Thormann bereits 1871 die Einstellung der Verkäufe publizieren[16] und das Feld grösseren Konkurrenten überlassen musste. Kaufleute aus Liverpool und Hamburg forcierten seit der Jahrhundertmitte den Abbau der wesentlich umfangreicheren Vorkommen in Peru, und die holländisch-belgische Industrieproduktion lief im grossen Stil an; seither bildet Düngephosphat die Basis der weltweiten Intensivlandwirtschaft.[17]

Für Firmen weit im Binnenland war es von Vorteil, in den grossen Seehäfen Familienangehörige vor Ort als Vertrauensleute zu haben, die Beziehungen pflegten, Geschäftschancen an der Quelle identifizierten und sofort zugreifen konnten. Das entsprach einer schon länger praktizierten Tradition auch bei Basler Kaufleuten.[18] Was die jungen Schweizer im Rotterdamer Kontor noch «by doing» lernten, wurde gegen Ende des 19. Jahrhunderts als «Internationale Handelskunde» oder «Technik des Welthandels» in Ausbildungs- und Studienlehrgängen formalisiert: das Wissen um Regeln, Praktiken und «Usancen» des Länder und Kontinente übergreifenden Handels, angefangen bei den unterschiedlichen Massen, Gewichten, Währungen, Zöllen und Steuern, über Finanzierungsinstrumente, Vertragsformen, Hauptbörsen und Qualitätsstufen nach Warenkategorien, Termingeschäfte, Versicherungen, Begleitpapiere wie Frachtbriefe, Konnossemente bis zu Transportsystemen und -kosten zu Wasser und zu Land und vieles andere mehr.[19]

Zwar hatte die «Missions-Handlungs-Gesellschaft» unter Eduard Preiswerk für ihren wachsenden Überseehandel ab 1866 Bremen als Heimathafen für eigene Transportschiffe gewählt. Diese mussten unter hannoverisch-preussischer Flagge fahren, da es keine schweizerische gab. War dies vielleicht ein konkretes Motiv, Fühler nach Rotterdam auszustrecken? Im Deutsch-Französischen Krieg von 1870/71 beschlagnahmte Frankreich trotz aller Berufung auf die schweizerische Neutralität der Eigentümer die «Palme», das erste Segelschiff der Basler, mitsamt seiner Palmölladung; erst nach langen, diplomatischen Traktationen auf höchster Ebene erfolgte Mitte 1872 die Freigabe.[20] Als Alternative für gewisse Produktbereiche wie Baumwolle dürften Rotterdam und der Ausbau der Rhein-Transportschiene generell das Interesse von Basler Handelskreisen geweckt haben.

Preiswerk war jedenfalls anfänglich gerne bereit, zusammen mit seinem Schaffhauser Schwager in Unternehmungen der in Holland platzierten Neffen zu investieren. Nach ersten ernüchternden Erfahrungen wollte er sogar Schulden mittragen, verlangte aber laufend orientiert zu werden und bekundete seinen Unmut, wenn sie ihm angeblich gute Geschäftskontakte nicht «zur Beurtheilung» vorlegten.[21] Tatsächlich befanden Eduard und Theodor nach knapp zwei Jahren, sie hätten genug gelernt, und vielleicht war auch der Reiz des Thormann'schen Düngerhandels oder der van Oordt'schen Hauspredigten verflogen. Ihre Wege trennten sich zunächst, da sie zwei völlig verschiedenen Träumen nachhingen.

Theodor wollte bereits Ende 1868 unbedingt in die Vereinigten Staaten auswandern, und zwar mit einem organisierten Siedlertreck. Damit war er nicht alleine: Der Kanton Schaffhausen stellte in einer der

Hochphasen der schweizerischen Auswanderung in der zweiten Hälfte des 19. Jahrhunderts einen der höchsten Auswandereranteile nach Amerika.[22] Die Anwerbekampagne eines Landsmannes, Hermann Plümacher-Hünerwadel (1838–1910),[23] Bürger von Stein am Rhein und Ex-«Cavallerielieutenant» der Unierten im amerikanischen Bürgerkrieg, schien ihm verlockend. Als Abgeordneter des «Schweizerischen Auswanderungsvereins» hatte Plümacher in Tennessee fruchtbares Land mit Potential für Steinkohleminen privat angekauft. Nach ersten begeisterten Zeitungsberichten tauchten jedoch Zweifel an der Seriosität des Promotors auf. Theodor erkundigte sich beim Schweizer Generalkonsul in Washington mit einem präzisen Fragebogen.[24] Die Antwort war ausführlich und ernüchternd: Das Projekt sei primär etwas für Leute, die «[...] gesunder Natur, arbeitsam und häuslich sind & welche ca. 4 bis 6000 Franken Habe zur Erbauung eines Hauses haben, Ankauf von Vieh & Futter für das erste Jahr, Lebensmittel u. Ackerbau u. Hausgerätschaften, mitbringen»; man solle aber Plümacher nicht alleine die Führung überlassen, zumal er impulsiv sei, sich gerne überschätze und «noch viel zu lernen» habe. Tatsächlich erwies sich das Projekt im Nachhinein als Sanierungsfall, der mit offiziellem Einsatz der Eidgenossenschaft neu aufgestellt werden musste, während Plümacher sein abenteuerliches Leben fortsetzte und unter anderem als Konsul der USA in die Bürgerkriege in Venezuela verwickelt war. Theodor liess sich von diesem Vorhaben abbringen – wohl zur Erleichterung von Vater Pfarrer Im Hof, der das Geld hätte aufwerfen müssen.

Aber vier Monate später war kein Halten mehr:[25] Theodor stand kurz vor der Abreise von Rotterdam via Bremen und Liverpool in die Vereinigten Staaten, ohne konkrete Zielsetzung. Der Vater solle ihm Empfehlungsschreiben organisieren, zudem mehr Geld leihen als Reserve für die erste Zeit. Auch wolle er komfortabel in einer Kabine reisen und nicht im Zwischendeck mit Bauernfamilien und «Subjekten, die manchmal aus der Hefe der Bevölkerung ausgeworfen sind». Man schicke ihm seine Geige, die ihm «als eine Hülfsquelle im Falle der Noth gereichen könnte» und dazu einige Paar Wollstrümpfe, die in Holland sehr teuer seien. Die Vorstellung des Sohnes als Bettelgeiger am Strassenrand in Amerika dürfte die väterliche Schatulle geöffnet haben. Reisekosten und Vorschuss summierten sich schliesslich auf rund 2000 Franken.

Im Oktober 1869 schrieb Theodor nach Hause über seine Arbeit in Chicago bei einer Firma «Wood Brothers & C°, Jobbers and Commission Dealers in Druggists' and Grocers' Sundries, Hardware and Notions, Agents for some of the Largest Importers and Manufacturers in the United States».[26] Trotz seiner Agentur-Erfahrung fand sich der junge Schaffhauser dort nur schwer zurecht. Der Lohn war mickrig, seine Englischkenntnisse verbesserungsbedürftig, und die «Yankees» kamen ihm «unwissend», arrogant und grossspurig vor. Spätestens im Frühjahr 1871 war er zurück in Rotterdam, als Compagnon und damit unter der Aufsicht von Eduard Burckhardt. Denn dieser übernahm nun die Führungsrolle im kleinen baslerisch-schaffhausischen Aussiedler-Kontingent. Von ihm verlangte der besorgte Onkel Pfarrer Im Hof jeweils Nachricht, wenn Theodor und später auch der zweite Sohn Emil länger nichts von sich hören liessen.[27]

3.2 Erfolge und Misserfolge als «commissionair»

> «Die Entfernung aus den Augen seriöser Verwandter und die freie Verfügung über beträchtliche Geldmittel thaten dem feurigen jungen Mann [Eduard Burckhardt] nicht gut; er gerieth in üppiges Leben, verbrauchte sein Vermögen und anfangs der 70ger Jahre kam's zum geschäftlichen Zusammenbruch [...]»
>
> Otto Stuckert, ca. 1915.[28]

Im Gegensatz zu seinem Cousin hatte Eduard offensichtlich Gefallen gefunden am betriebsamen Geschäften im Rotterdamer Hafen. Er packte die erste Chance, sich mittendrin als Unternehmer zu etablieren. Am 1. Januar 1869 publizierte der Niederländische Staatsanzeiger die Gründung einer Firma «Hoessly & Burckhardt»; als Gesellschafter firmierten Heinrich Hoessly-Waldrager (1834–1893)[29], «Agent von ausländischen Häusern», und Eduard Burckhardt, «ohne Beruf»(!). Zweck war, «Kommissionshandel für In- und ausländische Auftraggeber sowie Geschäfte auf eigene Rechnung» zu betreiben, vorerst auf fünf Jahre (Abb. 12).

Wie diese Beziehung zustande kam, konnte nicht geklärt werden; jedenfalls war der 22-jährige Eduard der Juniorpartner. Der zwölf Jahre ältere Heinrich Hoessly-Waldrager lebte nämlich schon länger mit Familie in Rotterdam. Bereits 1860 hatte er zusammen mit Compagnons die Vertretung der «Magdeburger Feuerversicherung» inne und gründete mit einem Friedrich Bömper 1861 eine Handelsfirma, die er nach deren Liquidation 1862 im eigenen Namen weiterführte; im selben Jahr erschien er als Generalvertreter für das «Kölnisch Wasser» von Johann Maria Farina. Er war der Bruder des Samuel Hoessly-Heer (1831–1891), der ab 1854 eine florierende Kattundruckerei «Hoessly & Comp^ie^» am Industriestandort Blumenegg[30] in Goldach im Kanton St. Gallen vom Vater übernahm und bis Ende des Jahrhunderts erfolgreich weiterführte.[31] Diese Unternehmung exportierte bedruckte Foulards, Cachenez (Halstücher) und Kopftücher in alle Welt. Sie bediente «ganz bestimmte Geschmacksrichtungen, welche nicht nur den Bedürfnissen einzelner Länder, sondern sogar einzelner

[Gemäss der Urkunde, die am 24. Dezember 1866 vor dem in Rotterdam ansässigen Notar Abraham Adriaan Reepmaker erstellt wurde, haben der Unterzeichner Heinrich Hoessly, Agent für ausländische Häuser, und Eduard Burchhardt, ohne Beruf, beide in Rotterdam lebend, eine Gesellschaft gegründet, deren Zweck der Kommissionhandel für in- und ausländische Auftraggeber sowie auf eigene Rechnung ist. Die Firma der Gesellschaft lautet

HOESSLY & BURCHHARDT.

Zur Zeichnung in Angelegenheiten, welche die Gesellschaft unmittelbar betreffen, sind beide Gesellschafter berechtigt. Das Eingehen von anderen, privaten Verpflichtungen erfordert die eigenhändige Unterschrift beider Gesellschafter, um für die Gesellschaft verbindlich zu sein. Die Gesellschaft hat ihren Sitz in Rotterdam und ist für die Dauer von fünf Jahren eingegangen worden. Sie beginnt am 1. Januar 1869 und endet somit am 31. Dezember 1873. Falls mindestens ein Jahr vor Ablauf des angegebenen Zeitraums keine Kündigung erfolgt, gilt die Gesellschaft für ein weiteres Jahr als weitergeführt. Danach von Jahr zu Jahr, bis eine Kündigung gemäss obiger Festlegung erfolgt ist.]

55 Blijkens acte, op den 24 December 1868 voor den te *Rotterdam* residerenden Notaris ABRAHAM ADRIAAN REEPMAKER gepasseerd, is tusschen de ondergeteekenden HEINRICH HOESSLY, Agent van Buitenlandsche Huizen, en EDUARD BURCHHARDT, zonder beroep, wonende beiden te *Rotterdam*, aangegaan eene **VENNOOTSCHAP**, ten doel hebbende den **Commissichandel** voor binnen- en buitenlandsche rekening, alsmede het **drijven** van zaken voor eigen rekening. De firma der Vennootschap zal zijn:

HOESSLY & BURCHHARDT,

tot de teekening van welke in zaken de Vennootschap regtstreeks betreffende de beide Vennooten geregtigd zijn, zonder die echter te mogen bezigen tot het teekenen van borgtogten, geldleeningen of andere particuliere verbindtenissen, waartoe, om voor de Vennootschap verbindend te zijn, de privé handteekening van beide Vennooten zal worden vereischt. De Vennootschap zal gevestigd zijn te *Rotterdam* en is aangegaan voor den tijd van 5 jaren, in te gaan den 1 Januarij 1869 en mitsdien zullende eindigen den 31 December 1873; zullende bij gebreke van waarschuwing, ten minste één jaar vóór het eindigen van gemeld tijdvak, de Vennootschap beschouwd worden, weder voor één jaar te zijn gecontinueerd, en zoo vervolgens van jaar tot jaar, totdat er eene opzegging als boven zal hebben plaats gehad.

Rotterdam, 1 Januarij 1869. H. HOESSLY. Ed. BURCHHARDT.

KORREKTUR.

In der Anzeige der Gesellschaft der Herren Heinrich Hoessly & Eduard Burckhardt, die in der Nr. 1 dieser Zeitung erschienen ist, figuriert fälschlicherweise der Name Burchhardt; zum richtigen Namen siehe hier.]

ERRATUM.

In de advertentie betreffende de Vennootschap tusschen de Heeren HEINRICH HOESSLY & EDUARD BURCKHARDT, geplaatst in het nommer van 1 dezer, is die naam abusivelijk gesteld als *Burchhardt*; men leze die als boven.

Abb. 12 | Inserat «Hoessly & Burckhardt» (mit nachträglicher Korrektur des schwierigen CKDT-Namens) im «Nieuwe Rotterdamsche courant: staats-, handels-, nieuws- en advertentieblad» 25 1869 1/2 vom 1./2.1.1869.

Provinzen angepasst sind», produzierte also wie andere Ostschweizer Firmen veredelte Textilien für Kolonialgebiete.

Mitte Jahr konnte Eduard Burckhardt eine Erbschaft antreten, deren Umfang nicht bekannt ist, die aber seine Position deutlich aufwertete. Hilfsgesuche von Verwandten und Bekannten wehrte er ab, auch von Seiten des dritten Im Hof-Cousins Eugen, der ihn um ein Darlehen bat:[32] «Mit der Übernahme meines Gutes habe zugleich die Pflicht einer gewissenhaften Verwaltung desselben übernommen [...] Zudem bist du nicht der erste unter meinen Verwandten & Freunden, die mich um einen solchen Dienst bitten, so dass ich umso mehr consequent bleiben muss.» Den Spielraum nutzend, schrieb er sich am 1. Dezember 1869 offiziell bei der Einwohnerkontrolle Rotterdam im Wijnhaven-Quartier ein: «Burckhardt Edward, geb. 29. Juli 1847 in Basel», von Beruf «Commissionair»; d.h. er trat nun als Agent auf, der «gewerbsmässig für Rechnung oder im Auftrage anderer [...] aber im eigenen Namen, Handelsgeschäfte» gegen Provision abschloss.[33]

Welche Geschäfte «Hoessly & Burckhardt» betrieben und wieviel Eduard von seiner Erbschaft einbrachte, wurde nicht explizit fassbar. Angesichts der Beziehung seines Partners zur erwähnten Schweizer Textilfirma dürften Engagements im Baumwollhandel dazugehört haben. Denn am 8. März 1871 verlor Heinrich Hoessly vor dem Bezirksgericht von Amsterdam einen Musterprozess um Preis- und Qualitätsstreitigkeiten bei der Vermittlung eines grossen Postens Baumwolle aus den USA.[34] Mit dem Sezessionskrieg 1861–1865 waren die Vereinigten Staaten als wichtigster Produzent des elementaren Rohstoffs Baumwolle ausgefallen, was Nachwirkungen auf die Märkte bis in die 1870er-Jahre hatte. Die Kolonialmächte diversifizierten den Anbau weltweit und das Geschäft wurde zur Domäne spezialisierter, weltweit operierender Grossunternehmen, die dank entsprechender finanzieller und personeller Ressourcen Risiken präzise beurteilen und Chancen frühzeitig erkennen konnten, während kleine Einzelakteure weiterhin unter grosser Unsicherheit agieren mussten.[35]

Kurz nach dem Prozess gegen seinen Compagnon, am 15. März 1871, lösten «Hoessly & Burckhardt» ihre Firma im gegenseitigen Einvernehmen auf.[36] Eduard verliess den Glücklosen, der sich mit anderen Geschäften wie etwa der Hauptvertretung der «Kirschwasser Gesellschaft in Zug» für die Niederlande und Belgien weiter durchs Leben schlug.[37]

Beim Misserfolg der «Hoessly & Burckhardt» kamen auch Basler Investoren zu Schaden. Das Zauberwort lautete jedoch «Akkomodement», d. h. «H & B [Hoessly & Burckhardt] geben alles was sie haben ihren Creditoren die dann für den Rest ca. 40 % sie nicht betreiben sollen»;[38] mit anderen Worten: Die Betroffenen haben die Sache einvernehmlich sistiert – aber nicht vergessen. Noch zehn Jahre später erkundigte sich ein Missions-Comité-Kollege von Eduard Preiswerk, der Banquier, Mitbegründer der «Basler Versicherungs-Gesellschaft» und Appellationsrichter Eduard Bernoulli-Riggenbach (1819–1899)[39], ob Eduard nicht etwas vom soeben angefallenen Erbe der Susanna Burckhardt-Im Hof bekomme, auf das man zugreifen könne; Preiswerk wich aus, indem er «Hr. Bernoulli die eher unklare Verwandtschaft erklärte». Dass Eduard anfangs der 1870er-Jahre wegen «üppigen Lebenswandels» ein beträchtliches Erbe vertan und mit dem geschäftlichen Zusammenbruch «sein Leben zerstört» habe, entsprach jedoch eher einer moralisierenden Deutung des Verfassers der Stuckert'schen Familienchronik, der zudem überhaupt erst nach Eduards Tod davon erfahren haben will.[40] Denn bis zu diesem Zeitpunkt hatte sich Eduard persönlich ein respektables Sparpolster von rund 6000 Franken in Obligationen der Stadt Paris zugelegt.[41]

Man gab den jungen Leuten in Rotterdam eine nächste Chance: Cousin Theodor war mittlerweile ebenso glücklos wie kleinlaut aus Chicago zurückgekehrt. Die wohlwollenden Doyens aus Basel und Schaffhausen eilten zu Hilfe: Am 16. März 1871, einen Tag nach Auflösung von Eduards Bindung an Heinrich Hoessly, leistete Eduard Preiswerk bei der «Rotterdamer Bank» für eine neue Firma «Burckhardt & Im Hof» eine Bürgschaft von insgesamt 17 000 holländischen Gulden (35 360 Franken); davon übernahm sein Schwager Pfarrer Im Hof ihm gegenüber 5000 Gulden, gegebenenfalls sofort zahlbar «ohne vorausgegangene Betreibung oder Failliterklärung obiger Hauptschuldner auf erstes Ansuchen der Rotterdamer Bank».[42] Sie sicherten also die Anschubfinanzierung des Geschäfts so ab, dass es nicht gleich beim ersten Fehlschlag untergehen musste.

Nach längerer Funkstille beantwortete Eduard im Spätsommer 1871 Pfarrer Im Hofs besorgte Fragen:[43]

> «Der liebe Theodor ist seit circa 6 Wochen auf einer Geschäftsreise im Elsass & und hat da viele gute, rentable, solide Geschäftsverbindungen angeknüpft. Noch ist dies ein Terrain, welches wir als Schweizer Haus mit vielem Erfolg ausbauen können [...] Unsere Arbeit, fortwährend solid betrieben, bringt unserem Geschäft ein erfreuliches & erspriessliches Gedeihen, wofür wir dir ja auch Dank schuldig sind [...]»

Eine dieser vielversprechenden Kontakte war die Firma «Thesmar & Favre» in Mülhausen im Elsass (heute Mulhouse), bei der Theodor logierte. Die Inhaber betätigten sich einerseits als Versicherungs-Agenten für englische, französische sowie Schweizer Feuer-, Transport- und Unfallversicherungen, andererseits als Händler für Baumwolle, Drogen, Farben. Gustave Favre war Mitglied des gewichtigen «Comité de Commerce de la Société industrielle de Mulhouse» und präsidierte den 1870 gegründeten, französisch orientierten «Cercle Mulhousien».[44]

Aus diesen Hinweisen lässt sich erahnen, dass «Burckhardt & Im Hof» ihre Geschäftschancen unter anderem wohl weiterhin im Baumwollhandel suchten: Am 10. Mai 1871 endete der Deutsch-Französische Krieg mit dem Frieden von Frankfurt, wodurch das besetzte Elsass zum deutschen Reichsland wurde. Um dieses Gebiet produktiv zu halten sowie zum Schutz der Unternehmen in den altdeutschen Gebieten vor der elsässischen Konkurrenz sorgte man in einer kurzen Übergangszeit dafür, dass die leistungsfähige Textildruck-Industrie in Mülhausen ihren französischen Markt nicht sofort verlor.[45] Diese hatte das Rohmaterial Baumwolle jahrzehntelang auf dem Landweg vom Hafen Le Havre her in grossen Ochsenkarren-Kolonnen bezogen. Bei aller Frankophilie stellten sich die Elsässer Unternehmen sukzessive auf die neue geopolitische Situation ein, zu der auch über kurz oder lang die Nutzung des neuen, effizienteren Transportweges über den Rhein gehörte. Nach ihrer Lehrzeit in Rotterdam konnten sich Eduard und Theodor als erfahrene Agenten für die in Mülhausen nachgefragten Produkte präsentieren. Die nötige Kreditsicherung stand ja zur Verfügung. Zudem mögen Schweizer Kaufleute mit ihrer «neutralen» Herkunft und fliessendem Französisch als Handelspartner willkommener gewesen sein als Leute von der «gefühlten Besatzungsmacht».[46]

Im Juli 1872 trat als zusätzlicher vollwertiger Partner Louis Jacob Andres-van Ravenssteјn (1847–1891),[47] der Sohn eines Basler Postbeamten und Freund von Theodor, in die Firma ein,[48] sowie als Mitarbeiter der jüngere Bruder von Theodor, Eduards Cousin Emil Im Hof (Abb. 13), der soeben in Schaffhausen eine Banklehre absolviert hatte.[49]

Abb. 13 | Porträt Emil Eduard Im Hof-Montauban van Swijndret 1871 als frischgebackener Bankkaufmann und Mitglied des Kaufmännischen Vereins Schaffhausen.

Louis Andres war bereits 1869 als Kontor-Angesteller in Rotterdam registriert, ebenfalls mit den van Oordts bekannt und etabliert als Mitglied der lokalen Deutschen Evangelischen Kirchgemeinde. 1873 figurierte im Rotterdamer Verzeichnis der ausländischen Kaufleute, Kommissionäre und Spediteure die Firma «Burckhardt & Im Hof, commissionairs» an der Wijnstraat 52.[50] Aber noch im selben Jahr war alles derart schiefgegangen, dass «Burckhardt & Im Hof» per 1. Juli 1873 in Liquidation gingen und die Reste eine neue Formation der Herren Theodor Im Hof und Louis Jacob Andres übernahm.[51] Im September schickte man laut Eduard in letzter Not Theodor Hals über Kopf in die Vereinigten Staaten, «da durch diese Reise nicht nur Theodors Privatvermögen, sondern auch das Guthaben unserer Firma wenigstens theilweise zurückzubekommen sein wird […]».[52] Ein Erfolg der Mission ist nicht belegt.

Im Oktober 1873 schrieb Onkel Preiswerk einen bösen, formellen Brief an «Herren Burckhardt u. Im Hof in Liquidation, Rotterdam». Darin legte er mit einer langen juristischen Belehrung sein Veto dagegen ein, dass nach Theodors Plan die ganze nun fällige Bürgschaft von 17 000 Gulden Eduard alleine angelastet werden solle, damit die neue Partnerschaft mit Andres unbeschwert starten könne. Der Schuldenberg sei zudem bereits ein Drittel höher als zugegeben und von allen drei Teilhabern solidarisch zu tragen.[53] Schliesslich rückte Eduard einen kleinen Teil aus seinem Erbe heraus.[54] Das rechnete ihm Preiswerk hoch an und übernahm die Regelung mit der Rotterdamer Bank; er löste 25 000 Franken mit einem verbürgten Kredit bei der «Bank in Winterthur» ab. Eduard versprach, die übrigen 10 000 Franken und eventuell den ganzen Betrag «bei einem Banquier im Elsass» zu beschaffen. Zu dieser Zeit erhielt er ausserdem von seinen Stiefeltern Stuckert ein Darlehen von 20 000 Franken, das er zwar zeitlebens nicht zurückzahlen sollte, aber mit Lebensversicherungs-Policen absicherte.[55]

Theodor und Eduard waren darauf geschiedene Leute. Sie bildeten zwei separate Kontore: Eduard mit Emil Im Hof als Angestelltem eine «Burckhardt & Co» und Theodor Im Hof mit Louis Andres als Partner eine «Im Hof & Andres», die mit Eduards Kontor verstrickt blieb. Emil einerseits und Andres andererseits klagten bei Pfarrer Im Hof:[56]

> «Dass B[urckhardt] & Cie & I[mhof] & A[ndres] einander Concurrenz machen, ist natürlich, aber dass der Eine dem Anderen durch gewisse Aussagen dem Anderen Schaden oder Unangenehmes beizufügen sucht, ist nicht gerade das Mittel, um die Freundschaft wiederherzustellen.»

> «[…] dagegen scharniert Hr. Ed. Burckhardt wegen der Bezahlung der fr. 2500 & versteckt sich hinter Sophismen. Wären es nicht familiäre Rücksichten, so würden wir schon längst Prozess gegen ihn angestrengt haben, indessen wissen Sie wohl, welch' peinlichen Eindruck das auch bei Ihnen machen musste, umso mehr als Ihr einer Sohn bei demselben thätig ist.»

Von 1875 bis ca. 1878 betrieben Eduard und Emil ihr Kontor «Burckhardt & Co, commissionairs» an der Wijnstraat 103.[57] Es folgten nächste Missgriffe: Emil entlehnte von Preiswerk über 10 000 Franken gegen Schuldscheine, und dieser bürgte bei der Bank Dreyfus in Frankfurt zugunsten eines weiteren Kredits von 25 000 Franken an die Firma der beiden. Statt mit Erfolgen allmählich ihre Verbindlichkeiten zu begleichen, erbaten Emil und Eduard den Ersatz der gesamten Bürgschaften bei den Banken in Winterthur und Frankfurt durch eine von 50 000 Franken bei der «Banque de Mulhouse». Diese Bank war mit Hilfe von lokalen Industriellen und Basler Finanzkreisen nach dem Friedensschluss 1871 gegründet worden, um sich nach dem Rückzug der «Banque der France» eine gewisse Unabhängigkeit vom preussischen Finanzsystem zu schaffen. Es schien logisch, dass zwei Basler den Geschäftsverkehr mit Mülhauser Abnehmern über diese Bank vor Ort abwickelten. Offenbar wählte die Generalversammlung 1878 Eduard sogar für ein Jahr zum Revisor.[58]

Preiswerk entdeckte zu spät, dass ihn die beiden Compagnons beschwindelt hatten:[59]

> «[...] statt die 2×25 tsd zu zahlen wie übereingekommen, kauften sie dafür Baumwolle, verloren die ganze Summe & so musste ich Fr. 100 tsd bezahlen, was mich bis zur heutigen Stunde in 2facher Beziehung schwer verwundet hat. Als ich ihm [Emil] mit strafrechtlicher Anklage drohte, die Ed. Bkdt & ihn ins Zuchthaus gebracht hätte, bat er mich um Verzeihung & versprach unter schriftlicher Anerkennung der Summe Rembours dieser Fr. 50.000.–, sobald er es könne, was z. B. nach seiner Verheiratung wenigstens theilweise möglich gewesen wäre [damit war die Mitgift gemeint, welche 1880 Emils Ehefrau Elisabeth Montauban-van Swijndregt von ihrer wohlhabenden Familie erhalten hatte (!)].»

Pfarrer Im Hof, den der Schwager Preiswerk mittlerweile mit über 10 000 Franken mitbehaftete, wollte in seiner Verzweiflung sein Haus verkaufen, trug aber schliesslich einige Wertschriften bei. Emil versuchte sich mit einem «Akkomodement» zu retten, indem er sein künftig zu erwartendes Erbe Preiswerk als Pfand anbot. Das waren jedoch Luftschlösser, da Pfarrer Im Hof mittlerweile bereits eine dritte Frau geheiratet hatte, die es zu versorgen galt. So beschloss Preiswerk, täglich für Emil zu beten, in der Hoffnung, «[...] dass er noch einmal zur Erkenntnis seiner Sünden & dadurch zur aufrichtigen Reue & dadurch zur Vergebung gelangen wird; das wäre mehr werth als ein Akkomodement [...]».

Beim anderen Duo schien es zunächst besser zu laufen: Theodor und Louis Andres bewegten sich längere Zeit im Umfeld der Firma «W. Schöffer & C°».[60] Ludwig Wilhelm Schöffer-Haase (1831–1904)[61] aus dem hessischen Gelnhausen war um 1869 in Rotterdam in den Handel mit javanischem Kaffee eingestiegen, den die «Niederländische Handelsgesellschaft» noch sehr geruhsam-monopolistisch regelte. Mit hohem Kapitaleinsatz von Frankfurter Financiers und geschickten Manövern in den rituellen Kaffeeauktionen gelang es ihm, das System zu sprengen und 1873 unerhörte Spekulationsgewinne zu erzielen, was in ganz Europa Aufsehen erregte.[62] Preiswerk war sehr angetan von dieser Verbindung der Rotterdamer Schützlinge, zumal er seinen Schwager in Schaffhausen regelmässig mit grösseren Mengen Kaffee versorgte.[63] Dessen Bestellungen deuten darauf hin, dass der Pfarrer schon vor der Gründung der «Gesellschaft der Schaffhauser Kaffeehallen» 1894 eine solche Institution belieferte, denn alkoholfreie Wirtschaften wurden zu dieser Zeit offiziell aus gesundheitlichen und moralischen Gründen in der ganzen Schweiz gefördert: «Dem geretteten Trinker ist die Kaffeehalle der sichere Zufluchtsort aus den drohenden Versuchungen und Gefahren seines Umganges mit der trinkenden Gesellschaft.»[64]

Sohn Eugen Im Hof-Oschwald führte die Tradition weiter, indem er nach dem Tod von Pfarrer Im Hof Kaffee von Louis Andres bezog, die Schaffhauser Gesellschaft formell mitbegründete, ab 1908 als Vizepräsident und 1922 als Präsident amtete.[65] Die Korrespondenz mit Andres in den 1880er-Jahren hatte allerdings ein anderes Hauptthema, nämlich akkumulierte Schulden von Theodor und Andres gegenüber Pfarrer Im Hof; dieser hatte offenbar wie sein Schwager Preiswerk der «Burckhardt & C°» der ebenso gescheiterten «Im Hof & Andres» Kredite gewährt, auf deren Abzahlung Eugen als Nachlassverwalter seines Vaters bestand.[66] Louis Andres stieg ab 1880 zum Mitinhaber einer grösseren Kaffee-Verarbeitungsfirma «Chabot & Andres» in Rotterdam auf. Im Rahmen seiner religiös-wohltätigen Aktivitäten präsidierte er 1887–1888 einen kurzlebigen «Schweizer Unterstützungs-Verein ‹Helvetia› zu Rotterdam», in dem auch Theodor und Emil zur Handvoll Mitglieder gehörten.[67] Diese gingen andere, wechselvolle Wege.

Theodor schaffte es 1881 auf Vermittlung von Eduard kurzzeitig in die Position des Inspektors der Niederlande für die französische Lebensversicherung «La Providence»; danach vertrieb er Dreschmaschinen als Hauptagent der Schaffhauser Firma «Joh. Rauschenbach», dann längere Zeit eine Champagner-Marke und erschien schliesslich als Teilhaber einer Firma «Waldeck Im Hof & C°», die «Abfälle brennbarer Stoffe zu Kraftstoffen» umwandeln und entsprechende Patente verwerten wollte.[68] 1888 übersiedelte er nach Gelnhausen und wurde Finanzbuchhalter einer von Wilhelm Schöffer 1884 in Rotterdam gegründeten und 1888 nach Gelnhausen verlegten Glühlampen-, Akkumulatoren- und Elektroanlagen-Fabrik «Electriciteits-Maatschappij, Systeem ‹de Khotinsky›, Filiale Gelnhausen» (ab 1891 «Elektrische Fabrik»). Theodor benötigte wiederholt Unterstützung für seine Familie, die ihm sein Bruder Eugen via Andres zukommen liess; nach dem Tod des Letzteren spielte Onkel Hans (Johann Emanuel) Burckhardt-Burckhardt (1840–1923)[69] in Basel diese Rolle, konnte ihm aber nicht die gewünschte, besser bezahlte Stelle in der Schweiz vermitteln. Noch in hohem Alter übernahm Theodor temporäre Buchhaltungsaufgaben bei einer religiösen Institution in Schleswig.[70]

Emil war kurzzeitig für eine Deutsch-New Yorker Lebensversicherungs-Gesellschaft «Germania» vom Burckhardt'schen Kontor aus tätig, kam aber nie über die Position eines Agenten hinaus; daneben vertrieb er «Zubers neuen, verbesserten Feuerlöscher», ein Schweizer Exportfabrikat. 1884 versuchte er sich als Vertreter in Deutschland für javanische Cigarren im Auftrag eines Rotterdamer Importeurs, appellierte aber immer wieder an den väterlichen Geldbeutel.[71]

Auch er litt lebenslang an den Folgen der gescheiterten Unternehmungen in den frühen Jahren und blieb bis ans Lebensende auf Unterstützung angewiesen, teilweise von seinen Kindern und – eher zurückhaltend – von der Verwandtschaft in Schaffhausen und Basel.[72]

In ihren Lehr- und Geschäftsjahren in Rotterdam waren Eduard und seine Cousins vom gleichen Geist beseelt wie ihr Zeitgenosse Wilhelm Schöffer:[73] «Mit flammender Begeisterung stürzte er sich in den Kommissionshandel, partizipierte am aufkommenden Börsengeschäft und träumte von einer Beherrschung des Kaffeemarktes – und war damit ganz Kind seiner Zeit. Man befand sich in den Gründerjahren [...]» Im Unterschied zu äusserst erfolgreichen Spekulanten wie die Schöffers hatten die drei Compagnons mitsamt ihren Doyens in der Schweiz Pech; sie unterschätzten wohl auch die Zeitenwende, die sich im Handel mit kolonialen Rohstoffen im Gefolge kriegerischer Umwälzungen und technischer Neuerungen zwischen 1860 und 1890 vollzog. Als «commissionair» im hektischen Umfeld des Rotterdamer Hafens brauchte man einiges Kapital, um überhaupt starten zu können – das hatten der Onkel in Basel und der Vater in Schaffhausen vorgestreckt. Aber ob allen das Ausmass der Risiken, die gewisse Geschäfte mit sich brachten, klar war? Und dass letztlich nur jene sie tragen konnten, die Flauten durchhalten oder den Markt manipulieren konnten? Zudem könnte das vielversprechende Baumwollgeschäft mit der Mülhauser Textildruck-Industrie gewissermassen unter die Räder der dortigen Anpassungsprozesse im Gefolge der «Germanisierung» des Elsass geraten sein, auch wenn sich in den erhaltenen Korrespondenzen keine politischen Reflexionen spiegeln.

Weder Eduard noch seine beiden Cousins schafften es, im Ausland langfristig ein Vermögen zu erwirtschaften. Sowohl in Basel als auch in Schaffhausen musste man sich damit abfinden, dass keiner der Jungunternehmer je in die Lage kam, die vorgestreckten Kredite zu «rembursieren». Auch von Pfarrer Im Hof erhielt Preiswerk nur die Hälfte von dessen Bürgschaftsanteil und den Rest als Schuldschein; diesen forderte er sofort nach Ableben des Schwagers 1886 vom Erben Eugen ein.[74] Bei Eduard, der noch aus seinen ersten Geschäftsjahren Verbindlichkeiten hatte, stellte er resigniert fest: «An eine völlige oder auch nur ausser den Zinsen namhafte Rückzahlung von Eduard ist nicht zu denken [...]» Allerdings sah er auch, dass Eduard sich geschäftlich sehr beweglich zeigte und sich nach Kräften bemühte, sukzessive Sparkapital in Form von Wertschriften zu bilden. Trotz der bereits in den 1870er-Jahren bestehenden Schulden Eduards von rund 100 000 Franken hielt sein Onkel Preiswerk bis zu seinem eigenen Tod 1895 weiterhin eine schützende Hand über seinen Neffen und räumte ihm Kredite ein.[75]

3.3 Das Versicherungsgeschäft – Ausweg oder Berufung?

> «Vereeniging maakt macht, en dus – Verdeeling, – machteloosheid.» [Vereinigung schafft Macht, und deshalb – Aufteilung, – Ohnmacht.]
>
> Eduard Burckhardt, 1878.[76]

So lautete das einprägsame Motto, mit dem Eduard Burckhardt dem holländischen Publikum den Vorteil von internationalen Versicherungs-Gesellschaften erklärte. Ob unter dem Druck der Erfolglosigkeit oder mit ungebremstem Optimismus, wachem Geschäftssinn und einer gewissen Abgebrühtheit, jedenfalls erschloss er sich bereits ab 1876 dieses neue Betätigungsfeld, das ihm von Stiefvater Stuckert her vertraut war. Er übernahm die Vertretung der grossen französischen Lebensversicherungs-Gesellschaft «Le Phénix», der Pariser Unfallversicherung «La Sécurité Générale» und der britischen Bürgschafts- und Unfallversicherung «London Guarantee & Accident Company Limited».[77] In zahlreichen Inseraten in ganz Holland bewarb er diese Angebote, zunächst als «Hauptagent», bald als «Generalagent für die Niederlande» mit einer Schar von Lokalvertretern in allen grossen Städten (Abb. 14–18).

In dieser neuen Funktion lief Eduard zu Hochform auf: Ein niederländischer Versicherungs-Patriot hatte anfangs April 1878 die volatilen Marktauftritte vieler ausländischer Versicherungs-Agenturen im «Nieuwe Rotterdamsche Courant» als betrügerische Angebote kritisiert. Eduard reagierte sofort mit einem langen Exposé im «Rotterdamsch Nieuwsblad» über die Seriosität und Effizienz der in Holland tätigen ausländischen Gesellschaften und lieferte sich mit dem Kontrahenten einen mehrfachen Leserbrief-Schlagabtausch jeweils über mehrere Spalten.[78] Dank der internationalen Bündelung einer viel grösseren Zahl an Beitragenden komme ein hohes Deckungskapital zusammen, und die Risikoberechnung sowie die Prämien für den Einzelnen würden wesentlich günstiger, als wenn man nur die Einwohnerzahl eines kleinen Landes wie Holland als Basis nähme; das sei bestens nachvollziehbar in den regelmässig publizierten Geschäftsberichten; man verhalte sich in jeder Beziehung wie einheimische Anbieter, unterstehe dem niederländischen Recht, und zudem könnten ja holländische Gesellschaften ihrerseits genauso ins Ausland expandieren.

Auf dem boomenden Versicherungsmarkt von Rotterdam war Eduard zwar nur einer von über 30 Konkurrenten, aber die Vehemenz, mit der er sich engagierte, kommunizierte und medial exponierte, war aussergewöhnlich. Seine Auftritte und sein Erfolg dürften ihn in der Branche zu einer bekannten Grösse gemacht haben, sodass er beruflich vorwärtskam. Am 19. Mai 1881 finden wir ihn in Schaerbeek bei Bruxelles

DE PHENIX.

Fransche Naamlooze Levens-Verzekering-Maatschappij,

gevestigd te Parijs, goedgekeurd bij besluiten van 9 Juni 1844, 25 Januari 1846 en 14 Juni 1851.

WAARBORGFONDS: Negen en negentig millioen francs.

(Kapitaal Fr. **4,000,000.** Reservefonds Fr. **26,428,923.52.** Premien Fr. **68,958,918.35**).

Loopende verzekeringen: 173 millioen francs.

Verzekering bij overlijden; verzekering bij leven na een bepaalden tijd, of bij vroeger overlijden, onmiddellijk ingaande lijfrenten en verzekeringen van uitgestelde renten en kapitalen.

De verzekerden genieten aandeel in de winsten.

Inlichtingen en prospectussen zijn te bekomen op het kantoor van het Hoofd-Agentschap: Wijnstraat 103, bij den Heer ED. BURCKHARDT.

☞ Actieve personen in de grootere plaatsen van het land, welke voor deze voordeelige en groote Maatschappij als **AGENT** willen werkzaam zijn, gelieven zich met franco brieven te adresseeren aan den Heer ED. BURCKHARDT, te Rotterdam.

Abb. 14 | Inserat «De Phénix» [Le Phénix] Lebensversicherungs-Gesellschaft im «Arnhemsche Courant» 63 1876 7004 vom 16.10.1876.

DE PHENIX.

Fransche Levensverzekering-Maatschappij.

Waarborgfonds:

HONDERDDERTIEN MILLIOEN FRANCS.

WINSTAANDEEL.

Over 1876 aan de Verzekerden uitgekeerd frs. 1,000,379,45 of 3 pct. (bij de gemengde verzekeringen 3 1/2 pct.) over de *totaalbedragen.* Van *alle betaalde premiën*, waarover sinds 1868 *jaarlijks* gemiddeld 3,48 pct. (bij de gemengde verzekeringen 4.18 pct.) is uitgekeerd. = De verzekerden ontvangen dus jaarlijks *rente* over *alle* door hen gedane betalingen.

N. B. *De Maatschappij geeft Hollandsche Contracten af en onderwerpt zich aan de rechtspleging der Nederlandsche Rechtbanken.*

Inlichtingen en Prospectussen zijn te bekomen bij den Heer **BERNHARD I. JANSEN**, Nieuweweg, 13, Agent der Maatschappij voor Leeuwarden en Omstreken, en bij den Heer Ed. **BURCKHARDT**, Inspecteur, *Rotterdam*, 103, Wijnstraat.

Abb. 15 | Inserat «De Phénix» [Le Phénix] Lebensversicherungs-Gesellschaft im «Leeuwarder Courant» 1877 138 Beil. vom 27.11.1877.
Es informierte, dass bei der Hauptagentur des Herrn Ed. Burckhardt an der Wijnstraat 103 in Rotterdam Auskünfte und Prospekte erhältlich seien; zudem sollen sich aktive Leute, die für diese hervorragende und grosse Gesellschaft arbeiten möchten, schriftlich bei ihm melden. Der Lokalagent Jansen warb mit Verweis auf Herrn «Inspecteur» Ed. Burckhardt in Rotterdam und betonte, dass das Unternehmen niederländische Verträge ausstellte und dem niederländischen Recht unterlag.

LONDON GUARANTEE & ACCIDENT COMPANY LIMITED.

Opgericht 1869. — Kapitaal f 1380000. — Reserve f 144000.

1e Afdeeling, BORGSTELLING. Deze Maatschappij geeft tegen betaling van Premie **Borgstelling** voor betrekkingen, als b. v. kashouder, geëmployeerde, looper, geldbeheerder, zaakgelastigde, reiziger, klerk, agent, depothouder, gevolmachtigde, secretaris, directeur, enz. enz. Zij sluit ook met groote handelslichamen **Open Polissen,** vrijwarend tegen elk verlies, ontstaan door oneerlijkheid van ondergeschikten.

NB. De borgstellingen dezer Maatschappij worden door het Engelsche Gouvernement voor de publieke betrekkingen aangenomen, hetgeen een voldoend bewijs van soliditeit is.

2e Afdeeling, ONGEVALLEN. De Maatschappij verzekert ruime schadeloosstellingen ingeval van persoonlijke ongelukken, onverschillig hoe of waar gekregen, mits binnen *Europa.* Zeer geringe jaarlijksche Premiën. Inlichtingen *gratis* bij den Generaal-Agent voor *Nederland*, ED. BURCKHARDT, 103 Wijnstraat. *Rotterdam.*

☞ Bankiers der Maatschappij voor *Nederland: De Rotterdamsche Bank.*
(AGENTEN gevraagd.) (6113)

Abb. 16 | Inserat «London Guarantee & Accident Company Limited» im «Het vaderland» 10 1878 163 vom 13.7.1878.
Eduard Burckhardt als Generalagent für die Niederlande der «London Guarantee & Accident Company limited» [Londoner Bürgschafts- und Unfallversicherungs-Gesellschaft] informierte das Publikum, dass diese von der englischen Regierung anerkannt sei und mit der «De Rotterdamsche Bank» zusammenarbeite.

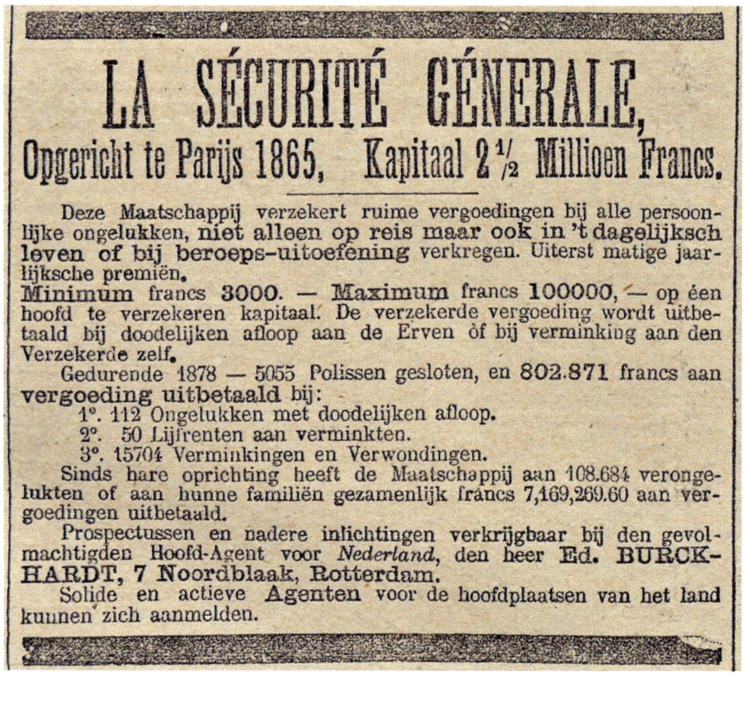

LA SÉCURITÉ GÉNERALE,

Opgericht te Parijs 1865, Kapitaal 2 1/2 Millioen Francs.

Deze Maatschappij verzekert ruime vergoedingen bij alle persoonlijke ongelukken, **niet alleen op reis maar ook in 't dagelijksch leven of bij beroeps-uitoefening** verkregen. Uiterst matige jaarlijksche premiën.

Minimum francs **3000.** — **Maximum** francs **100000,**— op één hoofd te verzekeren kapitaal. De verzekerde vergoeding wordt uitbetaald bij doodelijken afloop aan de Erven òf bij verminking aan den Verzekerde zelf.

Gedurende 1878 — 5055 Polissen gesloten, en **802.871** francs aan **vergoeding uitbetaald** bij:

1°. 112 Ongelukken met doodelijken afloop.
2°. 50 Lijfrenten aan verminkten.
3°. 15704 Verminkingen en Verwondingen.

Sinds hare oprichting heeft de Maatschappij aan 108.684 verongelukten of aan hunne familiën gezamenlijk francs 7,169,269.60 aan vergoedingen uitbetaald.

Prospectussen en nadere inlichtingen verkrijgbaar bij den gevolmachtigden Hoofd-Agent voor *Nederland*, den heer **Ed. BURCKHARDT, 7 Noordblaak, Rotterdam.**

Solide en actieve **Agenten** voor de hoofdplaatsen van het land kunnen zich aanmelden.

Abb. 17 | Inserat «La Sécurité Générale» im «Het nieuws van de dag: kleine courant» 1880 3116 vom 24.4.1880.
Eduard Burckhardt als Hauptagent für die Niederlande an neuer Adresse Noordblaak 7.

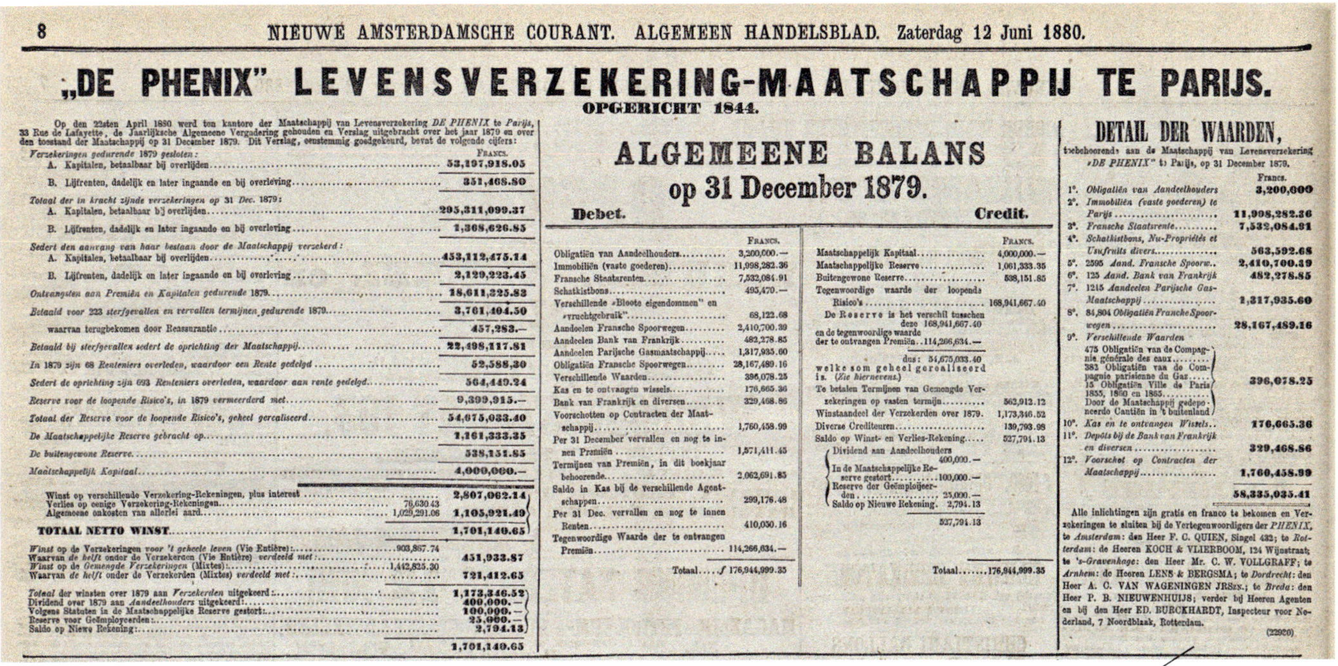

8 NIEUWE AMSTERDAMSCHE COURANT. ALGEMEEN HANDELSBLAD. Zaterdag 12 Juni 1880.

„DE PHENIX" LEVENSVERZEKERING-MAATSCHAPPIJ TE PARIJS.

OPGERICHT 1844.

Op den 22sten April 1880 werd ten kantore der Maatschappij van Levensverzekering *DE PHENIX* te *Parijs*, 33 Rue de Lafayette, de Jaarlijksche Algemeene Vergadering gehouden en Verslag uitgebracht over het jaar 1879 en over den toestand der Maatschappij op 31 December 1879. Dit Verslag, eenstemmig goedgekeurd, bevat de volgende cijfers:

		Francs.
Verzekeringen gedurende 1879 *gesloten:*		
A. Kapitalen, betaalbaar bij overlijden		53,197,918.05
B. Lijfrenten, dadelijk en later ingaande en bij overleving		351,468.80
Totaal der in kracht zijnde verzekeringen op 31 *Dec.* 1879:		
A. Kapitalen, betaalbaar bij overlijden		295,311,099.37
B. Lijfrenten, dadelijk en later ingaande en bij overleving		1,368,626.85
Sedert den aanvang van haar bestaan door de Maatschappij verzekerd:		
A. Kapitalen, betaalbaar bij overlijden		453,112,475.14
B. Lijfrenten, dadelijk en later ingaande en bij overleving		2,129,223.45
Ontvangsten aan Premiën en Kapitalen gedurende 1879		18,611,225.83
Betaald voor 223 *sterfgevallen en vervallen termijnen gedurende* 1879		3,761,404.50
waarvan terugbekomen door Reassurantie		457,283.—
Betaald bij sterfgevallen sedert de oprichting der Maatschappij		22,498,117.81
In 1879 *zijn* 68 *Renteniers overleden, waardoor een Rente gedelgd*		52,588,30
Sedert de oprichting zijn 693 *Renteniers overleden, waardoor aan rente gedelgd*		564,449.24
Reserve voor de loopende Risico's, in 1879 *vermeerderd met*		9,399,915.—
Totaal der Reserve voor de loopende Risico's, geheel gerealiseerd		54,675,033.40
De Maatschappelijke Reserve gebracht op		1,161,333.35
De buitengewone Reserve		538,151.85
Maatschappelijk Kapitaal		4,000,000.—
Winst op verschillende Verzekering-Rekeningen, plus interest		2,807,062.14
Verlies op eenige Verzekering-Rekeningen	76,630.43	
Algemeene onkosten van allerlei aard	1,029,291.06	1,105,921.49
TOTAAL NETTO WINST		1,701,140.65
Winst op de Verzekeringen voor *'t geheele leven* (Vie Entière)	903,867.74	
Waarvan *de helft* onder de Verzekerden (Vie Entière) *verdeeld met*		451,933.87
Winst op de *Gemengde Verzekeringen* (Mixtes)	1,442,825.30	
Waarvan *de helft* onder de Verzekerden (Mixtes) *verdeeld met*		721,412.65
Totaal der winsten over 1879 aan *Verzekerden* uitgekeerd		1,173,346.52
Dividend over 1879 aan *Aandeelhouders* uitgekeerd		400,000.—
Volgens Statuten in de Maatschappelijke Reserve gestort		100,000.—
Reserve voor Geëmployeerden		25,000.—
Saldo op Niewe Rekening		2,794.13
		1,701,140.65

ALGEMEENE BALANS op 31 December 1879.

Debet.	Francs.
Obligatiën van Aandeelhouders	3,200,000.—
Immobiliën (vaste goederen)	11,998,282.36
Fransche Staatsrenten	7,532,084.91
Schatkistbons	495,470.—
Verschillende „Bloote eigendommen" en „vruchtgebruik"	68,122.68
Aandeelen Fransche Spoorwegen	2,410,700.39
Aandeelen Bank van Frankrijk	482,278.85
Aandeelen Parijsche Gasmaatschappij	1,317,935.60
Obligatiën Fransche Spoorwegen	28,167,489.16
Verschillende Waarden	396,078.25
Kas en te ontvangen wissels	176,665.36
Bank van Frankrijk en diversen	329,468.86
Voorschotten op Contracten der Maatschappij	1,760,458.99
Per 31 December vervallen en nog te innen Premiën	1,571,411.45
Termijnen van Premiën, in dit boekjaar behoorende	2,062,691.85
Saldo in Kas bij de verschillende Agentschappen	299,176.48
Per 31 Dec. vervallen en nog te innen Renten	410,050.16
Tegenwoordige Waarde der te ontvangen Premiën	114,266,634.—
Totaal	ƒ 176,944,999.35

Credit.	Francs.
Maatschappelijk Kapitaal	4,000,000.—
Maatschappelijke Reserve	1,061,333.35
Buitengewone Reserve	538,151.85
Tegenwoordige waarde der loopende Risico's	168,941,667.40
De Reserve is het verschil tusschen deze 168,941,667.40 en de tegenwoordige waarde der te ontvangen Premiën. . 114,266,634.— dus: 54,675,033.40 welke som geheel gerealiseerd is. (*Zie hiernevens.*)	
Te betalen Termijnen van Gemengde Verzekeringen op vasten termijn	562,912.12
Winstaandeel der Verzekerden over 1879.	1,173,346.52
Diverse Crediteuren	139,793.98
Saldo op Winst- en Verlies-Rekening	527,794.13
Dividend aan Aandeelhouders 400,000.—	
In de Maatschappelijke Reserve gestort 100,000.—	
Reserve der Geëmploijeerden 25,000.—	
Saldo op Nieuwe Rekening. 2,794.13	
527,794.13	
Totaal	176,944,999.35

DETAIL DER WAARDEN,

toebehoorende aan de Maatschappij van Levensverzekering „*DE PHENIX*" te Parijs, op 31 December 1879.

		Francs.
1°.	*Obligatiën van Aandeelhouders*	3,200,000
2°.	*Immobiliën (vaste goederen) te Parijs*	11,998,282.36
3°.	*Fransche Staatsrente*	7,532,084.91
4°.	*Schatkistbons, Nu-Propriétés et Usufruits divers*	563,592.68
5°.	2595 *Aand. Fransche Spoorw.*	2,410,700.39
6°.	125 *Aand. Bank van Frankrijk*	482,278.85
7°.	1215 *Aandeelen Parijsche Gas-Maatschappij*	1,317,935.60
8°.	84,804 *Obligatiën Fransche Spoorwegen*	28,167,489.16
9°.	*Verschillende Waarden* 475 Obligatiën van de Compagnie générale des eaux; 382 Obligatiën van de Compagnie parisienne du Gaz; 15 Obligatiën Ville de Paris 1855, 1860 en 1865; Door de Maatschappij gedeponeerde Cautiën in 't buitenland	396,078.25
10°.	*Kas en te ontvangen Wissels*	176,665.36
11°.	*Depôts bij de Bank van Frankrijk en diversen*	329,468.86
12°.	*Voorschot op Contracten der Maatschappij*	1,760,458.99
		58,335,935.41

Alle inlichtingen zijn gratis en franco te bekomen en Verzekeringen te sluiten bij de Vertegenwoordigers der *PHENIX*, te *Amsterdam*: den Heer F. C. QUIEN, Singel 432; te *Rotterdam*: de Heeren KOCH & VLIERBOOM, 124 Wijnstraat; te *'s-Gravenhage*: den Heer Mr. C. W. VOLLGRAFF; te *Arnhem*: de Heeren LENS & BERGSMA; te *Dordrecht*: den Heer A. C. VAN WAGENINGEN JRSzn.; te *Breda*: den Heer P. B. NIEUWENHUIJS; verder bij Heeren Agenten en bij den Heer ED. BURCKHARDT, Inspecteur voor Nederland, 7 Noordblaak, Rotterdam.

(22920)

Abb. 18 | Inserat «De Phénix» [Le Phénix] Lebensversicherungs-Gesellschaft im «Nieuwe Amsterdamsche Courant. Algemeen Handelsblad» 1880 15617 vom 12.6.1880. Publikation der Bilanz, gezeichnet von deren Agenturen in Amsterdam, Rotterdam, 's-Gravenhage (Den Haag), Arnhem, Dordrecht und Breda sowie dem «für die Niederlande verantwortlichen Inspecteur Ed. Burckhardt».

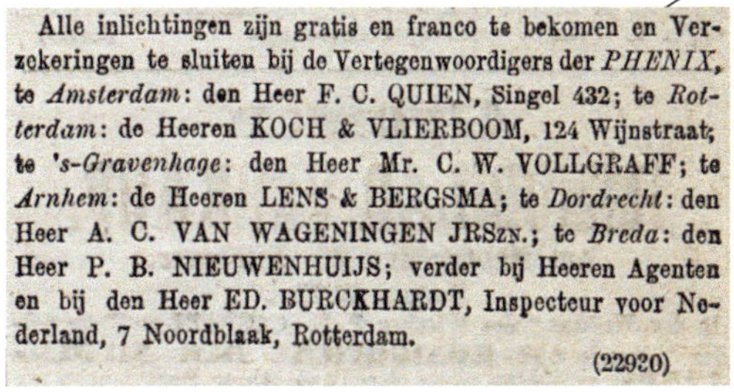

Alle inlichtingen zijn gratis en franco te bekomen en Verzekeringen te sluiten bij de Vertegenwoordigers der *PHENIX*, te *Amsterdam*: den Heer F. C. QUIEN, Singel 432; te *Rotterdam*: de Heeren KOCH & VLIERBOOM, 124 Wijnstraat; te *'s-Gravenhage*: den Heer Mr. C. W. VOLLGRAFF; te *Arnhem*: de Heeren LENS & BERGSMA; te *Dordrecht*: den Heer A. C. VAN WAGENINGEN JRSzn.; te *Breda*: den Heer P. B. NIEUWENHUIJS; verder bij Heeren Agenten en bij den Heer ED. BURCKHARDT, Inspecteur voor Nederland, 7 Noordblaak, Rotterdam.

(22920)

als einen von vier Trauzeugen bei einer belgisch-holländischen Hochzeit eines Guillaume Hanciau, «Inspecteur général de la Cie belge d'assurances sur la vie ‹L'Union›».[79] Guillaume Hanciau-von Saher war ein Berufskollege, denn Eduard wurde in den «Almanachs du Commerce et de l'Industrie» von Bruxelles und Umgebung von 1882 bis 1884 ebenfalls als «Inspecteur général» geführt. Er vertrat die französische Lebens- und Unfallversicherung «La Providence à Paris, assurance vie et accidents» an der Place De Brouckère 29 (Abb. 19), eine sehr grosse, französische Versicherungsgesellschaft.[80]

Auch Bruxelles zählte in den 1880er-Jahren mit über 160 000 fast dreimal so viele Einwohner wie Basel. Die Stadt war das florierende politische, kulturelle und finanzielle Zentrum des jungen belgischen Königreiches, das sich seit der Mitte des Jahrhunderts zum reichen «Brückenkopf der kontinentalen Industrialisierung» entwickelt hatte.[81] Eduard Burckhardt dürfte sich hier erneut in einem lukrativen Umfeld bewegt haben. Er war nun beruflich in eine respektable Position bei einer noch grösseren, französischen Versicherungsgesellschaft avanciert. Als Generalinspektor gehörte er zum oberen Kader und zeichnete verantwortlich für die territoriale Expansion der Gesellschaft.[82]

Es lag nahe, dass man sich des polyglotten Baslers bediente, um den verlorenen Westen Frankreichs zu bearbeiten. Denn aus zwei Briefen von 1884 und 1886 an Cousin Eugen Im Hof in Schaffhausen erschliesst sich, dass Eduard häufiger von Bruxelles aus in Elsass-Lothringen mit Etappen in Basel unterwegs war:[83]

> «[…] Meine Geschäfte bringen es mit sich, dass ich fast fortwährend auf Reisen sein muss & wenig Ruhe habe; am letzten Mittwoch musste ich von Basel nach Metz & finde erst heute einige ruhige Augenblicke, um diese Zeilen zu schreiben. Ich hoffe aber bald wieder in der Schweiz zurückgekehrt zu sein & es ist mir vielleicht nächstens einmal gestattet, einen Besuch bei euch in Schaffhausen machen zu können […]»

Da er nach seiner erneuten Etablierung in Basel weiterhin mit französischen und später englischen Versicherungen arbeitete, dürfte er auch die Metropolen Paris und London gut gekannt haben; insbesondere sind auch längere Aufenthalte in Paris belegt.[84] 1886 hatte Eduard Burckhardt allerdings genug von der Herumreiserei und beschloss, sich wieder in der Heimat zu etablieren. Am Ende dieses Lebensabschnitts belasteten ihn einerseits Schulden in Gesamtbetrag von rund 100 000 Franken: das Darlehen seiner

Abb. 19 | Bruxelles: Place de Brouckère zwischen 1893 und 1897.
Der Platz wurde im Zuge der Monumentalisierung der belgischen Hauptstadt ab 1871 zwischen repräsentativen Boulevards völlig neu gestaltet; in der Mitte brach man die barocke Église des Augustins ab, und die Randbebauung bildeten Luxushotels wie das Continental (links) und Métropole (rechts) sowie Geschäfts- und grossbürgerliche Wohnhäuser in eklektisch-modernem Stil. Eduard Burckhardt residierte als «Inspecteur général» der französischen Versicherungsgesellschaft «La Providence» im Haus Nr. 29 neben dem Métropole.

Stiefeltern von 20 000 Franken sowie eines von Onkel Eduard Preiswerk von 80 000 Franken; immerhin konnte er alles durch Lebensversicherungs-Policen, die er seinen Verwandten verpfändete, absichern und verfügte daneben über Wertpapiere im Betrag von ca. 11 000 Franken (Tabelle 11).[85] Solange innerhalb der Familie und ihrer Basler Kreise weder Bedarf noch Interesse daran bestand, an diesen Verhältnissen etwas zu ändern oder diese gar an die Öffentlichkeit dringen zu lassen, konnte Eduard als erfolgreicher Geschäftsmann und «wohlhabender Junggeselle»[86] in Gelassenheit seinen Wiedereinstieg angehen.

4. Der «wohlhabende Junggeselle» kehrt nach Basel zurück (1886–1894)

4.1 Fuss fassen: die Agentur «Ed. Burckhardt» als eigene Firma

> «Hier [in Basel] logiere ich in meinem Zimmer, das die liebe Grossmama [Susanna Burckhardt-Im Hof] so freundlich war, zu meiner Verfügung zu stellen.»
>
> Eduard Burckhardt, 1884.[1]

Als die Bürgerkontrolle in Basel Eduard Burckhardt bei seiner Rückkehr am 13. April 1886 erneut erfasste, war er reife 40 Jahre alt, Kaufmann und immer noch ledig.[2] Vorübergehend zog er in das Haus an der Missionsstrasse 23 ein, in dem ihm seine Stiefgrossmutter stets ein Zimmer reserviert hatte, in unmittelbarer Nachbarschaft zu Onkel Preiswerk, dem nun das ganze Landgut gehörte.[3] Eduard kannte seinen Wert, trat selbstbewusst, kommunikativ und überzeugend auf und verfügte über einen breiten Erfahrungshorizont in führenden Ländern Europas.

Er kehrte in eine Stadt zurück, die einen grossen Schritt in die Moderne geschafft hatte, indem sie 1875 endlich mit Verfassung, Verwaltungs- und Rechtssystem den eidgenössisch-liberalen Standard nachvollzogen hatte. Basel zählte nun rund 70 000 Einwohner und galt nach Genf als «zweitgrösste und wohlhabendste Stadt der Schweiz». Anstelle der mittelalterlichen Mauern und Gräben umsäumte ein Promenaden- und Strassengürtel die Altstadt; letztere war immer noch «altertümlich gebaut, mit engen krummen Gassen, und trägt die Eigenart der alten deutschen Reichsstädte».[4] Ausserhalb des Rings trieb man den planmässigen Ausbau von neuen Wohnquartieren und Villenkomplexen voran. Neben der traditionellen Seidenbandweberei wuchs in atemberaubendem Tempo ein neuer Industriezweig: Zur Produktion von synthetischen Farben der Firmen von Alexander Clavel (ab 1859) und J. R. Geigy-Merian (ab 1864) kamen 1886 die «Sandoz» sowie die «Hoffmann, Traub & C°», die heutige «Roche», mit dem Handel und der Herstellung von pharmazeutischen und chemischen Produkten hinzu.[5]

Neben den «alten Familien» des Patriziats mit ihren «Bändelherren» (Seidenbandfabrikanten) und den in aller Welt investierenden Banquiers prägten neue, vermögende Unternehmerfamilien wie die Clavels das gesellschaftliche Leben der Stadt. Gute Aufstiegs- und Verdienstmöglichkeiten für eine wachsende Mittelschicht boten sich in den Verwaltungen, im Verkehrssektor, im boomenden Architektur-, Bau- und Kulturbereich, in der Maschinen- und Werkzeugherstellung sowie für selbständige Ärzte, Juristen, Fotografen, Kunsthandwerker, Einzelhändler. Diese aufstrebenden Schichten reisten, lasen Zeitungen und abonnierten Magazine wie die «Revue des deux mondes» oder «Vom Fels zum Meer», die Neuheiten und Wissenswertes aus aller Welt verkündeten – auch Eduard Burckhardt sammelte diese Kulturzeitschriften.[6] Die steigende, städtische Nachfrage nach modernen Produkten und Geräten aus dem Ausland befriedigten zahlreiche kleinere, z. T. temporär oder saisonal auftretende Agenten. Im Adressbuch von 1887 figurierten gegen 100 «Allgemeine Agenturen», die nicht einer spezifischen Branche zudienten. Die Bildung integrierter Handelsketten steckte noch in den Anfängen, und das erste Warenhaus mit festem Angebot entstand in Basel erst 1895.[7] Um Versicherungskunden konkurrierten 60 «Versicherungs-Agenturen».[8]

Angesichts des lebhaften Wettbewerbs auf dem Basler Markt musste Eduard Burckhardt mit einem besonderen Profil antreten, um sich geschäftlich zu etablieren: Am 15. Dezember 1886 gründete er an seinem Wohnsitz die Firma «Ed. Burckhardt, Generalinspektion und Vertretung der Lebensversicherungs-Gesellschaft ‹L'Urbaine› und der Unfallversicherungs-Gesellschaft ‹L'Urbaine et la Seine in Paris›. Agenturen»; er konnte diese Vertretung von «Wm. Oser, Freiestr. 70, Kommission u. Agentur etc. [...]» übernehmen.[9] Betrachtet man Eduards Ergebnisse bei den Feuerversicherungen, für welche Zahlen vorliegen, so wusste er erfolgreich eine gesteigerte Nachfrage zu nutzen, die sich parallel zum Immobilienboom entwickelte – in diesem Fall als Regionalvertreter der «L'Urbaine, compagnie française d'assurances contre l'incendie»: Die Firma «Wm. Oser» meldete der Stadtverwaltung am 6. Januar 1887 einen Bestand von 120 Policen mit einem Versicherungswert von 3 850 000 Franken; am 22. Januar 1892, als die «Ed. Burckhardt» die Sparte an die Firma «C. Im Obersteg» abgab, waren es 182 Policen mit einem Versicherungswert von 6 516 497 Franken.[10]

Eduard startete nicht alleine, sondern verband sich mit einem weiteren Cousin und Preiswerk-Neffen, dem um 13 Jahre jüngeren Ernst Stähelin-Linder (1860–1938) (Abb. 2),[11] Sohn des Kaufmanns Samuel Stähelin-Burckhardt (1824–1892).[12] Ernst war mit sei-

Tabelle 1 | Die kantonalen Rechtsdomizile der von der «Ed. Burckhardt» vertretenen Versicherungen von 1887–1893.

Die kantonalen Rechtdomizile für die «L'Urbaine, Compagnie française d'assurances sur la vie»:

Kanton	Eröffnung	letzte Mutation	Rechtsdomizile 1893
Aargau	01.03.1887	–	G. Zimmerli, Oftringen
Basel-Stadt	01.03.1887	–	Ed. Burckhardt, Basel
Bern	01.03.1887	21.01.1890	Rod. Mosimann, Notar, Bern
Fribourg	01.03.1887	21.01.1890	Antoine Moosbrugger, Fribourg
Genève	01.03.1887	–	Nicole & Naef, Genève
Luzern	01.03.1887	–	Henri J. Mahler, Luzern
Neuchâtel	01.03.1887	21.01.1890	Erhart Lambert, avocat, Neuchâtel
Obwalden	01.03.1887	–	Major R. Kuechler, Alpnacht
Sankt Gallen	01.03.1887	04.08.1892	Maurice Guggenheim, Sankt Gallen
Schaffhausen	01.03.1887	08.12.1891	E. Wimmersberger, Schaffhausen
Schwyz	01.03.1887	–	Bachmann, Notar, Wollerau
Solothurn	01.03.1887	–	Th. Mayer, Advokat, Solothurn
Tessin	01.03.1887	–	Giacomo Biaggi, Lugano
Thurgau	01.03.1887	22.09.1890	Ch. Meier, Märstetten
Unterwalden	01.03.1887	–	R. Fluri, Gemeindeschreiber, Stans (Oberdorf)
Vaud	01.03.1887	04.08.1892	De la Harpe & Chatenalat, Lausanne
Wallis	01.03.1887	04.08.1892	–
Zürich	01.03.1887	–	Palmert & Cie, Zürich
	01.03.1887	22.12.1888	M. Aebly, Zürich
Glarus	22.09.1890	–	L. Risch-Oettli, Hätzingen

Quellen: SHAB V 1887 22, 159 vom 1.3.1887; SHAB VI 1888 138, 1003 vom 22.12.1888; SHAB VIII 1890 9, 45 vom 21.1.1890; SHAB VIII 1890 136, 685 vom 22.9.1890; SHAB X 1892 173, 695 vom 4.8.1892.

Die kantonalen Rechtdomizile für die «L'Urbaine et la Seine, Compagnie française d'assurances contre les accidents»:

Kanton	Eröffnung	letzte Mutation	Rechtsdomizile 1893
Aargau	01 .03.1887	–	G. Zimmerli, Oftringen
Basel-Stadt	01.03.1887	–	Ed. Burckhardt, Basel
Bern	01.03.1887	–	Gysin & Borel, Bern
Genève	01.03.1887	–	Nicole & Naef, Genève
Neuchâtel	01.03.1887	18.10.1890	Ferdinand Landry, Neuchâtel
Sankt Gallen	01.03.1887	18.10.1890	Ch. Specker & Cie, Banquiers, Sankt Gallen
Schaffhausen	01.03.1887	–	Emil Grieshaber, Hallau
Solothurn	01.03.1887	–	Th. Mayer, Advokat, Solothurn
Thurgau	01.03.1887	18.10.1890	Ch. Meier, Märstätten
Vaud	01.03.1887	–	Th.H. Blanchoud, Lausanne
Wallis	01.03.1887	–	Dr J.M. Bürcher, Advokat, Brig
Zürich	01.03.1887	–	H. Furrer-Tobler, Zürich
Glarus	18.10.1890	–	L. Risch-Oettli, Hätzingen

Quellen: SHAB V 1887 22, 159 vom 1.3.1887; SHAB VIII 1890 150, 743 vom 18.10.1890.

nen 27 Jahren ebenfalls kein Anfänger mehr, sodass zwei erfahrene Kaufleute zusammenspannten. Am 18. Juli 1887 erteilte Eduard als Eigentümer der «Ed. Burckhardt» Ernst die Prokura (Unterschriftsberechtigung); gleichentags gründeten die beiden eine Agentur als Kollektivgesellschaft unter der Firma «Ernst Staehelin & Cie».[13]

Die «Ed. Burckhardt» konzentrierte sich geschäftlich ganz auf die in der Schweiz bereits gut etablierten, französischen «L'Urbaine»-Versicherungen; als landesweit zuständiger «General-Inspector» dürfte Eduard ein reguläres Gehalt bezogen haben. Zudem verfügte er schon zum Start über ein ausgedehntes Netz an kantonalen Rechtsdomizilen (Tabelle 1). Neben einigen Mutationen kam effektiv bis 1893 nur der Kanton Glarus dazu, und 1892 gab man das Rechtsdomizil für die Lebensversicherung im Wallis auf.

Die beiden Partner brauchten etwas Zeit, bis sie ihre geschäftspolitische Ausrichtung und Arbeitsteilung gefunden hatten. Neben den «L'Urbaine»-Versicherungen vermarktete die Agentur «Ernst Staehelin & Cie» amerikanische Schreibmaschinen der Marke «Hammond» (Abb. 20). Deren Funktionsprinzip und exotisches Design hob sie von den bekannteren Konkurrenten wie «Remington» und «Caligraph» deutlich ab; sie erzielte in den weltweit propagierten Schnellschreib-Wettbewerben der 1880er-Jahre ähnlich gute Resultate wie die Marktführer.[14]

Per 1889 zog Ernst Stähelin von der Missionsstrasse 23 an den Leonhardsgraben 20.[15] Er betätigte sich unter der Firma seines Namens in Basel zwischen 1888 und 1901 primär als Velociped-Händler und vertrat hochpreisige, englische Marken wie «Humber», «Beeston» oder «Coventry» (Abb. 21). Ein weiteres, auch für Fahrradfahrende nützliches Produkt waren «Noth-Verband-Kapseln [im Westentaschen-Format]», die er über Inserate in der «Neuen Zürcher Zeitung» und in der «Illustrierten schweizerischen Handwerker-Zeitung» bewarb.[16]

Das Geschäft mit Velocipeden erwies sich als äusserst saisonabhängig:[17] Die Kundschaft kaufte ein Fahrrad zu Beginn der schönen Jahreszeit, aber im Herbst lief nichts mehr und die Verkäufer blieben öfters auf einem Teil der Ware sitzen. Die in Basel domizilierten Händler, die sich längerfristig etablieren konnten, tauchten regelmässig gegen Ende Jahr in der Liste der Anträge auf Konkurseröffnung auf, d. h. sie bestellten anfangs Jahr bei den Fabriken und schoben dann die Zahlungen bis zur dritten Mahnung auf, wenn sie nicht genügend absetzen konnten.[18] Sie versuchten, die Umsatzlücke mit ähnlich gelagerten, technischen Gebrauchsgütern zu kompensieren, die erfahrungsgemäss eher im Herbst und Winter nachgefragt wurden. Insbesondere der Import von Schreib- und Nähmaschinen eignete sich dafür, beides Geräte, die auch bei «Ernst Staehelin & Cie» zu haben waren.[19] Wie viele andere nutzte diese die Kundenkontakte, um nebenbei Versicherungen zu vermarkten, neben der «L'Urbaine» (Abb. 22–23) kurzzeitig zwischen 1887 und 1889 als Vertretung der «Sächsischen

Abb. 20 | Inserat für «Hammond» Schreibmaschinen im AB-BS 1887, Abschnitt Werbung, 8 für das «General-Dépôt und Agentur der ‹Hammond› Schreibmaschine» an der Missionsstrasse 23. Analoge Anzeigen erschienen auch in der NZZ unter «Ernst Stähelin & Cie, Basel» mit dem Tipp: «Nützliches Weihnachtsgeschenk für Studirende, Kaufleute und Alle, welche viel zu schreiben haben, auch für Blinde und solche, die an Schreibkrampf leiden».

Abb. 21 | Inserat englische «Vélocipèdes» der «Ernst Staehelin & Co» in «Der Bund» 39 1888 89 vom 30.3.1888. Das Velo war die persönliche Leidenschaft von Ernst Stähelin; neben dem Niederrad (Bicyclettes) und Tricycles waren zu dieser Zeit noch Hochräder (Bicycles) für akrobatisch begabte Sportfahrer aktuell.

L'URBAINE
Compagnie d'Assurance sur la Vie
à Paris.
Agence générale
Ernest Staehelin
23 Rue des Missions.

Abb. 22 | Inserat «L'Urbaine» Lebensversicherungs-Gesellschaft von «Ernest Staehelin» im AB-BS 1888, Abschnitt Werbung, 11.
Die «Ernst Staehelin» trat als General-Agent für die Lebensversicherungs-Gesellschaft «L'Urbaine» auf. Das Rechtsdomizil lag bei der «Ed. Burckhardt», s. Tabelle 1.

L'URBAINE
Lebensversicherungsgesellschaft in Paris.
Gewährleistungsfond . . . . . Fr. 55 Millionen,
Versicherungs-Bestand . . . . . „ 232 „
Prospecte und Tarife stehen gerne zu Diensten und steht zu jeder Auskunft gerne bereit:
Der Generalagent: ***Ernst Staehelin,*** *Leonhardsgraben 20.*
Der Hauptagent: ***Emil Erismann,*** *Theodorsgraben 10.*
General-Inspector für die Schweiz: ***Ed. Burckhardt,*** *Missionsstrasse 23.*

Abb. 23 | Inserat «L'Urbaine» Lebensversicherungs-Gesellschaft im AB-BS 1889, Abschnitt Werbung, 9.
Die Hierarchie im Geschäft mit der Lebensversicherungs-Gesellschaft «L'Urbaine» wird gegenüber der Kundschaft eindeutig kommuniziert: Ed. Burckhardt ist der übergeordnete «General-Inspector für die Schweiz», während sein Partner und ein weiterer Vermittler das Tagesgeschäft in der Region Basel betreuen.

Vieh-Versicherungs-Bank» sowie 1890 der «The Union Marine Insurance C° Limited of Liverpool».[20]

Per 1891 musste auch Eduard Burckhardt die Missionsstrasse 23 verlassen, als sein erfolgreicher Cousin Wilhelm Preiswerk-Imhoff (1858–1938) (Abb. 82),[21] Sohn von Onkel Eduard Preiswerk, nach seiner Heirat das Haus zur Residenz ausbaute. Eduard zog provisorisch an die Austrasse 90, wo jedoch der Platz für Geschäftsaktivitäten fehlte.[22] Um 1893 mietete er ein gediegenes Bürgerhaus mit Garten und Herrschaftsfassade an der Austrasse 85, das zu einer Grossüberbauung des legendären Bauunternehmers und Liegenschaftsspekulanten Gregor Staechelin-Allgeier (1852–1929)[23] gehörte. 1895 erwarb Eduard die Liegenschaft, allerdings finanziert mit der Aufnahme von Hypotheken im Gesamtbetrag von 50 000 Franken (Abb. 24–25).[24]

Nach grossbürgerlicher Gepflogenheit umsorgte ihn ab etwa 1891 als Haushälterin die zehn Jahre ältere Pfarrerswitwe Susanna Adèle Reuther-Hindenlang (1837–?),[25] und zwar in einem etwas besonderen Arrangement. Adèle war 1866 dem württembergischen Schuhmacher und Pastor Hermann Reuther (1836–1884) als Ehefrau in die Kolonie Santa Leopoldina im brasilianischen Staat Espirito Santo zugesandt worden. Auf dem unfruchtbaren Terrain hatte man 1857 protestantische Aussiedler aus der Schweiz platziert, nachdem sie von Auswanderungsagenten betrogen

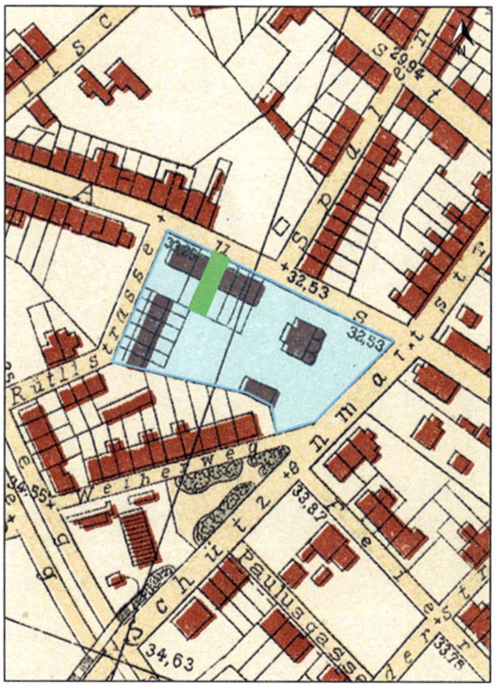

Abb. 24 | Übersichtsplan zur Austrasse 85 von 1896 gemäss Geodaten Kanton Basel-Stadt, map.geo.bs.ch (Ausdruck vom 22.12.2023); Massstab 1:1500.

Abb. 25 | Eduard Burckhardts Wohn- und Geschäftshaus 1893–1897 an der Austrasse 85 im heutigen, äusserlich unveränderten Zustand.

Basel den 9ten August 1897

Tit Civilgerichtsschreiberei
Basel

Ich erlaube mir Ihnen zu Handen der Hinterlassenschaft von Herrn Burckhardt selig Kenntniss zu geben, dass zwischen dem Verstorbenen und mir seiner Zeit eine Vereinbarung getroffen worden ist, wonach Herrn Burckhardt mir in seinem Hause 85 Austrasse drei Zimmer nebst Küche und Zubehörde unentgeltlich überliess und mir monatlich Frs. 20 – bezahlt, wogegen ich Herrn Burckhardt das ganze Haus einschliesslich seiner Bureaus, seines Appartements und seiner Haushaltung besorgte.

Durch den Tod des Herrn Burckhardt wird nun dieses Verhältnis aufhören. Ich wäre aber sehr froh, wenn ich bis Ende des Jahres in den von mir inne gehaltenen Räumlichkeiten bleiben könnte und hoffe, dass dies zu den bisherigen Bedingungen geschehen könne.
Die Besorgung des Hauses und des Mobiliars würde ich natürlich bis dahin übernehmen.

Achtungsvoll
A. Reuther

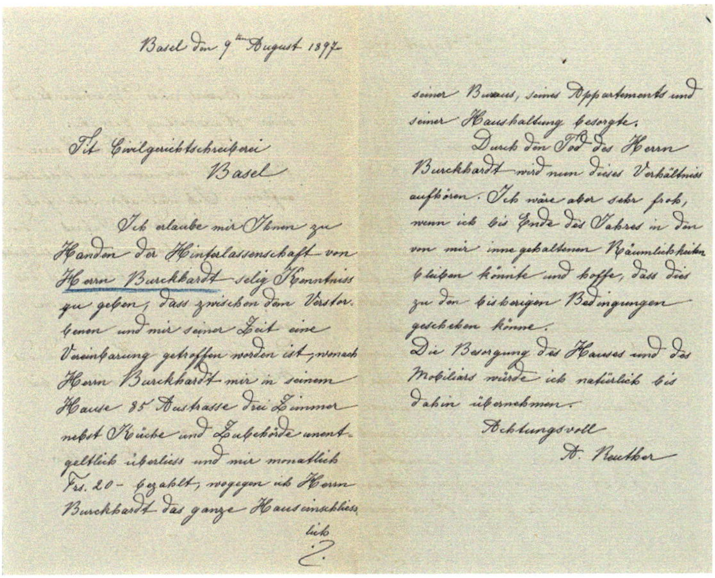

Abb. 26 | Schreiben von Adèle Reuther-Hindenlang an die «Civilgerichtsschreiberei Basel-Stadt» vom 9. August 1897.

worden waren; ihnen folgten weitere Siedler aus Preussen, Baden, Belgien, Holland und Luxemburg. Es herrschten Armut, unsäglich primitive Lebensverhältnisse und religionspolitische Spannungen, denen sich Pastor Reuther widmen sollte. Nach einer Ausbildung zum Missionar in Basel baute er dort in den 1860er-Jahren eine evangelische Kirche mit Schule auf und wechselte dann um 1869 als Prediger in die Vereinigten Staaten nach Ann Arbor im Bundesstaat Michigan.[26] 1877 kehrte die Familie in die Schweiz zurück, der Ehemann schwer an Tropenkrankheiten leidend; er übernahm erst die Pfarrei Aigle im Waadtland, dann diejenige von Gsteig im Saanetal im Berner Oberland, wo er nach fünf Monaten 1884 verstarb. Die Witwe Adèle zog nach Basel um, liess sich 1885 einbürgern und bat das Comité der «Missions-Handlungs-Gesellschaft» wiederholt um Unterstützung für die Versorgung ihrer sechs Kinder.

Dieses fühlte sich nicht recht zuständig und wollte sich des Problems nach einigen Zahlungen entledigen.[27] Da bot sich die gute Gelegenheit, Adèle Reuther mit dem Posten beim Junggesellen Eduard Burckhardt eine Stellung zu verschaffen – zweifellos vermittelt von den Comité-Mitgliedern Vater und Sohn Preiswerk. Nach Eduards Tod Mitte 1897 schilderte Adèle Reuther den Behörden das Verhältnis in einem Schreiben an die «Civilgerichtsschreiberei Basel-Stadt» (Abb. 26).

Mit Ernst Stähelin fasste Eduard Burckhardt nicht nur Fuss in der Basler Geschäftswelt, sondern sein Cousin eröffnete ihm auch den Zugang zu einer neumodischen, progressiven Zielgruppe: den Velocipedisten. In den Niederlanden und Belgien hatte Eduard diesen Freizeitsport, dem sich ab 1880 die «Jeunesse dorée», die dem Luxusleben zugewandte Jugend, in ganz Europa widmete, zweifellos wahrgenommen, aber nicht für sich entdeckt. Er scheint einem anderen, ebenso grossbürgerlichen Hobby gefrönt zu haben: der Haltung eines rassigen Jagdhundes. Seine «französische Bracke» namens Frick hatte 1892 bei einer königlich-grossherzoglichen Ausstellung für Jagd- und Luxushunde in Frankfurt am Main einen zweiten Preis geholt.[28] Von Frick oder einem Nachfolger hören wir danach nichts mehr, aber im Inventarium von Eduards Haushalt nach seinem Tod figurierten ein «Hundekorb» sowie das «Hundehaus» im Hof.[29]

4.2 Der «Bicycle-Club Basel» als Knoten im Netzwerk

«Im Winter 1887, ungefähr zur Zeit als die ersten Bicyclettes [Sicherheits- oder Niederräder] aufgekommen waren, entschloss sich [Eduard Burckhardt] mit kommendem Frühjahr diesem Sport zu widmen und trat auch am 5. Dezember desselben Jahres als Aktivmitglied in den ‹Bicycle-Club Basel› ein […] In den vier Jahren, während er an der Spitze des S.V.B. [Schweizerischen Velocipedisten-Bundes] stand, hatte er sich als tüchtiger, energischer und umsichtiger Vorsteher des Schweiz. Velo-Bundes gezeigt. […] Auch bei den Rennen war er während verschiedenen Jahren nicht nur in der deutschen Schweiz, sondern auch bei unseren Sportskollegen der französischen Schweiz, sowie bei den Elsässer Freunden ein vielgesuchter Preisrichter und oft stand er der Jury als Präsident vor. Burckhardt war nie ein grosser Tourenfahrer, das erlaubte ihm schon sein Gesundheitszustand nicht, er zeigte aber stets ein lebhaftes Interesse am Sport und sein Bestreben war, den S.V.B. zu heben, die Einigkeit unter den verschiedenen Clubs aufrecht zu erhalten und eine Verbindung der [französischsprachigen] Unionen mit dem S.V.B. herzustellen […]»

«Der Schweizerische Velosport», 1897.[30]

Als sich Eduard Burckhardt nach seiner Rückkehr aus dem Ausland 1886 mit Ernst Stähelin zusammentat, motivierte ihn dieser umgehend, dem lokalen «Bicycle-Club» beizutreten; dieser war soeben gegründet worden, nachdem es in Basel bereits seit 1882 den «Velo-Club Basel» gab.[31]

Interessanterweise waren diese Clubs beruflich bereits sehr gemischt. So fanden sich im «Bicycle-Club» Kaufleute wie Eduard Burckhardt und Ernst Stähelin, Commis, Handwerker und Meister wie Sattler, Küfer, Schneider, Spengler, Schlosser, Maler, Uhrenmacher, Posamenter (Seidenband-Weber), Mechaniker sowie Dienstleister, darunter ein Tapetenhändler, ein Wirt, ein Coiffeur, ein Pianist – und als einzige Dame Fräulein Josephine Dopler,[32] Tochter des Schneidermeisters Jules Dopler-Allensbach, der am Spalenberg 18 eine Kleider- und Tuchhandlung führte, wo er auch Velokleidung nach Mass anfertigte.[33] Bei diesen Begegnungen liess sich so manche unkonventionelle Geschäftsbeziehung anbahnen. Obwohl Eduard Burckhardt ein spätberufener «Véloceman» mit kaum zwei Jahren Praxis war, übernahm er von 1889 bis 1892 das Präsidium des Vereins.[34] Mittlerweile schätzte er es, an vorderster Stelle zu stehen und hatte auch die Statur dazu.

Die Velo-Vereine florierten in der ganzen Schweiz mit einem starken Schwerpunkt im industrialisierten Jura-Bogen bis Genf.[35] Das freie, individuelle oder kollektive Fahren über grössere Distanzen ermöglichte eine neue Form des Erkundens von Landschaften und des Reisens als Naturerlebnis. Dafür brauchte es Ratgeber für Routen, Verpflegungs- und Übernachtungsmöglichkeiten unterwegs. Nach dem Vorbild des englischen «Cyclists' Touring Club»[36] entstanden in vielen Ländern übergeordnete Verbände, die solche Serviceleistungen für die Vereine und ihre Mitglieder anboten. In der Schweiz schlossen sich einige Clubs 1883 zum «Schweizerische Velocipedisten-Bund» (S.V.B.) zusammen;[37] allerdings folgten einige Jahre mit endlosen Debatten über Statuten, Aufgaben, Funktionen, Finanzen, Ein- und Austritten sowie regionalen Sonderzüglein. Dem Verband oblag die Organisation von nationalen Grossanlässen:

Der «Bicycle-Club Basel»

Lokale Velocipedisten-Vereine folgten in ganz Europa einem englischen Muster aus den späteren 1870er-Jahren, wonach sich Sportsleute zu regelmässigen Aus- und Wettfahrten trafen. Ein «Sport» in der britischen Bedeutung des Wortes im 19. Jahrhundert war das Radfahren aus mehreren Gründen:

Es handelte sich um eine teure und zeitintensive Freizeitbeschäftigung. Vor allem im ersten Jahrzehnt dominierten die sogenannten Hochräder, die den Fahrerinnen und Fahrern akrobatische Künste abverlangten; deren Schaulaufen in Parks und Alleen wurden vom Publikum aufgeregt beobachtet, zumal ein erhebliches Unfallrisiko bestand. Neben dem heiklen, wertvollen Fahrrad brauchte man kostspielige Ersatzteile, Ausrüstungen, spezielle Kleider, und als Club-Mitglied zahlte man einen Beitrag sowie eine Uniform mit Zubehör. Das exzentrische Hobby zog in erster Linie junge, meist unverheiratete «Vélocemen» und wenige, avantgardistische «Vélocewomen» der oberen Mittelschichten an, die sich das leisten konnten.[38]

Mit der Entwicklung und Durchsetzung des «Nieder-» oder «Sicherheitsrads», das bereits die meisten Merkmale heutiger Velos aufwies, verbreitete sich das Gefährt zu Beginn der 1890er-Jahre in städtischen Milieus rasant. Zahlreiche, zunehmend sozial-welt-

Abb. 27 | Eduard Burckhardt, in die Kamera blickend, als Präsident des «Bicycle Clubs Basel» 1892 (Ausschnitt aus Abb. 29).

Abb. 28 | Vorder- und Rückseite der Fahne des «Bicycle-Club Basel» mit dem Gründungsjahr.

anschaulich differenzierte Clubs schwärmten in militärisch organisierten Formationen zu Überlandfahrten aus oder fuhren attraktive Paraden bei den beliebten Festumzügen. Mitmachen bei Ausfahrten war Pflicht, und man sparte die Mitgliederbeiträge an, um sich möglichst opulente Seidenfahnen, Kostüme, Klanghörner und Prunk-Pokale anzuschaffen. Es bildeten sich Geselligkeits- und Freundschaftskreise, die sich regelmässig in Stammlokalen und bei gesellschaftlichen Veranstaltungen trafen. Man fühlte sich als Teil einer «transnational bourgeois cycling culture»: «Cyclists liked to portray themselves as modern, progressive men.» [Velofahrer verstanden sich als moderne und fortschrittliche Menschen.][39]

Um 1900 kostete eine neue Bicyclette 200–300 Franken, was gemessen an den damaligen Arbeiterlöhnen der heutigen Anschaffung eines Mittelklassewagens entsprochen hätte. Erst nach der Jahrhundertwende entwickelte sich das Velo allmählich zum erschwinglichen Transportmittel für breitere Bevölkerungskreise. Denn ab 1897 überschwemmten amerikanische Firmen den europäischen Markt mit günstigen Modellen. Die Händler versuchten, sich gegen die «Billigräder» und die Margenerosion zu wehren mit Neuerungen wie Kardanvelos, Tretlagerschaltungen oder Bambusvelos.[40] Wer sich profilieren wollte, fuhr ein englisches Marken-Fahrrad, die immer zu den teuersten gehörten.

Abb. 29 | Der «Bicycle-Club Basel» um 1892.
Gruppenbild der Mitglieder in einheitlichem Tenue mit Fahne, Trinkhorn und Pokal. Eduard Burckhardt ist in der hinteren Reihe im Zentrum rechts neben dem Fähnrich zu erkennen.

Aufwändig organisierte, nationale Riesenfeste waren die «Bundestage» mit bis zu anderthalbstündigem Korso vor Massen von Publikum, einem Bankett und einer gemeinsamen Ausfahrt, sowie die «Bundesrennen» (Verbands-Meisterschaften) als jährliche Höhepunkte. Hinzu kam die Interessenvertretung gegenüber Politik und Behörden. Denn in den oft noch von mittelalterlicher Enge geprägten Städten und in den Dörfern, wo die Strasse als Lebensraum für Mensch und Vieh genutzt wurde, empfanden viele die ungewohnt schnellen Vehikel als Sicherheitsrisiko, was den Ruf nach Fahrbeschränkungen weckte.[41]

Anlässlich der elften Delegiertenversammlung des S. V. B. in Bern am 1. Dezember 1889 wählte man den «Bicycle-Club Basel» zum «Vorort»[42] und Eduard Burckhardt zum Zentralpräsidenten.[43] Die Beurteilung seiner Amtszeit fiel äusserst positiv aus:[44]

> «Die Basler führten die Geschäfte 4 Jahre, in der zweiten Amtsdauer mit dem VC [Velo-Club] Basel und dem Cyclists'-Club Basel zusammen. Überblicken wir die Amtsperiode der Basler, so müssen wir mit Bewunderung die Unmenge der geleisteten Arbeit anerkennen. Dass ihre Tätigkeit gerade in die Zeit des grössten Aufschwunges im Fahrradwesen fiel, war nicht ihr Verdienst. Aber man muss ihnen zugestehen, dass sie die Gunst der Zeit zu nützen verstanden. Mit Fr. 573.– Vermögen und 362 Mitgliedern hatten sie ihr Amt angetreten, und mit Fr. 4219.28 Aktiven und 1379 Mitgliedern traten sie zurück. […] Eduard Burckhardt, der als wohlhabender Junggeselle sozusagen seine ganze Tätigkeit dem S. V. B. widmete, war es zu verdanken, dass einige Clubs, ja selbst ganze Kantone, die sich vom Bunde loslösen wollten, von ihrem Vorhaben absahen.»

Mit seiner Dynamik brachte Eduard Burckhardt den Verband auf Vordermann, indem er dessen Dienstleistungen und Aktivitäten vervielfachte. Die erste, Aufsehen erregende Tat war die Aushandlung des Angebots einer freiwilligen Unfall-Versicherung mit der «Schweizerischen Unfallversicherungs-Aktiengesellschaft» in Winterthur.[45] Die «L'Urbaine», die Eduard hauptberuflich vertrat, rang sich erst um 1893 dazu durch, in Frankreich Versicherungen für Velocipedisten anzubieten, sodass sie ohnehin nicht infrage kam.[46]

Abb. 30 | Titelblatt des ersten Jahrgangs von «Der Schweizerische Velosport» I 1891 2, 1 vom 9.1.1895, sowie das Logo des S. V. B. Sowohl das Logo des «Schweizerischen Velocipedisten-Bundes» als auch das Titelblatt des ersten Jahrgangs des wöchentlich erscheinenden «Officiellen Organs» zeigten anfänglich noch das Hochrad als identitätsstiftendes Emblem, obwohl dieses in den 1890er-Jahren rasch zu einer historischen Kuriosität wurde.

Ab 1891 erschien wöchentlich ein eigenes Verbandsorgan: «Der Schweizerische Velosport: Officielles Organ des Schweiz. Velocipedisten-Bundes» (Abb. 30).[47] Herausgeber war Emil Birkhäuser (1850–1930)[48] in Basel; die Redaktion lag an der Austrasse 85, und für zwei Jahre übernahm Eduard Burckhardt diese Funktion selber.[49] Die Revue enthielt sportliche und technische Neuigkeiten aus aller Welt, Verhandlungsdokumente des Verbandes im Wortlaut, Veranstaltungskalender der Vereine, Aufrufe, Berichte und Rennresultate, Leserbriefe und moralisch-philosophische Beiträge. Während einer längeren Lancierungsphase überwogen deutlich Anzeigen der Firmen von Eduard Burckhardt und Ernst Stähelin, bis vermehrt Grossinserate von Fahrrad- oder Reifenmarken Einnahmen von dritter Seite brachten.

1891 erarbeitete das Komitee unter Eduards persönlicher Ägide das erste Reglement des S. V. B. mit 70 Paragrafen (!) für alle erdenklichen Arten von Wettbewerben auf zwei Rädern; jedes Bundesmitglied erhielt ein Exemplar in Form eines «Bundesbüchleins», das zudem ein umfangreiches Verzeichnis aller Clubs, der lokalen Polizeivorschriften, einen Aufsatz über Hygiene und Erste Hilfe sowie touristische Informationen enthielt[50] – eine Art «Guide vert & rouge Michelin avant la lettre».

Nach erneuten Sezessionstendenzen gelang es Eduard Burckhardt im Sommer 1892, alle Teilverbände zur «Fédération Vélocipédique Suisse» (FVS) unter seinem Präsidium zu vereinen. Das war insofern ein Meisterstück, als insbesondere ab 1891 eine neue «Union Vélocipédique genevoise» über die Westschweizer Landesgrenzen hinaus grosse Aktivitäten entfaltete. Deren führende Persönlichkeiten, die Brüder Édouard[51] und Paul Bruel[52] (1852–1924 resp. 1859–1904), die «Bruel Frères», gehörten zur Genfer Stadtprominenz und rühmten sich gerne, die Velocipedie seit den frühesten Anfängen gefördert zu haben. Sie waren Rennfahrer der ersten Stunde, betrieben ein grosses Verkaufsgeschäft mit luxuriösen Auslagen in Genf und waren auch in Paris kommerziell engagiert. Die Hauptaufgaben der neuen gesamtschweizerischen Fédération sollten die Verhandlungen mit Behörden, die Kontaktpflege mit ausländischen Organisationen sowie die Durchführung von Schweizer Meisterschaften sein.[53] Das nahm Eduard Burckhardt sehr ernst und stürzte sich in die Arbeit.

Er organisierte für die Verbandszeitung die Zusammenarbeit mit einem Vertreter in London und vereinbarte bei einer seiner Paris-Reisen persönlich einen Korrespondenz-Austausch mit französischen Zeitschriften; so berichtete «La Bicyclette» im Sommer 1892:[54]

> «M. Édouard Burckhardt, de Bâle, Président de l'Union vélocipédique Suisse, est de passage à Paris depuis quelques jours déjà. Nous avons été honorés de sa visite et il nous a gracieusement promis de nous servir de correspondant pour la Suisse et de nous envoyer toutes les nouvelles intéressant ce pays.»

In der Tat brachten in den Folgejahren viele der renommierten Fachzeitschriften Frankreichs regelmässig Meldungen zur Schweizer Velocipedisten-Szene – und umgekehrt.

Eduard Burckhardt trat als Präsident aller Schweizer Velocipedisten mit entsprechender Allüre auf.[55] Er beherrschte nicht nur die Kunst der diplomatischen Vermittlung, sondern konnte auch ordentlich scharf reagieren, wenn es um die Ziele und Interessen seiner Leute ging. Ein Dauerbrenner betraf die Verhandlungen mit den Zollbehörden, um den Velofahrern behindernde Grenzformalitäten zu ersparen. Denn sowohl in Basel wie in Genf waren freundschaftliche Unternehmungen und Ausflüge ins angrenzende Ausland sehr beliebt; hingegen war die willkürliche Praxis der Beamten bei den komplizierten Verrechnungen von Kautionen für die Fahrräder beim Grenzübertritt ein Ärgernis. Um Druck aufzusetzen, publizierte Eduard den gesamten Briefwechsel mit der Eidgenössischen Zolldirektion im Verbandsorgan.[56] Als auf seine Eingabe im Namen des S. V. B. die Antwort kam, man könne sich neben den «Amtsobliegenheiten» nicht auch noch mit solchen «Dienstdetails der Gebietsdirektionen» befassen, ging eine geharnischte Replik nach Bern; in ihr war die Rede von «unlogisch», «sich verschanzen hinter den Instructionen», Behördenwillkür, Anspruch auf Gehör und «nichtssagenden Phrasen». «Wir wünschen nicht, dass die Sache im Status quo bleibe […] und sind entschlossen, auf Abhülfe der gerügten Uebelstände zu dringen […]»[57]

Eine freundlich-ironische Seite zeigte der Präsident, wenn es um die «Vélocewomen» ging. In einem seiner Berichte aus Paris bewunderte er, wie wirklich jedermann und jedefrau per Velo unterwegs seien. Schockierend fand er die unbequemen, langen Kleider, mit denen die Damen aus Anstandsgründen fahren mussten und plädierte für eine Art elegante Pluderhose:[58]

> «[…] Serait-t-il impossible d'inventer un costume chique, ne choquant en rien, approprié au mouvement de la pédale. […] un costume grec, un costume monténégrin, ramenés aux couleurs de la ville, un costume de montagnards ayant l'élégance de Paris – je ne sais quoi, tout ce que vous voudrez, mais pas de jupes longues – et pas de chapeaux avec des rubans flottants!»

Man darf sich fragen, welcher Zeitgeist Eduard ritt, als er seinen radfahrenden «Velosport»-Leserinnen und -Lesern rechtzeitig zu Beginn der Saison empfahl, zwar am besten nicht zu rauchen, um ihnen zugleich für die Ruhepausen «vorzügliche Bremer Spezial-Marken» aus milden Tabaken in «Kistchen à 100 Stück» anzubieten; bestellen konnte man diese bei der «Administration des Schweizerischen Velosport, Basel», d. h. an der Austrasse 85 (Abb. 31–32).

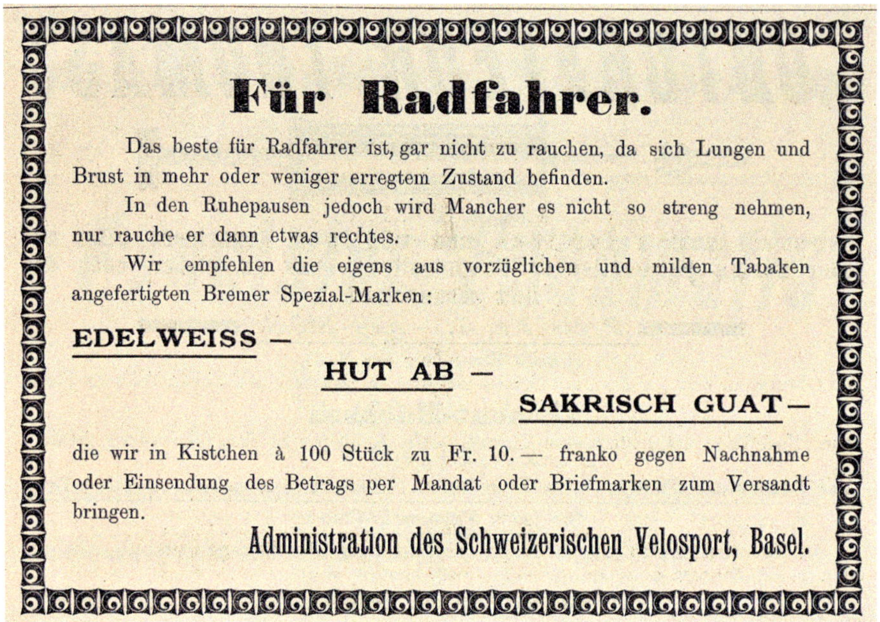

Abb. 31 | Inserat für Tabake der Marken «Edelweiss», «Hut ab» oder «Sakrisch guat» für Velofahrer in «Der Schweizerische Velosport» IV 1894 11, V vom 16.3.1894.

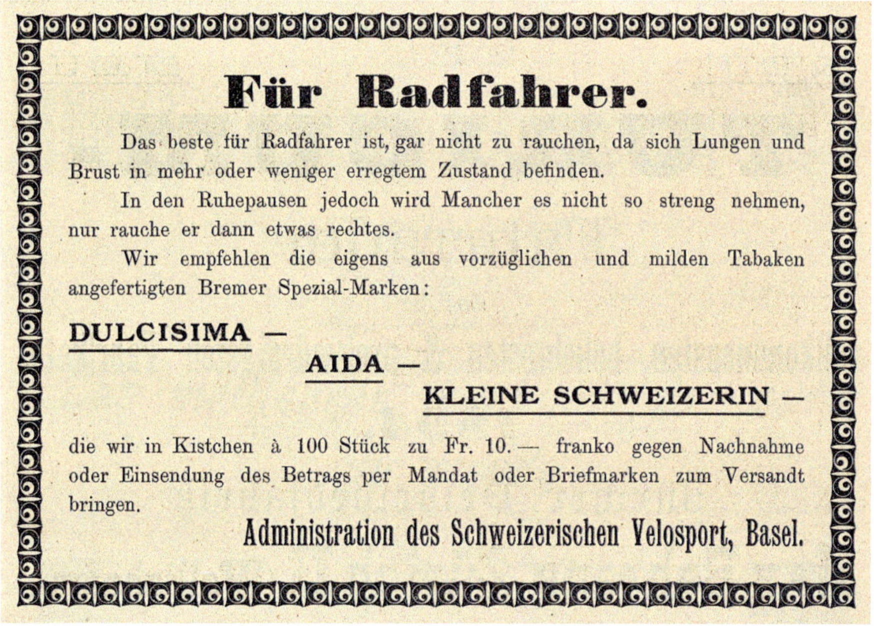

Abb. 32 | Inserat für Tabake der Marken «Dulcisima», «Aida» und «Kleine Schweizerin» für Velofahrer in «Der Schweizerische Velosport» IV 1894 12, XIV vom 23.3.1894.

4.3 Der begnadete Kommunikator

> «Viele unserer älteren Sportskollegen erinnern sich noch mit Vergnügen der Bundestage, Bundesrennen, ja auch der Delegiertenversammlungen, in denen [Eduard Burckhardt] seine Begrüssungs- und Festreden, seine Jahresberichte etc. in schneidiger und allgemein fesselnder Weise vorgebracht hatte.»
>
> «Der Schweizerische Velosport» 1897.[59]

Erlaubten die erhaltenen Briefe des Eduard Burckhardt gewisse Einblicke in seinen privaten und beruflichen Werdegang, so widerspiegelten die im Verbandsorgan und anderen Zeitungen integral abgedruckten Festreden an den Bundestagen und Delegiertenversammlungen des S.V.B. seine Weltanschauung, die er einem breiten Publikum vermitteln wollte; diese öffentlichen Botschaften waren so ausgefeilt, dass sie wohl auch seine «memoria» prägen sollten. Er vermochte das Publikum mit seiner Eloquenz zu begeistern und erntete jeweils lebhaften Applaus.

Als wichtigstes Dokument erscheint seine präsidiale Rede am 5. Bundestag vom 30.–31. Mai 1891 beim Bankett in der Zürcher Tonhalle:[60]

> «[…] Was ich mir vorgenommen habe, bei diesem festlichen Anlass zu Ihnen zu reden, das ragt jedoch über die Grenzen des Bundes hinaus.
>
> Das Hoch, in welches einzustimmen ich Sie einzuladen gedenke, es soll nicht nur dem Bunde gelten: ich möchte dieses Mal das Band weiter ausdehnen und tiefere Saiten in unser aller Herzen ertönen lassen. Das Thema, über welches ich hier reden möchte, es heisst: ‹Die Freiheit›.

Nicht soll hiemit jenes Schlagwort gemeint sein, welches so oft bei patriotischen Festen zündend wirkt. Ich habe heute eine ganz besondere Bedeutung dieses Wortes im Sinn, wie selbe in Beziehung steht nicht nur zu unserem theuern Vaterland, sondern auch zu unserm geliebten Sport.

Der spezielle Sinn, welchen ich heute unter dem Wort ‹Freiheit› im Auge habe, er betrifft zunächst die ‹freie Zeit›, welche uns zur Verfügung steht.

Wir haben – ein jeder von uns – des Tages Last und Arbeit zu tragen; ob wir im Bureau oder in der Werkstätte, im Studirzimmer oder in freier Natur unser Tagewerk verrichten – wir haben alle unsere Berufspflichten zu erfüllen und kennen auch die Befriedigung, welche mit der Erfüllung derselben verbunden ist. Allein ist die Arbeitszeit vorüber, so schlägt die Stunde, wo wir frei sind; wir verfügen dann nach Gutdünken über die Zeit, die uns verbleibt – sie ist unser.

Wenn wir nun in unsern Landen zunächst uns umsehen, wie dieses köstliche Gut verwendet wird, so zeigt sich uns auf den ersten Blick, dass Jeder – Jeder wenigstens, der an Körper und Geist gesund ist – sich irgend einem Lieblings-Sport weiht. […]

Wie leicht und freudig vollbringen wir unsre Tagesarbeit, weil unser Sport uns als ermuthigendes und erheiterndes Bild vorschwebt, und wenn die Feierabend-Glocken erklungen sind, wie freuen wir uns, das schon bereite Rad hervorzuholen, und hinaus zu schweifen durch Feld und Wald und Flur, Bewegung suchend und Erholung findend in der kraftvollen und geschmeidigen Ausübung des Fahrens. […]

Wir sind aber auch in unserem lieben Vaterlande besonders begünstigt; denn ein jeder, fast ohne Ausnahme, hat ein grösseres oder kleineres Mass Freizeit zu seiner Verfügung und darf da sein eigener Herr und Meister sein. Es ist daher kein Wunder, wenn ein jeglicher Sport Gelegenheit findet, reichlich bei uns aufzublühen.

Werfen wir einen vergleichenden Blick auf unsere Nachbarländer, so werden wir finden, dass nicht überall die gleiche Begünstigung herrscht.

Wie viele Kräfte, wie viele freie Zeit wird da z. B. verschlungen durch den Militärismus, welche Opfer von persönlicher Freiheit erheischt da die unsinnige Nothwendigkeit der stehenden Armeen! Sei es, dass wir auf die eine Seite hinsehen auf die unzählbare Masse der starren Helme, oder nach jener Seite auf die grosse Menge der leichten Käppi. Wir dürfen uns im Rahmen unseres kleinen aber theuern Landes glücklich schätzen, dass wir vom Militärsport noch nicht absorbiert sind. […]

Nur erst in weiter, weiter Ferne – fast muss ich sagen, in kaum dem Blick erreichbarer Ferne – steht jenes goldene Zeitalter wahrer Freiheit, auf welches ich aber doch euch alle bitte, einen Augenblick euer Auge des Geistes hinauszuleiten, jene hehre Freiheit, welche die Menschheit in allgemeiner Gleichberechtigung und gleichstehender Brüderlichkeit umschlungen hält!

Jene Freiheit, vor welcher auch die letzten Schranken engherziger Unterschiede, oder alteingewurzelter Vorurtheile und Ansichten dahingesunken sind – jene Freiheit, welche das stolze, aber allgütige Banner erhebt und es weit über unsere Schweizerberge hinaus wehen lässt, über den ganzen Erdenrund: – ein einig Volk von Brüdern!! […]

Durch eifrige, strebsame Arbeit, Jeder in seinem Wirkungskreis, verschaffen wir uns die Freiheit, unsern Lieblingssport auszuüben, und hinwiederum versüsst uns dieser die Arbeit und hebt uns körperlich und geistig zur Freiheit empor.

Ringet und schaffet mit Fleiss, nie lasset müssig die Hände. Denn nach des Tages Last winkt euch des Sportes Genuss; Wahre Freiheit erringt, wer treulich erfüllt seine Pflichten, Gerne die Arbeit vollbringt, nicht nur sie thut, weil er muss!

In diesem Sinne, auf diese selbst errungene Freiheit als köstliches, eigenes Gut, lade ich Euch alle ein, ein begeistertes dreifaches Hoch auszubringen.»

War dies ein patriotisches Bekenntnis? unter dem Eindruck des erlebten Deutsch-Französischen Krieges 1870/71? Das Fahrradfahren wurde sozusagen vom gesunden Freizeitvergnügen zum philosophisch-weltpolitisch visionären Akt hochstilisiert.

Eduard Burckhardt scheute nicht vor maximalem Pathos zurück, dessen sprachliche Suggestivkraft mit der bildlichen Wirkung des zeitgenössischen Jugendstils verglichen werden könnte. In seiner Rede zum 7. Bundestag des S. V. B. vom 6.–7. Mai 1893 in Luzern thematisierte er die Velocipedie als aktuellen Höhepunkt des weltweiten Fortschritts, da sie sich die vier Elemente Feuer, Wasser Luft und Erde dienstbar gemacht habe; zum Feuer:[61]

> «[…] In tausenden von Schmelzöfen glühen und sprühen ohne Aufhören die Flammen, mehr als hunderttausend Arme schmieden und hämmern, löthen und bohren um unsere Stahlrosse herzustellen und all die Metallteile unserer geliebten Räder. Und mächtige Schlote rauchen, und riesige Kessel dampfen zur Zubereitung der Gummimassen, welche in Form gegossen, in mancherlei Art unsere Räder umspannen. Das Feuer, das mächtige Element, es steht in unserem Dienst und muss in erster Linie mithelfen zur Erbauung unserer Maschinen […]»

An seinem letzten, dem 8. Bundestag des S. V. B. vom 5.–8. Mai 1894 in Basel, entbot der «gewesene Centralpräsident» den Gästen die Willkommensgrüsse der Feststadt und stellte nun nüchterner, aber mehr oder weniger zufrieden fest (nicht ohne einen nochmaligen Seitenhieb auf das Hindernis der konventionellen Damenmode):[62]

> «[…] wie das Velofahren nicht mehr als Sport allein Bedeutung besitze, sondern auch tief in die Geschäfts- und Arbeitsverhältnisse eingedrungen sei; bloss das Damenfahren habe bis jetzt die Allgewalt der Mode leider noch nicht gestattet. Hr. Burckhardt brachte ein dreifaches Hoch aus: erstens auf die Behörden Basels, die dem Fahren in den Straßen der Stadt keine Schwierigkeiten und Hindernisse in den Weg gelegt, zweitens auf die Ehrengäste von nah und fern und drittens auf den Velosport und dessen Pflege.»

Eduards Lob auf die Basler Regierung bezog sich auf die soeben erlassene «Verordnung des Regierungsrates über das Radfahren» vom 14. Februar 1894, welche das Fahren mit Zweirädern «innerhalb der alten Gräben» verbot.[63] Das entsprach einem vernünftigen Kompromiss, für den er zusammen mit den Basler Kollegen lobbyiert hatte: Die Sperrung für Velos beschränkte sich einzig auf die engen Altstadtgassen um den Markt- und Barfüsserplatz, während die neuen Ringstrassen über den zugeschütteten Gräben entlang der ältesten, der sogenannten «Burkhard'schen» oder Inneren Stadtmauer, für den Veloverkehr frei blieben.[64]

Es war das letzte Mal, dass Eduard Burckhardt in offizieller Mission als Velocipedist in Erscheinung trat. Seine präsidiale Tätigkeit hatte ihm landesweit bei «the «modern, progressive [Veloce]men» [den modernen, fortschrittlichen Velosportlern] Bekanntheit, Respekt und damit ein interessantes Netzwerk verschafft. Vielen blieb Eduard freundschaftlich verbunden, und einige Namen werden in seinen nächsten Geschäften als Partner auftauchen. Das gilt insbesondere für seine Kontakte in Genf, das in mancher Hinsicht wesentlich mondäner war als Basel. Dort war 1869 der erste Velocipedisten-Club gegründet worden, und im Gefolge florierte eine Vielzahl von höchst aktiven Vereinen. Sie trafen sich regelmässig zu rauschenden Festen mit Bankett, Gesang, Tanz, Theater und Diaschauen, über die jeweils die Presse spaltenlang berichtete. Dabei war auch Eduard Burckhardt häufig eingeladen und pflegte insbesondere die Beziehungen zu den Kreisen um «Bruel Frères» ein Leben lang.[65]

Das Zweirad war das erste, brauchbare Gefährt einer neuen, individuellen und «pferdelosen» Mobilität, allerdings nur für gesunde, kräftige Leute.[66] Noch war man auf dem Stand, den Eduards kompetenter Genfer Freund Édouard Bruel 1887 an einer Soirée des Genfer Industrievereins wie folgt skizziert hatte:[67]

> «[...] Quant à l'avenir du bicycle, M. Bruel ne croit pas au triomphe prochain du bicycle à vapeur ni de celui à électricité; des essais ont bien été tentés, mais sans réussite sérieuse et en tout cas on aura bien de la peine à faire des machines qui, par leur simplicité, leur rigidité et leur bon marché, puissent supplanter les bicycles et les bicyclettes tels qu'on les construit aujourd'hui.»

Aber für den Reiseradius eines «commissionair», «inspecteur général» und «Generaldirektors» der Versicherungs-Branche blieb das Velociped zu unpraktisch, um es im Arbeitsalltag einsetzen zu können. Zusammen mit gewissen gesundheitlichen Defiziten, die Eduard Burckhardt offenbar vermehrt plagten, könnte es dazu geführt haben, dass er die Augen und Ohren weit offenhielt, wenn sich technische Neuheiten abzeichneten, die seine Bewegungsfreiheit erhöhen könnten. Aber nach den intensiven Jahren als Verbandspräsident musste er sich wieder um seine eigenen Geschäfte an der Austrasse 85 in Basel kümmern.

4.4 Profilierter «Geschäftskreis» und ausgefeilte Werbepräsenz

> «Versicherungs-Bureaux sämmtlicher Branchen – Ed. Burckhardt, Basel, Austrasse 85.»
>
> «Ed. Burckhardt», 1894.[68]

1892/1893 trennten Eduard Burckhardt und Ernst Stähelin ihre Geschäfte. Per 1. Januar 1892 wurde die Kollektivgesellschaft «Ernst Staehelin & Cie» in eine Kommanditgesellschaft umgewandelt. Eduard Burckhardt war in der neuen Firma nicht mehr vertreten, dafür trat Ernsts Vater Samuel Stähelin-Burckhardt als Kommanditär (beschränkt haftender Gesellschafter) mit Prokura ein;[69] am 14. Dezember 1893 erlosch diejenige von Ernst Stähelin bei der Firma «Ed. Burckhardt».[70] Diese Trennung geschah keineswegs im Zwist, denn Eduard band den Cousin sofort als seinen lokalen Generalagenten in Basel für sein Versicherungs-Geschäft ein. Klar war jedoch, dass sich Eduard vom Handel mit Bicyclettes verabschiedete und sein Geschäft so umbaute, dass er alleine die Führungsrolle innehatte und alleine entscheiden konnte, welche Bereiche er bearbeiten wollte. Während seiner Auslandsjahre hatte er seine grössten Erfolge als Versicherungsexperte erzielt, blieb aber auch Kaufmann durch und durch, mit allen Erfahrungen als «commissionair». Den Freiraum für den Handel mit Waren aller Art sicherte er sich in der «Ed. Burckhardt» unter dem offenen Begriff «Agenturen», mit dem er sich 1887 ins Basler Adressbuch eingetragen hatte.[71] Er sprach jeweils von der «Aufnahme in unseren Geschäftskreis», wenn er ein neues Produkt vermarkten wollte.[72]

Im fortschrittlichen, westlichen Ausland hatte er erlebt, mit welcher Dynamik effizientere Praktiken und Instrumente seinen Berufsstand veränderten. Seine Versicherungsagentur brachte eine Menge Papierverwaltung mit sich, sodass ihn alles interessierte, was neben Schreibmaschinen die Arbeit in einem modernen Bureau noch erleichtern konnte. Ab 1893 befand sich an seinem Domizil Austrasse 85 das «Haupt-Depot» der «Dokumenten-Mappe (Patent) zum Aufbewahren aller wichtigen Schriftstücke»; diesen vordergründig banalen, immerhin patentierten Artikel bewarb er intensiv etwa zwei Jahre lang in der Deutsch- und gelegentlich auch der Westschweiz (Abb. 33). Das immer gleiche Standardinserat mit einer realistischen Zeichnung platzierte er in den grossen, urbanen Tageszeitungen, im «Schweizerischen Handelsamtsblatt» sowie im «Schweizerischen Velosport» und zielte damit auf einen potentiellen Nutzerkreis in Verwaltungen, Vereinsorganen und Privathaushalten; die Ordnung schaffende Mappe empfahl er sogar als ideales Weihnachtsgeschenk![73]

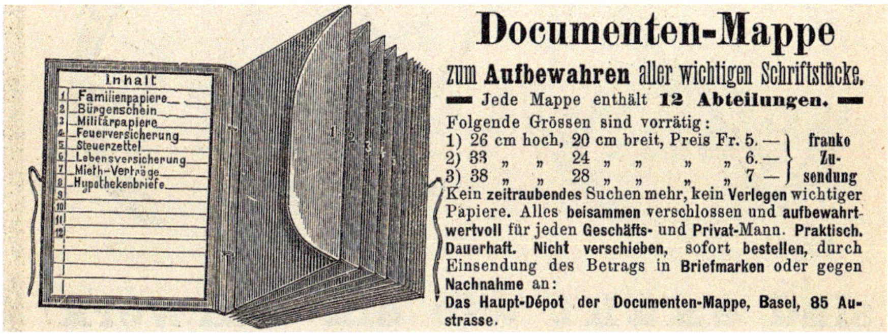

Abb. 33 | Inserat «Dokumenten-Mappe», erstmals in «Der Schweizerische Velosport» III 1894 1, III vom 5.1.1894.

Abb. 34 | Inserat «Ade»-Sicherheitskassen, einmalig in SHAB XII 1894 47, 190 vom 1.3.1894.

Am 1. März 1894 erschien einmalig eine Annonce der Schweizer Vertretung für die «Ade-Kassen» der «Carl Ade, Patentschloss- u. Geldschrankfabrik» in Stuttgart und Berlin an der Austrasse 85 (Abb. 34). Hatte sich die «Ed. Burckhardt» vielleicht soeben einen solchen Safe zugetan, um die monatlichen Eingänge der Barbeträge für die Lebensversicherungs-Prämien seiner Agenten zu verwahren?

Die Umgestaltung seiner Geschäftsgrundlage war tiefgreifender als die Trennung von Ernst Stähelin vermuten liess. Berechtigte ihn seine langjährige Expertise als landesweit verantwortlicher Versicherungs-Inspecteur nicht auch in der Schweiz zur Übernahme eines Direktionspostens? Nach längerer Vorbereitungszeit gelang ihm dieser Schritt. Er beinhaltete die Loslösung von den von ihm seit 1886 vertretenen Versicherungs-Gesellschaften «L'Urbaine» und «L'Urbaine et la Seine».

Am 11. Oktober 1893 erhielt die «Oberrheinische Versicherungs-Gesellschaft» in Mannheim die bundesrätliche Konzession zum Abschluss von «Transport, Unfall- und Glasversicherungen». Kaum drei Wochen später, am 31. Oktober 1893, ernannte diese die «Ed. Burckhardt» zum «Bevollmächtigten Generalagenten» für die Schweiz.[74] Am 3. November 1893 konnte der neue Konkurrent in der Schweizer Versicherungslandschaft sechs kantonale Rechtsdomizile in Basel-Stadt, im Aargau, in Genf, in Luzern, in Neuenburg, in St. Gallen und in Zürich melden (Tabelle 6). Mit Ausnahme von «Nicole & Naef» in Genf waren alle Inhaber im Vergleich zur «L'Urbaine et la Seine» neu. Im Januar 1894 folgte die Information einer breiteren Öffentlichkeit per Inserat in den «Basler Nachrichten» (Abb. 35).[75] Dieser schnelle Markteintritt der bis dahin in der Schweiz noch nicht präsenten Mannheimer Firma dürfte dank einer konzertierten

Abb. 35 | Inserat «Oberrheinische Versicherungs-Gesellschaft», erstmals in BN 50 1894 82 Beilage vom 29.3.1894.

Abb. 36 | Inserat «Hamburg-Bremer Feuer-Versicherungs-Gesellschaft», einmalig in BN 50 1894 32 vom 3.2.1894.

Aktion mit dem erfahrenen Versicherungsmann Eduard Burckhardt zustande gekommen sein. Für die erst 1886 neu gegründete Mannheimer Transport-, Reise- und Unfallversicherung stellte die Schweiz mit Basel am oberen Ende der zunehmend wichtigen Transportschiene von Rotterdam rheinaufwärts ein logisches Expansionsziel dar.

Ähnlich verlief die Markteinführung einer 1843 gegründeten Londoner Traditionsfirma: Am 27. April 1894 erteilte der Bundesrat der Lebensversicherungs-Gesellschaft «Star Life Assurance Society» in London die Konzession.[76] Mit Datum vom 1. Mai 1894 informierte die «Star», dass Eduard Burckhardt die «Generaldirektion für die Schweiz» übernommen habe.[77] Im gleichen Jahr meldete die «Ed. Burckhardt» sieben kantonale Rechtsdomizile im Aargau, in Appenzell-Ausserrhoden, in Bern, in Luzern, in Schaffhausen, im Thurgau und in Zürich, alle mit neuen Inhabern gegenüber der «L'Urbaine» (Tabelle 6). Die «Star» erschien eher als Exotin auf dem Schweizer Markt: Sie gehörte zu den frühen englischen Lebensversicherungen, die strikte nach Zielgruppen – beruflichen, religiösen oder ständischen – akquiriert hatten. War es Zufall, dass Eduard eine Gesellschaft wählte, die sich lange ausschliesslich an Mitglieder der methodistischen Erweckungsbewegung Wesleyanischer Prägung adressierte und soeben erst dazu ansetzte, sich neue Kundensegmente im Ausland zu erschliessen?[78]

Auch für die Feuer-Versicherung suchte er sich einen Ersatz. Nur kurz übernahm er das Rechtsdomizil für einige Kantone der «Hamburg-Bremer Feuer-Versicherungs-Gesellschaft» ab Anfang 1894 und gab es ein Jahr später wieder ab (Abb. 36).[79] Die Rolle als lokaler Vertreter schien nicht mehr seinen Ambitionen zu entsprechen.

Nach seinem Rücktritt vom S.V.B.-Präsidium Ende 1893 konnte ihm niemand mehr den Vorwurf einer Ausnützung seiner Position machen, wenn er nun den beachtlich gewachsenen Markt der Schweizer Velocipedisten mit seinen Angeboten umwarb. Für eine kurze Übergangszeit im Frühjahr 1894 präsentierte sich die «Ed. Burckhardt» in «Der Schweizerische Velosport» allgemein als «Versicherungs-Bureaux sämmtlicher Branchen» nach der Devise «rundum gut versichert» (Abb. 37).[80] Ein Jahr später folgten Anzeigen mit massgeschneiderten Fahrradfahrer-Policen seiner «Oberrheinischen Versicherungs-Gesellschaft» in der Verbandszeitung (Abb. 38).[81]

Damit verabschiedete sich Eduard Burckhardt von seinen bisherigen französischen Arbeitgebern; am 23. Februar 1895 teilte er der Geschäftswelt die Aufgabe der Vertretung der Versicherungen «L'Urbaine» und «L'Urbaine et la Seine» mit.[82] Sein versicherungstechnisches Renommee und Know-how zeigte sich darin, dass es ihm gelang, seine neuen, ausländischen Gesellschaften erstmals, exklusiv und erfolgreich im Schweizer Markt einzuführen. Wollte man erklären,

Abb. 37 | Die «Ed. Burckhardt» als «Versicherungs-Bureaux sämmtlicher Branchen», erstmals in «Der Schweizerische Velosport» IV 1894 16, XXVI vom 20.4.1894.

Abb. 38 | Inserat «Oberrheinische Versicherungs-Gesellschaft Mannheim», erstmals in «Der Schweizerische Velosport» VII 1895 16, XIII vom 19.4.1895.
Ab 1895 bewarb Eduard Burckhardt Unfall- und Haftpflichtversicherungen speziell für Radfahrer, nicht zufällig gleich unter der Anzeige für englische Singer-Bicyclettes seiner Genfer Freunde «Bruel Frères». Der Fahrer eines nunmehr als risikoreich geltenden Hochrades musste einen Aufschlag von 50 Prozent auf die Prämie zahlen.

warum er sich für die zwei völlig verschiedenen Gesellschaften engagierte, bedingte dies eine umfassendere Analyse der damaligen Konkurrenzsituation in der Branche, die hier nicht geleistet werden kann. Seine Erfahrungen in Holland und Belgien mit französischen Versicherungen, sein persönlicher Ehrgeiz, seine Umtriebigkeit sowie sein weites Beziehungsnetz dürften eine Rolle gespielt haben – Eduard war lange genug zwischen Westeuropa und Basel unterwegs und aus den anfänglich gemeinsamen Importgeschäften mit Ernst Stähelin bestanden Verbindungen auch zur englischen Geschäftswelt.

Dieselbe Professionalität, mit der Eduard in den Niederlanden und Belgien Medienarbeit zur Ansprache möglichst breiter Publikumskreise betrieben hatte, legte er nun auch in der Schweiz an den Tag. Zur Organisation der Akquisition und Marktbearbeitung baute er sich ein Netz von kantonalen Rechtsdomizilen auf. Idealerweise übernahmen Berufsleute in zentralen Städten mit viel Publikumsverkehr diese Funktion im Nebenamt, so z.B. Händler, Lehrer, Angestellte von Behörden, Notare oder Tierärzte (Tabelle 6); die Basisbetreuung und das Inkasso erledigten lokale Vertrauenspersonen, die von den Regionalagenten angeleitet, beaufsichtigt und mit geeignetem Prospektmaterial versorgt wurden.[83] Übergeordnet sorgte die Schweizer Direktion mit einer ausgefeilten Werbestrategie in wichtigen Tageszeitungen und Zeitschriften für permanente Sichtbarkeit. Ab 1. Mai 1894 publizierte die «Ed. Burckhardt» die ersten Inserate für die «Star» in den «Basler Nachrichten» (Abb. 39).[84] Das Cliché mit den vier emblematischen Sternen erschien wiederholt in der «Neuen Zürcher Zeitung», in «Der Bund», im «Tagblatt der Stadt Biel» sowie im «Schweizerischen Handelsamtsblatt».

Da das Werbebudget der «Ed. Burckhardt» nicht unerschöpflich war, konnte nicht beliebig gross und breit inseriert werden. Zudem erlaubte die damalige

Abb. 39 | Das erste Inserat «Star Lebensversicherungs-Gesellschaft» in «Der Schweizerische Velosport» IV 1894 19 vom 11.5.1894.
Das Inserat erschien am gleichen Tag wie die offizielle Ernennung Eduard Burckhardts zum Generaldirektor. Dieser Inseratetypus mit den auffälligen vier Sternen wurde zudem in diversen Tageszeitungen und im SHAB verwendet, s. BN 50 1894 115 vom 1.5.1894 und SHAB XII 1894 122 vom 21.5.1894.

Druckqualität der Tageszeitungen nur eine grobe Wiedergabe rudimentär gestalteter Textkästchen, eng zusammengeschoben auf einer Seite. Mit dekorativen Schriftzügen, Rahmungen oder schematischen Zeichnungen versuchten alle, die Blicke der Betrachterinnen und Betrachter auf sich zu ziehen. Um aufzufallen, wendete Eduard Burckhardt verschiedene Tricks an: Ab August 1894 kamen zwei neu gestaltete Inseratetypen zum Einsatz (Abb. 40–41); er liess sie alternierend, z. T. täglich, bis Ende Jahr laufen und systematisch auf der Werbeseite oben links platzieren. Ab Frühjahr 1895 dominierten Annoncen, in denen er die Leistungen der Gesellschaft thematisierte und deren Grafik und Hochformat auffielen (Abb. 77–78); wenn möglich belegten sie eine Randspalte, um in den sprichwörtlichen Bleiwüsten nicht unterzugehen.

Wenige Konkurrenten in der Branche betrieben einen vergleichbaren Aufwand in dieser Regelmässigkeit. Eine Rechnung der «Basler Nachrichten» für drei Monate im Frühsommer 1897 zeigt, dass Eduard Burckhardt rund 50 Franken pro Monat für Inserate alleine in diesem Blatt ausgab (Abb. 42); das entsprach auf ein Jahr hochgerechnet annähernd dem Durchschnittslohn der Arbeiterschaft! Er verdeutlichte damit, dass diese beiden Versicherungen für ihn die unerlässliche Basis für ein regelmässiges Einkommen darstellten, und dass für ihn eine dauerhafte Präsenz im Schweizer Markt lebenswichtig war.

Darum herum gruppierten sich völlig andere, wechselnde Geschäfte, bei denen er sich von einem ausgeprägten, persönlichen Interesse für Neuheiten aus aller Welt leiten liess. Sah er die Chance eines lukrativen Handels, griff er zu, umso mehr, wenn ihn etwas begeisterte. Der Mangel an eigenem Kapital war dabei kein Handicap, denn Geldgeber hatte er noch jedes Mal gefunden. Ab 1894 stiess er in den Bereich moderner Technik vor, was ihm Höhen und Tiefen in ganz anderen Dimensionen als mit der «Dokumentenmappe» bescheren sollte.

Abb. 40 | Kombiniertes Inserat «Star» und «Oberrheinische Versicherungs-Gesellschaft», erstmals in BN 50 1894 206, Beilage vom 2. 8. 1894.
Für die «Oberrheinische Versicherungs-Gesellschaft» figurierte die «Ernst Staehelin & Cie» als General-Agentur Basel. Hervorstechendes, gestalterisches Merkmal dieser Version war der grosse Titel in Frakturschrift; alternierend mit Abb. 41.

Abb. 41 | Inserat «Star» mit dominantem Emblem, erstmals in BN 50 1894 227 vom 23. 8. 1894.

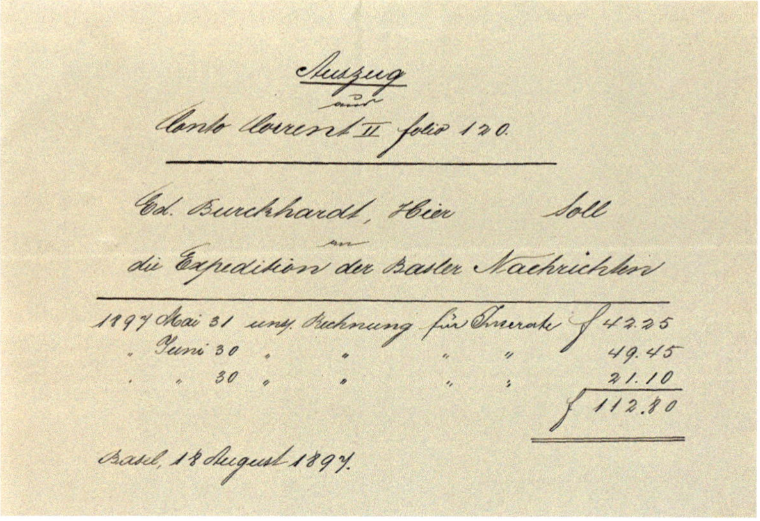
Auszug
aus
Conto Corrent II folio 120.

Ed. Burckhardt, Hier Soll
an
die Expedition der Basler Nachrichten

1897 Mai 31 uns. Rechnung für Inserate f 42.25
" Juni 30 " " " " 49.45
" " 30 " " " " 21.10
f 112.80

Basel, 18 August 1897.

Abb. 42 | Letzte Inserate-Rechnung der «Basler Nachrichten» nach dem Tod von Eduard Burckhardt.

5. Das «Velo der Zukunft» wird in Basel produziert (1894–1895)

5.1 Internationaler Rummel um die Motor-Bicyclette von «Hildebrand & Wolfmüller»

> «Das Neueste im Alles erobernden Radfahr-Sport ist nunmehr die definitive und in glänzendster Weise gelungene Lösung des großen Problemes: ein Zweirad durch Motorbetrieb in Bewegung zu setzen und dieses Motor-Zweirad zum Gebrauche auf ebenen wie bergigen Straßen, für geringe und große Geschwindigkeiten in gleich verlässlicher Weise dienstbar zu machen.»
>
> Heinrich Hildebrand, 1894.[1]

Vielleicht schon zum Zeitpunkt seiner Ansprache vor dem 8. Bundestag des «Schweizerischen Velocipedisten-Bundes» am 5.–6. Mai 1894 beschäftigte sich Eduard Burckhardt mit einem neuen Gerät: der Motor-Bicyclette, wie sie die Firma «Hildebrand & Wolfmüller, Motor-Fahrrad-Fabrik» in München, mit viel Getöse ab Frühling 1894 ankündigte. Da war die Idee, das Velociped mit einem Motor zu versehen und so dem Fahrer die Mühsal des Tretens abzunehmen, schon längst geboren und vereinzelt experimentell umgesetzt worden, allerdings noch mit Dampfantrieb. Erst ab 1885 funktionierte der schnelllaufende Benzinmotor dank den Erfindungen von Carl Benz und Gottlieb Daimler in zufriedenstellender Weise.[2] Damit konnte man «die Lösung des grossen Problemes» anpacken.[3] Die Konstruktion von «Hildebrand & Wolfmüller» war 1894 weltweit das erste «Motorrad», das in einer grösseren Stückzahl hergestellt werden sollte.[4]

Wie Heinrich Hildebrand (1855–1928)[5] im Juni 1894 erklärte, war er seit 1889 auf der Suche nach Velociped- und Motorenfabrikanten, die seine Vorstellung einer Motor-Bicyclette teilten. Dabei stiess er auf den Ingenieur Alois Wolfmüller (1864–1948)[6] aus Landsberg am Lech:[7]

> «Die Konstruktion eines Motor-Zweirades wurde bereits im Jahre 1889 von Herrn Heinrich Hildebrand in München angestrebt und wendete sich dieser, um diese Idee verwirklichen zu können, der Reihe nach an mehrere Fahrrad- und Motorfabrikanten. Bei dieser Gelegenheit hatte der Maschinen-Konstrukteur Herr Ingenieur Alois Wolfmüller von dem Projekt Hildebrand's Kenntniß genommen und sich mit Eifer auf die Lösung dieses schwierigen Problems geworfen. Nach gewissenhaftem Studieren kam Wolfmüller zu der Ueberzeugung, daß die Durchführung in der Möglichkeit liege und bei seinem Rechtlichkeitssinn wendete er sich alsbald an den Anreger dieser Idee. [...]»

Auch in Frankreich hing man solchen Gedanken nach, wie Pierre Giffard (1853–1922),[8] ein velociped-begeisterter Starjournalist, bei der Vorstellung der neuen Motor-Bicyclette im Herbst 1894 in Paris schrieb:[9]

> «Quand viendra-t-il, l'homme qui trouvera le moyen d'actionner par une force quelconque ce cheval fin de siècle sur lequel nous roulons actuellement, grâce à nos jarrets? Est-il né, seulement, celui qui révolutionnera par ainsi la locomotion pratique et individuelle à grande distance, celui qui, partant de la frêle bicyclette à pédales, arrivera tout d'un coup à la bicyclette à moteur? [...] Depuis cinq ans, c'est-à-dire, depuis que par notre initiative le mouvement vital a été donné au monde vélocipédique, un ingénieur de Munich, nommé Wolffmuller, cherchait la solution du problème. [...]»

Giffard suggerierte also, dass der Anstoss dazu aus Frankreich gekommen sei. Plausibel erscheint, dass

Abb. 43 | Portrait Heinrich Hildebrand ca. 1894 in «Radfahr-Chronik» 7 1894 87, 1897 vom 1. 8. 1894.
Publiziert aus Anlass seines Rücktritts als Chefredaktor der von ihm gegründeten Zeitschrift «Radfahr-Humor» per Ende Juni 1894, «um sich einem andern grossen Unternehmen zu widmen», s. «Radfahr-Chronik» 7 1894 86, 1873 vom 28. 7. 1894.

mit der Vorstellung der ersten Motor-Wagen von Carl Benz und Gottlieb Daimler an der Weltausstellung 1889 in Paris der Funke auch auf das Zweirad übergesprungen war. Der vielgereiste Heinrich Hildebrand, der sich mit seinem Bruder ebenfalls an einem Dampfzweirad versucht hatte, war zweifellos Teil dieser Bewegung, wie seinem Nachruf zu entnehmen ist.[10]

Am 19. Januar 1894 reichten Alois Wolfmüller und Hans Geisenhof (1873–1943)[11] beim Kaiserlichen Patentamt in Berlin das Patent «Zweirad mit Petroleum- oder Benzinmotorenbetrieb» ein, das es am 29. Oktober 1894 in der Klasse 63 Nr. 78553 (DRP 78553) erteilte.[12] Ab April 1894 folgte die Patentierung des Motor-Zweirads in «allen Culturstaaten», zuerst in Grossbritannien, Frankreich und Italien sowie ein Jahr später in den USA.[13]

Am 18. April 1894 stellte Heinrich Hildebrand die Motor-Bicyclette in seiner Zeitschrift «Radfahr-Humor»[14] unter dem Titel «Das Motor-Zweirad, das neueste Verkehrsmittel» zum ersten Mal vor.[15] Am 2. Mai folgte eine ausführlich Beschreibung:[16]

> «Das Motor-Zweirad ist der äusseren Form nach dem jetzt gebräuchlichen Niederrade ausserordentlich ähnlich und ist der treibende Motor derart gelagert, dass derselbe vor jeder Beschädigung auf das denkbar Beste geschützt ist und seine Kraft in günstigster Weise äussert.
>
> […]
>
> Das Erlernen des Fahrens auf dem Motor-Zweirad ist gegenüber dem auf dem Fahrrade ganz bedeutend erleichtert. Die Balance wird auf die gleiche Weise gehalten, wie beim Niederrad, jedoch ist der wesentliche Vorteil vorhanden, dass infolge des niederen Sitzes die Gefahr eines seitlichen Umfallens vollständig vermieden wird. Man ist jederzeit in der Lage, im Sattel sitzend, die Beine auf dem Boden aufzustützen, wodurch auch die Möglichkeit geboten ist, mit der Maschine stehen zu bleiben, ohne den Sattel zu verlassen. Dieser Umstand erleichtert das Erlernen der Balance ganz enorm und geht dasselbe auf die gleich einfache Weise von statten, wie bei der alten Laufmaschine des Freiherrn von Drais.
>
> Um mit dem Motor-Zweirad anzufahren, ist es nur nötig, nach eingenommenem Sitze dasselbe mit zwei bis drei Schritten anzuschieben, wodurch der Motor in Funktion gesetzt ist.
>
> Die Regulierung der Gangart liegt ganz in der Hand des Fahrers und wird, ohne sichere Lenkung zu beeinträchtigen, bewerkstelligt. Dabei kann die Thätigkeit des Motors auch momentan unterbrochen oder ganz eingestellt werden. Durch günstige Gewichtsverteilung ist die Lenkung eine sicherere als beim heutigen Zweirade.
>
> Ausser durch die Möglichkeit, den Motor momentan einzustellen, ist noch durch Anbringung geeigneter, ausgiebiger Bremsvorrichtungen für das sichere Anhalten des Motor-Zweirades Vorsorge getroffen.
>
> Nicht genug können diese Vorzüge für die Verkehrssicherheit in Grosstädten gewürdigt werden.
>
> Der Fahrer kann mit dem Motor-Zweirade beliebiges Tempo einhalten; er kann also ebensowohl im Schritt oder im Tourentempo fahren, als die Geschwindigkeit bis zu der eines Eilzuges steigern. Es ist jedoch eine Vorrichtung angebracht, welche es für gewöhnlich unmöglich macht, die Geschwindigkeit des Motor-Zweirades so zu forcieren, dass die Fahrsicherheit auf unseren Verkehrsstrassen gefährdet würde.
>
> An jedem Motor-Zweirade kann eine andere Maximalgeschwindigkeit, wie sie dem Wunsche des Fahrers entspricht (und obenerwähnte Fahrsicherheit berücksichtigend) fixiert werden. Für die Landstrasse dürfte nach gemachten Erfahrungen das Maximaltempo zwischen 30 und 40 km pro Stunde liegen; für Versuche auf Rennbahnen dagegen lässt sich die Geschwindigkeit bis zu 90 km pro Stunde steigern; doch dürfte sich kaum ein Wagehals finden, der in solchem Tempo fahren möchte.
>
> Der Motor entwickelt nämlich bei ausnahmsweise hohen Fahrgeschwindigkeiten bis zu 2½ Pferdekraft.
>
> Diese ausserordentliche Geschwindigkeit und Kraftentfaltung liegt in dem Wesen der Gas-, resp. Petroleum-Motoren.
>
> Man dürfte bei Nennung solcher Zahlen denken, dass die Kraft dieses Motors für ein Zweirad unnütz hochgegriffen sei; jedoch war dieses Kraftmoment geboten, um bei der einfachen Anordnung des Motors, ohne irgend welche Uebersetzung, alle vorkommenden Steigungen auf Verkehrsstrassen (bis zur enormen Steigung von 10 Prozent) mit Sicherheit zu nehmen.
>
> Der Fahrer auf dem Motor-Zweirade ist im stande, bergauf mit der gleichen Geschwindigkeit zu fahren, mit welcher der mittlere Tourenfahrer heute auf der Ebene dahinfährt. Durch die vorerwähnten Brems-Vorrichtungen können Bergabfahrten ganz nach Willkür des Fahrers, also auch im Schritt unternommen werden. Der Motor ist hierbei eingestellt und wirkt mit als Bremse.
>
> Eine besondere und auch vorteilhafte Eigentümlichkeit des Motor-Zweirades besteht in dem Aufhören des Funktionierens des Motors bei Entlastung des Fahrzeuges. Sollte daher durch Ungeschicklichkeit der Fahrer mit der Maschine zu Fall kommen, so ist obige Eigenschaft sehr erwünscht.
>
> Durch die eigenartige Antriebsanordnung und durch die günstige Gewichtsverteilung hat sich bei Probefahrten ausserdem der grosse Vorzug ergeben, dass das Motor-Zweirad auf Schnee, Eis, nasser Strasse oder schlüpfrigem Pflaster weit weniger dem lästigen seitlichen Rutschen unterworfen ist, als das moderne Niederrad.
>
> Das Motor-Zweirad ist im Gebrauch für Herren wie Damen gleich geeignet.
>
> Der Bedarf an Betriebsmaterial beziffert sich auf nicht über ¾ Pfennige per Kilometer (also per 100 km ca. 75 Pfennige).
>
> […]»

Am 22. August 1894 veröffentlichten «Hildebrand & Wolfmüller» das Foto des sogenannten Versuchs-Modells, resp. des Prototyps der Motor-Bicyclette (Abb. 44).[17]

Diese Ausführung existierte schon Ende 1893.[18] Sie hatte auch eine Vorgängerin und über die als Kühlwassertank ausgeführte Hinterradabdeckung verfügte schon das Dampf-Velo der Gebrüder Hildebrand von 1889. Auch wies sie Abweichungen zur Patentschrift

Abb. 44 | Prototyp der «Hildebrand & Wolfmüller» in «Radfahr-Chronik» 7 1894 93, 2055 vom 22.8.1894.

auf. Ein sogenanntes «neues Modell» mit einer verbesserten Bremsanlage ist mit grosser Wahrscheinlichkeit nicht fertig entwickelt worden, obwohl dessen Grafik in Inseraten Verwendung fand.[19] Die Entwicklungsgeschichte der Motor-Bicyclettes von «Hildebrand & Wolfmüller» liess sich mit den vorliegenden Informationen allerdings nicht widerspruchsfrei rekonstruieren und wäre mit vertieften Recherchen noch zu leisten.[20] Im Folgenden wird das Augenmerk einerseits auf den Prototypen[21] sowie anderseits auf das «Serien-Modell», das Ende 1894 zum Einsatz kam,[22] gelegt.

Ein für den praktischen Betrieb wesentliches Merkmal der Motor-Bicyclette war der Verzicht auf eine Kupplung. Ein Anhalten bei laufendem Motor war somit unmöglich. Das Ausschalten erfolgte durch das gleichzeitige Öffnen der beiden Auslassventile (Dekompression).[23]

Der Zweizylinder-Viertakt-Motor verfügte über eine Glührohrzündung. Einen technischen Leckerbissen bildete die Steuerung der insgesamt sechs Ventile wie sie dem Patent «Zweirad mit Petroleum- oder Benzinmotorenantrieb» zugrunde lag (Abb. 45):[24]

> «Der Antrieb geschieht durch einen Zwillingsmotor, bei dem die Umsteuerung der Auspuff- und Zünderventile mittelst einer einzigen Steuerstange *m* erfolgt. Diese wird durch eine Nocke des Treibrades bewegt, wobei der [Klinkenhebel] *t* vor- und zurückbewegt wird. Bei dieser Vor- und Rückwärtsbewegung wird der [Klinkenhebel] gleichzeitig durch ein auf ihm gelagerte[n] [Ankerhebel] *n* und Federn *s* auch seitwärts bewegt. Die [Zünderventile] werden durch eine elastische Verbindung z derselben mit den [Winkelhebeln W, W'] bewegt. Das Gasgemischventil wird, um den Gasmischzufluss zu regeln, durch einen Kettenzug von einer an der Lenkstange angebrachten Schraube mit Markiervorrichtung in Thätigkeit gesetzt. [...]»

Die Zünderventile schlossen während des Verdichtungshubs (zweiter Takt) die Glühröhrchen ab, um eine Frühzündung zu vermeiden. Bei Erreichen des oberen Totpunkts des Kolbens wurden sie geöffnet. Die Öffnung der Einlassventile besorgte der Unterdruck im Zylinder beim Ansaugen (erster Takt) selbsttätig (sogenannte Schnüffelventile). Obwohl die Ventilsteuerung noch im Verlauf 1894 vereinfacht wurde, hielten Heinrich Hildebrand und Alois Wolfmüller bis zum Ende der Produktion an der grundsätzlichen Idee fest. Einen Preis für die Motor-Bicyclette nannten die Hersteller zu diesem Zeitpunkt noch nicht.

Offensichtlich meldeten sich sofort nach der ersten Veröffentlichung Zweifler, die die Verwendung eines Benzinmotors als Antrieb für eine Bicyclette infrage stellten. Jedenfalls sahen sich Heinrich Hildebrand und Alois Wolfmüller gezwungen, in einem Leserbrief in der «Radfahr-Chronik», dem Argument, «dass der Betrieb mit Petroleum- oder Benzinmotor am Zweirad immer eine komplizierte Sache sein müsse», zu

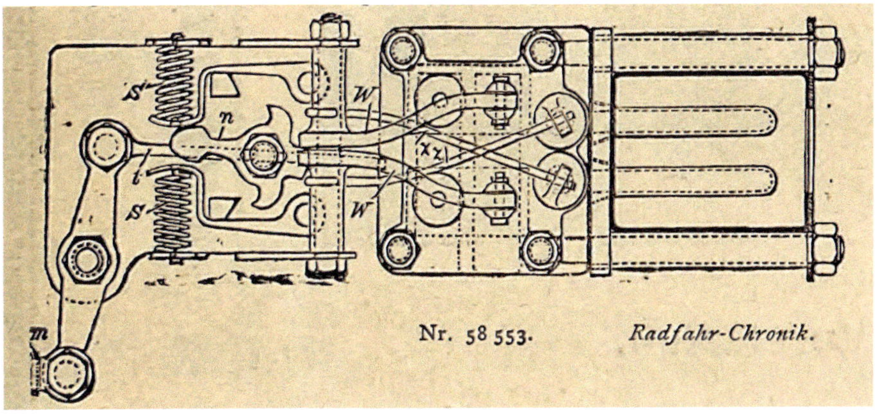

Abb. 45 | Draufsicht auf den Ventilmechanismus und die beiden Glührohre gemäss Patent in «Radfahr-Chronik» 8 1895 44, 817 vom 2.3.1895. Zur Ausführung im Serien-Modell s. Abb. 60–63.

widersprechen. Der Schwerpunkt ihrer Bestrebungen lag «in der Vermeidung aller Komplikationen». Sie betonten dabei:[25]

> «Die Schwierigkeit, ein Motor-Zweirad zu konstruieren, lag, wie ganz richtig bemerkt, nicht in der Gewichtsfrage des Motors, da bekanntlich Motoren zu 3 kg pro Pferdekraft, wenigstens bei höheren Leistungen, schon bei Torpedos angewendet sind. Die Hauptschwierigkeit bestand vielmehr darin, eine Konstruktion zu finden, die dem Unerfahrenen keinerlei Umständlichkeiten verursacht und den Eigentümlichkeiten eines Zweirades vollständig angepasst ist. Es war daher selbstredend, dass mit der modernen Gasmotoren-Konstruktion an ein Auskommen für diesen Zweck nicht im entferntesten gedacht werden konnte; vielmehr musste eine ganz einschneidende Vereinfachung geschaffen werden.»

Am 1. Juni 1894 errichteten Heinrich Hildebrand und Alois Wolfmüller ihre Firma mit einem «Comptoir» (Kontor oder Niederlassung) an der Kaulbachstrasse 60a in München.[26] Schon kurz darauf erfolgte die Verlegung an die Colosseumstrasse 1.[27] Dazu meldete die «Radfahr-Chronik» am 30. Juni 1894:[28]

> «Die Herren Heinrich Hildebrand und Alois Wolfmüller haben kürzlich unter der Firma Hildebrand & Wolfmüller, Motorfahrrad-Fabrik, München, eine offene Handelsgesellschaft gegründet und betreiben als solche die Fabrikation der in unserem Blatte bereits mehrfach erwähnten Motor-Zweiräder. Jeder der beiden Teilhaber ist zur Firmenzeichnung berechtigt. – Während gegenwärtig mehrere Mustermaschinen [Prototypen], welche als Modelle für die Fabrikation zu gelten haben, ihrer baldigen Vollendung entgegengehen, ist bereits mit dem Bau einer grossen Fabrik begonnen worden, und darf der Anfang der Massenfabrikation schon in der zweiten Hälfte des nächsten Monats erwartet werden. – Nunmehr können wir auch den Preis eines Motor-Zweirades, nach welchem so viele Anfragen an uns ergangen sind, mitteilen. Der Detailverkaufspreis stellt sich verhältnismässig sehr niedrig, und beträgt ab München Mk. 850.–. Wie wir erfahren, werden an allen grösseren Plätzen gute Vertreter aufgestellt, und sind diesbezüglich zahlreiche Fahrradhändler mit der Firma Hildebrand & Wolfmüller bereits seit längerem in Verbindung getreten.
>
> Die schon heute, also ehe die Firma lieferungsfähig geworden, in beträchtlicher Anzahl eingelaufenen festen Bestellungen auf Motor-Zweiräder haben die Fabrikanten veranlasst, Bestellscheine auszugeben, deren Effektuierung ohne Ausnahme der Reihe nach, den Einlauf-Nummern entsprechend, erfolgt. Wer zeitig in den Besitz eines Motor-Zweirades zu gelangen wünscht, wendet sich am besten um Zusendung solcher Bestellscheine an die Firma Hildebrand & Wolfmüller, Motorfahrrad-Fabrik, München.»

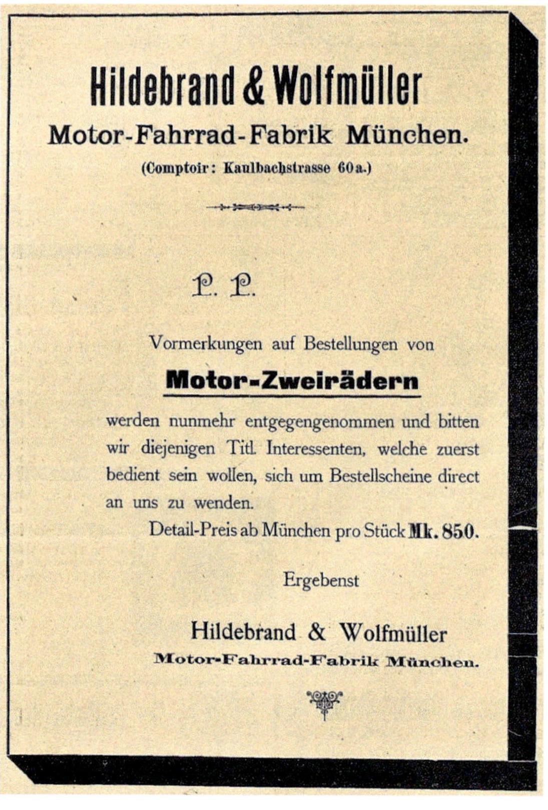

Abb. 46 | Das erste Inserat «Motor-Zweiräder» von «Hildebrand & Wolfmüller» 1894 in «Radfahr-Chronik» 7 1894 78, 1700 vom 30.6.1894. Mit dem Angebot zur «Vormerkung auf Bestellungen von Motor-Zweirädern».

Im gleichen Heft erschien das erste Inserat der Firma mit der Angabe des schon genannten «Detail-Preis ab München pro Stück» von 850 Mark (Abb. 46). Eine Beschreibung des erworbenen Grundstücks einschliesslich der darauf erstellten Fabrikationshalle lässt sich der Anzeige der Versteigerung derselben im Rahmen des Konkursverfahrens im März 1896 entnehmen (Abb. 47): Der Komplex war auf eine Jahresproduktion von 3000 Motor-Bicyclettes ausgelegt.[29]

Schon am Montag, den 4. Juni 1894, hatte man auf der Rennbahn am Schyrenplatz in München vor «einem geladenen Kreise von Fachleuten und Interessenten» die erste Demonstration organisiert.[30] Eine weitere fand am 2. Juli abends am gleichen Ort statt.[31] Nach der Veröffentlichung des ersten Inserats für «Vormerkung auf Bestellungen von Motor-Zweirädern» am 30. Juni 1894 (Abb. 46) erschien in jeder nachfolgenden Ausgabe der «Radfahr-Chronik» jeweils eine ganzseitige Anzeige. Am Mittwoch, den 4. Juli, konnte die Firma elf Vertretungen vorweisen, darunter zwei in der Schweiz: «H. Egli-Diethelm», Fahrradhandlung in Winterthur, sowie «E. A. Mäder», Fahrradhandlung in St. Gallen.[32] Am 18. Juli 1894 meldeten «Hildebrand & Wolfmüller» bereits 117 und kurz darauf, am 25. Juli, 200 Bestellungen.[33] Am 21. Juli bestanden 30 Vertretungen, darunter in Luzern die «F. Birrer, Fahrradhandlung» und in Basel die «L. Burckhardt, Fahrradhandlung» (!).[34]

Inzwischen war nämlich Eduard Burckhardts Interesse so weit geweckt, dass er um genauere Informationen in München nachgesuchte hatte. Als international vernetzter «Véloceman» und «wohlhabender» Schweizer gehörte er mit Sicherheit zu jenen, die sehr früh von der «Lösung» erfahren hatten und registrierten, wie der Zug zunehmend an Fahrt gewann. Jedenfalls liess er sich nicht lange bitten und reiste am 20. Juli

Günstige Kaufsgelegenheit eines großen Terrains in München-Giesing.

Im Concurse der Motorfahrradfabrik Hildebrand & Wolfmüller zu München wird am

Dienstag den 24. März 1896, vormittags 9 Uhr,

durch den Kgl. Notar Dr. Schulmann in München auf dessen Amtszimmer, Maffeistraße 9/II, ein arrondirter, aus 8 Plannummern bestehender Grundstückcomplex im Umfange von 5,416 Hectar = 635784 baier. Qu.-Fuß (ca. 16 baier. Tagwerk) nebst dem auf einer Fläche von 3000 Qu.-Mtr. neuerbauten Fabrik-(Shed)-Bau öffentlich versteigert.

Der Grundcomplex liegt an der von München nach Harlaching führenden Schönstraße, mit langen Fronten gegen diese und andere projectirte Straßen, sowie gegen die Isaranlagen und dürfte sich zur Anlage von Villen, Wohnhäusern, wie für industrielle oder Sportzwecke (Zoologischer Garten und dergl.) eignen.

Das Fabrikgebäude ist als Lagerhaus oder zu industriellen Zwecken (Spinnerei, Fahrradfabrication) oder als Velocipedfahrschule größeren Stiles verwendbar.

Nähere Auskunft erteilt der unterfertigte Concursverwalter.

München, den 24. Februar 1896.

Rechtsanwalt **Dr. Harburger II**,
Concursverwalter,
Theatinerstraße 3/II (Börsenbazar).

Hw)

Abb. 47 | Ankündigung Versteigerung Grundstück und Fabrikgebäude von «Hildebrand & Wolfmüller» 1896 in «Kölnische Zeitung» 1896 176 Erste Morgen-Ausgabe vom 25. 2. 1896.
Beschreibung des von «Hildebrand & Wolfmüller» erworbenen Grundstücks zum Bau eines Fabrikgebäudes an der Schönstrasse in München-Giesing sowie des darauf bis Sommer 1895 erstellten Fabrikgebäudes; s. a. «Frankfurter Zeitung und Handelsblatt» 40 1896 56, 3. Morgenblatt vom 25. 2. 1896.

1894[35] zu einer der Probefahrten nach München, um sich persönlich ein Bild zu machen. Sein Urteil in einem Bericht in «Der Schweizerische Velosport» im Juli 1894 fiel euphorisch aus – wobei viele Textbausteine aus dem Argumentarium von Heinrich Hildebrand stammten:[36]

«Eine neue Erfindung auf dem Gebiete der Fahrrad-Technik dürfte bei den Velofahrern einige Aufmerksamkeit erregen. Herr Ed. Burckhardt in Basel, der frühere Centralpräsident des Schweizerischen Velocipedisten-Bundes, schreibt hierüber dem ‹Schweiz. Velosport› Folgendes:

Nach jahrelangen Studien und Arbeiten ist es den Herren Hildebrand & Wolfmüller in München gelungen, ein Motor-Zweirad zu erstellen, das dem Prospekt nach zu urteilen, nahezu die Vollkommenheit erreicht.

Ohne der Sache von vornherein Mißtrauen entgegen zu bringen, hegten wir doch den ganz natürlichen Wunsch, zunächst genauere Details zu erhalten, und haben uns solche auf schriftlichem Weg erbeten.

Die Antwort hat gelautet: ‹Komm und siehe›. Diesem Ruf haben wir nun letzte Woche Folge geleistet und die Reise nach München unternommen. In liebenswürdigster Weise empfangen, wurde uns vom Erfinder alle und jede Auskunft erteilt und zwar in Verbindung der Theorie mit dem Praktischen. Wir haben das Motor-Bicyclette gesehen und gefahren. Wir müssen gestehen, dass unsere Erwartungen sehr übertroffen wurden. Wir hatten uns etwas wie ein schweres Ungetüm vorgestellt – wir fanden eine Maschine, die in ihrem äußeren Ansehen nicht sehr von einem gewöhnlichen Bicyclette abweicht und dem Damen-Rad am meisten ähnelt.

Vorn, unter der Lenkstange, bis nach unten ist der Benzin-Motor [genau genommen Oberflächenvergaser, Treibstofftank und Motor] angebracht; über dem Hinterrad, in Form dem Schutzblech ähnlich und zugleich als solches dienend, ist der Wasserapparat, welcher den Motor regelmäßig kühlt.

Nachdem die Flamme angezündet ist, kann schon nach ganz kurzer Zeit gefahren werden; man setzt sich auf den Sattel, treibt zuerst durch Schritte mit den Füßen die Maschine an und merkt dann bald, daß der Motor im Gang ist, worauf man nur einfach die Füße aufstellt und ruhig und sanft dahinfährt, ohne alle und jede Aufregung oder Mühe.

Vermittelst einer Scala, die an der Lenkstange angebracht ist, läßt sich die Schnelligkeit nach Belieben regulieren und um anzuhalten und abzusteigen genügt ein Druck auf einen Knopf.

Für alle Sicherheitsmaßregeln ist doppelt und dreifach vorgesorgt und man hat auch beim Fahren das Gefühl der völligen Sicherheit und Ruhe, so daß allen Unglücksfällen, die übrigens bei allen bekannten Fahrgelegenheiten vorkommen können, auf die denkbar sinnreichste Weise vorgebeugt ist.

Mit dem vorhandenen Brennstoff kann eine Strecke von circa 200 Kilometer gefahren werden und die Kosten hierfür betragen circa 2 Fr. Ersatz zum Nachfüllen läßt sich überall leicht beschaffen und es werden auch allum specielle Depots hiefür errichtet.

Um diese neue Erfindung herum war bei unserer Anwesenheit eine ganze internationale Gruppe versammelt; von überall her kommen täglich Leute, die sehen und probieren wollen und die merkwürdiger Weise alle dann auch bestellen. Bereits sind über 200 Motor-Räder bestellt und wer sich ein solches Fahrzeug anschaffen will, thut wohl, nicht zu zögern, denn nach der Reihenfolge der Aufträge wird auch ohne alle Ausnahme die Reihenfolge der Ablieferungen erfolgen und ist einmal der Ruf des Motor-Fahrrades in das große Publikum gedrungen, so dürften so viele Aufträge einlaufen, daß der Einzelne, der sich nicht rechtzeitig meldet, lange wird warten müssen.

Wir haben nicht nur für uns selbst ein Motor-Bicyclette bestellt, sondern auch mit Vergnügen die Vertretung für den größeren Teil der Schweiz übernommen und werden im Stande sein, so rasch als nur möglich zu liefern, da wir schon gleich bei der Bestellung die Nummer der zu liefernden Maschinen aufgeben können. Ueberdies werden wir einen eigens in der Fabrik selbst geschulten Monteur zur Verfügung unserer Kunden halten, sowohl betreffs Erlernens der Handhabung, als auch um alle später etwa vorkommenden Reparaturen, sowie das Nachsehen der Maschinen zu besorgen.

Als Pneumatik ist der Veith gewählt worden und zwar betreffs des Hinterrades mit besonderer Verstärkung. Das Gewicht der Maschine ist circa 40 [Kilogramm].

Der Preis stellt sich auf 1065 Fr. ab München, wozu circa 50 bis 60 Fr. Fracht und Zoll zu rechnen wären. Eine

Abb. 48 | Inserat Alleinverkauf «Hildebrand & Wolfmüller» durch die «Ed. Burckhardt» in verschiedenen Kantonen der Schweiz in BN 50 1894 232 vom 28.8.1894; s.a. «Der Bund» 45 1894 239 vom 29.8.1894; NZZ 34 1894 208 vom 6.9.1894.

sofortige Anzahlung von 375 Fr. per Maschine ist unerläßliche Bedingung der Fabrik.

Wir halten Prospekte und Bestellscheine zur Verfügung und werden auch bald in der Lage sein, Abbildungen hier zu veröffentlichen.

Schon im August werden wir per Motorrad eine Rundreise durch die Schweiz vornehmen und alsdann unseren Freunden und Kunden Gelegenheit geben, Besichtigung und Probefahrten vorzunehmen.

Wir glauben, daß die Erfinder einen glücklichen Griff gethan haben und daß dieses neue Fahrzeug rasch manchen begeisterten Anhänger finden wird.

Wir erwähnen noch, daß man circa 50 Kilo Gepäck leicht anbringen kann und so zu sagen jeden Berg bequem hinauffährt. Welch' herrliche Gebirgstouren lassen sich dann ohne Anstrengung und mit geringen Kosten auf unsern prächtigen Bergstraßen vornehmen, wie manche Geschäfts- oder Vergnügungsreise wird bequem zurückgelegt!»

Aber nicht nur Eduard Burckhardt machte «Hildebrand & Wolfmüller» an jenem 20. Juli 1894 seine Aufwartung. Die Liste umfasste neben ihm H. W. Schladitz, Fahrrad-Fabrik, Dresden; August Hildebrand, Fahrrad-Handlung und Fabrik für Zubehör, München; Otto Kühn, Fahrradhandlung, Stuttgart; Hans Mayr, Fahrradhandlung, Lindenberg bei Lindau; Adalbert Schneider jr., Fahrradhandlung, Deggendorf; Johann Fahrensohn, Fahrradhandlung, Babenhausen; E. A. Mäder, Fahrradhandlung, St. Gallen; Paul Sofsky jr., Landstuhl; Conrad Hensel jr., Landstuhl; Gg. Winterholler, Fahrradhandlung, Miesbach; A. H. Ueltzen, Fahrradfabrik, Hamburg. Sie alle bezeugten, dass sie «sich persönlich von der Vorzüglichkeit des Motor-Zweirades […] überzeugt und geben gerne Auskunft».[37]

Dass Eduard Burckhardt anlässlich seines Besuchs in München gleich die Generalvertretung der «Ed. Burckhardt» für das Motor-Zweirad von «Hildebrand & Wolfmüller» für verschiedene Kantone der Schweiz vereinbarte und 17 Motor-Bicyclettes bestellte (Bestellnummern 154 bis 170), erstaunt dann doch. Es deutet darauf hin, dass im Vorfeld substanzielle, bilaterale Verhandlungen stattgefunden hatten, sodass seine Reise nicht spontan, sondern von beiden Seiten gut vorbereitet erfolgte. Nicht zuletzt war mit dieser Order sofort eine Anzahlung von 6375 Franken fällig. Das Geschäft machten «Hildebrand & Wolfmüller» Ende August 1894 in wichtigen Schweizer Tageszeitungen publik (Abb. 48).

Kurz vor Erscheinen dieses Inserats, am 27. Juli 1894, meldeten «Hildebrand & Wolfmüller» das Patent «Motor-Zweirad» von Alois Wolfmüller und Hans Geisenhof beim «Amt für geistiges Eigentum der Schweizerischen Eidgenossenschaft» an; der Eintrag erfolgte am 31. Januar 1895 in der Klasse 112 mit der Nr. 9047 (CH 9047).[38] Als Vertreter fungierte der aus dem Elsass zugewanderte, in Basel etablierte Patentanwalt Amand Ritter (1858–1931).[39]

Am 1. September war die Zahl der Bestellungen bei «Hildebrand & Wolfmüller» auf 450 gestiegen[40] und am 8. September auf 552.[41] Geht man davon aus, dass jeder Besteller, wie Eduard Burckhardt berichtete, 300 Mark bzw. 375 Franken Anzahlung zu leisten hatte, so verbuchten die Münchner bis zu diesem Zeitpunkt Einnahmen von maximal 165 600 Mark, ohne dass eine einzige Maschine ausgeliefert worden wäre![42]

Der überschwängliche Bericht von Eduard Burckhardt erschien Mitte August auch in Westschweizer Zeitungen.[43] Fast gleichzeitig publizierte die französische Zeitschrift «L'Industrie Vélocipédique» eine vollständige Version der Eloge, signiert von «E. Burckhardt», der den Pariser Fachblättern ja als Korrespondent für Velocipedisten-Nachrichten aus der Schweiz diente.[44] Es war die erste bekannte Erwähnungen der neuen Motor-Bicyclette in Frankreich.

Abb. 49 | Arbeitssaal von «Hildebrand & Wolfmüller» im Sommer 1894 in «Radfahr-Chronik» 7 1894 93, 2043 vom 22. 8. 1894.

In München hätte der Start der Serienproduktion im Sommer 1894 erfolgen müssen, denn die ersten Lieferungen waren den vielen ungeduldigen Vertretern auf Ende Oktober zugesagt worden.[45] Eine Meldung, dass im August zehn Beschäftigte der «Hildebrand & Wolfmüller» ihre Arbeit niedergelegt hätten, belegt, dass es Anstrengungen in dieser Richtung gab, die jedoch auf Hindernisse stiessen.[46]

Ab dem 28. Juli 1894 nannten die Inserate neben dem Comptoir auch die Produktionslokalität. Sie befand sich an der Colosseumsstrasse 1 in München im ersten Stock, neben den Büros von «Hildebrand & Wolfmüller».[47] Dort ist die Rede vom «neuen Modell», mit dessen Massenherstellung die Fabrik gegenwärtig vollauf beschäftigt ist.»[48] Dazu publizierte man ein Foto aus der Fabrik, das deutlich mehr als zehn Beschäftigte zeigen sollte (Abb. 49); es entsprang aber wohl eher einem Wunschdenken – und einer geschickten Bildbearbeitung.

Ab Ende August 1894 prangte auf der Inserateseite in der «Radfahr-Chronik» das eher summarische Abbild des wenig fassbaren «neuen Modells» mit dem Hinweis «nach einer Photographie in Holz geschnitten».[49] Auch konnte man ab Samstag, den 15. September, in der Auslage des Velogeschäfts von August Hildebrand an der Theresienstrasse 16 in München einen Prototypen bewundern.[50]

«Hildebrand & Wolfmüller» bemühten sich, in der Öffentlichkeit das Bild einer Firma mitten im Produktionsanlauf zu präsentieren. Die Lieferungen blieben allerdings aus. Trotzdem verstand es Heinrich Hildebrand, sein Produkt mit regelmässigen Presseverlautbarungen im redaktionellen Teil der Tageszeitungen zu platzieren und dazu das wachsende Vertreternetz einzuspannen, das aus den hochgeschraubten Erwartungen Prestige bezog; so konnte man die Stimmung bis in die hinterste Provinz am Kochen halten. Ein typisches Beispiel bot das Lokalblatt des ländlichen Städtchens Düren zwischen Köln und Aachen, für welches bereits die Publikation einer Abbildung im September 1894 eine lange Sondermeldung auf der Titelseite wert war:[51]

> «Wir haben schon vor einigen Monaten wiederholt auf eine neue bahnbrechende Erfindung auf dem Gebiete des Fahrradwesens hingewiesen: auf das Motor-Zweirad der Firma Hildebrand & Wolfmüller in München. Innerhalb der nächsten 4 Wochen wird voraussichtlich das erste derartige Zweirad in Düren bei dem hiesigen Vertreter genannter Firma, Herrn Friedrich Lennartz, eintreffen. Wir sind heute schon in der Lage, einem mehrfach an uns ergangenen Wunsche nach einer Abbildung und näheren Beschreibung des neuen Verkehrsmittels zu entsprechen.»

Erst im März 1895 folgte schliesslich die Meldung, dass (nun endlich) ein Exemplar beim örtlichen Vertreter eingetroffen sei![52]

Die Produktionsaufnahme verzögerte sich auch, weil die Probe- und Demonstrationsfahrten Mängel an der Konstruktion zum Vorschein brachten. Sogar Alois Wolfmüller musste zugeben: «[…] dass die Maschine noch krank sei». Während einer Demonstration Ende September 1894 war bei voller Fahrt «[…] der untere Theil des Gestells am Motorrad, infolge zu schwacher Construction – ganz auseinandergerissen».[53] Man sprach zu diesem Zeitpunkt auch bereits über ein verbessertes Modell, wie Franz Haselberger jun. aus St. Pölten von einem Besuch in München zu berichten wusste:[54]

> «Jeder, welcher Gelegenheit hat, mit diesem Feuerpferd eine Fahrt zu machen, wird mir beistimmen, dass man ein ganz eigenthümliches Gefühl dabei hat. Wenn der Gang der Maschine ein ruhiger wäre – was bei dem neuesten Modell der Fall sein soll (?), – möchte ich sagen, man fühlt sich verhältnismäßig recht wohl auf einem derartigen Vehikel. Ich aber verspürte ein lästiges Klopfen und

Hildebrand & Wolfmüller

Motor-Fahrrad-Fabrik München

Fabriklokalitäten und Comptoir: Colosseumstrasse 1.

(Telephon 3356.)

Bestätigung.

Unterzeichnete Herren haben heute ein neues **Motor-Zweirad** *der Firma* **Hildebrand & Wolfmüller** *probirt und hat dasselbe deren Erwartungen weit übertroffen.*

Die Unterzeichneten bestätigen daher gerne, dass sie von den Leistungen des **Motor-Zweirades** *vollauf befriedigt waren.*

München, *den 26. September 1894.*

gez. **Otto Kühn,** *Stuttgart.* *gez.* **Ed. Burckhardt,** *Basel.*

(Telephon 3356.)

Vertretung für das Motor-Zweirad haben bis jetzt erhalten:

Sachsen (Haupt-Vertretung): **H. W. Schladitz,** Fahrrad-Fabrik, Dresden, Zwickauerstrasse.
Penig: Theodor Schneider.
München: August Hildebrand, Fahrrad-Handlung und Fabrik für Zubehör, München, Theresienstr. 16.
Württemberg (Haupt-Vertretung): **Otto Kühn,** Fahrradhandlung, Stuttgart, Neckarstrasse 243.
Baden (mit Ausnahme von Mannheim, sowie jenes badischen Teiles am Bodensee mit der Grenze Lörrach-Villingen): **Otto Kühn,** Fahrradhandlung, Stuttgart, Neckarstrasse 243.
Elsass-Lothringen (Haupt-Vertretung): **Otto Kühn,** Fahrradhandlung, Stuttgart, Neckarstrasse 243.
Vorarlberg, Lindau, die Oberämter **Tettnang** und **Wangen,** dann jener bayerische Teil am Bodensee mit der Grenze **Isny-Oberndorf-Immenstadt-Oberstdorf,** einschliesslich letzterer Orte: **Hans Mayer,** Fahrradhandlung, Lindenberg bei Lindau.
Deggendorf (Straubing, Landau a. Isar, Vilshofen, Grafenau, Passau und dazwischenliegende Orte): **Adalbert Schneider jr.,** Fahrradh., Deggendorf.
Winterthur (Schweiz): **H. Egli-Diethelm,** Fahrradhandlung, Winterthur (Schweiz).
Schleswig-Holstein, Mecklenburg, Lauenburg, Hamburg, Lübeck: A. H. Ueltzen, Hamonia-Fahrradfabrik, Hamburg, Rödingsmarkt 22—23. (Auch für Export.)
Babenhausen (Illertissen, Weissenhorn): **Johann Fahrenschon,** Fahrradhandlung, Babenhausen (Bayern).
Ganze Ostschweiz (Kantone St. Gallen, Appenzell, Thurgau und Graubünden): **E. A. Maeder,** Fahrradhandlung, St. Gallen.
Rheinpfalz (Saarbrücken, St. Johann, Saarlouis, Merzig, St. Wendel, Ottweiler und dazwischenliegende Orte): **Paul Sofsky jr.,** Landstuhl (Rheinpfalz).
Bayreuth (Münchberg, Schwarzenbach a. S., Arzberg, Markt-Redwitz, Ebermannstadt, Velden, Vilseck, Kulmbach, Königsfeld, Holfeldt, Ludwigsstadt, Teuschnitz, Kronach, Lichtenfels, Hilpoltstein, Grafenwöhr, Erbendorf, Wiesau, Mitterteich, Waldsassen, Thiersheim, Selb, Markleuthen, Wunsiedel, Weisenstadt): **Conrad Hensel jr.,** Fahrradhandlung, Bayreuth, Sophienstr. 7.
Burtscheid-Aachen: Oscar Meder, Burtscheid.
Erlangen (Baiersdorf, Forchheim, Höchstadt a. A., Neustadt a. A., Uhlfeld, Herzogenaurach, Neukirchen a. Br., Forth, Eschenau, Gräfenberg, Schlüsselfeld, M. Erlbach, Wilhermsdorf): **Georg Dorn,** Erlangen, Marktplatz.
Kitzingen (Etwashausen, Dettelbach, Iphofen, Mainhernheim, Marktbreit, Markt-Bibart, Scheinfeld, Markt-Einersheim, Geroldhofen, Volkach, Stadt Schwarzach, Oberschwarzach): **August Hildebrand,** Filiale des Münchener Hauses.
Cottbus (Forst, Spremberg, Guben, Peitz, Vetschau, Kalau, Senftenberg, Lübbenau, Lübben, Finsterwalde u. dazwischenliegende Orte): **Wilh. Richter,** Cottbus.
Schongau (Weilheim, Oberdorf bei Biesenhofen): **Thomas Lutz,** Fahrradhandlung, Schongau.
Wilhelmshaven: Bernh. Dirks, Eisenhandlung.
Bochum: Friedr. Straetling, Fahrradhandlung.
Berlin: Balog & Meinhardt, S.W., Mittelstr. 3.
Centralschweiz (Hauptvertretung für die Kantone Luzern, Uri, Schwyz, Ob- u. Niedwalden, Zug): **F. Birrer,** Fahrradhandl., Luzern, Hirschmattstrasse.
Krumbach (Günzburg): **M. Faist,** Fahrradhandlung, Krumbach.
Kreis Altkirch (Elsass): **Lor. Heinis Ww.,** Fahrradhandlung, Pfetterhausen.
Kaufbeuren (Obergünzburg, Buchloe): **Gottlieb Klotz,** Kaufbeuren.
Schweiz (Hauptvertretung für die Kantone Basel, Solothurn, Bern, Zürich, Freiburg, Genf, Neuenburg, Wallis, Waadt, Aargau, Glarus): **Ed. Burckhardt,** Basel, 85 Austr.
Düren: Friedr. Lennartz.
Herne (Wanne, Gelsenkirchen u. dazwischenliegende Ortschaften): **A. Sprinz,** Herne.
Miesbach (Rosenheim): **Gg. Winterholler,** Fahrradhandlung, Miesbach.
Hof i. B. (Helmbrecht, Naila, Rehau): **Franz Kotschenreiter,** Fahrradhandlung, Hof i. B.
Pössneck (Neustadt a. O. und Saalfeld): **Marzodko & Reissler,** Pössneck.
Elsterwerda (Hohenbocka, Ortrand, Mühlberg, Uebigan, Herzberg, Kirchhain, Lieberwerda, Ruhland und dazwischenliegende Orte: **C. Reichenbach,** Fahrradhandlung, Elsterwerda.
M. Gladbach (Rheydt, Viersen, Grevenbroich, Erkelenz und dazwischenliegende Orte): **Falke & Bayha,** M. Gladbach.
Löwenberg i. Schl. (Bunzlau, Naumburg, Greiffenberg, Lähn, Liebenthal, Friedeberg und dazwischenliegende Orte): **Ernst Brendel,** Fahrradhandl., Löwenberg i. Schl.
Provinz Limburg i. Holland: Ch. Canoy & Ch. Russel, Venlo.
Wittenberg (Zahna, Pretzsch, Schmiedeberg, Kemberg und dazwischenliegende Orte): **F. Marquardt,** Dobien b. Wittenberg.
Elbing (Tolkemik, Trunz, Güldenboden, Jungfer): **G. Melchert,** Fahrradh., Elbing.
Kiew (Südrussland): **B. Kaulfuss,** Fahrradhandlung.
Kempten (Füssen, Nesselwang, Wertach, Grönenbach, Ottobeuren, Sonthofen und Hindelang): **Eduard Weiss,** Fahrradhandlung in Kempten.
Ulm a. D. (Neu-Ulm): **Aug. Schweizer,** Ulm a. D.
Hohenzollern: Friedr. Haberbosch, Fahrradhandlung, Sigmaringen.
Nord-West-Böhmen (Grenze: Tetschen, Raudnitz, Prag, Pribram, Horazdiowitz, bayerische u. sächsische Grenze): Fahrradwerke **»Austria«, Bernhardt & Mörbitz,** Teplitz.
Weiden: K. Trautzer, Hof i. B.
Nürnberg (Fürth): **Nürnberger Veloeiped-Fabrik Carl Marschütz & Co.,** Nürnberg.
Odessa: Alexander Albertowitsch Zorn, Fahrradhandlung, Odessa.
Anhalt (Aken a. Elbe): **Julius Grabe,** Fahrradhandlung, Dessau, Fürstenstr. 10.
Moskau: Clemens Natalis, in Firma Grimme, Natalis & Co.
Mühldorf a. Inn (Altötting, Burghausen): **Ferdinand Geiger,** Fahrradhandlung, Mühldorf a. I.
Reval, Esthland (Russland): **John Schümann,** Fahrradhandlung, Reval.
Wien: The Vienna Cycle Co., Warehouse for Sport, Inhaber: **A. Kirchmayer jr.,** Wien I, Kolowratring 4.
Altena i. W.: Theod. Hüttebräucker, Fahrradfabrik.
Würzburg: Karl Rasp, Eichhornstrasse 8.
Konstanz (Schaffhausen, sowie jenen badischen Teil am Bodensee mit der Grenze Lörrach-Villingen): **August Götz,** Fahrradhandlung, Konstanz.
Nauen: C. A. Hahn.
Westfalen (mit Ausnahme der Städte Bochum, Herne, Wanne, Gelsenkirchen und Altena), **Hannover, Braunschweig, Ostpreussen** (Hauptvertretungen): **Bielefelder Maschinenfabrik vorm. Dürrkopp & Co. in Bielefeld.**
Budapest: Brömer-Elmerhausen & Reich, Fahrradgeschäft, IV, Andrásy-út 45.
Simbach a. Inn (Braunau, Pfarrkirchen und Rotthalmünster): **Franz Aufschläger,** Fahrradhandlung.
Mindelheim: W. Seitler, Fahrradhandlung.
Halle a. S: C. F. Ritter, Leipzigerstr. 90.
Kalisch i. Russ.-Polen: S. Wolff.
Essen a. R.: Carl Mahr, Fahrradhandlung, Kettwigerstr. 48.
Düsseldorf: Carl Ohm, Fahrradhandlung, Bismarckstr. 2.
Halberstadt (Aschersleben, Quedlinburg, Wernigerode): **August Knopf,** Halberstadt.
Italien (incl. Sicilien, Sardinien, Eritrea): **M. Türkheimer,** Mailand.
Darmstadt (Prov. Starkenburg mit Ausnahme von Offenbach und Neu-Ysenburg): **August Engel,** Fahrradgeschäft.
Frankfurt a. O. (Drossen, Reppen, Fürstenberg, Müllrose, Fürstenwalde, Müncheberg, Seelow, Göritz und dazwischenliegende Orte): **F. Spornitz,** Fahrradhandlung, Frankfurt a. O., Praterstr. 1.
Magdeburg (Burg, Möckern, Gommern, Schönebeck, Gr. Salze, Wanzleben und Wolmirstedt und dazwischenliegende Orte): **G. Freidank & Co.,** Magdeburg, Gr. Klosterstr. 18.
Rovereto (Italienischer Teil Tirols): **Fratelli Bontadi & Co.,** Rovereto.
Reichenberg, Böhmen (Friedland, Gablonz, Hochstadt, Trautenau, Petzka, Gitschin, Jungbunzlau, Wegstädtel, Gastdorf, Auscha, Wernstadt, Schluckenau, Romburg und dazwischenliegende Orte): **C. F. Bernhardt,** Reichstadt.
Donauwörth (Rain, Nordendorf, Bissingen, Harburg, Wemding, Monheim, Kaisheim): **A. Bauer,** Maschinenfabrik, Donauwörth.
Cloppenburg (Löningen, Essen i. O., Damme Vechta, Wildeshausen, Huntlosen und dazwischenliegende Orte): **Carl Nolte,** Cloppenburg.
Königswinter (Honnef.): **Martin Bayer,** Königswinter, Niederdollendorferstr.
Homburg v. d. H. (Bad Nauheim, Friedberg, Assenheim, Rodheim, Vilbel, Gr. und Kl. Karben, Bonames, Nieder-Ursel, Ober-Ursel, Cronberg, Königstein, Höchst, Soden, Friedrichsdorf und dazwischenlieg. Orte): **Heinrich Rompel,** Maschinenfabrik, Homburg a. H.
Egeln (Stassfurt, Lödderburg, Calbe, Gr. Rosenberg, Barby, Gehrden, Lohburg): **Walther Könnecke,** Fahrradhandlung, Egeln.
Rudolstadt (Blankenburg, Königsberg): **H. Heinecke,** Fahrradhdl. Rudolstadt.
Herzogtum Coburg (Sonneberg, Schalkau, Eisfeld, Hilburghausen, Themar, Römhild, Heldburg): **Carl Balzer,** Fahrradhandlung, Coburg.
Wasserburg a. I. (Tittmoning): **Max Rehels,** Fahrradhandlung, Wasserburg.
Herzogenrath i. Rheinl.: Paul Savelsberg, Fahrradhandlung.
Posen (Pudewitz, Kostrzyn, Schroda, Santomysl, Stenschewo, Buk, Obornik und dazwischenl. Orte): **M. Lohmeyer,** Fahrradhandlung, Posen, Viktoriastr. 10.
Kreuznach (Sobernheim, Monzingen, Eckweiler, Stromberg, Bingerbrück und dazwischenliegende Orte): **Th. C. Evelbauer,** Fahrradhandlung, Kreuznach.
Rathenow (Rhinow, Friesack, Lobeofsund, Buschow, Pritzerbe u. dazwischenliegende Orte): **R. Wetzel,** Fahrradhandlung, Rathenow.

Wir bitten höflichst, bei Anfragen sowie Bestellungen sich auf den „Radfahr-Humor" zu beziehen.

Abb. 50 | Inserat «Hildebrand & Wolfmüller» mit der Nennung von 72 Vertretern in Deutschland und verschiedenen europäischen Städten im Herbst 1894 in «Radfahr-Chronik» 8 1894 1, 8 vom 3.10.1894. Seit dem 30. Juni 1894 erschien in jeder Nummer der «Radfahr-Chronik» ganzseitig das aufdatierte Verzeichnis der wachsenden Zahl der europaweiten Vertretungen von «Hildebrand & Wolfmüller».

Reißen, wobei es den Anschein hatte, als wollte einem das Fahrzeug plötzlich mit einem Ruck unter den Füßen durchgehen. Auch nimmt die Lenkung des Motorrades mehr Kraft und Aufmerksamkeit in Anspruch, als das bei dem gewöhnlichen Fahrrad der Fall ist. Unter Umständen z. B. auf mittelmäßigen Wegen, dürfte es sogar eine ziemlich große Kraftentwicklung erfordern die Lenkstange zu handhaben.»

Haselbergers ausführliche Schilderungen offenbarten zudem, dass die Zahl der vorhandenen, funktionsfähigen Motor-Bicyclettes im September 1894 sehr überschaubar war. Für die Probefahrt stand eine einzige Maschine bereit, während eine zweite immer noch beim Velohändler August Hildebrand an der Theresienstrasse 16 im Schauraum zu besichtigen war.

Noch Mitte November 1894 existierten erst wenige Exemplare, wie Pierre Giffard in einem Bericht festhielt. Er fühlte sich sehr geehrt, als man ihn auf dem Prototyp Nr. 4 der epochalen Erfindung fahren liess, und lieferte den erwarteten, begeisterten Trommelwirbel:[55]

«Or voici qu'aujourd'hui [...] la bicyclette à moteur est debout, sortie tout armée du cerveau de son inventeur, et ce qui est beaucoup mieux, de son atelier! Elle roule à 35 kilomètres à l'heure, quand on ne lui en demande pas 40. Et elle est à Paris, ou du moins dans ses environs. Et j'ai fait hier, comme dans un rêve délicieux, dix kilomètres fantastiques sur sa selle, en tout semblable aux selles des vélocipédiques. [...] Depuis cinq ans [...] un ingénieur de Munich, nommé Wolffmuller, cherchait la solution du problème. Il l'a trouvée voilà quatre mois. Sa première bicyclette a été mise sur la route il y a un mois à peine, et la quatrième en date, le no 4 de sa construction, est celle qu'on m'a fait essayer hier.»

Heinrich Hildebrand beruhigte seine Kunden: Man sei trotzdem in der Lage, die bestellten Maschinen «längstens vor der nächsten Saison», d. h. im Frühling 1895, zu liefern.[56] Die Firma signalisierte ausserdem, dass man sich auf bestem Weg zum perfektionierten Modell befinde. Als Kronzeugen liessen sich Eduard Burckhardt und der Velociped-Händler Otto Kühn aus Stuttgart zitieren, dass sie am 26. September «[...] ein neues Motor-Zweirad der Firma ‹Hildebrand & Wolfmüller› probiert [hätten], und hat dasselbe deren Erwartungen weit übertroffen. Die Unterzeichneten bestätigen daher gerne, dass sie von den Leistungen des Motor-Zweirades vollauf befriedigt waren». Die frohe Botschaft fand sich umgehend in den Inseraten wieder (Abb. 50). Vorsichtshalber erschienen jedoch nach dem 21. November 1894 keine Abbildungen der Motor-Bicyclette in der «Radfahr-Chronik» mehr.[57] Ein Foto des tatsächliche Serien-Modells bekam das Publikum in Deutschland erst nach dem Jahreswechsel zu sehen (Abb. 54).

Auch wenn die hier zusammengetragenen Meldungen nicht ganz fugenfrei zueinanderpassen, die Zeugen nur partiell informiert waren und die Grenze zwischen Wunschdenken, Werbegeschick und den Fakten auf Seiten Heinrich Hildebrands manchmal verschwimmt, kann man davon ausgehen, dass «Hildebrand & Wolfmüller» bis Ende Oktober 1894 nur eine Handvoll Prototypen fertiggestellt und davon kein Exemplar an Kunden weitergereicht hatten.

Anfangs Oktober 1894 waren europaweit 72 Vertretungen akkreditiert (Abb. 50). Naheliegenderweise handelte es sich meist um Fahrradhändler, vorwiegend in Städten innerhalb des Deutschen Reichs, aber auch weitherum auf dem Kontinent, von Österreich-Ungarn über das Italienische Königreich bis ins Russische Kaiserreich; neben den designierten Verkaufsstellen in der Schweiz fanden sich eine in Venlo (für die Provinz Limburg in den Niederlanden), in Kiew (für Südrussland, heute in der Ukraine), Teplitz (Teplice, Österreich-Ungarn, heute in Tschechien), Odessa (Russland, heute in der Ukraine), Moskau, Reval (Tallinn, Russland, heute in Estland), Wien, Budapest, Kalisch (Kalisz, Russland, heute in Polen), Mailand (für Italien inkl. Sizilien, Sardinien, Eritrea), Rovereto (Österreich-Ungarn, heute in Italien), Reichstadt (Zákupy, Österreich-Ungarn, heute in Tschechien), Posen (Poznań, Russland, heute in Polen).

Der aufgebaute Erwartungsdruck war enorm – eine endgültige «Lösung» in Form eines funktionsfähigen Serien-Modells wurde zur Existenzfrage für die Firma.

5.2 Heinrich Hildebrand und Alois Wolfmüller auf der Suche nach Käufern ihrer Patente

«– (Eingesandt.) Am 1. November hat sich in Bern ein Konsortium von Zürcher, Basler und Genfer Radfahrern gebildet zur Erwerbung und Verwertung der schweizerischen und italienischen Patente für das von der Firma Hildebrand und Wolfmüller in München erfundene, in ganz Europa und in Amerika patentierte Motor-Zweirad. Dieses Konsortium beabsichtigt die Gründung einer Aktiengesellschaft.

Die Nachfrage nach diesen Motor-Rädern soll jetzt schon gross sein.

Das französische Patent ist dieser Tage um eine sehr hohe Summe an eine Pariser Gesellschaft übergegangen.»

NZZ, 1894.[58]

Man darf vermuten, dass die Lieferverzögerungen und Nachrichten über technische Probleme ab Herbst 1894 wenig Anreiz boten zur Aufgabe von neuen Bestellungen. Damit versiegte die Hauptquelle für liquide Mittel von «Hildebrand & Wolfmüller». Ab Mitte Oktober 1894 machten sich die beiden Geschäftsführer auf eine Reise in die Schweiz und danach weiter nach Paris, im Gepäck ein Prototyp.[59] Rückblickend wird klar, dass die beiden Gesellschafter nationale Patente verkaufen wollten, denn es gibt keine Hinweise, dass eine Lizenzierung zur Diskussion stand. Sie brauchten also frisches Geld und zwar schnell! Wie gewohnt begleitete ein gut orchestriertes Medienecho die Aktivitäten.

Am 23. Oktober veröffentlichte Pierre Giffard in der Pariser Tageszeitung «Le Vélo» unter seinem Pseudonym «Arator» einen grossen Bericht unter dem Titel «La bicyclette à pétrole» [die Motor-Bicyclette]. Darin zitierte er ein Schreiben eines Freundes aus Nürnberg vom 8. Oktober, das bezeuge, dass «Hildebrand & Wolfmüller» zu diesem Zeitpunkt 70 Beschäftigte zählten und erst die Woche davor, also anfangs Oktober 1894, eine erste Motor-Bicyclette an einen Kunden ausgeliefert hätten. Der nicht näher identifizierte Briefpartner schlage aufgrund der geschilderten Sachlage vor, mit einer eigenen Konstruktion eine Produktion in Frankreich zu starten, falls er Investoren fände. Er verspreche sich von diesem Geschäft einen grossen Gewinn.[60] Dazu ergänzte Pierre Giffard, dass er sich etwas umgeschaut habe und verwies auf einen kürzlich erschienenen Beitrag in der «Revue Vélocipédique», welcher dem Modell von «Hildebrand & Wolfmüller» gewidmet war. Giffard schloss mit dem Satz:[61]

> «Nous voilà donc en présence non seulement d'une bicyclette à pétrole qui marche, mais d'une autre qui ne demande qu'à marcher.»

Am folgenden Tag schaltete sich der Genfer Édouard Bruel mit einem Schreiben an Giffards Vorgesetzten in diese Diskussion ein:[62]

> «Monsieur Paul Rousseau, directeur du Vélo, Paris: Étant peut-être le seul à Paris qui ait vu et monté la bicyclette à moteur de Hildebrandt et Wolfmuller, à Munich, je puis en parler en connaissance de cause et affirmer que tout le bien qu'on dit est encore au-dessous de la réalité. Cette invention possède des particularités telles que je ne crois pas qu'elle puisse être imitée ou contrefaite. La Machine pèse 50 kilos et est réglée pour une allure de 30 kilomètres à l'heure. Seulement son prix n'est pas de 850 francs, mais bien de 850 marks, ce qui fait 1,062 fr. 50 à Munich et pour en avoir une dans un délai raisonnable, un, deux ou trois mois, il faut payer une très forte prime aux agents qui ont la chance d'avoir les premiers numéros. Il est peu probable que la machine soit exposée au Salon du Cycle [7.–25.12.1894], et nous pensons en tout cas ne pas en avoir en France avant que le brevet y soit vendu et exploité.»

Den Beitrag ergänzte das Holzschnitt-Abbild des «neuen Modells» von «Hildebrand & Wolfmüller», das damit zum ersten Mal in Frankreich gezeigt wurde. Bruel fühlte sich also berufen, Gerüchten um ein angeblich funktionierendes Nachahmerprodukt entgegenzutreten, indem er ein starkes Plädoyer für den Patentkauf des Originals und den Aufbau einer eigenen Produktion in Frankreich abgab. Nur so könne man angesichts der grossen Nachfrage monatelanges Warten oder den teuren Kauf einer Bestellung mit einer niedrigen Nummer vermeiden. Ob der in Paris tätige Édouard Bruel mit dem Gedanken an ein eigenes Engagement spielte oder vorsorglich die kurz darauf startende Schweizer Initiative um Eduard Burckhardt argumentativ unterstützen wollte, bleibt unklar.

Inzwischen begannen Heinrich Hildebrand und Alois Wolfmüller ihre Tournee durch die Schweiz. Damit war es möglich, die von Eduard Burckhardt im Sommer angekündigten Demonstrationsfahrten durchzuführen. Der Jubel war einhellig:[63]

> «Depuis une dizaine de jours, cette fameuse machine a fait son apparition en Suisse. Les essais publics et privés ont eu lieu dans différentes villes Zurich, Genève et Berne, toujours devant une nombreuse assistance. Partout le même succès, partout le même enthousiasme. Des excursions sur route ont été faites depuis Bâle, sur terrain accidenté, dans diverses directions, démontrant combien il est agréable et facile de voyager sur cette bicyclette.»

Als erstes nutzte man dafür neu erbaute, städtische Radrennbahnen: in Zürich am 25. Oktober 1894 diejenige auf der Hardau[64] und in Genf am 27. Oktober 1894 das «Vélodrome de Varembé»[65]. Diese Veranstaltungen folgten einer wohlüberlegten Inszenierung, indem grundsätzlich geübte Fahrer auf den Maschinen Platz nahmen. Alles deutet darauf hin, dass die verwendeten Motor-Bicyclettes speziell vorbereitet waren und namentlich die Inbetriebnahme der Glührohrzündung nicht vor Publikum geschah.[66] Eduard Burckhardt selber räumte in späteren Auseinandersetzungen ohne Umschweife ein: «Diese Maschinen, mit denen wir dort und an einigen anderen Orten öffentliche Probefahrten machten, sollten für diese Vorführungen reichen, aber auf langen Fahrten hätten sie nicht durchgehalten.»[67] Das störte jedoch in der allgemeinen Begeisterung vorerst niemanden.

In Zürich verzauberte Heinrich Hildebrand persönlich das Publikum: «Bald jagte er mit Blitzeseile auf der Bahn dahin und im nächsten Augenblick hatte er ein langsameres oder ein ganz langsames Tempo, bald machte er alle denkbaren Windungen, mit einer Sicherheit, die einige Sportsleute auch zu einer Probefahrt animierte.»[68] In Genf waren es Édouard und Paul Bruel, die «toute l'élite de nos coureurs» [die gesamte Elite unserer Rennfahrer] aufsitzen liessen und: «Tous en sont descendus enchantés» [alle stiegen hoch erfreut ab]. Für ein paar Tage stellten sie die «Bicylettes à moteur» in ihren repräsentativen Schaufenstern am 10, Boulevard de Plainpalais aus.[69]

Unter Führung von Eduard Burckhardt und den «Bruel Frères» bildete sich eine Gruppierung, die das schweizerische und das italienische Patent von «Hildebrand & Wolfmüller» kaufte und am Donnerstag, den 1. November 1894, die «Schweizerische Motorfahrrad-Gesellschaft» als einfache Gesellschaft gründete. Da die Gesellschafter des Patentinhabers sich zu diesem Zeitpunkt noch in der Schweiz aufhielten, kann man davon ausgehen, dass sie in dieser Woche die Verträge unterschrieben.

Am 3. November 1894 fand die letzte Schweizer Demonstrationsfahrt auf der Schützenmatte in Basel statt. Mit der Gründung der neuen Gesellschaft im Rücken gab sich Eduard Burckhardt gesprächig:[70]

> «Der Preis der Maschine stellt sich gegenwärtig auf 1250 Fr. und es wird, um den Eingangszoll zu sparen, darauf getrachtet, die Maschine in der Schweiz zu fabrizieren.»

Er dürfte somit den Preis franko Basel, d.h. 1062.50 Franken, plus Fracht und Zoll aufgerechnet haben.[71] Als Fahrer kamen der in der Fabrik in München «geschulte Monteur» Lorenz Popp (1875–1956)[72], dessen Engagement er im Sommer seinen Kunden angekündigt hatte, sowie der junge Carl Schlotterbeck (1869–1945)[73] zum Einsatz. Letzterer war als erfolgreicher Veloziped-Sportler im «Cyclist's Club Basel» prädestiniert für diese Aufgabe; «durch Sportsfreunde» habe er die Gelegenheit erhalten, «sich mit dem Wunder des Motorradfahrens vertraut zu machen», d.h. Lorenz Popp lehrte ihn, die «Hildebrand & Wolfmüller» zu beherrschen.[74]

Am Montag, den 5. November 1894, reisten Heinrich Hildebrand und Alois Wolfmüller mit ihrem Prototypen von Genf weiter nach Paris. Édouard Bruel begleitete sie, scheint aber bei den weiteren Verhandlungen in Frankreich keine Rolle mehr gespielt zu haben.[75] Dafür erschien eine etwas mysteriöse Investorengruppe um den in Paris lebenden Schweizer Ingenieur M. Schuler[76] und seinen Partner «de G...»[77]. Sie gab zu manchen Spekulationen Anlass, denn sie erwarb die Patente in Frankreich und Belgien für die Erfindung von «Hildebrand & Wolfmüller» zum exorbitanten Preis von 750 000 Francs (500 000 Mark).[78]

Als guter Makler in Sachen französische Produktion profilierte sich nun der umtriebige Pierre Giffard. Er trat an die Herstellerin von Fahrrädern und Lizenznehmerin der englischen Marke «Rudge» in Frankreich, die Firma «Duncan, Suberbie & Cie» von Herbert Osbaldeston Duncan (1862–1945)[79] und Louis Suberbie (1862–1913),[80] heran. Am 23. November machte H.O. Duncan ebenfalls eine Versuchsfahrt mit dem neuen Gefährt:[81]

> «Il y a cinq jours [23. novembre 1894] [H.O.] Duncan [vient] voir [la bicyclette à moteur], et au milieu d'un groupe de messieurs très excités par la vue de l'étonnante machine, l'ancien coureur, rival des [Frédéric] de Civry et des Charles Terront, monta prestement sur la machine, après avoir écouté quelques mots d'explication sur son mécanisme. On crut qu'on ne le reverrait pas, tant il allait vite, les jambes au repos, dans l'attitude d'un homme bien tranquille. Duncan revient cependant au point de départ en déclarant qu'il descendait à regret du cheval de feu.»

Noch im späten Rückblick bekannte Duncan:[82]

> «I have never forgotten the first sensation of riding a bicycle propelled by its own power. The feeling of travelling over the ground without effort was delightful [...] From that moment I became a staunch believer in the motor-bicycle and predicted a great future for it.»

Am 28. November 1894 unterzeichnete die Firma «Duncan, Suberbie & Cie» mit der französischen Investorengruppe einen Lizenz-Vertrag mit dem Zweck, die neuen Motor-Bicyclettes nach Münchner System in ihrer Velofabrik in Croissy-sur-Seine, westlich von Paris, zu produzieren. Pierre Giffard heftete sich das Verdienst ans Revers, die beiden Unternehmer mit den Patentinhabern zusammengebracht zu haben, und liess sich dafür feiern.[83] Die Zeitschrift «Le Vélo» widmete dem Ereignis fast die ganze Titelseite unter der Schlagzeile «Un coup de maître» [Eine Meisterleistung].[84] In Anlehnung an Giffards Buch über die Geschichte der Velocipedie von 1891, «La Reine Bicyclette»[85], nannte der Herausgeber von «Le Vélo», Paul Rousseau, die Motor-Bicyclette «La Reine Pétrolette»[86]. Es konnte allerdings kein Beweis gefunden werden, dass «Duncan, Suberbie & Cie» diese Bezeichnung selbst je als Marke verwendeten.

Das Geschäft sollte neben der «Bicyclette à pétrole» auch Tri- und Quadricycles umfassen, für die man den neuen Motor ebenfalls als Antrieb in Betracht zog. Den ganzen Deal begleitete Giffard weiter mit seinen applaudierenden Beiträgen im «Le Petit Journal», indem er ihn regelrecht zu einer epochalen Zeitenwende hochstilisierte:[87]

> «[...] la bicyclette nouvelle ira loin; et la révolution qui va s'ouvrir dans la locomotion routière pourra compter comme l'une des plus importantes du siècle qui finit. Ce siècle, en effet, aura commencé par les chemins de fer, c'est-à-dire par le transport à grande vitesse en commun. Il finira par la locomotive individuelle. C'est bien le cas de rééditer la phrase périodique de l'humanité surprise: – Où allons-nous?»

Innerhalb der Firma «Duncan, Suberbie et Cie» bildeten sich jedoch aufgrund technischer Probleme bald eine optimistische und eine skeptische Fraktion. Dass Heinrich Hildebrand das Klappern so gut verstand, dass es vorerst gelang, die hoffnungsvolle Stimmung aufrechtzuerhalten, beschrieb H.O. Duncan rückblickend:[88]

> «It was then arranged for Suberbie to go to Munich where the motor-bicycle was being manufactured. He returned with glowing accounts of its commercial success. A very large factory, he stated, was being built and the motors and bicycle-parts were in the meantime turned out in series of hundreds in every available workshop in the Bavarian capital. He added that the German firm was booking orders in rotation – each accompanied with a deposit of [£15], although delivery was only promised several months later. Thus these deposits furnished a large amount of additional capital for manufacturing the machines. Upon the strength of these reports, our firm ‹split up› into two camps. Pullinger and the writer were against the manufacture of the machine in quantities; Suberbie, the patentee and Giffard wanted to ‹go the whole hog of none›! However, as the invention seemed to be working so satisfactorily in Germany, we had no alternative but to undertake the business in France on similar lines.»

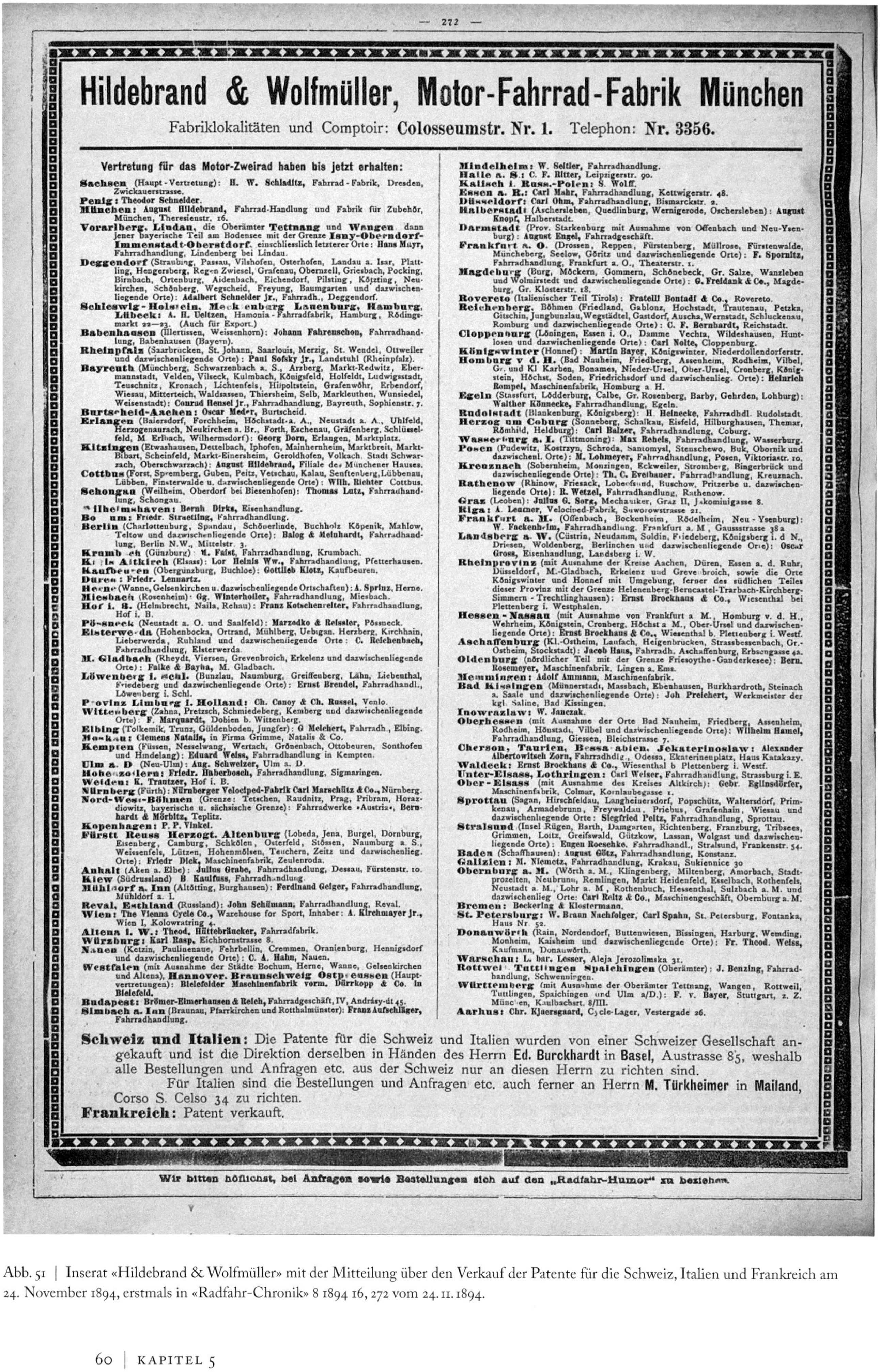

— 272 —

Hildebrand & Wolfmüller, Motor-Fahrrad-Fabrik München

Fabriklokalitäten und Comptoir: **Colosseumstr. Nr. 1.** Telephon: **Nr. 3356.**

Vertretung für das Motor-Zweirad haben bis jetzt erhalten:

Sachsen (Haupt-Vertretung): **H. W. Schladitz,** Fahrrad-Fabrik, Dresden, Zwickauerstrasse.
Penig: Theodor Schneider.
München: August Hildebrand, Fahrrad-Handlung und Fabrik für Zubehör, München, Theresienstr. 16.
Vorarlberg, Lindau, die Oberämter **Tettnang** und **Wangen** dann jener bayerische Teil am Bodensee mit der Grenze **Isny-Oberndorf-Immenstadt-Oberstdorf,** einschliesslich letzterer Orte: **Hans Mayr,** Fahrradhandlung, Lindenberg bei Lindau.
Deggendorf (Straubing, Passau, Vilshofen, Osterhofen, Landau a. Isar, Plattling, Hengersberg, Regen Zwiesel, Grafenau, Obernzell, Griesbach, Pocking, Birnbach, Ortenburg, Aidenbach, Eichendorf, Pilsting, Kötzting, Neukirchen, Schönberg, Wegscheid, Freyung, Baumgarten und dazwischenliegende Orte): **Adalbert Schneider jr.,** Fahrradh., Deggendorf.
Schleswig-Holstein, Mecklenburg Lauenburg, Hamburg, Lübeck: A. H. Ueltzen, Hamonia-Fahrradfabrik, Hamburg, Rödingsmarkt 22—23. (Auch für Export.)
Babenhausen (Illertissen, Weissenhorn): **Johann Fahrenschon,** Fahrradhandlung, Babenhausen (Bayern).
Rheinpfalz (Saarbrücken, St. Johann, Saarlouis, Merzig, St. Wendel, Ottweiler und dazwischenliegende Orte): **Paul Sofsky jr.,** Landstuhl (Rheinpfalz).
Bayreuth (Münchberg, Schwarzenbach a. S., Arzberg, Markt-Redwitz, Ebermannstadt, Velden, Vilseck, Kulmbach, Königsfeld, Holfeldt, Ludwigsstadt, Teuschnitz, Kronach, Lichtenfels, Hilpoltstein, Grafenwöhr, Erbendorf, Wiesau, Mitterteich, Waldsassen, Thiersheim, Selb, Markleuthen, Wunsiedel, Weisenstadt): **Conrad Hensel jr.,** Fahrradhandlung, Bayreuth, Sophienstr. 7.
Burtscheid-Aachen: Oscar Meder, Burtscheid.
Erlangen (Baiersdorf, Forchheim, Höchstadt a. A., Neustadt a. A., Uhlfeld, Herzogenaurach, Neukirchen a. Br., Forth, Eschenau, Gräfenberg, Schlüsselfeld, M. Erlbach, Wilhermsdorf): **Georg Dorn,** Erlangen, Marktplatz.
Kitzingen (Etwashausen, Dettelbach, Iphofen, Mainhernheim, Marktbreit, Markt-Bibart, Scheinfeld, Markt-Einersheim, Geroldhofen, Volkach, Stadt Schwarzach, Oberschwarzach): **August Hildebrand,** Filiale des Münchener Hauses.
Cottbus (Forst, Spremberg, Guben, Peitz, Vetschau, Kalau, Senftenberg, Lübbenau, Lübben, Finsterwalde u. dazwischenliegende Orte): **Wilh. Richter** Cottbus.
Schongau (Weilheim, Oberdorf bei Biesenhofen): **Thomas Lutz,** Fahrradhandlung, Schongau.
Wilhelmshaven: Bernh. Dirks, Eisenhandlung.
Bochum: Friedr. Straetling, Fahrradhandlung.
Berlin (Charlottenburg, Spandau, Schönerlinde, Buchholz Köpenik, Mahlow, Teltow und dazwischenliegende Orte): **Balog & Meinhardt,** Fahrradhandlung, Berlin N.W., Mittelstr. 3.
Krumbach (Günzburg): **M. Faist,** Fahrradhandlung, Krumbach.
Kreis Altkirch (Elsass): **Lor. Heinis Ww.,** Fahrradhandlung, Pfetterhausen.
Kaufbeuren (Obergünzburg, Buchloe): **Gottlieb Klotz,** Kaufbeuren.
Düren: Friedr. Lennartz.
Herne (Wanne, Gelsenkirchen u. dazwischenliegende Ortschaften): **A. Sprinz,** Herne.
Miesbach (Rosenheim): **Gg. Winterholler,** Fahrradhandlung, Miesbach.
Hof i. B. (Helmbrecht, Naila, Rehau): **Franz Kotschenreiter,** Fahrradhandlung, Hof i. B.
Pössneck (Neustadt a. O. und Saalfeld): **Marzodko & Reissler,** Pössneck.
Elsterwerda (Hohenbocka, Ortrand, Mühlberg, Uebigau, Herzberg, Kirchhain, Lieberwerda, Ruhland und dazwischenliegende Orte: **C. Reichenbach,** Fahrradhandlung, Elsterwerda.
M. Gladbach (Rheydt, Viersen, Grevenbroich, Erkelenz und dazwischenliegende Orte): **Falke & Bayha,** M. Gladbach.
Löwenberg i. Schl. (Bunzlau, Naumburg, Greiffenberg, Lähn, Liebenthal, Friedeberg und dazwischenliegende Orte): **Ernst Brendel,** Fahrradhandl., Löwenberg i. Schl.
Provinz Limburg i. Holland: Ch. Canoy & Ch. Russel, Venlo.
Wittenberg (Zahna, Pretzsch, Schmiedeberg, Kemberg und dazwischenliegende Orte): **F. Marquardt,** Dobien b. Wittenberg.
Elbing (Tolkemik, Trunz, Güldenboden, Jungfer): **G. Melchert,** Fahrradh., Elbing.
Moskau: Clemens Natalis, in Firma Grimme, Natalis & Co.
Kempten (Füssen, Nesselwang, Wertach, Grönenbach, Ottobeuren, Sonthofen und Hindelang): **Eduard Weiss,** Fahrradhandlung in Kempten.
Ulm a. D (Neu-Ulm): **Aug. Schweizer,** Ulm a. D.
Hohenzollern: Friedr. Haberbosch, Fahrradhandlung, Sigmaringen.
Weiden: K. Trautzer, Hof i. B.
Nürnberg (Fürth): **Nürnberger Velociped-Fabrik Carl Marschütz & Co.,** Nürnberg.
Nord-West-Böhmen (Grenze: Tetschen, Raudnitz, Prag, Pribram, Horazdiowitz, bayerische u. sächsische Grenze): Fahrradwerke »Austria«, **Bernhardt & Mörbitz,** Teplitz.
Kopenhagen: P. P. Vinkel.
Fürstt. Reuss Herzogt. Altenburg (Lobeda, Jena, Burgel, Dornburg, Eisenberg, Camburg, Schkölen, Osterfeld, Stössen, Naumburg a. S., Weissenfels, Lützen, Hohenmölsen, Teuchern, Zeitz und dazwischenlieg. Orte): **Friedr. Dick,** Maschinenfabrik, Zeulenroda.
Anhalt (Aken a. Elbe): **Julius Grabe,** Fahrradhandlung, Dessau, Fürstenstr. 10.
Kiew (Südrussland) **B. Kaulfuss,** Fahrradhandlung.
Mühldorf a. Inn (Altötting, Burghausen): **Ferdinand Geiger,** Fahrradhandlung, Mühldorf a. I.
Reval, Esthland (Russland): **John Schümann,** Fahrradhandlung, Reval.
Wien: The Vienna Cycle Co., Warehouse for Sport, Inhaber: **A. Kirchmayer jr.,** Wien I, Kolowratring 4.
Altena i. W.: Theod. Hüttebräucker, Fahrradfabrik.
Würzburg: Karl Rasp, Eichhornstrasse 8.
Nauen (Ketzin, Paulinenaue, Fehrbellin, Cremmen, Oranienburg, Hennigsdorf und dazwischenliegende Orte): **C. A. Hahn,** Nauen.
Westfalen (mit Ausnahme der Städte Bochum, Herne, Wanne, Gelsenkirchen und Altena), **Hannover, Braunschweig Ostpreussen** (Hauptvertretungen): **Bielefelder Maschinenfabrik vorm. Dürrkopp & Co. in Bielefeld.**
Budapest: Brömer-Elmerhausen & Reich, Fahrradgeschäft, IV, Andrásy-út 45.
Simbach a. Inn (Braunau, Pfarrkirchen und Rotthalmünster): **Franz Aufschläger,** Fahrradhandlung.
Mindelheim: W. Seitler, Fahrradhandlung.
Halle a. S.: C. F. Ritter, Leipzigerstr. 90.
Kalisch i. Russ.-Polen: S. Wolff.
Essen a. R.: Carl Mahr, Fahrradhandlung, Kettwigerstr. 48.
Düsseldorf: Carl Ohm, Fahrradhandlung, Bismarckstr. 2.
Halberstadt (Aschersleben, Quedlinburg, Wernigerode, Oschersleben): **August Knopf,** Halberstadt.
Darmstadt (Prov. Starkenburg mit Ausnahme von Offenbach und Neu-Ysenburg): **August Engel,** Fahrradgeschäft.
Frankfurt a. O. (Drossen, Reppen, Fürstenberg, Müllrose, Fürstenwalde, Müncheberg, Seelow, Göritz und dazwischenliegende Orte): **F. Spornitz,** Fahrradhandlung, Frankfurt a. O., Theaterstr. 1.
Magdeburg (Burg, Möckern, Gommern, Schönebeck, Gr. Salze, Wanzleben und Wolmirstedt und dazwischenliegende Orte): **G. Freidank & Co.,** Magdeburg, Gr. Klosterstr. 18.
Rovereto (Italienischer Teil Tirols): **Fratelli Bontadi & Co.,** Rovereto.
Reichenberg, Böhmen (Friedland, Gablonz, Hochstadt, Trautenau, Petzka, Gitschin, Jungbunzlau, Wegstädtel, Gastdorf, Auscha, Wernstadt, Schluckenau, Romburg und dazwischenliegende Orte): **C. F. Bernhardt,** Reichstadt.
Cloppenburg (Löningen, Essen i. O., Damme Vechta, Wildeshausen, Huntlosen und dazwischenliegende Orte): **Carl Nolte,** Cloppenburg.
Königswinter (Honnef): **Martin Bayer,** Königswinter, Niederdollendorferstr.
Homburg v. d. H. (Bad Nauheim, Friedberg, Assenheim, Rodheim, Vilbel, Gr. und Kl. Karben, Bonames, Nieder-Ursel, Ober-Ursel, Cronberg, Königstein, Höchst, Soden, Friedrichsdorf und dazwischenlieg. Orte): **Heinrich Rompel,** Maschinenfabrik, Homburg a. H.
Egeln (Stassfurt, Lödderburg, Calbe, Gr. Rosenberg, Barby, Gehrden, Lohburg): **Walther Könnecke,** Fahrradhandlung, Egeln.
Rudolstadt (Blankenburg, Königsberg): **H. Heinecke,** Fahrradhdl. Rudolstadt.
Herzogtum Coburg (Sonneberg, Schalkau, Eisfeld, Hilburghausen, Themar, Römhild, Heldburg): **Carl Balzer,** Fahrradhandlung, Coburg.
Wasserburg a. I. (Tittmoning): **Max Rebels,** Fahrradhandlung, Wasserburg.
Posen (Pudewitz, Kostrzyn, Schroda, Santomysl, Stenschewo, Buk, Obornik und dazwischenl. Orte): **M. Lohmeyer,** Fahrradhandlung, Posen, Viktoriastr. 10.
Kreuznach (Sobernheim, Monzingen, Eckweiler, Stromberg, Bingerbrück und dazwischenliegende Orte): **Th. C. Evelbauer,** Fahrradhandlung, Kreuznach.
Rathenow (Rhinow, Friesack, Lobeofsund, Buschow, Pritzerbe u. dazwischenliegende Orte): **R. Wetzel,** Fahrradhandlung, Rathenow.
Graz (Leoben): **Julius G. Sorg,** Mechaniker, Graz II, Jakominigasse 8.
Riga: A. Leutner, Velociped-Fabrik, Suworowstrasse 21.
Frankfurt a. M. (Offenbach, Bockenheim, Rödelheim, Neu-Ysenburg): **W. Fackenheim,** Fahrradhandlung, Frankfurt a. M., Gaussstrasse 38a.
Landsberg a. W. (Cüstrin, Neudamm, Soldin, Friedeberg, Königsberg i. d. N., Driesen, Woldenberg, Berlinchen und dazwischenliegende Orte): **Oscar Gross,** Eisenhandlung, Landsberg i. W.
Rheinprovinz (mit Ausnahme der Kreise Aachen, Düren, Essen a. d. Ruhr, Düsseldorf, M.-Gladbach, Erkelenz und Grevenbroich, sowie die Orte Königswinter und Honnef mit Umgebung, ferner des südlichen Teiles dieser Provinz mit der Grenze Helenenberg-Berncastel-Trarbach-Kirchberg-Simmern-Trechtlinghausen): **Ernst Brockhaus & Co.,** Wiesenthal bei Plettenberg i. Westphalen.
Hessen-Nassau (mit Ausnahme von Frankfurt a. M., Homburg v. d. H., Wehrheim, Königstein, Cronberg, Höchst a. M., Ober-Ursel und dazwischenliegende Orte): **Ernst Brockhaus & Co.,** Wiesenthal b. Plettenberg i. Westf.
Aschaffenburg (Kl.-Ostheim, Laufach, Heigenbrucken, Strassbessenbach, Gr.-Ostheim, Stockstadt): **Jacob Haus,** Fahrradh. Aschaffenburg, Erbsengasse 4a.
Oldenburg (nördlicher Teil mit der Grenze Friesoythe-Ganderkesee): **Bern. Rosemeyer,** Maschinenfabrik, Lingen a. Ems.
Memmingen: Adolf Ammann, Maschinenfabrik.
Bad Kissingen (Münnerstadt, Massbach, Ebenhausen, Burkhardroth, Steinach a. Saale und dazwischenliegende Orte): **Joh. Preichert,** Werkmeister der kgl. Saline, Bad Kissingen.
Inowrazlaw: W. Janczak.
Oberhessen (mit Ausnahme der Orte Bad Nauheim, Friedberg, Assenheim, Rodheim, Höustadt, Vilbel und dazwischenliegende Orte): **Wilhelm Hamel,** Fahrradhandlung, Giessen, Bleichstrasse 7.
Cherson, Taurien, Bessarabien, Jekaterinoslaw: Alexander Albertowitsch Zorn, Fahrradhdlg., Odessa, Ekaterinenplatz, Haus Katakazy.
Waldeck: Ernst Brockhaus & Co., Wiesenthal b. Plettenberg i. Westf.
Unter-Elsass, Lothringen: Carl Weiser, Fahrradhandlung, Strassburg i. E.
Ober-Elsass (mit Ausnahme des Kreises Altkirch): **Gebr. Eglinsdörfer,** Maschinenfabrik, Colmar, Kornlaubegasse 1.
Sprottau (Sagan, Hirschfeldau, Langheinersdorf, Popschütz, Waltersdorf, Primkenau, Armadebrunn, Freywaldau, Priebus, Grafenhain, Wiesau und dazwischenliegende Orte: **Siegfried Peltz,** Fahrradhandlung, Sprottau.
Stralsund (Insel Rügen, Barth, Damgarten, Richtenberg, Franzburg, Tribsees, Grimmen, Loitz, Greifswald, Gützkow, Lassan, Wolgast und dazwischenliegende Orte): **Eugen Roeschke,** Fahrradhandl., Stralsund, Frankenstr. 54.
Baden (Schaffhausen): **August Götz,** Fahrradhandlung, Konstanz.
Galizien: M. Niemetz, Fahrradhandlung, Krakau, Sukiennice 30.
Obernburg a. M. (Wörth a. M., Klingenberg, Miltenberg, Amorbach, Stadtprozelten, Neubrunn, Remlingen, Markt Heidenfeld, Esselbach, Rothenfels, Neustadt a. M., Lohr a. M., Rothenbuch, Hessenthal, Sulzbach a. M. und dazwischenlieg. Orte: **Carl Reitz & Co.,** Maschinengeschäft, Obernburg a. M.
Bremen: Beckering & Klostermann.
St. Petersburg: W. Braun Nachfolger, Carl Spahn, St. Petersburg, Fontanka, Haus Nr. 52.
Donauwörth (Rain, Nordendorf, Buttenwiesen, Bissingen, Harburg, Wemding, Monheim, Kaisheim und dazwischenliegende Orte): **Fr. Theod. Weiss,** Kaufmann, Donauwörth.
Warschau: L. bar. Lesser, Aleja Jerozolimska 31.
Rottweil Tuttlingen Spaichingen (Oberämter): **J. Benzing,** Fahrradhandlung, Schwenningen.
Württemberg (mit Ausnahme der Oberämter Tettnang, Wangen, Rottweil, Tuttlingen, Spaichingen und Ulm a/D.): **F. v. Bayer,** Stuttgart, z. Z. München, Kaulbachsrt. 8/III.
Aarhus: Chr. Kjaersgaard, Cycle-Lager, Vestergade 26.

Schweiz und Italien: Die Patente für die Schweiz und Italien wurden von einer Schweizer Gesellschaft angekauft und ist die Direktion derselben in Händen des Herrn **Ed. Burckhardt** in **Basel,** Austrasse 85, weshalb alle Bestellungen und Anfragen etc. aus der Schweiz nur an diesen Herrn zu richten sind.
Für Italien sind die Bestellungen und Anfragen etc. auch ferner an Herrn **M. Türkheimer** in **Mailand,** Corso S. Celso 34 zu richten.
Frankreich: Patent verkauft.

Wir bitten höflichst, bei Anfragen sowie Bestellungen sich auf den „Radfahr-Humor" zu beziehen.

Abb. 51 | Inserat «Hildebrand & Wolfmüller» mit der Mitteilung über den Verkauf der Patente für die Schweiz, Italien und Frankreich am 24. November 1894, erstmals in «Radfahr-Chronik» 8 1894 16, 272 vom 24.11.1894.

Nach dieser Version fällten also den Produktionsentscheid in Paris im Wesentlichen Louis Suberbie, die beiden Patentinhaber – und ein Journalist! Zur Gegenfraktion gehörte der neue Werksleiter Thomas Pullinger (1867–1945).[89] Nach einer detaillierten Analyse der Maschine kam er offenbar zu einem vernichtenden Urteil, auch bezüglich der Produktionskosten.[90] Seine Warnungen führten immerhin dazu, dass man beschloss, vorerst nur zwei Serien à 50 Motor-Bicyclettes zu einem Verkaufspreis von 1500 Francs aufzulegen.[91]

In ihrem Inserat in der «Radfahr-Chronik» vom 24. November 1894 bestätigten «Hildebrand & Wolfmüller» den Verkauf des Patents für Frankreich ohne Nennung von Namen, sowie der Patente für die Schweiz und Italien an eine Schweizer Gesellschaft, deren Direktion in Händen von Eduard Burckhardt sei, wobei Bestellungen für Italien der Vertreter in Mailand, M. Türkheimer, entgegennehme. Die anderen, bisher aufgeführten Schweizer Händler, H. Egli-Diethelm, E. A. Mäder und Ferdinand Birrer, verschwanden folgerichtig von der Liste (Abb. 51).

Am 4. Dezember erwähnte «Duncan, Suberbie & Cie» zum ersten Mal die «Bicyclette à pétrole» in einer Anzeige, illustriert mit einer Grafik, die gegenüber dem bisher verwendeten Prototypen Modifikationen aufwies, namentlich den Verzicht auf eine Abdeckung im vorderen Bereich (Abb. 44; Abb. 52).[92] In diesem Inserat präsentierten sie zudem das Finanzierungsmodell für ihre Investitionen, indem sie das Publikum zur Zeichnung von Aktien aufriefen, die insgesamt 1.1 Millionen Francs einbringen sollten.

Nun drängte die Zeit, denn in Paris stand die weltweit wichtigste Veranstaltung für die Velo-Industrie vor der Eröffnung: der Pariser «Salon du Cycle» im «Palais de l'Industrie» vom 7.–25. Dezember 1894.[93] 390 Unternehmen auf 464 Ständen mit 1894 Fahrzeugen nutzten diese Promotionsplattform. «Duncan, Suberbie & Cie» waren mit vier Ständen vertreten (Nr. 54, 56, 58 und 60): «Bicyclettes, tandems, tricycles, triplettes, quadricycles Rudge et même des sulkys de trotteurs.»[94]

Aber da genügte der Prototyp von «Hildebrand & Wolfmüller» nicht mehr. Man musste mit einem überzeugenden, verkaufsfähigen Produkt antreten. Auch dieser Schritt wurde als mediales Ereignis inszeniert, weil absehbar war, dass man am Eröffnungstag der Messe noch nicht ganz bereit war. Unter grosser Anteilnahme der Presse fuhren der Ingenieur Tomas Pullinger und der Patentmitinhaber M. Schuler zusammen mit Heinrich Hildebrand «im Orient-Express» nach München, um den Tausch des Prototyps gegen das neue Serien-Modell vorzunehmen.[95] Heinrich Hildebrand verkündete im Voraus dessen Vorzüge und machte neugierig auf Demonstrationsfahrten:[96]

> «[Heinrich Hildebrand] déclarait, hier [4.12.1894], que le nouveau modèle qu'il va envoyer en échange du type primitif qui a servi aux essais est fort perfectionné et très simplifié. Ce nouveau modèle sera du reste ici dimanche ou lundi [9. ou 10.12.1894] et on pourra le voir fonctionner sur le boulevard Maillot, tous les jours à 2 heures, jusqu'à la fin du Salon du Cycle [26.12.1894].»

Am 10. Dezember 1894, vor dem Treffpunkt «Restaurant Gillet» an der Place de la Porte Maillot,[97] fuhr tatsächlich ein brandneues Serien-Modell aus München:[98]

> «Aujourd'hui, à 2 heures, devant chez [le Restaurant] Gillet, à moins de mauvais temps, recommencent les épreuves de la bicyclette à pétrole Hildebrand et Wolfmuller. C'est le modèle perfectionné, ramené de Munich par M. Pullinger, l'ingénieur de la maison Duncan, Suberbie et Cie, qu'on verra fonctionner cette fois. M. Pullinger a assuré à diverses personnes qui l'ont vu hier, que ce nouveau modèle était bien supérieur au premier, qui avait cependant émerveillé tous ceux qui ont assisté à ses essais.»

Alle – auch Ingenieur Pullinger – schienen nun zufrieden, und «Le Vélo» lobte am nächsten Tag sehr die Eigenschaften der neuen Maschine, ohne auf die technischen Details einzugehen:[99]

> «Si elle est très jolie, la machine n'est pas moins simplifiée; toute la complication du premier modèle a disparu, la manœuvre en a été sensiblement facilitée et la marche est devenue d'une douceur infinie.»

Abb. 52 | Inserat «Duncan, Suberbie & Cie» mit allen Fahrzeugen ihrer Produktpalette in «Le Vélo» 3 1894 734 vom 4.12.1894. Das Inserat wies einerseits auf die Modellpalette mit den Velos der Marken «Déesse» (eine Umschreibung der Bezeichnung «D. S.» für «Duncan, Suberbie») und «Rudge» hin, sowie auf die (neue) Motor-Bicyclette. Zudem machte es auf die geplante, ungewöhnliche Kapitalaufnahme aufmerksam. Der Text besagt: «Die Herren Duncan und Suberbie wünschen ihre Gesellschaft in Zusammenarbeit mit dem Publikum zu gründen, das ihnen schon seit langem im Velogeschäft folgt. Sie haben deshalb entschieden, sich nicht an die Banken zu wenden. Sie rufen hiermit direkt die Sparer an und bieten den Subskribenten an ihrem Schalter an der rue Halévy 16 [in Paris] 11 000 Aktien à 100 Francs an. Das entspricht total Elfhunderttausend [1 100 000] Francs [vom Aktienkapital von 1 500 000 Francs].»

Abb. 53 | Inserat «Duncan, Suberbie & Cie» für die Motor-Bicyclette, erstmals in «Le Vélo» 3 1894 757 vom 27.12.1894.

Am 27. Dezember erschien das erste Inserat, das den festgelegten Preis von 1500 Francs, resp. 1200 Mark offenlegte (Abb. 53). Ursprünglich war vorgesehen, dass «Duncan, Suberbie & Cie» eine Velofabrik in Levallois-Perret bei Paris erwarb (Abb. 52). Dieser Plan zerschlug sich jedoch, und man kaufte sich Anfang 1895 eine Halle in Croissy-sur-Seine zwischen Paris und Nanterre.[100]

Die Motor-Bicyclette von «Hildebrand & Wolfmüller»
Beitrag in Zusammenarbeit mit Mike Kron

Eine kritische Monografie zur Firmengeschichte von «Hildebrand & Wolfmüller» fehlt bislang. Von den Motor-Bicyclettes selber haben sich weltweit nur wenige Exemplare mehr oder weniger vollständig in originalen Zuständen erhalten. Sie gelten heute als exklusive Sammlerobjekte, die regelmässig in Auktionen Höchstpreise erzielen. Detaillierte, technische Beschreibungen finden sich in den Publikationen von Jan Spies[101] und besonders von Mike Kron[102]. Die folgende Darstellung beruht auf dem Stand des Serien-Modells, den Mike Kron für seine originalgetreuen Nachbauten der Motor-Bicyclette verwendet.

Die Erfindung von Alois Wolfmüller und Hans Geisenhof besass die Form eines Damen-Velos. Das Gestell bestand aus zwei parallelen, aus geraden Rohren aufgebauten Rahmen; eine Reihe von Querrohren hielten diese zusammen. In dieser dreidimensionalen Struktur konnten die mechanischen Bauteile und insbesondere der liegend eingebaute Motor fest verankert werden.

Der Zweizylinder-Reihenmotor besass eine Bohrung von 90 Millimetern und einen Hub von 117 Millimetern. Der Hubraum betrug 1488 Kubikzentimeter. Bei 250 Umdrehungen pro Minute betrug die Leistung rund 2,5 PS. Mit dem etwa 60 Kilogramm schweren Fahrzeug waren gemäss Überlieferung Geschwindigkeiten von 30 bis 40 Kilometer pro Stunde möglich,[103] denn eines der Ziele der Erfinder lautete: «Die Fahrgeschwindigkeit des heutigen Fahrrades soll überboten werden.»[104]

Die Zylinder waren hinten offen und die als Treibstangen funktionierenden Pleuel[105] bewegten das Hinterrad direkt über zwei – je einer links und einer rechts an der Hinterachse befestigte – Hubzapfen. Das Prinzip haben die Zeitgenossen mit dem Antrieb einer Dampflokomotive verglichen.[106]

Da ein Getriebe fehlte, musste man im Rahmen der Entwicklung den Durchmesser des Hinterrads auf 22 Zoll verkleinern, damit die Motor-Bicyclette bei 250 Umdrehungen pro Minute mit der angestrebten Geschwindigkeit von rund 30 Kilometern pro Stunde fuhr.[107] Das trug zum unverwechselbaren Aussehen der Maschine bei.

Die Kolben liefen parallel mit einem Zündversatz von 360 Grad. Abwechslungsweise drückte die linke Treibstange auf den linken und – nach einer Umdrehung des Hinterrads – die rechte Treibstange auf den rechten Hubzapfen. Das als Scheibenrad ausgeführte Hinterrad fungierte dabei als Schwungrad.[108] Auch die schweren Gusskolben dienten als Schwungmasse.[109] Eine Besonderheit war die Verwendung einer elastischen Kolbenrückholung aus Gummi[110] auf beiden Seiten, die half, den unteren Totpunkt der Kolben zu überwinden. Sie unterstützte das Hinterrad in seiner Funktion als Schwungrad.[111] Alle diese Massnahmen verhinderten allerdings nicht einen charakteristischen, schwankenden Gang bei der Vorwärtsbewegung, sodass nur geübte Velociped-Fahrer das Fahrzeug beherrschten.

Wie viele der zeitgenössischen Automobile verfügte die Motor-Bicyclette über einen Oberflächenvergaser[112] und die von Gottlieb Daimler propagierte Glührohrzündung.[113] Damit genügend Treibstoff verdunstete, durfte man den Tank nur etwa halb füllen und nicht leerfahren. Man verwendete Leichtbenzin mit einem Siedepunkt von 30–35 Grad Celsius und einer Dichte von ca. 0,68, das auch als Waschbenzin Verwendung fand und deshalb überall in Drogerien erhältlich war.[114] Die hochfahrenden Kolben drückten das Benzin-Luftgemisch während des Verdichtungshubs (zweiter Takt) abwechslungsweise in das linke und das rechte Glührohr, wo es unter Einwirkung der hohen Temperatur entflammte.[115] Die Zuführung der Luft zum Brennraum der Glührohrzündung und die Abführung der Abgase erfolgte durch die beiden vorderen, unteren Gestellrohre über den vor dem Lenker platzierten Kamin,[116] der auf den ersten Blick wie ein Scheinwerfer aussah. Der Fahrer regelte die Geschwindigkeit durch die Dosierung der Treibstoffmenge mittels eines Hebels am Lenker.[117]

Der Einlass des Treibstoffs lief über passive (durch den Unterdruck des saugenden Kolbens im ersten Takt geöffnete), sogenannte Schnüffelventile. Zwei Kipphebel betätigten die Auslassventile.

Die Schmierung der Kolben funktionierte mittels Verlustschmierung.[118] Die beiden oberen Gestellrohre des Vorderteils bildeten das Ölreservoir.

Die Abdeckung des Hinterrads diente als Wasserbehälter für die Motorkühlung über und unter den beiden Zylindern. Die Zu- und Abführung des Kühlwassers erfolgte selbsttätig durch spezielle Wasserröhrchen.

Die hohe Belastung auf dem Antriebsrad erforderte, dass man eine verstärkte Variante des «Veith's Radial Pneumatic»[119] verwendete. Diese bestanden aus Naturkautschuk und waren im Original deshalb weiss (Abb. 54).

Eine Kraftunterbrechung gab es nicht.[120] Der Fahrer konnte durch gleichzeitiges Öffnen der beiden Auslassventile mittels eines Dekompressionshebels den Motor abschalten und die Motor-Bicyclette ausrollen lassen. Dazu musste er eine Hand vom Lenker nehmen. Zum Stoppen konnte er danach eine einfache Klotzbremse, die auf das Vorderrad wirkte, betätigen.[121]

Die Motor-Bicyclettes wiesen eine elegante, schwarze Lackierung auf. Beidseitig auf der Hinterrad-Abdeckung waren mit goldener Farbe der Schriftzug der Firma und die Patent-Nummer aufgetragen. Auch das Scheibenrad war schwarz und erhielt goldene Linien, die den Eindruck von Speichen erweck-

Abb. 54 | Abbildung des Serien-Modells von «Hildebrand & Wolfmüller» am 1. Januar 1895.
Erstmalige Publikation einer Fotografie in der Ausgabe Nummer 1 der «Mittheilungen über das Motor-Zweirad der Firma Hildebrand & Wolfmüller». Der Preis von 1200 Mark entsprach 1500 Schweizer Franken.

Abb. 55 | Firmenplakette von «Hildebrand & Wolfmüller» mit dem «Münchner Kindl» mit Bierkrug.
Es handelt sich um ein originalgetreues, handgemaltes und emailliertes Replikat. Das Signet zeigt eine populäre Umdeutung der Figur des schwörenden oder segnenden Mönchs im Münchner Stadtwappen.

ten. Vor dem Kamin prangte eine emaillierte Firmenplakette mit einer Abbildung des «Münchner Kindl» mit Bierkrug (Abb. 55).[122]

Wie schon Zeitgenossen feststellten, war das Fahren mit der Motor-Bicyclette anspruchsvoll – entgegen allen Beteuerungen von Hildebrand, Burckhardt, Giffard u. a. m. Eine besondere Herausforderung bildete das Anzünden der sogenannten Zünderlampe für die Glührohrzündung des Motors, wie die Anleitung von «Hildebrand & Wolfmüller» zeigte:[123]

> «Die gute Funktion des Motor-Zweirades hängt vorzugsweise von der richtigen Behandlung der Zünderlampe ab. Das wirksame Brennen der Zünderflamme erkennt man an deren violetter Farbe mit bläulichem Scheine. Ein helles Licht mit einem weissen, gelben Schein oder grünes Licht zeigt, dass die Lampe nicht ganz in Ordnung ist.
>
> Das Anzünden selbst geschieht auf folgende Weise:
> 1. Man öffne für 3–5 Sekunden den Benzinflusshahn.
> 2. Man öffne die Türe und wärme, durch dieselbe mittels des mit Spiritus getränkten Fidibus [Holzspan] das Innere der Lampe gut vor. Nach 2–3 Minuten beginnt die Lampe leicht zu blasen, wodurch man erkennt, dass genügend vorgewärmt ist.
> 3. Nun öffnet man den Hahn und zündet nach Oeffnen der durchsichtigen Thüre die Flamme an.
> 4. Sobald die Lampe kräftig, gut hörbar und gleichmässig bläst, zugleich die Flamme oben beschriebene Farbe hat, werden in wenigen Sekunden die Porzellanzünder (Glührohre) und die lose dazwischen liegende Nickeldrahtspirale glühend und damit ist die Maschine fahrbereit.»

Eine Erklärung, wie vorzugehen sei, wenn die Flamme «ein helles Licht mit einem weissen, gelben Schein oder grünes Licht zeigt», fehlte.

Abb. 56 | Seitenansicht einer originalgetreu nachgebauten «Hildebrand & Wolfmüller».

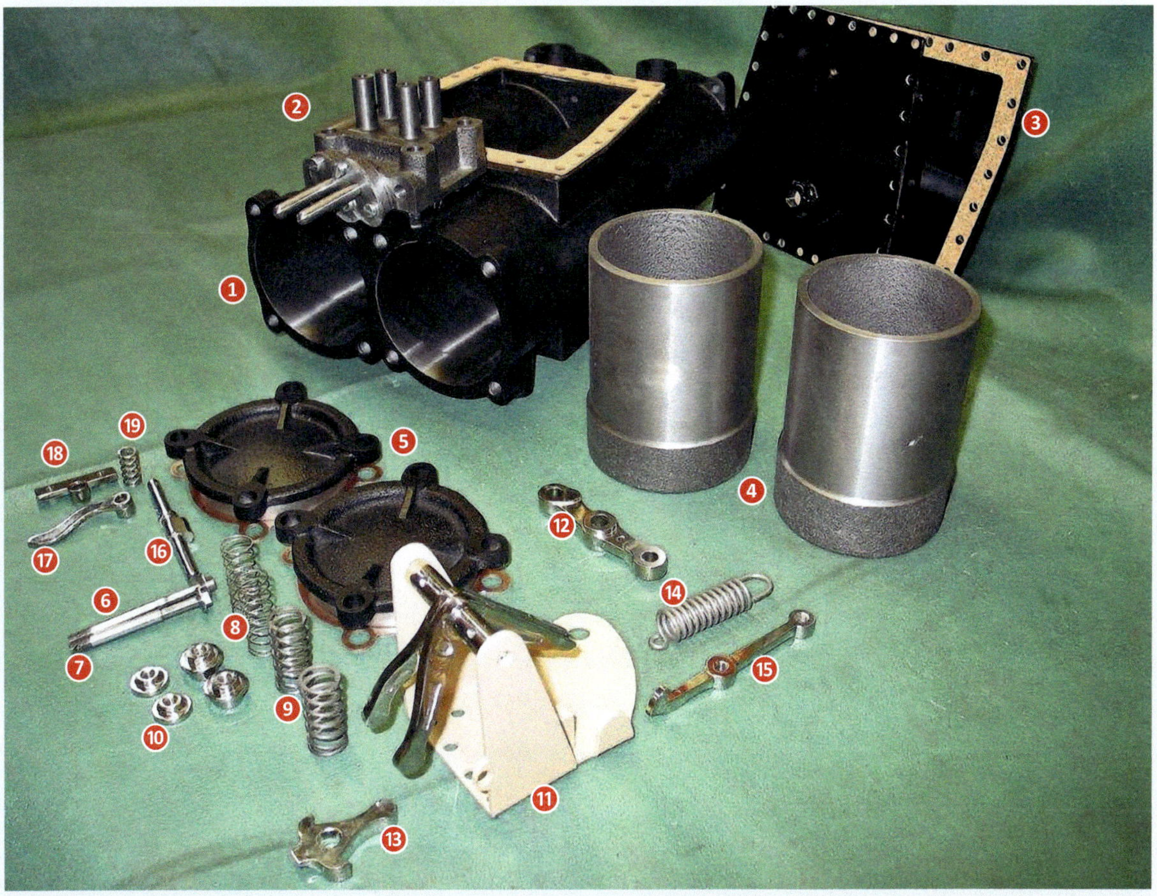

Abb. 57 | Die Motorenteile für den Nachbau einer «Hildebrand & Wolfmüller».

1. Motorblock aus Grauguss
2. Ventilblock mit den Ventilführungen oben und den beiden Glührohren vorne (ohne Brennkammer der Glührohrzündung)
3. Abdeckung des Kühlwasserbehälters zwischen den Zylindern mit Dichtung
4. Kolbenrohlinge aus Grauguss
5. Zylinderdeckel
6. Auslassventil
7. Einlassventil
8. Ventilfedern für die Einlassventile
9. Ventilfedern für die Auslassventile
10. Ventilfederkappen
11. Kipphebel zur Betätigung der Auslassventile mit ihrer Halterung und dem Zapfen
12. Doppelhebelarm gesteuert vom Steuernocken auf dem Scheibenrad hinten
13. Ankerhebel zur Ausrichtung des Klinkenhebels
14. Rückzugsfeder für den Doppelhebelarm
15. Klinkenhebel zur Betätigung der Kipphebel
16. Welle zur gleichzeitigen Arretierung der beiden Kipphebel in der Position Auslassventile offen (Dekompression)
17. Handgriff zur Betätigung der Dekompression (Ausschalten des Motors)
18. Lagerung/Aufnahme für die Dekompressionswelle
19. Druckfeder, um die Dekompressionswelle in Position zu halten

Weitere Eigenheiten verlangten vor dem Start und regelmässig während des Fahrens vollste Aufmerksamkeit: Kontrolle aller Schrauben und Muttern, Kontrolle der Qualität von Benzin und Öl, Öffnen des Ölhahns und Kontrolle der Zylinderschmierung, Ölen der Kugellager und der sonstigen Fahrradteile alle 50 Kilometer, Kontrolle des Benzinniveaus im Tank, da der Oberflächenvergaser nur zuverlässig funktionierte, solange der Füllstand eine gewisse Höhe nicht unterschritt u. a. m.[124]

Immer wieder betonte man, dass angesichts der speziellen Antriebstechnik nur ein versierter Véloceman das Gefährt mit sicherer Balance geradeaus fahren konnte, so auch der ehemalige englische Velo-Champion H. O. Duncan:[125]

> «It can easily be imagined that such an arrangement was not altogether conducive to the smoothness of the running. In fact, the rider felt himself jerked backwards and forwards like a Guy Fawkes in a springless donkey-cart.»

Zum Betrieb brauchte man also eine gute Instruktion, viel mutiges Üben, ein gutes Verständnis der technischen Eigenheiten oder die Unterstützung eines Mechanikers. Nicht umsonst versprach Eduard Burckhardt in seinem Bericht aus München, dass «wir einen

Abb. 58 | Der Nockenring zur Steuerung des Ventiltriebs. Er ist auf der rechten Seite des hinteren Scheibenrads montiert.

eigens in der Fabrik selbst geschulten Monteur zur Verfügung unserer Kunden halten».

Die Betätigung der beiden Auspuffventile erfolgte über zwei Kipphebel, die von einem einzigen Klinkenhebel abwechslungsweise aktiviert wurden. Dieser erhielt seinen Impuls über einen Hebelmechanismus ausgehend von einem nockenförmigen Ring montiert um die Nabe auf der rechten Seite des hinteren Scheibenrads. Die Vor- und Rückwärts-Bewegung des Klinkenhebels steuerte ein Doppelhebelarm. Die Verdrehung des Ankerhebels zur Achse des Klinkenhebels in der Rückwärts-Bewegung bewirkte beim Vorfahren die Ausrichtung abwechslungsweise nach links und rechts hinter den entsprechenden Kipphebel, der beim Zurückfahren aktiviert und das zugehörige Auslassventil öffnete (Abb. 59). Dieser Mechanismus erzeugte einen charakteristischen Klingelton beim Fahren der Motor-Bicyclette.

Abb. 59 | Der Ventiltrieb der «Hildebrand & Wolfmüller». Blick in Fahrrichtung.
Auf der rechten Seite ist der Mechanismus zur Bewegung des Klinkenhebels abgebildet. Links die Fixierung der beiden Kipphebel. Zur Steuerung des Klinkenhebels s. Abb. 60–63. Mit dem Nocken auf der Welle auf halber Höhe konnte der Fahrer die beiden Kipphebel nach vorne drücken und so gleichzeitig beide Auspuffventile öffnen (Dekompression).

Abb. 60 | Ventiltrieb mit Klinkenhebel vorne links.
Der Klinkenhebel ist vorne. Die rechte Positionierfeder drückt den Schaft des Ankerhebels und somit den Klinkenhebel nach links.

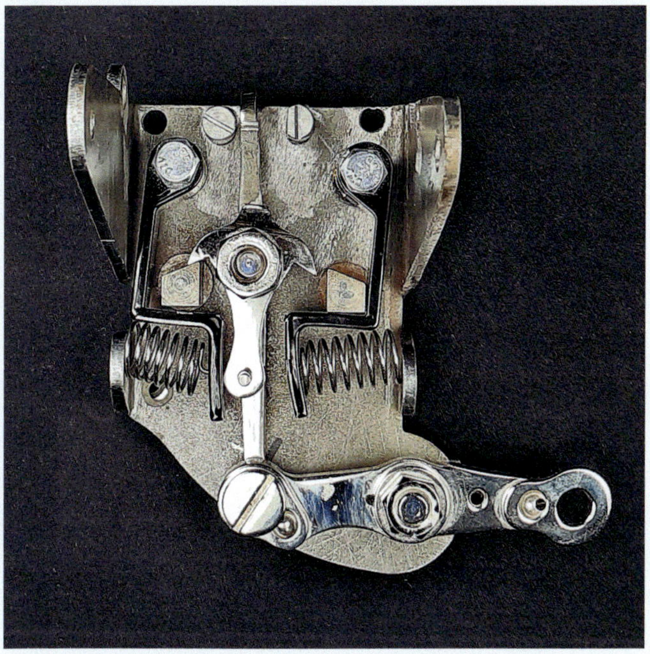

Abb. 61 | Ventiltrieb mit Klinkenhebel hinten links.
Der Klinkenhebel fährt zurück. Der Ankerhebel dreht sich um den linken Anschlag und presst den Schaft gegen die linke Positionierfeder. Gleichzeitig zieht der Klinkenhebel den linken Kipphebel nach hinten und öffnet das linke Auspuffventil.

Abb. 62 | Ventiltrieb mit Klinkenhebel vorne rechts.
Der Klinkenhebel fährt vor. Die linke Positionierfeder drückt den Schaft des Ankerhebels und somit den Klinkenhebel nach rechts. Gleichzeitig schliesst sich das linke Auspuffventil.

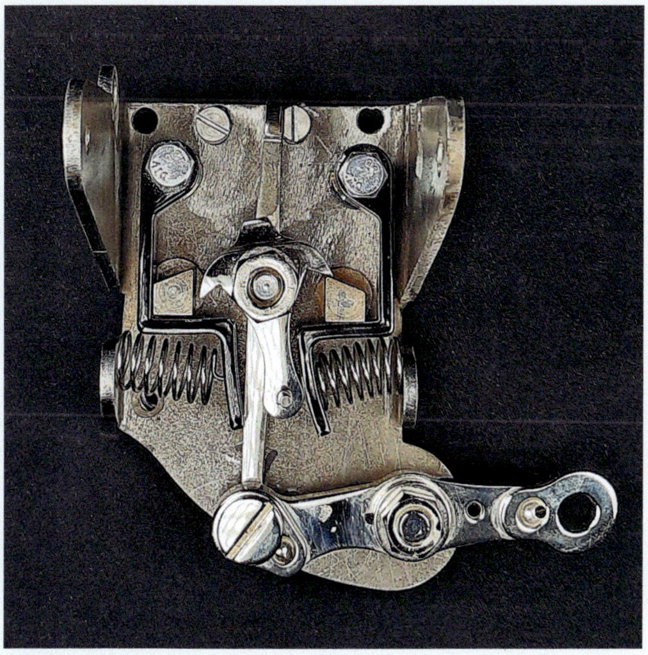

Abb. 63 | Ventiltrieb mit Klinkenhebel hinten rechts.
Der Klinkenhebel fährt zurück. Der Ankerhebel dreht sich um den rechten Anschlag und presst den Schaft gegen die rechte Positionierfeder. Gleichzeitig zieht der Klinkenhebel den rechten Kipphebel nach hinten und öffnet das rechte Auspuffventil.

5.3 «Hildebrand & Wolfmüller» kommen in die Gänge

> Telegramm: Kopenhagen, 30. März 1895, 4 Uhr 50 Min. Nachm.
>
> Heute Probefahrt vor grossem Publikum trotz furchtbarem Regenwetter grossartig ausgefallen. Auch durch die Stadt gefahren.
>
> Gottschalk, Vertreter für Seeland, 1895.[126]

Am 1. Dezember 1894 vermeldete eine französische (!) Fachzeitung, dass «Hildebrand & Wolfmüller» bis dato 50 Motor-Bicyclettes hergestellt hätten.[127] Dabei handelte es sich um die neuen Serien-Modelle, bei denen «alle Complicationen des ersten Modells» verschwunden sein sollten. Das berichtete die «Allgemeine Zeitung» aus München, wieder unter Berufung auf eine französische Quelle:[128]

> «München, 28. Dec. Die ersten Motorzweiräder, welche unlängst fertig geworden und an ihren Bestimmungsorten sofort öffentlichen Proben unterzogen worden sind, haben sich überall vorzüglich bewährt. Telegramme und Mittheilungen an die Fabricanten, die H. H. Hildebrand u. Wolfmüller in München, sprechen sich äusserst anerkennend aus. So schreibt z. B. das Pariser Sportblatt ‹Le Velo› u. a., daß die Maschine nun auch sehr vereinfacht und alle Complicationen des ersten Modells verschwunden sind, die Handhabung beträchtlich erleichtert, die Gangart ausserordentlich angenehm ist u. s. w.»

Abb. 64 | Inserat «Hildebrand & Wolfmüller» für das Serien-Modell, erstmals in «Radfahr-Chronik» 8 1895 27, 480 vom 2.1.1895.
Noch ohne Preisangabe, aber mit den Telegrammen von den Demonstrationsfahrten in Deutschland, Frankreich und Italien als Kern der Werbebotschaft.

Diese Meldung ist deshalb interessant, weil sich der Berichterstatter in Bezug auf die erfolgreichen Probefahrten zwar auf Kurznachrichten in der «Radfahr-Chronik» beziehen konnte,[129] aber für die technischen Änderungen am Serien-Modell im Vergleich zum Prototyp eine Pariser Quelle heranziehen musste. Von «Hildebrand & Wolfmüller» gab es hierzu in der «Radfahr-Chronik» keinerlei Erklärungen. Endlich am 2. Januar 1895 erschien das erste Inserat mit dem Foto des Serien-Modells (Abb. 64) sowie eine Zusammenfassung aller Telegramme mit Bestätigungen erfolgreicher Tests einer Reihe von Vertretern. Auch da blieben die deutlich sichtbaren Veränderungen an der Motor-Bicyclette unkommentiert. Dieses Dokument beweist jedoch, dass «Hildebrand & Wolfmüller» tatsächlich im November und Dezember 1894 Maschinen lieferten, mit denen die aufgezählten Probefahrten in Mailand, Landstuhl, Paris, Kitzingen, Marktbreit, Erlangen, Hamburg sowie im italienischen Conegliano etwa gleichzeitig durchgeführt werden konnten. Ein weiterer Beleg für den Start der Produktion in München lässt sich einem Inserat von «Hölter & Hartmann» aus Frankfurt am Main, dem Hersteller der «Veith's Pneumatic», entnehmen. «Hildebrand & Wolfmüller» werden im abgedruckten Schreiben vom 10. November 1894 wie folgt zitiert:[130]

> «Da wir nun die Fabrikation so rasch als irgend möglich betreiben müssen, so wollen Sie Ihre Einrichtung treffen, dass sie uns 1000 Paar Reifen fortlaufend auf Abruf liefern können zu den letztfestgesetzten Preisen.»

Bereits anfangs Oktober 1894 hatte Pierre Giffard eine Beschäftigtenzahl von 70 Personen erwähnt,[131] wobei man sich eine typisch handwerkliche Arbeitsweise vorstellen muss, wie der Blick in die Fabrikation vom Sommer 1894 zeigte (Abb. 49). Hinzu kam die aufwändige Organisation der Vergabe von Aufträgen an Unterlieferanten. In der Folge weiteten «Hildebrand & Wolfmüller» ihre Kapazitäten rasch aus. Im Februar 1895 bestanden fünf Fabriklokalitäten in München: Colosseumstrasse, Müllerstrasse, Baumstrasse, Zenettistrasse und Heustrasse (Abb. 65).[132]

Abb. 65 | Inserat «Hildebrand & Wolfmüller» mit der Nennung des Preises von 1200 Mark, erstmals in «Radfahr-Chronik» 8 1895 40, 730 vom 16. 2. 1895. Das Inserat führt zudem die fünf Fabriklokalitäten in München auf.

Mit der Einführung des Serien-Modells war eine Preiserhöhung pro Maschine von 850 auf 1200 Mark verbunden. Die Kommunikation erfolgte erstmals am 1. Januar 1895 über die neuen «Mittheilungen über das Motor-Zweirad», der hauseigenen Kundenzeitung, die sich wohl primär an die Vertreter adressierte (Abb. 54). Das potentiell interessierte Velocipedisten-Publikum erfuhr davon erstmals am 16. Februar 1895 (Abb. 65).

Die «Mittheilungen» der Firma vermittelten Gebrauchshinweise, eine umfangreiche Presseschau sowie Zitate ausgewählter, positiver Erfahrungsberichte von Agenten, die ein Serien-Modell erhalten hatten. Ab dem 6. Februar 1895 trugen Inserate unter dem Titel «Nachrichten über das Motorzweirad von der Firma Hildebrand & Wolfmüller Motor-Fahrrad-Fabrik, München» die Lobpreisungen auch in die Tageszeitungen.[133]

In der «Radfahr-Chronik» vom 9. Februar 1895 erschien zum letzten Mal das Inserat mit der Liste der Vertretungen.[134] Es schloss mit 81 Nennungen im Deutschen Reich, drei in Dänemark, einer in den Niederlanden, zehn in Russland und einer in Spanien, sowie den Patentinhabern in der Schweiz mit der Direktion bei der «Ed. Burckhardt» in Basel (für die Schweiz und Italien) und in Frankreich, weiterhin ohne Angabe der Patentnehmer.[135]

Von da an veränderte man die Ansprache des Publikums, indem die Telegramme aus ganz Europa mit den Erfolgsmeldungen von den Demonstrationsfahrten zum Kern der Werbebotschaft wurden, wie die Abb. 64 exemplarisch zeigt.

5.4 Motor-Bicyclettes «made in Switzerland»

> «Nous apprenons aussi qu'un groupe d'amis de Genève, de Zurich et de Bâle, s'est constitué en société, ayant pour but l'achat et l'exploitation des brevets de MM. Hildebrand et Wolfmüller à Munich, les inventeurs de cette bicyclette à moteur. La Direction commerciale est confiée à M. Ed. Burckhardt à Bâle, qui a été, pendant une série d'années, président de l'Union Vélocipédique Suisse. Un collègue dans chacune des villes de Zurich et de Genève est désigné pour l'assister. On prépare les arrangements nécessaires pour commencer immédiatement la fabrication en grand de l'intéressante machine.»
>
> «L'Industrie Vélocipédique», 1894.[136]

In München traf die grösste Bestellung noch im Herbst 1894 aus Mailand ein: Der deutsch-italienische Kaufmann Max Türkheimer (1860–1936),[137] seit 1888 Fahrradfabrikant, orderte bei «Hildebrand & Wolfmüller» 77 Motor-Bicyclettes zum Preis von 650 Mark ab München, d.h. im Gesamtbetrag von über 50 000 Mark! Die Fahrzeuge sollten geliefert werden: «[...] con garanzia di perfetta costruzione, di ottimo materiale e di regolare funzionamento» [mit Garantie

Abb. 66 | Max Türkheimer auf einer «Hildebrand & Wolfmüller».

für fehlerfreie Konstruktion, geeignete Werkstoffe und reibungslosen Betrieb].[138] Dafür leistete er eine Anzahlung über 3000 Mark.[139] Im Zusammenhang mit dieser Vereinbarung erhielt Max Türkheimer auch die Zusage für die Allein-Vertretung der Motor-Bicyclettes von «Hildebrand & Wolfmüller» in Italien.[140] Mit diesem Grossauftrag wurde Max Türkheimer zu einer Schlüsselfigur in der turbulenten Fortsetzung der Geschichte um «Hildebrand & Wolfmüller» und deren Schweizer Patentnehmer.

Diese Vorgänge fanden in der bisherigen Literatur über «Hildebrand & Wolfmüller» keine Beachtung, obwohl ein zeitgenössisches Foto von Max Türkheimer auf einer solchen Motor-Bicyclette eine Spur gelegt hatte (Abb. 66). Die Rekonstruktion in den folgenden Kapiteln beruht auf den Protokollen des Mailänder Civil- und des Appellationsgerichts von 1896; beide Instanzen mussten sich mit den Streitigkeiten befassen, die aus den Geschäftsbeziehungen zwischen Max Türkheimer und der «Società Svizzera dei Bicicli a Motore» bzw. deren Direktor Eduard Burckhardt in Basel entstanden.[141] Die beiden Mailänder Anwälte, Fortunato Cases auf Seiten von Max Türkheimer und Giuseppe Bergmann (1850–1922)[142] auf Seiten von Eduard Burckhardt fochten sie aus. Dabei ist zu berücksichtigen, dass beim Mailänder Civilgericht das Plädoyer des Anwalts von Max Türkheimer und beim Appellationsgericht das Plädoyer des Anwalts von Eduard Burckhardt bzw. der «Schweizerischen Motorfahrrad-Gesellschaft» protokolliert wurden; die beiden Rechtsvertreter zogen teilweise unterschiedliche Tatbestände heran, die sie naturgemäss konträr bewerteten. Zum Verständnis der Zusammenhänge bedarf es zudem einer Betrachtung des parallelen Geschehens in der Schweiz ab Spätherbst 1894.

Die am 1. November 1894 in Bern als einfache Gesellschaft gegründete «Schweizerische Motorfahrrad-Gesellschaft», französisch «Société Suisse de Véhicules à Moteur», zählte zu Beginn elf Gesellschafter.[143] Neben Eduard Burckhardt aus Basel kamen die Schwergewichte aus Genf:

- der Banquier Édouard Crémieux-Koechlin (1856–1913)[144] vom Bankhaus «Ed. Crémieux & Cie» (Abb. 87), ein Schwager des Basler Seidenband-Fabrikanten Emil Burckhardt-Koechlin (1842–1908)[145]; er engagierte sich u. a. im Bootsverkehr und -sport und präsidierte den exklusiven Genfer «Pneu-Club» für Amateur-Radsportler aus der Finanzbranche;
- Georges Hochreutiner (1856–1952),[146] Chemiker und international tätiger Industrieller der Metall- und Elektrobranche;
- die Gebrüder Édouard und Paul Bruel, Eduard Burckhardts langjährige Freunde aus der Velobranche;
- Charles Alexy (1856–1911),[147] für die «Société Anonyme du Vélodrome de Varembé» tätig;
- Albert Bardet (1862–1935),[148] Zahnchirurg, Erfinder und Produzent zahntechnischer Produkte sowie Bekannter der Bruels;
- René Thury-Leuthold (1860–1938),[149] autodidaktischer Erfinder, Konstrukteur eines Dampf-Tricycle um 1877–1879 mit James Nussberger,[150] Chefingenieur einer grossen Genfer Maschinenfabrik.

aus Zürich:

- Jakob Ringger (?–1899),[151] Zahnarzt und Hersteller zahnärztlicher Utensilien sowie erster Genossenschaftspräsident der Zürcher Velorennbahn Hardau;
- Heinrich Treichler-Müller (?–?),[152] Kaufmann und Betreiber von Bad- und Waschanstalten in der Limmat und am Zürichsee; kurzzeitig 1893 Vertreter von Daimler-Motoren;
- Max Behrens (?–?),[153] Ingenieur und Hersteller von Werkzeugen, Maschinen und Velocipeden.

sowie aus Luzern:

- Ferdinand Birrer (1861–1937),[154] Inhaber einer Spezerei-, dann einer renommierten Velo- und Spielwarenhandlung sowie bekannter Kunstturner. «Hildebrand & Wolfmüller» führten ihn ab dem 21. Juli 1894 bis zum Verkauf des Schweizer Patents als Vertreter.

Diese Leute verbanden verschiedene Gemeinsamkeiten: ihre Affinität zum Velo und zum Velosport, ihre berufliche Ausrichtung auf technische Entwicklungen und Industrien bis hin zu eigener Erfindertätigkeit sowie ihre gesellschaftliche Position als Mitglieder einer Wirtschaftselite in ihren Städten, teilweise mit internationalen Erfahrungen und weitherum bekanntem Renommée. Zudem waren sie etabliert genug, um sich Geldanlagen in entsprechenden, interessanten Geschäften leisten zu können. Man darf annehmen, dass Eduard Burckhardt die meisten von ihnen in seiner Zeit als Zentralpräsident des S.V.B. kennengelernt hatte, wobei die befreundeten Gebrüder Bruel mit ihrer exzellenten Vernetzung ihrerseits Kontakte mobilisiert haben dürften.

Den Gesellschaftsvertrag schloss man auf die Dauer von zwei Monaten mit dem Zweck, das Schweizer Patent von «Hildebrand & Wolfmüller» zu erwerben. Dafür verpflichteten sich die Partner, 500 Franken sofort und 4500 Franken innert zwei Monaten einzuzahlen.[155] «Zur Geschäftsführung und Vertretung der Gesellschaft nach aussen wurde eine Kommission aus den Gesellschaftern Hochreutiner, Ringger und Burckhardt bestellt.»[156] Man verzichtete auf einen Eintrag der Firma im Handelsregister, weil «deren Zweck […] lediglich eine vorübergehende Spekulation gewesen sei und die Mitwirkung [der Gesellschafter] an dieser Spekulation mit einem gewissen Kapital sei kein Handelsgeschäft».[157]

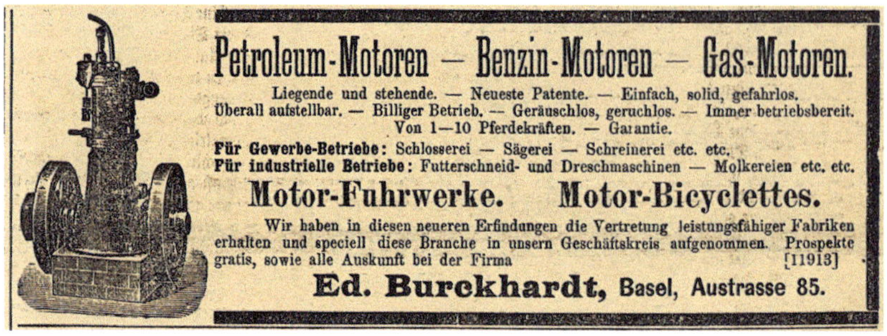

Abb. 67 | Inserat «Ed. Burckhardt» für Verbrennungs-Motoren und motorisierte Fahrzeuge 1894 in BN 50 1894 287 vom 22.10.1894.

Abb. 68 | Inserat «Daimler Motoren-Gesellschaft, Cannstatt» mit Bekanntgabe der General-Vertretung durch die «Ed. Burckhardt», einmalig in BN 50 1894 332 vom 8.12.1894.
Eine Gebietsabgrenzung fehlte. Belege, dass Eduard Burckhardt zu dieser Zeit grössere «Motorfuhrwerke» oder gar ein Daimler-Automobil importiert hätte, konnten nicht gefunden werden.

Auch wenn das italienische Patent von «Hildebrand & Wolfmüller» in den Dokumenten zur Gründung am 1. November 1894 keine Erwähnung fand, musste es zumindest für einen engeren Kreis der Gesellschafter von Anfang an Teil der Geschäftsgrundlage gewesen sein. Allen voran dürften «Bruel Frères» eine treibende Kraft gewesen sein, denn ihr Geschäftshorizont erfasste neben Paris und dem Rhonetal, mit dessen Velocipedisten-Clubs die Genfer enge Kontakte pflegten, auch das naheliegende Piemont. Sicher ist, dass die «Schweizerische Motorfahrrad-Gesellschaft» das schweizerische Patent von «Hildebrand & Wolfmüller» für 50 000 und das italienische für 60 000 Franken[158] mit dem Ziel der «Verwertung und Exploitierung» erwarb und sich damit die Einlage pro Gesellschafter «automatisch» proportional auf 11 000 Franken erhöhte.

Doch Eduard Burckhardt nahm noch mehr als das sensationelle Motor-Fahrrad ins Visier: Der Versicherungs-Direktor und Kaufmann hatte generell die Welt der Motoren entdeckt! Am 22. Oktober 1894 schaltete er in den «Basler Nachrichten» ein Inserat, in dem er die Leserschaft informierte, dass er für «Petroleum-, Benzin- und Gas-Motoren sowie Motor-Fuhrwerke und Bicyclettes», respektive «in diesen neueren Erfindungen die Vertretung leistungsfähiger Fabriken erhalten und speciell diese Branche in unseren Geschäftskreis aufgenommen» habe (Abb. 67). Angesichts der Hervorhebung im Titel und der stilisierten Abbildung dürfte er zu diesem Zeitpunkt den Stationärmotoren als Antrieb von Maschinen in gewerblichen und industriellen Betrieben sogar die grösseren Marktchancen zugerechnet haben als den eher unspezifisch erwähnten, motorisierten Fahrzeugen. Das sah er grundsätzlich richtig, da sich die installierte Antriebsleistung in den Basler Fabriken in der Periode von 1888 bis 1911 um 9,3 Prozent pro Jahr erhöhte.[159]

Anfangs Dezember 1894 informierte er das Publikum, dass die «Ed. Burckhardt» die General-Vertretung der «Daimler Motoren-Gesellschaft» in Cannstatt übernommen habe (Abb. 68–69).[160] Kurzzeitig scheint er sogar die Absicht verfolgt zu haben, grössere, benzinbetriebene Vehikel sowie ein zweisitziges Automobil von Daimler zu importieren (Abb. 68), was sich aber offenbar rasch als nicht realisierbar erwies (Abb. 69).

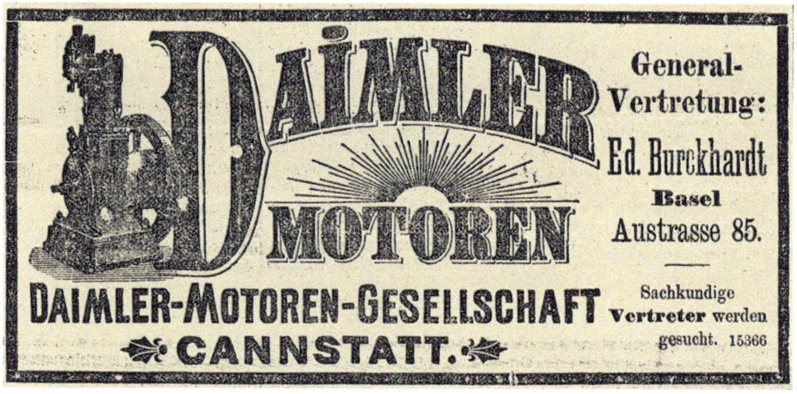

Abb. 69 | Inserat «Ed. Burckhardt» für Motoren der «Daimler-Motoren-Gesellschaft» 1894, erstmals in BN 50 1894 337 1. Beilage vom 11.12.1894.
Sachkundige Vertreter sollten sich melden. Diese attraktiv gestaltete Serie mit dem repräsentativen Daimler-Firmenlogo lief bis Ende April 1895, sprach aber nicht mehr von «Motorfuhrwerken».

5.5 «Mit Italien ist also ein erstes Geschäft abgeschlossen [...]»

> «Statt nun aber an den Gesellschaftsvertrage sich zu halten, wurde von Seite des Herrn Burckhardt der Erwerb auch des Italienerpatentes für das Motor-Fahrrad beschlossen & ohne Zustimmung des Herrn Birrer die Gesellschaftsanteile von fr. 5000 auf fr. 11,000 erhöht & die Verwertung und Exploitierung des Schweizer & Italiener Patentes durch eine & dieselbe Gesellschaft beschlossen. [...] Hr. Birrer ist nun durchaus nicht gesonnen, sich auf ein so weit ausuferndes Spekulationsunternehmen mit derartig hohen Partialen einzulassen, hat nie die Zustimmung [zum Kauf des italienischen Patents und] zu dieser Erweiterung & Veränderung des Gesellschaftszweckes gegeben, sondern betrachtet dieselbe vielmehr als Bruch des Gesellschaftsvertrages, weshalb er weitere Einzahlungen verweigern muss.»
>
> Ferdinand Birrer, 1896.[161]

Vom Verkauf des italienischen Patents an die Schweizer Gesellschaft erfuhr Max Türkheimer von Heinrich Hildebrand am 12. November 1894, zusammen mit der Erklärung, dass «Hildebrand & Wolfmüller» daher die getroffene Vereinbarung über die Lieferung von 77 Motor-Fahrrädern nicht mehr ausführen könne; ab sofort entscheide die «Schweizerische Motorfahrrad-Gesellschaft» in Basel über die Geschäfte in Italien.[162] Dennoch lieferte München «dopo varie sollecitazioni» [nach verschiedenen Mahnungen] noch zwei Motor-Bicyclettes.

Danach trafen sich Eduard Burckhardt, Heinrich Hildebrand und Max Türkheimer in Mailand.[163] Im Verlauf der Sitzung beklagte sich Max Türkheimer über die schlechte Qualität der erhaltenen Maschinen. Später schrieb er nach München, dass er den Wechsel des Lieferanten nicht akzeptiere. Ein wichtiges Argument war, dass Eduard Burckhardt die Vereinbarung zwischen ihm und «Hildebrand & Wolfmüller» nicht in allen Punkten bestätigt habe.[164] Eduard Burckhardts Zögern war verständlich, denn er verfügte wohl über das italienische Patent und ein erklärtes Interesse am Verkauf der 77 Motor-Bicyclettes, aber über keine Produktionskapazitäten! Spätestens seit dem Besuch in Mailand kannte er zudem Details über die Mängel der aus München gelieferten beiden Motor-Bicyclettes sowie den Abgabepreis an den Händler, den «Hildebrand & Wolfmüller» mit Max Türkheimer vereinbart hatten: 650 Mark resp. 812.50 Franken oder Lire.[165]

Nun musste Eduard dringend einen Produktionspartner für seine «Schweizerische Motorfahrrad-Gesellschaft» finden. Die Suche führte ihn noch vor Ende des Jahres 1894 zur «Maschinenbau-Gesellschaft Basel» an der Hochstrasse 34, die von da an ihrerseits Teil des Netzwerks und der weiteren Verwicklungen wurde.[166]

Abb. 70 | Zwei Porträts von Emil Bürgin-Turner. Die Fotos zeigen Emil Bürgin als Schulkollegen von Eduard Burckhardt am Humanistischen Gymnasium in Basel 1865 und als Direktor der «Maschinenbau-Gesellschaft Basel» ca. 1907.

Der Direktor der Firma, Emil Bürgin-Turner (1848–1933)[167], war Elektroingenieur ETH, Unternehmer und passionierter Erfinder: vielfacher Patentinhaber für allerlei technische Geräte, darunter ein federndes Rad für Fahrzeuge, eine Neuerung für Büchergestelle, eine Eismaschine, die das Biergeschäft revolutionierte, eine Siphonflasche, ein Geschäftskartenverbreiter, u. a. m. An einem Stand an der Weltausstellung 1889 in Paris präsentierte er elektrische Zünder für Minen.[168] Nach längeren Aufenthalten in der Genfer Maschinenindustrie und in den USA gründete er 1881 in Basel zusammen mit Partnern die erste schweizerische elektrotechnische Fabrikation von Glühlampen und Dynamos. 1884 etablierte er die erste schweizerische Eisfabrik am Kleinbasler Rheinufer und übernahm 1888 eine bestehende Eisengiesserei und Kesselschmiede, die er zur «Maschinenbau-Gesellschaft Basel» umfirmierte. Deren Produktpalette umfasste laut Werbeannoncen «Turbinen, Dampfkessel, Dampfmaschinen, Locomobile, Eis- und Kältemaschinen, Transmissionen etc.»; Dampfmaschinen und Kessel von 4–20 Pferden seien stets vorrätig.[169]

Grundsätzlich kannte die Firma das Geschäft mit Fahrzeugen, allerdings in grösseren Dimensionen, denn sie belieferte in der Umgebung von Basel die Birsigtal- und die Waldenburgerbahn, die seinerzeitige Sissach-Gelterkinden-Bahn sowie die Rhätische Bahn in Graubünden. Eduard Burckhardts Anliegen dürfte Emil Bürgin als spannende Herausforderung betrachtet haben. Ausserdem waren Beide etwa zur gleichen Zeit Schüler des Basler Humanistischen Gymnasiums gewesen, sodass sich vielleicht «alte Bekannte» wiederfanden.[170]

Am 31. Dezember 1894 schrieb Eduard Burckhardt einen langen Brief an Max Türkheimer, in dem er die Lieferschwierigkeiten der Münchner unverblümt damit erklärte, dass es sich um ein neues Produkt handle, das nicht voll ausgetestet sei und noch optimiert werden müsse, was in der Produktion immer wieder Störungen verursache. Er stellte zudem fest, dass weder die Münchner noch die Schweizer Firma in der Lage sei, die geforderten 77 Motor-Bicyclettes kurzfristig herzustellen.[171]

Er schlug daher vor, dass der Schnellere von beiden Produzenten die Lieferungen nach Italien aufnehmen solle. Einen Preis nannte er dabei nicht. Türkheimer dagegen wollte primär verstanden haben, dass die vereinbarte Lieferung à 650 Mark für insgesamt 50 000 Mark auch von Burckhardt anerkannt worden sei.[172] Er öffnete damit das zweite Konfliktfeld neben den Qualitätsproblemen, nämlich die Frage des Händlerpreises. Faktisch konnte zu diesem Zeitpunkt keiner der Anbieter, auch «Hildebrand & Wolfmüller» nicht, eine belastbare Kalkulation der Herstellkosten einer funktionsfähigen Serien-Motor-Bicyclette vorlegen, denn man befand sich, wie von Eduard Burckhardt selbst beschrieben, immer noch im Experimentierstadium!

Beflügelt vom Ehrgeiz, bald aus Basel liefern zu können, bestellte Eduard Burckhardt namens der «Schweizerischen Motorfahrrad-Gesellschaft» am 16. Januar 1895 zuerst vier, später fünf Motor-Bicyclettes bei der «Maschinenbau-Gesellschaft Basel»:[173]

> «Für die Ausführung dieser ersten Bestellung lieferte [die Auftraggeberin] eine Anzahl Maschinenrohteile. Ebenso stellte sie ihr ihre Pläne, Modelle und Zeichnungen zur Verfügung. […] Hinsichtlich des Preises wurde der [Maschinenbau-Gesellschaft Basel] zunächst freie Hand gelassen. Derselbe wurde dann in der Folge gleich demjenigen der hiernach genannten späteren Bestellung vereinbart.»

Schriftlich lag diese «spätere» Bestellung über die Lieferung von 100 Motor-Bicyclettes durch die «Maschinenbau-Gesellschaft Basel» erst am 1. April 1895 vor, wobei dessen konkrete Aushandlung ab dem 7. März 1895 begann.[174]

Mittlerweile rumorte es unter den Partnern der «Schweizerischen Motorfahrrad-Gesellschaft», denn das rasche Vorantreiben des Geschäfts schien nicht mit allen Gesellschaftern ordentlich abgesprochen worden zu sein. Namentlich Ferdinand Birrer verweigerte sich der Erhöhung seiner Einlage als Folge des Kaufs des italienischen Patents und erhielt vor dem Luzerner Obergericht recht. Dieses verpflichtete die «Schweizerische Motorfahrrad-Gesellschaft», die zweite Tranche seiner ersten Einlage über 4500 Franken zurückzuzahlen, sodass Birrers Beitrag auf den initialen 500 Franken verblieb.[175] Schliesslich schied er aus dem Kreis der Gesellschafter aus, wie auch René Thury und Max Behrens.[176]

Am 17. Januar 1895 fand deshalb eine weitere Versammlung statt, um die Verhältnisse zwischen den verbliebenen acht Gesellschaftern zu klären. Eine Vereinbarung legte fest: «E. Burckhardt erhält Auftrag, unter dem Namen ‹Schweizerische Motor-Fahrradgesellschaft, bevollmächtigter Vertreter Ed. Burckhardt in Basel›, auf Rechnung der Gesellschaft behufs Anfertigung und Verkauf von Maschinen, Reklame etc., diejenigen Anordnungen zu treffen, welche er im Interesse der Gesellschaft erachtet.»[177]

Damit war Eduard Burckhardts Vergabe eines Produktionsauftrags formell genehmigt und die Beschränkung des Geschäfts auf zwei Monate wohl aufgehoben; zugleich legte man fest, dass sich die Gesellschafter «in Gewinn und Verlust teilen». Der Gesellschaftsvertrag vom 1. November 1894 und die Vereinbarung vom 17. Januar 1895 bildeten zusammen die Charta der «Schweizerischen Motor-Fahrradgesellschaft» als einfache Gesellschaft. Sie blieb gültig bis zur Liquidation und zum Konkurs 1899 (Abb. 71; Tabelle 5).[178] Auch «Hildebrand & Wolfmüller» konnten als Gesellschafter gewonnen werden; Zeitpunkt und Zweck der Beteiligung sind jedoch nicht bekannt (Tabelle 5; Abb. 90).

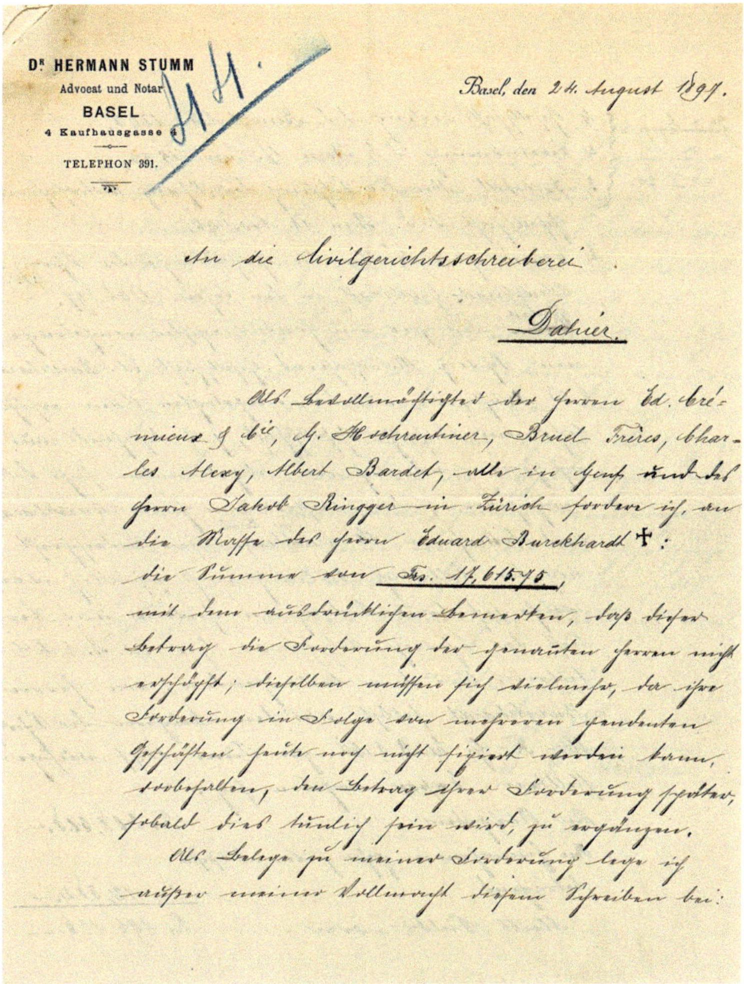
Dr HERMANN STUMM
Advocat und Notar
BASEL
4 Kaufhausgasse 4
TELEPHON 391.

Basel, den 24. August 1897.

Basel, den 24. August 1897

An die Civilgerichtsschreiberei

Dahier.

Als Bevollmächtigter der Herren Ed. Crémieux & Cie, G. Hochreutiner, Bruel Frères, Charles Alexy, Albert Bardet, alle in Genf, und des Herrn Jakob Ringger in Zürich fordere ich, an die Masse des Herrn Eduard Burckhardt†: die Summe von Frs. 17,615.75,

mit dem ausdrücklichen Bemerken, daß dieser Betrag die Forderung der genannten Herren nicht erschöpft; dieselben müssen sich vielmehr, da ihre Forderung in Folge von mehreren pendenten Geschäften heute noch nicht fixiert werden kann, vorbehalten, den Betrag ihrer Forderung später, sobald dies tunlich sein wird, zu ergänzen.

Als Belege zu meiner Forderung lege ich ausser meiner Vollmacht diesem Schreiben bei:

1.) Gesellschaftsvertrag d.d. Bern 1. Nov. 1894,
2.) Vereinbarung d.d. Bern 17. Jan 1895,
3.) Protokoll über die Sitzung der Schweiz. Motorfahrrad-Gesellschaft d.d. Bern 14. Nov. 1895,
4.) «Exposé général» über die Geschäftslage der Schweiz. Motorfahrrad-Gesellschaft in den Jahren 1894/97.

Hinter der hier im Handelsregister eingetragenen Schweiz. Motorfahrrad-Gesellschaft Ed. Burckhardt & Cie steht, wie aus den eingelegten Acten ersichtlich, eine einfache Gesellschaft, z. Z. bestehend aus acht Herren, nämlich den obengenannten sechs Vollmachtgebern, dem verstorbenen Herrn Burckhardt und dem Herrn H. Treichler in Zürich dessen Unterschrift auf der Vollmacht bislang nicht erhältlich war, welche sich laut Vertrag in Gewinn und Verlust der Schweiz. Mot.-fahrrad-Ges. Ed. B. & Cie teilen. Aus dem beiliegenden, von Herrn Burckhardt selbst aus den Büchern der Schweiz. M. - F. - G. Ed. B. & Cie per Juni 1897 ausgestellten Exposé ergeben sich:

An Ausgaben	Frs. 208,508.–
An Einnahmen gehen hievon ab 5 Posten betragend	" 12,382.–
bleibt Saldo von	Frs. 196,126.–

welcher unter die genannten acht Herren verteilt, einen Betrag von Frs. 24,515.75 auf den Kopf ergibt. An diesem Betrag hat Herr Burckhardt, von einem bestrittenen Posten von Frs. 4,100.– abgesehen, die Summe von Frs. 6,900.– in baar einbezahlt, er schuldet somit noch Frs. 17,165.75, vorbehältlich weiterer Ansprüche.

Zum Beweise für obige Forderung verweise ich ferner auf die in meinem Domizil befindlichen Geschäftsbücher der Schweiz. M. - F. - Ges. Ed. B. & Cie, sowie auf die Geschäftsbücher des Herrn Ed. Burckhardt; ferner beantrage ich Information beim Buchhalter der Gesellschaft Herrn Eml. Bernoulli dahier, und bin selbst zu jeder weiteren mündlichen Auskunft bereit.

Hochachtend

Dr. H. Stumm.

5 Beilagen.

Abb. 71 | Schreiben von Hermann Stumm an die «Civilgerichtsschreiberei Basel-Stadt» vom 24. August 1897. Reproduktion der ersten Seite des Schreibens in Sachen Ansprüche der «Schweizerischen Motorfahrrad-Gesellschaft Ed. Burckhardt & Cie» an die Masse des verstorbenen Eduard Burckhardt mit Transkription des gesamten Dokuments. Aus diesem liess sich die vertragliche Grundlage der Firma erschliessen.

Eduard Burckhardt hatte nun freie Hand, als Direktor der «Schweizerische Motorfahrrad-Gesellschaft» unternehmerisch zu wirken, bequem abgesichert durch eine prinzipiell unlimitierte Nachschusspflicht aller Gesellschafter(!). Umgehend vermeldete der ihm wohlgesonnene «Der schweizerische Velosport» am 25. Januar 1895 den «Start der Produktion der Motor-Bicyclettes in der Schweiz» mit einer wohldosierten Unschärfe bezüglich des Umfangs des Unternehmens:[179]

> «Wie wir vernehmen, hat die Schweizerische Motorfahrrad-Gesellschaft (Société Suisse de Véhicules à Moteur) Patent Hildebrand und Wolfmüller, deren Leitung in den Händen des Herrn Ed. Burckhardt, Austrasse 85,

Basel, ruht, bereits mit der Fabrikation der Motor-Bicyclettes angefangen und werden im Laufe des Frühjahrs und Sommers eine gewisse Anzahl Maschinen abgeliefert werden.»

Am Tag nach der Sitzung der Gesellschafter, dem 18. Januar 1895, fand in der Vorhalle des Bahnhofs Bern eine weitere Demonstration der Motor-Bicyclette statt. Dieses Mal fiel sogar im Schweizer Hausblatt der Velocipedisten der Kommentar eher zwiespältig aus:[180]

«Obschon die hier vorgenommenen Proben soweit gut ausgefallen sind, so werden sicherlich alle einigermassen sachverständigen Zuschauer den Eindruck erhalten haben, dass gegenwärtig das Fahren mit einem Motorrade noch nicht als Vergnügen bezeichnet werden kann; die starken Stösse, welche die Maschine und der Fahrer bei jeder Gasexplosion erhalten, der an und für sich unregelmässige Gang der Maschine, welcher ein richtiges Regulieren der Schnelligkeit oder das in belebteren Strassen oft nötige Anhalten äusserst erschwert, sind doch allzu ungemütliche Momente, um sich denselben zum ‹Vergnügen› auszusetzen.

Die Maschine, welche von einem unseren ältesten Radfahrer recht zutreffend mit einem ‹störrischen Maultier› verglichen wurde, muss somit noch verbessert werden, ehe sie anderswo als in einem abgeschlossen Terrain (Rennbahn oder dergleichen) gefahren werden kann, und gehört auch dann in die Hände eines durchaus sicheren Fahrers, der zugleich auch mechanische Kenntnisse besitzt.»

Unbeirrt von diesen warnenden Vorzeichen propagierte die «Ed. Burckhardt» per Inserat, dass die «Schweizerische Motorfahrrad-Gesellschaft» alleine berechtigt sei, Motor-Velos nach dem Patent von «Hildebrand & Wolfmüller» in der Schweiz und Italien herzustellen und durch ihre Vertreter zu verkaufen. Dann folgten Aufrufe, sich rasch eine Motor-Bicyclette zum Preis von 1500 Franken zu bestellen, um sie rechtzeitig zu Beginn der Frühlingssaison 1895 geliefert zu erhalten; der Verkaufspreis entsprach genau demjenigen von «Hildebrand & Wolfmüller» in Schweizer Franken umgerechnet (Abb. 72–73).

Trotz aller Hintergrundgeräusche exponierte sich parallel dazu mit grossem Aufwand auch Max Türkheimer, indem er in ganz Oberitalien an Ausstellungen teilnahm und Vorführungen in Anwesenheit von adligen Grössen in Mailand, Florenz, Turin und Asti organisierte.[181] Am 27. Januar 1895 führten er und Giovanni Battista Ceirano (1864–1948),[182] prominentes Mitglied einer Turiner Familie von Erfindern, Velo- und später Automobilkonstrukteuren, eine Probefahrt «vor ganz Turin und Königl. Prinzen» durch.

Abb. 72 | Inserat «Ed. Burckhardt» mit Aufruf zur Bestellung von Motor-Bicyclettes , erstmals in BN 51 1895 28 vom 29. 1. 1895.
Die «Ed. Burckhardt» trat als Vertreterin der «Schweizerischen Motorfahrrad-Gesellschaft» auf, die ihren Sitz ebenfalls an der Austrasse 85 in Basel hatte. Dass «bei guten Strassenverhältnissen täglich Probefahrten» angeboten werden konnten, impliziert, dass Eduard Burckhardt spätestens Ende Januar 1895 eine Maschine aus München besass. Bei den unter «N. B.» genannten 1200 verkauften Stück in München und «mehreren Tausend» in Frankreich konnte es sich tatsächlich nur um Bestellungen handeln, da an beiden Orten die Produktionskapazitäten erst im Aufbau waren.

Abb. 73 | Inserat «Ed. Burckhardt» mit Aufruf zur Bestellung von Motor-Bicyclettes, erstmals in «Der Schweizerische Velosport IV 1895 8, XI vom 22. 2. 1895.
Wie «Hildebrand & Wolfmüller» betonte auch die «Ed. Burckhardt», dass die Bestellungen «strikte der einlaufenden Reihenfolge nach ausgeführt» werden; s. a. erstmals in BN 51 1895 38 Beilage vom 8. 2. 1895.

Telegramm.

Turin, 27. Januar 1895.

Hildebrand & Wolfmüller,

Motor-Fahrradfabrik, München.

Heute vor ganz Turin und Königl. Prinzen grossartige Motor-Proben. Gratuliren!

Türkheimer. Ceirano.

Abb. 74 | Inserat «Hildebrand & Wolfmüller» mit Telegramm von Max Türkheimer in «Münchner Neueste Nachrichten» 48 1895 51 Vorabend-Blatt vom 31.1.1895; s. a. «Allgemeine Zeitung (München)» 97 1895 37 Morgenblatt vom 1.2.1895. Kurz darauf folgte eine Ergänzung in «Münchner Neueste Nachrichten» 48 1895 60 Vorabend-Blatt vom 6.2.1895: «Herr M. Türkheimer, Mailand, schreibt unterm 29. Jan. crt.: In Turin sind, wie ich bereits telegraphisch mittheilte, die Proben (bei 14° Celsius Kälte) glänzender als je vermuthet, verlaufen, – freilich bin ich jetzt auch schon bedeutend geschickter in der Behandlung des Motorzweirades geworden. Gestern bin ich extra noch in Turin geblieben, um vor dem Königl. Hof Proben abzuhalten, welche in gleicher Weise verliefen und mir viel Ehre durch eine vom Hof bestellte Maschine eintrugen.»

Nachrichten

über das Motorzweirad der Firma HILDEBRAND & WOLFMÜLLER, Motor-Fahrrad-Fabrik München.

Herr **Ed. Burckhardt, Basel,** schreibt unterm 8. Febr.: Es wird Sie gewiss interessiren, zu vernehmen, dass wir heute Versuche mit Bergauffahren mit dem Motorzweirade gemacht haben. Die eine Steigung von mindestens 5% wurde auf hart gefrorenem, trockenem Schneeboden glänzend überwunden, auch wurden Steigungen von 6 und 6½% befahren.

Herr **M. Türkheimer, Mailand,** berichtet unterm 12. Febr.: Wie Ihnen mitgetheilt, war ich am Samstag in Florenz, um dem dortigen Vertreter, Hrn. Giuseppe Alberti, das erste Motorrad zu übergeben und um ihm mit einigen Instruktionen an die Hand zu gehen. Oeffentliche Probefahrten mussten jedoch am genannten Tage, in Folge des anhaltenden Regen- und Schneewetters, abgesagt werden, dagegen führte ich das Motorzweirad in einem Saale von kaum 12 Meter Länge und 8 Meter Breite eingeladenen Autoritäten vor, wobei ich in diesem ganz engen Raum in Gegenwart von circa 100 Personen und zum Erstaunen aller ganz langsam im Schritte fuhr. Einige Herren, die Tags zuvor noch nicht einmal ein Motorrad gesehen hatten, fuhren ebenso leicht und bequem in dem engen Raum, eine Thatsache, die kaum als möglich erschien.

In Florenz machten wir auch Proben bezüglich der Schnelligkeit Ihres Motorzweirades und zwar sowohl auf einer dortigen berühmten Rennbahn mit drei Meter erhöhten Curven, als in den öffentlichen Anlagen und erreichten wir bei diesen Versuchen die Geschwindigkeit von 65 Kilometer per Stunde. Sowohl ich, als Herren, die zum ersten Mal auf dem Motorzweirad sassen, fuhren in diesem Tempo und wurde die Zeit von Anwesenden auf der Rennbahn chronometrisch aufgenommen.

Sobald die italienischen Landstrassen einigermassen bequemes Reisen erlauben, werde ich einige grössere Touren auf dem Motorzweirad machen. Die drei ersten Räder, die ich bisher erhalten habe, sind von den Käufern bereits in regelmässigen Gebrauch genommen und werden dort, wo die Strassen es irgend erlauben, auch stets benutzt. Nur über eines muss ich sehr klagen, dass Sie mir nicht den 20. Theil von dem senden, was ich dringendst an Motorzweirädern nöthig hätte. (2162)

Abb. 75 | Inserat «Hildebrand & Wolfmüller» mit Schreiben von Eduard Burckhardt und Max Türkheimer in «Allgemeine Zeitung (München)» 97 1895 49 vom 18.2.1895; s. a. «Münchener Ratsch-Kathl» 7 1895 15 vom 20.2.1895. Neben Giuseppe Alberti[184] und Giovanni Battista Ceirano werden in den Gerichtsprotokollen von Mailand noch die folgenden Namen von Besitzern oder Interessenten im Zusammenhang mit den Motor-Bicyclettes in Italien genannt: Angelo Scarienzi, Peracchi und Bozzi.

Anscheinend war es gelungen, für diese Schau die beklagten Mängel zu beseitigen, sodass sie erfolgreich verlief und die freudige Botschaft telegrafisch nach München erging – und dort wie gewohnt in ein Werbeinserat umgemünzt wurde (Abb. 74). Knapp einen Monat später veröffentlichten «Hildebrand & Wolfmüller» zwei Lobeshymnen von Eduard Burckhardt und Max Türkheimer im Doppelpack. Unbesehen seiner Klagen über die Qualitätsmängel verkündete der Mailänder Vertreter den Verkauf von drei Exemplaren und bedauerte, dass er angesichts der grossen Nachfrage noch nicht einmal ein Zwanzigstel der von ihm benötigten Anzahl (von 77) erhalten habe (Abb. 75).[183]

Derweil gestaltete sich sowohl in München als auch in Basel der Produktionsanlauf alles andere als reibungslos. Am 28. Januar 1895 fragte Eduard Burckhardt bei der Fahrradfabrik von Heinrich-Wilhelm Schladitz (1844–1903)[185] in Dresden an, ob sie in der Lage wäre, sogenannte Gestelle zu liefern. Der Auftrag solle folgende Teile umfassen: «1. Vollständiger Rahmenbau mit Vordergabel, Vorderrad, Lenkstange, Bremse; 2. Hinterradkugellager incl. der Muttern zum Feststellen, und incl. der Kugeln; 3. das Treibstangenkugellager und mit Treibstange; 4. die Fusstritte, alles in guter, dauerhafter Vernickelung.»[186] Dabei kam heraus, dass «H.W. Schladitz» zu diesem Zeitpunkt bereits 400 derartige Gestelle für «Hildebrand &

Wolfmüller» in München in Arbeit hatte, d.h. auch Letztere bezogen diese elementare Komponente von einem Unterlieferanten. Eduard Burckhardts Versuch, von «H.W. Schladitz» die Gestelle für seine bei der «Maschinenbau-Gesellschaft Basel» bestellte Vorserie von fünf Motor-Bicyclettes zu erhalten, scheiterte an länglichen, brieflichen Diskussionen um Zahlungsbedingungen und fehlende Musterteile.[187] Woher er sie schliesslich bekam, ist nicht nachvollziehbar, aber später lieferten die Dresdner der Basler Produktionsfirma sehr wohl Gestelle im Wert von über 20 000 Franken.[188]

Das Patt zwischen Max Türkheimer und der «Schweizerischen Motorfahrrad-Gesellschaft» war zu diesem Zeitpunkt noch immer nicht aufgelöst. Eduard Burckhardt kannte mittlerweile den Preis, den er für die Beschaffung der Motor-Bicyclettes bei der «Maschinenbau-Gesellschaft Basel» zu bezahlen hatte: 825 Franken, d.h. leicht über dem Preis von 650 Mark bzw. 812.50 in Franken, den «Hildebrand & Wolfmüller» als Händlerpreis gegenüber Max Türkheimer akzeptiert hatten. Damit hätten Eduard und seine Partner in der «Schweizerischen Motorfahrrad-Gesellschaft» aus dem italienischen Geschäft von vorneherein keinen Gewinn machen können. Um die Erwartungen seiner Gesellschafter zu erfüllen, musste Eduard Burckhardt einen deutlich höheren Händlerpreis verlangen.

Max Türkheimer hatte mit seinen aufsehenerregenden Aktionen in Italien ein hohes Interesse geweckt und sein guter Name stand auf dem Spiel, sodass er als Erster einen Weg zum Kompromiss aufzeigte. Anfangs Februar 1895 machte er den Vorschlag, dass die «Schweizerische Motorfahrrad-Gesellschaft» 100 Motorvelos à 812.50 Franken und 46 à 1100 Franken franko Mailand inklusive Zollgebühren ab Basel oder ab München liefern solle. Eduard Burckhardt konterte am 7. Februar 1895 mit dem Angebot, 70 Motorvelos à 812.50 Franken ab Basel oder ab München und 80 à 1100 Franken ab Basel, franko Mailand ohne Zollgebühren zu liefern zwischen März und August 1895.[189] Dabei mussten zu Beginn Motor-Bicyclettes zwangsläufig auch von München aus nach Mailand spediert werden, da mit der «Maschinenbau-Gesellschaft Basel» erst die Fertigung von fünf Motor-Bicyclettes kontrahiert war.

Damit waren die Komplikationen nicht vom Tisch, denn auch «Hildebrand & Wolfmüller» sahen sich weiterhin ausserstande, kurzfristig zu liefern. Sie versprachen eine erste Lieferung von 29 Stück per anfangs Juni![190] Max Türkheimer wandte sich wieder direkt nach München. Obwohl die «Schweizerische Motorfahrrad-Gesellschaft» an einer Lieferung von Motor-Bicyclettes von München nach Mailand keinen Rappen verdienen konnte, suchte Eduard Burckhardt diese Kontakte zu unterbinden und das Monopol in Italien zu verteidigen. Warum er sich nach dem Kauf des italienischen Patents nicht das Recht nahm, den Händlerpreis für Max Türkheimer zu korrigieren, bleibt offen. Möglicherweise war das Teil des Abkommens bezüglich der Übertragung der Patente und bewahrte Heinrich Hildebrand davor, des Vertragsbruchs bezichtigt zu werden. Dabei war anfangs Februar 1895 allen Beteiligten bereits klar geworden, dass die alten Preise keine Geltung mehr haben konnten. Sie hatten alle den Verkaufspreis auf 1200 Mark, resp. 1500 Franken oder Lire pro Motor-Bicyclette erhöht (Tabelle 2).

Zwischen Max Türkheimer und Eduard Burckhardt entwickelte sich daraus ein längeres Geschachere. Der Streit ging so weit, dass Eduard Burckhardt am 27. Februar 1895 entnervt nach Mailand schrieb, dass sich Max Türkheimer aus dem Geschäft mit den Motor-Bicyclettes zurückziehen solle. Dieser störte sich anderseits daran, dass die «Schweizerische Motorfahrrad-Gesellschaft» die Lieferbedingungen aus der ersten Vereinbarung mit «Hildebrand & Wolfmüller» nicht eindeutig anerkannte, sondern nur ihren Empfang bestätigte.[191] Eduard Burckhardt scheute offensichtlich die formelle Übernahme der Verantwortung für die Einhaltung der Liefermengen und -fristen sowie der Qualitätsvorgaben für die Motor-Bicyclettes aus der Produktion in München.[192]

Nach weiterem Hin und Her fanden die Parteien eine Lösung, die der Form nach Burckhardts Angebot vom 7. Februar entsprach und in der Rückschau höchst abenteuerlich erscheint: Man einigte sich auf quasi eine Verdoppelung der Bestellmenge, nämlich 150 Motor-Bicyclettes, davon 70 Maschinen à 812.50 Franken und 80 à 1100 Franken, zu liefern zwischen März und August 1895![193] Dabei sollten spätestens Ende Juli Fahrzeuge aus Basel in Mailand eintreffen. Zusätzliche Bedingung war, dass die 70 Motor-Bicyclettes zum Preis von 650 Mark (812.50 Franken) vor den 80 zum Preis von 1100 Franken in Mailand eintreffen mussten. Gleichzeitig erteilte Eduard Burckhardt der «Hildebrand & Wolfmüller» die Freigabe für die Lieferung einer Motor-Bicyclette (die Bestellnummer 244), die er wegen der ungeklärten Vertragssituation gestoppt hatte. Parallel dazu bestätigte er, dass er den Auftrag für die Produktion der 80 von der «Schweizerischen Motorfahrrad-Gesellschaft» zu liefernden Motor-Bicyclettes ausgelöst habe. Eduard Burckhardt bestellte bei «Hildebrand & Wolfmüller» die kurzfristig benötigten Exemplare und verkündete: «Ora si è raggiunto l'accordo!» [Jetzt wurde eine Einigung erzielt.][194] Das war im März 1895.[195]

Damit hatte Eduard Burckhardt einmal mehr ein verhandlungstechnisches Meisterstück geliefert: Er hatte den Anteil der «Schweizerischen Motorfahrrad-Gesellschaft» auf 80 Motor-Bicyclettes zum angestrebten Preis, d.h. 1100 Franken franko Mailand ohne Zoll, erhöht und die verlustbringenden 70 à 650 Mark «Hildebrand & Wolfmüller» angehängt. Formal konnte er das Monopol in Italien trotzdem halten.

Die Gestaltung der Preise für die Motor-Bicyclettes von «Hildebrand & Wolfmüller»

Hildebrand & Wolfmüller» boten ihren Kunden ihre Motor-Bicyclettes im Sommer 1894 für 850 Mark an. Daraus abgeleitet ergab sich ein Händlerpreis von 650 Mark, den Max Türkheimer für seine Bestellung über 77 Motor-Bicyclettes aushandeln konnte.

Es war wohl Thomas Pullinger von «Duncan, Suberbie & Cie», der als Erster diese Preise als zu tief bewertete und für seine Firma 1500 Francs, entsprechend 1200 Mark, als Verkaufspreis verlangte. Diesem Beispiel folgten «Hildebrand & Wolfmüller» und die «Schweizerische Motorfahrrad-Gesellschaft».

Für die «Schweizerische Motorfahrrad-Gesellschaft» erwies sich ein Preis für die Lieferungen an Max Türkheimer von 650 Mark, resp. 812.50 Franken, als nicht auskömmlich, denn der Hersteller der Motor-Bicyclettes, die «Maschinenbau-Gesellschaft Basel», verlangte 825 Franken pro Stück. Eduard Burckhardt versuchte deshalb, gegenüber Max Türkheimer einen Händlerpreis von 1100 Franken inklusive Fracht nach Mailand (oder 1062.50 Franken plus Fracht) durchzusetzen.

Auch «Hildebrand & Wolfmüller» schienen diesem Muster zu folgen. Man kann vermuten, dass sie den Preis von 850 Mark für ihre Vertreter konstant hielten, dagegen den Verkaufspreis erhöhten.

Im Sinne einer Hypothese ergeben sich aus den überlieferten Daten zwei Preisstandards für die Motor-Bicyclettes: einer gültig ab Sommer 1894 und ein zweiter gültig ab Anfang 1895. Aufgrund der vielen Bestellungen zum alten Preis im Jahr 1894 ist allerdings fraglich, wie relevant diese Preiserhöhung für den Geldfluss 1895 der Münchner tatsächlich war.

Tabelle 2 | Die Preisentwicklung der Motor-Bicyclettes von «Hildebrand & Wolfmüller».

Datum	Akteur	Händlerpreis		Verkaufspreis	
		Mark	Franken /Francs/Lire	Mark	Franken /Francs/Lire
30.06.1894	«Hildebrand & Wolfmüller»			850.–	
31.07.1894	Eduard Burckhardt				1062.50
Herbst 1894	«Hildebrand & Wolfmüller»	650.–			
03.11.1894	Eduard Burckhardt				1250.–
27.12.1894	«Duncan, Suberbie & Cie»				1500.–
01.01.1895	«Hildebrand & Wolfmüller»			1200.–	
29.01.1895	«Schweizerische Motorfahrrad-Gesellschaft»				1500.–
07.02.1895	«Schweizerische Motorfahrrad-Gesellschaft» für Max Türkheimer, franko Mailand		1100.–		
Preisstandards ab Werk aller drei Hersteller:					
Ab Sommer 1894		650.–	812.50	850.–	1062.50
Ab Anfang 1895		850.–	1062.50	1200.–	1500.–

Quellen/Anmerkungen:

30.06.1894 Erstes Inserat von «Hildebrand & Wolfmüller», s. Abb. 46. Preis ab München.

31.07.1894 Bericht aus München von Eduard Burckhardt in NZ 34 1894 176 Zweites Blatt vom 31.7.1894. Preis ab München. Er nannte dort einen Preis von 1065, der dem Preis von 850 Mark: 850 × 1.25 = 1062.50 ≈ 1065.–. Hier wurde die genaue Umrechnung verwendet, s. Édouard Bruel in «Le Vélo» 3 1894 693 vom 24.10.1894.

Herbst 1894 Preis von «Hildebrand & Wolfmüller» für die Lieferung von 77 Motor-Bicyclettes an Max Türkheimer ab München; s. ASMi, C.A. sent. civ. 497/1896, 20.

03.11.1894 Information von Eduard Burckhardt anlässlich der Demonstrationsfahrt in Basel, s. NZ 34 1894 259 vom 4.11.1894; s.a. BN 50 1894 299 vom 3.11.1894. Wahrscheinlich gerechnet franko Basel inklusive Zoll.

27.12.1894 Erstes Inserat von «Duncan, Suberbie & Cie», s. Abb. 53. Preis ab Croissy-sur-Seine.

01.01.1895 Mitteilung von «Hildebrand & Wolfmüller», s. Abb. 54; erstes Inserat mit dem neuen Preis, s. Abb. 65. Preis ab München.

29.01.1895 Erstes Inserat der «Ed. Burckhardt», s. Abb. 72. Preis ab Basel.

07.02.1895 Preis der «Ed. Burckhardt» für die Lieferung von 80 Motor-Bicyclettes an Max Türkheimer, ab Basel, franko Mailand (ohne Zoll). Der Preis ab Basel entsprach wahrscheinlich 1062.50 Franken, s. ASMi, C.A. sent. civ. 497/1896, 12–13.

Eduard Burckhardt musste sich nun angesichts der wachsenden Beanspruchung und Arbeitslast durch das Motor-Bicyclette-Geschäft besser organisieren und umgab sich mit Mitarbeitern, die ihn bei seinen weiterhin sehr diversen Tätigkeiten unterstützen konnten. Für die Überwachung des Produktionsfortschritts in der Werkstatt der «Maschinenbau-Gesellschaft Basel» setzte er seine technische Hilfskraft Lorenz Popp ein, den er für die Vorführungen und die Betreuung der «Hildebrand & Wolfmüller» angeworben hatte. Der erst Zwanzigjährige schien das volle Vertrauen seines Chefs genossen zu haben.[196] Er war in Bayreuth als drittes von fünf Kindern eines Zuckersieders und Viktualienhändlers geboren und dürfte Schlosser gelernt haben. Ab 18. Mai 1892 in München wohnhaft, war er wohl im Frühling 1894 bei «Hildebrand & Wolfmüller» beschäftigt. Seine von ihm verwendete Berufsbezeichnung «Monteur» deutet darauf hin, dass man ihn im Zusammenbau und zum Einfahren der Motor-Bicyclettes einsetzte.[197] Nach eigenen Angaben hielt er sich ab 1894 in der Schweiz auf, meldete sich am 11. Februar 1895 bei der Einwohnerkontrolle in München definitiv ab und trat in die Dienste von Eduard Burckhardt.[198] Er integrierte sich rasch in die Basler Velocipedisten-Szene, indem er wie Carl Schlotterbeck dem «Cyclist's Club Basel» beitrat und sich zwischen Mitte 1895 und Ende 1896 als vielversprechender Velo-Rennfahrer profilierte.[199]

Zu Eduards Entlastung und zur Professionalisierung seiner Geschäftstätigkeit kamen einige Angestellte hinzu, die punktuell namentlich bekannt sind.[200] Emanuel Bernoulli (1865–1925)[201] fungierte ca. 1896–1898 als Kassier und Buchhalter; ein Commis Emil Benoit,[202] Mitglied des «Bicycle-Club Basel», wohnte zeitweise bei ihm an der Austrasse 85. Zur Verstärkung im Kernbereich Versicherungen holte Eduard Burckhardt per 1. März 1895 einen seiner erfahrensten Agenten, Adolf Schmidt-Lanz[203] aus Aarau nach Basel. Dieser war «langjähriger Bekannter und Freund» von Eduard Burckhardt, denn er fungierte ab 1887 als «Inspecteur» bei «La Providence», für die Eduard zuletzt in Belgien gearbeitet hatte, und betreute seit Ende 1893 das kantonale Rechtsdomizil im Kanton Aargau der «Oberrheinischen Versicherungs-Gesellschaft», sowie ab Mitte 1894 der «Star Lebensversicherungen».[204] Das offizielle Schreiben der «Ed. Burckhardt» mit der Ankündigung des personellen Wechsels hat sich im «Schweizerischen Wirtschaftsarchiv» erhalten (Abb. 76).[205]

Diese Ernennung war auch nötig. Die «Ed. Burckhardt» hatte bei den französischen Versicherungen mit

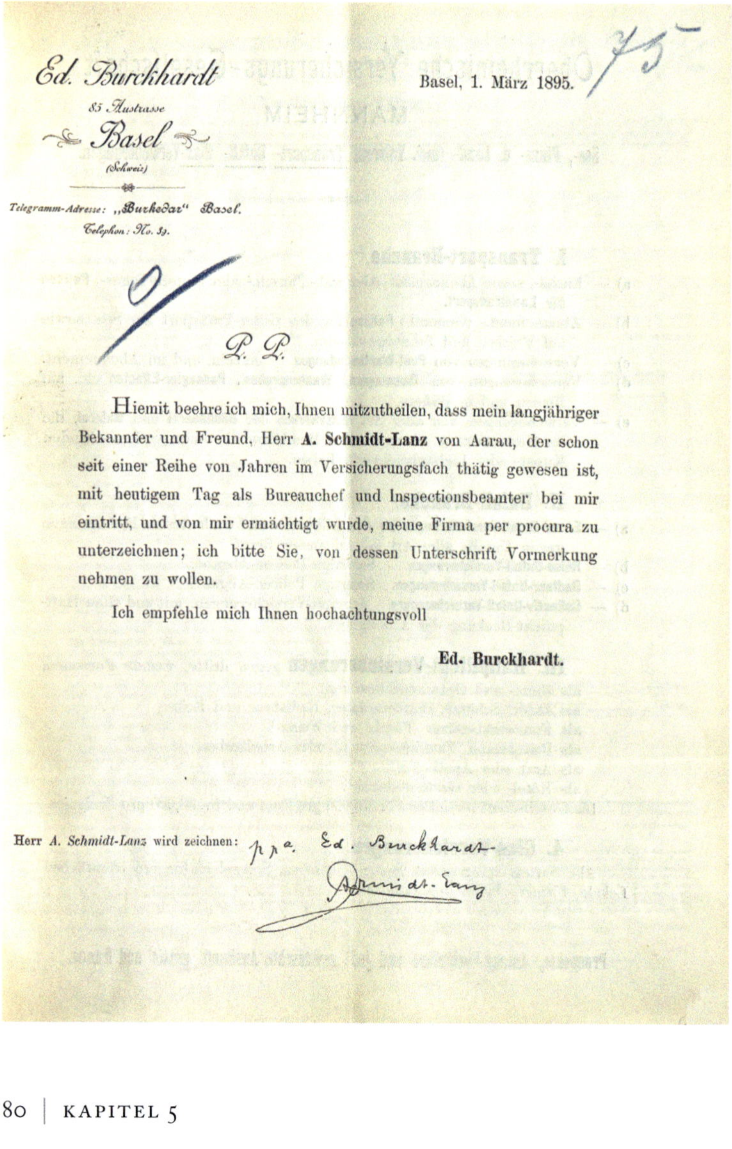

Ed. Burckhardt
85 Austrasse
Basel
(Schweiz)

Telegramm-Adresse: „Burkedar" Basel.
Telephon: No. 39.

Basel, 1. März 1895.

75

P. P.

Hiemit beehre ich mich, Ihnen mitzutheilen, dass mein langjähriger Bekannter und Freund, Herr **A. Schmidt-Lanz** von Aarau, der schon seit einer Reihe von Jahren im Versicherungsfach thätig gewesen ist, mit heutigem Tag als Bureauchef und Inspectionsbeamter bei mir eintritt, und von mir ermächtigt wurde, meine Firma per procura zu unterzeichnen; ich bitte Sie, von dessen Unterschrift Vormerkung nehmen zu wollen.

Ich empfehle mich Ihnen hochachtungsvoll

Ed. Burckhardt.

Herr *A. Schmidt-Lanz* wird zeichnen: ppa. Ed. Burckhardt
Schmidt-Lanz

Abb. 76 | Schreiben der «Ed. Burckhardt» zum Stellenantritt von Adolf Schmidt-Lanz 1895 als «Bureauchef und Inspectionsbeamter».

einem schweizweiten Netz von 19 Rechtsdomizilen der Lebensversicherung «L'Union» und deren 13 der Unfallversicherung «L'Urbaine et la Seine» aufgehört, d.h. sie hatte diese im Wesentlichen über die ganze Zeit nur verwaltet (Tabelle 1). Dagegen bestand sowohl bei der «Oberrheinischen Versicherungs-Gesellschaft» als auch bei den «Star Lebensversicherungen» Ende 1894 ein erhebliches Expansionspotential, denn im Sommer 1894 bestanden erst zehn kantonale Rechtsdomizile (Tabelle 6).

Zur Verstärkung übernahm Ernst Stähelin mit seiner Firma «Ernst Staehelin & Cie» ab April 1895 auch die General-Agentur in Basel für die «Star Lebensversicherungen». Von da an begann die «Ed. Burckhardt» Inserate für die «Star Lebensversicherungen» zu schalten, die konkrete Produkte bewarben. Im Zentrum stand das «Star-Bonus-System», das den Versicherten jeweils über fünfjährige Bonus-Perioden eine Beteiligung von 90 Prozent am Gewinn versprach. Eine Police im Betrag von 10 000 Franken versichertes Kapital erhöhte sich dank dem Bonus allein um rund 1,5 Prozent pro Jahr, d.h. über 30 Jahre auf 15 455 Franken (Abb. 77).[206]

In einer weiteren, sehr ausführlichen Inserateserie stellte die «Ed. Burckhardt» die verschiedenen Produktvarianten vor: «Versicherungen auf Ableben» (Todesfall-Versicherungen) oder «gemischte Versicherungen» (Lebensversicherungen) (Abb. 78).[207] Eduard Burckhardt teilte also den Geschäftskreis seiner Firma und richtete sich so ein, dass er im Versicherungsgeschäft als Direktor agierte und das Tagesgeschäft von Adolf Schmidt-Lanz sowie seinen Agenten erledigen liess. Die zweite Sparte, diejenige der Motor-Bicyclettes, erforderte nun seine volle Aufmerksamkeit. Deren Leitung konnte er als Bevollmächtigter der «Schweizerischen Motorfahrrad-Gesellschaft» nicht delegieren.

Am 20. März 1895 informierte Eduard Burckhardt Max Türkheimer, dass die Gesellschafter der «Schweizerischen Motorfahrrad-Gesellschaft» der getroffenen Vereinbarung zugestimmt hätten. Als Anzahlung wurden zwei Wechsel über 4000 Lire resp. Franken von Basel nach Mailand geschickt und von Max Türkheimer gegengezeichnet zurückgeschickt, insgesamt 8000 Lire oder Franken.[208]

Umgehend leitete Eduard Burckhardt eine Bestellung der benötigten Motor-Bicyclettes ein. Nach Klä-

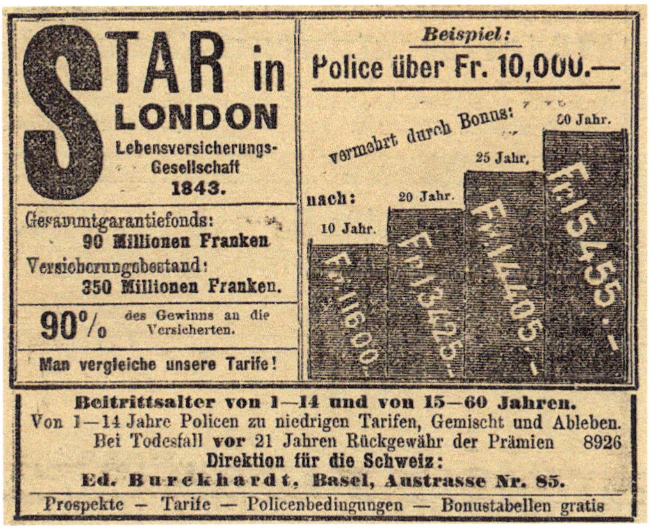

oben: Abb. 77 | Inserat «Star Lebensversicherungen», erstmals in BN 51 1895 71 vom 14.3.1895.
Beworben wird das «Star Bonus-System», alternierend mit Inserat Abb. 40, mit Hinweis auf die «Ernst Staehelin & Co» als Basler General-Agent auch für die «Star Lebensversicherungen».

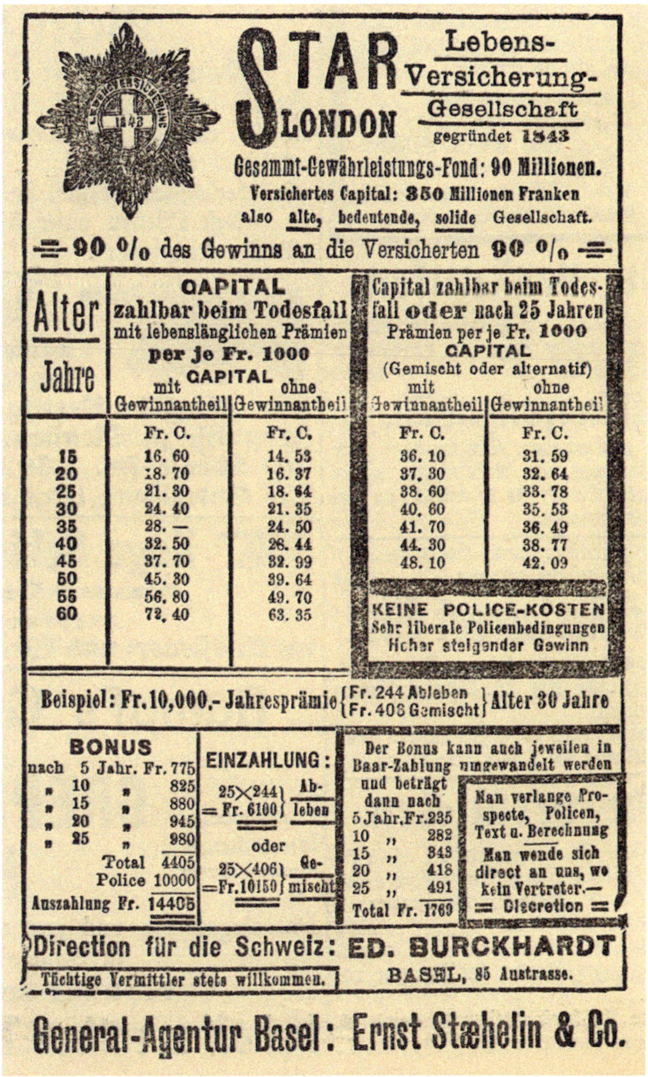

Alter Jahre	Capital zahlbar beim Todesfall mit lebenslänglichen Prämien per je Fr. 1000 Capital mit Gewinnantheil	ohne Gewinnantheil	Capital zahlbar beim Todesfall oder nach 25 Jahren Prämien per je Fr. 1000 Capital (Gemischt oder alternatif) mit Gewinnantheil	ohne Gewinnantheil
	Fr. C.	Fr. C.	Fr. C.	Fr. C.
15	16. 60	14. 53	36. 10	31. 59
20	18. 70	16. 37	37. 30	32. 64
25	21. 30	18. 64	38. 60	33. 78
30	24. 40	21. 35	40. 60	35. 53
35	28. —	24. 50	41. 70	36. 49
40	32. 50	26. 44	44. 30	38. 77
45	37. 70	32. 99	48. 10	42. 09
50	45. 30	39. 64		
55	56. 80	49. 70		
60	72. 40	63. 35		

rechts: Abb. 78 | Inserat «Star Lebensversicherungen», erstmals in BN 51 1895 30 Beilage vom 31.1.1895.
Als alternative Produkte bot Star «Versicherungen auf Ableben» (Todesfall-Versicherungen) oder «gemischte Versicherungen» (Lebensversicherungen) mit und ohne Teilnahme am Bonus-System an. Demnach bezahlte ein 30-Jähriger für eine Police pro 1000 Franken, zahlbar beim Todesfall, mit Gewinnbeteiligung pro Jahr eine Prämie von 24.40 Franken. Für eine Police pro 1000 Franken versichertes Kapital, zahlbar an den Versicherten nach 25 Jahren oder sofort bei früherem Ableben, betrug die Prämie pro Jahr mit Gewinnbeteiligung 40.60 Franken. Ein Verzicht auf die Gewinnbeteiligung reduzierte die beiden Prämien um 12,5 Prozent.

rung der Zahlungsbedingungen orderte die «Schweizerische Motorfahrrad-Gesellschaft» vorab am 21. März 1895 bei «H. W. Schladitz» 100 Gestelle à 185 Mark resp. 231.25 Franken, zu liefern bis Ende April 1895.[209] Am Tag darauf, dem 22. März 1895, erteilte sie der «Maschinenbau-Gesellschaft Basel» formell den Auftrag über die Herstellung von 100 Motor-Bicyclettes:[210]

«Basel, den 22. März 1895

Tit. Maschinenbau-Gesellschaft

Basel

Wir beehren uns, Ihnen den Empfang Ihrer Offerten vom 19. Dieß anzuzeigen, womit Sie uns Bestätigung erteilen über den Ihnen erteilten Auftrag auf 100 Stück Motor-Fahrräder – System Hildebrand & Wolfmüller, und den Ihnen gelieferten Zeichnungen – modellen, zum vereinbarten Preis von fs. 825.– per Stück, lackiert, vernickelt und complet ausgerüstet mit Sattel, Tasche und Werkzeug (Schrauben, engl. Schlüssel, Luftpumpe und Oelkännchen) – die Räder mit den speziell hiefür verfertigten ‹Veith's› Motor-Pneumatic-Gummireifen versehen.

Es ist übereingekommen, daß wir Ihnen von der Firma H. W. Schladitz in Dresden liefern lassen, loco Basel, jedoch Fracht und Zoll zu Ihren Lasten, die passenden Gestelle inclusive, Vorderrad mit Lenkstange, Bremse und Regulierung; die Kugellager zum Hinterrad, die Triebstangen nebst Kugellager und Kugeln, Sattelstützen und Fußtritte nebst guter Verniklung der entsprechenden Teile, wofür wir an Ihrer factura Mk. 185.– resp. fs. 231.25 per Stück in Abzug bringen.

Die Gestelle werden successive bis Ende April abgeliefert werden, und haben Sie schon jetzt sofort die Fertigstellung der Fahrräder beförderlichst in die Hand zu nehmen, resp. die Fabrikation derjenigen Maschinenteile, welche Sie anfertigen. Unter dem Vorbehalt der rechtzeitigen Ablieferung der Gestelle etc., welche uns successive bis laufs Mai garantiert ist, verpflichten Sie sich, Ihrerseits bis allerspätestens Ende Juni, jedoch schon zum guten Teil bis Ende Mai und Ende Juni, sämmtliche 100 Stück abgeliefert zu haben.

Sie garantieren uns richtige, gute und solide Ausführung, und nehmen wir gerne von Ihrem Versprechen Anmerkung, daß Sie alles aufbieten werden, damit wir mit den von Ihnen gelieferten Fahrrädern völlig befriedigt sein werden.

Selbstverständlich sind Sie haftbar für eventuelle Material- oder Construktionsfehler und steht uns das Recht zu, die Maschinen bei der Ablieferung zu prüfen, bevor wir solche in Empfang nehmen. Sie wollen uns also jeweilen benachrichtigen, sobald eine Partie Maschinen fertig ist, und nach stattgehabter Prüfung sind dieselben dann versandbereit zu unserer Verfügung zu halten.

Als erste Anzahlung werden wir Ihnen bei Erhalt Ihrer Empfangsanzeige und Einverständnis mit gegenwärtigem Schreiben übermachen: fs. 23000.– per 20. Juli aus Genf – und ist der Rest Ihrer Lieferungen zahlbar successive jeweilen 14 Tage nach Ablieferung und pro rata der von uns richtig befundenen und in Empfang genommenen Motor-Fahrräder, ebenfalls in 3 Monate-Accepten.

Wir erinnern Sie auch noch an das uns mündlich gegebene Versprechen uns einen eventuellen weiteren Auftrag auf eine zweite Serie – Motor-Fahrräder einen billigeren Preis zu stellen, insofern die Erfahrungen und Calculationen, die Sie nun bei der Erstellung der ersten Serie zu machen Gelegenheit haben, Ihnen solches ermöglicht.

Ferner erinnern wir Sie ergebenst an die uns früher schon mündlich gegebenen Zusage, daß Sie die jetzt in Arbeit genommenen 5 Stück nun ebenfalls zum gleichen Preise liefern werden, wie diejenigen einer grösseren in Auftrag gegebenen Partie.»

Noch am gleichen Tag schrieb Eduard Burckhardt dem Gesellschafter und Mitglied der geschäftsführenden Kommission, Jakob Ringger: «Mitfolgend Copie [des Vertrags] wollen Sie gefl. durchlesen und mir retournieren. Mit Italien ist also ein erstes Geschäft abgeschlossen […]»[211]

Die «Maschinenbau-Gesellschaft Basel» stellte somit den Motor her, besorgte die Hinterräder und die Reifen sowie die Accessoires. Ihr oblag sodann die Montage der Motor-Bicyclettes. Der Wert des bei ihr intern verbliebenen Auftrags ohne die Zulieferteile betrug 51 250 Franken (Tabelle 3).

Auch bei «Hildebrand & Wolfmüller» schien es vorwärts zu gehen; die im März an Max Türkheimer geschickte Bestellnummer 244 war ein gutes Omen.[212] Zwar veröffentlichte die Münchner Firma seit Anfang des Jahres keine Produktionszahlen mehr, doch erfuhren die Leserinnen und Leser der Tageszeitungen, dass die Kapazität laufend hochgefahren wurde.

Tabelle 3: Wert des Auftrags der «Schweizerischen Motorfahrrad-Gesellschaft» an die «Maschinenbau-Gesellschaft Basel» vom 22. März 1895
Umfang: Herstellung von 100 Motor-Bicyclettes System «Hildebrand & Wolfmüller».[213]

Brutto-Auftragswert		**100 Motor-Bicyclettes**	**à 825.– Franken**	**82 500.– Franken**
	./.	100 Gestelle	à 231.25 Franken	23 125.– Franken
	./.	100 Pneumatics mit Pumpe und Reparaturkästchen	à 70.– Franken	7 000.– Franken
	./.	100 Sattel und Taschen	à 9.25 Franken	925.– Franken
	./.	100 Ölkännchen, Schlüssel und Schrauben	à 2.– Franken	200.– Franken
Netto-Auftragswert «Maschinenbau-Gesellschaft Basel»				**51 250.– Franken**

Nachrichten über das Motor-Zweirad
der Firma
Hildebrand & Wolfmüller,
Motor-Fahrrad-Fabrik München.

Telegramm.

Dresden, den 11. März 1895, 7 Uhr Nachm.

Vorführung des Motorrades am gestrigen und heutigen Tage vor gewähltem und sehr zahlreichem Publikum glänzend und allseitig zufriedenstellend ausgefallen. Funktionirung vorzüglich.

H. W. Schladitz, Fahrradfabrik Dresden.

Hildebrand & Wolfmüller,
Motor-Fahrrad-Fabrik München.
Comptoir: Colosseumstrasse Nr. 1/I. — Telephon Nr. 3356.
Fabriklokalitäten: Colosseumstrasse, Müllerstrasse, Baumstrasse, Zenettistrasse, Heustrasse. (2787)

Fünfhundert Arbeiter.

NB. Von dem Comité der III. Dresdener Fahrrad-Ausstellung wurde ein Motor-Zweirad obiger Firma zur Verloosung als erster Preis angekauft.

Abb. 79 | «Nachrichten über das Motor-Zweirad der Firma Hildebrand & Wolfmüller» in «Allgemeine Zeitung (München)» 97 1895 111 Morgenblatt vom 11.4.1895. Neben einer erfolgreichen Demonstration der Motor-Bicyclette durch «H.W. Schladitz» in Dresden meldeten «Hildebrand & Wolfmüller», dass man in fünf Fabriklokalitäten 500 Arbeiter beschäftigte; s.a. «Münchener Ratsch-Kathl» 7 1895 22 vom 16.3.1895; «Münchner Neueste Nachrichten» 48 1895 154 Vorabend-Blatt vom 3.4.1895.

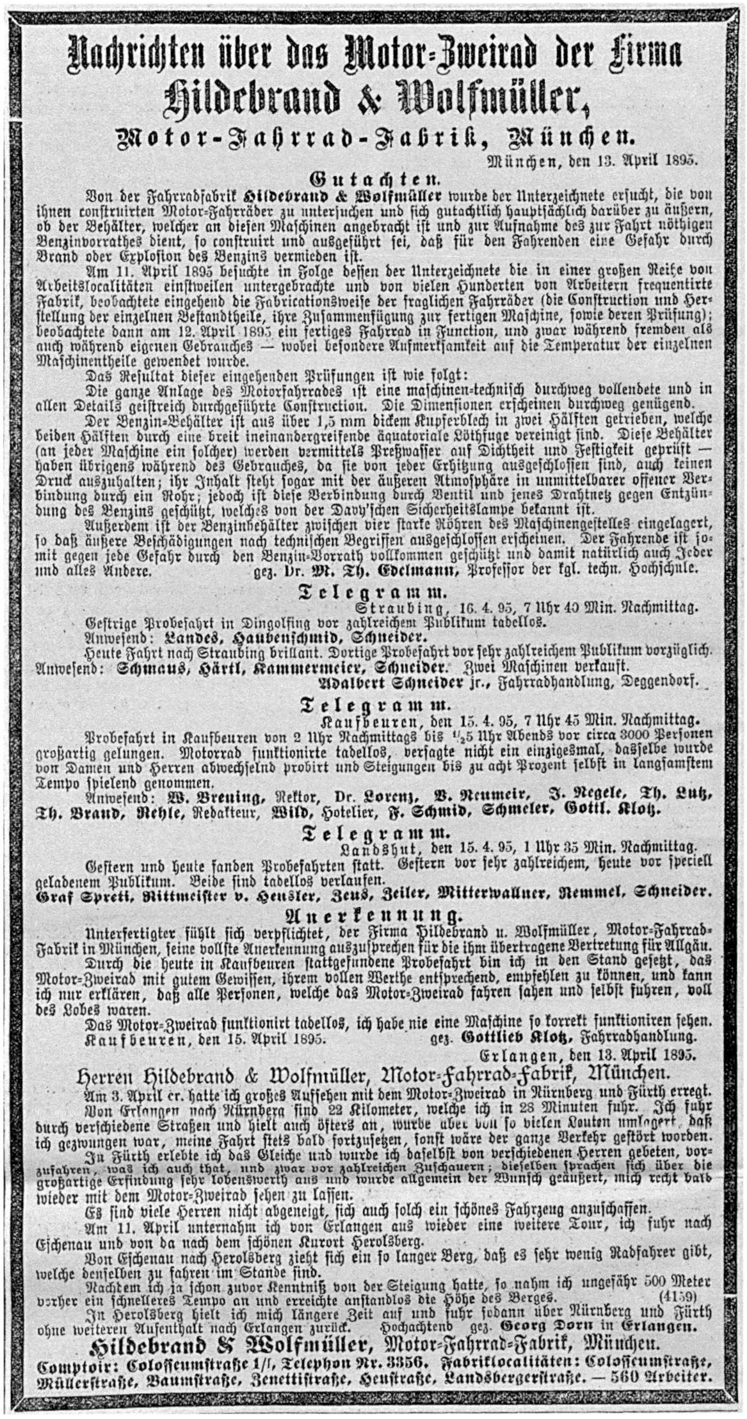

Nachrichten über das Motor-Zweirad der Firma
Hildebrand & Wolfmüller,
Motor-Fahrrad-Fabrik, München.

München, den 13. April 1895.

Gutachten.

Von der Fahrradfabrik **Hildebrand & Wolfmüller** wurde der Unterzeichnete ersucht, die von ihnen construirten Motor-Fahrräder zu untersuchen und sich gutachtlich hauptsächlich darüber zu äußern, ob der Behälter, welcher an diesen Maschinen angebracht ist und zur Aufnahme des zur Fahrt nöthigen Benzinvorrathes dient, so construirt und ausgeführt sei, daß für den Fahrenden eine Gefahr durch Brand oder Explosion des Benzins vermieden ist.

Am 11. April 1895 besuchte in Folge dessen der Unterzeichnete die in einer großen Reihe von Arbeitslocalitäten einstweilen untergebrachte und von vielen Hunderten von Arbeitern frequentirte Fabrik, beobachtete eingehend die Fabricationsweise der fraglichen Fahrräder (die Construction und Herstellung der einzelnen Bestandtheile, ihre Zusammenfügung zur fertigen Maschine, sowie deren Prüfung); beobachtete dann am 12. April 1895 ein fertiges Fahrrad in Function, und zwar während fremden als auch während eigenen Gebrauches — wobei besondere Aufmerksamkeit auf die Temperatur der einzelnen Maschinentheile gewendet wurde.

Das Resultat dieser eingehenden Prüfungen ist wie folgt:

Die ganze Anlage des Motorfahrrades ist eine maschinen-technisch durchweg vollendete und in allen Details geistreich durchgeführte Construction. Die Dimensionen erscheinen durchweg genügend.

Der Benzin-Behälter ist aus über 1,5 mm dickem Kupferblech in zwei Hälften getrieben, welche beiden Hälften durch eine breit ineinandergreifende äquatoriale Löthfuge vereinigt sind. Diese Behälter (an jeder Maschine ein solcher) werden vermittels Preßwasser auf Dichtheit und Festigkeit geprüft — haben übrigens während des Gebrauches, da sie von jeder Erhitzung ausgeschlossen sind, auch keinen Druck auszuhalten; ihr Inhalt steht sogar mit der äußeren Atmosphäre in unmittelbarer offener Verbindung durch ein Rohr; jedoch ist diese Verbindung durch Ventil und jenes Drahtnetz gegen Entzündung des Benzins geschützt, welches von der Davy'schen Sicherheitslampe bekannt ist.

Außerdem ist der Benzinbehälter zwischen vier starke Röhren des Maschinengestelles eingelagert, so daß äußere Beschädigungen nach technischen Begriffen ausgeschlossen erscheinen. Der Fahrende ist somit gegen jede Gefahr durch den Benzin-Vorrath vollkommen geschützt und damit natürlich auch Jeder und alles Andere. gez. Dr. **M. Th. Edelmann,** Professor der kgl. techn. Hochschule.

Telegramm.

Straubing, 16. 4. 95, 7 Uhr 40 Min. Nachmittag.

Gestrige Probefahrt in Dingolfing vor zahlreichem Publikum tadellos.

Anwesend: **Landes, Haubenschmid, Schneider.**

Heute Fahrt nach Straubing brillant. Dortige Probefahrt vor sehr zahlreichem Publikum vorzüglich. Anwesend: **Schmaus, Härtl, Kammermeier, Schneider.** Zwei Maschinen verkauft.

Adalbert Schneider jr., Fahrradhandlung, Deggendorf.

Telegramm.

Kaufbeuren, den 15. 4. 95, 7 Uhr 45 Min. Nachmittag.

Probefahrt in Kaufbeuren von 2 Uhr Nachmittags bis 1/2 5 Uhr Abends vor circa 3000 Personen großartig gelungen. Motorrad funktionirte tadellos, versagte nicht ein einzigesmal, dasselbe wurde von Damen und Herren abwechselnd probirt und Steigungen bis zu acht Prozent selbst in langsamstem Tempo spielend genommen.

Anwesend: **W. Breuning,** Rektor, Dr. **Lorenz, B. Neumeir, J. Negele, Th. Lutz, Th. Brand, Rehle,** Redakteur, **Wild,** Hotelier, **F. Schmid, Schmeler, Gottl. Klotz.**

Telegramm.

Landshut, den 15. 4. 95, 1 Uhr 35 Min. Nachmittag.

Gestern und heute fanden Probefahrten statt. Gestern vor sehr zahlreichem, heute vor speciell geladenem Publikum. Beide sind tadellos verlaufen.

Graf Spreti, Rittmeister v. Heusler, Zeus, Zeiler, Mitterwallner, Remmel, Schneider.

Anerkennung.

Unterfertigter fühlt sich verpflichtet, der Firma Hildebrand u. Wolfmüller, Motor-Fahrrad-Fabrik in München, seine vollste Anerkennung auszusprechen für die ihm übertragene Vertretung für Allgäu.

Durch die heute in Kaufbeuren stattgefundene Probefahrt bin ich in den Stand gesetzt, das Motor-Zweirad mit gutem Gewissen, ihrem vollen Werthe entsprechend, empfehlen zu können, und kann ich nur erklären, daß alle Personen, welche das Motor-Zweirad fahren sahen und selbst fuhren, voll des Lobes waren.

Das Motor-Zweirad funktionirt tadellos, ich habe nie eine Maschine so korrekt funktioniren sehen.

Kaufbeuren, den 15. April 1895. gez. **Gottlieb Klotz,** Fahrradhandlung.

Erlangen, den 13. April 1895.

Herren Hildebrand & Wolfmüller, Motor-Fahrrad-Fabrik, München.

Am 3. April cr. hatte ich großes Aufsehen mit dem Motor-Zweirad in Nürnberg und Fürth erregt.

Von Erlangen nach Nürnberg sind 22 Kilometer, welche ich in 28 Minuten fuhr. Ich fuhr durch verschiedene Straßen und hielt auch öfters an, wurde aber von so vielen Leuten umlagert, daß ich gezwungen war, meine Fahrt stets bald fortzusetzen, sonst wäre der ganze Verkehr gestört worden.

In Fürth erlebte ich das Gleiche und wurde ich daselbst von verschiedenen Herren gebeten, vorzufahren, was ich auch that, und zwar vor zahlreichen Zuschauern; dieselben sprachen sich über die großartige Erfindung sehr lobenswerth aus und wurde allgemein der Wunsch geäußert, mich recht bald wieder mit dem Motor-Zweirad sehen zu lassen.

Es sind viele Herren nicht abgeneigt, sich auch solch ein schönes Fahrzeug anzuschaffen.

Am 11. April unternahm ich von Erlangen aus wieder eine weitere Tour, ich fuhr nach Eschenau und von da nach dem schönen Kurort Herolsberg.

Von Eschenau nach Herolsberg zieht sich ein so langer Berg, daß es sehr wenig Radfahrer gibt, welche denselben zu fahren im Stande sind.

Nachdem ich ja schon zuvor Kenntniß von der Steigung hatte, so nahm ich ungefähr 500 Meter vorher ein schnelleres Tempo an und erreichte anstandlos die Höhe des Berges. (4159)

In Herolsberg hielt ich mich längere Zeit auf und fuhr sodann über Nürnberg und Fürth ohne weiteren Aufenthalt nach Erlangen zurück. Hochachtend gez. **Georg Dorn in Erlangen.**

Hildebrand & Wolfmüller, Motor-Fahrrad-Fabrik, München.
Comptoir: Colosseumstraße 1/I, Telephon Nr. 3356. Fabriklocalitäten: Colosseumstraße, Müllerstraße, Baumstraße, Zenettistraße, Heustraße, Landsbergerstraße. — 560 Arbeiter.

Abb. 80 | «Nachrichten über das Motor-Zweirad der Firma Hildebrand & Wolfmüller» in «Allgemeine Zeitung (München)» 97 1895 107 Morgenblatt vom 18.4.1895. Mit Gutachten von Professor Dr. M.Th. Edelmann, der bescheinigte: «Die ganze Anlage des Motorfahrrades ist eine maschinen-technisch durchweg vollendete und in allen Details geistreich durchgeführte Konstruktion». Nunmehr beschäftigte die Firma in sechs Fabriklokalitäten 560 Arbeiter; s.a. «Münchener Ratsch-Kathl» 7 1895 32 vom 20.4.1895.

In den fünf Fabriklokalitäten arbeiteten Mitte März 1895 500 Beschäftigte (Abb. 79). Ausserdem besetzte man an den verschiedenen Standorten zum Teil weitere Räumlichkeiten, so an der Colosseumstrasse, wo man auch das zweite Geschoss nutzte (Abb. 81). Ab April 1895 kam an der Landsbergerstrasse eine weitere Werkstätte hinzu,[214] und Mitte April 1895 meldete man 560 Beschäftigte (Abb. 80).

In seinen Erinnerungen berichtete Alois Wolfmüller, dass «Hildebrand & Wolfmüller» im Frühling 1895 850 Mitarbeiter zählten.[215] Tatsächlich bezogen die Münchner viele Komponenten von Zulieferern, namentlich die Gestelle von «H.W. Schladitz» sowie sämtliche Gussteile, was sich aus dem Fehlen gusstechnischer Einrichtungen in der publizierten Zusammenstellung der Werkzeuge und Maschinen Anfang 1896 erschliesst (Abb. 81). Wohlwollend interpretiert könnte daher die hohe, in Hildebrand'scher Manier gut gerundete Summe alle direkt und indirekt Beschäftigten zum angegebenen Zeitpunkt wiedergegeben haben.

Offensichtlich vergrösserte sich die Komplexität der Organisation in München ständig. Zwar gelang es «Hildebrand & Wolfmüller», die vielen Standorte im Westen der Stadt um die Zentrale an der Colosseum-

Bekanntmachung.

Im Konkurse der **Motorradfabrik Hildebrand & Wolfmüller** in **München** stehen in nachbezeichneten Lokalitäten

zum Verkaufe zu Schäzungspreisen:

a) circa 50 Werkzeugmaschinen (Drehbänke, Bohrmaschinen 2c.);
b) Werkzeuge aller Art, worunter circa 200 Schraubstöcke, 500 Hämmer, 2000 Feilen u. dergl.;
c) Transmissionen, Hängelager, Riemenscheiben, Werkbänke 2c.;
d) rohe und fertige Waaren, Rohre aus Stahl, Kupfer, Messing, Stahl in Stangen, Metalltheile, Fahrradbestandtheile und Ausrüstungsgegenstände aller Art, sowie circa 20 fertige Motorräder 2c. und
e) Comptoir-Einrichtung.

Die Lokale stehen an den Wochentagen zur Besichtigung offen:
Colosseumstraße I/1 u. I/2 von ½9 bis 10 Uhr;
Müllerstraße 48 Rg. von 10 bis 11 Uhr;
Baumstraße 4a Vordergebd. part. und
Baumstraße 4a Rg. 1 u. 2 Stg. von 11 bis 12 Uhr;
Zenettistraße 11 Rg. von ½2 bis ½3 Uhr;
Heustraße 15 u. 15a Rg. souterrain von ½3 bis ½4 Uhr und
Landsbergerstraße 79 Rg. 0, 1 u. 2 Stg. von ½4 bis ½5 Uhr.

Nähere Auskunft wird ertheilt im Comptoir der Firma: **Colosseumstraße I/1, 1. Aufg.** [10878(2/2

Der Konkursverwalter.

Abb. 81 | Bekanntmachung betreffend den Verkauf des Inventars von «Hildebrand & Wolfmüller» in «Münchner Neueste Nachrichten» 49 1896 30 vom 19.1.1896. Verkauf zu Schätzpreisen von Werkzeugmaschinen, Werkzeugen, Fabrikeinrichtungen etc. sowie genaue Angabe der verschiedenen Standorte; s.a. «Münchner Neueste Nachrichten» 49 1896 92 vom 24.2.1896.

strasse zwischen Hauptbahnhof und Isar zu gruppieren, aber die innerbetrieblichen Transporte nahmen zwangsläufig zu und der Materialfluss gestaltete sich dementsprechend komplizierter. Zudem war die Verteilung der Räume auf verschiedene Stockwerke auch innerhalb der einzelnen Standorte äusserst ungünstig (Abb. 81).

Eine besondere Herausforderung stellte der Zusammenbau der Motor-Bicyclettes dar. Die damals erreichbaren Fertigungstoleranzen in der Bearbeitung der Teile und die vielen Passungen in der Konstruktion führten zu erheblichen Nacharbeiten beim ersten Zusammenfügen vor dem Vernickeln, Lackieren und der finalen Montage.[216] Das verdeutlicht die Aussage der «Maschinenbau-Gesellschaft Basel»: «Das präzise Ausarbeiten der einzelnen Teile, das Zusammenpaßen, das Montieren, als dann wenn alles parat das Demontieren, vernickeln und lackieren verschiedenster Teile, daraufhin das zweite definierte Montieren, das Probieren der Maschinen und das Nachbeßern der Teile, welche nicht gehen, sind nach unserer Ansicht […] eine Hauptarbeit!»[217] Bei «Duncan, Suberbie & Cie» machte man die Erfahrung, dass der erste Teil des Fertigungszyklus vom Einpassen über den Zusammenbau bis zur Demontage drei bis vier Mal durchlaufen werden musste, bevor die Endmontage beginnen konnte – mit entsprechenden Folgen für die Kostenkalkulation![218] In den Fabriklokalitäten von «Hildebrand & Wolfmüller» befanden sich Anfang 1896 etwa 50 Werkzeugmaschinen wie Drehbänke, Bohrmaschinen, dazu «Werkzeuge aller Art worunter circa 200 Schraubstöcke, 500 Hämmer und 2000 Feilen u. dergl.» (Abb. 81); besonders letztere illustrieren die hohe Bedeutung des «Passendmachens» im Arbeitsprozess.

Zwar fehlen Dokumente über den genauen Fertigungsablauf und die Arbeitsteilung zwischen den Standorten von «Hildebrand & Wolfmüller»;[219] die schwierigen Produktionsbedingungen dürften jedoch die stets erneut auftretenden Qualitätsprobleme mitverursacht haben. Dazu kam, dass mit der raschen Ausweitung der Zahl der Beschäftigten das Qualifikationsniveau in der Tendenz sank.[220] Als Vergleich lässt sich anführen, dass die Firma «Benz & C° Rheinische Gasmotorenfabrik» von Carl Benz in Mannheim im Jahr 1895 135 Automobile und etwa 600 Zweitakt-Stationärmotoren mit 250 Beschäftigten herstellte.[221] Dass Benz die in Holz ausgeführten Aufbauten zu dieser Zeit extern, bei der «Wagenfabrik Kalkreuther» in Mannheim, in Auftrag gab, macht die Zahlen noch besser vergleichbar.[222] Das heisst: Die Produktivität des Konglomerats «Hildebrand & Wolfmüller» war auch für zeitgenössische Verhältnisse sehr schlecht! Man kann sich vorstellen, dass Heinrich Hildebrand und Alois Wolfmüller den Umzug in den grossdimensionierten Neubau an der Schönstrasse herbeisehnten (Abb. 47).

Die fünf Motor-Bicyclettes aus dem ersten Auftrag an die «Maschinenbau-Gesellschaft Basel» dürften im März 1895 wunschgemäss abgeliefert worden sein,[223] denn am 28. März 1895 organisierte Eduard Burckhardt einen Sonntagsausflug nach Mülhausen, den – natürlich dank Heinrich Hildebrand – die Münchner Tageszeitungen ausführlich schilderten:[224]

«Das Motor-Zweirad Hildebrand & Wolfmüller in Mülhausen i. [Elsass] – Zum ersten Male war es uns gestattet, hier in Mülhausen am letzten Sonntag das neue Motorrad zu bewundern. Herr Burckhardt von Basel, der schon seit einigen Sonntagen auf unseren Straßen Spazierfahrten auf seinem Motorrad machte, aber immer nur in unserer Umgebung und ohne unsere Stadt zu berühren, hatte sich diesmal doch eines anderen besonnen, und ist zum Besuche einiger seiner Sportsfreunde bis hierher gekommen. Im Hofe der Salvatorhalle hatte Herr Burckhardt sein Motorrad und dasjenige seines Begleiters, Herrn Popp, eingestellt, woselbst sich sehr viele Neugierige einfanden und dieses sonderbare Vehikel bis in die kleinsten Einzelheiten prüften. Gegen drei Uhr bereitete man sich zur Abfahrt, und hatten wir mit einigen unserer Freunde beschlossen, Herrn Burckhardt bis Sierentz zu begleiten. Auf der Grabenstraße hatten die beiden Motorräder die Neugierde aller Passanten wachgerufen. Im schnellsten Tempo ging es nun durch die Metzgerstraße und Modenheimerstraße der Baselerstraße zu, so daß wir auf unseren gewöhnlichen Zweirädern kaum folgen konnten. Aber als wir außerhalb der Stadt waren, dann erst wurden Geschwindigkeitsversuche angestellt, bei denen aber auch wir wieder den Kürzeren zogen. Außerhalb [Habsheim] hatte Herr Burckhardt die Liebenswürdigkeit, uns selbst eine Probefahrt auf dem Motorrade zu gestatten. Nichts ist leichter, als den Mechanismus dieses Rades zu handhaben, und jeder Radfahrer kann, ohne jegliche Vorstudien gemacht zu haben, auf dem Motorrade fahren. Wir waren über dessen leichten und regelmäßigen Gang sehr erstaunt, auch ist die Art und Weise, wie man die Geschwindigkeit regeln kann, so einfach eingerichtet, daß man in der ersten Minute schon Meister über den ganzen Mechanismus ist. Wir hatten die unglaubliche Schnelligkeit von 38 Kilometer in der Stunde erreicht. Wer das Motorrad wie wir selber gefahren und geprüft hat, der zweifelt gewiß nicht daran, daß dieses Verkehrsmittel in ganz kurzer Zeit eine bedeutende Stellung in der Sportswelt einnehmen wird.»

Die Werbemaschinerie lief also weiter, denn etwa um die gleiche Zeit meldeten sich «Bruel Frères» im Namen der «Société Suisse de Véhicules à Moteur» für einen Stand an der Zweiten Schweizerischen Landesausstellung in Genf 1896 an. Auch die «Maschinenbau-Gesellschaft Basel» plante, dort ein Motor-Bicyclette aus ihrer Produktion zu präsentieren.[225]

Endlich traf am 4. April 1895 ein «Mustergestell» von «H. W. Schladitz» bei der «Maschinenbau-Gesellschaft Basel» zur Komplettierung ein. Ganz anders in Frankreich, wo «Duncan, Suberbie & Cie» am 6. April 1895 in Paris bereits die erste, selbst hergestellte Motor-Bicyclette vorstellte und verkündete, ab sofort drei Stück pro Tag ausliefern zu können.[226] Die Verzögerungen in Basel resultierten aus der Unfähigkeit der «Ed. Burckhardt», die von der Dresdner Auftragnehmerin verlangten Musterteile zur Kalibrierung ihrer Fertigung zu liefern. Die simple Antwort aus Basel lautete: «Wollen sie uns schnellstens ein ganz gleiches fertiges Gestell liefern, wie Sie solche nach München [an ‹Hildebrand & Wolfmüller›] liefern. Wir zweifeln nicht daran, dass alles genau passen wird, wenn Sie gerade genau das liefern wie nach München.» Dazu passte, dass es die «Maschinenbau-Gesellschaft Basel» war, die am 6. April 1895 die Freigabe der Lieferung an «H. W. Schladitz» erteilte.[227]

Im Prozess, den die «Maschinenbau-Gesellschaft Basel» im Sommer 1897 anstrengen wird, wehrte sich die «Schweizerische Motorfahrrad-Gesellschaft» mit dem Argument: «[...] daß in dem zwischen den Parteien zu Stande gekommenem Vertrag die Klägerin [Maschinenbau-Gesellschaft Basel] die ‹Garantie für richtige, gute und solide Ausführung› übernahm; [...]»,[228] somit die Verantwortung für die Qualität der Produkte alleine bei der Herstellerin lag. Sie hatte sich zu informieren und die Zulieferer zu steuern; technische Kompetenz war von der Auftraggeberin nicht zu erwarten. Der Start der eigentlichen Produktion in Basel zog sich um weitere Wochen hinaus, denn das «Mustergestell» sollte das einzige sein, das innerhalb des vereinbarten Liefertermins für den Zusammenbau kompletter Motor-Bicyclettes bei der «Maschinenbau-Gesellschaft Basel» zur Verfügung stand. Die nächsten drei Gestelle aus Dresden trafen erst am 2. Mai 1895 ein, und darauf bis am 6. Juni 1895 insgesamt deren 54.[229]

In Mailand wurde der Grossabnehmer zunehmend ungehalten. Trotz des bestätigten «accordo» vom März blieb die Zahl der gelieferten Motor-Bicyclettes gering und Max Türkheimer lamentierte weiterhin über deren Mängel. Er begann die Annahme der Lieferungen aus München zu verweigern und setzte seine Hoffnungen auf die Motor-Bicyclettes aus der Schweiz, von denen er eine bessere Qualität erwartete.[230] Eduard Burckhardt anderseits schien die Einschätzung von Max Türkheimer nicht in ihrer ganzen Schärfe zu teilen. Er qualifizierte die Mängel als «piccolezze» [Kleinigkeiten] und empfahl seinem Kunden, einen Monteur anzustellen, der sich um die unvermeidlichen Reparaturen und regelmässig notwendigen Instandsetzungen kümmern solle.[231] Im Grunde verlangte er von Max Türkheimer, dass er sein Geschäft so aufbaue, wie er es in Basel mit der Anstellung von Lorenz Popp realisiert hatte. Da er die Anstellung eines Monteurs als notwendige Betriebskosten eines Verkäufers von Motor-Bicyclettes ansah, weigerte er sich strikte, die Kosten der Entsendung eines Monteurs (Lorenz Popp?) nach Italien zu übernehmen, und stellte sie stattdessen Max Türkheimer in Rechnung.[232]

So versuchte Eduard Burckhardt Zeit zu gewinnen, aber eigentlich musste er seinem Kunden erklären, dass sich nun auch die Lieferungen aus Basel verzögerten. Das führte zwischen der «Maschinenbau-Gesellschaft Basel» und der «Schweizerischen Motorfahrrad-Gesellschaft» zu rasch anschwellenden, grundsätzlicheren Dissonanzen. Nicht die verzögerte

Lieferung der Gestelle durch «H. W. Schladitz» habe die Produktion gehemmt; vielmehr sei die Ursache in Unzulänglichkeiten der Konstruktion der Motor-Bicyclettes gelegen. In ihrer Klage am 18. Mai 1897 vor dem Civilgericht Basel-Stadt stellte die «Maschinenbau-Gesellschaft Basel» rückblickend klipp und klar fest:[233]

> «Es zeigte sich nämlich, daß die patentierte Erfindung sehr verbesserungsbedürftig war und noch manche Mängel besaß, zu deren Hebung die Erfinder in München wiederholt Abänderungen vorzuschlagen hatten. Die Klägerin [Maschinenbau-Gesellschaft Basel] ihrerseits machte die Beklagte [Schweizerische Motorfahrrad-Gesellschaft] ihrerseits auf manche Schwächen aufmerksam, so daß es hierüber zu zahlreichen Besprechungen kam. Auch mußte die Klägerin wiederholt neue Proben machen. Es war das zunächst der Grund, daß die Beklagte mit der Ablieferung der Gestelle zurückhielten und bis in den Juni hinein zur Ablieferung brachten.»

Die beklagte «Schweizerischen Motorfahrrad-Gesellschaft» bestätigte diesen Sachverhalt, wie deren Anwalt Dr. Hermann Stumm (1867–1940)[234] in seiner noch mit Eduard Burckhardt verfassten, am 15. Juli 1897 eingereichten Klagebeantwortung feststellte: «Die Erfindung hatte allerdings Mängel, welche noch allerlei Verhandlungen zur Folge hatten».[235]

Die Situation gestaltete sich nicht einfacher dadurch, dass Eduard Burckhardts Gegenüber bei der «Maschinenbau-Gesellschaft Basel» der prominente Erfinder Emil Bürgin-Turner war.[236] Für diesen war die kränkelnde Konstruktion von Alois Wolfmüller ein gefundenes Fressen, und er übernahm selber die Initiative. Sein Patent mit dem Titel «Neuerung an Motorzweirädern mit Kohlenwasserstoff-Zwillingsmotor»[237] bezog sich direkt auf das Schweizer Patent von Alois Wolfmüller und Hans Geisenhof und stellte eine Optimierung der Anbindung der Treibstangen an das Hinterrad dar:

> «Die bis jetzt in Handel gebrachten Motorzweiräder [...] haben den Nachteil, daß bei denselben die auf die Triebachse wirkenden Schubstangen [Treibstangen] weder parallel zueinander noch senkrecht zur Triebachse gestellt sind, so daß bei denselben die Triebachse großer Reibung und demnach einer raschen Abnutzung ausgesetzt ist und ferner – infolge des geringen Abstandes zwischen den beiden Lagern der Triebachse – die Stabilität der letztern viel zu wünschen übrig läßt.»

Sein Lösungsvorschlag beinhaltete anstelle der Kurbeln eine auf beiden Seiten des Rades gekröpfte Hinterachse. Er war wohl von den Vorteilen seiner Erfindung so überzeugt, dass er seine Ausführung der eigentlich von «H. W. Schladitz» zu liefernden Teile eigenmächtig in Basel in Produktion gab,[238] denn eine besondere Herausforderung stellten die Hinterreifen dar. Alois Wolfmüller und Hans Geisenhof hatten mit den «Veithischen Motor-Pneumatic-Gummireifen» auf eine Konstruktion gesetzt, die die Anbieter mit Verweis auf einen reduzierten Rollwiderstand bewarben: «Infolge der durch das Radial-System herbeigeführten spitzeren Form des Pneumatik und die hierdurch wirklich vorhandene, schmälere Lauffläche, ist ferner die Bodenreibung bedeutend vermindert und dadurch ein leichterer Lauf erreicht, [...]»[239] Was für den Velofahrer verlockend tönte, musste für das Motor-Velo nicht unbedingt Geltung haben. Bürgins Alternative versprach demgegenüber: «[...] es kann auch der Radreifen des Treibrades viel breiter genommen werden, wodurch derselbe der Abnützung besser widersteht.»[240]

Im Mai 1895 verhandelte Eduard Burckhardt mit Adolf Prinzhorn (1847–1913),[241] dem Direktor der «Continental Caoutchouc & Guttapercha Cie» in Hannover, über einen Ersatz der Pneus von Veith:[242]

> «Ein wesentlicher Bestandteil, den die Klägerin [Maschinenbau-Gesellschaft Basel] nach erfolgter Genehmigung durch die Beklagte [Schweizerische Motorfahrrad-Gesellschaft] hätte beschaffen sollen, waren die Gummireifen, um die beiden Räder, im Werte von Fr. 70.–.
>
> In Betreff dieser Pneumatics hatte Klägerin auf Anregung der Beklagten sich mit diversen Häusern in Verbindung gesetzt, von denen bezügliche Offerten einliefen. Am 11. Mai 1895 erschien der Chef der Beklagten Herr Burckhardt persönlich mit Herrn Prinzhorn auf dem Bureau der Klägerin, um im Betreff der Bestellung der Gummireifen zu unterhandeln. Schliesslich kam man mündlich überein, daß man diesem Hause die Bestellung übergeben solle. Im Auftrage des Beklagten wurde hierauf die Bestellung von 100 Paar Reifen von der Klägerin schriftlich der genannten Gesellschaft bestätigt. Vorsichtshalber fügte Klägerin immerhin die Klausel bei, daß zunächst 2 Paar zur Probe an die Beklagte zu liefern seien und daß die definitive Ausführung der Bestellung erst zu geschehen habe, wenn diese die Probestücke richtig befunden und wenn dieselben den gestellten Anforderungen entsprochen haben werden.»

Die Reifenfrage konnte jedoch trotz grossen Bemühungen nicht gelöst werden:[243]

> «Die Probereifen wurden, wie abgemacht, der Beklagten [Schweizerische Motorfahrrad-Gesellschaft] übermittelt. [...] Es war jedoch im ganzen Verlaufe der Dinge nicht möglich, von dieser je einen bestimmten Bescheid zu erhalten.
>
> Die bisher bei gewöhnlichen Velos verwendeten Pneumatics hielten in der Regel die ziemlich heftigen Stöße nicht aus und platzten meist nach kurzer Frist. Auf eine erste Anfrage der Klägerin [Maschinenbau-Gesellschaft Basel] in Betreff der definitiven Bestellung ersuchte die Beklagte damit noch zu warten, da eine abgeänderte Form erforderlich sein werde. Auch in der Folge wurde über diesen wichtigen Bestandteil häufig korrespondiert. Doch traten auf die immer dringlicheren Vorstellungen und Abmahnungen der Klägerin jeweilen teils direkt ablehnende, teils ausweichende Antworten der Beklagten ein.»

Dass man den Vorschlag von Emil Bürgin-Turner dabei in Betracht zog, kann aus nachfolgender Aussage geschlossen werden:[244]

«Von der Gestaltung dieser Pneumatic Gummireifen hing, wie der Beklagten [Schweizerischen Motorfahrrad-Gesellschaft] nicht nur bekannt, sondern auch von ihr selbst mehrfach betont und anerkannt worden war, die Konstruktion und Stärke der Felgen des von der Klägerin [Maschinenbau-Gesellschaft Basel] zu erstellenden Hinterrades ab. Auch diese Felgen sollten auswärts bestellt werden. Mit der Konstruktion und Stärke der Felgen standen hinwieder die übrigen Radteile, Speichen, Kurbel u.s.w. in Zusammenhange und hiengen mehr oder weniger davon ab.»

Die «Maschinenbau-Gesellschaft Basel» kam somit zum Schluss:[245]

«Vollständig unerledigt bis zur Sistierung der Arbeiten, ja bis heute, blieb, wie schon oben weiter ausgeführt die Frage der Pneumatics und was damit zusammenhängt.»

Angesichts der anhaltenden Verzögerung der Lieferungen sowohl von Seiten von «Hildebrand & Wolfmüller» als auch der «Schweizerischen Motorfahrrad-Gesellschaft» einigten sich Eduard Burckhardt und Max Türkheimer auf neue Lieferdaten, die im Schreiben vom 17. Mai 1895 niedergelegt wurden: 70 Maschinen zu liefern von Mai bis August 1895 aus München à 650 Mark und 80 Maschinen zu liefern von September 1895 bis März 1896 aus Basel à 1100 Franken.[246] Diese Einigung erleichterte die Tatsache, dass «Hildebrand & Wolfmüller» am 11. Mai 1895 (endlich) 18 Motor-Bicyclettes nach Mailand spediert hatten; am 24. folgten weitere neun und am 29. noch zwei, insgesamt 29 Stück. Nicht eingerechnet waren neun, schon vor Mai 1895 ausgelieferte Maschinen.[247]

Am 27. März 1895 lancierte die «Ed. Burckhardt» noch eine zweite Inseratekampagne für die Motoren von Daimler, die bis am 30. April 1895 lief (Abb. 69).[248] Danach brach die Serie ab. Dahinter stand eine grundsätzliche Neuausrichtung der Strategie der «Ed. Burckhardt» im Bereich der Motorfahrzeuge. Schon kurze Zeit später, am 4. Juni 1894, schickte die «Benz & C°, Rheinische Gasmotoren-Fabrik» in Mannheim ein Benz Velociped, also ein Automobil, an Eduard Burckhardt.[249]

Mitten in dieser geschäftlich angespannten Phase holte die Vergangenheit Eduard Burckhardt am 10. Mai 1895 ein. Seine langjährige, väterliche Bezugsperson Eduard Preiswerk war am 2. April 1895 verstorben. Dessen Sohn Wilhelm Preiswerk-Imhoff (Abb. 82) entdeckte bei der Regelung des privaten Nachlasses die Verbindlichkeiten, die Eduard Burckhardt seit der Zeit seiner desaströsen Rotterdamer Spekulationsgeschäfte angehäuft hatte. Onkel Preiswerk hatte ihm anscheinend ein offenes Kontokorrent eingeräumt und nicht einmal regelmässig Zinsen berechnet.[250] Die Kredite summierten sich auf einen Betrag von 198 564.30 Franken (!). Wilhelm Preiswerk zwang nun seinen Cousin, eine entsprechende Schuldanerkennung zu unterschreiben.[251] Eduard hatte seinerzeit 1878/1879 Lebensversicherungen der «Phénix» und der «City of Glasgow» im Wert von insgesamt 80 342.80 Franken an seinen Onkel verpfändet, was aber jetzt zur Deckung nicht mehr ausreichte. Eine Erhöhung der Pfandsicherung durch neue Lebensversicherungen stand nicht zur Debatte, da Eduard bereits 1894 am Limit seiner finanziellen Möglichkeiten operierte.[252] Mitte 1895 war damit sein Nettovermögen mit einem Betrag von rund 120 000 Franken negativ geworden.

Abb. 82 | Porträt Wilhelm Preiswerk-Imhoff ca. 1878–1898.

Trotz der Aufnahme der Lieferungen lief es bei der Firma «Hildebrand & Wolfmüller» keineswegs rund. Am 19. Mai 1895 meldeten sie in den «Münchner Neuesten Nachrichten» neben den üblichen Jubel-Telegrammen die Schliessung der Lokalität an der Heustrasse «aus sanitären Rücksichten», worauf die Zahl der Beschäftigten von 560 auf 400 zurückging, «bis zur Fertigstellung des eigenen Fabrikgebäudes an der Schönstraße» (Abb. 83).

Dafür konnte eine Allianz aus der Schweiz und aus Italien ein Erfolgserlebnis vermelden. Paul Bruel beteiligte sich am 28. Mai 1895 am Rennen «Turin–Asti–Turin» mit zwei Motor-Bicyclettes und man erzielte einen Doppelsieg – so zumindest lautete eine Version der propagierten Botschaft:[253]

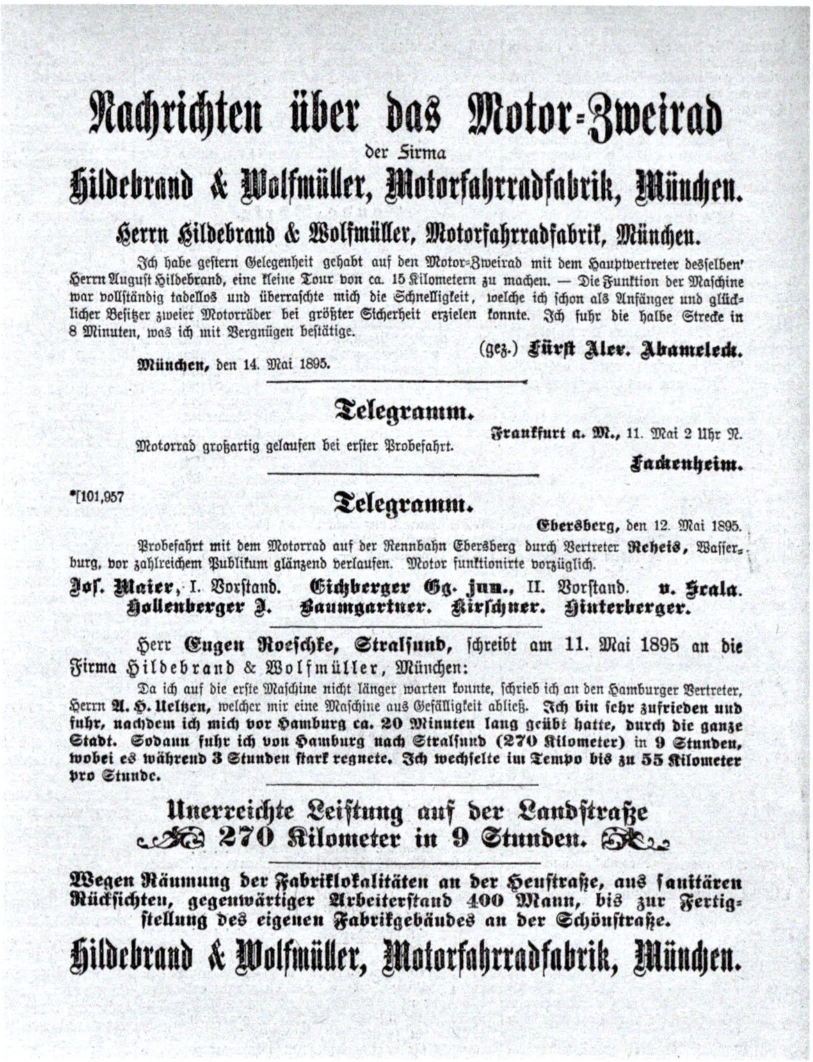

Nachrichten über das Motor-Zweirad

der Firma

Hildebrand & Wolfmüller, Motorfahrradfabrik, München.

Herrn Hildebrand & Wolfmüller, Motorfahrradfabrik, München.

Ich habe gestern Gelegenheit gehabt auf den Motor-Zweirad mit dem Hauptvertreter desselben' Herrn August Hildebrand, eine kleine Tour von ca. 15 Kilometern zu machen. — Die Funktion der Maschine war vollständig tadellos und überraschte mich die Schnelligkeit, welche ich schon als Anfänger und glücklicher Besitzer zweier Motorräder bei größter Sicherheit erzielen konnte. Ich fuhr die halbe Strecke in 8 Minuten, was ich mit Vergnügen bestätige.

(gez.) **Fürst Alex. Abamelech.**

München, den 14. Mai 1895.

Telegramm.

Frankfurt a. M., 11. Mai 2 Uhr N.

Motorrad großartig gelaufen bei erster Probefahrt.

Fackenheim.

*[101,957

Telegramm.

Ebersberg, den 12. Mai 1895.

Probefahrt mit dem Motorrad auf der Rennbahn Ebersberg durch Vertreter **Reheis,** Wasserburg, vor zahlreichem Publikum glänzend verlaufen. Motor funktionirte vorzüglich.

Jos. Maier, I. Vorstand. **Eichberger Gg. jun.,** II. Vorstand. **v. Scala. Hollenberger J. Baumgartner. Kirschner. Hinterberger.**

Herr **Eugen Roeschke, Stralsund,** schreibt am 11. Mai 1895 an die Firma Hildebrand & Wolfmüller, München:

Da ich auf die erste Maschine nicht länger warten konnte, schrieb ich an den Hamburger Vertreter, Herrn **A. H. Ueltzen,** welcher mir eine Maschine aus Gefälligkeit abließ. **Ich bin sehr zufrieden und fuhr, nachdem ich mich vor Hamburg ca. 20 Minuten lang geübt hatte, durch die ganze Stadt. Sodann fuhr ich von Hamburg nach Stralsund (270 Kilometer)** in **9 Stunden, wobei es während 3 Stunden stark regnete. Ich wechselte im Tempo bis zu 55 Kilometer pro Stunde.**

Unerreichte Leistung auf der Landstraße
270 Kilometer in 9 Stunden.

Wegen Räumung der Fabriklokalitäten an der Heustraße, aus sanitären Rücksichten, gegenwärtiger Arbeiterstand 400 Mann, bis zur Fertigstellung des eigenen Fabrikgebäudes an der Schönstraße.

Hildebrand & Wolfmüller, Motorfahrradfabrik, München.

Abb. 83 | «Nachrichten über das Motor-Zweirad der Firma Hildebrand & Wolfmüller» in «Münchner Neueste Nachrichten» 18 1895 232 vom 19.5.1895. Nach den üblichen Erfolgsmeldungen begeisterter Fahrer an «Hildebrand & Wolfmüller» inklusive einer Langstreckenfahrt über 270 Kilometer von Hamburg nach Stralsund in neun Stunden folgte der Hinweis am Schluss: «Wegen Räumung der Fabriklokalitäten an der Heustraße, aus sanitärischen Rücksichten, gegenwärtiger Arbeiterbestand 400 Mann, bis zur Fertigstellung des eigenen Fabrikgebäudes an der Schönstraße.»; s.a. «Allgemeine Zeitung (München)» 97 1895 138 vom 19.5.1895; «Münchener Ratsch-Kathl» 7 1895 41 vom 22.5.1895.

Abb. 84 | Inserat «Bruel Frères» für Motor-Bicyclettes in «La Tribune de Genève» 17 1895 128 4ème éd. vom 5.6.1895 mit dem Hinweis auf den Erfolg beim Rennen «Turin–Asti–Turin» am 28.5.1895.

«Une course d'automobiles a eu lieu la semaine dernière de Turin à Asti (Italie), sur la distance de 56 kilomètres. Elle a été gagnée par deux bicyclettes à pétrole construites par la Société des Véhicules à moteur. La première de ces bicyclettes était montée par Paul Bruel, le frère de M. Édouard Bruel, directeur de la Premier C°. Les deux bicyclettes à pétrole ont fait le trajet en 2 heures 30, malgré des routes monteuses et avec 20 kil. de boue gluante, précédant de trois quarts d'heure la première voiture automobile, du système Daimler.»

Die «Société Suisse des Véhicules à Moteur» feierte den Erfolg umgehend in einem Inserat (Abb. 84).[254]

Allerdings ist die Überlieferung über die Umstände dieser Fahrt, die in Zusammenhang mit einer internationalen Veloausstellung in Turin am 30.–31. Mai 1895 stattfand und als das erste «Automobil-Rennen» überhaupt in Italien gilt, widersprüchlich. Die «Gazzetta del Popolo» vom 30. Mai 1895 bestätigte die Aussage von Paul Bruel mit Ausnahme des genannten Vorsprungs vor dem «Motorwagen System Daimler»:[255]

«Alle ore 11 arriva un bicicletta a vapore Ildebrant [Hildebrand], a tutta carriera, ed è accolto da applausi; alle ore 11 ¼ ne arriva un altro, indi alle ore ½ giunge una vettura Daimler su quattro ruote con quattro persone. Si attendono inoltre una vettura Bens [Benz] (benzina) su quattro ruote ed a due posti, ed una vettura Scaverani (a vapore) su quattro ruote ed a sei posti; ma questi due ultimi veicoli si fanno aspettare ed il pubblico comincia ad essere impaziente.»

Meist wird behauptet, dass Ing. Federmann, der Vertreter von Daimler in Turin, den Wettbewerb gewonnen habe.[256] Dabei wird übersehen, dass es sich nicht um ein Rennen im modernen Sinn handelte, sondern um eine Demonstrationsfahrt ohne eigentliche Zeitnahme. Aus dem genannten Bericht geht aber hervor, dass der Daimler die grösste Aufmerksamkeit auf sich gezogen hatte. Von einer Preisverleihung ist keine Rede, dagegen von einem üppigen Bankett und vielen Reden von namentlich aufgeführten Honoratioren – wobei die Namen Federmann, Bruel oder Ceirano im Bericht gar nicht vorkommen! Am Ende der Veranstaltung gingen die Beteiligten ohne weitere Umstände nach Hause: «Alle ore 6, gli ospiti ripartono per Torino, alcuni sui veicoli automatici e gli altri in ferrovia.» [Um sechs Uhr (abends) fahren die Gäste zurück nach Turin, einige auf ihren automatischen Fahrzeugen und die anderen mit dem Zug.][257]

5.6 «[...] quelle macchine sono [...] pericolosissime all'incolumità personale [...]»[258]

«In Folge Bruches der Vordergabel an einem nicht von der Klägerin [Maschinenbau-Gesellschaft Basel] erstellten Motor-Fahrrad verunglückte im Sommer 1895 in Zürich ein Mitglied des Komitees der Beklagten [Schweizerischen Motorfahrrad-Gesellschaft]. Es stellte sich bei diesem Anlasse heraus, dass die in [Sachsen] verfertigten Gestelle, welche die Beklagte der Klägerin zu liefern hatte, zu schwach konstruiert waren. Die Folge war, dass die Klägerin am 1. August 1895 von der Beklagten den Auftrag erhielt, die Vorderradgabeln der sämtlichen von dieser an erstere bereits gelieferten und noch zu liefernden Gestelle zu verstärken. Für diese mindestens 3–4 Wochen beanspruchende Arbeit, welche auch an den 5 Stück der ersten Bestellung nachträglich vorgenommen werden musste, wurde ein Preis von Fr. 15.– per Stück vereinbart.»

Maschinenbau-Gesellschaft Basel, 1897.[259]

Die Identität des Verunglückten und die Schwere seiner allfälligen Verletzungen sind nicht bekannt.[260] Als erste Reaktion auf diesen Unfall schrieb Eduard Burckhardt am 1. Juni 1895 an «H. W. Schladitz»: «Alle bis jetzt erhaltenen Gabeln sind zu schwach; construieren Sie eine ganz extra für's Motorrad geeignete Gabel.» H. W. Schladitz» antwortete umgehend: «[...] ich habe dieselben ganz genau nach Zeichnung und Angaben der Herren ‹Hildebrand & Wolfmüller› angefertigt, auf deren Veranlassung die Gabeln auch jetzt noch verstärkt werden, wie Sie bei letzter Sendung bereits erhalten haben.»[261] Offensichtlich war das Problem von «Hildebrand & Wolfmuller» schon erkannt worden. Man hatte es aber sowohl in München als auch in Dresden nicht für nötig befunden, die Partner in Basel über diesen Sachverhalt und die getroffenen Massnahmen zu informieren. Am 1. August 1895 veranlasste Eduard Burckhardt die «Maschinenbau-Gesellschaft Basel», alle in Empfang genommenen Gestelle sowie diejenigen der fünf bereits fertiggestellten Motor-Velos aus der ersten Serie zu verstärken.[262]

In Mailand eskalierte Max Türkheimer den Konflikt, indem er am 9. Juni 1895 gerichtliche Schritte einleitete.[263] Als Erstes bestellte der Gerichtspräsident einen Sachverständigen, Giuseppe Ricordi (1853–1902)[264], den örtlichen Vertreter der Firma Benz. Am 16. Juli 1895 kam es zur formellen Anklage gegen die «Schweizerische Motorfahrrad-Gesellschaft» vor dem Königlichen Civilgericht in Mailand.[265] Giuseppe Ricordi hatte als Grundlage für sein Gutachten über die Qualität 23 Exemplare sichergestellt.[266] Er kam zum Schluss, dass die Motor-Bicyclettes nach System «Hildebrand & Wolfmüller» nicht funktionsfähig und sogar lebensgefährlich seien. Vor allem beanstandete er das mühsame Starten, das leichte Absterben

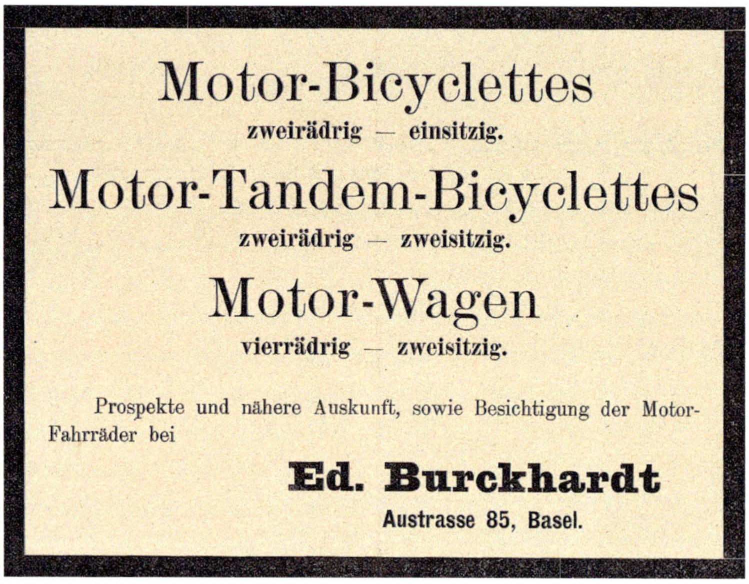

Abb. 85 | Inserat «Ed. Burckhardt» für verschiedene motorisierte Fahrzeuge, erstmals in «Der Schweizerische Velosport» V 1895 28, XIII vom 12. 7. 1895 sowie ebenso in BN 51 1895 171 1. Beilage vom 27. 6. 1895.

des Motors und den unregelmässigen Gang. Diese Mängel seien konstruktionsbedingt und eine schnelle Abhilfe nicht möglich.[267] Es war eine schroffe Ablehnung der bisher von Eduard Burckhardt vertretenen Überzeugung, dass mit Unterstützung eines guten Monteurs die Motor-Bicyclettes ohne Probleme gefahren werden konnten. Dieser erfuhr die Ergebnisse am gleichen Tag auf diplomatischem Weg, wohl über den italienischen Konsul in Basel. Man forderte ihn auf, am 31. August in Mailand an der ersten Aussprache teilzunehmen.[268]

«Hildebrand & Wolfmüller» stoppten die Lieferungen unverzüglich.[269] Auch Eduard Burckhardt war sich offensichtlich der Tragweite der Vorgänge in Mailand sofort bewusst. Als Geschäftsführer der «Schweizerischen Motorfahrrad-Gesellschaft» trat er postwendend auf die Bremse und versuchte, die Lieferung weiterer Gestelle aus Dresden über die 54 bereits erhaltenen hinaus zu verhindern – zu spät, denn er konnte den Versand der bereits am 17. und 18. Juli 1895 abgegangenen insgesamt 40 Gestelle nicht mehr abwenden.[270] Offen ist, wo diese landeten, denn bei der «Maschinenbau-Gesellschaft Basel» trafen sie nie ein.[271]

In dieser kritischen Phase der «Schweizerischen Motorfahrrad-Gesellschaft» verschärfte die «Ed. Burckhardt» ihre Gangart und startete eine neue Inserate-Serie. Am 27. Juni 1895 erschien anstelle der wöchentlichen Werbung für die «Star Lebensversicherungen» in den «Basler Nachrichten» links oben eine Anzeige für «Motor-Bicyclettes, Motor-Tandem-Bicyclettes und Motor-Wagen», mit dem Angebot, die Motor-Fahrräder zu besichtigen; die Annonce erschien den ganzen Sommer über regelmässig bis am 19. September 1895 (Abb. 85).

Dieser Werbeauftritt ist irritierend, weil er von der Firma «Ed. Burckhardt» gezeichnet und im Gegensatz zu demjenigen der «Bruel Frères» jegliche Anspielung auf die «Schweizerische Motorfahrrad-Gesellschaft» als Rechte-Inhaberin oder die Marke «Hildebrand & Wolfmüller» vermied. Allerdings bezeugt die Aufnahme der merkwürdigen «Motor-Tandem-Bicyclettes» in das Programm, dass Eduard Burckhardt weiterhin einen engen Kontakt mit den Münchnern pflegte, denn nur kurz zuvor, am 22. Juni 1895, hatte die «Münchner Neueste Nachrichten» darüber berichtet:[272]

> «Mit einem Versuchs-Modell für ein zweisitziges Motorzweirad der Firma Hildebrand & Wolfmüller in München wurden seit etwa acht Tagen mehrfach Proben unternommen, welche, wie man uns mittheilt, sehr günstige Resultate lieferten. Bei dem neuen Modell ist die Annehmlichkeit geboten, daß zwei Personen in Gesellschaft auf einem Fahrzeug reisen können, während nur eine davon der Handhabung desselben kundig sein muß.»

Dass man in München und Basel quasi gleichzeitig Verlautbarungen zu dieser Neuheit publizierte, war wohl koordiniert, sodass Eduard Burckhardt schon viel früher von dieser Entwicklung Kenntnis gehabt haben muss. Warum erwähnte er den Namen «Hildebrand & Wolfmüller» nicht mehr? War es Vorsicht, Vorahnung oder vielleicht Voraussicht des Abwärtsstrudels, in den diese bald hineingezogen werden sollte?

Jedenfalls hatte er sich bereits eine neue Perspektive eröffnet. Nach einem ersten, folgenlosen Anlauf im Dezember 1894 mit Daimler (Abb. 68), konkretisierte Eduard Burckhardt Mitte 1895 die Erweiterung seines Geschäftskreises mit dem Angebot von «Motor-Wagen», also Automobilen. Offensichtlich war er zum Schluss gekommen, dass diese noch bequemere, hochaktuelle und mondäne Mobilitätshilfe seiner Agentur gut anstehen würde.[273] Am 4. Juni 1895 in Mannheim abgehend lieferte die «Benz & C°, Rheinische Gasmotoren-Fabrik»[274] das Benz Velociped mit der Fabrikationsnummer 209 für 1800 Mark (2250 Franken) an Eduard Burckhardt – es handelt sich um den frühesten Beleg für einen Automobilbesitz in Basel![275] Er hatte wohl solche Fahrzeuge anlässlich seiner geschäftlichen Besuche bei der «Oberrheinischen Versicherungs-Gesellschaft» in Mannheim gesehen und war – wie schon bei der Motor-Bicyclette von «Hildebrand & Wolfmüller» in München – auf Anhieb fasziniert.

Für sein neues Produkt erstellte Eduard Burckhardt einen Prospekt (Abb. 86), von dem sich eine französische Ausgabe erhalten hat. Der zusätzliche Verweis auf die «Bicyclettes-Tandem à moteur» lässt auf ein Publikationsdatum im Sommer 1895 nach dem 27. Juni schliessen, denn auch da nannte er die Marke «Benz» noch nicht (Abb. 85). Aussergewöhnlich ist, dass dafür

Motor-Wagen.

Diese Wagen haben zwei Plätze und unser Bild zeigt ihre Form.

Sie werden von einem Benzinmotor angetrieben, der völlig geruchlos läuft und mit dem man auf guten, ebenen Strassen bis zu 20 Kilometer pro Stunde fahren kann. Sie sind mit einer speziellen Vorrichtung ausgestattet, um Steigungen bis 10 % zu bewältigen, natürlich mit einer entsprechend geringeren Geschwindigkeit.

Die Konstruktion der Wagen und Räder ist solide und elegant wie die Equipagen der besten Stellmacher; der Wagen ist durchaus in der Lage, auch weniger gute Strassen mit verminderter Geschwindigkeit zu befahren, und kann bei jedem Wetter und zu jeder Jahreszeit eingesetzt werden.

Als Treibstoff dient Benzin mit einer Dichte von 0,70, das überall leicht erhältlich ist.

Das Auto verbraucht ca. 2 Kilogramm Benzin pro Stunde, was Selbstkosten pro Kilometer von ca. 4 bis 5 Rappen ergibt.

Der Benzinvorrat, den man im Auto mitführt, reicht für 80 bis 100 Kilometer. Um ihn zu erneuern, muss man nur den Tank auffüllen.

Die Geschwindigkeit kann absolut nach Belieben des Fahrers eingestellt werden, die Lenkung des Wagens ist einfach und man hat ihn viel sicherer in der Hand, als wenn er von Pferden gezogen würde.

Der Betrieb ist **völlig gefahrlos**; die Zündung erfolgt mittels eines elektrischen Funkens, der von einem Akkumulator geliefert wird. Deshalb ist **keine Explosion möglich**.

Das Anhalten, und wenn nötig auch das sofortige Anhalten, erfolgt einfach durch das Drehen einer Kurbel; ausserdem ist der Wagen mit einer sicheren und starken Bremse ausgestattet.

Das Auto kann jederzeit innerhalb weniger Sekunden in Bewegung gesetzt werden.

Wenn der Wagen auf einer staubigen Strasse fährt, müssen die Insassen nicht unter dem Staub leiden, im Gegensatz zu einem Wagen, der mit Pferden bespannt ist.

Preis: 2600.– Franken franko Basel, Barzahlung netto; ein Drittel zahlbar bei Bestellung. Lieferzeit: 2 bis 4 Wochen.

Motor-Wagen mit vier Plätzen
Motor-Bicyclettes – zwei Räder, ein Platz
Motor-Tandem – zwei Räder, zwei Plätze

Man kann bei uns die Wagen und die Motor-Bicyclettes besichtigen und ausprobieren

Ed. Burckhardt, Austrasse 85, Basel Telephon 39.

Voitures automobiles à Moteur.

Ces voitures sont à deux places, notre cliché en démontre la forme.

Elles sont actionnées par un moteur à benzine, qui fonctionne sans la moindre odeur et l'on peut faire jusqu'à 20 kilomètres à l'heure, sur bonnes routes en plaine. Elles sont munies d'un appareil spécial, pour faire les montées jusqu'à 10 %, bien entendu à une vitesse, réduite en proportion.

La construction des voitures et des roues est solide et élégante à l'instar des équipages de maîtres; la voiture est parfaitement apte à franchir des routes moins bonnes, avec une vitesse diminuée, et l'on peut s'en servir par tout temps et en toute saison.

La force motrice est fournie par une benzine d'un poids spécifique de 0,70, que l'on obtient facilement partout.

La voiture consomme env. 2 kilogr. de benzine dans le temps d'une heure, ce qui donne un prix de revient par kilomètre d'env. 4 à 5 centimes.

La provision de benzine qu'on a dans la voiture est suffisante pour parcourir 80 à 100 kilomètres. Pour renouveler cette même provision, on n'a qu'à remplir le réservoir.

La vitesse se règle absolument au gré du conducteur, la direction de la voiture est facile et l'on tient en main la voiture bien plus sûrement que si elle était attelée de chevaux.

Le fonctionnement est **sans aucun danger**; les détonations se produisent par une étincelle électrique fournie par un accumulateur et par conséquent **aucune explosion n'est possible.**

L'arrêt, et si nécessaire l'arrêt immédiat se fait simplement en tournant une manivelle; en outre la voiture est munie d'un frein sûr et puissant.

La voiture peut à tout moment être mise en mouvement en quelques secondes.

Lorsque la voiture roule sur une route poudreuse, les personnes n'ont pas à souffrir de la poussière, ce qui est juste le contraire lorsque la voiture est attelée de chevaux.

Prix: Frs. 2600.— franco Bâle, net au comptant; un tiers payable au moment de la commande.

Délai de livraison: 2 à 4 semaines.

Voitures automobiles à quatre places.
Bicyclettes à moteur — deux roues, une place.
Bicyclettes-Tandem à moteur — deux roues, deux places.

On peut voir et essayer chez nous les voitures et les bicyclettes à moteur.

Ed. Burckhardt, 85 rue d'Au, Bâle. *Téléphone 39.*

Abb. 86 | Prospekt «Voitures automobiles à Moteur» der «Ed. Burckhardt» auf Französisch 1895.
Beim Auto handelt es sich um ein Benz Velociped. Am Steuer sitzt Lorenz Popp; die zweite Person konnte nicht identifiziert werden.

extra ein Foto in Basel aufgenommen wurde – wahrscheinlich im Schützenmattpark – auf dem sein Benz zu sehen ist, mit Lorenz Popp am Steuer und einem unbekannten Beifahrer; das Cliché hatte die «Oskar Consée, photo-chemigraphisch-artistische Anstalt»[276] in München gefertigt, bei der auch «Hildebrand & Wolfmüller» für ihre Presseerzeugnisse arbeiten liessen (Abb. 65).

Mit Blick auf das anstehende Gerichtsverfahren in Mailand und wohl unter dem Druck sowie zum Schutz der übrigen Gesellschafter musste Eduard Burckhardt die «Schweizerische Motorfahrrad-Gesellschaft» auf eine neue juristische Grundlage stellen. Am 25. April 1895 erfolgten die Publikation der Zession (Übertragung) des Schweizer Patents «Motorzweirad» von den Erfindern auf die «Schweizerische Motorfahrrad-

Abb. 87 | Porträt Édouard Crémieux-Koechlin ca. 1880–1900.

Gesellschaft»[277] und am 30. Juli 1895 der Handelsregister-Eintrag der «Schweizerischen Motorfahrrad-Gesellschaft» als Kommanditgesellschaft:[278]

> «Unter der Firma **Schweizerische Motorfahrrad-Gesellschaft (Société Suisse de Véhicules à Moteur) Ed. Burckhardt & Cie** hat sich, mit Sitz in Basel, eine Kommanditgesellschaft gebildet, welche mit 1. November 1894 begonnen hat. Unbeschränkt haftender Teilhaber ist Eduard Burckhardt von und in Basel. Kommanditär mit dem Betrage von Fr. 110,000.– (Einhundert und zehntausend Franken) ist die Firma ‹Ed. Crémieux & Cie› in Genf. Natur des Geschäftes: Erwerbung und Verwertung des Schweizer Patentes der Firma ‹Hildebrand & Wolfmüller› in München. Geschäftslokal: Austrasse 85.»

Das bisherige Finanzkonsortium wurde damit in eine ordentlich eingetragene Handelsfirma umgewandelt, sodass die passiven Gesellschafter nicht mehr hafteten, die Bank Crémieux mit einer Beschränkung auf den Gegenwert der gekauften Patente, Eduard Burckhardt hingegen unbeschränkt, d. h. mit seinem gesamten Vermögen. Trotz der Änderung der Gesellschaftsform galt im Innenverhältnis der Gesellschafter die in der Sitzung vom 17. Januar 1895 beschlossene Teilung in Gewinn und Verlust weiterhin (Abb. 71). Die Formel lautete neu: «Eine einfache Gesellschaft, die nach Aussen als Kommanditgesellschaft auftritt».[279] Auffällig ist, dass der Erwerb und die Verwertung des italienischen Patents nicht zum publizierten Geschäftszweck gehörten. Da die Kommanditsumme genau der Summe der Preise des schweizerischen und des italienischen Patents entsprach und diese wahrscheinlich der Firma «Ed. Crémieux & Cie» als Sicherheit dienten, gehörte Letzteres weiterhin zur Geschäftsgrundlage.

5.7 Die Konkurseröffnung über «Hildebrand & Wolfmüller»

> «Die gemeinschuldnerische Firma [Hildebrand & Wolfmüller] ist mitten in der Entwicklung unverschuldeter Weise in Zahlungsstockung geraten. Die Versilberung der Massa ist in einer Weise fortgeschritten, dass nach Aufhebung des Konkurses von einer Fortsetzung der bisherigen Geschäftsführung nicht zu denken ist.»
>
> Rechtsanwalt Dr. jur. Theodor Löwenfeld, 1896.[280]

Am 31. Juli 1895 meldeten «Hildebrand & Wolfmüller», man habe «[…] neuerdings wieder größere Aufträge aus China und Japan erhalten und gingen bereits diese Woche die ersten Motor-Zweiräder nach diesen Ländern ab».[281]

Unmittelbar danach, am 13. August 1895, erfolgte ein Donnerschlag: Die «Schweizerische Motorfahrrad-Gesellschaft Ed. Burckhardt & Cie» beantragte vor dem Amtsgericht in München die Konkurseröffnung gegen «Hildebrand & Wolfmüller Motorfahrrad-Gesellschaft» (Abb. 89)![282] Aus den verfügbaren Konkursakten geht nicht hervor, welche konkrete Forderung die «Schweizerische Motorfahrrad-Gesellschaft» gegenüber «Hildebrand & Wolfmüller» anführte.[283] «Hildebrand & Wolfmüller» stellten umgehend die Zahlungen ein.[284] Als Ursache für die Zahlungsschwierigkeiten gab die Firma kurz danach an:[285]

> «München, 16. August. Nach einer Meldung [der ‹Münchner neueste Nachrichten›] ist die Motorfahrradfabrik Hildebrand und Wolfmüller in Zahlungsschwierigkeiten geraten. Es soll dies dadurch entstanden sein, daß eine auswärtige Firma, welche erhebliche Bestellungen gemacht hatte, ihren vertragsmäßigen Verbindlichkeiten nicht nachkam. Außerdem ist ein Neubau von der obigen Firma ausgeführt worden, der sich anscheinend über ihre Verhältnisse hinaus gestaltet hat.»

Damit kam die Produktion der Motor-Bicyclettes von «Hildebrand & Wolfmüller» in München zum Erliegen.[286] Der inkriminierte, säumige Debitor ist nicht dokumentiert. Heinrich Hildebrand und Alois Wolfmüller als die beiden Gemeinschuldner versuchten sofort, die Konkurseröffnung abzuwenden. Sie zeichneten das Bild einer grundsätzlich gesunden Unternehmung mit Aktiven von 913 000 Mark gegenüber Passiven von 489 000 Mark. Schon am 20. August vermeldete die Presse ihr Angebot an die Gläubiger: Ein Drittel der Forderungen sollten binnen sechs Wochen, ein weiteres Drittel binnen drei Monaten und das letzte Drittel binnen weiterer drei Monate bezahlt werden. Es war wohl Heinrich Hildebrand, der den Medien mitgab: «Es sind ernstliche Bestrebungen im Gange, die Fabrik mit Rücksicht auf die Ausbeutung der Patente in irgend welcher Weise zu erhalten.»[287]

Diesem Vorschlag folgte die am 20. August einberufene Gläubigerversammlung nicht und beschloss die Einsetzung eines siebenköpfigen Ausschusses, welcher die weitere Geschäftsführung übernahm (Abb. 89).[288]

Auch Eduard Burckhardt hoffte noch auf eine Rettung der «Hildebrand & Wolfmüller» und bat die «Maschinenbau-Gesellschaft Basel» anfangs September, den bestehenden Auftrag lediglich auszusetzen:[289]

> «Diese zahlreichen Mängel und Schwächen der Erfindung veranlassten die Beklagte [Schweizerische Motorfahrrad-Gesellschaft] Anfangs September 1895 zu dem Antrage, es möge vorerst die Arbeit sistiert werden, damit dann in der nächstjährigen Saison auf Grund einer neuen Vereinbarung auch die neuesten Modelle benützt und alle Veränderungen und Verbesserungen verwertet werden könnten, welche damals schon erfunden waren und bis dahin etwa noch erfunden werden würden.»

Folgerichtig modifizierte die «Ed. Burckhardt» Ende September 1895 ihr Inserat für die Motorfahrzeuge, indem sie die zweisitzigen «Motor-Tandem-Bicyclettes» strich, die nicht mehr aus München zu erwarten waren. Dafür offerierte sie zusätzlich zu den «Motor-Bicyclettes» auch die Besichtigung des «Motor-Wagens» (Abb. 88, zum Vergleich Abb. 85).

Ende September boten Heinrich Hildebrand und Alois Wolfmüller der Gläubigerversammlung an, die Hälfte der Forderungen in bar und die andere Hälfte in Aktien einer zu gründenden Aktiengesellschaft zu begleichen.[290] Auch dieser Vorschlag fand kein Gehör, sodass die beiden am 1. Oktober 1895 die Zahlungsunfähigkeit anerkannten und sich dem Antrag der «Schweizerischen Motorfahrrad-Gesellschaft» anschlossen.[291] Am 2. Oktober entschied das «Königliche Amtsgericht München I», das Konkursverfahren unter der Nummer 84/1895 einzuleiten (Abb. 89).[292]

Um doch noch dem Konkurs zu entgehen, schlugen Heinrich Hildebrand und Alois Wolfmüller einen Zwangsvergleich vor.[293] Danach sollten unter Verzicht auf alle weiteren Ansprüche binnen 14 Tagen 20 Prozent und binnen zwei Jahren 13⅓ Prozent, also insgesamt ein Drittel der festgestellten Forderungen der 64 Gläubiger von total 391 236 Mark bezahlt werden.[294] Heinrich Hildebrand und Alois Wolfmüller versprachen sogar, die zweite Tranche vorher zu begleichen, falls sich Käufer für ihre Patente fänden.[295]

Mit Blick auf die nach Beschluss des Zwangsvergleichs sofort fälligen 20 Prozent der festgestellten Forderungen, d.h. 78 247.20 Mark, veranlasste der Konkursverwalter in München anfangs 1896, also noch vor dem diesbezüglichen Gerichtsbeschluss, die Verwertung der Anlagen (Abb. 81) und des Grundstücks an der Schönstrasse, wo die neue Halle bereits fertig gebaut war (Abb. 47).

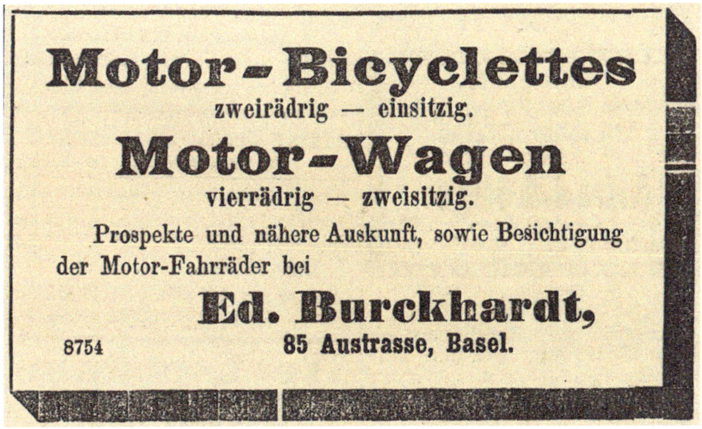

Abb. 88 | Inserat «Ed. Burckhardt» für Motor-Bicyclettes und Motor-Wagen, erstmals in BN 51 1895 259 vom 24.9.1895.

Das Interesse Eduard Burckhardts an den Motor-Bicyclettes war im Herbst 1895 verflogen, wie die «Maschinenbau-Gesellschaft Basel» in ihrer Klageschrift ernüchtert feststellte:[296]

> «Vollendet sind mit den Verstärkungsarbeiten an den Vorderradgabeln versehen, sind ferner auch die 5 Stücke der ersten Bestellung. Doch hat auch von diesen trotz wiederholter mündlicher und schriftlicher Aufforderungen die Beklagte [Schweizerische Motorfahrrad-Gesellschaft] erst eines bezogen.»

Am 30. Januar 1896 war der Gerichtstermin vor dem Civilgericht in Mailand terminiert. Sowohl Eduard Burckhardt als auch Max Türkheimer bereiteten sich darauf vor.

In Mailand waren Ende September 41 der vertraglich vereinbarten 70 Motor-Bicyclettes, die bis im August aus München zu liefern waren, noch offen. Zudem waren die ersten zehn Stück aus der Schweizer Produktion in Verzug. Am 28. September teilte Eduard Burckhardt Max Türkheimer mit, dass er 20 Maschinen bei der Speditionsfirma Danzas in Basel eingelagert habe, sie aber nicht nach Mailand liefern werde. Am 2. November meldete er, dass er zehn Schweizer Einheiten ebenfalls dort deponiert habe. Da kamen in Mailand Zweifel an der Existenz dieses Bestandes auf, sodass Max Türkheimer Gewissheit haben wollte. Er reiste nach Basel und tauchte in Begleitung seines Basler Rechtsvertreters, Notar Dr. Emil Stöcklin, bei der «Danzas & Cie» an der Holbeinstrasse 2 auf. Ohne Erfolg: Sie trafen zwar den Miteigentümer der Firma an, Laurent Werzinger-Waltz (den sie für einen Angestellten hielten); dieser erklärte das Lager zum Geschäftsgeheimnis, dessen Besichtigung der Bewilligung der Eigentümerin, d.h. der «Schweizerischen Motorfahrrad-Gesellschaft», sprich von deren Gesellschafter Eduard Burckhardt bedürfe. Man telefonierte mit Letzterem, doch dieser lehnte strikte ab.[297]

Konk. Reg. No 84/1895 Abschrift

Königl. Amtsgericht München I München 2. Oktober 1895
[?] A.f.C.S. [Abteilung A für Civilsachen]

Konkurseröffnungs-Beschluß
Im Namen Seiner Majestät des Königs
von Bayern.

Auf den von der Commanditgesellschaft Schweizerische Motorfahrrad Gesellschaft Ed. Burckhardt u Cie vertr. durch den persönlich haftenden Theilhaber Kaufmann Eduard Burckhardt in Basel, dieser durch Rechtsanwalt Dr Löwenfeld in München vertreten, sowie auf den von den Kaufleuten Heinrich Hildebrand und Alois

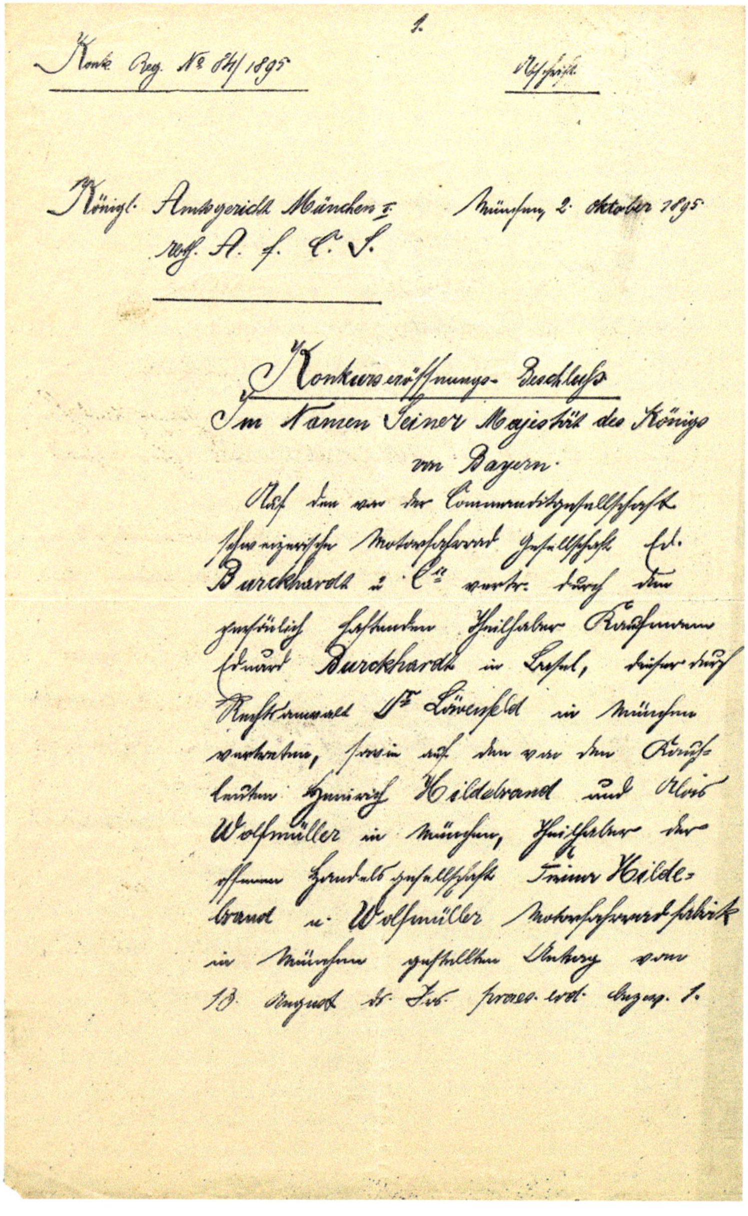

Wolfmüller in München, Teilhaber der offenen Handelsgesellschaft Firma Hildebrand u. Wolfmüller Motorfahrradfabrik in München gestellten Antrag vom 13. August ds. Jrs. [?] evd. bezw. 1. ds. M. über das Vermögen der offenen Handelsgesellschaft Hildebrand u. Wolfmüller das Konkursverfahren einzuleiten, wird in Erwägung,

daß die schuldnerische Gesellschaft in München ihren allgemeinen Gerichtsstand hat,

daß die Zahlungsunfähigkeit hinreichend glaubhaft gemacht ist,

daß auch die Forderungen der Antragstellerin Ed. Burckhardt u. Cie genügsam bescheinigt ist,

1., über das Vermögen der offenen Handelsgesellschaft Hildebrand u. Wolfmüller Motorfahrradfabrik in München, Colosseumstraße 1 der Konkurs eröffnet;

2., der Konkursverwalter Rechtsanwalt Dr Harburger II. dafür ernannt;

3., der offene Arrest erlassen und die Anzeigeschrift in dieser Richtung bis zum Samstag, 9. November 1895

einschließlich festgesetzt;

4., die Frist zur Anmeldung der Konkursforderungen bis zum Samstag, den 9. November 1895 einschließlich bestimmt;

5., Wahltermin zur Beschlußfassung über die Wahl eines anderen Verwalters, sowie über die Bestellung eines Gläubigerausschusses, der über die in § 120 und 125 der Konkursverordnung bezeichneten Fragen auf:

Mittwoch, den 30. Oktober 1895
Vormittags 9 ¾ Uhr

Zimmer N° 43/II. anberaumt;

6., der allgemeine Prüfungstermin auf:

Mittwoch, den 20. November 1895,
Vormittags 9 ¼ Uhr

Zimmer N° 43/II. festgesetzt;

7., provisorisch ein Gläubigerausschuß bestellt, zu dessen Mitgliedern ernannt wurden:

1., k. [?] Justizrath Bienenfeld,
2., Rechtsanwalt Max Danzer,
3., Fabrikbesitzer Sagg jr,
4., Handelsrichter Benjamin Lismann,
5., Agent Wilhelm Sporer, sämtliche in München wohnhaft.

Also beschlossen Vormittags ½ 9 Uhr.
gez. Dr. Nortz
k. Amtsrichter.

Für den Gleichlaut mit der Abschrift
München, 2. Oktober 1895.
der
königl. Gerichtsschreiber:
Kirsch

Abb. 89 | Konkurseröffnungs-Beschluss des «Königlichen Amtsgerichts München I» vom 2. Oktober 1895. Erste Seite der Abschrift und Transkription des ganzen Dokuments betreffend die Konkurseröffnung über die «Offene Handelsgesellschaft Hildebrand & Wolfmüller».

Was war geschehen? Hatte sich Eduard Burckhardt wirklich Motor-Velos aus München beschafft? Mit Bewilligung des mit der Geschäftsführung der «Hildebrand & Wolfmüller» betrauten Gläubigerausschusses und gegen sofortige Bezahlung wäre das möglich gewesen. Tatsächlich findet sich in der Aufstellung über die Einnahmen und Ausgaben der «Schweizerischen Motorfahrrad-Gesellschaft», dem «Exposé général» vom Juni 1897 (Tabelle 5), ein Posten Ausgaben für «Maschinen» von total 16 132.70 Franken.[298]

Über die tatsächlich vorhandenen Motor-Bicyclettes und Bestandteile verschaffte sich Eduard Burckhardt am 6. Dezember 1895, beurkundet vom Notar Wilhelm Vischer[299] in Basel, eine Übersicht (Tabelle 4).[300]

Tabelle 4 | Die Bestände an Motor-Bicyclettes, halbfertigen Motor-Bicyclettes und Bestandteilen in der Schweiz Dezember 1895
Von Notar Wilhelm Vischer am 6. Dezember 1895 in Basel notariell beglaubigt.

Motor-Bicyclettes komplett in Basel	32
Motor-Bicyclettes komplett in Genf	15
Total Motor-Bicyclettes in der Schweiz	47
Halbfertige Motor-Bicyclettes und Komponenten	
Gestelle mit Motor	20
Gestelle ohne Motor	16
Vorderradgabeln verstärkt	54
Motoren komplett	45
Motoren mit Zylinder gebohrt	20
Wassertanks (Hinterradabdeckungen)	75
Sättel komplett	10
Werkzeugtaschen	10
Kiste mit Kleinteilen	–

Zum Zeitpunkt der Sistierung der Produktion anfangs September 1895 lagen bei der «Maschinenbau-Gesellschaft Basel» 17 fertige Maschinen, die zusammen mit den Komponenten und Einzelteilen Teil des Inventars vom 6. Dezember 1895 bildeten (Tabelle 4).[301] Hatte Eduard sich bei «Hildebrand & Wolfmüller» 15 Maschinen besorgt und kam so der Bestand von 32 Stück in Basel zustande?[302] Hatte er sich in München sogar 20 Maschinen besorgt?[303] Wahrscheinlich hätte die «Maschinenbau-Gesellschaft Basel» die fertigen Motor-Velos gegen Bezahlung schon im September 1895 herausgegeben. Ebenso wahrscheinlich ist, dass Eduard Burckhardt eine Festsetzung seiner Lieferungen befürchten musste, sobald die Maschinen im Zoll in Italien eintrafen. Ob sich Max Türkheimer zu diesem Zeitpunkt auf Vorkasse eingelassen hätte, ist mehr als fraglich.

Wenn es Eduard Burckhardt daran gelegen gewesen sein sollte, die Lieferfähigkeit der «Schweizerischen Motorfahrrad-Gesellschaft» zu beweisen, dann ist ihm das gründlich misslungen. Der Anwalt von Max Türkheimer plädierte jedenfalls darauf: «1° Vero che presso l'impresa Danzas di Basilea non esistevano e non esistono le complessive 30 Biciclетti a motore [...]» [1. Es ist richtig, dass die insgesamt 30 Motor-Bicyclettes bei der Firma Danzas in Basel weder existierten noch existieren [...]][304] Das notarielle Gutachten über die sich in der Schweiz befindlichen Bestände gemäss Tabelle 4 sollte wohl als Gegenargument dienen. Nichtsdestotrotz forderte der Anwalt von Max Türkheimer die Aufhebung des Vertrags über die Lieferung der 150 Motor-Bicyclettes und einen Schadensersatz von 12 267.50 Lire. Zudem verlangte er die Rücküberweisung der Anzahlung über total 8000 Lire plus Zins von sechs Prozent darauf.[305]

Diesen Verlauf schien auch Eduard Burckhardt antizipiert zu haben, denn am 15. November 1895 ersuchte er die «Maschinenbau-Gesellschaft Basel», die Arbeiten einzustellen und gemeinsam eine gütliche Liquidation des Geschäfts anzustreben; am 3. Dezember bat er um die definitive Liquidation. Die «Maschinenbau-Gesellschaft Basel» verlangte am 18. Dezember 1895 für die geleisteten Arbeiten 45 200 Franken, d. h. nach Abzug der Anzahlung von 23 000 Franken und einigen Kleinbeträgen, einen Restbetrag von 24 213.01 Franken.[306] Damit verband sie das Angebot, «17 fertige Maschinen und die vorhandenen Bestandteile für die übrigen 83 im derzeitigen Stadium der Fabrikation» der Auftraggeberin zu überlassen.[307]

Diese Rechnung lehnte Eduard Burckhardt umgehend ab mit der Begründung, dass «im Durchschnitt die halbe Arbeit an den 100 zu liefernden Maschinen gemacht sei» und die Berechnungsbasis der vereinbarte Netto-Auftragswert von 51 125 Franken plus nachgewiesene zusätzliche Kosten sein müsse. Als gewiefter Kaufmann erkannte er sofort, dass ihm die «Maschinenbau-Gesellschaft Basel» auch ihre Mehrkosten anlasten wollte und konterte: «Ein blosser Conto-Corrent-Auszug macht keinen Beweis für die Rechtmässigkeit einer Forderung.»[308]

Eduard Burckhardt verfolgte eine andere Idee: Er wollte im Gerichtsverfahren in Mailand den Liefervertrag als gültig anerkennen und den gesamten Bestand an Motor-Bicyclettes und Teilen in der Schweiz unter Aufsicht der Mailänder Justiz und auf Kosten des Klägers verkaufen lassen.[309] Das scheiterte im Prozess am 30. Januar 1896, denn das Mailänder Civilgericht sah es als erwiesen an, dass die «Schweizerische Motorfahrrad-Gesellschaft» den Vertrag nicht erfüllt hatte. Zudem folgte es dem Gutachten von Giuseppe Ricordi und bescheinigte in seinem Urteil den gelieferten Motor-Bicyclettes, dass sie aufgrund der vielen Konstruktionsmängel unbrauchbar seien «[...] e per di più pericolosissime all'incolumità personale e persino alla vita di chiunque si attentasse di adoperarle.» [[...] und darüber hinaus die persönliche Unversehrtheit und sogar das Leben eines jeden auf das Höchste gefährden, der versucht, sie zu verwenden]![310] Trotzdem ging Eduard Burckhardt in Revision.

Gegenüber «H.W. Schladitz» behalf er sich mit einer «Verfügungsstellung», d.h. er weigerte sich, die insgesamt 40 am 17. und 18. Juli verschickten Gestelle anzunehmen mit der Begründung, die Lieferfrist sei nicht eingehalten worden.[311] Das akzeptierten die Dresdner nicht und leiteten nach erfolgloser, zweimaliger Betreibung einen Prozess vor dem Civilgericht in Basel ein.[312] Die Forderung lautete auf Bezahlung der offenen 9350 Franken (7100 Mark) aus der Lieferung der letzten 40 Gestelle zusätzlich Zinsen sowie die Abnahme der letzten sechs Gestelle aus der Bestellung.[313] Im Vergleich am 29. April 1896 musste Eduard Burckhardt die 40 angefochtenen Gestelle bezahlen, dafür verzichtete «H.W. Schladitz» auf die Verrechnung der nicht gelieferten sechs Gestelle mit den Nummern 95–100.[314]

Gut ein Jahr nach der Konkurseröffnung, am 2. Oktober 1895, stimmte die Gläubigerversammlung der «Hildebrand & Wolfmüller» in München dem Zwangsvergleich zu, und das zuständige Königliche Amtsgericht bestätigte diesen am 2. November 1896.[315]

Im Juni 1897 erstellte Eduard Burckhardt für die Gesellschafter der «Schweizerischen Motorfahrrad-Gesellschaft» einen Überblick über den Stand des Geschäfts mit den Motor-Bicyclettes, das sogenannte «Exposé général» (Tabelle 5; Abb. 90). Diese Grundlage verwendete der Anwalt Hermann Stumm zur Begründung der Ansprüche der «Schweizerischen Motorfahrrad-Gesellschaft Ed. Burckhardt & Cie» an den Nachlass von Eduard Burckhardt (Abb. 71). In der ernüchternden Abrechnung standen Ausgaben von 208 508 Franken Einnahmen von Dritten in Höhe von 12 382 Franken gegenüber. Um den entstandenen Verlust zu decken, entfiel auf jeden der solidarisch haftenden Gesellschafter ein Anteil von 24 515.75 Franken.

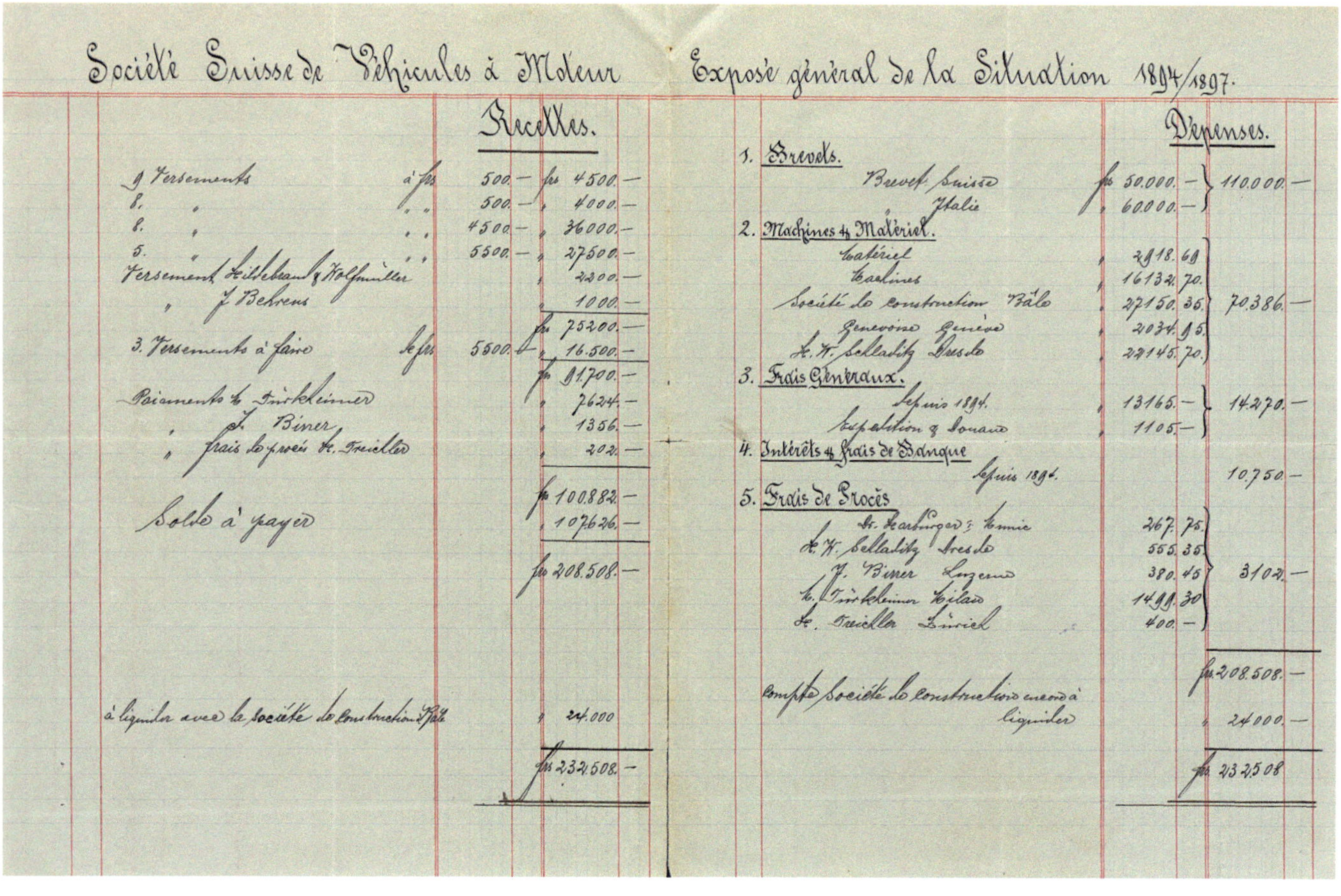

Société Suisse de Véhicules à Moteur — Exposé général de la Situation 1894/1897.

Recettes.

9 Versements à frs 500.– frs 4500.–
8 " " 500.– " 4000.–
8 " " 4500.– " 36000.–
5 " " 5500.– " 27500.–
Versement Hildebrand & Wolfmüller " 2200.–
" J. Behrens " 1000.–
frs 75200.–
3. Versements à faire de frs 5500.– " 16.500.–
frs 91700.–
Paiements de Dürkheimer " 7624.–
" J. Biner " 1356.–
" frais de procès H. Treichler " 202.–
frs 100882.–
Solde à payer " 107626.–
frs 208.508.–
à liquider avec la Société de Construction Bâle " 24.000
frs 232.508.–

Dépenses.

1. Brevets.
Brevet Suisse frs 50.000.–
Italie " 60000.– | 110.000.–
2. Machines & Matériel.
Matériel " 2918.60
Machines " 16132.70
Société de construction Bâle " 27150.35
Genevoise Genève " 2034.95
H.W. Schladitz Dresden " 22145.70 | 70.386.–
3. Frais Généraux.
depuis 1894. " 13165.–
Expédition & Douane " 1105.– | 14.270.–
4. Intérêts & frais de Banque
depuis 1894. | 10.750.–
5. Frais de Procès
Dr. Harburger & Cmie 267.75
H.W. Schladitz Dresden 555.35
J. Biner Luzern 380.45
H. Dürkheimer Milan 1499.30
H. Treichler Zürich 400.– | 3102.–
frs 208.508.–
Compte Société de construction encore à liquider " 24000.–
frs 232508

Abb. 90 | Zeitgenössische Abschrift des «Exposé général» über die Geschäftslage der «Schweizerischen Motorfahrrad-Gesellschaft Ed. Burckhardt & Cie» in den Jahren 1894–1897, erstellt von Eduard Burckhardt im Juni 1897. Transkription s. Tabelle 5 mit Anmerkungen. Es handelt sich um ein Schlüsseldokument für die vorliegende Untersuchung, denn darin wurden alle Lieferanten und Gerichtsfälle mit den zugehörigen Ausgaben und Einnahmen gelistet. Von besonderer Bedeutung ist die fünfte Zeile unter «Recettes» mit dem Eintrag «Versement Hildebrand & Wolfmüller frs. 2200.–».

Tabelle 5 | Transkription des «Exposé général» über die Geschäftslage der «Schweizerischen Motorfahrrad-Gesellschaft Ed. Burckhardt & Cie» in den Jahren 1894–1897 gemäss Abb. 90

	Einnahmen			Ausgaben	
1. **Einlagen.**			1. **Patente.**		
Hildebrand & Wolfmüller	frs 2200.–		Patent Schweiz	frs 50 000.–	
M. Behrens	frs 1000.–	frs 3200.–	Patent Italien	frs 60 000.–	frs 110 000.–
2. **Maschinen & Material.**			2. **Maschinen & Material.**		
M. Türkheimer	frs 7624.–		Material	frs 2918.69	
F. Birrer	frs 1356.–		Maschinen	frs 16 132.70	
Gerichtskosten H. Treichler	frs 202.–	frs 9182.–	Maschinenbau-Gesellschaft, Basel	frs 27 150.35	
			Société Genevoise, Genève	frs 2034.95	
Saldo zulasten Gesellschafter.		frs 196 126.–	H. W. Schladitz, Dresden	frs 22 145.70	frs 70 386.–
Anteil pro Gesellschafter.	frs 24 515.75		3. **Allgemeine Kosten.**		
			seit 1894	frs 13 165.–	
			Versand & Zoll	frs 1105.–	frs 14 270.–
			4. **Zinsen & Bankspesen.**		
			seit 1894		frs 10 750.–
			5. **Gerichtskosten.**		
			Dr. Harburger, München	frs 267.75	
			H.W. Schladitz, Dresden	frs 555.35	
			F. Birrer, Luzern	frs 380.45	
			M. Türkheimer, Mailand	frs 1499.30	
			H. Treichler, Zürich	frs 400.–	frs 3102.–
		frs 208 508.–			frs 208 508.–

Anmerkungen

- Quelle: StABS, Gerichtsarchiv PP 1.362 No. 517 1897, Dossier Gläubiger No. 44: Ed. Crémieux & Cie et al.
- Hermann Stumm hat das «Exposé général» dazu verwendet, die Forderung der «Schweizerischen Motorfahrrad-Gesellschaft» von 24 515.75 Franken (abzgl. der bereits geleisteten Einlage von 6900 Franken) zulasten des Nachlasses von Eduard Burckhardt zu begründen (Abb. 71; Abb. 90; Tabelle 11).
- Die Gesellschafter hatten zu diesem Zeitpunkt Einlagen über 71 500 Franken geleistet: 9 × 500 + 8 × 500 + 8 × 4500 + 5 × 5500 = 72 000, s. Abb. 90. In den ersten 9 × 500 steckt die Einlage von Ferdinand Birrer im Dezember 1894. Sie wurde den Einlagen der haftenden Gesellschafter zugerechnet. In der achten Zeile werden die offenen Einlagen (3 versements à faire) mit 3 × 5500 = 16 500 aufgeführt.
- «Hildebrand & Wolfmüller» und Max Behrens zählten nicht zum Kreis der solidarisch haftenden Gesellschafter und ihre Einlagen wurden deshalb separat ausgewiesen. Das ergibt sich aus dem Total der Forderung von 24 515.75 × 8 = 196 126.– Franken, s. Abb. 71.
- Nicht berücksichtigt ist die noch offene Forderung der «Maschinenbau-Gesellschaft Basel». Im Original war sie mit 24 000 Franken aufgeführt, aber nicht in die Berechnung der Forderung gegenüber den Gesellschaftern einbezogen, s. dazu Abb. 90. Diese erfolgte deshalb «vorbehalten weiterer Ansprüche», s. dazu Abb. 71.
- Nicht geklärt werden konnte die Rolle der «Société Genevoise».
- Die finanzielle Lücke von 196 126 Franken abzüglich 72 000 Franken finanzierte sehr wahrscheinlich die «Ed. Crémieux & Cie» durch die Kommanditsumme von 110 000 Franken und einen Kredit von 14 126 Franken.
- Die Aufstellung wurde passend zum Wortlaut im Text neu geordnet und von Französisch auf Deutsch übersetzt.
- Die Rundungen auf ganze Franken entsprechen dem Original. Ebenso die geringen Abweichungen der Summen, s. Abb. 90.

Ein Plot von Eduard Burckhardt und Heinrich Hildebrand?

In Eduard Burckhardts «Exposé général» figurierte eine geleistete Einzahlung der «Hildebrand & Wolfmüller» von 2200 Franken. Dieser Betrag entsprach genau 20 Prozent der regulären Einlage eines Gesellschafters der «Schweizerischen Motorfahrrad-Gesellschaft» von 11 000 Franken. «Hildebrand & Wolfmüller» mussten aufgrund des Zwangsvergleichs in München vom 2. November 1895 ihren Kreditoren in der ersten Tranche noch im gleichen Monat 20 Prozent von deren Forderungen auszahlen. Es erscheint daher plausibel, dass Eduard Burckhardt den für die Münchner Firma entscheidenden Antrag auf Konkurseröffnung vom 13. August 1896, mit deren noch offenen Einlage geltend gemacht hatte. Damit löste er den Prozess aus, der zwar nicht zum Konkurs, aber faktisch zur Abwicklung von «Hildebrand & Wolfmüller» führte.[316]

Hält man sich an die Aussage von Eduard Burckhardt im September 1895, wonach er einen Neustart mit einer verbesserten Konstruktion der Motor-Bicyclette plane, dann kann man sich zumindest fragen, ob der Antrag auf Konkurseröffnung gegen «Hildebrand & Wolfmüller» Teil eines Plots zwischen ihm und Heinrich Hildebrand war. Der Verlust der ersten Tranche des Grossauftrags von Max Türkheimer über 70 Motor-Bicyclettes, der einen Umsatz von 45 500 Mark oder 56 875 Schweizer Franken bedeutet hätte, war zweifellos sehr schmerzlich für die Münchner Firma. Die Qualitätsprobleme der Motor-Bicyclettes aus dem Stammhaus waren im Sommer 1895 vielen potentiellen Käufern bekannt. Wollte man das Projekt retten, brauchte man Zeit ... und Geld.

War der Antrag auf Konkurseröffnung wirklich als Todesstoss gedacht? Oder war es ein Versuch, durch Verlängerung der Zahlungsfristen Zeit zu gewinnen, z. B. um die Produktion in der neuen Halle zusammenzuführen? War das Konstrukt einer Beteiligung von «Hildebrand & Wolfmüller» an der «Schweizerischen Motorfahrrad-Gesellschaft» nur ein Vorwand, damit letztere beim Civilgericht in München eine Forderung geltend machen und so das Konkursverfahren anstossen konnte? Nicht ins Bild passt, dass Heinrich Hildebrand und Alois Wolfmüller nie versucht haben, eine echte Sanierung vorzuschlagen und neues Geld zu mobilisieren. Vielleicht hatte die Gläubigerversammlung schon sehr rasch solche Gedanken ins Reich der Träume verwiesen. Schliesslich wählte sie ein Ende mit Schrecken.

Eine Spekulation? Sicher, denn die handfesten Beweise fehlen! Anderseits konnten im Rahmen der Recherchen keinerlei Meinungsverschiedenheiten zwischen Eduard Burckhardt und Heinrich Hildebrand festgestellt werden. Die Werbungen für ein «Motor-Tandem-Bicyclette», welche die «Ed. Burckhardt» noch im Juni 1895 schaltete, ist das beste Beispiel dafür, wie eng man kooperierte (Abb. 85).

5.8 Das rasche Ende des Geschäfts mit der Motor-Bicyclette

> «Beklagte [Schweizerische Motorfahrrad-Gesellschaft] ersuchte am 15. November [1895] Klägerin [Maschinenbau-Gesellschaft Basel], die Fabrikation des bisherigen Modells völlig einzustellen und neue Modelle abzuwarten. Klägerin möge den Preis der einzelnen hergestellten Maschinenteile angeben, damit Beklagte ihre Bilanz aufstellen und event. für diese Bestandteile Verwendung finden könne. Am 3. Dezember [1895] erklärte Beklagte geradezu, das ganze Geschäft im jetzigen Stadium der Fabrikation auf gütliche Weise liquidieren zu wollen und wiederholte ihr Gesuch um Preisangabe, wobei Klägerin aber immerhin in Berücksichtigung ziehen möge, dass sie, die Klägerin, die Schuld an dem Misslingen trage, da sie ihre Lieferungstermine nicht eingehalten habe. [...] [Klägerin] berechnete ihre bisherigen Leistungen auf Fr. 45,200.–, woran die Beklagte Fr. 23,000.– angezahlt hatte. [...] Am 3. November 1896 verzichtete Beklagte auf Fertigstellung der 100 Stück Motorfahrräder und offerierte für den vorhandenen Bestand (exclusive die fünf fertigen Stück) Fr. 26,500.– [noch ohne Berücksichtigung der geleisteten Anzahlung], da kaum die Hälfte der Arbeit fertig sei. Eine Einigung kam nicht zu Stande.»
>
> Die Richter am Civilgericht Basel-Stadt, 1898.[317]

«Duncan, Suberbie & Cie» hielten bis anfangs 1896 durch. Nachdem sie über 50 Maschinen produziert und verkauft hatten, verloren sie einen Schadensersatz-Prozess. Das Argument, dass nicht die Motor-Bicyclette schlecht sei, sondern die Bedienung durch den Besitzer, stach vor Gericht nicht, und die Bahn war frei für weitere Ersatzforderungen. Noch im Jahr 1896 kaufte ein Investor die Firma einschliesslich aller Aktiven und Passiven nach dem Prinzip der Unternehmensfortführung (going concern), stellte aber die Produktion der Motor-Bicyclettes ein.[318]

Die Auseinandersetzung mit Max Türkheimer verlangte von Eduard Burckhardt noch einmal volle Konzentration, weil der Termin für die Revision am 3. Dezember 1896 anstand. Noch immer plädierte sein Anwalt Giuseppe Bergmann auf die Gültigkeit des

Liefervertrags und den Verkauf der in der Schweiz liegenden Bestände unter Aufsicht der italienischen Justiz. Das Appellationsgericht kannte jedoch keine Gnade. Es bestätigte das Urteil der Vorinstanz vom 30. Januar 1896, lehnte ohne Umschweife den Antrag auf Revision ab und verurteilte den Kläger zur Zahlung der Berufungsgebühr in Höhe von 1693 Lire (Franken).[319] Vielleicht hatte Eduard Burckhardt schon vor der Verhandlung damit gerechnet. Denn bereits am 3. November 1896 offerierte er der «Maschinenbau-Gesellschaft Basel» «für den vorhandenen Bestand (exclusive die fünf fertigen Stück) Fr. 26 500.–, da kaum die Hälfte der Arbeit fertig sei.»[320] Davon abzuziehen war die bereits geleistete Anzahlung von 23 000 Franken.

Nach dem Zustandekommen des Zwangsvergleichs hob das Gericht in München am 29. Dezember 1896 den Konkurs der Firma «Hildebrand & Wolfmüller» auf.[321] Die Gesellschafter hatten zu diesem Zeitpunkt die erste Tranche von 20 Prozent der Forderungen über 78 247.20 Mark bezahlt.[322]

Anfangs 1897 war das Abenteuer mit der Motor-Bicyclette in Deutschland, Italien und in Frankreich[323] abgeschlossen, wenn man davon absieht, dass «Hildebrand & Wolfmüller» bis Ende 1898 gemäss Zwangsvergleich noch 13⅓ Prozent der Forderungen ihrer Kreditoren, resp. 52 165 Mark, zu begleichen hatten.

In Basel dauerte es etwas länger. Offen waren zu diesem Zeitpunkt weiterhin Forderungen der «Maschinenbau-Gesellschaft Basel» sowie von Max Türkheimer, die beide 1897/1898 vor dem Civilgericht in Basel-Stadt gegen die «Schweizerische Motorfahrrad-Gesellschaft» prozessierten.

Der Markt für die Motor-Bicyclettes brach sofort in sich zusammen. Die Versteigerung der in Italien beschlagnahmten 23 Maschinen erbrachte am 27. März 1898 insgesamt 4499.80 Lire, d.h. im Schnitt 196 Lire oder Franken, resp. 157 Mark.[324] Die gerichtliche Gant (öffentliche Versteigerung) von drei neuen Motor-Bicyclettes im Besitz von Eduard Burckhardt am 4. Juli 1898 erzielte brutto 461 Franken (Abb. 158), entsprechend rund 150 Franken, resp. 120 Mark, pro Stück. Insgesamt betrug der Wertverlust fast 90 Prozent. Noch einmal ein Jahr später kamen in Basel sechs Motor-Bicyclettes im Besitz der «Schweizerischen Motorfahrrad-Gesellschaft Ed. Burckhardt & Cie» unter den Hammer (Abb. 161). Sie ergaben einen Brutto-Erlös von 228 Franken oder rund 40 Franken pro Stück. Sie waren möglicherweise nicht mehr im besten Zustand und zusammengeflickt, wie ein Schreiben von Lorenz Popp suggererierte (Abb. 164).

In München erwiesen sich die im Rahmen des Verkaufs der Aktiven von «Hildebrand & Wolfmüller» nach der Konkurseröffnung anfangs 1896 angebotenen «circa 20 fertigen Motorräder» als mindestens teilweise unverkäuflich (Abb. 81). Im April 1896 warben zwei anonyme Inserate noch einmal für «eine Anzahl Motorräder zu sehr billigem Preise» aus der Konkursmasse von «Hildebrand & Wolfmüller», die man in der ehemaligen Werkstatt an der Baumstrasse in München kaufen konnte (Abb. 91).

Alois Wolfmüller hat in seinen Erinnerungen die Glührohrzündung zur entscheidenden Schwäche seiner Motor-Bicyclette erklärt und daran auch das Scheitern festgemacht.[325] Die Schleuderpreise und die klare Problemdefinition führten 1896 zu einem kurzen Aufflackern des bereits erloschen geglaubten Feuers, das die «Hildebrand & Wolfmüller» 1894–1895 entfacht hatte. Der Erfinder Paul Frederick Gans-Fabrice (1866–1915)[326] schlug im Frühling 1896 die Aufrüstung der Motor-Bicyclettes mittels einer Drucklampe vor (Abb. 92), welche die Probleme mit der Zündung zu beheben versprach.[327] Heinrich Hildebrand und Alois Wolfmüller reagierten umgehend und ablehnend

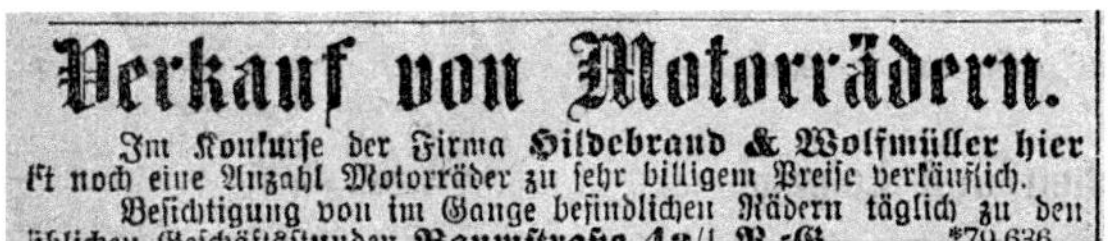
Verkauf von Motorrädern.
Im Konkurse der Firma Hildebrand & Wolfmüller hier ist noch eine Anzahl Motorräder zu sehr billigem Preise verkäuflich.
Besichtigung von im Gange befindlichen Rädern täglich zu den üblichen Geschäftsstunden Baumstraße 4a/1 R.-G. *79.636

Abb. 91 | Aufruf zum Kauf einer Anzahl Motorräder von «Hildebrand & Wolfmüller» in «Münchner Neueste Nachrichten» 49 1896 177 Vorabend-Blatt vom 16.4.1896; s. a. «Münchner Neueste Nachrichten» 49 1896 189 Vorabend-Blatt vom 23.4.1896.

Abb. 92 | Inserat «Dr. Paul F. Gans» für eine Drucklampe in «Münchner Neueste Nachrichten» 49 1896 199 Vorabend-Blatt vom 29.4.1896.

Motor-Fahrrad.
D.R.P. Nr. 78553.

Motor-Zweirad
von Hildebrand & Wolfmüller, München.

Unter Bezugnahme auf das Inserat des Herrn Dr. Paul F. Gans in den „Münchner Neuesten Nachrichten" Nr. 189 erlauben wir uns Folgendes bekannt zu geben:

Durch die Verwendung einer Abbildung unseres Motorrades wird die Meinung hervorgerufen, daß wir mit genanntem Herrn in irgend welcher Verbindung stünden, was jedoch nicht der Fall ist.

Wir verwenden seit längerer Zeit eine Lampenqualität von größter Vorzüglichkeit, die bereits in England und Amerika ausprobirt wurde und sich auch vorzüglich gezeigt hat und zum Preise von zwanzig Mark per Stück zu haben ist. (89.875

Wir bringen über diese Angelegenheit weitere Nachrichten.

Heinrich Hildebrand.
Alois Wolfmüller.

Abb. 93 | Inserat von Heinrich Hildebrand und Alois Wolfmüller zur Frage der Drucklampe (Abb. 92) in «Münchner Neueste Nachrichten» 49 1896 196 Einzige Tages-Ausgabe vom 27.4.1896.
Der Erfinder Paul F. Gans versprach, ein Erkalten der Zünder und Explosionsstörungen während der Fahrt zu verhindern; s.a. «Münchner Neueste Nachrichten» 49 1896 217 Vorabend-Blatt vom 9.5.1896. Das in Abb. 93 erwähnte Inserat in «Münchner Neueste Nachrichten» 49 1896 189 Vorabend-Blatt vom 23.4.1896 konnte nicht gefunden werden. Die Beiden lehnten die Lösung von Paul F. Gans ab und distanzierten sich von ihm. Gleichzeitig propagierten sie ihr eigenes System. Das improvisierte Cliché ist der Tatsache geschuldet, dass das Konkursverfahren gegen ihre Firma immer noch lief und sie keinen Zugriff auf Teile der Konkursmasse hatten.

Motor-Fahrrad.
D.R.P. Nr. 78553.

Aus der Concursmasse Hildebrand & Wolfmüller habe ich einen Posten neuer Motor-Fahrräder erstanden, welche nach Anbringung meiner neuen, tadellos functionirenden, höchst einfachen Drucklampe den weitgehendsten Anforderungen vollständig genügen. 5h

Preis 400 M.

Hans Geisenhof, Ingenieur,
Landsberg (Baiern).

Abb. 94 | Inserat Hans Geisenhof für verbesserte Motor-Bicyclettes mit Drucklampe in Kölnische Zeitung 1896 805 Erste Morgen-Ausgabe vom 9.9.1896. Der Preis von 400 Mark lässt vermuten, dass er die Exemplare sehr günstig kaufen konnte. Auch er verwendete das improvisierte Cliché von Heinrich Hildebrand und Alois Wolfmüller (Abb. 93); s.a. «Strassburger Post» 1896 711 Morgenausgabe vom 11.9.1896.

(Abb. 93). Da das Konkursverfahren immer noch lief, waren ihnen die Hände gebunden. Sie konnten nicht einmal ihr eigenes Cliché verwenden.[328]

Hans Geisenhof versuchte sein Glück mit der gleichen Modifikation, nachdem er sich einen Posten der liegengebliebenen Maschinen besorgt hatte (Abb. 94). Sie sollten «nach Anbringung meiner neuen, tadellos functionierenden, höchst einfachen Drucklampe den weitgehendsten Anforderungen vollständig genügen.» Er bot seine Motor-Bicyclettes für 400 Mark an. Dass er das provisorische Cliché von Heinrich Hildebrand und Alois Wolfmüller verwenden konnte, lässt vermuten, dass die ehemaligen Partner in dieser Sache kooperierten (Abb. 93–94).

Für einen Neustart der Produktion der Motor-Bicyclettes in München fehlte nach der Versteigerung der Maschinen und der neuen Werkhalle jegliche Grundlage (Abb. 67; Abb. 81), auch wenn Heinrich Hildebrand und Alois Wolfmüller dies noch eine Zeit lang versuchten.[329] Ihre Frustration machten sie öffentlich:[330]

> «Sobald neue Erfindungen in den Händen Einzelner sind, so bringt dies immer die Gefahr mit sich, daß, wie es zum Beispiel bei dem Motorrad der Fall ist, dieser Kampf gegen die große Zahl der Interessenten für das Fahrrad dem Einzelnen ungemein erschwert wird. Statt diese deutsche Erfindung des Motor-Zweirades, wie es bei näherer gewissenhafter Überlegung eigentlich am Platze wäre, in jeder Weise zu fördern, wird geradezu mit Gehässigkeit gegen dasselbe gearbeitet.»

Eduard Burckhardt dürften die technischen Herausforderungen kaum gekümmert haben, denn Lorenz Popp begleitete seinen Arbeitgeber ja auf dessen Ausfahrten und besorgte als Monteur alle notwendigen Arbeiten. Dieser zog wohl aus der Beherrschung der komplizierten Technik einen gesunden Stolz. Auch das Verhalten eines «störrischen Maultiers» nahmen die beiden als sportliche Herausforderung an. Das galt ebenso für H. O. Duncan, der es so formulierte:[331]

> «Nevertheless, it was a wonderful invention and the rider got a good deal of pleasure and amusement out of the machine when the motor ran properly.»

Die Nützlichkeit, die Eduard Burckhardt in seinen Werbebotschaften stets herausstrich, fiel bei dieser Argumentation allerdings unter den Tisch.

Den offiziellen Schlussstrich unter das Kapitel setzte der Nachruf auf Heinrich Hildebrand 1928 mit einer diplomatischen Wendung:[332]

> «Durch die kurze Zeit darauf [nach dem Start der Produktion der Motor-Bicyclettes von ‹Hildebrand & Wolfmüller›] in den Handel kommenden de Dion-Bouton-Dreiräder, war das deutsche Motorrad bald überflügelt, so dass die Fabrik von Hildebrand & Wolfmüller ihre Arbeiten bald wieder einstellte.»

6. Vorstoss in den Automobilmarkt mit Motor-Wagen von «Benz» (1896–1897)

6.1 Der «Motor-Wagen» wird marktfähig

«Seit einiger Zeit lenken zwei elegante Wagen die Aufmerksamkeit der Passanten unserer Strassen auf sich. Von unsichtbarer Gewalt vorwärts bewegt, fahren sie in jedem beliebigen Tempo fast geräuschlos einher. Am letzten Freitag [15. Mai 1896] leisteten wir einer freundlichen Einladung des Generalvertreters für die Schweiz, Hrn. Ed. Burckhardt, Austrasse 85, zur näheren Besichtigung und zu einer Probefahrt mit diesen Motor-Wagen Folge. Beide Wagen wurden in der rheinischen Gasmotorenfabrik Benz & Cie in Mannheim erstellt […]»

«Allgemeine Schweizer Zeitung», 1896.[1]

Die beiden deutschen Erfinder Carl Benz (1844–1929, Abb. 96)[2] und Gottlieb Daimler (1834–1900, Abb. 97)[3] verfolgten ab Beginn der 1880er-Jahre die Idee eines schnelllaufenden, leichten Verbrennungsmotors.[4] Während Daimler sich als Motorenbauer für verschiedene Anwendungen verstand, zielte Benz direkt auf den «Motor-Wagen». Die Herausforderung, der sich die beiden stellten, beinhaltete im Rückblick von Carl Benz zwei Aspekte:[5]

«1. mußte der Motor leicht sein, viel, viel leichter als die damals bekannten, ortsfesten Gasmotoren, die selbst bei kleineren Leistungen sich durch ein hohes Gewicht auszeichneten.

Abb. 95 | Ein Benz Vis-à-Vis vor der Remise der «Ed. Burckhardt» am Schützengraben 8 in Basel 1897. Von den Personen auf diesem Foto sind identifizierbar: Eduard Burckhardt am Steuer und gegenüber die beiden Monteure Lorenz Popp vorne und (wahrscheinlich) Wilhelm Eggenschwiler hinten; der fröhliche Kunde neben Eduard Burckhardt dürfte Alexander Clavel-Merian sein, Besitzer einer Seidenfärberei und eines Landgutes in Kleinhüningen. An der Mauer dahinter erkennt man das Firmensignet und die Adresse der Geschäftsstelle an der Austrasse 85. Die Aufnahme entstand im April 1897, als «Benz & Co» zwei Modelle dieses Typs gemäss erhaltenem Kontokorrent nach Basel auslieferte, s. Tabelle 7.

Abb. 96 | Carl Benz (1844–1929).

Abb. 97 | Gottlieb Daimler (1834–1900).

2. mußte der Motor mit höherer Umdrehungszahl laufen, bedeutend schneller als die ortsfesten Gasmotoren jener Zeit, die meistens nur 120–130 Umdrehungen machten in der Minute.»

Carl Benz, der sich bis dahin mit Zweitakt-Motoren beschäftigt hatte,[6] musste zuerst einmal auf das Viertakt-Prinzip umstellen, um höhere Tourenzahlen zu erreichen. Dann waren – in seinen Worten – «drei Unterprobleme» zu bewältigen: die Zündung, der Vergaser mit der Umstellung von Gas auf Benzin als Treibstoff[7] sowie die Kühlung.[8] Für alle diese Funktionen benötigten die Erfinder neue Lösungen.[9]

1885 hatten sowohl Carl Benz als auch Gottlieb Daimler ihre Motoren bereit. «So war denn das Jahr 1884/85 zum Geburtsjahr des Motorwagens geworden.» So schrieb Carl Benz und feierte damit die ersten Fahrversuche mit seinem dreirädrigen «Patent-Motor-Wagen» innerhalb des Werksgeländes in Mannheim.[10] Zur gleichen Zeit entwickelte Gottlieb Daimler zusammen mit seinem engsten Mitarbeiter, dem Konstrukteur Wilhelm Maybach (1846–1929), für seinen Motor ein Zweirad mit Holzrahmen und zwei Stützrädern, den «Petroleum-Reitwagen», den die Söhne Paul und Adolf Daimler vorführten.[11] Ab Frühling 1886 bewegte Carl Benz seinen Motor-Wagen in der Öffentlichkeit.[12] Im Sommer folgte Gottlieb Daimler, der für seine Ausfahrten eine leichte, viersitzige «Americaine-Kutsche» mit einem Motor versehen hatte.[13]

Jacques Ickx hat in seiner Geschichte des Automobils das Jahr 1890 zum «Jahr Eins» erklärt.[14] Er verwies damit auf die entscheidende Rolle, welche die Begegnung der deutschen Erfinder mit interessierten französischen Industriellen anlässlich der Weltausstellung in Paris 1889 spielte.[15] Benz wurde damals in Frankreich von Émile Roger (1850–1897)[16] vertreten, der auch dessen Stationärmotoren verkaufte. 1891 lancierten «Panhard & Levassor» in Paris den «P2C» mit einem Zweizylinder-Motor, gebaut in Lizenz von Daimler. Von diesem Auto stellten sie gleich mehrere Einheiten her und druckten einen Prospekt.[17] Armand Peugeot (1849–1915)[18] experimentierte 1889 im französischen Valentigney bei Montbéliard noch mit einem dampfbetriebenen Fahrzeug und setzte dann ab 1891 ebenfalls auf Motoren von Daimler.[19]

Wichtig für das Verständnis der Entwicklung einer Nachfrage nach diesen neuen Fahrzeugen ist die Tatsache, dass alle genannten Protagonisten beim Start etablierte, erfolgreiche Maschinenfabrikanten waren: Benz und Daimler erfahrene Hersteller von Stationärmotoren, «Panhard & Levassor» von Holz- und Metallbearbeitungsmaschinen[20] sowie «Peugeot» von Metallwaren aller Art, insbesondere von Velocipeden. Ihre Erfahrung in der Konstruktion und im Verkauf von technischen Produkten war entscheidend dafür, dass das Automobil rasch eine Käuferschaft finden konnte. «Benz», «Panhard & Levassor» und «Peugeot» als die drei ersten nennenswerten Hersteller von Automobilen produzierten bis 1897, dem Todesjahr von

Eduard Burckhardt, rund 1500 Stück.[21] Sportliche Wettfahrten trugen zur Profilierung ihrer Marken bei, denn sie dominierten auch die Klassemente der Rennen «Paris–Bordeaux–Paris» über 1200 Kilometer vom 11.–13. Juni 1895 und «Paris–Marseille–Paris» über 1710 Kilometer vom 24. September bis 3. Oktober 1896.[22] Ab diesem Jahr nahm die Nachfrage nach Automobilen in Europa und Nordamerika rasch zu, und es tauchten zahlreiche neue Marken auf.[23]

Eine Sichtung von Meldungen in der Schweizer Tagespresse lässt vermuten, dass einer der ersten Besitzer einer «Dampfkutsche» in der Schweiz 1892 der Seidenappreteur Conrad Schaad aus Zürich war. Um das neue Phänomen für die Leserschaft anschaulich zu beschreiben, verwendete man bekannte Begriffe:

> «Am Dienstag langte in Winterthur eine von Zürich kommende, vierräderige Dampfkutsche an, die allgemeine Bewunderung erregte. Dieselbe wird mit Benzin geheizt, ist vierplätzig gepolstert und hat bei sicherem, ruhigem Gang eine Fahrgeschwindigkeit gleich der eines Personenzuges. Sie überwindet verhältnißmäßig starke Steigungen.»[24]

> «Das neumodige Fuhrwerk gehört einem Herrn Appreteur Schaad in Zürich, welcher bei der Fahrt von zwei anderen Herren begleitet war. Die Kutsche ist in Frankreich erfunden und auch dort verfertigt worden. Sie entspricht allen Anforderungen: man kann mit ihr langsam, schnell, je nach Belieben fahren, aber auch sofort stillhalten und alle möglichen plötzlichen Schwenkungen vornehmen, und zu allem dem ist sie sehr elegant eingerichtet. Natürlich muss sie von Zeit zu Zeit mit Wasser gespiesen werden.»[25]

> «Die im Kanton Zürich bereits bekannte ‹Dampfmaschine› hat ihre Fahrten auch auf den Aargau ausgedehnt. […] Die Droschke wird durch einen künstlichen Petroleummotor getrieben.»[26]

Die Autowelle schwappte langsam, aber stetig ab 1894 in die Schweiz. Im Frühling dieses Jahres berichteten die Zeitungen von zwei Autos mit Schweizer Besitzern, die in der französischen Schweiz fuhren:[27]

> «Une voiture à pétrole. – Entre une heure et demie et deux heures, le dimanche de Pâques [25 Mars 1894], un véhicule monté par plusieurs personnes et se mouvant sans attelage a traversé notre ville [Neuchâtel], intriguant vivement les passants. C'était une voiture à pétrole que M. Edgar Sautter, à Genève, et deux de ses amis ramenaient de Valentigney où ils l'avaient achetée à la maison Peugeot.
>
> Ce véhicule d'invention récente, est porté sur quatre roues munies de larges caoutchoucs pleins; sous le train de derrière, un moteur à pétrole à deux pistons, et sous l'essieu antérieur un réservoir de pétrole. L'essieu de devant, mobile est commandé par un guidage de vélocipède ordinaire. Les voyageurs sont assis sur deux bancs d'où ils peuvent guider le chariot et régler la vitesse.
>
> Après avoir couché à Grandson, M. Sautter a quitté cette localité à 9 h. lundi matin se rendant à Genève.
>
> La vitesse normale est de 18 km. à l'heure. La machine peut gravir des rampes atteignant une inclinaison de 12 %.»[28]

> «Tandis qu'une voiture à pétrole traversait les rues de Lausanne, allant de Grandson à Genève, un véhicule du même genre évoluait à Vevey. Cette dernière voiture sort d'une maison à Mannheim, dont MM Gilliéron & Amrein, à Vevey sont les représentants. Elle est à quatre places et peut atteindre, sur route normale, une vitesse de 20 kilomètres; l'arrêt est immédiat. Elle peut franchir des rampes de 10 %. Son prix est de 5000 francs; la dépense de 2 à 3 centimes par kilomètre. Un simple mouvement de la main sur une petite manivelle suffit pour mettre en mouvement, accélérer, ralentir ou arrêter la marche.»[29]

Gemäss erhaltenen Unterlagen im «Mercedes-Benz Konzernarchiv» lieferte die Mannheimer «Benz & Co, Rheinische Gasmotoren-Fabrik» den ersten, für die Schweiz bestimmten Motor-Wagen 1894 aus (Abb. 120). Die oben genannte «voiture à pétrole», die aus einer Fabrik in Mannheim stammte, war wohl dieses Auto; beim Importeur, «Gilliéron & Amrein», handelte es sich um eine seit 1891 in Vevey domizilierte Maschinenfabrik.[30]

Abb. 98 | Emil Burckhardt-Koechlin um 1885.
Emil Burckhardt-Koechlin in jungen Jahren in der Mitte zwischen seiner Schwester Helene und seinem Bruder Heinrich.

In Basel war es – wie bereits erwähnt – Eduard Burckhardt, der ab Sommer 1895 als erster ein Automobil besass (Abb. 86); sein Benz Velociped No. 209 hatte er wohl zu einem Vorzugspreis von 1800 Mark oder 2250 Franken aus Mannheim erhalten (Tabelle 10).[31] Die «A.C.S. Sektion Basel» schrieb diesen Primeur zwar in ihren Annalen dem reichen Seidenband-Fabrikanten Emil Burckhardt-Koechlin zu, der ab 1896 eine Benz Victoria sein Eigen nannte (Abb. 98–99).[32] Es lässt sich nunmehr nachweisen, dass dessen Motor-Wagen als zweite Lieferung der «Benz & C°» an die «Ed. Burckhardt» Mannheim am 6. Mai 1896 verliess; Burckhardt-Koechlin war somit genaugenommen der zweite Basler Autobesitzer und einer der ersten Kunden von Eduard Burckhardt. Gesamtschweizerisch betrachtet war sein Gefährt etwa der 20. Wagen, den die «Benz & C°» in die Schweiz ausführte (Abb. 120).

1896 galt das Automobil noch als exotische Erscheinung. Fast jede Vorbeifahrt war berichtenswert, sodass viele Leute zwar davon gehört oder gelesen hatten, aber kaum eines zu Gesicht bekamen. Bei der folgenden Nachricht ging es – neben einem Elektroauto aus Lyon – eindeutig um ein von Eduard Burckhardt vertriebenes (oder gefahrenes?) Fahrzeug, wobei dem Redaktor offensichtlich unbekannt war, dass der Fabrikant eine Mannheimer und nicht eine Basler Firma war:[33]

> «In der letzten Zeit konnte man in der Stadt Bern wiederholt sogenannte Motorkutschen sehen, wobei sich namentlich ein Basler Fabrikat, System Benz, als sehr elegantes und leichtbewegliches, durch einen Petrolmotor in Bewegung gesetztes Vehikel besonders bemerkbar machte. Letzte Woche war auch ein mit Electricität betriebenes Fuhrwerk aus Lyon hier, dessen Fabrikant mit seiner Frau eine Schweizerreise auf diesem neuen Verkehrsmittel machte. [...] Eingebürgert hat sich in Bern die Motorkutsche bis jetzt noch nicht, während sie dagegen [...] in süddeutschen Städten bereits vielfach in täglichem Gebrauch sein soll.»

Bis zum Zeitpunkt dieser Nachricht, d.h. Ende August 1896, hatte Benz rund 40 Motor-Wagen in die Schweiz verkauft (Abb. 120).

Abb. 99 | Emil Burckhardt-Koechlin um 1896 auf seiner Benz Victoria.
Das Foto wurde bei einer Ausfahrt in der Umgebung von Basel aufgenommen. Der Besitzer dürfte kaum als Selbstfahrer unterwegs gewesen sein, sondern von einem Fahrer kutschiert worden sein. Leider stand das Bild nur als Reproduktion aus dem Bericht zum 35. Jubiläum des A.C.S. Sektion Basel 1933 zur Verfügung.

«Benz & C°, Rheinische Gasmotoren-Fabrik Mannheim»

Die «Benz & C°, Rheinische Gasmotoren-Fabrik Mannheim» wurde am 1. Oktober 1883 vom Ingenieur Carl Benz, dem Kaufmann Max Caspar Rose sowie dem Handelsvertreter Friedrich Wilhelm Esslinger gegründet.[34] Die Firma baute erfolgreich Zweitakt-Stationärmotoren. Daneben verfolgte Carl Benz seine Idee eines Motor-Wagens. Am 29. Januar 1886 meldete er ein «Fahrzeug mit Gasmotorenbetrieb» beim Kaiserlichen Patentamt an, das ihm am 2. November 1886 das Deutsche Reichspatent Nr. 37435 erteilte.[35] Ab Frühling 1886 fuhr Carl Benz regelmässig mit seinem Gefährt auf den Strassen Mannheims und am 4. Juni 1886 nahm die Presse, resp. die «Neue Badische Landes-Zeitung», ein erstes Mal Notiz von dem dreirädrigen Wagen.[36] 1893 und 1894 gelang ihm mit den Modellen «Victoria», «Vis-à-Vis» und «Velociped» ein durchschlagender Erfolg. Die Firma stieg bis zur Jahrhundertwende zum grössten Hersteller von Automobilen der Welt auf.[37]

Von 1894 bis 1898 lieferte Benz insgesamt 1073 Motor-Wagen aus. Davon gingen 44 Prozent oder 467 Wagen nach Frankreich und 30 Prozent oder 319 Wagen nach Deutschland.[38] Gemäss den – allerdings nicht ganz vollständigen und nicht konsistent mit Lieferdaten versehenen – Unterlagen im «Mercedes-Benz Konzernarchiv» verkaufte die «Benz & C°» im gleichen Zeitraum insgesamt 80 Motor-Wagen in die Schweiz.[39] Mit einem Anteil von 7,5 Prozent war dieser Markt zwar absolut gesehen klein, bezogen auf die Grösse der Bevölkerung jedoch beachtenswert, absorbierte er doch doppelt so viele Autos pro Kopf wie in Frankreich und vier Mal so viele wie in Deutschland ab.[40]

Abb. 100 | Ein Benz Velociped.
Eduard Burckhardt besass ab Mitte 1895 einen solchen Typ zum Herumreisen in der ganzen Schweiz. Technik: Viertakt-Einzylinder-Motor mit 1045 Kubikzentimeter Hubraum. Bohrung × Hub: 110 × 110 Millimeter. Leistung: 1,5 PS bei 450, später 2,75 PS bei 600 Umdrehungen pro Minute. Oberflächen-, später Benz-Schwimmvergaser. Hochspannungs-Summer-Zündung.

Abb. 101 | Eine Benz Victoria.
Diesen Typ fuhr der Basler Seidenbandfabrikant Emil Burckhardt-Koechlin ab Mitte 1896. Technik: Viertakt-Einzylinder-Motor mit 1730, später bis 2915 Kubikzentimeter Hubraum. Bohrung × Hub: 130 × 130 Millimeter, später bis 150 × 165 Millimeter. Leistung: 3 PS bei 450, später bis 6 PS bei 700 Umdrehungen pro Minute. Oberflächen-, später Benz-Schwimmvergaser. Hochspannungs-Summer-Zündung.

6.2 Das Versicherungsgeschäft der «Ed. Burckhardt» 1893–1897

> «Im Zeitalter des Dampfes und der Elektrizität
> wo es kaum **Jemand** mehr gibt, der nicht **reist** oder **täglich** Eisenbahnen benutzt, ist die bei uns eingeführte
> **lebenslängliche Eisenbahn-Unfall-Versicherung,**
> gültig für alle Eisenbahnen, Elektrische, Pferde-, Drahtseil- und Zahnrad-Bahnen der **ganzen Welt** eine sehr den Bedürfnissen des Publikums entsprechende, weil **billig, einfach** und nur **einmal** zu zahlen. **Jeder wird angenommen** (ausser Bahndienst-Beamte).»
>
> «Ed. Burckhardt», 1896.[41]

Aber Eduard Burckhardt war bei aller Liebe zum Handel mit Motorfahrzeugen klar, dass er sein «Brot- und Buttergeschäft» mit den Versicherungen nicht vernachlässigen durfte, wenn er als Selbständiger mit seiner Firma überleben wollte. Eine quartalsweise Auswertung der Inserate der «Ed. Burckhardt» in seinem bevorzugten Publikationsorgan, den «Basler Nachrichten», von Herbst 1893, d.h. der Trennung vom Fahrradhandel der «Ernst Staehelin & Cie», bis zum Aufbau des Automobilgeschäfts vor seinem Tod 1897, erweist sich als aufschlussreich (Abb. 102).[42]

Die häufigen und regelmässigen Medienauftritte der «Ed. Burckhardt» für ihr Versicherungsangebot stiegen massiv während des Jahres 1896, parallel zur ähnlich intensiv betriebenen Bewerbung der Motor-Wagen. Inserate-Serien für die «Star Lebensversicherungen» und die «Benz Motor-Wagen» liefen sogar täglich; auch die «Oberrheinische Versicherungs-Gesellschaft» erhielt anfangs Jahr einen Schub (Abb. 104). Hingegen blieb «Der Schweizerische Velosport» ab Ende 1895 als Medium unberücksichtigt – es war nicht mehr Eduards Zeitschrift und Publikum.

Hatte es einen Geschäftseinbruch gegeben wegen Eduards Absorption durch das Motor-Bicyclette-Abenteuer? Mussten höhere Umsätze generiert werden mit Blick auf eventuelle Risiken aus dem bisherigen und neu angedachten Motor-Wagen-Geschäft? Und entfaltete sein ab anfangs März 1895 beigezogener Prokurist Schmidt-Lanz eine neue, willkommene Dynamik? Bis 1896 verdoppelte sich nämlich die Zahl der kantonalen Rechtsdomizile, sodass die beiden Hauptversicherungen der «Ed. Burckhardt» nahezu in der ganzen Schweiz präsent waren (Tabelle 6) und breiter als bei der «L'Urbaine» und der «Urbaine et la Seine» gestreut waren (Tabelle 1).

Im weiteren Verlauf des Jahres 1896 fokussierte Eduard Burckhardt seine Medienpräsenz ausschliesslich auf die beiden Hauptprodukte seines Geschäftskreises: die «Star»-Lebensversicherung und die Benz Automobile (Abb. 102).[43]

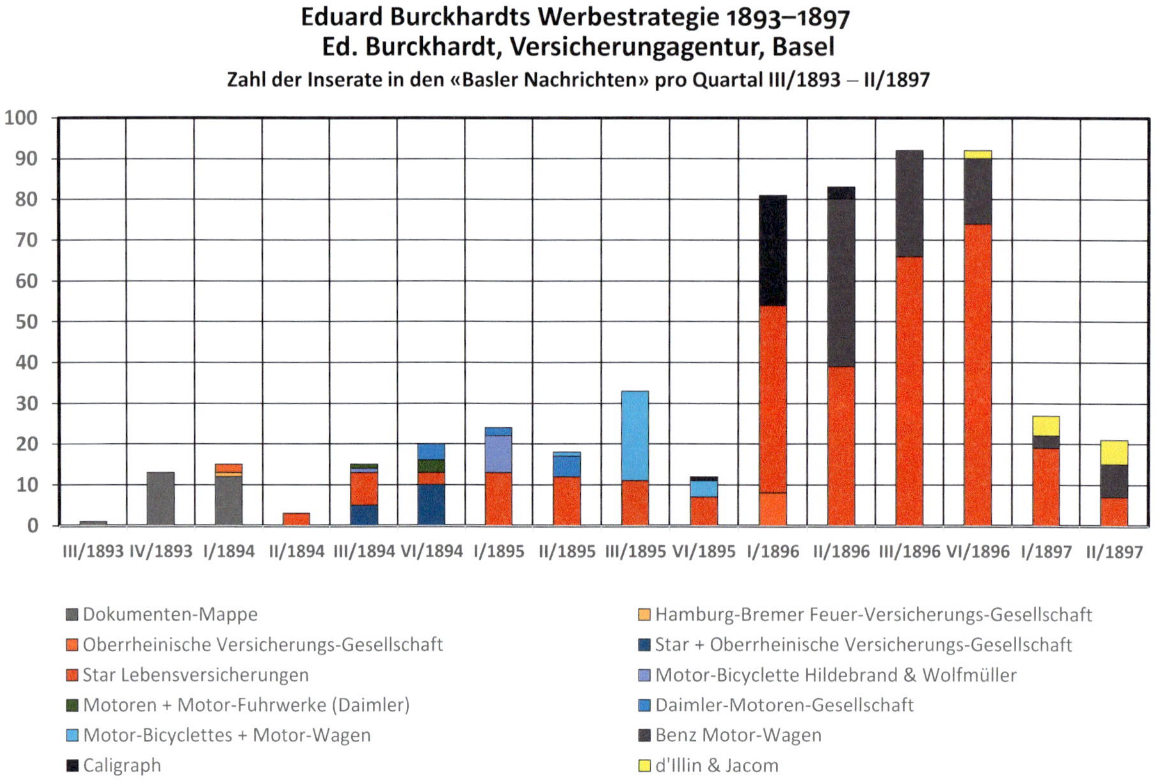

Abb. 102 | Häufigkeit der Inserate der «Ed. Burckhardt» in den «Basler Nachrichten» pro Quartal III/1893–II/1897; s. a. Ditzler/Rollé Ditzler 2025. Die Balken sind nach den verschiedenen Produkten aufgeschlüsselt. Die Grafik zeigt die hohe Bedeutung der «Star Lebensversicherungen» für die «Ed. Burckhardt».

Tabelle 6 | Die kantonalen Rechtsdomizile der von der «Ed. Burckhardt» vertretenen Versicherungen ab 1893.

Die kantonalen Rechtdomizile für die «Oberrheinische Versicherungs-Gesellschaft Mannheim»:

Kanton	Eröffnung	letzte Mutation	Rechtsdomizil
Basel-Stadt	31.10.1893	–	Ed. Burckhardt, Basel
Aargau	03.11.1893	03.02.1896	Gottl. Baumann, Negociant, Brugg
Genève	03.11.1893	–	Nicole & Naef, Genève
Luzern	03.11.1893	–	A. Pfenninger, Luzern
Neuchâtel	03.11.1893	10.07.1896	A.V. Müller, Agent, Neuchâtel
St. Gallen	03.11.1893	29.12.1894	E. Brunschweiler, Generalagent, St. Gallen
Zürich	03.11.1893	03.02.1896	H. Kappeler-Aepli, Zürich
Appenzell-Ausserrhoden	18.06.1894	–	Jak. Benziger, Heiden
Bern	18.06.1894	–	J.U. Thomi
Thurgau	18.06.1894	–	Wilh. Cohn-Guggenheim, Kreuzlingen
Obwalden	31.05.1895	10.07.1895	Franz Burck, Tierarzt, Sarnen
Schaffhausen	31.05.1895	–	Jacob Oechslin, Agentur, Schaffhausen
Schwyz	31.05.1895	–	L. Dobler, Lehrer, Sattler, Schwyz
Unterwalden	31.05.1895	–	Al. Kaiser, Sarnen
Uri	31.05.1895	03.02.1896	Carl Martin Schorno, Flüelen
Vaud	31.05.1895	10.07.1896	P. & J. Longchamp, Montreux
Basel-Landschaft	10.07.1896	–	J. Spinnler, Lehrer, Liestal
Fribourg	10.07.1896	–	Ed. Binggeli, Kaufmann, Fribourg
Graubünden	10.07.1896	–	L. Mayer-Engi, Chur
Solothurn	10.07.1896	–	Victor Wyss, Kaufmann, Solothurn
Zug	10.07.1896	–	M. Weber-Bucher, Negociant, Zug

SHAB XI 1893 230, 935 vom 31.10.1893; SHAB XI 1893 232, 943 vom 3.11.1893; XII 1894 146, 597 vom 18.6.1894; XIII 1895 3, 9 vom 4.1.1895; XIII 1895 143, 603 vom 31.5.1895; XIV 1896 33, 131 vom 6.2.1896; XIV 1896 196, 811 vom 13.7.1896.
Ab dem 2. August 1894 fungierte die «Ernst Staehelin & C°» als General-Agentur Basel, erstmals in BN 50 1894 206 Beilage vom 2.8.1894.

Die kantonalen Rechtdomizile für die «Star Lebensversicherungs-Gesellschaft» in London:

Kanton	Eröffnung	letzte Mutation	Rechtsdomizil
Basel-Stadt	01.05.1894	–	Ed. Burckhardt, Basel
Aargau	18.06.1894	03.02.1896	Gottl. Zimmerli, Aarau
Appenzell-Ausserrhoden	18.06.1894	–	Jak. Benziger, Heiden
Bern	18.06.1894	–	J. U. Tomi, Bern
Luzern	18.06.1894	–	Alfred von Sury, Luzern
Schaffhausen	18.06.1894	03.02.1896	Jacob Oechslin, Schaffhausen
Thurgau	18.06.1894	–	W. Cohn-Guggenheim, Kreuzlingen
Zürich	18.06.1894	–	Gebrüder Stebler, Zürich
Genève	16.08.1894	–	d'Estervag & Juvet, Banquiers, Genève
Neuchâtel	16.08.1894	–	Paul Robert, agent de droit, La Chaux-de-Fonds
Glarus	31.05.1895	03.02.1896	Hercules Kubli, Glarus
Obwalden	31.05.1895	–	Al. Kaiser, Sattler, Sarnen
Schwyz	31.05.1895	–	L. Dobler, Lehrer, Schwyz
Unterwalden	31.05.1895	10.07.1896	Franz Burck, Tierarzt, Sarnen
Uri	31.05.1895	03.02.1896	Carl Martin Schorno, Flüelen
Vaud	31.05.1895	–	C. Vaudroux, secrétaire de préfecture, Vevey
St. Gallen	03.02.1896	–	Wilh. Diener, St. Gallen
Fribourg	10.07.1896	–	Ed. Bingeli, Kaufmann, Fribourg
Graubünden	10.07.1896	–	L. Mayer-Engi, Chur
Zug	10.07.1896	–	F. Weber-Bucher, Negociant, Zug

S. SHAB XII 1894 110, 448 vom 2.5.1894; SHAB XII 1894 146, 597 vom 18.6.1894; SHAB XII 1894 190, 779 vom 23.8.1894; XIII 1895 143, 603 vom 31.5.1895; XIV 1896 33, 131 vom 6.2.1896; XIV 1896 196, 811 vom 13.7.1896.
Ab dem 18. April 1895 fungierte die «Ernst Staehelin & C°» als General-Agentur Basel, erstmals in BN BN 51 1895 103 1. Beilage vom 18.4.1895.

Abb. 103 | Inserat «Star Lebensversicherungen» 1895, erstmals in BN 52 1895 354 vom 30.12.1895.
Vereinfachter, dominanter Titel «Star» in Fraktur; darin wurde die finanzielle Potenz und somit Seriosität der «Star Lebensversicherungen» thematisiert, alternierend mit Abb. 78. Kurzfassung aus der offiziellen Publikation der Bilanzen der «Star» (und der «Oberrheinischen Versicherungs-Gesellschaft»); s. SHAB XIII 1895 204, 856 vom 10.8.1895 und XIV 1896 246, 1013 vom 3.9.1896.

Abb. 104 | Inserat «Oberrheinische Versicherungs-Gesellschaft in Mannheim», erstmals in BN 52 1896 25 vom 26.1.1896.
Angebot für eine lebenslängliche Eisenbahn-Unfall-Versicherung sowie Einzel-Unfall-Versicherungen.

Abb. 105 | Inserat «Caligraph – Amerikanische Schnell-Schreibmaschine», erstmals in BN 52 1896 40 vom 10.2.1896.

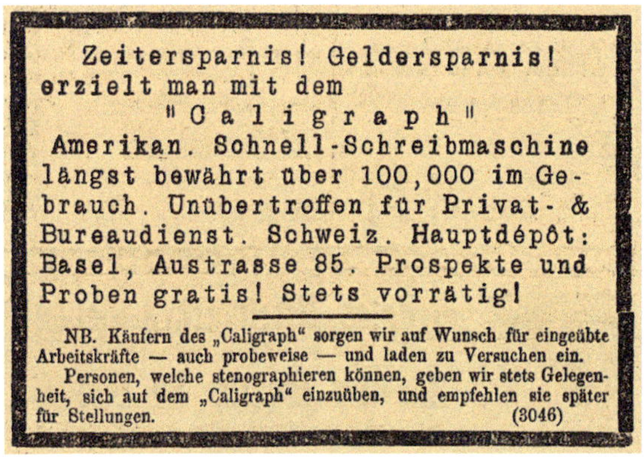

Abb. 106 | Inserat «Caligraph – Amerikanische Schnell-Schreibmaschine» mit Schriftbild, erstmals in BN 52 1896 65 vom 7.3.1896.
Zusätzlich bot die «Ed. Burckhardt» den Mehrwert einer Schulung bis hin zur Stellenvermittlung an (!).

Abb. 107 | Inserat «Ed. Burckhardt» als Generalvertretung für «Motor-Wagen (System Benz)» in der Schweiz, erstmals in BN 52 1896 106 vom 20.4.1896.
Zu Beginn der Serie erfolgte der Aufruf: «In einigen größeren Städten werden mit geeigneten Personen Übereinkünfte geschlossen.»

Die Massnahmen scheinen sich gelohnt zu haben, denn ab Februar 1897 fuhr man die Kadenz der Inserate auf «Normalrhythmus» zurück.

Im Bereich «Büro-Modernisierung» in Eduards Geschäftskreis erfolgte zu Beginn desselben Jahres die Lancierung einer weiteren Neuheit: Die «Ed. Burckhardt» vertrieb die «Caligraph – Amerikanische Schnell-Schreibmaschine» als «Haupt-Depot für die Schweiz» (Abb. 105). Nach den früheren Erfahrungen mit der exotischen «Hammond» wechselte man zu einem leistungsfähigeren, bekannteren Modell. In Amerika und im westlichen Europa galt diese Schreibhilfe bereits als «volkstümliche Maschine [...] Sogar auf Eisenbahnen steht sie zur Verfügung der Reisenden», wobei allerdings die «Remington» die weltweite Marktführerin war.[44] Zwar schrieben und kopierten in der Schweiz die Commis in den sich vergrössernden Verwaltungen noch länger von Hand, aber es zeichnete sich ab, dass Basel zuvorderst dem Trend folgte: Die Firma Geigy führte 1896 die erste Schreibmaschine mitsamt «Dactylographin» ein, während die Bundesverwaltung erst 1905 nachzog.[45]

Zu diesem Zeitpunkt hatte Eduard Burckhardt verinnerlicht, dass man anspruchsvolle, neue Geräte nicht ohne Schulung und Zusatzservice verkaufen konnte. Eine besonders interessante Inserate-Serie für die Schnellschreibmaschine propagierte im März und Juni 1896: «N.B. Käufern des ‹Caligraph› [be]sorgen wir auf Wunsch eingeübte Arbeitskräfte – auch probeweise – und laden zu Versuchen ein. Personen welche stenographieren können, geben wir stets Gelegenheit, sich auf dem ‹Caligraph› einzuüben, und empfehlen sie später für Stellungen» (Abb. 106).

Die Bewerbung hörte allerdings in der zweiten Jahreshälfte auf; entweder war das Marktpotential ausgeschöpft oder es handelte sich lediglich um ein Ergänzungsgeschäft im Winter, wie es bei Velohändlern üblich war. Auf diesem Fundament stieg die «Ed. Burckhardt» ab Anfang 1896 in das Geschäft mit den Motor-Wagen ein.

6.3 Als Generalvertreter von Carl Benz den Schweizer Markt erschliessen

> «Motor-Wagen (System Benz): vierrädrig – zwei- und mehrplätzig – in verschiedenen Ausstattungen. – Viele in Betrieb – leichter und gefahrloser Betrieb. – Vorteilhafter Ersatz für Pferde. – Auch für Geschäftsreisen sehr geeignet.»
>
> «Ed. Burckhardt», 1896.[46]

Ab Ende April 1896 trat die «Ed. Burckhardt» offiziell als Generalvertretung der «Motor-Wagen (System Benz)» für die Schweiz an die Öffentlichkeit, zunächst mit einer einfachen Annonce, immer auf der ersten Inserate-Seite im Morgenblatt der «Basler Nachrichten» (Abb. 107).[47]

Im Briefkopf verwendete Eduard Burckhardt das gleiche Signet wie die «Benz & Co» (Abb. 108–109).

Abb. 108 | Briefkopf der «Ed. Burckhardt» als Generalvertreterin von «Motor-Wagen (System Benz)».

Abb. 109 | Briefkopf der «Benz & Co, Rheinische Gasmotoren-Fabrik» mit identischem Signet.

Der Prospekt der «Ed. Burckhardt» für die «Patent-Motor-Wagen System Benz»

Im «Mercedes-Benz Konzernarchiv» hat sich ein vierseitiger Prospekt der «Ed. Burckhardt» von 1896 für die «Motor-Wagen» von Benz erhalten, den die Firma Interessierten aushändigte (Abb. 107). Das Dokument erlaubt es, das Angebot an Motor-Wagen von Benz der «Ed. Burckhardt» zu verstehen (Abb. 110–113). Der Vergleich mit den Angaben in der analogen Werbeschrift der Firma «Benz & C°» für 1896 zeigt, dass sich Eduard Burckhardt entschieden hatte, seiner Kundschaft grundsätzlich die beste, mit allen verfügbaren Optionen ausgerüstete Ausführung zu offerieren. Der Beschrieb für das Vis-à-Vis-Modell lautete deshalb: «Zu diesem Wagen liefern wir ein abnehmbares Sommerdach oder ein Halb-Verdeck Spritzleder. Der Wagen ist mit einer 5-pferdigen Maschine versehen» (Abb. 111).[48] Benz bot das Verdeck und den stärkeren Motor als Optionen mit Aufpreis an (Tabelle 7).

Auf den in Franken umgerechneten Händlerpreis von Benz erhob die «Ed. Burckhard» einen Aufschlag von 8 Prozent beim Velociped, rund 6 Prozent bei den Wagen Nr. 4–8 und von etwa 13 Prozent bei den Wagen Nr. 8–9, denn die Preise verstanden sich franko Basel, d. h. Fracht und Zoll inbegriffen (Abb. 113).

Auch dieser Prospekt der «Ed. Burckhardt» wies die Besonderheit auf, dass speziell dafür zwei Fotografien mit frühen Kunden aufgenommen und neben den Benz-Standardgrafiken integriert worden waren; diesmal stammten die Clichés vom Genfer Atelier «SADAG (Société anonyme des arts graphiques)».[49]

Die Aufnahme auf der ersten Seite (Abb. 110) zeigte ein Benz Velociped mit dem prominenten Thuner Fotografen und Besitzer des Fahrzeugs Jean Kölla (1860–1929)[50] am Steuer sowie Lorenz Popp auf dem Beifahrersitz, im Hintergrund Köllas Fotostudio. Jean Kölla fuhr sein Velociped seit dem 5. Juli 1896 und erregte damit grosses Aufsehen in seiner Heimatstadt:[51]

> «Seit Sonntag schwirrt in den Straßen Thuns eine Hrn. Photograph Kölla gehörende Benzin-Motor-Kutsche herum, die grosse Bewunderung beim Publikum erregt. Das elegante Fuhrwerk hat zwar nur Platz für zwei Personen, rast aber mit denselben mit unheimlicher Geschwindigkeit davon. Kaltes Blut, eine sichere Hand zur Führung und Kenntnis des Motors sind jedenfalls für den Lenker notwendig.»

Auf dem Foto der dritten Seite (Abb. 112) figurierten Lorenz Popp am Steuer einer Benz Victoria sowie der Besitzer, der Basler Optiker und Fotograf Emil Suter-Dardenne (1850–1936)[52], auf dem Beifahrersitz.

Beide Kunden blieben dauerhaft «Auto-Begeisterte», und mit beiden verband Eduard Burckhardt noch mehr als eine reine Kundenbeziehung, wie sich im weiteren Verlauf zeigen wird.[53] Sie stellten sich offensichtlich gerne als glaubwürdige Werbeträger zur Verfügung.

Tabelle 7 | Die Preisstrategie der «Ed. Burckhardt» im Geschäft mit den Motor-Wagen von Benz 1896.

Nr.	Motor-Wagen	Optionen	Benz & C° Preis (Mark)	Benz & C° Preis (Franken)	Ed. Burckhardt Preis (Franken)
4	Velociped		2000.–	2500.–	2700.–
5	Victoria	Standard (3 PS)	3800.–		
		Notsitz für 2 Personen	75.–		
		Motor 5 PS	200.–		
		Wagen mit teuerster Ausstattung	4075.–	5093.75	5400.–
6	Phaeton 4 Plätze	Standard (5 PS)	4500.–		
		Notsitz für 2 Personen	75.–		
		Abnehmbares Sommerdach	175.–		
		oder: Halbverdeck mit Spritzleder	250.–		
		Wagen mit teuerster Ausstattung	4825.–	6031.25	6400.–
7	Vis-à-Vis	Standard (3 PS)	4000.–		
		Abnehmbares Sommerdach	150.–		
		oder: Halbverdeck mit Spritzleder	250.–		
		Motor 5 PS	200.–		
		Wagen mit teuerster Ausstattung	4450.–	5562.50	5900.–
8	Phaeton 8 Plätze	Standard (5 PS)	4700.–	5875.–	6650.–
		Abnehmbares Sommerdach	175.–	218.75	225.–
9	Lieferungswagen		4500.–	5625.–	6400.–

Anmerkungen

Der Vergleich beruht auf den Angaben im Prospekt der «Benz & C°» für das Jahr 1896, den die Autoren vom «Mercedes-Benz Konzernarchiv» zur Einsicht bekommen haben, sowie dem Prospekt der «Ed. Burckhardt» in Abb. 110–113.

folgende Seiten: Abb. 110–113 | Prospekt der «Ed. Burckhardt» für «Patent-Motor-Wagen System Benz» 1896.

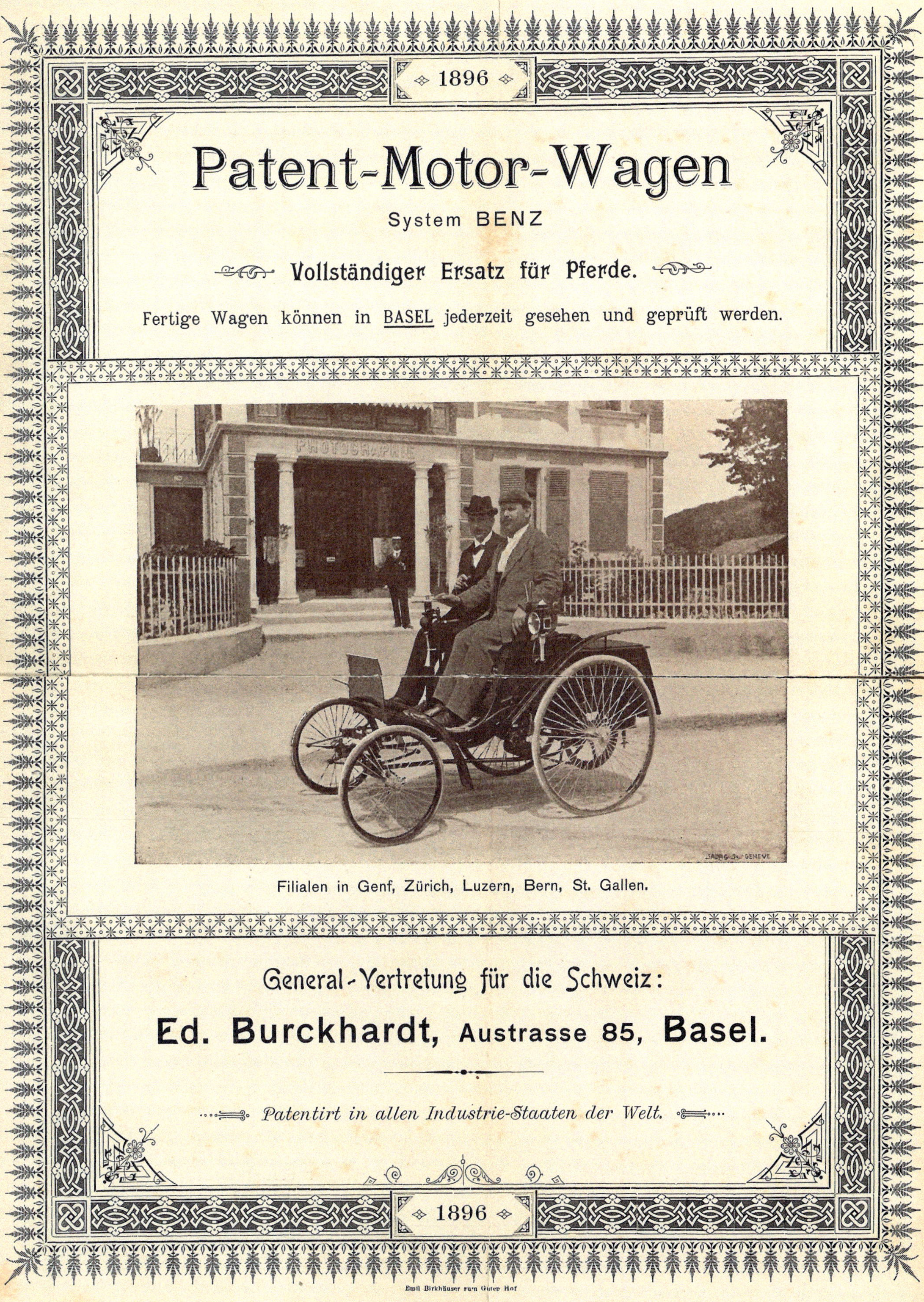
1896
Patent-Motor-Wagen
System BENZ
Vollständiger Ersatz für Pferde.
Fertige Wagen können in BASEL jederzeit gesehen und geprüft werden.
Filialen in Genf, Zürich, Luzern, Bern, St. Gallen.
General-Vertretung für die Schweiz:
Ed. Burckhardt, Austrasse 85, Basel.
Patentirt in allen Industrie-Staaten der Welt.
1896
Emil Birkhäuser zum Guten Hof

✳ Ed. Burckhardt, Austrasse 85, Basel ✳

General-Vertretung für die Schweiz von

Benz & Cie, Rheinische Gasmotoren-Fabrik, Mannheim.

Motor-Wagen No. 4 „**Velociped**“

In diesem Wagen befindet sich eine Maschine von ca. $1\frac{1}{2}$ Pferdekräften.

Preis:

Der Wagen komplett mit Laternen kostet **Fr. 2700.—**

Gewicht des Wagens mit Maschine ca. 280 Kg.

Dimensionen:

Aeusserste Länge des Wagens	2 Meter	25	cm.
„ Breite „ „	1	„ 25	„
„ Höhe „ „	1	„ 25	„

Patent-Motor-Wagen No. 5 „**Victoria**“

Preise:

Patent-Motor-Wagen „Victoria“ mit einem Sitz für 2 Personen mit einer 5pferd. Maschine, mit 4 massiven Gummirädern, mit Verdeck, Notsitz, Spritzleder und 2 Laternen komplett kostet . . . . **Fr. 5400. —**

Gewicht des Wagens mit Maschine ca. 650 Kg.

Dimensionen:

Aeusserste Länge des Wagens	2 Meter	90	cm.
„ Breite „ „	1	„ 50	„
Höhe des Wagens ohne Verdeck	1	„ 50	„
Spurweite	1	„ 20	„

Patent-Motor-Wagen No. 8 „**Phaeton.**“

Preise:

Patent-Motor-Wagen „Phaeton“ mit einer 5pferdigen Maschine für 8 Personen mit 4 massiven Gummirädern, Laternen

Fr. 6650. —

Sommerdach extra **Fr. 225. —**

Gewicht des Wagens mit Maschine ca. 850 Kg.

Dimensionen:

Aeusserste Länge des Wagens	3 M.	40	cm.
„ Breite „ „	1	„ 75	„
Höhe des Wagens	1	„ 50	„
Spurweite	1	„ 35	„

Patent-Motor-Wagen No. 6 „**Phaeton.**“

Preise:

Patent-Motor-Wagen „Phaeton“ mit einer 5pferd. Maschine mit 2 Sitzen für 4 Personen mit 4 massiven Gummirädern, Laternen, ein Notsitz im Innern des Wagens, ein abnehmbares Sommerdach **oder**: ein Halbverdeck in Leder mit Tuch ausgeschlagen u. Spritzleder wie oben abgebildet **Fr. 6400. —**

Dimensionen:

Aeusserste Länge des Wagens	3 Meter	30	cm.
Breite „ „	1	„ 70	„
Höhe des Wagens ohne Verdeck	1	„ 80	„
Spurweite	1	„ 35	„

Patent-Motor-Wagen No. 7 „**Vis-à-vis.**“

Preise:

Patent-Motor-Wagen „Vis-à-vis“ mit 2 Sitzen für 4 Personen mit 4 massiv Gummiräder mit 2 Laternen kompl. kostet **Fr. 5900. —**

Zu diesen Wagen liefern wir ein abnehmbares Sommerdach oder ein Halb-Verdeck Spritzleder. Der Wagen ist mit einer 5pferdigen Maschine versehen. Gewicht des Wagens mit Maschine ca. 700 Kg.

Dimensionen:

Aeusserste Länge des Wagens	2 Meter	90	cm.
„ Breite „ „	1	„ 50	„
Höhe des Wagens ohne Verdeck	1	„ 50	„
Spurweite	1	„ 25	„

Benzin-Verbrauch ca. $1\frac{1}{4}$ Kg. pro Stunde bei Wagen No. 4 und ca. $2\frac{1}{2}$ Kg. bei den übrigen Nummern. In dieser Zeit kann man auf guter Strasse bis 20 Kilometer fahren.

⁎ **Ed. Burckhardt, 85 Austrasse, Basel** ⁎

General-Vertretung für die Schweiz von

Benz & Cie, Rheinische Gasmotoren-Fabrik, Mannheim.

Motor-Wagen No 5.

Lieferungswagen No. 9

Dieser 5pferd. Motorwagen dient grossen Häusern zur Lieferung von Paketen in Stadt und Umgebung.

Preis:

Fr. 6400

Auszeichnungen:

Welt-Ausstellung Antwerpen, silberne Medaille.
Ehren-Diplom Glogau, höchste Auszeichnung.
Diplom und Staatsmedaille München, höchste Auszeichnung.
Goldene Medaille Berlin, höchste Auszeichnung.
Weltausstellung Paris, silberne Medaille.
Ausstellung Strassburg 1891, silberne Medaille.
Hannover 1893, goldene Medaille, höchste Auszeichnung.
Mainz 1893, silberne Staatsmedaille, höchste Auszeichnung.
1894 goldene Medaille Frankfurt a. M., höchste Auszeichnung.
1894 Stuttgart, silberne Medaille.
Ausstellung Strassburg 1895, Ehrendiplom mit Medaille, höchste Auszeichnung.

⁕ Ed. Burckhardt, 85 Austrasse, Basel ⁕

General-Vertretung für die Schweiz von

Benz & Cie, Rheinische Gasmotoren-Fabrik, Mannheim.

Patent-Motor-Wagen „Benz".

Diese Wagen, welche schon im Jahre 1888 auf der **Münchner Ausstellung** Aufsehen erregten und in Folge dessen auch in den verschiedensten Blättern Deutschlands und des Auslandes lobende Erwähnung fanden, wurden während der Zwischenzeit nach allen Richtungen hin **erprobt und verbessert,** so dass wir heute, nachdem für die fabrikmässige Herstellung dieser Wagen Einrichtungen getroffen worden, in der Lage sind, ein in jeder Hinsicht **zuverlässiges** Fahrzeug unsern verehrlichen Abnehmern anbieten und liefern zu können.

Die Motorwagen werden zur Zeit in den aus beigedruckten Zeichnungen ersichtlichen Formen gebaut.

Die Wagen sind mit einem vollständig **geruchlos** functionirenden Benzin-Motor versehen, können in der Ebene auf guter Strasse bis 20 Kilometer in der Stunde zurücklegen und besitzen eine Vorrichtung, um Steigungen bis 10 % (selbstredend bei entsprechend geringerer Geschwindigkeit) überwinden zu können.

Der Bau des **Wagengestelles** sowie der Räder ist sehr **kräftig** und **elegant** nach Art **feiner Equipagen** hergestellt und ist das Fahrzeug daher auch geeignet, mit geringerer Geschwindigkeit schlechtere Strassen zu passiren, auch können die Wagen bei schlechtem Wetter, auf gefrorenen Strassen und selbst bei Schneefall benutzt werden.

Das als Triebkraft verwendete Material ist ein Benzin im spec. Gewicht von 0,70, welches überall leicht zu erhalten ist.

Der Verbrauch des Wagens beträgt pro Zeitstunde ca. 2½ Kilo Brennstoff.

Man kann mit einmaliger Füllung des Apparates eine Strecke von circa 100 Kilometer zurücklegen.

Die Neufüllung geschieht in einfachster Weise durch Oeffnen der Füllschraube am Vorrathsbehälter.

Die Fahrgeschwindigkeit kann ganz nach Belieben des Fahrenden regulirt werden.

Durch die neue uns ebenfalls patentirte sehr präcis wirkende Lenkvorrichtung geschieht die Lenkung des Wagens überaus leicht, so, dass man denselben wesentlich sicherer in der Hand hat, als einen Wagen mit Pferden bespannt.

Der Betrieb der Wagen ist absolut gefahrlos, indem in Folge einer vorzüglich bewährten Zündung jede Explosionsgefahr ausgeschlossen ist. —

Das Anhalten, und wenn nötig das sofortige Stillstellen des Wagens geschieht **durch einfaches Ausrücken eines Hebels,** ausserdem ist der Wagen mit einer sicher wirkenden Bremse versehen.

Die Fabrik garantirt für die Güte der Beschaffenheit ihrer Motor-Wagen in der Weise, dass sie im ersten halben Jahre für alle in Folge eines Material- oder Arbeitsfehlers etwa zerbrechenden Teile unentgeltlich Ersatzstücke liefert. Ein weiterer Ersatz für irgend welchen anderen Schaden wird nicht geleistet; eben so wenig haftet die Fabrik für Beschädigungen, welche durch fahrlässige Behandlung dem Motor-Wagen zugefügt werden.

Die Wagen sind stets sofort betriebsfähig.

Im Gegensatze zu Wagen mit Pferden bespannt, bleiben bei unsern Motorwagen auf staubigen Landstrassen die **Fahrenden** von **lästigem Staube verschont.**

Fertige Wagen können in Basel jederzeit im Betriebe gesehen und geprüft werden.

In Vorbereitung: Lieferungswagen mit 5pferdigem Motor, Preis Fr. 6,400. —, für grössere **Magazine und Geschäfte zum Besorgen der Pakete in Stadt und Umgebung.**

Zahlungsbedingungen:

Ein Drittel bei Bestellung in Baar, den Rest baar gegen Factura bei Versandt.

Erfüllungsort für Lieferung und Zahlung ist Basel.

Die Preise verstehen sich franko Basel. (Fracht und Zoll inbegriffen).

Bei den Wettfahrten, 11. Juni 1895, **Paris-Bordeaux-Paris,** 1200 Kilometer wurden unsere 2 Wagen, welche unter dem Namen Roger (No. 12 und 13) fuhren, mit dem 4. und 7. Preis bedacht; der erste unserer Wagen legte die Strecke in 64 Stunden zurück.

Bei dem Rennen am 28. November 1895 in **Chicago,** liefen 3 Motorwagen, System Benz; solche wurden mit dem 2., 3. und 4. Preis bedacht

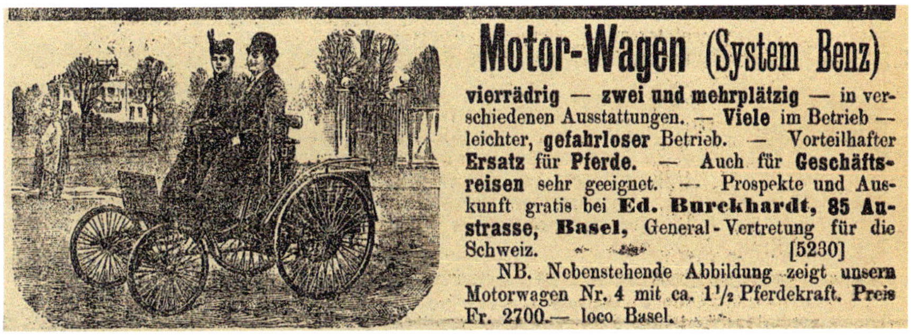

Abb. 114 | Inserat «Ed. Burckhardt» für das Benz Velociped (Motorwagen Nr. 4), erstmals in BN 52 1896 109 vom 23.4.1896.

Abb. 115 | Inserat «Ed. Burckhardt» für die Benz Victoria (Motorwagen Nr. 5), erstmals in BN 52 1896 115 vom 29.4.1896.

Sofort nach der Ankündigung der Übernahme der Generalvertretung von Benz schaltete die «Ed. Burckhardt» Inserate für die Modelle «Velociped» und «Victoria» mit der Beschreibung und den Preisen gemäss Prospekt (Abb. 110–113). Dazu betonte sie die Argumente: «Viele in Betrieb – leichter, gefahrloser Betrieb – Vorteilhafter Ersatz für Pferde – Auch für Geschäftsreisen sehr geeignet»; dieselben Slogans und grafischen Bilder verwendete auch die «Benz & C°» (Abb. 114–115).

Der Erfolg liess nicht lange auf sich warten. Am 6. Mai 1896 schickte Mannheim die erste Victoria auf die Reise nach Basel. Es folgte schon am nächsten Tag ein Velociped und am 9. Juni eine weitere Victoria sowie zwei Velocipede (Tabelle 10).[54]

Wie schon bei der Motor-Bicyclette von «Hildebrand & Wolfmüller» verstärkte Eduard Burckhardt die Inserate seiner Firma mit lebhaften Erfahrungsberichten im redaktionellen Teil von Zeitungen. Der Aussage «Auch für Geschäftsreisen sehr geeignet» folgte am 15. Mai 1896 eine organisierte «Pressefahrt» mit Emil Burckhardt-Koechlins Victoria und Eduard Burckhardts Velociped, also den ersten beiden Basler Autobesitzern; der Ausflug führte über eine Strecke von rund 22 Kilometern auf ebener Strasse nach Rheinfelden im Kanton Aargau. Wie bei den Motor-Bicyclettes lobte man die technischen Vorzüge in aller Breite aus:[55]

> «Seit einiger Zeit lenken zwei elegante Wagen die Aufmerksamkeit der Passanten unserer Strassen auf sich. Von unsichtbarer Gewalt vorwärts bewegt, fahren sie in jedem beliebigen Tempo fast geräuschlos einher. Am letzten Freitag [15. Mai 1896] leisteten wir einer freundlichen Einladung des Generalvertreters für die Schweiz, Hrn. Ed. Burckhardt, Austrasse 85, zur näheren Besichtigung und zu einer Probefahrt mit diesen Motor-Wagen Folge. Beide Wagen wurden in der rheinischen Gasmotorenfabrik Benz & Cie in Mannheim erstellt und weisen gegenüber anderen Systemen verschiedene Vorteile auf. Der Motor befindet sich hinten, direkt über der Achse der Hinterräder unter einem gefälligen nicht in die Augen springenden Kasten und wird durch Benzin, das jeweilen durch elektrischen Funken zur Explosion gebracht wird, betrieben. Der Benzinverbrauch ist ein ganz minimaler und ebenso der der elektrischen Kraft, die einem Accumulator entnommen wird. Der grosse für 4 Personen eingerichtete und mit einer 5 Pferdekräfte starken Maschine versehene ‹Victoria›-Wagen verbrauchte von Basel nach Rheinfelden ca. 2 Liter Benzin. Der kleinere ‹Velociped›-Wagen, der schon seit einem Jahr im Besitz des Hrn. Burckhardt ist, hat eine Maschine von ungefähr 1½ Pferdekräften und hat schon mannigfache Proben seiner Leistungsfähigkeit auf schweizerischem Gebiet abgelegt. Auf jeglichem Terrain, das überhaupt befahrbar ist, kommen diese Wagen vorwärts und vermögen eine Steigung von 10–12 % leicht zu überwinden. Die Maximalgeschwindigkeit beträgt für den grossen Wagen 20 km in der Stunde. Gegenüber einem von Pferden vorwärtsbewegten Wagen bieten sie den grossen Vorteil, dass die Aussicht nach vorn weder durch Kutscher und Pferd noch durch Staub beeinträchtigt wird. Auch wird der Insasse durch keinerlei unangenehmen Geruch belästigt. Die Erschütterung durch das Arbeiten des Motors ist während der Fahrt kaum bemerkbar und eine Gefahr nach jeder Richtung fast ausgeschlossen, da das Benzin auch beim Umstürzen des Wagens nie in direkte Berührung mit dem elektrischen Funken kommen kann. Der Wagen ist also leicht zu handhaben. Der neue für zwei Personen ausgestattete Wagen kommt auf 2700 Fr., der grosse äusserst solid und schön gebaute auf 5400 Fr. Solche Wagen sind in Wirklichkeit bedeutend billiger, als die bisher gebräuchlichen.»

Abb. 116 | Inserat einer anonymen «Erste schweizer. Motor-Wagen-Fabrik Aktien-Gesellschaft», erstmals in BN 52 1896 122 vom 6.5.1896.

Abb. 117 | «Gegen-Inserat» der «Ed. Burckhardt» für «Motor-Wagen (System Benz)», erstmals in BN 52 1896 126 vom 10.5.1896 mit dem Zusatz: «Wir verkaufen nur Motorwagen ‹Benz› – ein auf langjähriger Erfahrung beruhendes, erprobtes System. […] Neugründungen und Aktienunternehmen sind uns zur Zeit absolut fremd.»

Abb. 118 | Inserat «Ed. Burckhardt» für «Voitures automobiles (Système Benz)», erstmals in «Journal de Genève» 67 1896 96 2ème éd. vom 23.4.1896; s.a. «Journal de Genève» 67 1896 107 2ème éd. vom 6.5.1896. Er bot Autos mit zwei bis acht Plätzen an und stimulierte das Interesse mit der Ankündigung «Ventes importantes durant l'Exposition très probables» [Grosse Zahl an Verkäufen während der Ausstellung sehr wahrscheinlich]. Weitere Inserate mit dem Cliché der Benz Victoria (Abb. 115) folgten, erstmals in «Journal de Genève» 67 1896 137 2ème éd. vom 11.6.1896.

Trotz dieser positiven Entwicklung war Eduard Burckhardt im Frühjahr 1896 sehr dünnhäutig. Als am 6. Mai eine Chiffre-Annonce in den «Basler Nachrichten» erschien, wonach eine «Erste schweizer. Motor-Wagen-Fabrik Aktien-Gesellschaft» Kapitalgeber, eventuell verbunden mit einer aktiven Beteiligung und dem Versprechen auf «Hohe Rendite. Großer Absatz. Zukunfts-Branche.» suchte, reagierte er umgehend mit einem Gegen-Inserat, in dem er betonte: «Wir verkaufen nur Motorwagen ‹Benz› […] Neugründungen und Aktienunternehmen sind uns zur Zeit absolut fremd.» Er muss das Cliché für diese spezielle Anzeige, die exakt vier Tage nach der «Provokation» drei Mal hintereinander erschien, sofort in Auftrag gegeben haben (Abb. 116–117).

Offensichtlich wollte er allfälligen Gerüchten vorbeugen, dass er hinter der anonymen Gesellschaft stehe, denn die Beteiligung an einer neuen Motor-Wagen-Firma kam für ihn zu diesem Zeitpunkt finanziell überhaupt nicht infrage. Anfangs März 1896 musste er bei seinem Cousin Wilhelm Preiswerk-Imhoff, bei dem er schon mit der Schuldanerkennung von rund 200 000 Franken in der Kreide stand, weitere 10 000 Franken aufnehmen, wahrscheinlich als Liquiditätshilfe. Preiswerk akzeptierte dafür zur Absicherung eine Hypothek im dritten Rang auf Eduards Haus an der Austrasse 85, das nun mit 60 000 Franken sehr hoch belehnt war.[56] Wieder half also die Verwandtschaft aus; sie tat es, um das Gesicht nach aussen zu wahren, und wohl auch, weil man hoffte, dass Eduard mit der Ausweitung seines Geschäftskreises auf Motor-Wagen ordentlich verdiente; zudem dürfte Wilhelm Preiswerk auf einen steigenden Wert des Immobilien-Pfands angesichts des Basler Baubooms gesetzt haben. Später im Jahr vereinbarte Eduard mit dem Bauherrn Gregor Staechelin-Allgeier eine Verschiebung des Beginns der Amortisation der Hypothek im zweiten Rang im Betrag von 1000 Franken pro Jahr um ein halbes Jahr vom 30. Juli 1896 auf 1. Januar 1897, d.h. er war wirklich klamm.[57]

Kurz darauf fuhr Eduard Burckhardt mit seinem Motor-Wagen zur Schweizerischen Landesausstellung 1896 nach Genf. Er kündigte den Besuch in Verbindung mit einer grossartigen Werbebotschaft «Ventes importantes durant l'Exposition très probables» schon ab April an (Abb. 118).[58]

Er nutzte also den Besucherstrom, den diese Grossveranstaltung auslöste, um vor zahlreichem Publikum Vorführungen und Kundenakquisition zu betreiben. Schon die Fahrt geriet zu einer Promotionstour durch die Schweiz, wie die «Zuger Nachrichten» am 30. Mai 1896 aufgrund eines Communiqués der «Ed. Burckhardt» berichtete:[59]

«Herr Ed. Burckhardt in Basel, der sich bekanntlich mit der Einführung der selbstfahrenden Wagen (Motorwagen) in der Schweiz beschäftigt, weilt gegenwärtig in Genf, woselbst er solche Wagen zur Landesausstellung gebracht hat. Letzten Tag sandte er ein Schreiben nach Basel, in welchem er folgendes mitteilt: ‹Mit dem neuen Motorwagen habe ich am letzten Samstag die Reise nach Genf angetreten. Wir sind um 3 Uhr in Basel abgefahren und waren um 7 Uhr in Solothurn. (Nachtquartier). Am Sonntag Abfahrt um halb 9 Uhr über Lyß, Aarberg, Murten (Mittagsrast), Payerne, Moudon, Lausanne, Morges, woselbst Ankunft um halb 7 Uhr abends. Von Morges waren wir nach 2¼stündiger Fahrt nach Genf wohlbehalten und ohne jede Störung angelangt und ich muß hier mit meinen zahlreichen Bekannten täglich Probefahrten machen. [...] Die Rückfahrt nach Basel soll über Bern–Langnau–Luzern–Olten erfolgen.›»

Welche Gefühle er hegte, als er am Stand der Gebrüder Bruel «seine» Motor-Bicyclette nach Lizenz von «Hildebrand & Wolfmüller» sah, ist nicht überliefert (Abb. 119).[60] Er litt zu diesem Zeitpunkt noch immer an den Nachwehen des gescheiterten Geschäfts. In Mailand bereitete er die Appellation (Berufung) gegen den Spruch des Civilgerichts vom 30. Januar vor, die am 3. Dezember über die Bühne ging. Am 4. Juni

Abb. 119 | Blick in die Maschinenhalle an der Zweiten Schweizerischen Landesausstellung vom 1. Mai–18. Oktober 1896 in Genf.
Links am oberen Bildrand ist der Stand der «Société Suisse de Véhicules à Moteur» zu sehen mit grossem Schriftzug «Motocycles à Pétrole» und der Geschäftsadresse von «Bruel Frères, 10, Boul^{d} de Plainpalais Genève», davor zwei Motor-Bicyclettes «Hildebrand & Wolfmüller»; gegenüber erkennt man eine Reihe von Kutschen und zuvorderst möglicherweise einen Motor-Wagen der Firma «Henriod Frères, Constructeurs, Bienne», die 1896–1898 einige Fahrzeuge in Biel bauten.

1896 verklagte er den Gesellschafter Heinrich Treichler auf Bezahlung der zweiten Tranche der Einlage von 11 000 Franken und bekam vor dem Handelsgericht in Zürich am 28. August recht.[61] Mit der «Maschinenbau-Gesellschaft Basel» verhandelte er nach wie vor über die richtige Entschädigung für die vorzeitige Beendigung des Auftrags über 100 Motor-Bicyclettes. Da die Basler Partnerfirma die bei ihr gelagerten Maschinen und Teile als Pfand unter Verschluss hielt, konnten die in Genf ausgestellten Motor-Bicyclettes nur aus München stammen.

6.4 Das Geschäft der «Ed. Burckhardt» mit Motor-Wagen

> «Ein neuer Motorwagen gemalt, Kasten und Gestell blau und schwarz mit rother Ausfassung und lackiert.»
>
> Malermeister Friedrich Schlatter-Wyss, 1897.[62]

Eduard Burckhardt griff 1896 in den sich rasch entwickelnden Markt für «Motor-Wagen» in der Schweiz ein.[63] Vor seiner Zeit war die in Vevey beheimatete Maschinenfabrik «Gilliéron & Amrein» der wichtigste Importeur von Motor-Wagen von Benz. Dazu kamen eine Reihe von Einzelkunden, die ihre Autos direkt in Mannheim bestellten. Mit dem Markteintritt löste die «Ed. Burckhardt» «Gilliéron & Amrein» im Wesentlichen ab, und Einzelbestellungen in Mannheim konnten kaum mehr festgestellt werden. Unmittelbar nach dem Tod von Eduard Burckhardt übernahm Emil Suter-Dardenne im August 1897 dessen Automobilgeschäft; von da an trat auch «Gilliéron & Amrein» wieder als Anbieter auf (Abb. 120).[64]

Die «Ed. Burckhardt» importierte 1895 ein Velociped, 1896 17 Velocipede, drei Victorias und ein Phaeton sowie von Januar bis Juli 1897 neun Velocipede und zwei Vis-à-Vis, insgesamt 33 Wagen. Die verkauften Autos repräsentierten einen Einkaufswert von etwa 83 500 Franken und einen Umsatz von etwa 105 000 Franken.[65] Die resultierende Handelsspanne von ca. 21 500 Franken in eineinhalb Jahren (20 Prozent), war für Eduard Burckhardt ein ausserordentlich hoher Ertrag für ein einzelnes Produkt seines Geschäftskreises. Neben der Faszination für das Auto muss der geschäftliche Teil für ihn genauso attraktiv gewesen sein. Vielleicht zum ersten Mal war die Rückzahlung von Teilen seiner Schulden eine Option – wenn er dies überhaupt ernsthaft in Erwägung zog.

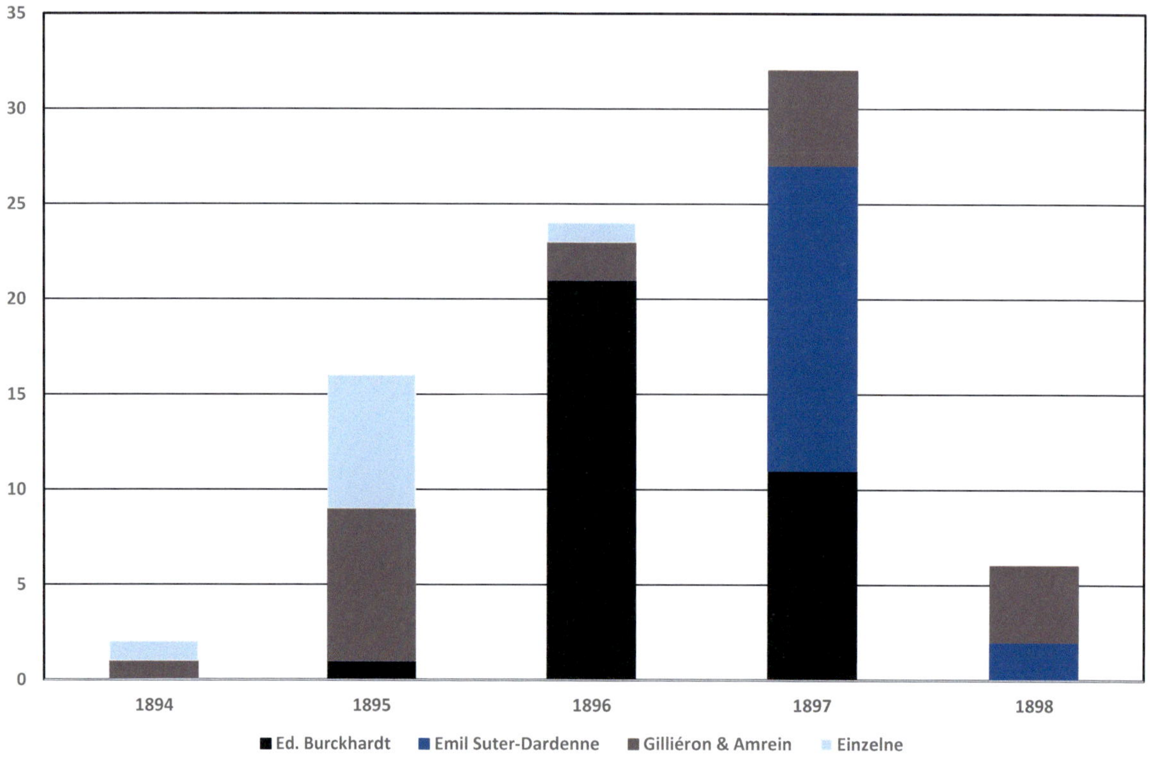

Abb. 120 | Anzahl der verkauften «Motor-Wagen System Benz» in der Schweiz 1894–1898, erstellt aufgrund von Daten aus dem Mercedes-Benz Konzernarchiv und ergänzt durch die Autoren.

Ein spezieller Fund: Das Conto-Corrent der «Benz & C°» zuhanden der Erbmasse von Eduard Burckhardt im «Staatsarchiv Basel-Stadt»

Unter den Gläubigern von Eduard Burckhardt als dem persönlich haftenden Gesellschafter der «Ed. Burckhardt» befand sich nach seinem Tod am 18. Juli 1897 auch die «Benz & C°» mit einer Forderung über 20 116.10 Franken (Tabelle 11). Als Beleg reichte die Mannheimer Firma der «Civilgerichtsschreiberei Basel-Stadt» ein Conto-Corrent ein, das alle Lieferungen an die «Ed. Burckhardt» vom Kauf seines eigenen, ersten Benz Velocipeds am 4. Juni 1894 bis zur Lieferung der Velocipede No. 702 und 703 am 9. Juli 1897 aufführte (Abb. 121; Tabelle 10).[66] Aus dieser Aufstellung geht hervor, dass die «Ed. Burckhardt» von Benz nicht nur Autos bezog, sondern auch Ersatzteile. Zudem liess sie in Mannheim Reparaturen ausführen.

Bezahlt wurde meistens mit 3-Monats-Wechseln, wie sie sich im gleichen Dossier im «Staatsarchiv Basel-Stadt» erhalten haben. Das Civilgericht Basel-Stadt kassierte die jüngsten nach dem Tod von Eduard Burckhardt und stellte die Beträge als Forderung an dessen Nachlass ein (Abb. 122–123).

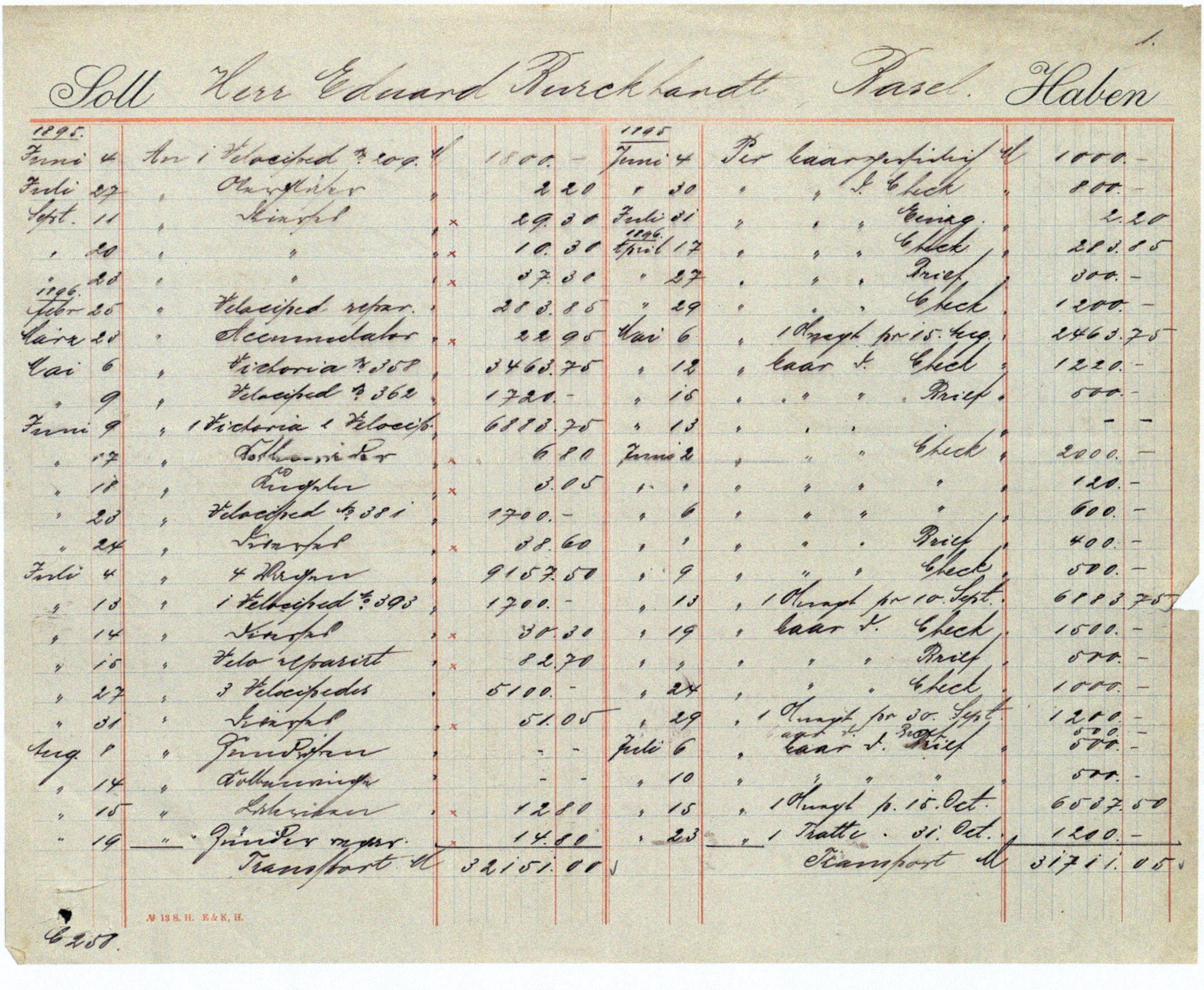
Soll Herr Eduard Burckhardt Basel. Haben

Abb. 121 | Erste Seite des Conto-Corrent von «Benz & C°» für das Geschäft mit der «Ed. Burckhardt». Es dokumentiert auf drei Seiten die gesamte Periode der Geschäftsbeziehung vom 4. Juni 1895 bis 9. Juli 1897 und ist datiert vom 6. August 1897.

Abb. 122 | Wechsel der «Benz & C°, Rheinische Gasmotorenfabrik Mannheim» über 3710 Mark vom 18. Mai 1897: Vorderseite. Mit Accept und persönlicher Unterschrift von Eduard Burckhardt per 31. August 1897.

Abb. 123 | Wechsel der «Benz & C°, Rheinische Gasmotorenfabrik Mannheim» über 3710 Mark vom 18. Mai 1897: Rückseite. Der gleiche Wechsel mit Indossament von Louis Peter, «Mitteldeutsche Gummiwarenfabrik» in Frankfurt; von diesem am 31. Mai 1897 an die «Deutsche Vereinsbank» weitergereicht.

Möglich war im Oktober 1896 sogar für kurze Zeit ein Verkauf nach Frankreich von Basel aus, denn es erschienen Standardinserate mit einer kleinen Nuance: «General-Vertretung für die Schweiz und einen Teil Frankreichs» (Abb. 125). Parallel dazu fanden sich in der Pariser Zeitung «Le Temps» winzige Inserate mit der Überschrift «Voitures automobiles Système Benz (Roger)», die «promptes livraisons» ab «85, rue d'Au, Bâle» versprachen (Abb. 124). Kurz zuvor hatte Émile Roger seine Firma nach England an die «Anglo-French Motor Carriage Company» verkauft.[67] Unmittelbar danach entstand die Firma «Maison Parisienne»;[68] sie baute eigene Fahrgestelle und Carrosserien, bezog die Motoren aber von Benz in Mannheim und löste Émile Roger als dessen Vertreter in Paris ab. Damit schloss sich für die «Ed. Burckhardt» das «window of opportunity» schnell wieder.

Im Oktober 1896 verwies das Inserat für das Benz Velociped auf die Leistung der beiden Benz Motor-Wagen im Rennen «Paris–Marseille–Paris», das kurz vorher stattgefunden hatte. Es war nicht das sportliche Ergebnis, das zählte, sondern die Tatsache, dass die beiden Benz die Strecke «in ca. 100 Stunden zurückgelegt [hatten] und zwar ohne den geringsten Unfall und ohne jede Störung». (Abb. 125).[69] Wie schon «Bruel Frères» für die Motor-Bicyclette propagierte auch Eduard Burckhardt die (positiven) Ergebnisse von motorsportlichen Anlässen.

Dass ihn das Geschäft mit den Automobilen nicht kurzfristig seiner Geldsorgen enthob, geht daraus hervor, dass er anfangs 1897 von seinem Prokuristen Adolf Schmidt-Lanz 2578 Franken borgte, um eine anstehende Erhöhung des Faustpfands gegenüber den «Star Lebensversicherungen» zu finanzieren.[70] Auch wenn er mittlerweile als erfolgreicher Motor-Wagen-Verkäufer zu einer gesamtschweizerisch bekannten Persönlichkeit geworden war, wollte er im anderen Teil seines Geschäftskreises präsent bleiben. Ab November

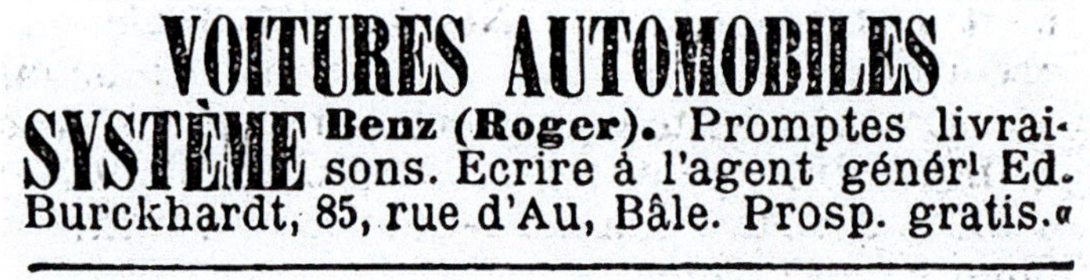
VOITURES AUTOMOBILES SYSTÈME Benz (Roger). Promptes livraisons. Ecrire à l'agent générl Ed. Burckhardt, 85, rue d'Au, Bâle. Prosp. gratis.

Abb. 124 | Inserat «Ed. Burckhardt» für «Voitures Automobiles Système Benz (Roger)», erstmals in «Le Temps» 36 1896 12903 vom 28. 9. 1896.
Die Serie endete bereits am 9. Oktober, s. «Le Temps» 36 1896 12914 vom 9. 10. 1896.

Abb. 125 | Inserat «Ed. Burckhardt» für «Motor-Wagen (System Benz)», erstmals in BN 52 1896 279 vom 13.10.1896.
Hier mit Verweis auf das Rennen «Paris–Marseille–Paris» vom 24. September bis zum 3. Oktober 1896. Dazu der Hinweis: «General-Vertretung für die Schweiz und einen Teil Frankreichs.»

Abb. 126 | Modifiziertes Inserat «Ed. Burckhardt» für «Star Lebensversicherungen», erstmals in BN 52 1896 317 vom 20.11.1896.
Hier mit dem Vermerk: «Die hiesige Direktion, Austrasse 85, ist stets bereit, alle an sie gelangenden Anfragen betreffs Versicherungen auch direkt, unter Beobachtung der grössten Diskretion, rasch und günstig zu erledigen.»

1896 versah er die Anzeigen für die «Star Lebensversicherungen» mit der Botschaft, dass er Kunden, welche «grösste Diskretion» wünschen, dementsprechend an der Austrasse 85 bedienen wolle (Abb. 126).

War dies ein Versuch, nun eine wohlhabendere Schicht mit speziellen Bedürfnissen anzusprechen, um die er sich persönlich kümmern würde? Zielte er auf seine Auto-Kunden? Der Kauf eines Motor-Wagens war so kostspielig, dass er nur für sehr begüterte Personen infrage kam. Für einen Industriearbeiter mit einem durchschnittlichen Jahreslohn von circa 850 Franken waren ein Benz Velociped zu einem Preis von 2700 Franken und eine Victoria zu einem Preis von 5400 Franken – die beiden günstigsten Modelle – unerschwinglich. Vergleicht man diese Werte dagegen mit den Haushaltsausgaben von gut 88 000 Franken des Seidenband-Fabrikanten Johannes De Bary-Burckhardt im Jahr 1889, dann präsentierte sich die Relation deutlich entspannter, aber es blieb ein erheblicher Budgetposten. Die Basler Oberschicht kannte die Gepflogenheiten der Begüterten in der Modemetropole Paris und kopierte sie; dazu gehörten teure Equipagen und Pferde.[71] Als das Automobil Paris eroberte, wurde es für einige reiche Basler sofort ein «must have» – aber nicht durchwegs.

Denn die Gruppe der ersten Automobil-Besitzer in der Stadt, die ihre Fahrzeuge ab 1898 registrieren und ein Nummernschild beziehen mussten, zeigte eine interessante Mischung aus wenigen, vermögenden «Alt-Baslern», traditionellen Kaufleuten sowie mehreren Unternehmern, die dank dem Wirtschaftswachstum im Stadtkanton ein sehr gutes Einkommen erzielten, hier in der Reihenfolge ihrer Registrierung:[72] Traugott Engeli-Schönholzer (?–1907), Tapetenhändler und -fabrikant;[73] Ferdinand Rüsch-Burckhardt (1863–1937), Rentier, Schwiegersohn von Emil Burckhardt-Koechlin und residierend im «Haus zum Kirschgarten»;[74] Paul Schlumberger-Suter, Commis und später Prokurist bei Emil Suter-Dardenne;[75] Emil Burckhardt-Koechlin, Seidenbandfabrikant und residierend im «Holsteinerhof»;[76] Charles Friedrich Küpfer-Bender, Architekt;[77] Arnold Suter-Ludwig (-Bender) (1849–1923?), Steinkohlehändler;[78] Emil Suter-Dardenne, Optiker und Bruder des Arnold Suter-Ludwig; sein Sohn Alfred Suter, Kaufmann; Wilhelm Breuckmann-Zehnder (?–1906), Kaufmann;[79] Paul Amans-Schäfli (1880–1923), Agent für Rohseide;[80] August Wagner, Gutsbesitzer; Fritz Wahl-Saladin, Bauunternehmer; Charles (Carl) Schlotterbeck-Simon, Kaufmann, Fahrrad- und ab 1899 Automobilhändler. Diese Leute begründeten auch 1898 den «Automobil-Club Basel».[81]

Ausserdem fanden sich auf der Liste der ersten Autofahrer in Basel Alexander Clavel-Merian (1847–1910), reicher Färbereibesitzer,[82] und Christian Schmid-Kistler, Konditor,[83] die nicht zu den Gründern des «Automobil-Club Basel» gehörten.

Von den Kunden Eduard Burckhardts ausserhalb von Basel liessen sich nebst dem bereits erwähnten Jean Kölla in Thun nur wenige identifizieren:[84] Max von Sulzer-Wart, Schlossbesitzer in Neftenbach/Zürich;[85] Ch. Inäbnit (Ch. Inäbnit & C°, Constructeurs – Éléctriciens) in Genf;[86] ein Hr. Alder in Zürich;[87] die Händler Gilliéron & Amrein in Vevey sowie «Bietenholz & C°»[88] in Zürich.

Es war eine anspruchsvolle Kundschaft. Als Emil Suter-Dardenne am 2. Januar 1898 eine Bewertung von vier offensichtlich bereits «als Occasionen» (Gebrauchtwagen) abgestellten Automobilen aus dem Nachlass von Eduard Burckhardt vornahm, schrieb er dem Civilgericht Basel-Stadt (Abb. 148):[89]

> «Betreff der herabgesetzten Preise der Motorwagen [gegenüber seiner Schätzung vom September 1897] habe zu bemerken, dass diess dadurch begründet ist, indem seit Dezember die Benz-Wagen mit einem neuen verstaerkten Motor geliefert werden, indem die früheren sich als ungenügend erwiesen haben, um auf unseren Terrains verwendet werden zu koennen.
>
> Durch diese Neuerung werden keine Wagen mehr mit dem früheren Motor von 1,5 HP gehandelt und es müssten die Maschinen der Burckhardt'schen Wagen saemtlich umgeaendert werden um sie anbieten zu koennen.
>
> Der Victoria-Wagen ist nun durch die Einführung eines neuen Modells des sogen. Comfortable – so gut wie verdraengt und da nebstdem auch diese Maschinen einer Umaenderung beduerfen, so koennen Sie meine Offerte als eine ganz dem Werthe entsprechend betrachten.»

Er akzeptierte dann in den Verhandlungen einen Pauschalpreis von 7050 Franken, das Mittel zwischen den Summen seiner beiden Angebote (Tabelle 8).[90]

Motor-Wagen (System Benz).
Vierrädrig — zwei- u. mehrplätzig — in verschiedenen, neuen Ausstattungen. Viele im Betrieb. Leichter, gefahrloser Betrieb. Sehr leistungsfähig für kürzere und längere Strecken. Vielfach für Geschäftsreisen verwendet.
Prospekte, Auskunft und Besichtigung bei
Ed. Burckhardt, 85 Austrasse, Basel,
Generalvertretung für die Schweiz. 3723
NB. Wir haben die Einrichtung getroffen, hiesigen Käufern, welchen ein geeigneter Platz fehlt, ihre Wagen gegen monatliche Vergütung zu remisieren und zu unterhalten, so dass dieselben stets fahrbereit sind. — Telephon.

Abb. 127 | Inserat «Ed. Burckhardt» für «Motor-Wagen (System Benz)», erstmals in BN 53 1897 77 vom 20.3.1897. Hier mit dem Hinweis, dass die «Ed. Burckhardt» im Frühling 1897 Autos «in verschiedenen, neuen Ausstattungen» anbieten könne.

Dieser Wunsch einer wohlhabenden Kundschaft, immer das neuste Modell zu fahren, war auch dem gewieften Kaufmann Eduard Burckhardt nicht entgangen. Am 20. März 1897, zum Frühlingsbeginn, änderte er den Wortlaut seiner Inserate für die Automobile von Benz gegenüber der letzten Serie von 1896 geringfügig, aber signifikant. Das Argument «Vorteilhafter Ersatz für Pferde» dürfte seinen Kunden kaum mehr Eindruck gemacht haben und verschwand; wichtig war nun, dass es Wagen «in verschiedenen, neuen Ausstattungen» gab (Abb. 127).[91]

Ein weiterer, diesbezüglicher Aspekt lässt sich aus den erhaltenen Dokumenten ableiten. Die schwarz angelieferten Automobile wurden in Basel nach den Wünschen der Käufer zusätzlich bemalt und lackiert, in blau, gelb, rot, grün und schwarz, also im ganzen Farbenspektrum ausser weiss.[92] Die Ausführung besorgte der Basler Malermeister Friedrich Schlatter-Wyss. 1897 führte er die nachfolgenden Arbeiten an

Tabelle 8 | Die Wertentwicklung der Benz Patent-Motor-Wagen nach dem Kauf 1895–1898.[93]

Beschreibung gemäss Inventur Juli 1897[94] (Ergänzungen von Emil Suter-Dardenne)	Händlerpreis	Inventur	Angebote Emil Suter-Dardenne 09/1897	02/1898
– 1 Motorwagen (Ein alter seit 3 Jahren gebrauchter Motorwagen ‹Victoria› 5 HPf mit zwei Benzinreservoiren)	3463.75	3000.–	3000.–	2500.–
– 1 Motorwagen (kleiner) (1 altes Modell Motorwagen ‹Victoria› 3 HPf)	3463.75	1500.–	1400.–	800.–
– 1 Motorwagen mit Verdeck (Ein kleiner Motorwagen ‹Velociped› N° 4 mit Verdeck noch nicht lackiert 1,5 HP)	1720.–	2000.–	1750.–	1500.–
– 1 Motorwagen mit Verdeck (Ein kleiner Motorwagen ‹Velociped› N° 4 mit Verdeck, verschiedene Reparaturen erforderlich 1,5 HP)	1720.–	2000.–	1700.–	1450.–
TOTAL	10 367.50	8500.–	7850.–	6250.–

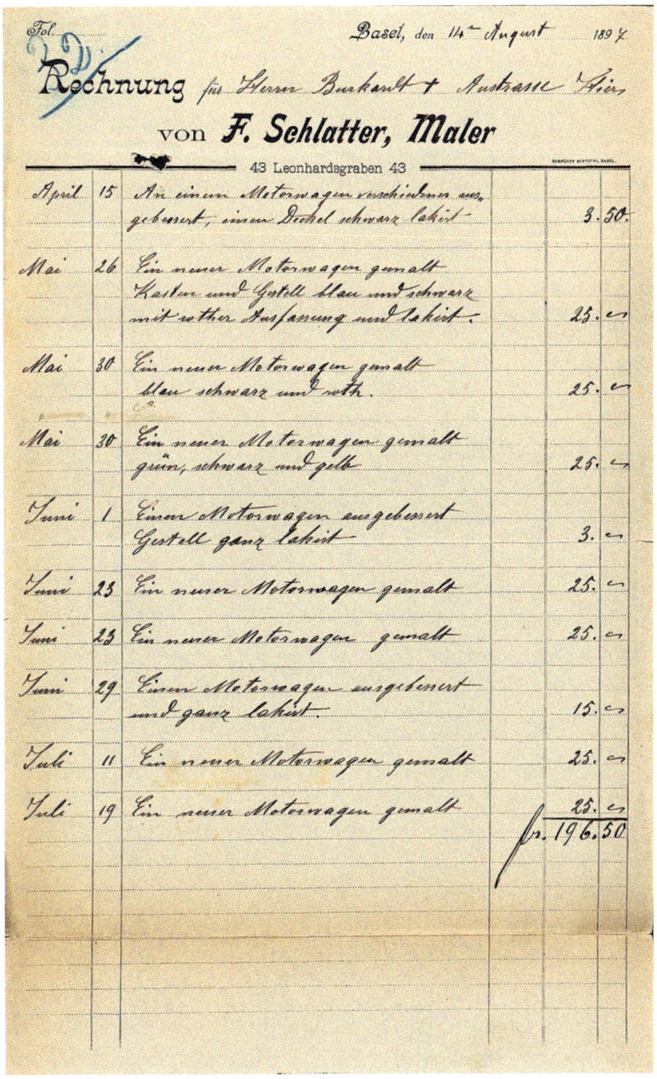

Fol. Basel, den 14. August 1897

Rechnung für Herrn Burkardt + Austrasse [illegible]

von F. Schlatter, Maler

43 Leonhardsgraben 43

April	15	An einem Motorwagen verschiedenes ausgebessert, einen Deckel schwarz lakirt	3.50
Mai	26	Ein neuer Motorwagen gemalt Kasten und Gestell blau und schwarz mit rother Ausfassung und lakirt.	25.–
Mai	30	Ein neuer Motorwagen gemalt blau schwarz und roth.	25.–
Mai	30	Ein neuer Motorwagen gemalt grün, schwarz und gelb	25.–
Juni	1	Einen Motorwagen ausgebessert Gestell ganz lakirt	3.–
Juni	23	Ein neuer Motorwagen gemalt	25.–
Juni	23	Ein neuer Motorwagen gemalt	25.–
Juni	29	Einen Motorwagen ausgebessert und ganz lakirt.	15.–
Juli	11	Ein neuer Motorwagen gemalt	25.–
Juli	19	Ein neuer Motorwagen gemalt	25.–
			Fr. 196.50

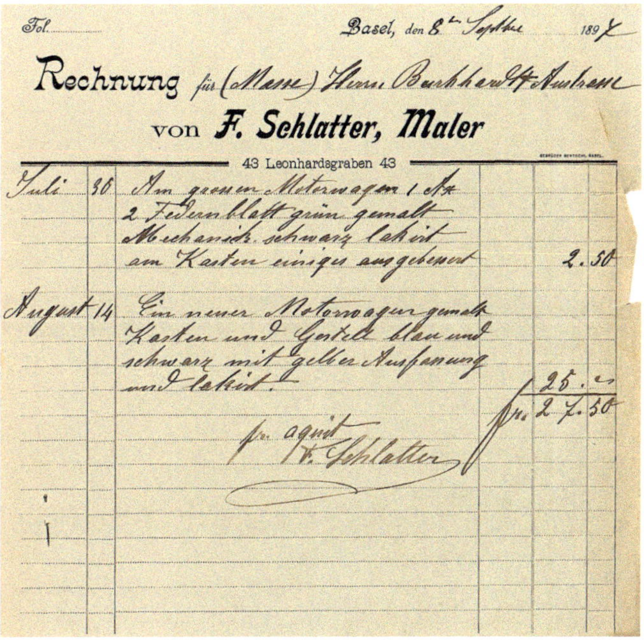

Fol. Basel, den 8. Septbr 1897

Rechnung für (Masse) Herrn Burckhardt + Austrasse

von F. Schlatter, Maler

43 Leonhardsgraben 43

Juli	30	Am grossen Motorwagen 1 Ax 2 Federnblatt grün gemalt Mechanick schwarz lakirt am Kasten einiges ausgebessert	2.50
August	14	Ein neuer Motorwagen gemalt Kasten und Gestell blau und schwarz mit gelber Ausfassung und lakirt.	25.–
			Fr. 27.50

pr. acquit F. Schlatter

oben: Abb. 129 | Rechnung von Friedrich Schlatter für die Bemalung von neuen und alten Benz-Motor-Wagen vom 8. September 1897. Es handelte sich um Arbeiten, die nach dem Tod von Eduard Burckhardt an neu angelieferten Motor-Wagen ausgeführt wurden, s. Tabelle 10: 9. 7. 1897. Diese Auslagen mussten von den Kunden (nach dem Tod von Eduard Burckhardt) bar bezahlt werden.

links: Abb. 128 | Rechnung von Friedrich Schlatter für die Bemalung von neuen und alten Benz-Motor-Wagen vom 14. August 1897.

neu angelieferten Motor-Wagen durch (Abb. 128–129; Tabelle 10):[95]

26. Mai 1897:	Ein neuer Motorwagen gemalt, Kasten und Gestell blau und schwarz mit rother Ausfassung und lackiert
30. Mai 1897:	Ein neuer Motorwagen gemalt, blau, schwarz und roth
30. Mai 1897:	Ein neuer Motorwagen gemalt, grün, schwarz und gelb
23. Juni 1897:	Ein neuer Motorwagen gemalt
11. Juli 1897:	Ein neuer Motorwagen gemalt
19. Juli 1897:	Ein neuer Motorwagen gemalt
14. August 1897:	Ein neuer Motorwagen gemalt, Kasten und Gestell blau und schwarz mit gelber Ausfassung und lackiert

Die beiden letztgenannte Aufträge führte die Firma Schlatter nach dem Tod von Eduard Burckhardt aus, was zeigt, dass die Arbeiten fester Bestandteil des Lieferumfangs eines Neuwagens waren. Ausserdem mussten die in Betrieb befindlichen Motor-Wagen immer wieder ausgebessert und aufgefrischt werden (Abb. 128–129, Tabelle 10).[96]

Wer ein solches Gefährt bewegen wollte, brauchte viel Enthusiasmus – und einen Monteur! Es waren Sportgeräte, mit denen man sich in der freien Zeit und ohne Zeitdruck eine Fahrt gönnte und so die Zugehörigkeit zu einer modernen Elite demonstrierte. Um von A zu einem Termin nach B zu fahren, waren sie viel zu anfällig. August Horch (1868–1951),[97] damals Produktionsleiter bei Benz und später Hersteller von Luxusautos, beschrieb die Situation anschaulich:[98]

> «Von Mannheim nach Heidelberg ist eine winzige Strecke, und unter heutigen Verhältnissen nicht einmal das, was man einen Katzensprung nennt. Aber damals war es unmöglich, dieses Streckchen ohne eine oder mehrere Pannen zu bewältigen. Eine Fahrt von Mannheim nach Heidelberg dauerte damals gut ihre zweieinhalbe Stunde, immer vorausgesetzt, dass man unterwegs keinen

unfreiwilligen Aufenthalt hatte. Und dabei rechne ich in diese Zeit den Aufenthalt durch Riemenkürzen und Wassernachfüllen nicht einmal ein. Hatte man aber unterwegs Pannen, dann konnte man damit rechnen, [...] dass die Fahrt zwischen drei und sechs Stunden dauern würde. – Normale Pannen der damaligen Zeit waren zum Beispiel: Herunterfallen einer Kette und ihr Wiederauflegen, was ebenso schwierig wie schmierig war. Oder: Zünddefekte, die sehr kompliziert zu beheben waren. Oder: Herausfliegen eines Gummis. Und ganz trostlos wurde es, wenn man eine Dichtung einziehen musste oder wenn ein Ventil stecken blieb.»

Dabei war der Fortschritt, den die Automobiltechnik nahm, fulminant. Bei dem von Eduard Burckhardt gefeierten Rennen «Paris–Marseille–Paris» 1896 fuhren die Sieger Émile Levassor/Émile Mayade auf «Panhard & Levassor» über 1710 Kilometer einen Schnitt von 25,25 Kilometern pro Stunde.[99] Nur sieben Jahre später, 1903, donnerte Fernand Gabriel (1878–1943)[100] auf einem Wagen der Marke «Mors» von Paris nach Bordeaux über 530 Kilometer mit einem Schnitt von 105 Kilometern pro Stunde. Bei dem Rennen, das bis Madrid hätte führen sollen, starteten 179 Automobile und 59 Motorräder; wegen der zahlreichen, durch die hohen Geschwindigkeiten verursachten, gravierenden Unfälle brachen die Behörden die Veranstaltung nach dem ersten Tag ab.[101]

Es dauerte dennoch einige Zeit, bis das Auto als alltagstauglich galt. In ihren volkskundlichen Reminiszenzen über die «Basler Sitten» berichtete Johanna Von der Mühll (1894–1974) dazu:[102]

> «Noch im 19. Jahrhundert unternahm man weite Reisen mit dem eigenen Wagen [Kutsche]. Das war durchaus üblich, bevor es die Eisenbahn gab, für den, der es sich irgend leisten konnte; denn das Fahren in den Postwagen auf den Landstraßen war eine langwierige und überaus ermüdende Art, sich fortzubewegen. [...] Gegen 1912 kamen allgemein die Autos auf. Aber anfangs entschloß man sich nur zögernd zu dem neuen Verkehrsmittel, und es dauerte bis 1914, bis es sich einigermaßen eingebürgert hatte. Auch dann schaffte man ein Auto nur an, um Zeit zu sparen, oder für das Geschäft. Man behielt nach wie vor den Wagen [Kutsche] für alle anderen Zwecke, und besonders für alle Vergnügungsfahrten, bei. Daher kam es, daß man zunächst auf die Wagenausstattung der Autos, die bei der Equipage eine so große Rolle spielte, nichts gab.»

Zum «Arbeitsgerät»[103] mauserte sich das Auto also erst, als es so zuverlässig war, dass man mit ihm Geschäfte erledigen und auf Reisen tatsächlich Zeit sparen konnte.[104] Dieser Nutzen manifestierte sich im täglichen Gebrauch allmählich nach der Jahrhundertwende. Der Basler Kutschenbauer Charles Heimburger-Volz druckte 1906 einen Katalog, der 17 Automobile mit einem von ihm konstruierten Aufbau zeigte. 1910 bezeichnete er sein Geschäft als «Fabrique de Voitures de luxe et de Carrosserie automobile» [Fabrik für Luxuskutschen und Automobil-Karosserien]; denn die Pferdewagen waren immer noch sein Hauptgeschäft. Noch im gleichen Jahr veröffentlichte die Firma einen Katalog nur mit Kutschen![105] Das Blatt wendete sich, wie Johanna Von der Mühll und auch Charles Heimburger feststellten, nach dem Ersten Weltkrieg.[106]

Zur führenden Autostadt in der Schweiz entwickelte sich aber nicht Basel, sondern Genf. In einer Erhebung des Schweizerischen Bundesrates unter den Kantonen über den Bestand an Motorfahrzeugen im Jahr 1902 meldeten diese insgesamt 387 «Automobilwagen» und 126 «Automobilvelozipede» nach Bern. Genf alleine verzeichnete 185 Automobile, d.h. nahezu die Hälfte des nationalen Bestandes. Es folgten die Kantone Waadt mit 97 Automobilen, Bern mit 64, Basel-Stadt mit 51, Zürich mit 45, Aargau mit 42 und Neuenburg mit 20. In Uri, Schwyz, Glarus, Appenzell Innerrhoden, Graubünden und Wallis gab es noch keine Autobesitzer.[107]

Genf besass breit aufgestellte Unternehmen für Mechanik, Elektrotechnik und Uhren; zudem spielte die Motorisierung des Bootsverkehrs auf dem See eine bedeutende Rolle. Ein Pfeiler dieser Entwicklung war die 1879 gegründete «École de Mécanique de Genève».[108] Unter den Abgängern finden sich Pioniere der europäischen Automobilindustrie wie Lucien Picker (1876–1956), Ernest Henry-Hamelin (1885–1950), Marc Birkigt (1878–1953), Georges Roesch (1891–1969).[109] Wie Lorenz Popp waren sie mindestens eine Generation jünger als Eduard Burckhardt und wuchsen direkt in die beginnende Motorisierung hinein. Es entstand eine Motorfahrzeugindustrie, und Genfer Financiers investierten früh in die französische Automobilindustrie, sodass man deren Aktien an der Genfer Börse als einzige in der Schweiz schon vor 1914 handelte.[110] Es war kein Zufall, dass Eduard Burckhardt vor allem in dieser Stadt Partner und Geld für seine Motor-Bicyclettes gefunden hatte.

6.5 Der Aufbau einer Remise als Proto-Autowerkstatt

> «Wir haben nunmehr die Einrichtung getroffen, unseren hiesigen Kunden die Motorwagen zu remisieren, sowie deren Besorgung und Instandhaltung gegen monatliche Vergütung zu übernehmen. Die Wagen sind dann zur gewünschten Zeit stets fahrbereit.»
>
> «Ed. Burckhardt», 1896.[111]

Der Betrieb der neuen Autos war aufwendig. Eduard Burckhardt bezog 1895 für 98.95 Franken Ersatzteile von Benz für sein Velociped. Ausserdem musste er das Fahrzeug für eine Reparatur zurück zum Hersteller schicken, Kostenpunkt: 354.80 Franken. Für die anfangs Frühling 1896 benötigte neue Batterie (Accumulator) bezahlte er weitere 28.70 Franken. Im ersten halben Jahr nach dem Kauf belastete ihn seine Neuerwerbung mit 482.45 Franken, ohne Benzin und Laden der Batterie (Tabelle 10) – das entsprach dem halben Jahreslohn eines Arbeiters!

Der typische Autobesitzer führte alle diese Aufgaben nicht selbst durch. Wenn die stolzen «Autler» sich gerne am Steuer ihres Wagens fotografieren liessen, so immer posierend im stehenden Fahrzeug. Einerseits erlaubte die Fototechnik der Zeit noch keine Aufnahmen von Objekten in Bewegung; andererseits liess man sich auf grosser und kleiner Fahrt stets von einem Mechaniker begleiten, der für die Erledigung der zahlreichen Unannehmlichkeiten besorgt war und oft auch chauffierte. Das galt ebenso für Eduard Burckhardt, der in seinen Fahrberichten immer von «wir» sprach, und damit zweifellos Lorenz Popp einschloss. Mit dem steigenden Absatz an Motor-Wagen wuchs auch der Bedarf nach solchen Dienstleistungen, sodass Eduard Burckhardt neben Lorenz Popp den Mechaniker-Gesellen Wilhelm Eggenschwiler (1875–?)[112] als zweiten Mann für das Motor-Wagen-Geschäft anstellte.

Die kaufmännisch ausgerichtete «Ed. Burckhardt» war nicht unbedingt dafür prädestiniert, den Unterhalt der neuen Fahrzeuge zu übernehmen. Aber Eduard Burckhardt wusste aus den Erfahrungen mit den Motor-Bicyclettes, dass er seinen Kunden eine qualifizierte Unterstützung anbieten musste. Zwischen Ende November und anfangs Dezember 1896 inserierte er täglich (!) das Angebot an seine Kunden, ihre Motor-Wagen gegen Monatsmiete bei ihm in einer «Remise»[113] einstellen und instand setzen zu lassen, damit sie jederzeit fahrtüchtig seien (Abb. 130).[114]

Seine erste bekannte Remise befand sich ab November 1896 am Schützengraben 8 und trug den

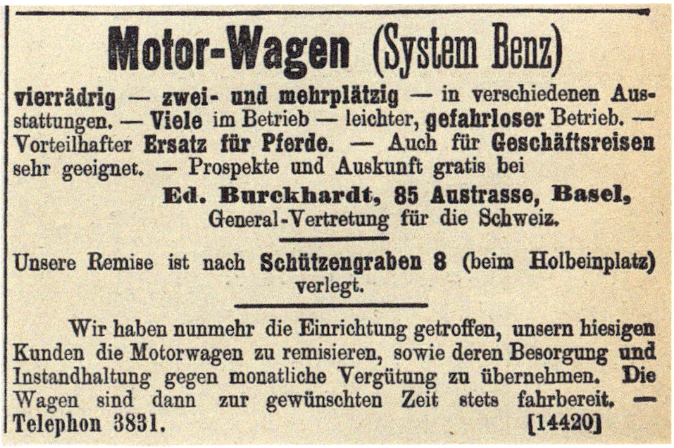

Motor-Wagen (System Benz)

vierrädrig — zwei- und mehrplätzig — in verschiedenen Ausstattungen. — **Viele** im Betrieb — leichter, **gefahrloser** Betrieb. — Vorteilhafter **Ersatz für Pferde.** — Auch für **Geschäftsreisen** sehr geeignet. — Prospekte und Auskunft gratis bei

Ed. Burckhardt, 85 Austrasse, Basel,
General-Vertretung für die Schweiz.

Unsere Remise ist nach **Schützengraben 8** (beim Holbeinplatz) verlegt.

Wir haben nunmehr die Einrichtung getroffen, unsern hiesigen Kunden die Motorwagen zu remisieren, sowie deren Besorgung und Instandhaltung gegen monatliche Vergütung zu übernehmen. Die Wagen sind dann zur gewünschten Zeit stets fahrbereit. — Telephon 3831. [14420]

Abb. 130 | Inserat «Ed. Burckhardt» für «Motor-Wagen (System Benz)», erstmals in BN 52 1896 321 vom 25.11.1896. Hier mit dem Hinweis: «Wir haben nunmehr die Einrichtung getroffen, unsern hiesigen Kunden die Motorwagen zu remisieren, sowie deren Besorgung und Instandhaltung gegen monatliche Vergütung zu übernehmen. Die Wagen sind dann zur gewünschten Zeit stets fahrbereit.» Neu war auch der Hinweis auf die Adresse Schützengraben 8 (beim Holbeinplatz), wohin die Remise Ende Oktober 1896 verlegt wurde; s. a. Abb. 127.

Abb. 131 | Zeitgenössisches Foto der Remise am Schützengraben 8 in Basel April 1897. Vor den «Magazine der Motorwagen» steht derselbe Benz Vis-à-Vis wie auf dem Titelfoto sowie Abb. 95, ohne die Insassen, sodass die Nr. 8 über der Türe sichtbar ist. Das Foto entstand zwischen dem 2. März 1897 (Versand des ersten Vis-à-Vis ab Mannheim) und dem 8. Mai 1897 (Umzug der Remise vom Schützengraben 8 an die Schönbeinstrasse 42), also im April 1897.

Abb. 132 | Blick auf die «Magazine» am Schützengraben 6 und 8 etwa in den 1930er-Jahren vor dem Abriss.
Vorne das Haus Nr. 6, in der Mitte die Nr. 8, bei dem der Türrahmen und die Gestaltung der Fensterläden denjenigen in Abb. 131 entsprechen, d. h. der Benz Vis-à-Vis stand auf der Strasse vor diesem Häuschen.

Abb. 133 | Frontaler Blick auf die Magazine am Schützengraben Nr. 6 und 8 etwa in den 1930er-Jahren.
Die ehemalige Remise ist etwas verdeckt durch die Baumstämme; gut sichtbar ist das grosse Einfahrtor, hinter dem sich ein Innenhof für die «Remisierung» der Automobile befunden haben muss.

Schriftzug «Magazine der Motorwagen» über der Geschäftsadresse der Firma an der Austrasse 85 (Abb. 131); sie war von einem Baugeschäft kurz zuvor renoviert worden[115] und hatte bereits eine Vorgängerin. Zwei erhaltene Fotografien aus den 1930er-Jahren zeigen die ganze Häuserzeile kurz vor dem Abriss. Bei der Nr. 8 handelte es sich um ein relativ kleines Gebäude, das nicht für die Unterbringung von Fahrzeugen geeignet war; diese mussten im Innenhof dahinter, wahrscheinlich im Freien, abgestellt und unterhalten werden (Abb. 132–133). Kein Wunder, dass die «Ed. Burckhardt» diese Räumlichkeit bereits am 8. Mai 1897 wieder verliess und an die Schönbeinstrasse 42 in eine grössere Halle umzog.[116]

Die Ausrüstung der Remise an der Schönbeinstrasse 42 lässt erkennen, dass nicht nur Wartungsarbeiten, sondern auch grobe Reparaturen vor Ort durchgeführt werden konnten (Tabelle 9).

Tabelle 9 | Inventur der Remise an der Schönbeinstrasse 42 im Juli 1897 (Transkription). Nach dem Tod von Eduard Burckhardt erstellt.

Nur Gegenstände, die mit den Autos in Verbindung gebracht werden können, werden aufgeführt sowie deren Bewertung durch Wilhelm Eggenschwiler; sie repräsentierten einen Gesamtwert von 679 Franken:[117]

Kategorien	Gegenstände	Wertansatz
Ausstattungsgegenstände:		
	1 Werkbank mit Werkzeug (2 Schraubstöcke)	100.–
	1 kleine Werkbank	10.–
	1 Esse (Feldschmiede)	50.–
	1 Ambos mit 1 Vorschlaghammer; 1 grosser Schmiedhammer & 1 Schrotmeisel	50.–
	1 Hängelampe	5.–
	1 zweisitziges [?] Schreibpult	15.–
	2 Rohrstühle	4.–
	1 Reisbrett & Schreibmaterialien	3.–
	1 Stehlampe	2.–
	1 eiserner Ofen sammt Rohr	20.–
	1 Petroleumofen	10.–
	1 Schmierbock	8.–
	4 Benzinkannen à 1.–	4.–
	2 Oelkannen	1.–
	2 Spritzkannen	2.–
	3 Pneumatikpumpen	20.–
	1 kleiner eiserner Karren	30.–
	1 Küferkarren	15.–
	1 Kübel	–.50
	1 grosse Blechflasche	1.–
	1 Anzahl hölzerne Packkisten etc.	10.–
Betriebsmittel:		
	1 Fass mit 100 Kos. Benzin	40.–
	2 leere Benzinfässer	10.–
	3 grosse Accumulatoren à 20.–	60.–
	1 kleiner Accumulator	15.–
	1 kleiner Accumulator (defekt)	–.–
	1 Büchse mit Consistenzfett	4.–
	1 Bund Asbestschmiere	5.–
	1 Sack Putzwolle	30.–
	14 Büchsen mit Lötmaterial & Verschiedenem	8.–
	2 Bünde Draht & 1 Anzahl alte Schilder	4.–
	2 Brittlen & Bretter etc.	5.–
Ersatzteile:		
	Sämmtliche Reparaturartikel zu Motorvelociped & Motorwagen	100.–
	1 Horn (defekt)	–.50
	1 Horn (klein)	1.–
	Alte Riemen	2.–
	8 Wagenlaternen à 2.–	16.–
	1 Kiste mit Diversem	3.–
	1 Wagenkissen	10.–
	1 Benzinpumpe	5.–

Das um die übrigen Lieferungen ergänzte Conto-Corrent des Geschäftsverkehrs mit der «Benz & C°» (Tabelle 10) ermöglicht nicht nur den Nachvollzug der Autokäufe der «Ed. Burckhardt» von Juli 1895 bis Juli 1897, sondern zeigt auch Art, Umfang und Kosten der Service-Leistungen, die für die Kunden organisiert und durchgeführt werden mussten: Neben dem Kauf von Autos hat die «Ed. Burckhardt» total 3450.65 Franken für Reparaturen und Ersatzteile beim Mannheimer Fabrikanten ausgegeben, davon 1118.34 Franken von Juli 1895 bis Ende 1896. Im ersten halben Jahr 1897 waren es dann 2332.40 Franken, also eine Verdoppelung. Ab April 1897 verging kaum eine Woche, ohne dass Ware aus Mannheim in Basel eintraf, und insgesamt beauftragte man dort vier grössere Reparaturen für total 1533.85 Franken. Ausserdem lieferte der Hersteller Accumulatoren, Achsschenkel, Kettenräder, Kettenglieder, Kolbenringe, Schmierbüchsen und viele weitere Kleinteile, die nicht separat aufgezählt wurden.

Das Benzin bezog die «Ed. Burckhardt» anfänglich in Basel bei Rudolf Buri, Droguerie am Leonhardsgraben 9. Vom 16. Juni bis 4. August kaufte sie 265 Kilogramm Motorenbenzin zum normalen Preis von 40 Rappen pro Kilogramm resp. total 99.70 Franken (ohne Gebinde).[118] Ab Augst 1896 wechselte sie zu «Woodtli & Kuhn», Fabrikation & Handel Chemischer Produkte, Droguen & Oele in Zürich. Dort kaufte sie zwischen dem 12. August und 12. Oktober nochmals etwa 289 Kilogramm Benzin[119] für 115.70 Franken. Der Gesamtverbrauch für die «Sommersaison 1896» betrug damit 554 Kilogramm oder 780 Liter Benzin zum Preis von total 215.40 Franken. Davon erhielten «Bruel Frères» 150 Kilogramm oder 200 Liter,[120] sodass in Basel 404 Kilogramm oder 525 Liter Treibstoff zur Verfügung standen. Für die Victoria rechnete man mit einem Verbrauch von 20–25 Litern und für das Velociped von 14 Litern[121] pro 100 Kilometer. Mit der eingekauften Menge Benzin[122] konnten die Besitzer der Motor-Wagen somit rund 3279 Kilometer fahren. Bei vorsichtiger Schätzung kann man annehmen, dass die ersten Basler Automobilbesitzer im Sommer 1896 im Durchschnitt je etwa 164 Kilometer zurückgelegt hatten, wobei zu berücksichtigen ist, dass nicht alle verkauften Motor-Wagen in Basel blieben und einige Halter das Benzin nicht von der «Ed. Burckhardt» bezogen haben dürften.[123] Unabhängig von den genauen Ergebnissen dieser Rechnungen lässt sich zweifelsfrei feststellen: Die Besitzer bewegten ihre Fahrzeuge!

1897 bezog die «Ed. Burckhardt» bis zum Zwischenabschluss nach Eduards Tod im Juli bei «Woodtli & Kuhn» erneut für 191.90 Franken Benzin, was 480 Kilogramm entsprach; davon befanden sich bei der Inventur noch 100 Kilogramm in der Remise (Tabelle 9). Es ergibt sich also eine ähnliche Wegleistung pro Automobil im Jahr 1897.[124] Eine Bestätigung dieser Aussagen findet sich erstens in der Zahl der Accumulatoren-Ladungen sowie zweitens in den genannten, erheblichen Kosten für Reparaturen und Ersatzteile (Tabelle 10).

Ein besonderes Augenmerk galt der Batterie. Den Motor-Wagen von Benz fehlte noch eine Lichtmaschine. Die einzige Stromquelle für die verwendete Summerzündung war die Batterie; sie musste deshalb regelmässig aufgeladen oder ersetzt werden.[125] Im ersten Halbjahr 1897 liess die «Ed. Burckhardt» die Accumulatoren 51 Mal laden und beauftragte dafür drei Lieferanten:[126] «Fr. Klingelfuss & Cie», Elektrotechnische Fabrik und Installations-Geschäft, Petersgasse 7, Basel;[127] «E. Suter-Dardenne, Optische Anstalt», Byfangweg 16, Basel, sowie für Reparaturen die «Kölner Accumulatoren-Werke Gottfr. Hagen», Kalk bei Köln.[128] Dazu kamen der Kauf einer neuen Batterie sowie einige Reparaturen. Das Laden kostete zwischen 1.50 und 2.50 Franken, eine neue Batterie um 30 Franken.

Obwohl Vergleichszahlen aus den Vorjahren fehlen, soll hier postuliert werden, dass Eduard Burckhardt 1897 vermehrt Reparaturen bei geeigneten Handwerkern in Basel machen liess, etwa bei einem Schmied, einem Möbelschreiner oder einem Maler; im Vergleich zu den Aufträgen, die an Benz gingen, handelte es sich um eher kleine Arbeiten, die man lokal erledigte.

Zusammenfassend lässt sich das Lieferantennetzwerk der «Ed. Burckhardt» zur Betreuung seiner Automobil-Kunden im Sommer 1897 folgendermassen rekonstruieren:

- Motor-Wagen und grössere Reparaturen daran sowie Ersatzteile: Benz & C°, Mannheim
- Benzin: Woodtli & Kuhn, Zürich
- Reparaturen und Kauf neuer Batterien: Kölner Accumulatoren-Fabrik Gottfr. Hagen, Kalk bei Köln
- Batterien laden: E. Suter-Dardenne, Optische Anstalt, Basel
- Reifen: The Dunlop Pneumatic Tyre C°, Hanau
- Malen und Lackieren der Wagen: F. Schlatter, Basel
- Treibriemen (und vermutlich auch Öl und Schmiermittel): Wanner & Cie, Horgen
- Kleinere Reparaturen:
  F. Schlatter, Maler, Basel
  J. Hoffmann, Schreiner, Basel
  H. Wagner, Möbelschreiner, Basel
  R. Schilling, Hufschmied, Basel

Die wichtigsten Lieferanten der «Ed. Burckhardt» im Automobilgeschäft

Abb. 134 | Die Firmenlogos von wichtigen Zulieferen der «Ed. Burckhardt» im Geschäft mit Motor-Wagen.

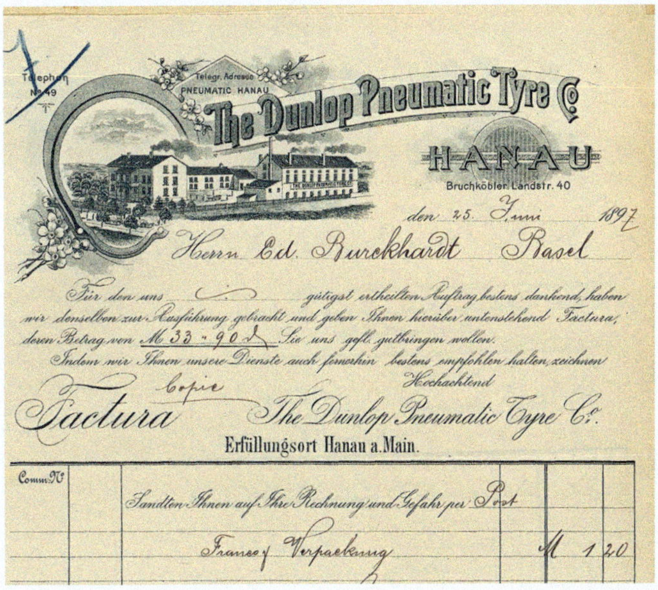
Telephon No 49
Telegr. Adresse PNEUMATIC HANAU
The Dunlop Pneumatic Tyre Co
HANAU
Bruchköbler Landstr. 40
den 25. Juni 1897
Herrn Ed. Burckhardt Basel
Für den uns gütigst ertheilten Auftrag bestens dankend, haben wir denselben zur Ausführung gebracht und geben Ihnen hierüber untenstehend Factura, deren Betrag von M 33 – 90 Sie uns gefl. gutbringen wollen.
Indem wir Ihnen unsere Dienste auch fernerhin bestens empfohlen halten, zeichnen Hochachtend
Copie
Factura The Dunlop Pneumatic Tyre Co
Erfüllungsort Hanau a. Main.
Comm. No
Sandten Ihnen auf Ihre Rechnung und Gefahr per Post
Franco Verpackung M 1 20

GOTTFRIED HAGEN, KALK b. Köln.
Bleiwalzwerk. Fabrik von Blei- und Zinnröhren. Patent-Jagdschrot etc.
Electricitäts- und Accumulatoren-Werke.
Fabriken in Kalk und Mechernich.
Telegramm-Adresse: METALLHAGEN KALK.
Fernsprecher Kalk No. 71 (Amt Köln-Deutz).
Giro-Conto bei der Reichsbankhauptstelle Köln.
Briefe sind ausschliesslich nach Kalk zu richten.
Zinkbleche HANDLUNG in allen rohen und gewalzten Metallen.
Adresse für Eil- und Frachtgut-Sendungen Station Kalk (rechtsrhein.).
Adresse für Waggonladungen: Station Deutzerfeld, Kalker Weg.
Kalk bei Köln, den 12. August 1897
Civilgerichtsschreiberei
Basel

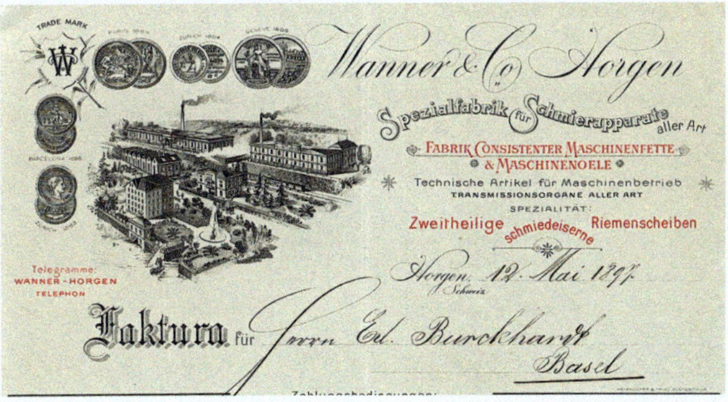
TRADE MARK
Wanner & Co Horgen
Spezialfabrik für Schmierapparate aller Art
FABRIK CONSISTENTER MASCHINENFETTE & MASCHINENOELE
Technische Artikel für Maschinenbetrieb
TRANSMISSIONSORGANE ALLER ART
SPEZIALITÄT: Zweitheilige schmiedeiserne Riemenscheiben
Telegramme WANNER-HORGEN TELEPHON
Horgen, 12. Mai 1897 Schweiz
Faktura für Herrn Ed. Burckhardt Basel

OPTISCHE ANSTALT
für die Photographie & Astronomie
E. SUTER
BASEL
16, BYFANGSTRASSE, 16.
SILBERNE MEDAILLE ERFINDUNGS-AUSSTELLUNG LONDON 1885. EHRENDIPLOM SCHWEIZ. LANDESAUSSTELLUNG ZÜRICH 1883.
WIEN 1888 BERLIN 1889 GENF 1890
INTERNATIONALE AUSSTELLUNG PARIS 1892 + GENF 1893 HORS CONCOURS MEMBRE DU JURY.
Basel, den 31. Juli 1897
Herrn Ed. Burckhardt Soll
Hier
Ich beehre mich Ihnen die mir mit Ihrem Geehrten vom gütigst bestellten Instrumente wie untenstehend auf Ihre Rechnung und Gefahr einzusenden und bitte um gefl. Gutschrift.
Indem ich mich Ihnen ferner bestens empfohlen halte, zeichne Hochachtungsvoll
1897

Benz & Co.,
RHEINISCHE GASMOTOREN-FABRIK
Telegramm-Adresse: MOTOR MANNHEIM
Telephon-Anschluss No 346.
Erfüllungsort für Lieferungen und Zahlungen IST MANNHEIM.
GIRO-CONTO BEI DER REICHSBANK.
Mannheim, den 31. August 1898.
Herren H. Simon Söhne, Saargefäll, St. Ludwig i/E.
Wir bekennen uns zum Empfange

Telegramm-Adresse WOODTLIKUN TELEPHON
WOODTLI & KUHN
ZÜRICH
FABRIKATION & HANDEL
CHEMISCHER PRODUCTE, DROGUEN & OELE.
den 7 August 1897.
CHEMISCHE FABRIK & MAGAZINE mit Geleiseanschluss IN AFFOLTERN BEI HÖNGG COMPTOIR IN ZÜRICH

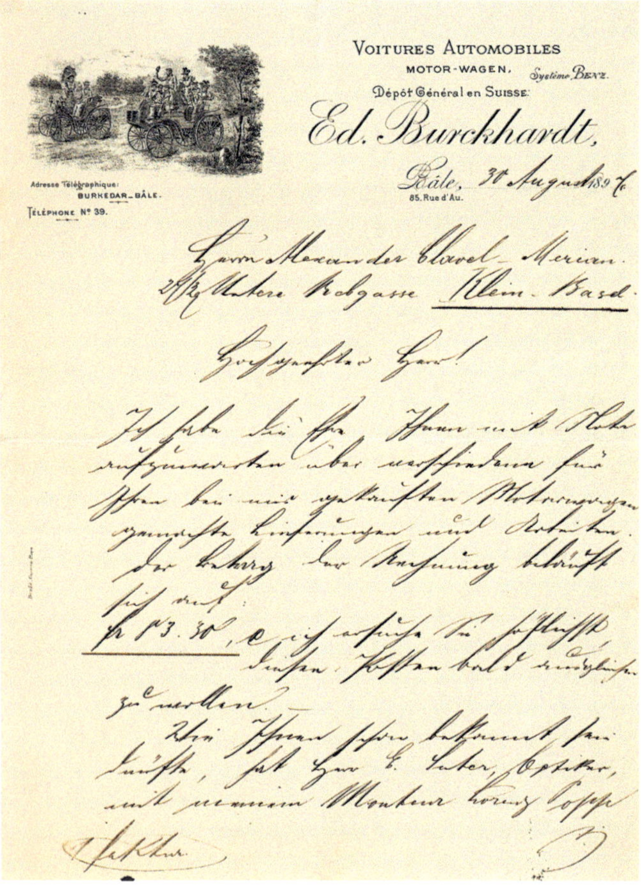

Voitures Automobiles
Motor-Wagen. Système Benz.
Dépôt Général en Suisse:
Ed. Burckhardt,
Bâle,
85, Rue d'Au.
Adresse Télégraphique: Burkedar-Bâle.
Téléphone Nº 39.

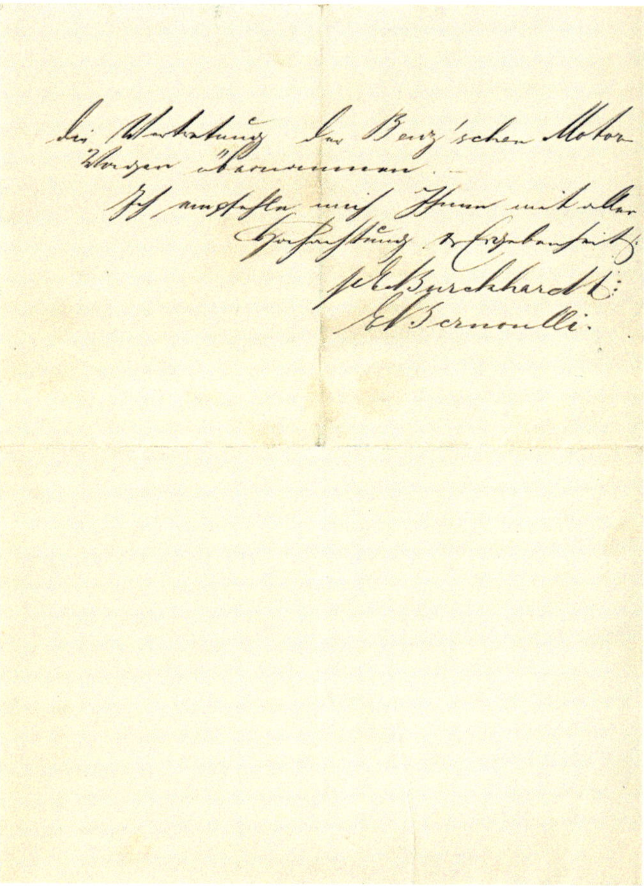

«Bâle, 30 August 1897.

Herrn Alexander Clavel-Merian.
27/29 Untere Rebgasse Klein-Basel

Hochgeachteter Herr!

Ich habe die Ehre Ihnen mit Nota aufzuwarten über verschiedene für Ihren bei mir gekauften Motorwagen gemachte Lieferungen und Arbeiten. Der Betrag der Rechnung beläuft sich auf fr. 83.30, & ich ersuche Sie höflichst, diesen Posten bald ausgleichen zu wollen.

Wie Ihnen schon bekannt sein dürfte, hat Herr E. Suter, Optiker, mit meinem Monteur Lorenz Popp die Vertretung der Benz'schen Motorwagen übernommen.

Ich empfehle mich Ihnen mit aller
Hochachtung & Ergebenheit.
se. Ed. Burckhardt:
El. Bernoulli.

Abb. 135 | Schreiben der «Ed. Burckhardt» an Alexander Clavel-Merian vom 30. August 1897.
Buchhalter Emanuel Bernoulli schrieb noch auf dem Briefpapier der «Ed. Burckhardt» an Alexander Clavel-Merian betreffs einer Rechnung für «Arbeiten und Lieferungen» an dessen Motor-Wagen. Dazu vermerkte er den Übergang der Vertretung von Benz an Emil Suter-Dardenne und den Wechsel von Lorenz Popp zum neuen Arbeitgeber.

Der Betrieb der Remise als Reparaturwerkstatt verursachte für die «Ed. Burckhardt» Fixkosten. In den überlieferten Dokumenten kann man die Löhne der beiden Monteure fassen: Lorenz Popp verdiente 1897 120 Franken und Wilhelm Eggenschwiler 80 Franken pro Monat.[129] Für die (neue) Remise an der Schönbeinstrasse 42 bezahlte er 900 Franken pro Jahr oder 75 Franken pro Monat.[130] Zusammen ergaben diese beiden Posten 275 Franken pro Monat oder 3300 Franken pro Jahr. Eduard Burckhardt wäre ein schlechter Geschäftsmann gewesen, hätte er für die Leistungen seiner «Werkstatt» seinen Kunden nicht Rechnung gestellt. Leider fand sich im Nachlass lediglich ein postumes Schreiben von Buchhalter Emanuel Bernoulli an Alexander Clavel-Merian über einen Betrag von 83.30 Franken für «verschiedene Arbeiten» (Abb. 135), ein Betrag, der etwa dem Monatslohn eines Arbeiters entsprach.

Tabelle 10 | Die Autoaktivitäten der «Ed. Burckhardt» ab dem 4. Juni 1895.

Lieferdatum	Aktivitäten	Lieferant	Deutsche Mark	Schweizer Franken
04.06.1895	1 Velociped N°. 209	Benz & C°, Mannheim	1800.00	2250.00
27.07.1895	Vergleicher [?]	Benz & C°, Mannheim	2.20	2.75
11.09.1895	Diverses	Benz & C°, Mannheim	29.30	36.65
20.09.1895	Diverses	Benz & C°, Mannheim	10.30	12.90
23.09.1895	Diverses	Benz & C°, Mannheim	37.30	46.65
25.02.1896	Velociped repar.	Benz & C°, Mannheim	283.85	354.80
23.03.1896	Accumulator	Benz & C°, Mannheim	22.95	28.70
06.05.1896	Victoria N°. 358	Benz & C°, Mannheim	3463.75	4329.70
09.05.1896	Velociped N°. 362	Benz & C°, Mannheim	1720.00	2150.00
09.06.1896	1 Victoria & 2 Velocipedes	Benz & C°, Mannheim	6883.75	8604.70
16.06.1896	40 kg. Motorenbenzin	Rudolf Buri, Drogueriehandlung, Basel		16.00
17.06.1896	Kettenräder	Benz & C°, Mannheim	6.80	8.50
18.06.1896	Kugeln	Benz & C°, Mannheim	3.05	3.80
22.06.1896	42 kg. Motorenbenzin	Rudolf Buri, Drogueriehandlung, Basel		16.80
22.06.1896	Estagnon	Rudolf Buri, Drogueriehandlung, Basel		6.00
23.06.1896	Velociped N°. 381	Benz & C°, Mannheim	1700.00	2125.00
23.06.1896	134 kg. Motorenbenzin	Rudolf Buri, Drogueriehandlung, Basel		46.90
23.06.1896	Eisenfass	Rudolf Buri, Drogueriehandlung, Basel		25.00
24.06.1896	Diverses	Benz & C°, Mannheim	38.60	48.25
27.06.1896	45 kg. Motorenbenzin	Rudolf Buri, Drogueriehandlung, Basel		18.00
27.06.1896	Korbflasche	Rudolf Buri, Drogueriehandlung, Basel		3.50
04.07.1896	4 Wagen	Benz & C°, Mannheim	9157.50	11446.90
13.07.1896	1 Velociped N°. 393	Benz & C°, Mannheim	1700.00	2125.00
14.07.1896	Diverses	Benz & C°, Mannheim	30.30	37.90
15.07.1898	Velo repariert	Benz & C°, Mannheim	82.70	103.40
27.07.1896	3 Velocipedes	Benz & C°, Mannheim	5100.00	6375.00
31.07.1896	Diverses	Benz & C°, Mannheim	51.05	63.80
08.08.1896	Zünderchen	Benz & C°, Mannheim	–.00	–.00
14.08.1896	Kolbenringe	Benz & C°, Mannheim	–.00	–.00
15.08.1896	Laternen	Benz & C°, Mannheim	12.80	16.00
19.08.1896	Zünder repar.	Benz & C°, Mannheim	14.80	18.50
04.08.1896	4 kg. Motorenbenzin	Rudolf Buri, Drogueriehandlung, Basel		2.00
12.08.1896	Benzin	Woodtli & Kuhn, Chemische Fabrik, Droguen & Oele, Zürich		36.40
22.08.1896	1 Victoria & 2 Velocipedes	Benz & C°, Mannheim	6883.75	8604.70
26.08.1896	Zünder rep.	Benz & C°, Mannheim	4.30	5.40
29.08.1896	2 Velocipedes	Benz & C°, Mannheim	3400.00	4250.00
04.09.1896	1 Velociped	Benz & C°, Mannheim	1700.00	2125.00
05.09.1896	Benzin	Woodtli & Kuhn, Chemische Fabrik, Droguen & Oele, Zürich		36.65
08.09.1896	Schmierbüchsen	Benz & C°, Mannheim	10.00	12.50
16.09.1896	Diverses	Benz & C°, Mannheim	79.10	98.90
18.09.1896	1 Velociped	Benz & C°, Mannheim	1700.00	2125.00
19.09.1896	Zünder etc.	Benz & C°, Mannheim	34.20	42.75
22.09.1896	Achsenschenkel	Benz & C°, Mannheim	60.80	76.00
01.10.1896	Kettenglieder	Benz & C°, Mannheim	24.80	31.00
01.10.1896	Diverses	Benz & C°, Mannheim	28.00	35.00
12.10.1896	Benzin	Woodtli & Kuhn, Chemische Fabrik, Droguen & Oele, Zürich		42.65
14.10.1896	Oeler & Kette	Benz & C°, Mannheim	18.40	23.00
09.11.1896	Diverses	Benz & C°, Mannheim	9.05	11.30
21.01.1897	Konusse	Benz & C°, Mannheim	9.30	11.65
01.02.1897	1 grosser Accumulator geladen	E. Suter, Optische Anstalt, Basel		2.50
03.02.1897	Diverses	Benz & C°, Mannheim	129.50	161.90

Lieferdatum	Aktivitäten	Lieferant	Deutsche Mark	Schweizer Franken
27.02.1897	Benzin	Woodtli & Kuhn, Chemische Fabrik, Droguen & Oele, Zürich		36.80
02.03.1897	1 Vis-à-Vis	Benz & C°, Mannheim	3782.50	4728.15
05.03.1897	Diverses	Benz & C°, Mannheim	76.05	95.05
06.03.1897	Diverses	Benz & C°, Mannheim	14.80	18.50
13.03.1897	2 kleine Accumulatoren geladen (weil ganz entladen)	E. Suter, Optische Anstalt, Basel		4.00
13.03.1897	1 kleiner Accumulator geliefert	E. Suter, Optische Anstalt, Basel		30.00
13.03.1897	1 Flasche Accumul.säure	E. Suter, Optische Anstalt, Basel		1.00
16.03.1897	16 grosse Accumulatoren geladen (weil ganz entladen)	E. Suter, Optische Anstalt, Basel		4.00
18.03.1897	Reparatur an einem Motorwagen	Hermann Wagner, Möbelschreinerei, Basel		14.80
18.03.1897	3 neue Scharniere an den Deckel gemacht	Hermann Wagner, Möbelschreinerei, Basel		–.60
27.03.1897	3 Accumulatorenladungen B3	Fr. Klingelfuss, Elektrotechnische Fabrik, Basel		7.50
27.03.1897	2 Accumulatorenladungen C3	Fr. Klingelfuss, Elektrotechnische Fabrik, Basel		2.50
27.03.1897	Reparatur von 3 grossen & 2 kleinen Accumulatoren (Kasten verlöten)	Fr. Klingelfuss, Elektrotechnische Fabrik, Basel		5.40
29.03.1897	Diverses	Benz & C°, Mannheim	76.00	95.00
05.04.1897	Reparatur	Benz & C°, Mannheim	603.80	754.75
08.04.1897	Diverses	Benz & C°, Mannheim	63.50	79.40
09.04.1897	Benzin	Woodtli & Kuhn, Chemische Fabrik, Droguen & Oele, Zürich		41.25
15.04.1897	An einem Motorwagen verschiedenes ausgebessert, einen Deckel schwarz lackiert	Friedrich Schlatter-Wyss, Maler, Basel		3.50
22.04.1897	1 Zelle repariert & geladen (C.3.)	Kölner Accumulatoren-Werke Gottfr. Hagen, Kalk bei Köln	8.00	10.00
22.03.1897	2 kleine Accumulatoren geladen (weil ganz entladen)	E. Suter, Optische Anstalt, Basel		3.00
05.05.1897	Reparatur	Benz & C°, Mannheim	256.70	320.90
06.05.1897	Benzin	Woodtli & Kuhn, Chemische Fabrik, Droguen & Oele, Zürich		31.45
07.05.1897	Diverses	Benz & C°, Mannheim	107.50	134.40
07.05.1897	1 kleiner Accumulator geladen (weil ganz entladen)	E. Suter, Optische Anstalt, Basel		2.00
07.05.1897	2 kleine Accumulatoren geladen (ohne Resultat)	E. Suter, Optische Anstalt, Basel		3.00
08.05.1897	1 Vis-à-Vis	Benz & C°, Mannheim	3802.50	4753.15
12.05.1897	9.2 m. Kernleiertreibriemen 40 mm à Fr. 1.40 (plus Porto –.25 Fr.)	Mechanische Werkstätte und Eisengiesserei Wanner & C°, Horgen		13.15
13.05.1897	3 grosse Accumulatoren geladen	E. Suter, Optische Anstalt, Basel		3.00
14.05.1897	Holzfiber-Rädchen [?]	Benz & C°, Mannheim	4.65	5.80
17.05.1897	Isolator geliefert	E. Suter, Optische Anstalt, Basel		1.50
18.05.1897	3 Velos	Benz & C°, Mannheim	5210.00	6512.50
19.05.1897	Isolatoren	Benz & C°, Mannheim	9.80	12.25
25.05.1897	Diverses	Benz & C°, Mannheim	108.00	135.00
25.05.1897	Für Motorwagen Sitzdeckel gemacht	J. Hoffmann, Schreiner, Basel		2.00
26.05.1897	Ein neuer Motorwagen gemalt Kasten und Gestell blau und schwarz mit rother Ausfassung und lackiert	Friedrich Schlatter-Wyss, Maler, Basel		25.00
28.05.1897	Benzin	Woodtli & Kuhn, Chemische Fabrik, Droguen & Oele, Zürich		31.30

Lieferdatum	Aktivitäten	Lieferant	Deutsche Mark	Schweizer Franken
29.05.1897	2 kleine Accumulatoren geladen	E. Suter, Optische Anstalt, Basel		3.00
29.05.1897	1 grosser Accumulator geladen	E. Suter, Optische Anstalt, Basel		2.50
30.05.1897	Ein neuer Motorwagen gemalt blau schwarz und roth	Friedrich Schlatter-Wyss, Maler, Basel		25.00
30.05.1897	Ein neuer Motorwagen gemalt grün schwarz und gelb	Friedrich Schlatter-Wyss, Maler, Basel		25.00
31.05.1897	Diverses	Benz & C°, Mannheim	115.60	144.50
01.06.1897	Diverses	Benz & C°, Mannheim	102.20	127.75
01.06.1897	Einen Motorwagen ausgebessert, Gestell ganz lakirt	Friedrich Schlatter-Wyss, Maler, Basel		3.00
05.06.1897	Diverses	Benz & C°, Mannheim	73.10	91.40
05.06.1897	1 Reifen 30x42 mit Westrovorf. extra stark (inkl. Porto)	The Dunlop Pneumatic Tyre C°, Hanau	31.90	39.90
11.06.1897	2 Velos	Benz & C°, Mannheim	3530.00	4412.50
11.06.1897	Diverses	Benz & C°, Mannheim	62.20	77.75
11.06.1897	1 grosser Accumulator geladen	E. Suter, Optische Anstalt, Basel		2.50
11.06.1897	1 kleiner Accumulator geladen	E. Suter, Optische Anstalt, Basel		1.50
23.06.1897	Ein neuer Motorwagen gemalt	Friedrich Schlatter-Wyss, Maler, Basel		25.00
25.06.1897	2 Stück Dunlop Pneumatic Wagenreifen 30 × 2 (inkl. Kiste)	The Dunlop Pneumatic Tyre C°, Hanau	209.05	261.30
26.06.1897	2 Velos	Benz & C°, Mannheim	3530.00	4412.50
29.06.1897	Einen Motorwagen ausgebessert und ganz lakirt	Friedrich Schlatter-Wyss, Maler, Basel		15.00
30.06.1897	Benzin	Woodtli & Kuhn, Chemische Fabrik, Droguen & Oele, Zürich		51.10
01.07.1897	Diverses	Benz & C°, Mannheim	52.95	66.20
02.07.1897	An einem Motorwagen die Mechanik verändert, 2 neue Theil an die hebelgeschweisst mit Platten, 2 Schuh aufgenietet, Zugstangen verlängert.	Rudolf Schilling-Jäcklin, Hufschmied, Basel		16.50
06.07.1897	8 Zellen repariert (C.3. & D.3.)	Kölner Accumulatoren-Werke Gottfr. Hagen, Kalk bei Köln	30.00	37.50
06.07.1897	1 kleiner Accumulator geladen	E. Suter, Optische Anstalt, Basel		1.50
06.07.1897	1 kleiner Accumulator geladen	E. Suter, Optische Anstalt, Basel		2.00
09.07.1897	2 Velos Nos. 702 und 703	Benz & C°, Mannheim	3530.00	4412.50
11.07.1897	Ein neuer Motorwagen gemalt	Friedrich Schlatter-Wyss, Maler, Basel		25.00
19.07.1897	Ein neuer Motorwagen gemalt	Friedrich Schlatter-Wyss, Maler, Basel		25.00
27.07.1897	1 Zelle B.3. & 2 Zellen C.3. geladen	Kölner Accumulatoren-Werke Gottfr. Hagen, Kalk bei Köln	4.50	5.65
30.07.1897	An grossem Motorwagen 1 A & 2 Federnblatt grün gemalt, Mechanik schwarz lackiert, an Kanten einiges ausgebessert	Friedrich Schlatter-Wyss, Maler, Basel		2.50
14.08.1897	Ein neuer Motorwagen gemalt, Kasten und Gestell blau und schwarz mit gelber Ausfassung und lackiert	Friedrich Schlatter-Wyss, Maler, Basel		25.00

Anmerkungen

- Quellen: StABS, Gerichtsarchiv PP 1.362 No. 517 1897, Dossiers Gläubiger No. 1, 5, 18, 21, 32, 43, 45, 56, 57, 59, 67, 73.
- Mit Ausnahme des Conto-Corrents der «Benz & C°» handelt es sich um die zum Zeitpunkt des Todes von Eduard Burckhardt am 18. Juli 1897 noch offenen Rechnungen. Damit sind die übrigen Aktivitäten in den Jahren 1894–1896 unterrepräsentiert. Insbesondere fehlen Käufe von Öl oder Schmiermittel, obwohl in der Remise solche Produkte und ein Schmierbock (eigentlich ein Wagenheber) vorhanden waren (Tabelle 9).
- Die Fahrzeug-Nummern 702 und 703 vom 9. Juli 1897 stammen aus StABS, Gerichtsarchiv PP 1.362 No. 517 1897: Kontokorrent von A. Schmidt-Lanz über die Geschäftstätigkeit Juli bis August 1897.

6.6 Das nächste Ding: Cameras für alle …

«Die Ateliercamera des Fachphotographen […] ist in allen Teilen solid konstruiert und mit einem kompakten Gestell versehen, dessen Tischplatte sich auf- und niederschrauben sowie neigen läßt. Bei der Reisecamera [Touristenapparat] dagegen kommt es besonders auf Leichtigkeit und Zusammenlegbarkeit an. Das leichte Stativ läßt sich zusammenlegen, bisweilen in die Form eines Spazierstocks; die Camera bildet im zusammengelegten Zustand einen flachen Kasten, der wie eine Handtasche getragen oder, noch besser, an einem Riemen befestigt, umgehängt wird. […] Momentcameras werden meist als Handapparate (ohne Stativ) ausgeführt, weil sie den bewegten Objekten möglichst ungehindert folgen müssen. Sie haben meist eine unauffällige Form (Handtasche, Koffer, Buch, Krimstecher [Feldstecher]) und führen dann die Bezeichnung Detektivcamera.»

Brockhaus 1894–1896.[131]

Eduard Burckhardts Suche nach allermodernsten Geräten für den Geschäftskreis seiner Agentur war im Herbst 1896 keineswegs beendet. Per 1. Dezember 1896 übernahm er die Prokura für eine Zweigniederlassung der Genfer Kollektivgesellschaft «D'Illin & Jacom» am Spalenberg 57. Die Filiale betrieb «Handel in photographischen Apparaten und Bedarfsartikeln für Photographie, photographische Arbeiten»; sie stellte Reproduktionen und Vergrösserungen her und bewarb als besondere Neuheit «Marion-Platten von London» (Abb. 136–137).[132]

Wie kam Eduard zu dieser weiteren Aktivität? – Fotografie durchlief in den 1890er-Jahren eine ähnlich rasante Entwicklung wie die Motorfahrzeuge: Soeben hatte George Eastman, Gründer der «Eastman Kodak Company», handliche «Detektivcameras» mitsamt Entwicklungsservice für Laien auf den Markt gebracht mit dem Slogan: «You press the button, we do the rest.»[133] Fotografie war en vogue und vielerorts bildeten sich fotografische Gesellschaften. Um 1896 gab es in Basel bereits 22 Fotografen, mehrheitlich Porträt- und Atelierfotografen, drei Spezialisten für Architektur und Kunst sowie drei Fachgeschäfte für «Photographische Apparate und Utensilien».[134] Hingegen musste Eduard Burckhardt, wie erwähnt, die Clichés für seine Benz-Prospekte in München und Genf herstellen lassen, weil dies in Basel wohl noch nicht möglich war; es war noch nicht üblich, für solche Werbeschriften Fotoreproduktionen zu verwenden.

Eine wachsende Nachfrage nach Fotografien entwickelten Fachzeitschriften, wobei besonders der populäre Velosport gerne seine Stars im Bild präsentierte. Szenen vom Start vor vollen Tribünen mit den aufgereihten Radrennfahrern, den Rücken krumm gebeugt über ihren Lenkern, suggerierten die Spannung des Wettkampfs. Champions inszenierten sich in stolzer Siegerpose mit ihren Cycles. Gruppenfotos von Veloclubs und den jungen, durchtrainierten Athleten in ihren knappen Caleçons mochten auf gewisse Betrachter einen geradezu erotischen Reiz ausüben (Abb. 29). Eine frühe Metropole der Fotografie war wiederum Genf,[135] und nicht zufällig praktizierten einige Velocipediefreunde und -bekannte von Eduard nebenbei auch diese Kunst. Édouard Bruel war seit 1881 Amateurfotograf und Gründungsmitglied der «Société Genevoise de Photographie»; ebenso gehörte 1890 Charles Alexy, Gesellschafter der «Schweizerischen Motorfahrrad-Gesellschaft», dazu.[136] Der Thuner Fotograf Jean Kölla, der wie Eduard 1886 nach einer Weiterbildung aus Paris zurückgekehrt war, engagierte sich ab 1892 als Präsident des «Velo-Clubs Thun» und in der «Société Suisse des Photographes». Er fuhr anfänglich mit einem Tricycle herum, auf das er eine Kamera montiert hatte, um Reportagen über Veranstaltungen zu illustrieren (Abb. 138).[137]

Im Basler Umfeld sticht Eduard Burckhardts Lieferant für Batterieladungen und Automobilkunde,

Abb. 136 | Inserat «d'Illin & Jacom» in Basel, erstmals in BN 52 1896 337 1. Beilage vom 11.12.1896.
Rechtzeitig vor Weihnachten sorgte Eduard Burckhardt für Inserate der Filiale seiner neuen Genfer Arbeitgeber in Basel.

Abb. 137 | Inserat «d'Illin & Jacom» in Basel, erstmals in BN 53 1897 133 vom 18.5.1897.
Die letzte Inserateserie für das Fotogeschäft in Basel mit Betonung von «Marion-Platten von London» als Neuheit.

Abb. 138 | Der Thuner Fotograf Jean Kölla auf einer selbst fabrizierten, «mobilen Kamera», bevor er sich bei Eduard Burckhardt sein Benz Velociped kaufte.
Es handelte sich um eine Studio-Inszenierung mit Schloss Thun, Kanone und Kaserne als Hintergrund, denn Kölla profilierte sich u.a. mit Fotos von Militärveranstaltungen.

Abb. 139 | Emil Suter-Dardenne in jungen Jahren. Man feierte ihn als einen der versiertesten Fachleute für optische Geräte und Spezialaufnahmen. Er publizierte zahlreiche Fachbeiträge in der «Revue Suisse de Photographie».

Emil Suter-Dardenne hervor (Abb. 112; Abb. 139): Er galt als international anerkannter Erfinder und Fachmann für optische Linsen und Geräte; so belieferte er 1890 die amerikanische Regierung mit einem speziell hergestellten Objektiv zur Aufnahme grosser Landkarten. 1892 übernahm er die Lizenz für ein neues, fotografisches Doppelobjektiv von Carl Zeiss, Jena. 1895 machte er bei einem Ballonflug mit Eduard Spelterini von Basel nach Olten spektakuläre Luftaufnahmen der Region.[138] Kölla, Suter-Dardenne sowie der neue «Chef» von Eduard Burckhardt, Wladimir D'Illin (1863–1904)[139] kannten sich sehr gut, denn sie waren alle aktive Mitglieder der «Société Suisse de Photographie».

Dieser Wladimir D'Illin war russischer Staatsbürger und hatte Mitte 1895 zusammen mit dem gebürtigen französischen Fotografen Paul Jacom (1843–?) in Genf die Firma «D'Illin & Jacom» gegründet. Er galt als schillernde Persönlichkeit: ehemaliger Offizier, Vizepräsident des «Bicycle-Club Genève», 1896 Mitbegründer des «Touring Club Suisse» (TCS), Haus- und Hof-Fotograf von Sport- und anderen Ereignisse sowie der guten Gesellschaft in Genf. Er hielt Kontakte zu Kollegen des «Bicycle-Club Moskau», die 1894 quer durch den Kontinent nach Genf und zurück radelten, und akquirierte 1895 Schweizer Fahrer für ein Rennen «St. Petersburg–Moskau». Dank seinen offenbar spektakulären Bilderschauen und burlesken Auftritten galt er als Bereicherung bei jedem der üppigen Bankette der Genfer Velocipedisten-Clubs:[140]

> «M. D'Illin a un talent tout spécial pour imiter le paysan russe dans toutes les phases successives de l'ivresse jusqu'au dénouement y compris. M. D'Illin a du reste une fort belle voix et s'est fait apprécier dans ses chansons russes.»[141]

Bei einer seiner vielen Einladungen nach Genf muss Eduard Burckhardt Wladimir D'Illin begeg-

Abb. 140 | Die Firmenlogos von Lieferanten der «d'Illin & Jacob, Basel» resp. Eduard Burckhardt im Fotogeschäft.

net sein; vielleicht begeisterten ihn die Projektionsvorführungen des russischen Tausendsassas, der auch internationale Medaillen gewann?[142] Oder sah er im neu aufkommenden Cliché-Geschäft einmal mehr eine interessante Marktperspektive auf dem Platz Basel?

Der Zusammenarbeitsvertrag zwischen Eduard Burckhardt und «D'Illin & Jacom»[143] wurde am 16. resp. 24. November 1896 geschlossen und trat per 1. Januar 1897 in Kraft.[144] Den Ankauf und Verkauf von Geräten und Artikeln tätigte Eduard Burckhardt auf eigene Rechnung, wobei ihm die Genfer Partner Sonderpreise für die von ihnen gelieferten Gegenstände zusicherten. Die in Basel erteilten Aufträge für Abzüge, Entwicklung, Reproduktionen, Vergrösserungen und «im Allgemeinen alle Arbeiten», die sich auf die Kunst der Fotografie bezogen, sollten von «D'Illin & Jacom» in Genf auf deren Rechnung ausgeführt werden. Ladenmiete, Steuern und Löhne gingen zu Lasten von Eduard Burckhardt.[145]

Kapital konnte Eduard zu diesem Zeitpunkt nicht in eine neue Firma investieren, darum begnügte er sich mit dem Handlungsspielraum eines Geschäftsführers mit Prokura. Er nutzte gerne das Renommee von «D'Illin & Jacom» sowie deren Labor in Genf für Entwicklungsaufträge. Typisch Händler, kaufte er aber sofort Geräte und Zubehör bei besten Spezialisten in der Westschweiz, Paris oder Mailand (Abb. 140).[146] Trotz der bereits bestehenden Konkurrenz lief der Laden gut an: Die Abrechnung für die neun Monate, die Eduard nach der Eröffnung am 30. November 1896 bis zu seinem Tod verblieben, verzeichnete ca. 5000 Franken Umsatz mit einem Gewinn von ca. 1000 Franken.[147]

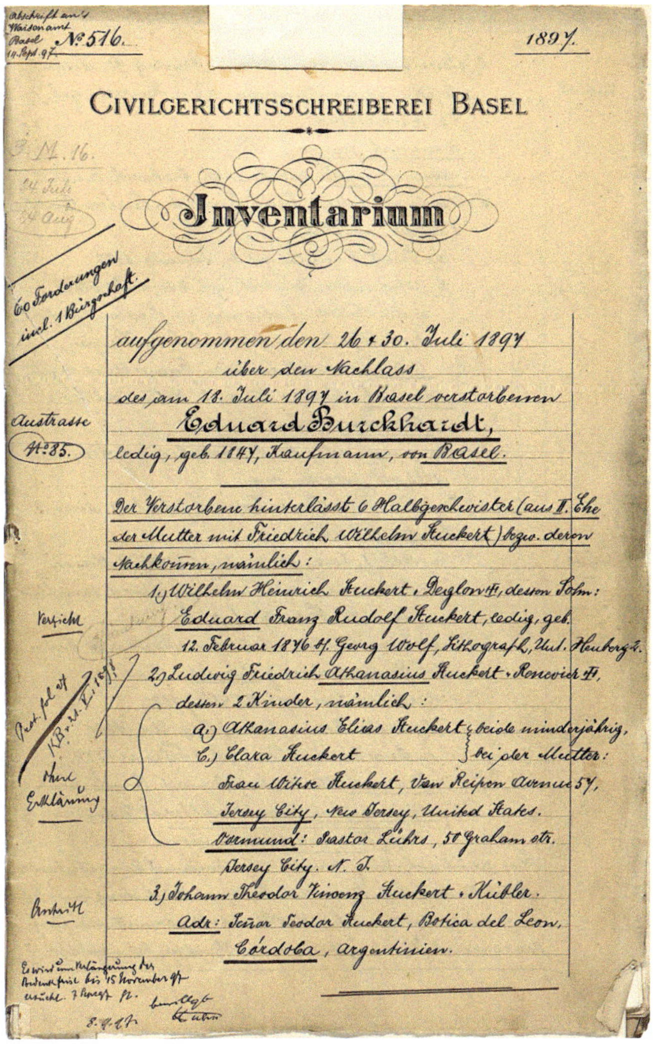
No. 516. 1897.

CIVILGERICHTSSCHREIBEREI BASEL

Inventarium

aufgenommen den 26 + 30. Juli 1897
über den Nachlass
des am 18. Juli 1897 in Basel verstorbenen
Eduard Burckhardt,
ledig, geb. 1847, Kaufmann, von Basel.

Abb. 141 | Inventarium über den Nachlass von Eduard Burckhardt. Titelblatt des Inventars aufgenommen am 26. und 30. Juli 1897. Aufgeführt sind als erstes die erbberechtigten Stiefgeschwister bzw. deren Nachkommen, denen man umgehend den Erbverzicht nahelegte.

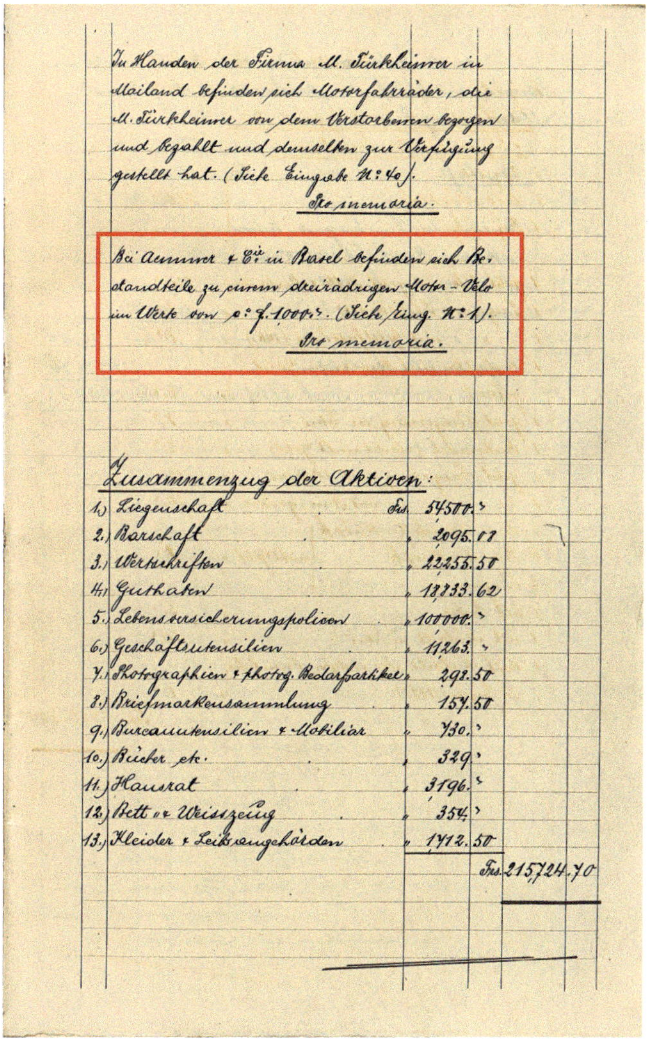
Zusammenzug der Aktiven:

1.	Liegenschaft	Fr. 54500.–
2.	Barschaft	2095.18
3.	Werthschriften	22255.50
4.	Guthaben	18833.62
5.	Lebensversicherungspolicen	100000.–
6.	Geschäftsutensilien	11265.–
7.	Photographien & photog. Bedarfsartikel	293.50
8.	Briefmarkensammlung	157.50
9.	Bureauutensilien & Mobiliar	730.–
10.	Bücher etc.	329.–
11.	Hausrat	3196.–
12.	Bett & Weisszeug	354.–
13.	Kleider & Leibszugehörden	1712.50
		Fr. 215724.70

Abb. 142 | Inventarium über den Nachlass von Eduard Burckhardt. Markiert ist der Eintrag «Pro memoria» mit Verweis auf die Bestandteile zu einer dreirädrigen Motor-Bicyclette, die sich noch bei der Firma «Aemmer & Cie» befanden.

Das postume Inventarium[148] des Haushalts an der Austrasse 85 offenbarte, dass Eduard sich schon länger und sehr tief in die Materie eingearbeitet hatte: Die Liste der «Photographien & photographischen Bedarfsartikel» umfasste 50 Positionen, von Alben mit «Ansichten und Momentaufnahmen», Schachteln und Stapeln mit Bildern diverser Formate und Motive wie «Landesausstellung, Schweizerdorf etc.» über Entwicklungswerkzeuge wie «Porcellan-Cuvettes, Plattenauswässerungskasten, Trockenplatten, Laboratoriumslampen» bis zu «(Hand-)Kameras, dreiteiligem Reisestatif, Schutzcouverts». Das waren nur die vom beigezogenen, professionellen Fotografen Jacques Weiss auf einen Wert von rund 300 Franken geschätzten, verkäuflichen Objekte. Im Wohnzimmer fanden sich des Weiteren: «1 grosses Familienalbum, 4 Albums mit Photographien von Kaisern, Königen, Bundesräten etc., 1 Mappe mit Photographien von Luxus-Kunden.»

Vielleicht fotografierte Eduard Burckhardt auch selber – wie immer voll im Trend? Das schien ihn alles nicht auszufüllen, denn trotz des misslungenen Experiments mit der Basler Produktion von Motor-Bicyclettes und dem gut laufenden Benz-Absatz verfolgte er ein weiteres Projekt im Bereich Motorisierung, das allerdings infolge seines Todes in den Anfängen steckenblieb.

6.7 … und eine dreirädrige Motor-Bicyclette?

> «Bei Aemmer & Cie befinden sich Bestandteile zu einem dreirädrigen Motor-Bicyclette im Werte von ca fr. 1000.– (Siehe Eingang No 1).»
>
> «Civilgerichtsschreiberei Basel-Stadt», 1897.[149]

Im Inventarium über den Nachlass von Eduard Burckhardt fand sich der Hinweis auf Teile, die nicht in den Geschäftsräumen der «Ed. Burckhardt», sondern noch beim Lieferanten «Aemmer & Cie» im Kleinbasel lagen (Abb. 141; Abb. 142).

Die zugehörige Rechnung über 657.20 Franken listete viele einzelne Komponenten, wobei sich einige davon, zum Beispiel eine Kurbelwelle oder ein Schwungrad, eindeutig als Motorenteile identifizieren lassen (Abb. 143).

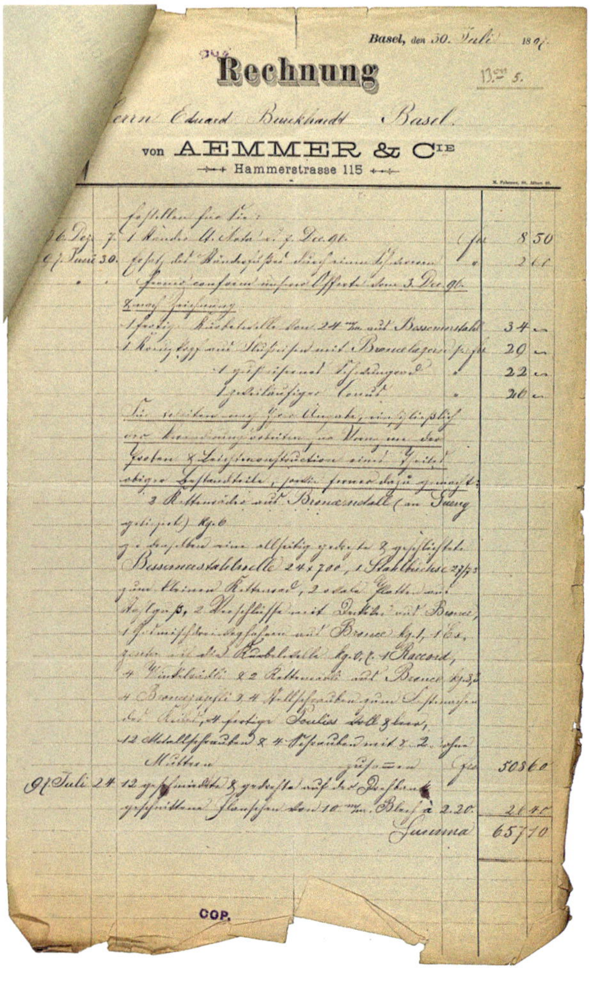

Abb. 143 | Rechnung Firma «Aemmer & Cie» vom 30. Juli 1897. Reproduktion der Rechnung und Transkription.

Erstellen für Sie:

07.12.1896	1 Ständer laut Nota d. 7. Dec. 96.	8.50
30.06.1897	Ersatz des Ständerfusses durch einen schwereren	2.60
	ferner conform unserer Offerte vom 3. Dec. 96 & nach Zeichnung	
30.06.1897	1 fertige Kurbelwelle von 24 mm aus Bessemerstahl	34.00
30.06.1897	1 Kreuzkopf aus Flusseisen mit Broncelagern	29.00
30.06.1897	1 gusseisernes Schwungrad	22.00
30.06.1897	1 zweiläufiger Konus	26.00
	Für [Arbeiten] nach Ihrer Angabe, einschliesslich der Veränderungsarbeiten zur Vornahme der Proben und Leichterconstruktion eines Teiles obiger Bestandteile sowie ferner dazu gemacht:	
	2 Kettenräder aus Broncemetall (an Gueng geliefert) kg. 6, zu denselben eine allseitig gedrehte und geschlichtete Bessemerstahlwelle 24 × 700, 1 Stahlbüchse 27/73 zum kleinen Kettenrad, 2 ovale Platten aus Stahlguss, 2 Verschlüsse mit Deckeln aus Bronce, 1 Gasmischdreiweghahnen aus Bronce kg. 1, 1 Exzenter auf die Kurbelwelle kg. 0,7, 1 Raccord, 4 Winkelrädli & 2 Kettenrädli aus Bronce kg. 3,3, 4 Broncezäpfli und 4 Stellschrauben zum Festmachen des Keiles, 4 fertige Poulies voll und leer, 12 Metallschrauben und 4 Schrauben mit und 2 ohne Muttern Zusammen	508.60
24.07.1897	12 geschmiedete & gedrehte auf der Drehbank geschnittene Flanschen von 10 mm, Blech à 2.20	26.40
	Summa	657.20

Die «Aemmer & Cie» betonte in ihrer Rechnung, dass sie nach Vorgaben und Zeichnung gearbeitet habe. Ausserdem nahm sie an einzelnen Teilen «Veränderungsarbeiten» vor, sodass man davon ausgehen kann, dass dieses Projekt schon früher, eventuell in der zweiten Jahreshälfte 1896 anlief. Der verunglückte Versuch mit der Motor-Bicyclette hatte Eduard Burckhardt offensichtlich nicht entmutigt. Die gegenüber der «Maschinenbau-Gesellschaft Basel» geäusserte Bitte um Sistierung der Produktion im Sommer 1895 mit dem erklärten Ziel, mit einer verbesserten Konstruktion 1896 neu zu starten, war – mit Blick auf den hinterbliebenen Dreirad-Torso bei Aemmer – ernst gemeint! Mit dem Zwangsvergleich, den die Gläubiger von «Hildebrand & Wolfmüller» Ende 1896 beschlossen hatten, sowie dem Verkauf der Produktionsanlagen schon anfangs 1896 standen diese als Partner ja nicht mehr zur Verfügung.

Für die Akteure im Umfeld von «Hildebrand & Wolfmüller» und für diese selbst war der Sprung von zwei auf drei oder vier Räder von Anfang an eine Option. Die Verträge zur Abtretung der Patente von Alois Wolfmüller und Hans Geisenhof enthielten eine Klausel, die eine Verwendung der Motoren in Fahrzeugen mit zwei, drei und vier Rädern erlaubte.[150]

Die Idee eines Neustarts mit einem Tricycle lag somit in einer gewissen Weise nahe. Alois Wolfmüllers Versuche mit der «Motor-Tandem-Bicyclette» zeugten von der Absicht der Münchner, die Palette der Fahrzeuge über das Motor-Zweirad hinaus auszuweiten. Auch tüftelte er an einem Motor-Vierrad.[151]

Definitiv über das Stadium eines Entwurfs hinaus gingen «Duncan, Suberbie & Cie» mit ihrem Quadricycle, das sie am «Salon du Cycle» vom 12.–26. Dezember 1895 in Paris[152] ausstellten. Ihr vierrädriges «Automobil» trieb ein Motor nach System «Hildebrand & Wolfmüller» an:[153]

> «Le quadricycle automobile de Duncan et Suberbie fait l'admiration et l'envie de tous les visiteurs. Ce n'est pas un de ces lourds mouvements de carrosserie qui pèsent des milliers de kilos. Construit entièrement ‹cycliquement›, si j'ose m'exprimer ainsi, c'est-à-dire tout en tubes d'acier brasés comme une simple bicyclette, il évoque à l'œil ces deux idées, en apparence contradictoire, de l'légèreté et de solidité. Le moteur qui est appliqué est celui qui a déjà fait ses preuves sur la bicyclette à pétrole. La direction est des plus faciles, et un simple mouvement de la main suffit pour obtenir un changement de vitesse ou désembrayer le moteur. Suspendue à la fois sur des roues pneumatiques et sur des ressorts d'acier, c'est la voiture idéale pour la promenade.»

Das Fahrzeug verfügte anscheinend über eine Art Kupplung. Von einer Bremsvorrichtung und einem Getriebe war nicht die Rede. Am 21. Dezember 1895 nannte ein Inserat auch den Preis: 4000 Francs für «La plus jolie et la moins compliquée des voitures automobiles [...]» [Das schönste und unkomplizierteste aller Automobile [...]][154] Der kurz darauffolgende Kapitalschnitt und letztendliche Verkauf der Firma liess auch diese «D. S.» [Déesse] in der Versenkung verschwinden.[155]

Für Eduard Burckhardt entscheidend war wohl, dass ein «Tricycle à pétrole» der Firma «De Dion & Bouton, Ingénieurs-Constructeurs» gerade dabei war, Paris zu erobern und zu einem grossen kommerziellen Erfolg zu werden (Abb. 144).[156] Er dürfte es bei einem Besuch in der französischen Metropole in Aktion gesehen und vielleicht sogar ausprobiert haben.

Eduard Burckhardt hoffte somit weiterhin auf eine Chance zur Verwertung des Schweizer Patents für die Motor-Bicyclette. Dabei schien er seine Partner in der «Schweizerischen Motorfahrrad-Gesellschaft Ed. Burckhardt & Cie» – zumindest für den Moment – nicht in die Pläne eingeweiht zu haben, denn die Rechnung von «Aemmer & Cie» ging an die «Ed. Burckhardt». Die «Maschinenbau-Gesellschaft Basel» fiel als Partner aus, nachdem man sich über die Schlussrechnung während des ganzen Jahres 1896 gestritten hatte und schliesslich vor Gericht landete. Der Wechsel zu «Aemmer & Cie» war plausibel. Als Maschinenfabrik und Giesserei mit einer Spezialisierung auf Werkzeugmaschinen verfügte die Firma über gutes Know-how, zumindest in der Entwicklungsphase, und sie dürfte mit dem Aufbau und Betrieb von Verbrennungsmotoren als stationäre Antriebe für ihre Maschinen vertraut gewesen sein.[157]

Abb. 144 | Der Mann von Welt fährt Tricycle!
Henri Fournier (1871–1919), ein zeitgenössischer Veloziped-Star, auf einem motorisierten Tricycle.

«Aemmer & Cie, Maschinenfabrik und Giesserei», Basel

Die Firma begann 1870 im Kleinbasel.[158] Der Eintrag im Schweizerischen Handelsregister datierte vom 8. Dezember 1882. Inhaber war Ferdinand Aemmer von Beatenberg im Kanton Bern. Die Adresse lautete Hammerstrasse 115.[159] 1893 erfolgte im Rahmen eines Generationenwechsels die Gründung der Kommanditgesellschaft «Aemmer & Cie». Neben dem Firmengründer Ferdinand Aemmer-Spitteler trat sein Sohn, Ferdinand Aemmer-Girod (1863–1927),[160] als Kommanditär in die Familienfirma ein.[161] Die Fabrikationsgebäude belegten nun ein grösseres Areal unter der Adresse Müllheimerstrasse 50.[162] Ferdinand Aemmer hatte das Technikum Winterthur absolviert und mehrere Jahre in der Maschinenfabrik eines Verwandten in Madrid Praxis erworben. Für ein experimentelles Projekt, wie es Eduard Burckhardt anvisierte, wäre Ferdinand Aemmer ein kompetenter Ersatz für Emil Bürgin-Turner in der Rolle als Techniker gewesen; mit seiner Maschinenfabrik im Rücken hätte er zweifellos funktionierende Lösungen vorschlagen und realisieren können. Eduard Burckhardts Tod am 18. Juli 1897 beendete die Arbeiten abrupt.

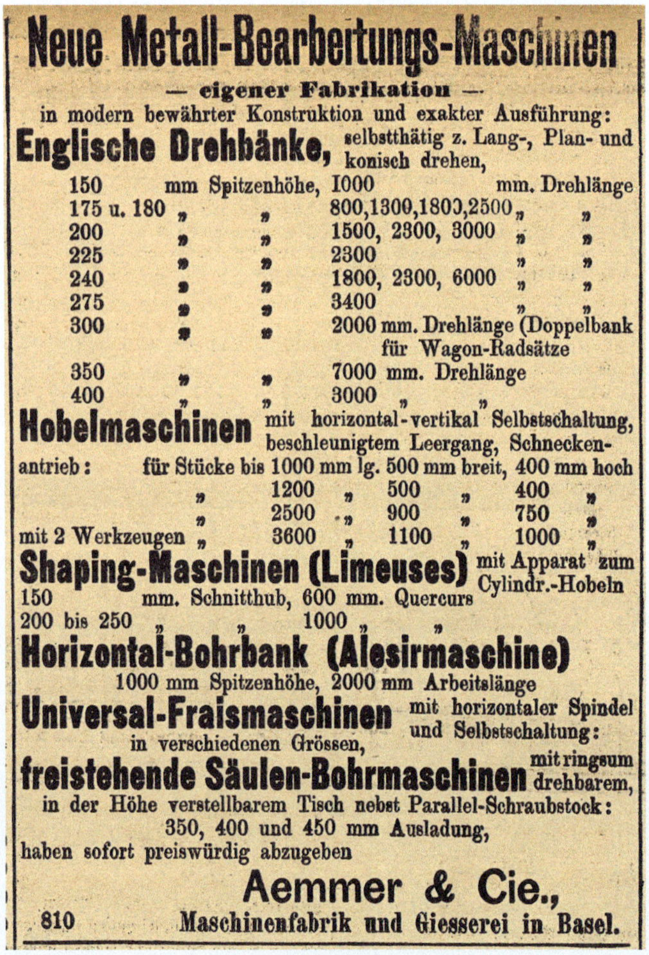

Abb. 145 | Inserat Firma «Aemmer & Cie», in BN 50 1894 17 Beilage vom 19. 1. 1894.
Werbung für neue Metall-Bearbeitungs-Maschinen aus eigener Fabrikation.

Am 8. Mai 1897 erschien das letzte Inserat der «Ed. Burckhardt» für die Motor-Wagen und am 29. Juni 1897 das letzte für die «Star Lebensversicherungen».[163]

Am 18. Juli 1897 verstarb Eduard Burckhardt überraschend, und sein Geschäft wurde umgehend geschlossen.

7. Eduard Burckhardts überraschender Tod und die Folgen

«Am 18. Juli nachmittags, als er eben einen Bekannten nach der Badischen Bahn begleitet hatte, traf ihn noch im Bahnhof ein [Gehirnschlag], der seinen sofortigen Tod herbeiführte.»

«Der Schweizerische Velosport», 1897.[1]

Eduard Burckhardt erlitt im Wartesaal III. Klasse des Badischen Bahnhofs Basel eine Apoplexie und verstarb dann in seiner Wohnung an der Austrasse 85, so lautete die korrekte Todesfeststellung. Nichts deutet darauf hin, dass er oder jemand in seiner Umgebung damit gerechnet hätten, obwohl sein Vertrauensarzt für die «Star», Prof. Dr. Rudolf Massini (1845–1902),[2] eine offene Rechnung für «13 Hausbesuche und eine Consultation» in 1897 zulasten des Nachlasses von Eduard Burckhardt einreichte.[3] Eduard war 50 Jahre alt, unverheiratet und ohne Nachkommen. Die Trauerfeier fand am 20. Juli 1897 in der Spalenkapelle (damals Schönbeinstrasse 1) statt, unter der Leitung von Pfarrer Eduard Preiswerk, zuständig für die Leonhardsgemeinde;[4] die Beerdigung erfolgte auf dem Gottesacker Kannenfeld (heute Kannenfeldpark).

Ausser den amtlichen Nachrichten über Todesfälle in der «Allgemeinen Schweizer Zeitung» vom 20. Juli 1897 konnte keine familiäre Todesanzeige gefunden werden. Auch in den Basler Medien war nicht der kleinste Nachruf auffindbar. Einzig der «Radfahrer-Verband Basel» bat seine Mitglieder, dem früheren Centralpräsidenten des S. V. B die letzte Ehre zu erweisen.

Ein Nachruf erschien in «Der Schweizerische Velosport» erst anfangs Oktober mit der Begründung, man habe «besonderer Umstände halber die gewünschten Informationen» nicht früher erhalten. Am 12. Dezember 1897 würdigte man den Verstorbenen nochmals anlässlich der Delegiertenversammlung des S. V. B: «Herr Advokat Bindschädler[5] gedenkt des verstorbenen Hrn. E. Bur[c]khardt, der den S. V. B. mehrere Jahre geleitet hat. Mögen noch viele in unserer Mitte sein, die für den S. V. B arbeiten wie Herr Burckhardt es gethan hat. Redner ladet die Anwesenden ein, sich zu Ehren des Verstorbenen von ihren Sitzen zu erheben.»[6] Eduard Burckhardt hatte sich wohl seit seinem Rücktritt vom Verbandspräsidium Ende 1893 innert nur fünf Jahren sehr weit von den aktiven Velocipedisten entfernt.

Zu diesem Zeitpunkt waren die juristischen Mühlen längst in Gang gesetzt. Am 24. Juli 1897 publizierte die «Civilgerichtsschreiberei Basel-Stadt» das «sub beneficio inventarii» und nahm ihre Arbeit auf.[7] Am 26. November 1897 erfolgte die Löschung der Firma «Ed. Burckhardt» im Handelsregister infolge Todes des Inhabers.[8]

Der Abschluss der Erbverteilung verzögerte sich, weil diverse Urteile abgewartet werden mussten: dasjenige des Civilgerichts Basel-Stadt in der Sache zwischen der «Maschinenbau-Gesellschaft Basel» und der «Schweizerischen Motorfahrrad-Gesellschaft Ed. Burckhardt & Cie», sodann bezüglich der Klage des Max Türkheimer auf Bezahlung des von den Mailänder Gerichten verfügten Schadenersatzes einschliesslich Gerichtskosten.

Am 5. Juli 1898 wies das Civilgericht Basel-Stadt die Klage von Max Türkheimer auf Erfüllung des Urteils des Civilgerichts in Mailand gegen die «Schweizerische Motorfahrrad-Gesellschaft» ab. Am 29. August 1898 bestätigte das Appellationsgericht in Basel das Urteil der Vorinstanz.[9] Das Argument war rein juristisch: «Es findet daher die Kompetenz der Mailänder Gerichtshöfe […] in den Vorschriften unserer Civilprozessordnung keine Grundlage, und die verlangte Execution muss demnach verweigert werden.» Für Max Türkheimer war das kein Weltuntergang. Er begann umgehend mit dem Bau von Velos, Motorrädern und Autos.[10]

Todes-Anzeigen.

Tschudin, Elise, Kind des Joh. Jakob Tschudin-Schmid, Posamenter, von Lausen, Baselland. — Wurde beerdigt: Montag nachmittags 5 Uhr.

Armbruster-Bläsi, Lina, Witwe Seidenzettlerin, von Kinzigthal, Baden. Beerdigung: Dienstag vorm. 10½ Uhr. Versammlungsort: Bürgerspital.

Dunkel geb. Suter, Carolina, Gattin des Samuel Dunkel, Magazinier, von Schafisheim, Aargau. — Beerdigung: Dienstag vormittags 11 Uhr. — Versammlungsort: Freiestraße 49. Leichenfeier in der Elisabethenkapelle.

Holzwarth, Helena, Christina, Tochter des Jakob Friedrich Holzwarth-Meyre, gew. Baumeister von Basel. Beerdigung Dienstag nachm. 5 Uhr. Versammlungsort: St. Johannringweg 12. Leichenfeier auf dem Kannenfeldgottesacker.

Burckhardt, Eduard, Kaufmann v. Basel. Beerdigung: Dienstag nachm. 6 Uhr. Versammlungsort: Austraße 85. Leichenfeier in der Spalenkapelle.

Franz-Depetri, Bernhard Friedrich,

Radfahrer-Verband Basel.

Die Mitglieder werden ersucht, ihrem verstorbenen Mitgliede

Herrn Eduard Burckhardt

früherer Centralpräsident des S. V. B. die letzte Ehre zu erweisen.

4137 Die Kommission.

Eidgenössische Bank Basel

St. Albangraben 3.

	Käufer	Verk.
Gold.		
Amerik. Dollars p. St.	5 14	5 18
Engl. Sovereigns "	25.15	25 21
Napoleons per 100 Fr.	100.35	100.45
Banknoten.		
Deutsche 100 Mk. u. Gold	123.80	— —

Abb. 146 | Die Todesanzeige von Eduard Burckhardt in «Allgemeine Schweizer Zeitung» 24 1897 167 vom 20. 7. 1897.

Am 6. Juli 1898 entschied das Civilgericht Basel-Stadt, die «Schweizerische Motorfahrrad-Gesellschaft Ed. Burckhardt & Cie» «sei zur Zahlung von Fr. 14237.01 nebst Zins zu 5 % vom 1. August 1896 an die Klägerin [Maschinenbau-Gesellschaft Basel] zu verfällen, unter Kostenfolge».[11] Das Gericht folgte dabei der Argumentation von Eduard Burckhardt und seinem Anwalt Hermann Stumm, dass nicht die aufgelaufenen Kosten, sondern der Auftragswert die Basis für die Ableitung der Restforderung sein müsse. Auf diesen Betrag sei der vom externen Experten berechnete Anteil der fertig gestellten Arbeit, d.h. 54,7 Prozent, anzuwenden und ein Gewinnzuschlag von 10 Prozent auf den Wert der intern ausgeführten Arbeiten einzurechnen.[12] Es konstatierte damit implizit, dass die «Maschinenbau-Gesellschaft Basel» bis zur Einstellung der Arbeiten rund 10 000 Franken Verlust eingefahren hatte.[13] Zur Deckung dieser Lücke hätte der Preis pro Maschine von der «Maschinenbau-Gesellschaft Basel» um etwa 200 Franken auf rund 1000 Franken erhöht werden müssen.

Am 12. Januar 1898 löste sich die «Schweizerische Motorfahrrad-Gesellschaft Ed. Burckhardt & Cie» infolge Todes des unbeschränkt haftenden Teilhabers Eduard Burckhardt auf und ging in Liquidation. Als Liquidator fungierte Hermann Stumm.[14] Die Liquidation war abhängig vom Ergebnis des Erbgangs von Eduard Burckhardt, da dieser seine Einlage von 11 000 Franken noch nicht vollständig einbezahlt und seinen Beitrag an den Verlust zu leisten hatte.[15]

7.1 Unangenehme Offenbarungen nach dem Kassensturz

> «[...] Im Begriff in die Ferien zu verreisen, habe ich bei Eduard's Tod nur das Nothwendige zur Sicherung der [Erb-]Masse vorgenommen, dagegen die bezüglichen Acten, welche seine aus früheren Sachen stammenden Verbindlichkeiten berühren, noch nicht studiert.
>
> Die Hauptsache war ja, gleich dafür zu sorgen, dass alles, was in die Masse gehört, auch in die Masse fällt. Wie dann die Masse vertheilt wird, ist dann erst nach Schluss der Auskundung festzustellen & wird von der Civilgerichtsschreiberei besorgt.
>
> Ich habe namens der Preiswerk-Groben'schen Erben eine Schuldanerkennung Eduard's von total Fr. 202.000.– (die genaue Summe weiss ich nicht auswendig), davon sind 90.000.– durch Policen gedeckt, der ungedeckte Betrag macht [...] Fr. 112.000.– und wäre noch grösser, wenn Papa Ed. B. die Zinsen seiner Ct. Crt. Förderung regelmässig belastet hätte. Das war aber seit jeher nicht mehr der Fall. Es ist also wenig Aussicht mehr vorhanden, dass bei der gewissenlosen Weise mit der E. B. fortgefahren hat, mit fremdem Geld zu wirtschaften, glaube ich nicht, dass den Passiven irgend welche thatsächliche Activen in höherem Betrag gegenüberstehen [...]»
>
> Wilhelm Preiswerk-Imhoff, 2. August 1897.[16]

Dieses abschätzige Urteil über Eduard äusserte zwei Wochen nach dessen Tod Cousin Wilhelm Preiswerk gegenüber dem anderen Cousin Eugen Im Hof in Schaffhausen, mit dem dringenden Appell, etwaige offene Forderungen rechtzeitig anzumelden. Preiswerks grösste Sorge war, sofort zusammen mit der «Civilgerichtsschreiberei Basel-Stadt» die Hand auf den Nachlass zu legen. Kaum einen Tag nach der Beerdigung hatte er explizit als «Creditor» das weitere Procedere mit juristischer Schärfe organisiert. Eduards Angestellte waren am 21. Juli 1897 über die ab sofort geltenden Verhaltensregeln und Verantwortlichkeiten instruiert worden:[17]

> «Actum Basel den 21. Juli 1897
>
> In der Nachlasssache Eduard Burckhardt ist zwischen den Unterzeichneten hinsichtlich der Fortführung des Geschäftes folgendes vereinbart worden:
>
> 1.) Dem Geschäftspersonal wird untersagt, irgendwelche Zahlungen mit Ausnahme etwaiger Spesen (Fracht, Zoll etc) an Dritte zu leisten. Die Post ist anzuweisen, eingehende Gelder dem bisherigen Prokuristen Herrn Schmid [Adolf Schmidt-Lanz], auszuhänden.
> Die eingehenden Versicherungspraemien sind besonders zu buchen u. aufzubewahren. Unbezahlte Praemienquittungen sind aufzubewahren u. nicht an die Gesellschaft auszuhändigen.
> Herr Schmid erklärt sich für die eingehenden Beträge sowie die Ausführung der vorstehenden Bestimmungen persönlich verantwortlich und haftbar.
>
> 2.) Alle übrigen Eingänge fallen in die Gesamtmasse u. sind nicht besonders zu buchen.
> Alle drei verkauften Motorwagen sind an die Käufer gegen baar auszuhändigen, event. gegen Accept.
> Die bereits am Bahnhof eingetroffenen beiden Wagen sind zu beziehen. Weitere Verkäufe dürfen einstweilen nicht stattfinden, ohne Einwilligung der Civilgerichtsschreiberei.
> Auch hiefür erklärt sich Herr Schmid persönlich verantwortlich.
>
> gez.
> Adolf Schmidt-Lanz
> W. Preiswerk-Imhoff als Creditor
> Dr. August Sulger als Rechtsbeistand von
> Herrn W. Preiswerk-Imhoff»

Am 26. und 30. Juli 1897 erstellten Eduards Prokurist Adolf Schmidt-Lanz, Mechaniker Wilhelm Eggenschwiler und Haushälterin Adèle Reuther-Hindenlang das «Inventarium» (Abb. 141).[18] Im Wissen um die grundsätzliche finanzielle Situation von Eduard Burckhardt forderte sein Stiefneffe Otto Stuckert die auffindbaren, erbberechtigten Verwandten auf Seiten der Familie Stuckert umgehend auf, einen Erbverzicht zu leisten.[19]

Die General-Agentur für die «Patent-Motor-Wagen ‹Benz›» ging sofort an den Optiker Emil Suter-Dardenne am Byfangweg 16 in Basel über (Abb. 147–148).[20] Die laufenden Bestellungen, die noch Eduard akquiriert hatte, konnten nahtlos abgewickelt werden. Am 7. Oktober 1897 nahm der neue Vertreter einen der mächtigen Benz Landauer in Empfang (Abb. 149), später ein Exemplar der neuen Benz Comfortables für Jean Kölla (Abb. 150).[21]

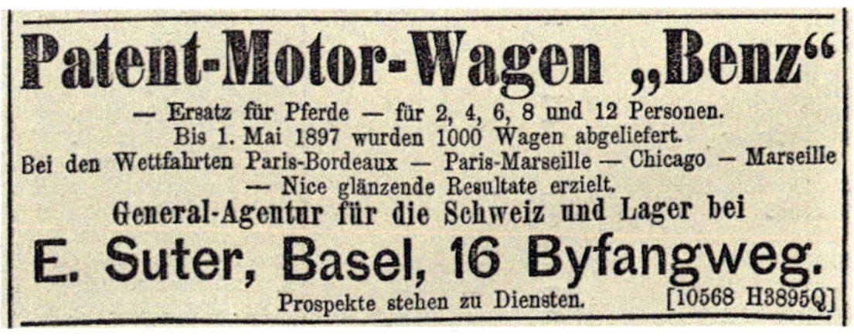

Patent-Motor-Wagen „Benz"
— Ersatz für Pferde — für 2, 4, 6, 8 und 12 Personen.
Bis 1. Mai 1897 wurden 1000 Wagen abgeliefert.
Bei den Wettfahrten Paris-Bordeaux — Paris-Marseille — Chicago — Marseille — Nice glänzende Resultate erzielt.
General-Agentur für die Schweiz und Lager bei
E. Suter, Basel, 16 Byfangweg.
Prospekte stehen zu Diensten. [10568 H3895Q]

Abb. 147 | Inserat Emil Suter-Dardenne als General-Agentur für die Schweiz der «Benz & C°», erstmals in BN 53 1897 221 vom 17. 8. 1897.

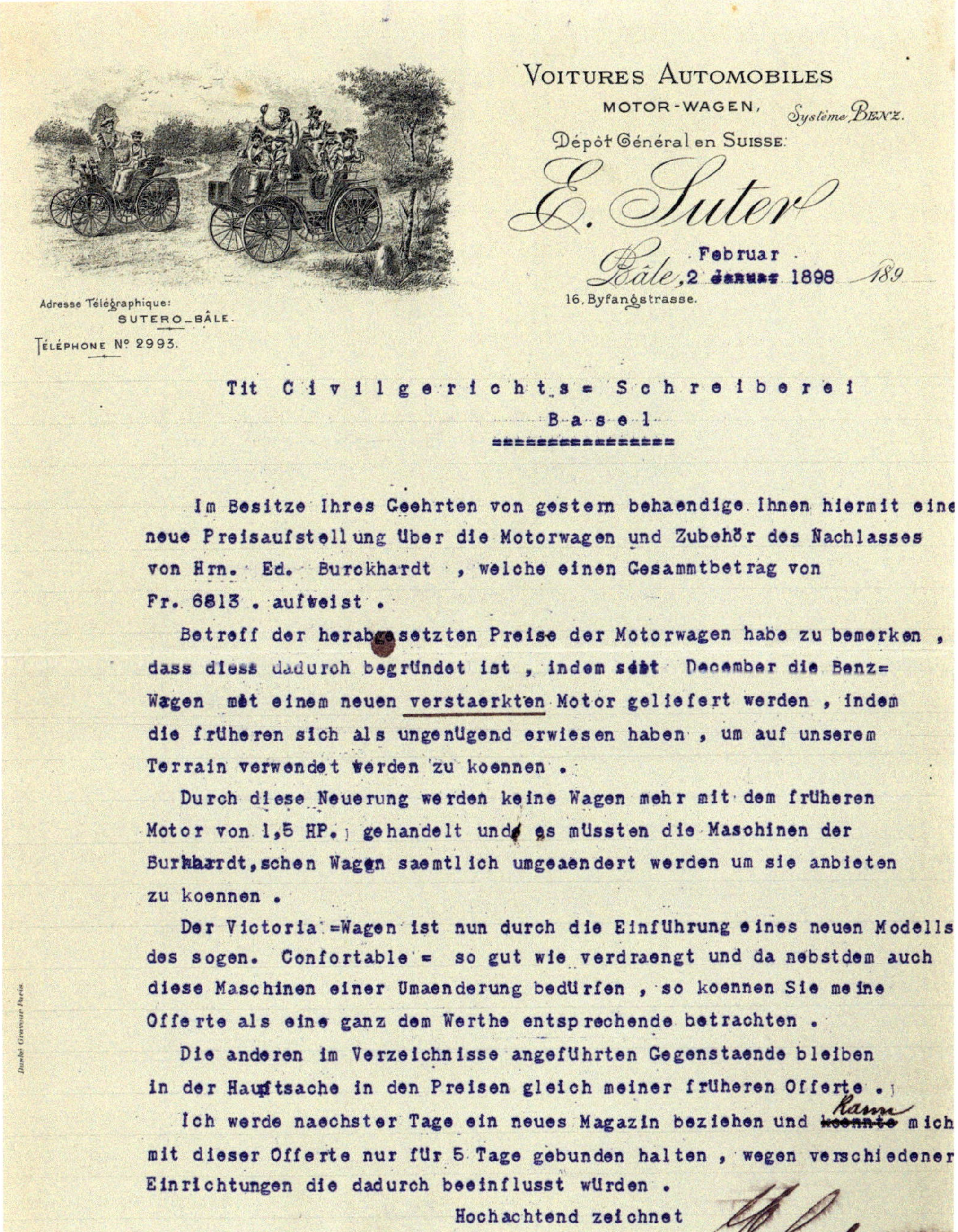

Voitures Automobiles
Motor-Wagen, Système Benz.
Dépôt Général en Suisse.
E. Suter
Bâle, 2 ~~Januar~~ Februar 1898
16, Byfangstrasse.

Adresse Télégraphique: SUTERO_BÂLE.
Téléphone N° 2993.

Tit Civilgerichts= Schreiberei
Basel
==============

Im Besitze Ihres Geehrten von gestern behaendige Ihnen hiermit eine neue Preisaufstellung über die Motorwagen und Zubehör des Nachlasses von Hrn. Ed. Burckhardt , welche einen Gesammtbetrag von Fr. 6813 . aufweist .

Betreff der herabgesetzten Preise der Motorwagen habe zu bemerken , dass diess dadurch begründet ist , indem seit December die Benz= Wagen mit einem neuen verstaerkten Motor geliefert werden , indem die früheren sich als ungenügend erwiesen haben , um auf unserem Terrain verwendet werden zu koennen .

Durch diese Neuerung werden keine Wagen mehr mit dem früheren Motor von 1,5 HP. gehandelt und es müssten die Maschinen der Burkhardt,schen Wagen saemtlich umgeaendert werden um sie anbieten zu koennen .

Der Victoria =Wagen ist nun durch die Einführung eines neuen Modells des sogen. Confortable = so gut wie verdraengt und da nebstdem auch diese Maschinen einer Umaenderung bedürfen , so koennen Sie meine Offerte als eine ganz dem Werthe entsprechende betrachten .

Die anderen im Verzeichnisse angeführten Gegenstaende bleiben in der Hauptsache in den Preisen gleich meiner früheren Offerte .

Ich werde naechster Tage ein neues Magazin beziehen und ~~koennte~~ kann mich mit dieser Offerte nur für 5 Tage gebunden halten , wegen verschiedener Einrichtungen die dadurch beeinflusst würden .

Hochachtend zeichnet
E. Suter

Abb. 148 | Schreiben von Emil Suter-Dardenne am 2. Februar 1898.
Suter-Dardenne bestätigte der «Civilgerichtsschreiberei Basel-Stadt» seinen Willen zur Übernahme des Bestandes an Motor-Wagen von Benz in der Remise der «Ed. Burckhardt» nach dem Tod von Eduard Burckhardt. Er verwendete denselben Briefkopf wie die «Ed. Burckhardt». S. a. Tabelle 8.

Abb. 149 | Ein Benz Landauer nach Basel geliefert Oktober 1897. Die «Benz & C°» lieferte ihn am 7. Oktober 1897 an Emil Suter-Dardenne. Das Foto entstand vor der Fabrikhalle der «Benz & C°» in Mannheim.

Abb. 150 | Jean Kölla mit Gattin und Kind in einem Benz Comfortable 1899. Das Comfortable-Modell wurde 1898 ebenfalls über Emil Suter-Dardenne in die Schweiz geliefert. Die Aufnahme entstand am 28. Juli 1899 vor Köllas Atelier in Thun.

«D'Illin et Jacom» schlossen ihre Zweigstelle in Basel umgehend.[22] Auch die Neuordnung des Versicherungs-Geschäfts der «Ed. Burckhardt» ging zügig vonstatten. Der bisherige Prokurist Adolf Schmidt-Lanz und Fritz (Friedrich) Stähelin-Bernoulli (1867–1936)[23], der jüngere Bruder von Ernst Stähelin bzw. Cousin von Eduard Burckhardt, schlossen sich zusammen zu einer neuen Firma «Schmidt & Staehelin» zur Fortführung der Generalvertretungen der «Star» und der «Oberrheinischen Versicherungs-Gesellschaft» an der Leimenstrasse 36 (Abb. 151–152).[24]

Am 20. Januar 1898 ging die gerichtliche Liegenschaftsgant (öffentliche Versteigerung) von Eduard Burckhardts Liegenschaft an der Austrasse 85 über die Bühne (Abb. 153). Sie erbrachte 54 900 Franken (Tabelle 11).

Die Höhe des Zuschlags reichte nicht, um alle Hypotheken zu decken, deren Summe 59 000 Franken betrug. Wilhelm Preiswerk-Imhoff musste als Inhaber der Hypothek im III. Rang von 10 000 Franken einen Verlust von 4132.25 Franken aus der Immobilienrechnung übernehmen (Tabelle 11).

Zwischen dem 24. Februar und dem 4. Juli 1898 organisierte man fünf Ganten, bei denen die Behörden sämtliche Gegenstände aus dem Haushalt von Eduard Burckhardt versteigerten: von der Bettwäsche über das Klavier bis zur goldenen Uhr und drei Motor-Bicyclettes. Emotionslos betrachtet handelte es sich um eine repräsentative Auslegeordnung aller Objekte, mit denen sich damals ein wohlhabender Basler Bildungsbürger umgab. Die Einnahmen aus den Versteigerungen betrugen insgesamt 9270.20 Franken (Abb. 154–158).[25]

Als der Kollokationsplan im Herbst 1898 erstellt war, zeigte sich, dass den Aktiven von 215 126.84 Franken Passiven von 390 867.86 Franken gegenüberstanden.[26] Der grösste Gläubiger waren die «Ed. Preiswerk-Groben Erben» mit 200 932.70 Franken (Tabelle 11).

Star Life Assurance Society, London.

An Stelle des verstorbenen Herrn Ed. Burckhardt in Basel haben wir als **Generalbevollmächtigte für die Schweiz** die Herren **Schmidt & Staehelin,** Leimenstrasse 36, Basel ernannt, welche auch als Rechtsdomizilträger für den **Kanton Basel-Stadt** bezeichnet sind.

London, 1. November 1897.

Star Life Assurance Society,

(D. 84) Die Generaldirektion: **Hobson.**

Abb. 151 | Anzeige der «Star Lebensversicherungs-Gesellschaft», in SHAB XV 1897 277, 1135 vom 5. 11. 1897.
Ernennung der Agentur «Schmidt & Staehelin» in Basel als Generalbevollmächtigte für die Schweiz und Rechtsdomizil für den Kanton Basel-Stadt.

Rechtsdomizile. — Domiciles juridiques. — Domicilio legale.

Oberrheinische Versicherungs-Gesellschaft in Mannheim.

See-, Fluss-, Land- (incl. Valoren-), Transport-, Unfall- (incl. Haftpflicht-) und Glas-Versicherungen.

Grundkapital: **6 Millionen Mark.** Emittiert: **3 Millionen Mark.**

An Stelle des verstorbenen Herrn Ed. Burckhardt in Basel haben wir als Generalbevollmächtigte für die Schweiz die Herren **Schmidt & Stäehelin** in Basel, Leimenstrasse 36, ernannt, welche auch als Träger unseres **schweizerischen Hauptdomizils** und des Rechtsdomizils für den **Kanton Basel-Stadt** bezeichnet sind.

Mannheim, den 6. November 1897.

Oberrheinische Versicherungs-Gesellschaft:

(D. 85) **Oscar Sternberg.**

Abb. 152 | Anzeige der «Oberrheinischen Versicherungs-Gesellschaft Mannheim», in SHAB XV 1897 284, 1163 vom 16. 11. 1897.
Ernennung der Agentur «Schmidt & Staehelin» in Basel als Generalbevollmächtigte für die Schweiz sowie als Haupt- und Rechtsdomizil für den Kanton Basel-Stadt.

Gerichtliche Liegenschaftsgant.

Donnerstag den 20. Januar 1898, vormittags 11 Uhr, wird im Saale des Civilgerichts, Bäumleingasse Nr. 3, öffentlich versteigert: [408 H69Q]

Die zur Erbmasse des verstorbenen Eduard Burckhardt gehörende Liegenschaft Sektion II Parzelle 1566 I haltend 3 a 79 m² mit Wohngebäude **Austrasse 85,** Anbau und Veranda.

Die Liegenschaft enthält 11 Zimmer, Küche, Badvorrichtung etc. und erweiterten Garten.

Sie kann von Kaufliebhabern täglich von 1—3 Uhr besichtigt werden. Die Brandversicherungsanlage beträgt **Fr. 35,000.—.**

Die Gantbedingungen können im Bureau Nr. 17 der Civilgerichtsschreiberei (Bäumleingasse Nr. 1) eingesehen werden.

Civilgerichtsschreiberei Basel.

Abb. 153 | Bekanntmachung gerichtliche Liegenschaftsgant Januar, erstmals in BN 54 1898 7 vom 8. 1. 1898; danach am 14. und 19. 1.
Die gerichtliche Gant der Liegenschaft an der Austrasse 85 erfolgte am 20. Januar 1898 und erbrachte 54 900 Franken.

Gerichtliche Gant.

Donnerstag den 24. und **Freitag den 25. Februar 1898,** jeweilen nachmittags von ½2 Uhr an, werden im Ganthaus, Steinenthorstrasse 7, folgende zum Nachlass des verstorbenen Agenten und Velohändlers **Eduard Burckhardt** gehörende Gegenstände gegen Barzahlung gerichtlich versteigert:

4 Motorbicyclettes, 2 gewöhnliche Bicyclettes, verschiedene Velobestandteile, 2 Handkarren, Nähmaschinen, **Schreibmaschinen,** Dokumentenmappen, Schreibmaterialien, Bureau-Utensilien, Photographien und photographische Bedarfsartikel, 1 Trainier-Apparat, Albums, Bücher und Zeitschriften, 1 Markensammlung, 1 Partie Cigarren; ferner **1 Piano** und diverse Musikalien, **1 Buffet, 1 Auszugtisch, Schreibtische,** 1 Sekretär, Betten, Kästen, Kommoden, Kanapees, Fauteuils, Nachttische, Waschkommoden, Tische, Sessel, Spiegel, Bilder, 1 Musikständer, Teppiche, Vorhänge, Storen, verschiedene Gartenmöbel, 1 Oleander, Bett- und Weisszeug, Glas- und Erdengeschirr, Kleider, **1 Pelzmantel, 1 goldene Uhr mit Kette,** diverse Schmucksachen u. A. m.

Die Gegenstände können an den Ganttagen, vormittags von ½10 bis ½12 Uhr besichtigt werden.

[2353 H941Q] **Civilgerichtsschreiberei Basel.**

Abb. 154 | Bekanntmachung gerichtliche Gant Februar, erstmals in BN 54 1898 49 vom 19. 2. 1898; danach am 22., 24. und 25. 2.
Versteigerung von Gegenständen aus dem Nachlass von Eduard Burckhardt am 24. und 25. Februar 1898. Insgesamt wurden 6990 Franken zugunsten des Nachlasses von Eduard Burckhardt eingenommen; die Gantkosten betrugen 405.55 Franken.

Gerichtliche Gant.

Dienstag und Mittwoch den 8. und 9. März 1898, jeweilen nachmittags von ½2 Uhr an, wird im Ganthaus, Steinenthorstrasse 7, gegen Barzahlung gerichtlich versteigert:

Kästen, Kommoden, Kanapee, 1 Nähmaschine, 1 Schreibmaschine, Tische, Bilder, Regulateurs, Spiegel, Nachttischchen; ferner 1 Break, 1 Quantum Wein und Liqueurs, 1 Partie Cigarren, Cigaretten und Tabak, 1 Partie Quincailleriewaren, 1 Ladentisch, Ladenschäfte, 2 Handkarren, 1 Futterschneidmaschine, 1 Partie amerikanisches Nussbaumholz, verschiedene Guthaben (aus der Masse Roth-Bucherer etc.), 1 Hypothekartitel u. a. m.

[3073 H1199Q] **Betreibungs- und Konkursamt Basel.**

Abb. 155 | Bekanntmachung gerichtliche Gant März 1898, erstmals in BN 54 1898 62 vom 5.3.1898; danach am 8.3.
Versteigerung von weiteren Gegenständen aus dem Nachlass von Eduard Burckhardt am 8. und 9. März 1898. Insgesamt wurden 630 Franken zugunsten des Nachlasses von Eduard Burckhardt eingenommen; die anteiligen Gantkosten betrugen 36.85 Franken.

Steigerungs-Anzeige.

Montag, Dienstag und Mittwoch den 21., 22. und 23. März 1898, jeweilen nachmittags von ½2 **Uhr** an, wird im **Ganthause,** Steinenthorstrasse 7, gegen Barzahlung gerichtlich versteigert:

Verschiedener Hausrat, als: Betten, Kästen, Kommoden, Kanapee, Nachttische, Spiegel, Bilder, Tische, Sessel, 1 Buffet etc., ferner Cravatten, Handschuhe, Hosenträger, Wolle und Baumwolle, Knöpfe, Faden, Nestel, Kragen, Corsets, 1 grosser Ladentisch, 1 Bicyclette, 1 Photographen-Apparat, 1 Partie Goldleisten, diverses Schreinerwerkzeug, 1 Badwanne u. a. m., sodann 2 Hypothekarobligationen und verschiedene Guthaben.

[3753 H1466Q] **Betreibungs- und Konkursamt Basel.**

Abb. 156 | Bekanntmachung gerichtliche Gant März 1898, erstmals in BN 54 1898 75 vom 18.3.1898; danach am 19. und 21.3.
Versteigerung von weiteren Gegenständen aus dem Nachlass von Eduard Burckhardt am 21. und 22. März 1898. Insgesamt wurden 782 Franken zugunsten des Nachlasses von Eduard Burckhardt eingenommen; die anteiligen Gantkosten betrugen 46.15 Franken.

Gerichtliche Gant.

Freitag den 1. April 1898, vormittags von ½10 Uhr an, wird im Ganthause, Steinenthorstrasse 7, gegen Barzahlung gerichtlich versteigert:

1 neue Schreibmaschine, 1 Nähmaschine, Kästen, Kommoden, Kanapee, Tische, Sessel, Spiegel, Bilder, Betten, 1 Partie Merceriewaren etc. etc., ferner verschiedene Guthaben und eine Lebensversicherungspolice.

[4451 H1696Q] **Betreibungs- und Konkursamt Basel.**

Abb. 157 | Bekanntmachung gerichtliche Gant April 1898, erstmals in BN 54 1898 89 vom 1.4.1898; danach am 2.4.
Versteigerung von weiteren Gegenständen aus dem Nachlass von Eduard Burckhardt am 1. April 1898. Insgesamt wurden 210.50 Franken zugunsten des Nachlasses von Eduard Burckhardt eingenommen; die anteiligen Gantkosten betrugen 10.25 Franken.

Gerichtliche Gant.

Montag den 4. Juli 1898, nachmittags von ½2 Uhr an, wird im Ganthaus, Steinenthorstrasse 7, gegen Barzahlung gerichtlich versteigert:

Verschiedene Guthaben (aus der Konkursmasse Kohler-Grütter etc.), 3 Patente betr. Kaminhüte, 1 Partie galv. Eisenblech, **3 neue Motor-Bicylette;** ferner Kästen, Kommoden, Kanapee, Tische, Sessel, Spiegel, Bilder, Regulateurs, Nähmaschinen, 1 Ladentisch, 1 Quantum Kunstbutter etc. etc.

[9189 H3296Q] **Betreibungs- und Konkursamt Basel.**

Abb. 158 | Bekanntmachung gerichtliche Gant Juli 1898, in BN 54 1898 175 vom 2.7.1898.
Versteigerung von drei Motor-Bicyclettes aus dem Nachlass von Eduard Burckhardt am 4. Juli 1898. Insgesamt wurden 461 Franken zugunsten des Nachlasses von Eduard Burckhardt eingenommen; die anteiligen Gantkosten betrugen 18 Franken. Die drei Motorräder wurden erst beim dritten Aufruf am 2. Juli zu dieser Gant aufgeführt.

Für die vielen Geschäftspartner wirkte sich negativ aus, dass Aktiven in Höhe von 120 227.85 Franken als Sicherheiten dienten und somit nicht zur Deckung ihrer Ausstände zur Verfügung standen. Effektiv standen den ungesicherten Forderungen in Höhe von 206 933.21 Franken von 76 Kreditoren nur 31 192.19 Franken aus dem Nachlass gegenüber, die zur Deckung herangezogen werden konnten. Die Auszahlungen betrugen somit lediglich 15 Prozent der anerkannten Ansprüche! Neben Wilhelm Preiswerk-Imhoff als Vertreter der Erben von Eduard Preiswerk-Groben, die mit einem Betrag von 116 457.65 Franken den grössten, ungesicherten Posten offen hatten, waren es die engsten Geschäftspartner von Eduard Burckhardt, die hohe Verluste erlitten: die «Star Life Assurance Society», «Benz & Co», die «Schweizerische Motorfahrrad-Gesellschaft Ed. Burckhardt & Cie» sowie die «Maschinenbau-Gesellschaft Basel». Sie alle hatten Ansprüche zwischen 15 000 und 20 000 Franken angemeldet und erhielten zwischen 2300 und 3100 Franken (Tabelle 11).

Am 22. Dezember 1898 informierte die «Gerichtsschreiberei Basel-Stadt» die Gläubiger über ihre Dividende aus dem Nachlass von Eduard Burckhardt.[27]

Tabelle 11 | Der Kollokationsplan von Eduard Burckhardt vom 29. Oktober 1898.

Nr.	Vermögensbestandteile	AKTIVEN		PASSIVEN		p. m. Verlust Pfandcreditoren
	I. Liegenschaft Austrasse 85		54 900.–			
	– Grundbuchkosten des Käufers ./. Gantkosten			179.10		
	– Hypothek 3¾ % im I. Rang vom 1. Juli 1895 (35 000.– inkl. Zinsen)			36 053.60		
	– Hypothek 4½ % im II. Rang vom 1. Juli 1895 (Rest 14 000.– inkl. Zinsen)			14 535.05		
	– Hypothek im III. Rang vom 4. März 1896 (Wilhelm Preiswerk-Imhoff 10 000.–): Verlust			4 132.25	54 900.–	
	II. Barschaften		1 080.90			
	III. Wertschriften (ohne verpfändete Titel; siehe Pfandcreditoren)		2 519.15			
	IV. Guthaben					
	– von Eidgenössische Bank: Conto Corrent	5 779.50				
	– aus Abrechnung Schmidt-Lanz: Laufende Geschäfte bis August 1897	5 223.75				
	– von Alder, Zürich (Rest für einen Motorwagen)	2 000.00				
	– von Bietenholz & Cie, Zürich (Rest für einen Motorwagen ohne Verdeck von Fr. 2500.–)	1 600.00				
	– von Gilliéron & Amrein, Vevey (Rest für einen Motorwagen ohne Verdeck)	1 522.50				
	– von Ch. Inäbnit, 6 James-Fazy, Genf	1 250.35				
	– von Oberrheinische Versicherungs-Gesellschaft, Mannheim, Überschuss Pfandsicherung	601.89				
	– von Baron von Sulzer, Schloss Wart, Post Neftenbach für Motorwagen	102.80				
	– Übrige Guthaben	486.30	18 567.09			
	V. Lebensversicherungspolicen (ohne verpfändete Titel; siehe Pfandcreditoren)		0.00			
	VI.–XIII. Verkauf von Wertgegenständen					
	– Ganterlöse	9 270.20				
	– Kauf Automobile, Benzin und Material durch Emil Suter-Dardenne	7 637.95				
	– übrige Posten	923.70	17 831.85			
	I. Massekosten					
	– Honorare, Inserate, Gantkosten, etc.			2 646.40		
	– Geschäftskosten bis Ende August 1897			4 898.90	7 545.30	
	II. Mietpfandcreditoren				834.55	
	Pfandcreditoren:					
47	Ed. Preiswerk-Groben, Erben (Schuldanerkennung 198 564.30 vom 10. Mai 1895, inkl. Prämien)			200 932.70		
	– 2 Lebensversicherungspolicen City of Glasgow No. 31259/60 zediert am 14. 11./16. 12. 1878	50 342.80				
	– 1 Lebensversicherungspolicen Phönix No. 45511 zediert am 25. Juni 1879	30 000.00				
	– Verlust Liegenschaftskollocation Austrasse 85 à. c. Hypothek im III. Rang			–4 132.25		116 457.65

Nr.	Vermögensbestandteile	AKTIVEN		PASSIVEN		p. m. Verlust Pfandcreditoren
46	F.W. Stuckert-Lepper, Erben (Schuldschein 20 000.– vom 29. Oktober 1873, inkl. Zinsen)			20 542.80		
	– 2 Lebensversicherungspolicen Star No. 80793/80794 zediert am 8. August 1894	20 100.00				442.80
41	Otto Stuckert (Schuldschein 1000.– vom 19. Oktober 1894, inkl. Zinsen)			1 055.45		
	– verpfändete Obligationen	1 007.80				47.65
19	Basler Handelsbank (Conto Corrent 13 789.70 per 30. Juni 1897, inkl. Zinsen)			14 089.00		
	– Übernahme im Depot gelegene Pfandbriefe	11 132.00				2 957.00
50	‹Star› Life Assurance Society, London (Ausstände)			25 753.56		
	– Faustpfand «Ed. Burckhardt»	5 127.05				20 626.51
52	Oberrheinische Versicherungs-Gesellschaft, Mannheim (Conto Corrent 29. März 1898)			1 916.31		
	– Faustpfand «Ed. Burckhardt»	2 518.20				-601.89
	Total Pfandcreditoren:		**120 227.85**		**260 157.57**	**139 929.72**
	Total privilegierte Forderungen:				**426.95**	
	– Forderungen unversicherte Creditoren gemäss separater Rechnung			**206 933.21**		
	– Verluste Pfandcreditoren			-139 929.72		
	Unversicherte Creditoren ohne Pfandcreditoren				67 003.49	
	Total Aktiven / Passiven brutto		**215 126.84**		**390 867.86**	
	./. Liegenschaft Austrasse 85		-54 900.–		-54 900.–	
	./. Forderungen unversicherte Creditoren				-206 933.21	
	./. Oberrheinische Versicherungs-Gesellschaft, Mannheim, Überschuss Pfandabsicherung		-601.89		-601.89	
	Total Aktiven / Passiven gemäss Kollokationsplan		**159 624.95**		**128 432.76**	
	Restbetrag zur Verteilung unter den unversicherten Creditoren ~ 15.073 Prozent			**31 192.19**		
47	Ed. Preiswerk-Groben Erben, Verlust als Pfandcreditorin		116 457.65	17 554.40		
50	«Star» Life Assurance Society, London, Verlust als Pfandcreditorin		20 626.51	3 109.25		
43	Benz & C°, Rheinische Gasmotorenfabrik Mannheim		20 116.10	3 031.65		
44	Schweizerische Motorfahrrad-Gesellschaft Ed. Burckhardt & Cie, Basel (24 515.75 ./. 6900.–)		17 165.75	2 655.45		
49	Maschinenbau-Gesellschaft Basel (14 237.01 inkl. Zinsen und Gerichtskosten)		15 284.20	2 303.85		
19	Basler Handelsbank, Verlust als Pfandcreditorin		2 957.–	445.80		
48	A. Schmidt-Lanz, Darlehen für Erhöhung Kaution «Star Lebensversicherungen» im Februar 1897		2 578.–	388.60		
34	Richner & Rothpletz, Aarau		2 000.–	301.50		
42	D'Illin & Jacom, Genève		2 000.–	301.55		
	Übrige 67 unversicherte Gläubiger mit Forderungen < 1000.– Fr.		7 748.–	1 100.14		
	Total		**206 933.21**	**31 192.19**		

Quelle: StABS, Gerichtsarchiv PP 1.362 No. 517 1897, Kollokationsplan (transkribierte Zusammenstellung; s. a. Abb. 159).

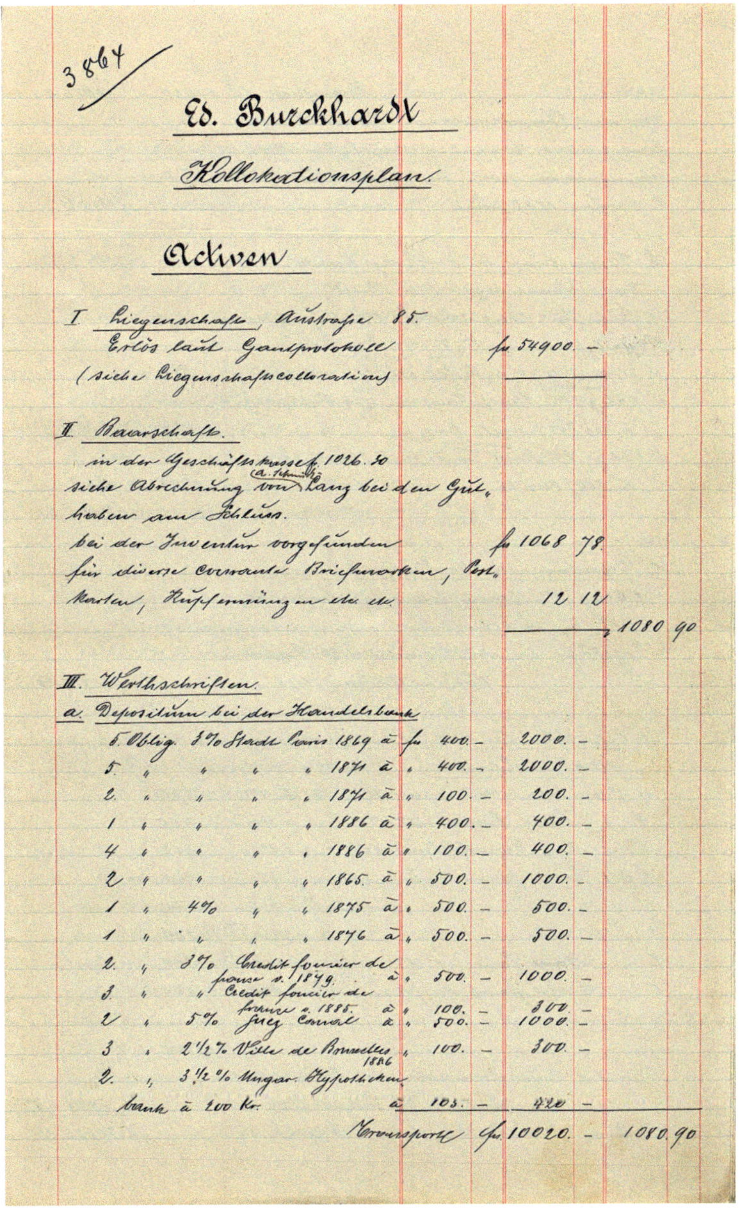
3864

Ed. Burckhardt

Kollokationsplan.

Activen

I. Liegenschaft, Austrasse 85.
Erlös laut Gantprotokoll — fr. 54900.–
(siehe Liegenschaftscollocation)

II. Baarschaft.
in der Geschäftskasse f. 1026.30
siehe Abrechnung von (a. Schmid) Lang bei den Guthaben am Schluss.
bei der Inventur vorgefunden — fr. 1068 78
für diverse verwandte Briefmarken, Postkarten, Kupfermünzen etc. etc. — 12 12
— 1080 90

III. Werthschriften.
a. Depositum bei der Handelsbank

5. Oblig.	3% Stadt Paris 1869	à fr. 400.–	2000.–	
5.	" " " 1871	à " 400.–	2000.–	
2.	" " " 1871	à " 100.–	200.–	
1	" " " 1886	à " 400.–	400.–	
4	" " " 1886	à " 100.–	400.–	
2	" " " 1865.	à " 500.–	1000.–	
1	" 4% " 1875	à " 500.–	500.–	
1	" " " 1876	à " 500.–	500.–	
2.	" 3% Credit foncier de france v. 1879.	à " 500.–	1000.–	
3.	" " Credit foncier de france v. 1885.	à " 100.–	300.–	
2	" 5% Suez Canal	à " 500.–	1000.–	
3	" 2½% Ville de Bruxelles 1886	" 100.–	300.–	
2.	" 3½% Ungar. Hypothekenbank à 200 Kr.	à 105.–	420.–	
	Transport		Fr. 10020.–	1080.90

Abb. 159 | Kollokationsplan zur Verwertung des Nachlasses von Eduard Burckhardt vom 29. Oktober 1898. Reproduktion der ersten Seite. Erstellt von der «Civilgerichtsschreiberei Basel-Stadt»; transkribierte Zusammenstellung s. Tabelle 11.

7.2 Der Konkurs der Firma «Schweizerische Motorfahrrad-Gesellschaft Ed. Burckhardt & Cie»

> «Gerichtliche Gant 9./10. Mai 1899 in Basel
> 2 Patente (schweiz. u. ital., betr. Motorfahrräder)
> 6.– Franken.»
>
> «Civilgerichtsschreiberei Basel-Stadt», 1899.[28]

Am 30. März 1898 fand auf Einladung von Dr. Hermann Stumm im Büro von Édouard Crémieux-Koechlin in Genf eine Sitzung «aller Interessenten» der «Schweizerischen Motorfahrrad-Gesellschaft» statt. Zur Diskussion standen die «Weigerung eines Teilhabers, seine Quote zu bezahlen, evtl. Prozess gegen denselben», «Sache Maschinenbaugesellschaft», «Sache Burckhardt etc.» sowie das Ziel, «verbindliche Instruktionen von den Interessenten» zu verlangen.[29]

Die «Maschinenbau-Gesellschaft Basel» erhielt aus dem Nachlass von Eduard Burckhardt 2303.85 Franken (Tabelle 11). Damit wollte sie sich nicht zufriedengeben und versuchte Differenz plus Zinsen von der «Schweizerischen Motorfahrrad-Gesellschaft Ed. Burckhardt & Cie» zu erhalten. Am 7. Januar 1899 stellte sie ein Konkursbegehren, nachdem die Betreibung am 23. November 1898 erfolglos geblieben war. Die Forderung belief sich auf 14599.67 Franken, d.h. die aus der Verteilung des Nachlasses von Eduard Burckhardt offen gebliebene Restsumme plus Zinsen. Die Konkurseröffnung gegen die «Schweizerische Motorfahrrad-Gesellschaft» erfolgte am 14. Januar 1899 und die Streichung der Firma im Handelsregister am 16. Januar 1899.[30]

Der Kollokationsplan lag am 8. März vor,[31] und am 28. März 1899 fand die zweite Gläubigerversammlung statt. Danach versteigerte man am 9. Mai die beiden Patente betreffend das «Motor-Zweirad» und am 31. Juli sechs Motor-Bicyclettes, die sich noch im Besitz der Gesellschaft befanden (Abb. 160–161).

Gerichtliche Gant.

Dienstag und Mittwoch den 9. und 10. Mai 1899, jeweilen nachmittags von 1/2 2 Uhr an, wird im Ganthaus, Steinenthorstrasse 7, gegen Barzahlung gerichtlich versteigert:

2 Patente (schweiz. u. ital., betr. Motorfahrräder), zur Konkursmasse der schweiz. Motorfahrradgesellschaft Ed. Burckhardt & Cie. in Liq. gehörend, diverse Guthaben; ferner **2 Büchsen Calcium-Carbid,** 1 Partie Spezereiwaren, **1 Pritschenwagen,** 2 Pferdegeschirre, 1 Futterschneidmaschine, 1 Piano, **9 neue Herren- und Damen-Bicyclette,** 1 Partie leere Fässchen und Korbflaschen, sodann verschiedener Hausrat, als: Betten, Kästen, Kommoden, Kanapee, Nachttischchen, Spiegel, Bilder, Wanduhren, Tische, Sessel etc. etc.

[6788 H2418Q] **Betreibungs- und Konkursamt Basel.**

Abb. 160 | Bekanntmachung gerichtliche Gant Juli 1898, erstmals in BN 55 1899 123 vom 6.5.1899; danach am 7. und 9.5.; s.a. SHAB XVII 1899 153, 617 vom 6.5.1899.
Versteigerung am 9. und 10. Mai 1899 u.a. von «2 Patente (schweiz. u. ital., betr. Motor-Fahrräder)» aus der Konkursmasse der «Schweizerischen Motorfahrrad-Gesellschaft Ed. Burckhardt & Cie in Liq.». Insgesamt wurden 6.– Franken zugunsten der Konkursmasse eingenommen.

Gerichtliche Gant.

Montag den 31. Juli 1899, nachmittags von 1/2 2 Uhr an, wird im Ganthaus, **Steinenthorstrasse No. 7,** gegen Barzahlung gerichtlich versteigert:

Betten, Kästen, Kommoden, Kanapee, Tische, Sessel, Spiegel, Bilder, Regulateurs, Nähmaschinen, Nachttische, 1 Ladencorpus, 1 Montregestell, Meyers Konversatios-Lexikon, 1 Pult, div. Stoffe eine zur Pfandmasse Bäch-Favre gehörende Lebensversicherungs-police von M. 2000.—, verschiedene Guthaben u. a. m.

Eine grosse Partie Wand- und Taschenuhren, Uhrenfournituren und **sechs Motorfahrräder.**

[10772 H3674Q] **Betreibungsamt Basel.**

Abb. 161 | Bekanntmachung gerichtliche Gant Juli 1898, in BN 55 1899 206 vom 30.7.1899.
Versteigerung am 31. Juli 1899 u.a. von «sechs Motor-Fahrrädern» ohne Angabe der zugehörigen Konkursmasse. Insgesamt wurden 228.– Franken zugunsten der Konkursmasse der «Schweizerischen Motorfahrrad-Gesellschaft Ed. Burckhardt & Cie in Liq.» eingenommen.

Die Versteigerung der beiden Patente aus der Konkursmasse der «Schweizerischen Motorfahrrad-Gesellschaft Ed. Burckhardt & Cie in Liq.» erbrachte insgesamt sechs Franken. Welcher Spassvogel bei den beiden Aufrufen die Hand gehoben hat, ist nicht bekannt. Gute fünf Jahre nach dem lauten Start der Motor-Bicyclette von «Hildebrand & Wolfmüller» war die Evaluation der Marktteilnehmer klar: wertlos!

Die sechs übrig gebliebenen Motor-Bicyclettes erzielten 228 Franken oder im Schnitt gerundet 40 Franken pro Stück. Die Fahrzeuge waren nicht mehr in bestem Zustand, wie eine Beschreibung von Lorenz Popp beweist (Abb. 164).

Am 29./30. August 1899 war das Konkursverfahren abgeschlossen[32] mit einem für die «Maschinenbau-Gesellschaft Basel» unerfreulichen Ergebnis: «Aus den beiden Konkursen hat die Klägerin [Maschinenbau-Gesellschaft Basel] an ihre gerichtlich festgelegte Forderung fs. 3501.35 cts. erhalten.»[33] Die Konkursdividende der «Schweizerischen Motorfahrrad-Gesellschaft» betrug demnach weniger als 10 Prozent.[34]

Am 11. November 1899 wurde das Schweizer Patent «Motor-Zweirad» gelöscht. Es hatte sich offensichtlich kein Interessent mehr gefunden.[35] Das Schicksal des italienischen Patents konnte nicht eruiert werden.

Die «Maschinenbau-Gesellschaft Basel» liess nicht locker. Sie klagte gegen die ehemaligen Gesellschafter und Mitglieder der Kommission der «Schweizerischen Motorfahrrad-Gesellschaft», Jakob Ringger, resp. dessen Erben, und Georges Hochreutiner, die den Auftrag über 100 Motor-Bicyclettes vom 22. März 1895 abgezeichnet hatten.[36] Das Zivilgericht des Bezirks Zürich gab der Klägerin am 25. Januar 1901 recht, aber die II. Appellationskammer verwarf das Urteil am 17. Juni 1901.[37] Die Sache ging bis vor Bundesgericht, das am 8. November 1901 letztinstanzlich entschied, dass die Konstituierung der «Schweizerischen Motorfahrrad-Gesellschaft» als Kommanditgesellschaft am 30. Juli 1895 die persönliche Haftung von Jakob Ringger und Georges Hochreutiner aufgehoben hatte.[38]

7.3 Die «Popp-Patent-Motorwagen»: Versuch einer Einordnung

> «Ich würde geneigt sein, die noch im Magazin Schönbeinstrasse 42 stehenden Motorvelo, welche total demontiert sind und verschiedene Teile davon fehlen, die vor dem Tode des E. Burckhardt zu anderen Maschinen verwendet wurden, das Stück um den Preis von Fr. 50, Summe Fr. 200 anzunehmen.»
>
> Lorenz Popp, 1897.[39]

Die Abb. 162 zeigt den «Popp-Patent-Motorwagen» mit Lorenz Popp am Steuer und Ferdinand Rüsch-Burckhardt auf dem Beifahrersitz; sie befinden sich vor einer Kutschenremise im Hof der Firma «Charles Heimburger, Wagenfabrikation» an der Spitalstrasse 24/26 in Basel.[40] Als einer der prominenten Stellmacher in Basel hatte Letzterer den Aufbau gefertigt und den Wagen fahrbereit gemacht. Das Auto trägt die Nummer 20, d.h. das Foto wurde nach dessen Anmeldung im Basler Motorfahrzeugregister am 3. Fe-

Abb. 162 | Der zweisitzige «Popp-Patent-Motorwagen» 1898.
Im Auto sitzen Ferdinand Rüsch-Burckhardt und Lorenz Popp (mit der Hand am Steuerrad). Die Aufnahme wurde vor der Kutschenremise im Hof der Firma «Charles Heimburger, Wagenfabrikation» an der Spitalstrasse 24/26 in Basel gemacht.

bruar 1899 aufgenommen, und Lorenz Popp war zu dieser Zeit Mechaniker bei Rüsch.[41]

Vergleicht man den Motor dieses Zweisitzers mit der Konstruktion von Alois Wolfmüller und Hans Geisenhof, offenbart sich eine enge technische Verwandtschaft. So finden die Anordnung der Ventile seitlich über den Brennräumen auf dem Block und die hinten offenen Zylinder, zwei typische Merkmale der Konstruktion von Alois Wolfmüller und Hans Geisenhof, im Motor des «Patent-Motor-Wagens Popp» Verwendung, ebenso die Zwillingszylinder und die Kipphebel zur Ansteuerung der Auslassventile. Sie wurden praktisch unverändert im zweisitzigen «Popp-Patent-Motorwagen» übernommen. Neu beim Letzteren sind eine Steuerkette anstelle des Hebelwerks zur Ansteuerung der Auslassventile sowie die Schwungräder. Es sind unter anderen genau diese Teile, die auf der Rechnung der Firma «Aemmer & Cie» aufgeführt sind (Abb. 143). Der dort aufgeführte «Gasmischdreiweghahnen aus Bronce» entspricht demjenigen im «Patent-Motorwagen».[42]

Es lassen sich noch weitere Ähnlichkeiten zwischen der verwendeten Technik in der Motor-Bicyclette von «Hildebrand & Wolfmüller» und derjenigen des erhaltenen Zweisitzers von Popp feststellen. Der skizzierte Vergleich in Tabelle 12 versteht sich als Anregung für einen detaillierten Technologievergleich.

Abb. 163 | Porträt von Ferdinand Rüsch-Burckhardt vor 1888.

Tabelle 12 | Technische Ähnlichkeiten zwischen dem Motor der Motor-Bicyclette von «Hildebrand & Wolfmüller» mit demjenigen des «Popp-Patent-Motorwagen».

	«Hildebrand & Wolfmüller»[43]	**«Popp-Patent-Motorwagen»**[44]
Allgemeine Beschreibung	Zwillingszylinder in einem Block	Zwillingszylinder in einem Block
Zylinderzahl	2	2
Bohrung × Hub	90 × 117 mm	92 × 123 mm
Hubraum	1488 cm^3	1594 cm^3
Ventilsteuerung: Einlassventil	Selbsttätig arbeitend (Schnüffelventil)	Selbsttätig arbeitend (Schnüffelventil)
Ventilsteuerung: Auslassventil	Durch zwei, auf einem gemeinsamen Zapfen angeordneten Kipphebel betätigt, die über einen Hebelmechanismus von einem kreisförmigen Steuernocken auf der Scheibe des Hinterrads aktiviert werden. Die Kipphebel sind mittig auf dem Zapfen positioniert und laufen zu den Auspuffventilen hin auseinander.	Durch zwei, auf einem gemeinsamen Zapfen angeordnete, parallele Kipphebel betätigt, die über eine Welle «mit je zwei Daumen» (Nockenwelle) aktiviert werden. Diese Welle wird mittels einer Kette und zwei Kettenräder von der Kurbelwelle angetrieben.
Vergaser	Oberflächenvergaser	Oberflächenvergaser
Zündung	Glührohrzündung mit Brennstoffversorgung von oben (mittels Schwerkraft)	Glührohrzündung mit Brennstoffversorgung unter pneumatischem Druck in speziellem Tank
Schmierung	Verlustschmierung (hinten offene Zylinder)	Verlustschmierung (hinten offene Zylinder)
Kühlung	Wasser. Umlauf passiv (keine Pumpe)	Wasser mit Kondensationstopf.[45] Umlauf passiv (keine Pumpe)
Schwingungsausgleich:	Hinterrad als Scheibenrad ausgeführt	Schwungrad auf der Kurbelwelle
Leistung	2,5 PS bei 240 U/min	7 PS (?)[46]
Leistung pro Liter Hubraum	1,7 PS/Liter Hubraum	4,5 PS/Liter Hubraum (?)

Einerseits lässt sich positiv feststellen, dass man beim «Popp-Patent-Motorwagen» die Freiheiten, die das vergrösserte Platzangebot im Motor-Wagen im Vergleich zur Motor-Bicyclette schuf, genutzt hatte. Die Kettensteuerung der «Nockenwelle» für die Betätigung der Kipphebel gehörte dazu; der mechanisch anspruchsvolle Hebelmechanismus entfiel. Erwähnenswert ist auch, dass Lorenz Popp den Brennstoff unter Druck zur Zünderlampe der Glührohrzündung führte und somit das Prinzip der Drucklampe verwendete (Abb. 92). Auffällig ist andererseits, dass man beharrlich an zunehmend anachronistischen Technologien wie dem Oberflächenvergaser und der Glührohrzündung festhielt.

Welche Rolle spielte Lorenz Popp bei dieser Konstruktion? Dass er durchaus unternehmerische Ambitionen hegte, zeigt ein Dokument aus den Erbschaftsakten von Eduard Burckhardt. In einem Schreiben bot er der «Civilgerichtsschreiberei Basel-Stadt» am 10. September 1897 an, die vier in der Remise übrig gebliebenen Motor-Bicyclettes sowie alle Reifen, «welche auch sämtlich defekt sind», zu kaufen. Das Geschäft kam nicht zustande, weil zu diesem Zeitpunkt die Eigentümerschaft noch nicht geklärt war (Abb. 164).[47]

1897 war Lorenz Popp angesichts seiner Erfahrung in den Kreisen der Basler Automobilbesitzer zweifellos ein geschätzter Mann. Zwar fehlte ihm eine höhere formale Ausbildung, doch hatte er sich schon in München bei «Hildebrand & Wolfmüller» in viele Geheimnisse der neuen Technik eingearbeitet. Er war beim Bau der Motor-Bicyclettes bei der «Maschinenbau-Gesellschaft Basel» aktiv engagiert, er betreute die Remise der «Ed. Burckhardt», führte dort den Unterhalt und die Reparaturen an den Motor-Wagen von Benz durch und wusste sie zu fahren. Er kannte die Zulieferer und die Bedürfnisse der Kundschaft.[48] Dass er 1898/1899 an einem Autoprojekt in Basel massgeblich beteiligt war, erstaunt nicht. Dass sein Name zur Marke wurde und er Inhaber eines Patents, schon eher. Denn er war kein Ingenieur[49] und zwölf Jahre jünger als Ferdinand Aemmer-Girod oder Ferdinand Rüsch-Burckhardt. In der Standesgesellschaft am Ende des 19. Jahrhunderts betrachteten ihn beide – wie zuvor auch sein Arbeitgeber Eduard Burckhardt – als «Handwerker und Kutscher» oder im neuen Umfeld als «Mechaniker und Chauffeur», und man behandelte ihn auch so: korrekt und förmlich.

Vollends mysteriös erscheint seine Rolle beim von Eduard Burckhardt initiierten Tricyle. Lorenz Popp

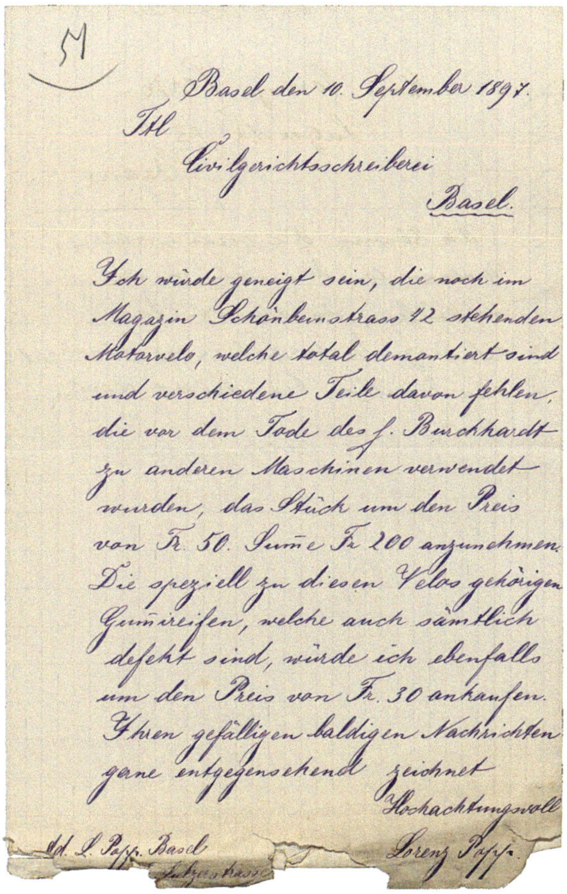

Basel, den 10. September 1897
Ttl
Civilgerichtsschreiberei
Basel

Ich würde geneigt sein, die noch im Magazin Schönbeinstrasse 42 stehenden Motorvelo, welche total demontiert sind und verschiedene Teile davon fehlen, die vor dem Tode des [sel.] Burckhardt zu anderen Maschinen verwendet wurden, das Stück um den Preis von Fr. 50 Summe 200 anzunehmen. Die speziell zu diesen Velos gehörigen Gummireifen, welche auch sämtliche defekt sind, würde ich ebenfalls um den Preis von Fr. 30 ankaufen.

Ihren gefälligen baldigen Nachrichten entgegensehend zeichnet

Hochachtungsvoll
Lorenz Popp

Ad. Lorenz Popp, Basel
Sulzerstrasse [13]

Abb. 164 | Schreiben von Lorenz Popp an die «Civilgerichtsschreiberei Basel-Stadt» vom 10. September 1897.

hatte nämlich zusammen mit Eduard Burckhardt geplant, seinen Militärdienst im Jahr 1897 beim «4. badischen Infanterieregiment No. 112» in Mülhausen im Elsass als «Einjährig-Freiwilligen Dienst» zu absolvieren.[50] Beide verstanden dies wohl als Ausbildungsmassnahme, denn Eduard Burckhardt verpflichtete sich in einem notariell beglaubigten Schreiben, dass er für die Uniform, den Putzer (Offiziersburschen), die Wohnung, die Kost sowie allgemeine Auslagen im Gesamtbetrag von 2592.60 Mark aufkommen würde.[51] Lorenz Popp bereitete sich frühzeitig darauf vor, denn am Ende der Radsport-Saison 1896 gab er seinen Rücktritt und verkündete diesen Schritt auch in «Der Schweizerische Velosport»:[52]

> «Wie wir aus bester Quelle vernehmen, ist Lorenz Popp von Basel im letzten central-schweizerischen Strassenrennen zum letzten Mal gefahren. Wir bedauern um so mehr, ihn aus den Reihen unserer Renner scheiden zu sehen, als Lorenz Popp ganz hervorragende Leistungen aufwies und zu grossen Hoffnungen Anlass gab. [...] Lorenz Popp ist ein sehr beliebtes und geachtetes Mitglied des Cyclists-Club von Basel.»

Die Absolvierung des «Einjährig-Freiwilligen Diensts» schloss eine gewisse Mitarbeit von Lorenz Popp am Tricycle allerdings nicht aus: «So eröffnete der Berechtigungsschein dem Einjährigen nicht nur die freie Wahl von Truppenteil und Standort, außerhalb der Kaserne zu wohnen und nach Maßgabe des Dienstes weiter seinen Studien nachzugehen, sondern auch Befreiung von den ‹niederen› Verrichtungen des inneren Dienstes [...]»[53] Die Wahl von Mülhausen hätte ihm erlaubt, regelmässig Zeit in Basel zu verbringen, wo er auch einen Wohnsitz behielt. Per 1. Februar 1897 zog er vom Müllerweg 144 (heute Spalenring) an die Sulzerstrasse 13 um.[54]

Am 31. Januar 1897 liess er bei «D'Illin & Jacom» in Basel Porträts von sich für die stolze Summe von 63.95 Franken machen.[55] Ihm wurde nach seiner Bewerbung im Februar am 29. April 1897 vom Regiment mitgeteilt, dass er «[...] von dem Nachweise der wissenschaftlichen Befaehigung für den einjaehrig freiwilligen Militaerdienst entbunden worden [ist]. Sie haben sich nunmehr einer Prüfung in den Elementarkenntnissen zu unterwerfen».[56] Für die Zulassung hätte er im Laufe des Monats August erneut ein Gesuch stellen müssen, um dann am 1. Oktober 1897 seinen Dienst anzutreten. Der Tod von Eduard Burckhardt durchkreuzte diesen Plan, denn dessen Kostenzusage kassierte die «Civilgerichtsschreiberei

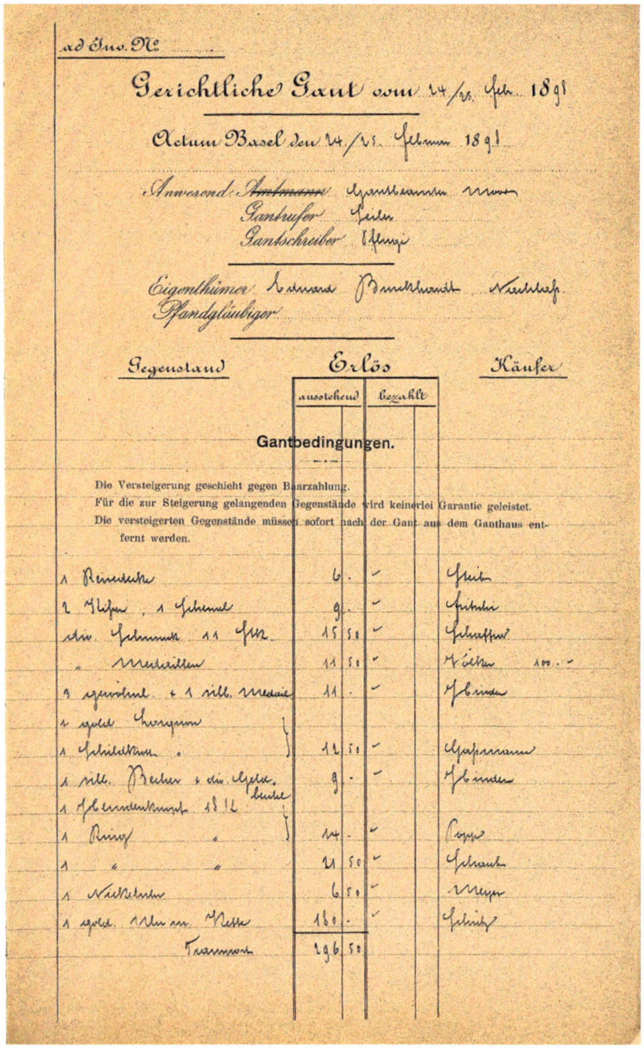

ad Inv. No

Gerichtliche Gant vom 24/25. Febr. 1898

Actum Basel den 24/25. Februar 1898

Anwesend: ~~Amtmann~~

Gantrufer

Gantschreiber

Eigenthümer Eduard Burckhardt Nachlass

Pfandgläubiger

Gegenstand	Erlös ausstehend	Erlös bezahlt	Käufer

Gantbedingungen.

Die Versteigerung geschieht gegen Baarzahlung.
Für die zur Steigerung gelangenden Gegenstände wird keinerlei Garantie geleistet.
Die versteigerten Gegenstände müssen sofort nach der Gant aus dem Ganthaus entfernt werden.

Abb. 165 | Protokoll der gerichtlichen Gant vom 24. und 25. Februar 1898, s. a. Abb. 154.

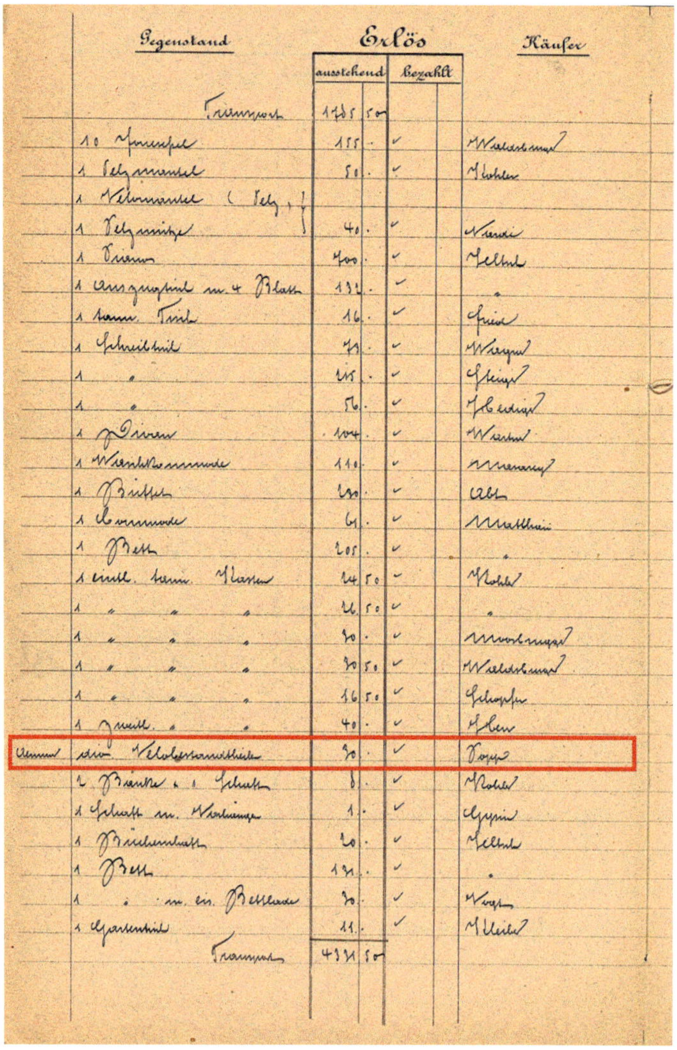

Gegenstand	Erlös ausstehend	Erlös bezahlt	Käufer
Aemmer div. Velobestandtheile	30.	✓	Popp

Abb. 166 | Protokoll der gerichtlichen Gant vom 24. und 25. Februar 1898. Ausschnitt aus dem Protokoll mit dem Posten «Aemmer – Diverse Velobestandteile» für 30 Franken ersteigert von [Lorenz] Popp.

Basel-Stadt» als Erbverwalterin: «Die Forderung wird nicht admittiert, da sie nicht fällig und durch den Tod des Gemeinschuldners überhaupt erloschen ist.»[57]

Lorenz Popp wechselte nach dem Tod von Eduard Burckhardt nahtlos zum neuen Vertreter der «Benz & C°» in der Schweiz, Emil Suter-Dardenne (Abb. 135), und später als Mechaniker zu Ferdinand Rüsch-Burckhardt (Abb. 163).[58]

Aber er strebte nach mehr. Als die Teile für das Tricycle aus dem Nachlass von Eduard Burckhardt am 24. Februar 1898 in der gerichtlichen Gant aufgerufen wurden, schlug er zu und ersteigerte die «diversen Velobestandteile» für 30 Franken (Abb. 165–166).

Ein starkes Indiz spricht dafür, dass der Motor bei «Aemmer & Cie» zusammengebaut und Lorenz Popp den Wagen dort fahrtüchtig machte: Als dieser den fertigen Eigenbau bei den Behörden auf seinen Namen anmeldete und die Nummer 20 bekam, gab er als Adresse die Müllheimerstrasse an, den Standort von Aemmer. Er wohnte zu dieser Zeit am Blumenrain, also innerhalb der alten Gräben, wo die Zufahrt mit einem Velo oder einem Automobil verboten war, d. h. er nutzte die Fabrik als Werkstatt und Garage.[59] Statt des noch von Eduard Burckhardt vorgesehenen Tricycle entstand nun eine vierrädrige Variante mit einem modifizierten Motor von «Hildebrand & Wolfmüller» und einem Aufbau von Heimburger.

Das konnte er nur mit der Zustimmung und finanziellen Unterstützung von Ferdinand Rüsch-Burckhardt realisiert haben, der sich wohl zur Feier des Projektabschlusses mit ihm ablichten liess (Abb. 162). Er dürfte Popps Auftrag- und Geldgeber gewesen sein, denn als Schwiegersohn von Emil Burckhardt-Koechlin und als Unternehmer hatte er einen entsprechenden Status und gehörte mit der 1898 registrierten

Nummer 2 zu den «earliest adopters», den allerersten Besitzern eines Automobils in Basel, sowie Mitglied der ersten Stunde im «A. C. S. Sektion Basel».[60] Er kam tatsächlich als Financier infrage, pflegte aber vielfältige Interessen in anderen Bereichen: Er war Jurist und investierte in Gerbereien und der Schuhbranche, Bierbrauereien, Landwirtschaftsgüter mit Pferde- und Schweinezucht, Hotellerie und später in die Laborbranche.

Bei der Übersiedelung nach Zürich 1906 nahm Lorenz Popp seinen Zwei- und den danach gebauten Viersitzer als Reminiszenzen an seine Basler Anfänge mit.[61] Dass sich auch Ferdinand Rüsch gerne an die Episode mit den unter seiner Ägide entstandenen «Popp-Patent-Motorwagen» erinnerte, zeigte er, als er am 5. Juni 1907 den Viersitzer von Zürich noch einmal nach Basel holte und für kurze Zeit anmeldete. Der Beamte vermerkte nicht nur die Marke «Système Popp» und die Anzahl der Plätze mit 4, sondern auch den Herkunftsort: Zürich! Dass dieses Auto kaum zehn Jahre zuvor in Basel entstand, war aus dem kollektiven Gedächtnis bereits entschwunden.[62]

Nimmt man alle diese bruchstückhaften Informationen zusammen, dann wäre folgende Geschichte des Popp-Zweisitzers denkbar: Ferdinand Rüsch-Burckhardt dürfte bereits vor der belegten Registrierung 1898 im Besitz eines Benz gewesen sein, wie sein Schwiegervater Buckhardt-Koechlin. Bei Charles Heimburger bestellte er den Aufbau für ein Benz Velociped, der deutlich komfortabler als beim rustikalen Original sein sollte. Vielleicht wollte er sogar eines der gebrauchten Benz Velocipede nach seinem Gusto umbauen lassen, um den Weg von seinem damaligen Wohnort, dem grossen Gutsbetrieb «Neuhof» in Reinach, in die zehn flache Kilometer entfernte Stadt bequem absolvieren zu können. Lorenz Popp, Ferdinand Aemmer und Charles Heimburger hatten eine bessere Idee. Das in «Velotechnik» ausgeführte Fahrgestell könnte bei der Firma «Basilisk» der Gebrüder Gueng, die in der Rechnung von Aemmer (Abb. 143) erwähnt wird, entstanden sein. Sie betrieben an der Sperrstrasse 41/43 in Basel eine mechanische Werkstätte, Metallgiesserei und Fahrradfabrik.[63] Rüsch-Burckhardts Mechaniker und Fahrer Lorenz Popp überzeugte ihn, als Antrieb den «Burckhardt'schen Motor» zu verwenden, und baute daraufhin das Auto bei Aemmer zusammen.

Das Patent überliess man Popp wohl, weil er der Besitzer der spezifischen Motorbestandteile war und es damit «sein» Motor war. Es wies eine geringe Erfindungshöhe auf; möglicherweise riet Patentanwalt Amand Ritter dazu, sich gegenüber dem immer noch aktiven Schweizer Patent des «Motor-Zweirades» im Besitz der noch bestehenden «Schweizerischen Motorfahrrad-Gesellschaft» abzusichern und liess eine entsprechende Formulierung ausarbeiten. Das Schweizer Patent «Motorwagen» von Lorenz Popp wurde am 23. Juni 1898 eingereicht und am 10. April 1899 in der Klasse 112 mit der Nummer 17300 (CH 17300) eingetragen.[64]

Für Lorenz Popp war die Zeit zwischen 1898 und 1902 eine hektische. Nicht nur baute er ein zweites Auto, einen Vierplätzer, sondern meldete sein Patent für «Motorwagen» 1899 auch in England unter dem Titel «Improvements in or relating to Motor Cars» an.[65] Es folgten die Patente «Lenkvorrichtung für Motorwagen»[66] und «Auspuffventilsteuerung für im Viertakt arbeitende Explosionskraftmaschinen»[67] in Österreich. Er liess einen Prospekt drucken für «Motorwagen (System L. Popp)» mit elektrischer oder Glührohrzündung und bot seine Patente zum Kauf an.[68] Höhepunkt war die Teilnahme an der Motorwagen-Ausstellung in Leipzig am 19.–20. Oktober 1900. Dazu gehörte als Auftaktveranstaltung die Fernfahrt «Dresden–Leipzig». Popp wurde in der «Klasse III: Tourenwagen im Gewichte von über 600 kg.» Zweiter.[69] Bei der anschliessenden Ausstellung erhielt er eine lobende Erwähnung als Neuheit:[70] «[…] die Schweizer Motorwagenfirma L. Popp in Basel, deren Inhaber, Herr Lorenz Popp, einen Wagen zur Ausstellung gebracht hat, dessen einfache Construction die Aufmerksamkeit der Fachkreise erregte», was ohne weitere Konsequenzen blieb.

Im Dokuzentrum des «Verkehrshauses der Schweiz» finden sich ferner zwei Aufnahmen von Motoren, die aus dem Besitz der Familie Popp stammen; leider sind sie undatiert. Ein Motor weist eine Plakette «Moteur Système L. Popp breveté S. G. D. G. [Sans Garantie du Gouvernement – ohne Garantie des Staates] (Abb. 167–168) auf.[71] Dies war eine in Frankreich bis 1968 übliche Formel für Patente, die den Staat sowohl einer Prüfpflicht als auch einer Verantwortlichkeit für die Richtigkeit der deklarierten Vorzüge der Erfindung entband.[72] Die damit suggerierte Patentanmeldung in Frankreich für diese Variante konnte allerdings nicht gefunden werden.

Beide Typen scheinen Weiterentwicklungen des Motors im Zweisitzer mit den Zwillingszylindern à la «Hildebrand & Wolfmüller» gewesen zu sein. Beim liegenden Motor wurden die Kipphebel für die Aktivierung der Auspuffventile durch zwei Winkelgetriebe gesteuert. Die Zündung war elektrisch (Abb. 167). Der stehende Motor verfügte über einen Wassermantel und eine mechanische Wasserpumpe. Diese Lösung zwang die Konstrukteure, die Ventile stirnseitig über den Zylindern anzuordnen. Ausserdem besass der Motor einen Kurbelkasten und wahrscheinlich auch eine elektrische Zündung (Abb. 168).[73]

Wann und unter welchen Umständen diese Motoren entstanden, ist offen. Im Zweiplätzer, wie er heute in der Sammlung des «Verkehrshaus der Schweiz» aufbewahrt wird, ist der weiter oben beschriebene von «Hildebrand & Wolfmüller» abgeleitete Zweizylinder-Motor mit Steuerkette eingebaut.[74] Die Fotos

Abb. 167 | Liegender Zweizylinder-Motor Popp.
Ventilsteuerung mittels zweier Winkelgetriebe. Ersatz der Glührohrzündung und durch eine elektrische Zündung.

Abb. 168 | Stehender «Moteur Système L. Popp breveté S. G. D. G.»
Zweizylinder-Motor mit Kurbelkasten, Wassermantel und mechanischer Wasserpumpe.

des Vierplätzers, die Ernest Schmid veröffentlichte, zeigen ebenfalls diesen Motor.[75]

Eine Rekonstruktion der unter Leitung oder mit massgeblicher Beteiligung von Lorenz Popp in den Jahren 1898–1902 durchgeführten Projekte ist im Sinne einer Hypothese von folgenden Schritten auszugehen:

1) Die Motor-Bicyclette von «Hildebrand & Wolfmüller» 1894–1895.
2) Das nicht fertiggestellte Tricycle der «Ed. Burckhardt», basierend auf einer optimierten Motorenkonstruktion mit Steuerkette der Motor-Bicyclette von «Hildebrand & Wolfmüller» 1896–1897.
3) Der vierrädrige, zweisitzige «Popp-Patent-Motorwagen» mit dem für das Tricycle vorgesehenen Motor mit Steuerkette 1898–1899 (Abb. 162).
4) Bau des viersitzigen «Popp-Patent-Motorwagens» 1899–1900.
5) Versuche mit weiteren Optimierungen am liegenden Motor, d. h. Verwendung von Winkelgetrieben anstelle der Steuerkette 1900–1902 (Abb. 167).
6) Bau eines stehenden Motors mit Kurbelkasten und Wassermantel 1900–1902 (Abb. 168).[76]

Alle diese Konstruktionen verwendeten die kennzeichnenden Elemente der Wolfmüller-Geisenhof'schen Konstruktion, d. h. Zwillingszylinder und Kipphebel zur Steuerung der Auslassventile. Die Behauptung, dass Lorenz Popps Autos auf dem Benz Velociped beruhten,[77] gilt keinesfalls für die Motoren. Benz setzte in der fraglichen Zeit immer auf Einzylinder-Motoren, und der «Benz Contra-Motor» mit zwei Zylindern ab 1899 war als Boxer ausgelegt.[78]

Man kann vermuten, dass Lorenz Popp in dieser Zeit weiterhin als Chauffeur und Mechaniker arbeitete. Im Adressbuch der Stadt Basel ist er bis 1903 als «Monteur» aufgeführt.[79] Als er am 27. April 1901 ein Auto anmeldete (den Zweiplätzer?), nannte er als Berufsbezeichnung «Constructeur»[80] und tat damit seine Ambitionen kund. Von diesem beeindruckenden Effort in Sachen Automobilbau in Basel blieb allerdings wenig. Das Schweizer Patent «Motorwagen» wurde im Oktober 1904 gelöscht.[81]

Lorenz Popp meldete sich am 27. September 1902 in Basel ab und ging nach München, wo er sich am 6. November 1902 an- und am 13. Oktober 1903 wieder abmeldete.[82] Wahrscheinlich holte er dort seinen «Einjährigen-Freiwilligen Dienst» vom 1. Oktober 1902 bis 30. September 1903 nach.[83] Bei der Abreise in München gab er als Destination Basel an. Dort traf er erst am 1. Februar 1905 «von Paris kommend» ein. Die Einwohnerkontrolle vermerkte unter Beruf «Maschinenkonstrukteur bei C. Schlotterbeck».[84] So nannte er seinen Beruf auch im Adressbuch von Basel-Stadt 1906.[85] War es sein alter Kollege aus dem Basler «Cyclist's Club», Carl Schlotterbeck, der ihm den «Einjährigen-Freiwilligen Dienst» in München und den Aufenthalt in Frankreich ermöglicht hatte? Hatte Popp in München parallel zum Wehrdienst und/oder in Paris eine Zusatzausbildung absolviert? Schlotterbeck selbst hatte sich in Basel als Importeur von französischen Autos etabliert und hielt sich selber einige Monate zu Ausbildungszwecken bei Peugeot in Sochaux auf.[86] Belegt ist, dass Lorenz Popp nach seiner Rückkehr nach Basel bei Carl Schlotterbeck als «Chauffeur» arbeitete.[87] Später wechselte er auf eine Stelle in Zürich,[88] zuerst bei Johann Badertscher-Brodbeck,[89] einem guten Bekannten von Carl Schlotterbeck, von dem dieser die Basler Filiale des Velohandels mitsamt einem Peugeot als Firmenfahrzeug übernommen hatte.[90]

Lorenz Popp gründete 1911 die «L. Popp, Verkauf von Automobilen und Bestandteilen», eine gediegene Vertretung der deutschen Marke Stoewer am Utoquai 29, und erhielt 1916 das Zürcher Bürgerrecht.[91] Viele Jahre lang präsentierte er sich mit einem eigenen Stand am Auto-Salon in Genf. In der Krise der 1930er Jahre erlebte er jedoch einen langsamen geschäftlichen Niedergang bis zum Konkurs 1938/1939. Er verstarb 1956 in Zürich.[92]

8. Wer war Eduard Burckhardt?

«Sollte Herr d'Illin wirklich etwas, was sich nachträglich als Eigentum des Herrn Burckhardt herausgestellt hat, mitgenommen haben, so würde mich dies bei dem unsäglichen Wust und Durcheinander, den Herr Burckhardt überall da, wo er die Hände im Spiele hatte, hinterlassen hat, keineswegs wundern.»

Dr. Hermann Stumm, 1897.[1]

So lautete das wenig respektvolle Urteil, das Dr. Hermann Stumm, der ehemalige Rechtsberater von Eduard Burckhardt und nunmehr Liquidator der «Schweizerischen Motorfahrrad-Gesellschaft», nebenbei in einem Schreiben an die «Civilgerichtsschreiberei Basel-Stadt» vom 8. November 1897 abgab, nachdem diese das Verschwinden von fotografischen Geräten aus dem Laden am Spalenberg 57 moniert hatte. Eduard hatte vielerorts seinen Kredit – nicht nur im wörtlichen Sinne – verspielt. Alle Investoren, die im Motor-Fahrrad-Abenteuer Geld verloren hatten, waren erbittert über den Verlust, aber auch über die hartnäckige, jeglichen Kompromiss ausschliessende Art, wie Eduard Forderungen von sich wies. Selbst nachdem er vom Civilgericht Basel-Stadt im Prozess der «Maschinenbau-Gesellschaft Basel» in der Sache weitgehend Recht bekommen hatte, hielten die Richter in der Urteilsbegründung fest:[2]

«Für den Kostenentscheid fällt noch in Betracht, daß die Beklagte [«Schweizerische Motorfahrrad-Gesellschaft Ed. Burckhardt & Cie», sowie wohl Eduard Burckhardt in Person] es unterlassen hat, durch eine annehmbare Offerte Hand zu einer gütlichen Verständigung zu bieten, und in ihrem ganzen Verhalten der Klägerin [«Maschinenbau-Gesellschaft Basel» bzw. Emil Bürgin-Turner] gegenüber kein Entgegenkommen gezeigt und dadurch den Prozess wesentlich verschuldet hat.»

Weder von Seiten der engeren Familie, bei der er ein Leben lang immer wieder Geld borgte, noch von Seiten der gewichtigen Geschäftspartner, mit denen er vor Gericht stritt, sorgte jemand für ein ehrendes Andenken, genauso wenig jene, die seine erfolgreichen Aktivitäten übernahmen.

Seine Basler Freunde aus Bicycle-Zeiten erinnerten sich an seine mitreissenden Reden und sein vorbehaltloses Engagement als Zentralpräsident, hatten aber Mühe, für den Nachruf in «Der Schweizerische Velosport» genauere Angaben über seinen sonstigen Lebenslauf zu finden. Mit dem Einstieg in diese Märkte wechselte Eduard Burckhardt in eine neue Welt mit einem anderen, bedeutend wohlhabenderen Kunden- und Bekanntenkreis. Die Gründung des «Automobil-Clubs Basel» 1898 erlebte er nicht mehr, aber die Baslerinnen und Basler, die knapp zwei Jahre nach seinem Tod eine Ausfahrt unternahmen, dürften ihre Autos noch bei ihm und seinem Geschäftsnachfolger Emil Suter-Dardenne gekauft haben. Das legt ein kleiner Bericht in der «Revue du Touring Club Suisse et de l'Automobile Club Suisse» aus dem Jahr 1899 nahe, der eine gesellige, problemlos verlaufene Fahrt des Clubs von Basel ins Elsass und ins Badische über 90 Kilometer schilderte:[3]

«Gestern ist durch diesen Verein die erste gemeinschaftliche Fahrt vom Petersplatz aus ausgeführt worden, bei welcher sich 11 Wagen, nämlich 10 Benz und 1 Peugeot-Motorwagen einstellten; sämtliche Führer kamen mit ihren Frauen und Angehörigen und belief sich die Zahl der Insassen auf 25 [...]»

Der Tapetenhändler Traugott Engeli-Schönholzer dürfte der einzige Teilnehmer gewesen sein, der mit Eduard Burckhardt im «Bicycle-Club Basel» noch Radsport betrieben hatte und ab 1898 auf das Automobil Nr. 1 umgestiegen war.[4] Der einsame Peugeot dürfte Carl Schlotterbeck gehört haben, der für Eduard Burckhardt 1895 die Motor-Bicyclettes von «Hildebrand & Wolfmüller» vorgeführt hatte und ab 1899 mit grosser Anstrengung begann, französische Automarken in der Deutschschweiz zu etablieren. Damit trat er gewissermassen in die Fussstapfen der «Ed. Burckhardt» als Importeur und konnte über Jahre eine der renommiertesten Grossgaragen in der Schweiz aufbauen.[5] Er erwähnte in seinen Memoiren die abenteuerlichen Motorradfahrten, versäumte es aber, Eduard Burckhardt zu nennen.[6]

Als Kaufmann hatte Eduard Burckhardt noch das Handeln nach Basler Traditionen des 19. Jahrhunderts gelernt, in denen persönliche Beziehungen eine wesentliche Basis für erfolgreiches Geschäften waren. Zugleich stiess er – wohl erstmals gegen Ende seiner Rotterdamer Zeit – mit den modernen Versicherungen in Märkte vor, in denen die Ansprache einer breiten Kundschaft und die Fähigkeit zur überzeugenden Kommunikation ausschlaggebend waren. Von da an erweiterte er seinen «Geschäftskreis» mit diffizilen Produkten, für die es mehr als exzellente Kenntnisse von Sprachen und Handelstechniken brauchte: Man musste Ideen entwickeln, wie man Service in Form von Anleitungen, Reparaturen und Betreuung garantierte und kommerziell rentabel gestaltete.

Die letzte Episode mit dem Fotogeschäft scheint geradezu typisch für ein Verhaltensmuster, das Eduard Burckhardts Geschäftspraktiken charakterisierte: Er sah in den Metropolen Westeuropas, wie dynamische Industrien ständig neue Produkte und Geräte erfolgreich unter die Leute brachten. Sein kaufmännisches Flair sagte ihm, dass es auch in der Schweiz genügend Wohlstand und Nachfrage dafür gab, nicht nur in Genf, sondern auch in Basel. Die Neuheiten mussten ihn aber auch durch persönlichen Gebrauch überzeugen, und wenn ihn die Begeisterung packte, engagierte er sich quasi ohne Rücksicht auf Verluste.

Sein Lebensweg war gekennzeichnet durch einige markante Brüche, aus denen sich Chancen wie Misserfolge ergaben. Teilweise waren sie eine Folge historischer Umwälzungen wie sie die rasante Transformation des Handelsplatzes Rotterdam oder der Deutsch-Französische Krieg 1870/71 für die Wirtschaft im Elsass mit sich brachten. Allerdings spiegelten sich in den erhaltenen Zeugnissen der Protagonisten kaum Reflexionen darüber – vielleicht mit Ausnahme der apokalyptischen Weltsicht seiner engsten Familie, die er aber offensichtlich nicht teilte. Oft aber führte er selber Zäsuren herbei. Schon mit 19 Jahren verliess er seine Vaterstadt und blieb – geplant oder ungeplant – 20 lange Jahre in der Fremde. Er mauserte sich in dieser Zeit von Handelskaufmann zum versierten Versicherungsfachmann, nutzte die sich bietenden Aufstiegschancen und fand Gefallen am selbstbewussten Auftreten in der Öffentlichkeit.

Er konnte 1886 nach Basel zurückkommen und nahtlos die landesweite General-Direktion für ausländische Versicherungen übernehmen. Von 1886 bis 1895 war er Mitglied der Schweizer Bewegung der Velocipedisten; obwohl Newcomer und mässiger Tourenfahrer, übernahm er umgehend das Präsidium des «Bicycle-Clubs Basel» und die Stelle als Zentralpräsidenten des S. V. B. Über die Inserate in der von ihm gegründeten Verbands-Zeitschrift «Der schweizerische Velosport» nutzte er die Mitglieder zugleich als seine Kundenbasis. Sein weitgespanntes Beziehungsnetz sowohl in der Versicherungs- wie auch der Velocipedisten-Szene, verbunden mit seinen anerkannten Führungsqualitäten, diente ihm auch als Basis für den Einstieg in das völlig neuartige Geschäft mit den Motor-Bicyclettes. Er trieb die Kooperation mit «Hildebrand & Wolfmüller» energisch voran, ignorierte in der allgemeinen Euphorie sämtliche Warnlampen und stürzte sich mit grosser Leidenschaft in das Basler Produktions-Abenteuer.

Den Höhepunkt seiner Karriere erreichte Eduard Burckhardt 1896 und 1897 mit der Generalvertretung der Mannheimer Firma «Benz & C°». In dieser Zeit, als die Sichtung einer einzelnen, «mit Benzin geheizten Dampfkutsche» östlich von Frankreich eine seltene Sensation war, brachte er über 30 dieser neuartigen Fahrzeuge in der ganzen Schweiz an den Mann; er bediente damit die «early adopters» einer neuen Form der Mobilität. Absolut überzeugt vom Potential dieser Wunderwerke einer unerhörten Beschleunigung für den Alltagsgebrauch, begeisterte er mit modern anmutender Publicity eine technisch interessierte Kundschaft dafür. Auffällig ist, dass ihn nur wenige Velocipedisten beim Umstieg auf das Automobil begleiteten. Bei Preisen für ein Automobil von 2700 Franken aufwärts trennten sich die Welten: Viele nutzten das Velo einerseits als Sportgerät, andererseits wurde es sehr rasch zum einzigen, erschwinglichen «Individualverkehrsmittel» für breite Bevölkerungsschichten. Das Automobil hingegen entwickelte sich zum prestigiösen Gefährt für eine zwar wachsende, aber bis nach dem Zweiten Weltkrieg relativ dünne Oberschicht. Ab Anfang 1896 schaltete Eduard Burckhardt konsequenterweise keine Inserate mehr in «Der schweizerische Velosport»; dafür pflegte er eine «Mappe mit Photographien von Luxuskunden».[7]

Seine Persönlichkeit und sein Auftreten müssen recht bestimmt, wenn nicht dominant gewesen sein. Aus seinem Inventarium wissen wir, dass er mit allen Attributen eines Basler Grossbürgers ausgerüstet war: Er wohnte in repräsentativen Räumlichkeiten mit Mahagoni-Möbeln, zwei Salons mit Sofas, Klavier, Ölgemälden, Teppichen, einem grossen, historisierenden Mähly-Plan von Basel, Nippes, Vasen, Spiegel, Geschirr, Vorlegebesteck von Christofle; seine massgeschneiderte Kleidung, Wäsche, sein Pelzmantel und seine Golduhr waren vom Feinsten, oft von Pariser Adressen. Dazu kamen modern ausgerüstete Büros für mehrere Commis.

Er demonstrierte seine Bildung mit einer wohlkomponierten Bibliothek: Sie bestand aus Dutzenden von Bänden, darunter Gesamtausgaben von Goethe, Schiller, Heine, Alexandre Dumas und Charles Dickens, Bücher über moderne Kunst, Mappen mit Kunstdrucken, Illustrationen zu Weltausstellungen; auch ein «Das Leben Jesu Christi», Werke in Deutsch, Französisch, Englisch und Holländisch gehörten dazu. Bei den offenen Rechnungen fanden sich einige Buchbestellungen von neusten Erfolgswerken englischer Erweckungsprediger – waren diese für Frau Pfarrer Reuther, oder gedachte Eduard in seinen älteren Tagen seiner Jugendreligiosität? Sein Standesbewusstsein dokumentierte er mit einem «Album der Burckhardt'schen Stammfamilie (Stammbaum)». Eine Briefmarkensammlung sowie mehrere Schachspiele zeugten von ruhigem Freizeitvergnügen.

Eduard Burckhardts soziale Kontakte lassen sich aus den Quellen nur partiell erahnen. Zu seinem umfangreichen Netzwerk gehörten liebe und nützliche Verwandte, ebenso führende Leute aus der Industrie-

und Finanzwelt im In- und Ausland, mit denen er mühelos Kontakte knüpfen konnte, um sich Unterstützung für seine Pläne zu holen. Gerne wüsste man, wie etwa die Verhandlungen liefen, als Eduard Burckhardt im Rahmen der Suche nach einer Lösung des Reifenproblems für die Basler Motor-Bicyclette-Produktion mit Adolf Prinzhorn-Günzler, Erfinder und langjähriger technischer Direktor der «Continental Caoutchuc & Guttapercha Cie», der extra aus Hannover angereist war, bei Emil Bürgin-Turner, dem ebenso prominenten Erfinder und Ingenieur, in der «Maschinenbau-Gesellschaft Basel» aufkreuzte …

In seinen Reden und freundlicheren Briefen gab sich Eduard eloquent, konziliant, kosmopolitisch, kulturell interessiert, freiheitsliebend und humorvoll. Als Patron konnte er durchaus sozial sein: Die Note eines Dr. med. Vogelbach im Nachlass zeigt, dass er im März und April 1897 die Arztkosten seiner Angestellten Eggenschwiler und Popp übernahm,[8] oder Letzterem die erheblichen Auslagen für seinen Militärdienst ohne weiteres gezahlt hätte. Wenn es um die Durchsetzung von Interessen ging, die ihm berechtigt erschienen, zeigte er unbedingtes Engagement, wenn nötig Härte bis zur Arroganz und Unverfrorenheit wie gegenüber den Eidgenössischen Oberzöllnern in Bern oder dem lamentierenden Max Türkheimer.

Einer der wenigen, der möglicherweise nie vergass, dass er Eduard Burckhardt viel verdankte, war Lorenz Popp. An den Ganten kaufte er einiges an technischen Objekten sowie Firmenschilder aus dem Nachlass, auch wenn unklar bleibt, was er damit machte. Belegt ist, dass er 1897 vergeblich einige «Motor-Bicyclettes» aus der Remise der «Ed. Burckhardt» kaufen wollte; als er im Mai 1899 tatsächlich eine bei der Basler Motorwagen-Kontrolle als «Automobil» anmelden wollte, schickte man ihn an den Schalter für die «Velos», da es noch keine Kategorie «Motor-Fahrräder» gab![9] Ausserdem ersteigerte er einen Ring von seinem verstorbenen Herrn, was man als rührende Erinnerungsgeste deuten könnte. Da Lorenz Popp bei ihm als junger Mann viel gelernt hatte, eine gute Position bekleidete und mit ihm sogar ein Tricycle planen konnte, aber die finanziellen Dispositionen nicht durchschaute, entstand vielleicht in der Erinnerung die Sage von Eduard Burckhardt als dem «Financier» seiner beiden «Popp-Patent-Motorwagen», die Popps Sohn viel später weitertradierte.

Man kann unseren Protagonisten als Vertreter einer in der Wirtschafts- und Sozialgeschichte wenig beachteten Kategorie von «Intermediären» bezeichnen,[10] die es überhaupt ermöglichten, dass sich bahnbrechende Erfindungen schnell, weit und breit im Alltag durchsetzten. Dabei fällt auf, dass seine Produkte immer ausländischer Provenienz waren und er als Importeur agierte. Den Sprung zum Produzenten schaffte er nicht. So wurde Eduard Burckhardt, Kaufmann und Versicherungsagent, zum Wegbereiter der individuellen Motorisierung in Basel. Noch traditionell im grossbürgerlichen Habitus, immer mit seinem ganzen Vermögen haftend und auf seinen guten Ruf bedacht, repräsentierte er prototypisch ein «weltoffenes Basel». Ebenso spiegelten sich in seinem Leben die Aufbruchstimmung, die Risiken und die Krisen der Gründerzeit, welche den gewaltigen, weltweiten Industrialisierungsschub ausmachten. Sie zwangen den Einzel-Kaufmann, sich immer wieder anzupassen und neu zu orientieren.

Eduard Burckhardt war ein Mann an der Schwelle von Vielem, singulär in seiner Individualität und exemplarisch für die Zeit in seinen Leistungen. Schliesslich stellte sich heraus, dass er sein ganzes Berufsleben lang mit Liquiditätsproblemen kämpfte und vom Stillhalten wohlgesinnter Kreditoren abhängig war; vielleicht war dies gar nicht ungewöhnlich für seine Zeit. Jedenfalls taugte er nicht in der Rolle als Financier, dafür umso mehr in derjenigen als Unternehmer – auch wenn er die Früchte seines begeisterten Engagements nicht mehr ernten konnte.

Anhang

9.1 Die ersten Basler Autobesitzer 1898–1899

In Basel wurden 1898 nach der Ausweitung der Meldepflicht auf Motor-Fahrräder und sonstige Motor-Fuhrwerke mit der Änderung der «Verordnung über das Radfahren» vom 11. Mai 1898 folgende Autobesitzer registriert (rechts die Gründungsmitglieder des Automobil Club von Basel: A. C. S. Sektion Basel 1933, 12):

25.05.1898	1	Engeli, Traugott	Tapetenhändler und -fabrikant	Freiestrasse 65	ACB
	2	Rüsch-Burckhardt, Ferdinand	Rentier	Elisabethenstrasse 27	ACB
	3	Suter, Alfred	Kaufmann (Optiker)	Byfangweg 16	ACB
	4	Schlumberger, Paul	Commis	Birsigstrasse 30	ACB: Aktuar, Kassier
	5	Burckhardt-Koechlin, Emil	Kaufmann (Bandfabrikant)	Hebelstrasse 32	ACB: Vizepräsident
	6	Clavel-Merian, Alexander	Färbereibesitzer	Rebgasse 27, Kleinhüningen	
	7	Küpfer-Bender, Ch. F.	Architekt	Güterstrasse 167	ACB
	8	Suter-Ludwig, Arnold	Kaufmann (Steinkohlenhandlung)	Austrasse 6	ACB
	9	Suter-Dardenne, Emil	Kaufmann (Optiker)	Byfangweg 16	ACB: Präsident
	10	Suter-Dardenne, Emil	Kaufmann (Optiker)	Byfangweg 16	
	11	Schmid-Kistler, Christian	Konditor	Spalenberg 55	
22.06.1898	12	Breuckmann-Zehnder, Wilhelm	Kaufmann	Peter-Merian-Strasse 58	ACB
25.06.1898	13	Suter-Dardenne, Emil	Kaufmann (Optiker)	Byfangweg 16	
	14	Suter-Dardenne, Emil	Kaufmann (Optiker)	Byfangweg 16	
	15	Suter-Dardenne, Emil	Kaufmann (Optiker)	Byfangweg 16	
	16	Suter-Dardenne, Emil	Kaufmann (Optiker)	Byfangweg 16	
05.08.1898	17	Amans, Paul	Agentur für Rohseide	Johannvorstadt 6	ACB
01.10.1898	18	Wagner, August	Landwirt (Gutsbesitzer)	Elsässerstrasse 81	ACB
06.12.1898	19	Badertscher-Brodbeck, Johann	Velohändler	Freiestrasse 73	
03.02.1899	20	Popp, Lorenz	Mechaniker (bei Rüsch)	Müllheimerstrasse (Blumenrain 23)	
04.03.1899	21	Wahl-Saladin, Friedrich	Civil-Ingenieur (Bauunternehmer)	Drahtzugstrasse 14	ACB
21.03.1899	22	Fatzer, Alfred	Telegrafist	Birsigstrasse 42	
16.04.1899	23	Kiefer-Herde, Joseph	Wirt	Elsässerstrasse 39	
01.05.1899	24	Leu & Cie	Velogeschäft	Albangraben 1	
06.05.1899	25	Heer, Hans	Elektriker-Meister	Feldbergstrasse 33	
10.06.1899	26	Clavel-Merian, Alexander	Färbereibesitzer	Rebgasse 27, Kleinhüningen	
12.06.1899	27	Suter-Ludwig, Arnold	Kaufmann, Steinkohlenhandlung	Austrasse 6	
12.08.1899	28	Wagner, August	Oekonom (Gutsbesitzer)	Elsässerstrasse 81	
14.08.1899	29	Burckhardt-Koechlin, Emil	Kaufmann (Bandfabrikant)	Hebelstrasse 32	
13.10.1899	30	Iten & Cie (Iten-Jenny, Jakob)	Velohändler	Albangraben 1	
	31	Iten & Cie (Iten-Jenny, Jakob)	Velohändler	Albangraben 1	
28.05.1900		Schlotterbeck, Karl	Velohandlung	Freiestrasse 73	ACB

Quelle: StABS, Handel und Gewerbe GGG 1.7. 1898–1907.

9.2 Die Arbeiterlöhne in der Schweiz um 1896

Aufgrund der Ergebnisse in zwei eidgenössischen Inspektionskreisen hat «O. M., Zürich» die Arbeitszeiten und die Tageslöhne in den Industriezweigen der Schweiz im Jahr 1896 ausgewertet. Die Stichprobe umfasste 79.667 Beschäftigte, davon 51.817 in der Textilindustrie. Dem Autor ging es darum zu zeigen, dass in den Industrien mit den hohen Löhnen kürzere tägliche Arbeitszeiten vorherrschten.

Aus den vorgelegten Daten lässt sich berechnen, dass der häufigste Tageslohn (Modalwert) in der Textilindustrie 1.75 Franken bei einer Arbeitszeit von 11 Stunden und in der übrigen Industrie 3.75 Franken bei einer täglichen Arbeitszeit von 10 Stunden betrug. Von Industrie zu Industrie ergaben sich zum Teil erhebliche Unterschiede.

Der mittlere Jahreslohn über alle Beschäftigten lag bei ca. 850 Franken. In der Textilindustrie (inklusive Frauen und Kinder) lag er bei 640 Franken. In der Maschinen- und der chemischen Industrie wurden im Schnitt über 1000 Franken pro Jahr bezahlt.

Quelle: «Berner Tagwacht» 4 (1896) 104 Beilage (26. Dezember 1896), sowie eigene Berechnungen.

9.3 Die Wechselkurse in der Zeit von Eduard Burckhardt

Zwischen 1870 und 1880 folgten viele Länder dem englischen Vorbild und definierten ihre Währungen in Einheiten Gold. So auch die seit 1865 bestehende lateinische Münzunion mit den Ländern Frankreich, Italien, Belgien, Schweiz und Griechenland. Für die ganze Zeit seines Berufslebens galten für Eduard Burckhardt somit grundsätzlich feste Wechselkurse.

Der klassische Goldstandard ist das erste moderne Währungssystem und hielt bis zum Beginn des Ersten Weltkriegs. Dafür wurden Goldmünzen mit definiertem Nominalwert und Feingehalt an Gold ausgegeben. Der relative Goldgehalt bestimmte den Wert der einzelnen Währungen, resp. deren Wechselkurs:

Land	Referenzmünze	Nominalwert	Gewicht	Feinheitsgrad	Feingehalt Gold	Franken-Wechselkurs
Frankreich:	Napoléon III	20 Franc	6,4516 gr.	0.9000	5,8065 gr.	1.00 Fr.
Schweiz:	Vreneli	20 Franken	6,4516 gr.	0.9000	5,8065 gr.	–
Italien:	Umberto I.	20 Lire	6,4516 gr.	0.9000	5,8065 gr.	1.00 Fr.
Belgien:	Léopold II	20 Franc	6,4516 gr.	0.9000	5,8065 gr.	1.00 Fr.
Deutschland:	Krone	10 Mark	3,9824 gr.	0.9000	3,5842 gr.	1.23 Fr.
Niederlande:	Wilhelmina/ Wilhelm III	10 Gulden	6,7203 gr.	0.9000	6,0483 gr.	2.08 Fr.
USA:	Eagle	10 Dollar	16,7181 gr.	0.9000	15,0463 gr.	5.18 Fr.
Grossbritannien:	Sovereign	1 Pfund	7,9881 gr.	0.9167	7,3224 gr.	25.22 Fr.

In der Praxis wurden Beträge in Mark oft mit einem Franken-Wechselkurs von 1.25 umgerechnet. Das galt sowohl für Eduard Burckhardt als auch für die Basler und die Mailänder Gerichte.

Quellen: Zur Entstehung des Goldstandards wurde Mertens 1944 konsultiert. Die Wechselkurse entsprechen denjenigen in Lisle 1906, 283 umgerechnet von Pfund Sterling in Schweizer Franken. Die Beschreibungen der Referenzmünzen finden sich in: Edelmetall-Service (ESG): «Münzkatalog / Münzlexikon», 2024.

9.4 Anmerkungen

Kapitel 1

1 Zitiert nach der 1. Auflage auf Französisch, s. Schmid 1967, 78. [Mit finanzieller Unterstützung durch Ed. Burckhardt, seit 1895 Generalvertreter für die Schweiz der Firma Benz in Mannheim, baute der Ingenieur Lorenz Popp 1898 in Basel zwei Automobile [...]]

2 STABS, Handel und Gewerbe GGG 1.7.1898–1907. Es handelte sich streng genommen um ein Kassenbuch, in dem die Autobesitzer und die Einnahmen aus der Einlösung der Nummern registriert wurden.

3 «Verkehrshaus der Schweiz» Inv. Nr. VHS-255.

4 Ditzler/Rollé Ditzler 2022. Die dortige Darstellung muss aufgrund der hier vorgelegten Untersuchung in wesentlichen Punkten revidiert werden.

5 Quellenverzeichnis im Anhang. Wir wollen das Verdienst von Ernest Schmid keinesfalls schmälern, der mit Akribie Hunderte von disparaten Dokumenten zu rund 70 ephemeren, mehrheitlich längst vergessenen Schweizer Autoherstellern zusammentrug. Ein isolierter Suchender musste in den vor-digitalen 1960er-Jahren jedoch bei einer derart anspruchsvollen Aufgabe zwangsläufig an Grenzen stossen, sodass zahlreiche Aussagen in seinem Werk heute als fehlerhaft oder als unvollständig zu bezeichnen sind; problematisch ist, dass sie von Epigonen oft ohne Hinterfragen immer wieder abgeschrieben und weitertradiert werden. Nebst der Digitalisierung erleichterte eine seither gewachsene Anzahl wissenschaftlich fundierter Publikationen die Recherchen, auch wenn in der Schweiz die Technikgeschichte als historische Disziplin, a fortiori in Verbindung mit Wirtschafts-, Sozial- und Kulturgeschichte, eher ein Schattendasein fristet.

6 Der Name «Eduard Burckhardt» ist in den Findmitteln des DMA zu den Dossiers über Heinrich Hildebrand (NL 006) und Alois Wolfmüller (NL 058) nicht aufgeführt.

Kapitel 2

1 Rosina Burckhardt-Burckhardt(-Stuckert) (1825–1858), Stroux: Bu52-10-ro/Bu32. S. a. A.J. Burckhardt 1858; StABS, Chronik PA 564 A. Ebenfalls Anhängerin eines streng religiösen Erweckungsglaubens; obligater Aufenthalt in einem Westschweizer Internat, wohl im Mädchenpensionat der Herrnhuter Brüdergemeine in Montmirail im Kanton Neuchâtel, wie andere Frauen der Verwandtschaft, um die französische Sprache und fromme Bildung zu lernen. Zitate ca. Ende September 1847 und ca. Oktober 1848, s. StadtASH, D IV.01.73.A.02/22: 5 Briefe von Rosina Burckhardt-Burckhardt an ihre Schwägerin Elise (Elisabeth) Im Hof-Burckhardt.

2 Stroux: BuS-10U-Ed; StABS, PD-REG 14a 12-2 Bürgerkontrolle (ca. 1879–1894) Nr. 3582.

3 Eduard Burckhardt-Burckhardt (1816–1846), Stroux: BuS-9-Ed. S. a. Zimmermann-Burckhardt 1846, 4–8; StadtASH, D IV.01.73.A.02/03.

4 Elisabeth Im Hof-Burckhardt (1819–1858), Stroux: BuS-9-eb.

5 Stroux: BuS. Pfarrer waren der Ur-Grossvater Hieronymus Burckhardt-Sarasin (in Pratteln), Stroux: BuS-7-Hy; der Urgrossonkel Emanuel Burckhardt-Burckhardt(-Preiswerk), Stroux: BuS-8-Em; der Grossonkel und Taufpate Johann Burckhardt-Peyer (1798–1869), Stroux: Bu28-8-54; der Onkel Emanuel Im Hof-Burckhardt(-Burckhardt) (-Vogler), Stroux: Bu28-9-716. Zum Pietismus als prägendes Merkmal des Basler Bürgertums im 19. Jahrhundert in Kürze: s. Janner 2012, 35 f.; Pfister 2024, 202–205. Zur Einordnung pietistischer Burckhardts in die Tradition Basels, s. Salm 2011, 59–67.

6 Peter Burckhardt-Geylinger(-Im Hof) (1787–1848), Stroux: BuS-8-Pe. S. a. BM Archives QS-30.108.0008.

7 StadtASH, D IV.01.73.A.02/03: Brief aus Niesky an seine Schwester Elisabeth Burckhardt vom 9.4.1836. S. a Niesky: «Herrnhuter Brüdergemeine» 2024. Zur Definition S.M.C., s. Kriemer 2017, 107.

8 Friedrich Wilhelm Stuckert-Burckhardt(-Lepper) (1821–1897), s. HFLS s.v. Stuckert; StABS, Ratsbücher P 8; Chronik PA 564 A; AB-BS 1854 ff. 1849: Einbürgerung in Basel unter der Berufsbezeichnung «Handelscommis» dank Heirat mit Witwe Rosina Burckhardt-Burckhardt.

9 Ludwig Carl Stuckert (1795–1843) stammte aus Mannheim; Diakon; ab 1820 als Vikar und Präzeptor am Pädagogium Lörrach tätig; 1831–1835: Pfarrer in Hauingen. Autor erbaulicher Dichtungen; brachte seine Familie nur mit Mühe durch und musste Friedrich Wilhelm und einen weiteren Sohn fremdplatzieren, s. StABS, Chronik PA 564 A; DLL 21 (2001) s.v. Stuckert, Ludwig Karl (Reinhard Müller); Helm 1975.

10 Rosalie Sarasin-Brunner (1826–1908) war die zweite Ehefrau von Felix Sarasin-Burckhardt(-Brunner) (1797–1862), des Bürgermeisters und Geschäftspartners von Daniel Heusler-Thurneysen.

11 AB-BS 1854, 170; 1862, 51 (Baumwollspinnerei); s. Stroux: SaG-7-114; Preiswerk 1862, 9–15. Felix Sarasin-Burckhardt (-Brunner) (1797–1862), Stroux: SaG-7-114; seine zweite Frau Rosalie Sarasin-Brunner lebte als Familienmatriarchin und wohltätige Witwe 1826–1908.

12 StABS, Privatarchiv PA 663f E 13: F.W. Stuckert als Tafelgast in den Hofmeisternotizen zur Organisation und Sitzordnungen der Hochzeit Preiswerk-Burckhardt am 26. April 1853. Maria Burckhardt, Stroux: BuS-9-mr.

13 A.J. Burckhardt 1858, 8–9; D. Roth 1993, 4–20, 25–27. Inhaltlich enthielt die Grabrede die genreüblichen, idealisierenden Topoi über ein hingebungsvolles, gläubiges Frauenleben in diesem bürgerlichen Milieu.

14 Samuel Burckhardt-Kern (1821–1899), Stroux: Bu52-10-767. S. a. Linder 1899, 5–10. Er war Onkel mütterlicherseits von Eduard Burckhardt; zunächst Goldschmied, dann Lehrer; streng religiös, zeitweise Anhänger einer Basler Irvingianer-Bewegung; Autor eines religiösen Werkes mit Friedrich Wilhelm Stuckert, s. Stuckert-Lepper/Burckhardt-Kern 1873.

15 Emanuel Im Hof-Burckhardt(-Burckhardt)(-Vogler) (1812–1886), Stroux IhR-11-Em.

16 Samuel Stähelin-Burckhardt (1824–1892), Stroux: Sn65-11-94. S. a. SHAB VIII 1890 107, 561 vom 19.7.1890; X 1892 5, 18 vom 8.1.1892. Bandfabrikant/Teilhaber; Kaufmann. Vater des Ernst Stähelin, Stroux: Sn65-12S-97, in dessen Geschäft er nach dessen Trennung von Eduard Burckhardt kurz einstieg, sowie des (Johann) Friedrich Stähelin-Bernoulli (1867–1936), Stroux: Sn65-12S-98, sowie Schwager von Eduard Preiswerk und Onkel von Eduard Burckhardt durch Heirat mit Susanna Burckhardt (1825–1893), Stroux: BuS-9-su.

17 Eduard Preiswerk-Burckhardt(-Groben) (1829–1895), Stroux: Pr28-10-44. S. Wanner 1984, 13–50; HLS s. v. Eduard Preiswerk (Walter Dettwiler 2010); HFLS s. v. Emma Groben. Dritter Sohn des Kaufmanns und Spezierers Emanuel Preiswerk-Hunziker (1794–1862) am Spalenberg in Basel; Lehre in einem Basler Tuchgrosshandel; 1848–1851: angestellt in der Buchhaltung des Bankhaus «Martin & Pury» in Neuenburg; 1853: Heirat mit Maria Burckhardt (1828–1872); Übernahme der Führung des väterlichen Kolonialwarengeschäfts mit dem Bruder Carl Theophil Preiswerk-Sulger (1826–1893); ab 1863: im Comité der Basler Mission und ab 1864: Leiter der «Missions-Handlungs-Gesellschaft»; Mitgründer des Börsenvereins, des Handels- und Industrievereins sowie Mitinitiant der Handelskammer, ferner in diversen Verwaltungsräten wie der «Basler Versicherungsgesellschaft» (heute: Bâloise) und der «Schweizerischen Centralbahn» vertreten sowie Promotor der konservativen «Allgemeinen Schweizer Zeitung»; zweite Heirat mit Emma Groben (1839–1917); spielte als Onkel gegenüber Eduard Burckhardt die Rolle eines fürsorglichen Göttis und deckte (mit Beteiligung seines Schwagers Pfarrer Im Hof-Burckhardt) immer wieder dessen misslungene Handelsgeschäfte in Rotterdam bis zu einem Schuldenbetrag von ca. 200 000 Franken.

18 Susanna Burckhardt-Im Hof (1794–1878), Stroux: IhR-11-su. Nachruf: C. Roth 1878, 4–9. StadtASH, D IV.01.73.B.04: Korrespondenz mit ihrem Bruder Pfarrer Emanuel Im Hof; Liegenschaften, s. StABS, HGB 1 78/47; 1 128/13; Wanner 1984, 57 f. mit Abb. Erziehung nach Herrnhuter Prinzipien mit Aufenthalt im Institut Montmirail; lebte als Witwe bis 1862 am Heuberg 16; 1863: Verkauf dieser Liegenschaft für 45 000 Franken und Umzug in ein Haus an der Missionsstrasse 23, das Grossvater Peter in den 1830er-Jahren ausgebaut hatte; es lag auf dem Gelände des extraurbanen Landsitzes der Familie Preiswerk, neben dem Haus Missionsstrasse 27 ihres Schwiegersohnes Eduard Preiswerk-Burckhardt(-Groben). Sie erreichte mit 84 Jahren ein ungewöhnlich hohes Alter, wie auch ihre eigene Mutter (86 Jahre).

19 StABS, Kirchenarchiv Y 10,5 St. Elisabethen. Zu Rosine Burckhardt-Iselin (1783–1861), s. SWA HS 407 Personenarchiv Burckhardt-Iselin, Rosine.

20 StadtASH, D IV.01.73.C.04/48: Brief vom 28.9.1884 von Eduard Burckhardt an Eugen Im Hof.

21 Zitate aus StadtASH, D IV.01.73.B.04/165: vier Briefe 1859–1861 von F.W. Stuckert an Pfarrer Emanuel Im Hof-Burckhardt. Stuckert rief den Pfarrer als Zeugen an für die Richtigkeit seines kirchenrechtlichen Standpunktes in einem Konflikt mit den Geerings, welche im «Erasmushaus» an der Bäumleingasse 10 als Buchhändler, Antiquare und Herausgeber der Zeitschriften «Der christliche Volksbote», «Der Freund Israels» sowie der «Sammlungen für Liebhaber christlicher Wahrheiten» in der zweiten Hälfte des 19. Jahrhunderts spezifisch pietistische Literatur vertrieben; s. dazu AB-BS 1854, 162 f.; Gnehm 2000, 2–15; Stalder 2002, 201–203.

22 Weidkuhn 1966, 185. Zum historiografischen Hintergrund des Begriffs des «Frommen Basel» und der Entwicklung zum Schlagwort, s. Janner 2012, 56–71; Kuhn/Sallmann (Hgg.) 2002. Zu den in Basler pietistischen Kreisen praktizierten, z. T. drastischen Erziehungsmethoden s. Vöchting-Oeri 1965, 218–220.

23 Otto Stuckert (1857–1919), s. SHAB XIII 1895 83, 348 vom 26.3.1895. Prokurist bei «R. Hauser & Cie» (Rohseide, Seidenabfälle), 1908: bei der Nachfolgefirma «J. F. Müller». Autor von StABS, Chronik PA 564 A.

24 Universität Basel: «De Lachenal, Friedrich (1772–1854)». Rektor der Universität Basel 1804–1817.

25 Staehelin-Kutter 1966.

26 Allgemein zu dieser gesamteuropäischen Spielart einer anti-aufklärerischen Re-Christianisierungsbewegung, welche die Verwerfungen des Industriezeitalters begleitete sowie zur Verbreitung des englischen Evangelikalismus in der zweiten Hälfte des 19. Jahrhunderts beitrug s. Gäbler 2000, 27–39; Kuhn 2002, 100–110, Zitat 108: «Der Chiliasmus ist – in seinen differenten Ausprägungen – ein wesentliches Charakteristikum innerhalb des ‹Frommen Basel›», wobei man jedoch aufklärerische Fortschrittsgedanken nicht abgelehnt habe. Kannenberg 2007, insb. 187–260, 287–294, 302–315 analysiert die sich auf die Berechnungen des lutheranischen Mystikers, Philosophen und Chiliasten Johann Albrecht Bengel (1687–1752) berufenden theologischen Kommunikationsstrategien und populären Religiositätspraktiken in Württemberg mit starken Bezügen zu Basel; Janner 2012, 295–506 ausführlich zur sogenannten Judenmission des in der zweiten Hälfte des 19. Jahrhunderts höchst aktiven Basler «Vereins der Freunde Israels».

27 Zu diesem besonderen Impuls in Basel s. Bürgin 1958, 130–133, insb. Anm. 234.

28 Zur politischen Dimension verschiedener religiöser und ausserkirchlicher Gemeinschaften in Basel als bürgerliche Behauptungsstrategien im vorliegenden Zeitraum s. Janner 2012, 221–294, 522–530, Zitat: 529–530.

29 Zur Irvingianer-Bewegung: Anhänger des schottischen Predigers Edward Irving (1792–1834), welcher eine «katholisch-apostolische Bewegung» begründete, s. dazu ausführlich Reimer 1989, 40–43. Um 1900 ging die Bewegung in der Neuapostolischen Kirche auf.

30 Kanton Basel-Stadt: «Feierabendstrasse 24: Betsaal der katholisch-apostolischen Gemeinde (Beschlussdatum: 26.11.2024)».

31 StABS, Chronik PA 564 A. Auch Rosinas Briefe aus jungen Jahren enthalten lange Passagen von predigt-ähnlichen Analogismen zwischen Bibel und Lebenswelt, die eine permanente Befragung der Heiligen Schrift belegen, s. StadtASH, D IV.01.73.A.02/22.

32 Linder 1899, 7–9, Zitate 8.

33 Der Edelmetallhandel erschien ihm wohl als zu weltlich; zudem verschenkte er grosszügig einiges von seinem ererbten Vermögen. Die Autoren danken Christoph Jungck, einem seiner Urgrossenkel, für diese Hinweise.

34 StadtASH, D IV.01.73.B.04/165: Zitate hier aus Brief vom 1.11.1860 an Pfarrer Im Hof.

35 StABS, Erbschaftsamt GA-REG 6b 2-1 (1): Die Stiefbrüder Wilhelm Heinrich Stuckert-Deglow, Ludwig Friedrich Athanasius Stuckert-Renevier (1851–1896), Johann Theodor Vinzenz Stuckert-Kübler, Arnold Leonhardt Stuckert-

Vridag, Adolf Wettstein Paul Stuckert-Fiechter (1855–1885) (Abb. 2) sowie die Stiefschwester Sara Charlotte Louise Loos-Stuckert waren zum Zeitpunkt des Todes von Eduard Burckhardt alle bereits verstorben, sodass nur deren Kinder als Erbberechtigte infrage kamen.

36 Wilhelmine Jakobine Stuckert-Lepper (1836–1911), s. HFLS s.v. Wilhelmine Jakobine Stuckert; StABS, Chronik 564 A. Pfarrerstochter aus Weil am Rhein/Baden; ursprünglich zur Diakonissin bestimmt, jedoch als zweite Ehefrau mit Friedrich Wilhelm Stuckert verheiratet, somit Stiefmutter von Eduard Burckhardt; musste die «Familienbürde» mit 8–9 Kindern bei Kuraufenthalten ihres Gatten alleine tragen. Korrespondierte mit Eduard noch 1897 über die Absicherung eines Kredits an ihn von 20 000 Franken, s. StABS Gerichtsarchiv PP 1.362 No. 517 1897, Brief vom 12. 8. 1894.

37 Das Paar Stuckert-Burckhardt hatte gemäss AB-BS 1854, 330 noch an der St. Johanns-Vorstadt 1 gewohnt, s. StABS, HGB 1 191/4. Besitzer der Sevogelstrasse 11 war F.W. Stuckert, gemäss Neueintragung vom 31. 12. 1860 zweistöckig mit Anbauten im Brandversicherungswert von 45 000 Franken. Er lebte dort ca. 1861–1874, danach zur Miete an der Leimenstrasse 17, s. HGB 1 111/2 von 1872, wohl in die Nähe der Irvingianer-Kapelle, und zog gemäss StABS, Chronik 564 A in den 1890er-Jahren zu Verwandten nach Neunkirch im Kanton Schaffhausen, wo er 1897 starb.

38 Zwei Söhne: Joseph Maximilian, geb. 1863, s. StABS, Kirchenarchiv X 8,9 St. Alban; und Carl Samuel, geb. 1867; sowie eine Tochter Emma Maria, geb. 1870, s. StABS, Kirchenarchiv V 47^{a} 2 Münstergemeinde.

39 StABS, Chronik PA 564 A.

40 Conrad Zäslin-Stähelin (1826–1890), Stroux: ZsM-13-Cd. Inhaber einer Speditions- und Inkassofirma; 1877: Verkauf an Nachfolger, die sie als «Spedition & Eisenbahnen-Agentur» sowie später als Generalvertretung der «Norddeutschen Versicherungs-Gesellschaft in Hamburg» für Transportversicherungen weiterführten; Rückzug als «Rentier/Particulier». Besitzer des Hofgutes «Hofmatt» bei Münchenstein, das seine Witwe als religiös geführtes Männer-Erholungsheim stiftete, zum Gedenken an das Eisenbahnunglück, bei dem zwei ihrer Söhne ums Leben kamen. S. AB-BS, 1848 ff.; StABS, Kirchenarchiv X 8,9; Sartorius 1890, 3–9; NZZ 71 1891 192 vom 11. 7. 1891.

41 StABS, Kirchenarchiv X 8,9.

42 DLL 2 (1969) s.v. Claassen, Johannes (N.N.).

43 Johannes Claassen (1835–1898) aus Calw: «Die […] Anregung […] kam von einem christlichen Freund in Basel, welchem sehr darum zu thun war, etwas beitragen zu können, dass die sieben h. Sendschreiben zum Richtmass würden für die Beurteilung der gesamten Kirchengeschichte, bis zur Wiederkunft unseres Herrn, zur Aufrichtung seines Reiches.», s. Claassen 1888, V; s. a. Claassen 1888, VII–XXIII: «Vorwort oder Nachwort von C. Z. S.» Das Werk lässt sich als Plädoyer gegen organisierte Kirchlichkeit zugunsten einer rein individualistischen, innerlichen Religionspraxis und Wiedergeburt mit Blick auf die «Erstlingsherrschaft mit Christo im tausendjährigen Reich» lesen, mit Sympathien für die «Apostolischen Irvingianer, Darbyisten oder Adventisten».

44 Sartorius 1890, 6–7, Zitat 4.

45 S. den zeitgenössischen Beitrag in Brockhaus 1894–1896, Bd. 5, 1036–1040 s.v. Lebensversicherung. Zur ersten Gründungsphase der diversen Versicherungssparten in den 1860er-Jahren als lukratives Investment der Basler Oberschicht s. Escher/Lüond 2013, 20–35.

46 Gustav Teichmüller-Cramer (1832–1888), s. Universität Basel: «Teichmüller, Gustav (1832–1888)». Professor für Philosophie und -geschichte aus Braunschweig; breite Studien in Berlin und Tübingen, dann Lehrer in Russland; 1860–1867: PD in Göttingen; 1868–1871: o. Professor in Basel. Kontakte mit pietistischen Kreisen und der Basler Mission; beschäftigte sich u. a. mit «Philosophie des Christentums», plädierte für Gleichberechtigung der Frauen und war überzeugter Vegetarier. S. a. NDB 26 (2016) s.v. Gustav Teichmüller (Heiner Schwenke); UBH NL 79.

47 UBH NL 79, B 2866–2871: Korrespondenz mit F. W. Stuckert, Friedrich Heinrich Peter, Paul Stuckert 1871–1879.

48 «Friedrich Heinrich Peter-Lotz Agenturgeschäft» in Basel; ab 1861 Eintrag im Ragionenbuch als Alleininhaber; vertrieb nebst Versicherungen u. a. ab 1869 deutschen Portland-Cement, 1873: Maschinen- und Wagenschmieren; 1874: «Assecuranz-Agentur- und Commissionsgeschäft» mit Comptoir am Blumenrain 13; Grossinserat als Vertreter der «Feuer- und Lebensversicherungsbank für Deutschland in Gotha» und «Deutsche Unfall- und Invaliditätsversicherungs-Genossenschaft in Leipzig» (die Mutterfirma war die innovative Vorläuferin des heutigen Konzerns «Gothaer Versicherungsbank VVaG» in Köln); 1883: «Agentur für Waren und Versicherungsgeschäfte», zusätzlich Vertretungen der «Schweizerischen Unfallversicherungs-Gesellschaft Winterthur» und der «Rheinisch-westphälischen Lloyd»; am 27. 2. 1885 mit Partner William Schabelitz «F. H. Peter & Cie», kurz darauf gelöscht infolge Todes am 19. 3. 1885. S. «Der Bund» 20 1869 120, 4 vom 2. 5. 1869; 24 1873 119, 5 vom 1. 5. 1873; AB-BS 1862 ff.; 1874, 227–228: Grossinserat; SHAB I 1883 2 II. Theil, 14 vom 11. 1. 1883; III 1885 27, 174 vom 5. 3. 1885; 36, 237 vom 26. 3. 1885; Korrespondenz: UBH NL 79, B 2866; 2870.

49 Peter und Stuckert verwendeten dieselbe Art von Briefbogen mit gleicher Blindprägung ihrer jeweiligen Namen (F. H. Peter, Basel) bzw. Adresse (F. W. Stuckert mit seiner Heimadresse), s. UBH NL 79, B 2866; 2870. Gemäss den verfügbaren Basler Adressbüchern war Friedrich Wilhelm Stuckert-Lepper an der Sevogelstrasse 11 zunächst «Kaufmann», 1865–1874 «Prokuraträger» (bei Sarasin & Heusler, Zäslin und/oder Peter?), danach an der Leimenstrasse 17 bis zu seinem Tod «Kaufmann». Er bezeichnete den ab 1862 als Agentur-Inhaber im Schweizer Firmenverzeichnis (Ragionenbuch) eingetragenen Friedrich Heinrich Peter etwas despektierlich als «Feueragent», betrachtete ihn also nicht als seinen alleinigen Prinzipal. Wie viele andere betrieb Stuckert somit den Verkauf von Versicherungspolicen nebenbei als «Kaufmann» auf eigene Rechnung. Nach damaliger, schweizerischer Rechtsauffassung war Kaufmann, «wer in umfassender Weise die Beförderung von Personen, Sachen, Nachrichten u. s. w. betreibt», s. Munzinger 1865, 27. Erst das «Bundesgesetz über das Obligationenrecht» vom 14. Juni 1881 (BBl 1881 III 109) stipulierte den obligatorischen Eintrag ins Handelsregister.

50 Teichmüller befasste sich auch mit Theologie und Hinweise in seiner Korrespondenz zeigen Beziehungen zur Basler Mission bzw. zu dem dort engagierten Pfarrer Adolf Sarasin (1802–1885), Malzgasse 30, auf, s. UBH NL 79, B 2614.

51 Stuckert-Lepper/Burckhardt-Kern 1873, gedruckt bei G. A. Bonfantini-Stuckert, zu welchem gemäss StABS, Chronik PA 564 A verwandtschaftliche Beziehungen bestanden.

52 Zitate aus StadtASH, D IV. 01. 73. B. 04/165: Briefe Stuckerts an Pfarrer Im Hof-Burckhardt vom 4. 5. 1858 und 1. 11. 1860.

53 StABS, Erziehungsacten Q 9.

54 StABS, Chronik PA 564 A. Zur Pension Reichel s. Cérésole 1860, 55.

55 StABS, Chronik PA 564 A. Zur vierstufigen kaufmännischen Lehre in den 1860er-Jahren s. W. Schöffer & C° in Rotterdam 1905, 43–47. Zum Profil des «Commis» als Vorstufe zum selbständigen Kaufmann oder höheren kaufmännischen Angestellten im Kontext der sich gegen Ende des Jahrhunderts entwickelnden Bürokratien in Industrie und öffentlichen Verwaltungen s. König/Siegrist 1981, 211–268.

56 Porträt dieser sozialen Schichtungen um die Mitte des 19. Jahrhunderts s. Sarasin 1997, 49–55; zum gesellschaftlichen Habitus des Basler Bürgertums in der zweiten Hälfte des 19. Jahrhunderts s. Hafner 2024, 164–167; zu den konkreten Berufen im näheren Familienumfeld konsultiere man die entsprechenden Charts bei Stroux: insb. BuS, IhR, Sn65 sowie Bu52; zur Bedeutung der Patrizierdynastie Burckhardt für Basel s. HLS s.v. Burckhardt (Yiğit Topkaya 2024); Zitat Iselins zum Vergleich mit den Medici s. Burckhardt/Ryser 2012, 6.

57 Zum pietistischen Seminar in Schiers s. HLS s.v. Peter Flury (Otto Clavuot 2021). Bewerbungsschreiben von 1879 s. UBH NL 79.

58 StABS, Chronik 564 A; St. Paul's Evangelical Lutheran Church o.D.: «It was founded as a congregation in the fall of 1884 with Athanasius Stuckert, a Swiss immigrant, as its first pastor, and formally incorporated in January 1885. Pastor Stuckert was still serving St. Paul's Lutheran Church when he died in 1896, at 46 years of age». [Sie wurde im Herbst 1884 als Gemeinde mit Athanasius Stuckert, einem Schweizer Einwanderer, als erstem Pfarrer gegründet und im Januar 1885 offiziell eingetragen. Pfarrer Stuckert diente der St. Paul's Lutheran Church immer noch, als er 1896 im Alter von 46 Jahren starb.]

59 Seiss 1884/1887; Encyclopedia of Christianity 2016, 2065 f. s.v. «Seiss, Joseph Augustus» (Lawrence R. Rast Jr.). Joseph Augustus Seiss (1823–1904), Pastor einer Lutherischen Gemeinschaft in Philadelphia publizierte über 100 Werke, in denen u.a. Christentum, Astrologie und Archäologie zu endzeitlichen Deutungen herangezogen wurden; gewisse Werke zirkulieren heute noch als esoterische Literatur.

60 Theodor Emanuel Im Hof-van Oordt (1846–1921), Stroux: IhR C8-794. Ältester Sohn von Pfarrer Emanuel Im Hof-Burckhardt; die weitere Biografie erschliesst sich in den Folgekapiteln; Einträge in StA-, AB-Rotterdam und Delpher.nl, s.v. Theodor Im Hof; StadtASH, D IV.01.73 Im Hof (Familie); StABS, Burckhardt'sches Familienarchiv PA 594a MM 46 1892–1921.

61 StABS, Chronik PA 564 A; StadtASH, D IV.01.73.B.04/106. Eduards erster erhaltener Brief aus Rotterdam datiert vom 5.6.1867, wobei die beiden jungen Männer offenbar schon eine Weile vor Ort waren.

62 Die Niederlande waren eher ein sekundäres Auswanderungsziel von Schweizer Söldnern, Kaufleuten, Saisonarbeitern oder Religionsgemeinschaften, s. Schelbert 1967, 405–409. Zu den Basler Tropenforschern Fritz und Paul Sarasin, die sich im Schutz der niederländischen Kolonialmacht bewegten, s. Schär 2015.

63 HLS s.v. Eduard Preiswerk (Walter Dettwiler 2010); HLS s.v. Basler Mission (Paul Jenkins 2009). Zur Basler Mission im Kontext der Schweizer Missionsbewegung s. HLS s.v. Missionen (Marita Haller-Dirr/Linda Ratschiller 2024); zur «Missions-Handlungs-Gesellschaft» (ab 1928 «Basler Handelsgesellschaft») s. Wanner 1959; Wanner 1984, 8–22; HLS s.v. Basler Handelsgesellschaft (Niklaus Stettler 2002). Zum Konzept der Verbindung von deren geschäftlichen Zielen und unternehmerischen Ethos s. Christ 2005, insb. 26–31; kurz und kritisch: Kühschelm 2024, 213–216.

64 Zur nachstehend skizzierten Entwicklung s. Hauser et al. 1986, 30–32; Sarasin 1997, 29–77; Wecker 2000, 196–210, Zitat modifiziert: 196; Habicht 2008, 118–130.

65 Spielmann 2020.

66 Zur Bevölkerungs- und Industrieentwicklung Rotterdams im 19. Jahrhundert s. van de Laar/van de Schoor 2019, 29–38; zur Entwicklung Rotterdams zum Transitgut-Hafen im Maas-Rhein-Delta in den 1860er-Jahren s. van de Laar/van Jaarsveld 2004.

67 Nachruf auf Eduard Burckhardt in «Der Schweizerische Velosport» VII 1897 37, 291–292 vom 10.9.1897.

68 StadtASH, D IV.01.73 Im Hof (Familie).

Kapitel 3

1 StadtASH, D IV.01.73.B.04/106.

2 Emil Eduard Im Hof-Montauban van Swijndret (1851–1916), Stroux: C8-794. Jüngster Sohn von Pfarrer Emanuel Im Hof-Burckhardt; gelernter Bankkaufmann; 1871: Mitglied des Kaufmännischen Vereins Schaffhausen; ab 1876: in Rotterdam bei Eduard Burckhardt. Weitere Biografie in der Fortsetzung. Einträge in StA-, AB-Rotterdam und Delpher.nl s.v. Emil Im Hof; StadtASH, D IV.01.73 Im Hof (Familie); StABS, Burckhardt'sches Familienarchiv PA 594a MM 42 1880–1916.

3 Eugen Christoph Im Hof-Oschwald (1847–1930), Stroux: IhR C8-794. Studien der Mathematik und Physik in Zürich und Berlin; ab 1873: 46 Jahre lang Professor am, dann Direktor des Gymnasiums Schaffhausen ab 1880. Schaffhauser Bürger durch Heirat; langjährig in der Direktion der «Ersparniskasse Schaffhausen»; Mitbegründer und Präsident der «Gesellschaft der Schaffhauser Kaffeehalle»; Mitglied von kulturellen und wohltätigen Vereinigungen; Unterstützer seiner Brüder nach Ableben des Vaters. S. StadtASH, D IV.01.73 Im Hof (Familie); StABS, Burckhardt'sches Familienarchiv PA 594a MM 43 1916–1921; SHAB XXVI 1908 88, 622 vom 9.4.1908; Nachruf: Henking 1929/1930.

4 Er spielt im vorliegenden Zusammenhang keine Rolle. S. StABS, Burckhardt'sches Familienarchiv PA 594a MM 43: Korrespondenz zwischen Eugen Im Hof und Hans Burckhardt-Burckhardt (1916–1921). Zu Letzterem, s. Miescher 1923.

5 Diese alte Patrizierfamilie van Oordt hatte u.a. zwei prominente Theologen hervorgebracht: Gabriël und Henricus van Oordt (1757–1836 bzw. 1778–1849), s. NNWB 1937, Bd. 10, 687 f.; StadtASH, D IV.01.73.B.04/106. Die Dame des Hauses van Oordt war eine Bekannte der Im Hof, denn sie hatte Verwandte in Stein am Rhein und hielt sich wiederholt zur Kur in der Schweiz auf. Zu den Beziehungen zwischen der Herrnhuter Brüdergemeine, der Basler Christentumsgesellschaft, der Missions-Gesellschaft sowie Genfer und englischen Gemeinschaften in den religiös sehr liberalen Niederlanden des 19. Jahrhunderts s. Gäbler 2000, 64–84.

6 Typisch dafür die Korrespondenz der beiden Väter der Brautleute Emil Im Hof-Montauban van Swijndregt über die formelle Erlaubnis zu deren Hochzeit s. StadtASH, D IV.01.73.B.04/050.

7 Nachstehende Angaben aufgrund von Auswertungen via StA-Rotterdam und AB-Rotterdam; ob die namensgebenden Begründer sich von einem alten Berner Patriziergeschlecht herleiteten, von denen z.B. gemäss HLS s.v. Thormann (Hans Braun 2012) ein Gottlieb Thormann (1741–1831) Offizier in holländischen Diensten war, bleibt hier offen.

Die Firma ist von 1841 bis 1902 in Rotterdam nachweisbar, ab 1844 unter Beteiligung ausserfamiliärer Compagnons, s. «Rotterdamsche courant» 1844 1, 3 vom 2.1.1844.

8 Grand Larousse Bd. 1, 1866 s.v. assurance maritime.

9 Die meisten einheimischen und fremdländischen Handelshäuser und -agenturen hatten ihre Adressen am Leuvehaven und Wijnhaven/Wijnstraat, so auch unsere Protagonisten; historische Stadtpläne s. van de Laar/van Jaarsveld 2004, 28–39.

10 Gezielte Auswertung via «Koninklijke Bibliotheek» aller entsprechenden Meldungen und Inserate für die fragliche Zeit.

11 Grand Larousse Bd. 13, 1875, 1422 s.v. Rotterdam. [Rotterdam ist der Ort, an dem sich See- und Flussschifffahrt treffen [...] Entlang des Flusses gibt es eine Reihe prächtiger Docks, an denen die grossen Schiffe aus Indien und Amerika, ohne vorher geleichtert zu werden, in einer Entfernung von wenigen Metern zu den Geschäften, für welche die Ladung bestimmt sind, anlegen können. Die ganze Stadt ist sozusagen ein grosses Dock, sodass die Entladungen dort ausserordentlich wirtschaftlich durchgeführt werden können. Es ist vor allem die Anwendung von Dampf in der Schifffahrt [...], die zu dem jüngsten Wohlstand von Rotterdam beigetragen hat, als Lagerstelle zwischen England auf der einen und Deutschland auf der anderen Seite.]

12 Hein/van de Laar 2020, 267, 269. [Ab den 1860er-Jahren schuf die Stadtregierung separate Docklands am Südufer der Maas, die die Rotterdamer Transitwirtschaft erleichterten und ein Hafensystem schufen, das auf den Umschlag, die Lagerung und den Transport von Massengütern (Getreide, Kohle, Eisenerz und Öl) spezialisiert war. [...] Bis 1870 entthronte Rotterdam Amsterdam als führende Hafenstadt der Niederlande. Ab da löste das neue, dynamischere Handelsnetz, das im Zuge der der industriellen Revolution entstand, die eher passive Organisation des niederländischen Stapelhandels ab.]

13 Brockhaus 1894–1896, Bd. 15, 672 ff. s.v. Telegraphenverkehr.

14 Zunächst nur zwischen Baden, Bayern, Frankreich, Hessen, den Niederlanden und Preussen abgeschlossen; weitere Anrainerstaaten wie die Schweiz kamen später dazu, s. SR 0.747.224.101: «Revidierte Rheinschifffahrts-Akte vom 17. Oktober 1868 zwischen Baden, Bayern, Frankreich, Hessen, den Niederlanden und Preussen (mit Schlussprotokoll, Zusatzart. und Zeichnungsprotokoll)».

15 van de Laar/van Jaarsveld 2004; Zitat s. Hein/van de Laar 2020, 269. [Rotterdam baute eine Hafeninfrastruktur für das deutsche Hinterland und wurde vor dem Ersten Weltkrieg zum wichtigsten Rhein- und Transithafen für Kohle, Erz, Getreide und Erdöl auf dem europäischen Kontinent.]

16 «Landbow-courant» 5 1871 52 vom 28.12.1871.

17 Brockhaus 1894–1896, Bd. 8, 521 s.v. Guano. Die USA annektierten im 19. Jahrhundert weltweit über 100 derartige Inseln, um den enormen Bedarf an Dünger zu decken; heute gehören noch deren 13 zu den «Unincorporated United States Insular Areas», darunter Baker Island als Naturschutzgebiet und strategischer Stützpunkt, s. Lal/Fortune 2000, 239. Umfassend und kritisch zur Geschichte des Guano als Welthandelsrohstoff s. Rott 2016.

18 Historische Zusammenstellung von Schweizern in europäischen Seehäfen in der frühen Neuzeit nach Berufen, u.a. in Amsterdam, s. Sigerist 2015, 11, 147–188, wobei Basler Kaufleute v.a. in Nantes und La Rochelle tätig waren. Mit der «Missions-Handlungs-Gesellschaft» vergleichbare Entwicklung des Welthandelshauses der Gebrüder Volkart, s. Dejung 2013. Zur Rolle von Schweizer Zwischenhändlern und deren Verschränkung mit Industrie und Banquiers im internationalen Kolonial- und Transithandel ab dem 17. Jahrhundert s. Haller 2019, 44–70.

19 Eine zeitnahe Version dieses Wissens z.B. bei Sonndorfer 1900, dessen Lehrbuchauflagen jeweils die aktuellen Hauptimport- und Exportländer sowie die warenspezifischen Qualitätskriterien und Handelsusanzen vermittelte. Zur Bedeutung der intermediären Akteure und ihrer «Papiere» als mediale Statthalter der Waren s. Dommann 2001, 35–48; zur Entwicklung dieser «Techniken der Globalisierung» im 19. Jahrhundert s. Haller 2019, 108–145.

20 Zum Ausbau der Handelsgeschäfte mit Westafrika und Indien s. Wanner 1984, 28–48; zur eigenen Flotte s. Wanner 1984, 33–37.

21 StadtASH, D IV.01.73.B.04/066 Brief vom 9.1.1874.

22 Ritzmann 2006. Zu Motiven und Formen der Auswanderung sowie zur Regulierung der Auswanderungsagenturen ab 1874 zwecks Eindämmung von Betrügereien s. HLS s.v. Auswanderung, Emigration (Anne-Lise Head-König/Elmar Meier 2007); zu den prekären Reisebedingungen und zum Einsatz der Schweizer Diplomatie zum Schutz der Landsleute im Ausland s. Arlettaz 1979, 12–18.

23 Hermann Plümacher-Hünerwadel (1838–1910): Deutsch-schweizerisch-amerikanischer Offizier, Abenteurer und Diplomat aus Elberfeld/Wuppertal; Marine-Ausbildung und 1859 Seefahrten mit der «Niederländisch-Ostindische Kompanie»; «Cavallerielieutenant» der Unierten im amerikanischen Sezessionskrieg; 1863 Einbürgerung in Stein am Rhein/Schaffhausen durch Heirat mit der Schweizer Fabrikantentochter und Philosophin Olga Marie Pauline Hünerwadel (1839–1895); Dienste als Kavallerieoffizier in der Schweizer Armee; ab 1868–1871: Abgeordneter des Schweizerischen Auswanderungsvereins; Kauf von Land in Tennessee und Anwerbekampagne zur Gründung einer Schweizer Siedlerkolonie «Grütli» in Grundy County; 1870: Auswanderung der Familie Plümacher nach Beersheba Springs im Bundesstaat Tennessee; Betätigung als Krankheitsforscher und autodidaktischer Medizinprofessor; 1877–1890: Konsul der USA in Maracaibo/Venzuela; gestorben in Washington. S. StadtASH, D IV.01.73.B.04/005: Briefwechsel Theodor Im Hofs von 1868–1869 mit John Hitz, Generalkonsul der Schweizerischen Eidgenossenschaft in Washington; Arlettaz 1979, 59 f.; Neuenschwander 1994, 318–323 zum Kolonieprojekt Plümachers; dazu zahlreiche Medienberichte u.v.a. im «Intelligenzblatt für die Stadt Bern» 34 1867 346 vom 13.12.1867, 35 1868 253 vom 10.9.1868; 36 1869 314 vom 12.11.1869; «Der Bund» 19 1868 303 vom 2.11.1868. Zur exemplarischen Untersuchung und Intervention vor Ort im Auftrag des Bundesrats durch Generalkonsul Hitz s. BBl 1869, I, 39–59, sowie «Der Bund» 20 1869 302 vom 2.11.1869. S.a. Tennessee State Library and Archives: unpublizierter Nachlass mit Autobiografie «Plumacher, Eugene Hermann Papers 1877–1947». Nachruf: «The Los Angeles Times» vom 27.9.1910, 16.

24 Zitate aus StadtASH, D IV.01.73.B.04/005: Briefwechsel Theodor Im Hofs von Ende 1868 mit John Hitz, Generalkonsul der Schweizerischen Eidgenossenschaft in Washington.

25 Zitate aus StadtASH, D IV.01.73.B.04/099: Brief an Vater Pfarrer Im Hof vom 12.4.1869 vor der Abfahrt von Rotterdam. Die erwähnten Empfehlungsschreiben stammten wohl vom handelserfahrenen Onkel Preiswerk.

26 StadtASH, D IV.01.73.B.04/101: Brief vom 20.10.1869 aus Chicago, denen weitere 12 bis 1870 folgten (hier nicht ausgewertet).

27 StadtASH, D IV.01.73.B.04/057: Brief von Eduard an Pfarrer Im Hof vom 31. 8. 1871. Darin beruhigte Eduard den Onkel, dass Theodor weder krank noch nach Amerika gefahren sei.

28 StABS, Chronik PA 564 A.

29 Heinrich Hoessly-Waldrager (1834–1893) (auch Hösli, Hössli, Hoesslij) aus Glarus: Fabrikantensohn und Bruder des Samuel Hössli-Heer (1831–1891), Inhaber der ab 1841 florierenden, exportorientierten Baumwolldruckerei «Hössli & Cie» im Blumenegg in Goldach bei Rorschach, s. Technologiepark Blumenegg AG o. D.; ab 1862: in Rotterdam tätig. Alleinübernahme einer Firma «Hoessly & Bömper», Generalvertreter von Kölnisch Wasser der Marke «Johann Maria Farina»; ab 1872: «Hoessly & Co», Hauptvertreterin der «Kirschwasser Gesellschaft in Zug» für die Niederlande und Belgien; dann bis 1882: selbständiger Agent; 1887–1889: Prokurist bei «Mackertich & Malcolm», Im- und Exporthandel in Amsterdam. Genealogie GL, Bd. GE06 Glarus, Nr. 225, 348, 377; SHAB I 1883 39 II. Theil, 297 vom 19. 3. 1883; Reck 1975; Einträge in StA-, AB-Rotterdam und «Koninklijke Bibliotheek» s. v. Heinrich Hoessly.

30 Heute «Technologiepark Blumenegg», s. Technologiepark Blumenegg AG o. D.

31 Reck 1975, 45–47; 1873 erhielt die Firma Hoessly eine Medaille an der Wiener Weltausstellung und zeigte 1883 einen vielbeachteten Pavillon an der Schweizer Landesausstellung in Zürich, s. die lobende Beschreibung in der «Offiziellen Zeitung der Schweizerischen Landesausstellung Zürich 1883» Nr. 30 vom 23. 8. 1883, Zitat 278.

32 Darauf bezogen sich wohl die von Otto Stuckert erwähnten «beträchtlichen Geldmittel», die Eduard angeblich verprasst haben soll; es könnte sich um ein Erbe von seiner Mutter Rosina handeln, über das er nach Erreichen der Volljährigkeit verfügen konnte. S. StadtASH, D IV.01.73.B.04/82: knapper Bescheid an Eugen Im Hof, ca. Sept. 1869.

33 StA-Rotterdam s. v. Burckhardt Edward; Brockhaus 1894–1896, Bd. 10, 525 f. s. v. Kommission, Kommissionär.

34 «Weekblad van het regt» 33 1871 3345 vom 20. 7. 1871: Hoessly war der Beklagte.

35 Zeitgenössische Perspektive in: Brockhaus 1894–1896, Bd. 2, 530–536 s. v. Baumwolle, Baumwollindustrie. Dejung 2013, 74–117, 140–148 zeigt diese Transformationsphase am Beispiel der Entwicklung Volkarts zum Baumwoll-Grossunternehmen.

36 «Nederlandsche Staatscourant» 1871 67, 6 vom 19./20. 3. 1871: Auflösung der Gesellschaft.

37 «Leeuwarder courant» 1872 38, 3 vom 29. 3. 1872.

38 StadtASH, D IV.01.73.C.04/17: Brief von Eduard Preiswerk an Pfarrer Im Hof vom 26. 1. 1879. Als «Stiefgrosssohn» der Susanna Burckhardt-Im Hof war er offenbar nicht erbberechtigt. «Akkomodement» bezeichnete im schweizerischen Sprachgebrauch die aussergerichtliche Einigung in einem Konkurs: «In heutiger Zeit ist das förmlich durchgeführte gerichtliche Falliment eines großen Geschäftsmannes zu einer großen Seltenheit geworden; es bleibt, an dessen Stelle gewöhnlich das Akkomodement», s. BBl 1874 III 34 «Botschaft des Bundesrathes an die hohe Bundesversammlung, betreffend das Bundesgesetz über die politische Stimmberechtigung der Schweizerbürger (vom 2. Oktober 1874)».

39 Eduard Bernoulli-Riggenbach (1819–1899) aus Basel: Banquier; Lehrjahre im Tuchhandel; 1854: Finanzsekretär der Schweizerischen Centralbahn; 1860: Teilhaber «Bankhaus Johannes Riggenbach»; Mitglied des «Comité der Missions-Gesellschaft»; 1863/1883: Mitgründer der «Basler Versicherungs-Gesellschaften»; 1865–1899: Aufsichtsrat der «Bank in Basel»; 1873: Mitgründer der «Allgemeinen Schweizer Zeitung»; 1876–1899: Comité der Basler Handelskammer; 42 Jahre lang richterliche Ämter am Civil- und Appellationsgericht; Mitglied des Grossen Rates; Geschäftsfreund von Eduard Preiswerk und geschädigter Gläubiger der «Hoessly & Burckhardt». S. NZZ 53 1873 345 2. Blatt vom 10. 7. 1873; SHAB I 1883 50 II. Theil, 385 vom 7. 4. 1883; Basler Stadtbuch 1900, 304; von Salis 1899, 3–5.

40 StABS, Chronik PA 564 A.

41 Nachvollziehbar in StABS, Gerichtsarchiv PP 1.362 No. 517 1897; Tabelle 11.

42 StadtASH, D IV.01.73.B.02/13.

43 StadtASH, D IV.01.73.B.04/057: Brief Eduard Burckhardts an Pfarrer Im Hof vom 31. 8. 1871.

44 AB-Mulhouse 1878–1880; Bulletin de la Société industrielle de Mulhouse 41 1871, 29 vom 1. 1. 1871. Der «Cercle Mulhousien» war von der Société als Bildungs- und Freizeitverein für Arbeiter und Angestellte mit eigenem Lokal gegründet worden, s. Penot 1870, 237–245.

45 Zur Anpassung des Elsass an die deutschen Strukturen s. Rösler 1996, 139; Bourguinat/Vogt 2020, 171–178, 274–277; Kammerer et al. 2023, 173–246.

46 Rösler 1996.

47 Louis Jacob Andres-van Ravensstejn (1847–1891): Sohn des Basler Postbeamten Johann Jakob Andres-Nägeli; ab 1869: als Kontor-Angestellter in Rotterdam; 1872: Partner von «Burckhardt & Im Hof», 1873: von «Im Hof & Andres»; 1874–1875: angestellt beim Kaffeehändler «W. Schöffer & Co»; um 1880: Kaufmann und Partner bei «Chabot & Andres» (Handel, Spedition, ab 1884: industrielle Verarbeitung von Rohkaffee); soziales Engagement in Rotterdam im Vorstand der Deutschen Evangelischen Gemeinde, im Verein für die Deutsche Innere Mission der Niederlande, der Armenfürsorge; 1886–1887: Präsident des «Schweizer Unterstützungsvereins Helvetia» in Rotterdam; um 1890: Hilfen an Emil Im Hof und Schuldner gegenüber Eugen Im Hof aus Geschäften mit Theodor Im Hof. S. StABS, Privatarchiv 132 373; StadtASH, D.IV.01.73.B.04/099: Korrespondenz; StA-Rotterdam: Einträge in Einwohnerkontrolle, Adressbüchern und Heiratsregister.

48 Handelsregistereintrag s. «Nederlandsche Staatscourant» 1872 174, 5 vom 26. 7. 1872.

49 Dass er Bankkaufmann gelernt hatte, ergibt sich aus einer Notiz auf der Rückseite der Abb. 13.

50 AB-Rotterdam 1873.

51 «Nederlandsche Staatscourant» 1873 157, 5 vom 5. 7. 1873.

52 StadtASH, D IV.01.73.B.04/057: Brief Eduards an Pfarrer Im Hof vom 18. 9. 1873.

53 StadtASH, D IV.01.73.B.04/066: Brief Eduard Preiswerk vom 6. 10. 1873.

54 StadtASH, D IV.01.73.B.04/066. Gemäss Brief Eduard Preiswerk vom 9. 1. 1874 waren es ca. 1500 Franken, sodass ca. 35 000 Franken verblieben (17 000 Gulden ≈ 35 360 Franken).

55 Etwa zu dieser Zeit verliessen Stuckerts die Sevogelstrasse 11 und mieteten sich an der Leimenstrasse 17 ein, d. h. sie könnten das Haus verkauft und eine Geldanlage beim Stiefsohn getätigt haben, vielleicht anfänglich 25 000 Franken, wie in StABS, Chronik PA 564 A behauptet. S. a. StABS, Gerichtsarchiv PP 1.362 No. 517 1897, Brief vom 12. 8. 1894 an die «Liebe Mama» (Wilhelmine Stuckert-Lepper): Absicherung bestätigt durch Ablösung einer Lebensversiche-

rungspolice der «Urbaine» durch eine von der «Star» zu ihren Gunsten, sodass die Witwe Stuckert nach Eduard Burckhardts Tod ihr Geld erhielt, s. Tabelle 11.

56 StadtASH, D IV.01.73.B.04/094: Brief von Emil Im Hof an Pfarrer Im Hof vom 28.11.1873; StadtASH, B.04/104: Brief von Louis Andres an Pfarrer Im Hof vom 29.4.1875.

57 AB-Rotterdam 1875.

58 Stoskopf 2022, 1–4. Wahl eines «Ed. Burckhardt» zu einem von zwei Revisoren, s. «Le Messager de Paris» 22 1878 vom 16.5.1878.

59 StadtASH, D IV.01.73.C.04/17; 04/31: Briefe Eduard Preiswerks an Pfarrer Im Hof vom 26.1.1879 und an Eugen Im Hof vom 19.12.1881.

60 StadtASH, D IV.01.73.B.04/104; 04/129: Louis Andres schrieb Pfarrer Im Hof zwischen 1874 und 1875 wiederholt auf offiziellem Briefpapier dieser Firma aus Rotterdam und berichtete über ihre desolate Verschuldung, u.a. auch gegenüber Wilhelm Schöffer persönlich.

61 Ludwig Wilhelm Schöffer-Haase (1831–1904) stammte aus einer Familie von Kolonialwarenhändlern in Frankfurt und Holland; nach der kaufmännischen Lehre in Frankfurt ca. 1851: Auswanderung über London nach Rotterdam; 1855: Gründung der «W. Schöffer & C°», Kaffee-Grosshandlung mit Rösterei und ab 1862: Mitglied der Handelskammer; erwarb als Konsortium mit seinem älteren Bruder Conrad Heinrich grossen Reichtum durch gelungene Kaffee-Spekulationen; 1884: Financier des russischen Strompioniers und Erfinders Achilles de Khotinsky (1950–1933) beim Bau einer Beleuchtungsanlage und einer Glühlampen- und Akkumulatoren-Fabrik in Rotterdam; 1881: Rückzug nach Gelnhausen; 1888: Verlegung der «Elekriciteits-Maatschaapij systeem de Khothinsky» und Glühlampenfabrikation nach Gelnhausen (später bis 1912 «Elektrizitätsgesellschaft m.b.H. Gelnhausen»). Erbauer einer Villa und eines Sole-Kurbetriebs. S. W. Schöffer & C° in Rotterdam 1905; Michaelis/Morgenstern 2013, 38–43; Wikipedia: «Achilles de Khotinsky» 2024.

62 Wilhelm Schöffer schilderte das Vorgehen in seinen Memoiren mit dem Unterton einer Apologie der vernünftigen Spekulation als Win-win-Mechanismus für alle beteiligten Marktpartner, insbesondere für die Endverkäufer, s. W. Schöffer & C° in Rotterdam 1905. Zur wirtschaftspolitischen Szenerie in den Niederlanden, in der sich die Aufstiegsgeschichten zuerst des Conrad Heinrich, dann seines risikofreudigen Bruders Ludwig Wilhelm Schöffer abspielten s. Michaelis/Morgenstern 2013, 26–31, 39–43.

63 StadtASH, D IV.01.73.B.04/066; 04/17; 04/104: Briefe Eduard Preiswerk an Pfarrer Im Hof vom 17.1.1874 und 26.1.1879; von Louis Andres an Pfarrer Im Hof vom 29.4.1875. Preiswerk vermittelte Im Hof zudem wiederholt Börsen-Insidertipps, Aktien und Obligationen; sein Urteil: «W. Schoeffer & Cie hatte 1873 ein Caffeeconsortium gebildet, mit dem es in Caffee spekulierte & dem es per 1873 105 % Dividende bezahlt haben soll. Schöffer ist ein gescheidter Mann, preussischer Abgeordneter, wohnhaft in FftaM [Frankfurt a. Main] & alle Monate nach Holland reisend. Wenn die Sache abgeschlossen wird, so ist's für den Anfang gut, später kann man nicht wissen». Preiswerk verwechselte dabei Ludwig Wilhelm mit dem viel älteren Conrad Heinrich Schöffer, der sich bereits 1865 aus dem Kaffeegeschäft zurückgezogen hatte, s. Michaelis und Morgenstern 2013, 35.

64 Zum Gesamtinventar der alkoholfreien Wirtschaften in der Schweiz und diesbezüglicher Philosophie s. Schub 1900, Zitat: 449.

65 SHAB XII 1894 262, 1076 vom 7.12.1894; XXVI 1908 88, 622 vom 9.4.1908; XL 1922 173, 1476 vom 27.7.1922; Henking 1929/1930, 5.

66 StadtASH, D IV.01.73.B.04/129; C.04/05; C.04/36: 10 klagende Briefe von Louis Andres, unter «Chabot & Andres» firmierend, an Eugen Im Hof zwischen 1878 und 1890.

67 BAR, E2#1000/44#2271*. Im Bundesarchiv lassen sich keine weiteren Spuren dieses Vereins nach 1888 finden.

68 Eduard wechselte 1881 nach Belgien als «Inspecteur général» für «La Providence» und wird Theodor den Posten in den Niederlanden vermittelt haben, s. «Nederlandsche Staatscourant» 1884 136 vom 11.6.1884; «Het vaderland» 13 1881 125 vom 30.5.1881; «Landbouw courant» 1882 71 vom 3.9.1882; u.v.a. «Algemeen Handelsblad» 1883 16651 vom 5.5.1883: Austragung aus Einwohnerkontrolle Rotterdam und Abreise nach Gelnhausen 1888.

69 Johann Emanuel (Hans) Burckhardt-Burckhardt (1840–1923), Stroux: Bu28-9-716. Kaufmann von Schaffhausen in Basel; Schwager von Pfarrer Emanuel Im Hof, der in zweiter Ehe Salome Amalia Burckhardt (1830–1860) (Abb. 2) geheiratet hatte und damit Onkel vom in Reading/Pennsylvania hilfsbedürftigen Sohn Johann Rudolf Jakob Im Hof-Früchtle (1860–1928) war; gemäss Korrespondenz mit den Neffen Eugen, Theodor und Emil Im Hof unterstützte er auch die letzteren beiden in ihren späten Jahren; aktiv im Vorstand des «Basler Kunstvereins». S. StABS, Burckhardt'sches Familienarchiv PA 594a MM 42/43/46; Obélis: «Burckhardt-Burckhardt, Hans (Johann Emanuel)».

70 StadtASH, D IV.01.73.C.04/10: 96 Briefe von Theodor an Eugen Im Hof von 1887–1898 aus Rotterdam, Gelnhausen, Offenbach über die Verschuldung seiner Familie (hier nicht ausgewertet). S. a. StABS, Burckhardt'sches Familienarchiv PA 594a MM 46: Briefwechsel mit Hans Burckhardt-Burckhardt 1892–1921.

71 AB-Rotterdam 1880; s. a. «Rotterdamsch Nieuwsblad» 1878 222 vom 14.12.1878; StadtASH, D IV.01.73.B.04/050 Brief aus Berlin vom 24.2.1884 an Pfarrer Im Hof.

72 StadtASH, D IV.01.73.C.04/09: 48 Briefe von Emil an Eugen Im Hof von 1882–1898, u.a. aus Rotterdam, Leeds, Johannesburg über Schulden, Gerichtsverfügungen, Erbschaft (hier nicht ausgewertet); Burckhardt'sches Familienarchiv PA 594a MM 42: Briefwechsel mit Hans Burckhardt-Burckhardt 1880–1916.

73 Michaelis/Morgenstern 2013, 39.

74 StadtASH, D IV.01.73.B.04/066: Brief Eduard Preiswerk an Pfarrer Im Hof vom 9.1.1874; StadtASH, D IV.01.73.C.04/31: Brief Eduard Preiswerk an Eugen Im Hof vom 15.4.1886.

75 Zitat s. StadtASH, D IV.01.73.C.04/17: Brief Eduard Preiswerks an Pfarrer Im Hof vom 26.1.1879; StadtASH, D IV.01.73.C.04/17 Brief vom 2.8.1897 von Wilhelm Preiswerk an Eugen Im Hof.

76 «Rotterdamsch Nieuwsblad» 1878 8, 3 f. vom 12.4.1878.

77 Bellet 1844 zu «Le Phénix, compagnie française d'assurances sur la vie», die seit dem Beginn des 19. Jahrhunderts als Feuer-, dann Lebensversicherung tätig war; s. a. La Sécurité Générale 1870. Zur Londoner Versicherung s. «The Lancet» 36 1890 3507, 1082 vom 15.11.1890.

78 «Rotterdamsch Nieuwsblad» 1878 8 vom 12.4.1878; 15 vom 20.4.1878; 22 vom 30.4.1878.

79 Arch.be: Schaerbeek, Acte de mariage Nr. 142 vom 16.5.1881; AB-Bruxelles 1881.

80 AB-Bruxelles 1882–1883. Das Adressbuch 1884 fehlt, und 1885 findet sich kein Eintrag mehr für Eduard Burckhardt. Zur Geschichte des Platzes s. Mon.Herit.Brussels s.v. Place de Brouckère.

81 Brockhaus 1894–1896, Bd. 3, 629–632 s.v. «Brüssel»; Wecker 2000, 198; Fisch 2002, 163–167, Zitat: 166. Dank seiner Schwerindustrie wies Belgien zu dieser Zeit nach Grossbritannien und den Niederlanden das dritthöchste Pro-Kopf-Einkommen Europas auf.

82 «La Providence» wies gemäss Geschäftsberichten (ab 1881 in: SWA Versicherungen A 1233–1234) ein dreimal höheres Kapital als «Le Phénix» aus. Da die Suchmaschine für historische Zeitungen Belgiens «belgicapress.be» nur redaktionelle Beiträge ohne Inserate auswertet und eine physische Konsultation nicht möglich war, konnten keine Verkaufsaktivitäten in Belgien analog Holland dokumentiert werden.

83 StadtASH, D IV.01.73.C.04/48: Brief Eduards vom 28.9.1884 aus Basel an Eugen Im Hof: «[…] Bitte antworte mir einige Worte an folgende Adresse wo ich denke Mittwoch & Donnerstag zuzubringen: Adresse C. Condre Mülhausen, Elsass […]»; ebenso am 27. März 1886 aus Bruxelles bzw. Basel, Missionsstrasse 23; Eduard Burckhardts Austragung bei der Rotterdamer Einwohnerkontrolle erfolgte erst am 26.1.1888 «von Amtes wegen», als er bereits wieder in Basel wohnte; ob dies begründet oder aus Nachlässigkeit geschah, bleibt offen.

84 «La Bicyclette» 1 1892 6 vom 19.6.1892; «Le Vélosport Suisse» II 1892 26 vom 25.6.1892.

85 StABS, Gerichtsarchiv PP 1.362 No. 517 1897: Kollokationsplan.

86 So charakterisiert im Nachruf in «Der Schweizerische Velosport» VII 1897 37, 291–292 vom 10.9.1897.

Kapitel 4

1 StASH, D IV.01.73.C.04/48: Brief Eduard Burckhardts an Eugen Im Hof vom 28.9.1884.

2 StABS, Bürgerkontrolle PD-REG 14a 12-2 Nr. 3582.

3 AB-BS 1887; StadtASH, D IV.01.73.C.04/17: Brief Eduard Preiswerks vom 26.1.1879 an Eugen Im Hof. Preiswerk, der im Haus Nr. 27 wohnte, dachte schon 1879 über Vermietungen des Hauses Nr. 23 nach, als er es von Susanna Burckhardt-Im Hof geerbt hatte. 1891 übernahm es der Sohn Wilhelm Preiswerk mit seiner Familie und baute es vollständig um, s. Wanner 1984, 57–58 mit Abb.

4 Brockhaus 1894–1896, Bd. 2, 459–462 s.v. Basel (Stadt): Zitate. S.a. Hauser et al. 1986, 32–34; Wecker 2000, 203–220; Pfister 2024, 63–69.

5 Bergier 1983, 252–254; Kühschelm 2024, 217–257.

6 StABS, Gerichtsarchiv PP 1.362 No. 517 1897: Inventarium. Die «Revue des deux mondes» war ab 1829 eine führende Kultur- und Literaturzeitschrift mit Anspruch auf Weltgeltung, s. Revue des Deux Mondes. «Vom Fels zum Meer» des «Wilhelm-Spemann-Verlags» war eine ähnliche, illustrierte Monatszeitschrift.

7 AB-BS 1896, 201: «S. Knopf, Freiestrasse 65, Kurz-, Weiss-, Wollwaren und Tricotagen, Eigentümer Sally Simon Knopf»; «Doppelstab» 1970 38 vom 15.5.1970 in: SWA H+I C 510 Knopf und Cie (Warenhaus) Basel.

8 AB-BS 1887, 340–344, 390–392.

9 SHAB IV 1896 113, 800 vom 18.12.1886; AB-BS 1888, 44: «Ed. Burckhardt, Agenturen». Wilhelm Oser betrieb neben dem Versicherungsgeschäft den An- und Verkauf von Wertpapieren, die Vermittlung bei Kauf und Verkauf von Liegenschaften sowie die Beschaffung von Hypothekar-Anleihen, s. u.a. AB-BS 1887, 401; SHAB I 1883 2 II. Theil, 14 vom 11.1.1883. Der «mandataire général» für die Feuerversicherung in der Schweiz blieb Henri Fazy in Genf, s. SHAB V 1887 42, 319 vom 23.4.1887. Eine Ernennung der «Ed. Burckhardt» in Basel-Stadt konnte im SHAB nicht gefunden werden.

10 StABS, Vereine und Gesellschaften DD 11. Die Meldungen der Firma «Ed. Burckhardt» fehlen im Dossier, sodass hier die letzte Meldung von «Wm. Oser» und die erste von «C. Im Obersteg» herangezogen wurden. S.a. SHAB VI 1888 8, 61 vom 19.1.1888; 35, 271 vom 14.3.1888.

11 Ernst Stähelin-Linder (1860–1938), Stroux: Sn65-12S-97. Kaufmann, Cousin und Geschäftspartner von Eduard Burckhardt ab 1887; über den «Bicyle-Club Basel» aufs Engste mit der Schweizer Velosport-Szene verbunden und dessen Präsident 1892–1894; 1898: Präsident des Organisationskomitees des Bundestags/Bundesrennens des S.V.B. in Basel; 1898: Konkurs seiner Firma «Ernst Stähelin, Versicherungsagentur, Agentur in technischen Artikeln, Handel in Velocipedes, Näh- und Schreibmaschinen»; 1901: Konkurs «Ernst Liermann & Ernst Stähelin» (Maschinen-Öle, technische Industrie-Artikel) in Basel, daneben Weiterführung seiner «Agentur», s. SHAB V 1887 72, 580 vom 23.7.1887; X 1892 58, 230 vom 10.3.1892; 266, 1080 vom 20.12.1892; XI 1893 265, 1077 vom 21.12.1893; XVI 1898 314, 1305 vom 16.11.1887; XIX 1901 323, 1289 vom 21.9.1901; AB-BS 1888–1920; Schweizer Sportblatt 1 1898 12 vom 26.4.1898.

12 Samuel Stähelin-Burckhardt, Stroux: Sn65-11-94. Kaufmann; Vater des Ernst Stähelin und des (Johann) Friedrich Stähelin-Bernoulli (1867–1936) sowie Schwager von Eduard Preiswerk; Onkel von Eduard Burckhardt durch Heirat mit Susanna Burckhardt (1825–1893), Tochter von Eduards Grossvater Peter mit Stiefgrossmutter Susanna Burckhardt-Im Hof sowie Schwester von Eduard Preiswerks erster Frau Maria Burckhardt; half seinem Sohn Ernst 1892 kurzzeitig aus als Prokurist in der «Ernst Staehelin & Cie» nach der Geschäftstrennung von Eduard Burckhardt. S. SHAB X 1891 5, 18 vom 9.1.1891.

13 SHAB V 1887 72, 580 vom 13.3.1887. AB-BS 1888, 44: «Ed. Burckhardt, Missionsstrasse 23, Agenturen. E[igentümer]: Eduard Burckhardt. P[rokurist]: Ernst Stähelin»; 267: «Ernst Staehelin & Cie, Missionsstrasse 23, Agenturen». E[igentümer]: Ernst Stähelin, Ed. Burckhardt». Im Adressbuch figurierte Ernst Stähelin mit «ä», in den Inseraten und im SHAB die «Ernst Staehelin & Cie» mit «ae»; diese differenzierten Schreibweisen werden hier übernommen.

14 S.u.v.a. «Der Bund» 39 1888 133 vom 14.5.1888; 264 vom 24.9.1888; «Le Technologiste» 51 1889 257 (Septembre), 155–156.

15 Erstmals in AB-BS 1889, 275.

16 Erstmals in NZZ 68 1888 174 Erstes Blatt vom 22.6.1888; s.a. «Illustrierte schweizerische Handwerker-Zeitung» IV 1888 31, 361–362 vom 3. November 1888.

17 Ausführlich mit Dokumentation in Schuler 2022, 108–112.

18 StABS, Gerichtsarchiv LL 6.1–6.2 Konkursbegehren 1893–1902; Schuler 2022, 108–112.

19 So figurierte die Firma in den folgenden Jahren in AB-BS 1894–1896 unter «Agentur von Schreibmaschinen». Im Nachlass von Eduard Burckhardt fanden sich in einem gemieteten Depot in St. Louis u.a. 13 Nähmaschinen, die

zweifellos zum Geschäft von Ernst Stähelin gehörten, s. StABS, Gerichtsarchiv PP 1.362 No. 517 1897.

20 Vieh-Versicherung, s. SHAB V 1887 75, 603 vom 3.8.1887; VI 1888, 24, 191 vom 25.2.1888; VII 1889 36, 209 vom 5.3.1889. Zuerst als Rechtsdomizil für Basel, ab 1888 als Generalbevollmächtigter für die Schweiz, 1889 Beendigung des Geschäfts. Rechtsdomizil für den Kanton Basel-Stadt von «The Union Marine Insurance C° Limited of Liverpool», s. SHAB XIII 1890 92, 491 vom 21.6.1890.

21 Preiswerk-Imhoff, Wilhelm (1858–1938), Stroux: Pr28-11U-45. Dritter Sohn von Eduard Preiswerk-Burckhardt; Lehre in einer Basler Kolonialwaren-Handelsfirma; 1891: Heirat mit Julie Imhoff (1871–1949) und Bezug der ausgebauten Familienresidenz an der Missionsstrasse 23; 1895: Übernahme des väterlichen Geschäfts mit seinem Bruder Paul Preiswerk-Stähelin (1861–1939) als «Preiswerk Söhne»; ab 1884: ebenfalls im Missions-Comité und weltweite Reisen in die Missionsstationen; 1895–1938: Präsident der «Missions-Handlungs-Gesellschaft» (ab 1928 «Basler Handelsgesellschaft»). Nach Enteignungen in den britischen Kolonien im Ersten Weltkrieg Schaffung der «Union Trading Company International» (UTC) 1921 als Betriebsgesellschaft für die Goldküste; 1928: kommerzielle und juristische Trennung von der Basler Mission und Bildung einer Holding-Gesellschaft (Ende operativer Tätigkeiten im Zuge der Dekolonialisierung bis in die 1990er-Jahre). Weitere Funktionen: Präsident 1913–20 und 1923–25 Vizepräsident der Basler Handelskammer, ab 1898: Verwaltungsrat der «Basler Versicherungsgesellschaft», 1923–1938: im Bankrat der Schweizerischen Nationalbank. S. Wanner 1984, 51–95; HLS s.v. Wilhelm Preiswerk (Walter Dettwiler 2010); HLS s.v. Wilhelm Preiswerk (Niklaus Stettler 2002); BM Archives BHG-03.08.06: Privatkorrespondenz 1917–1934; «Annuaire de la Confédération Suisse» 1937, 194.

22 Zum ersten Mal erwähnt in AB-BS 1892, 51; aus dem AB-BS 1893, 53 geht hervor, dass sich das Domizil der Agentur dazwischen kurzzeitig an der Austrasse 44 befand.

23 Gregor Staechelin-Allgeier (1852–1929) war ein vielfach umstrittener und bewunderter Selfmademan, Baumeister, Bodenspekulant, Investor, erzkonservativ-katholischer Politiker, Wohltäter und «Säule des Grosskapitalismus»; Maurer aus Istein; ab 1870: Bauarbeiter in Basel, 1874: eingebürgert; überbaute als Landerwerber und selbständiger Baumeister ganze Strassenzüge und Quartiere in der Stadtexpansionsphase mit Mietshäusern und wenigen Bürgerhäusern, darunter an der Austrasse; investierte in Sanierungsobjekte, eine Fabrik in Belfort, ein Kraftwerk im Wallis; akkumulierte grossen Reichtum und stiftete auch für wohltätige Zwecke. S. AB-BS 1894, 55; BN 85 1929 51 2. Blatt vom 21.2.1929; 53 3. Blatt vom 23./24.2.1929; «Der Bund» 82 1931 166 vom 11.4.1931; Kaufmann 1930; Vögelin 1968; Obélis: «Stächelin-Allgeier, Gregor».

24 KB-BS 1895/2, Fertigungen vom 2.7.1895 Eintragung der Handänderung im Grundbuch: «Sektion II Parzelle 1566, haltend 3 a. 79 m^2 mit Wohngebäude Austrasse 85, Anbau und Veranda»; die I. Hypothek belief sich auf 35000 Franken und die II. auf 15000 Franken; letztere musste ab dem 1.7.1896 jährlich mit 1000 Franken amortisiert werden; Tabelle 11.

25 Adèle Reuther-Hindenlang (1837–?) stammte aus Meimsheim/Württemberg. Nach ihrer Abmeldung aus Basel 1906 verliert sich ihre Spur (eventuell zu einer Tochter nach Italien gezogen). S. StABS, Einwohnerkontrolle PD-REG 14a 4-1 2.3.1883–22.10.1884, Nr. 3506; 14a 4-1 22.10.1884–21.3.1887, Nr. 460; PD-REG 14a 12-2 2613; PD-REG 14a 12-3 2613.

26 Zur Kolonie Santa Leopoldina s. Fluck 2004, insb. 262–274. Die Basler Mission entsandte 1861–1886 23 Missionare nach Brasilien, um dem Protestantismus im katholischen Umfeld Persistenz und Akzeptanz zu verschaffen. S. a. Santa Leopoldina Espírito Santo. Aufnahmen zu Reuthers Projekt s. BM Archives QQ-30.014.0003; QQ-30.014.0004; Porträt, s. QS-30.001.0429.01; QS-30.029.0006;

27 Zum Schicksal der Familie in der Schweiz: «Geschäftsblatt für den obern Teil des Kantons Bern» 31 1884 32 vom 19.4.1884; BM Archives Dossier V.556: Korrespondenz mit der Witwe Reuther nach deren Umzug nach Basel. Tatsächlich stand ihr Mann nach seiner Ausbildung bei der Basler Mission nicht mehr in deren Diensten. Als Witwe ermöglichte sie ihren Söhnen Hermann und Nathanael eine Ausbildung, sodass letzterer sie später von den USA aus unterstützen konnte.

28 «Allgemeine Sport-Zeitung. Wochenschrift für alle Sportzweige» XII 1891 53, 758 vom 19.7.1891: «Zweite grosse internationale Ausstellung von Jagd- und Luxushunden auf dem Territorium des landwirtschaftlichen Vereins zu Frankfurt a. Main am 28. bis 31. Mai 1891, veranstaltet unter dem hohen Protectorate Sr. königl. Hoheit des regierenden Grossherzogs von Luxemburg, Herzogs zu Nassau, vom Verein zur Züchtung reiner Hunderacen in Frankfurt a.M.» Den zweiten Preis erhielt Eduards Hund in der Kategorie «50 a Kleine Jagdhunde bisher nicht erwähnter Racen». Angesichts der Francophilie Eduards könnte es sich z.B. um einen kleineren Vorstehhund, z.B. einen «braque français», gehandelt haben, s. Brockhaus 1894–1896, Bd. 9, 427f. s.v. A. Jagdhund.

29 StABS, Gerichtsarchiv PP 1.362 No. 517 1897: Inventarium.

30 «Der Schweizerische Velosport» VII 1897 37, 291–292 vom 10.9.1897.

31 Schuler 2022, 112–119.

32 Josephine Dopler: Velocipedistin und Mitglied im «Bicycle-Club Basel».

33 StABS, Handel und Gewerbe GGG 1.5: Loseblatt-Beilagen mit Namenslisten der Basler Fahrradvereine von 1894; AB-BS 1893, 70.

34 AB-BS 1889 bis AB-BS 1892, 24: Kurzes Verzeichnis; «Der Schweizerische Velosport» VII 1897 37, 291–292 vom 10.9.1897. Im Nachruf wird Eduard Burckhardts Amtszeit von 1889 bis und mit 1891 angegeben; sein Nachfolger für die nächsten drei Jahre wurde Ernst Stähelin. Das genaue Datum des Stabwechsels konnte nicht ermittelt werden.

35 Zur frühen Vereins- und Verbandsentwicklung, s. Stählin 1943, 5–22; Ingold 1982, 11–27; Schuler 2022, 112–122. Umfassend zur Pionierregion Genf, s. Stahl Gretsch et al. (Hgg.) 2024.

36 Zu dessen Gründungsgeschichte s. «Cycling Tourists' Club» (CTC) 2024.

37 Die Gründung des «Schweizerischen Velozipedisten-Bundes» bzw. der «Union Vélocipédique Suisse» erfolgte 1883 in Brügg bei Biel; 1908: Umbenennung in «Schweizerischer Radfahrer-Bund» (SRB), ab 2000: in «Swiss Cycling», s. Wikipedia: «Swiss Cycling» 2024.

38 Ebert 2004, 350. Zur Geschichte des Fahrrades s. Schuler 2022, 102–105; Gramlich 2016. Zum Begriff «Véloceman» s. Berruyer 1869, 21: «Le Vélocipède, ou Vélo-bicycle, ou simplement Véloce, est une monture de transport, de structure bipède automatique, à stature droite, à pieds rotatifs, mue et dirigée par le Véloceman qui est son cavalier. […] Le Véloceman monté en croupe doit s'identifier, mains pour mains, corps pour corps, pieds pour pieds, avec sa monture,

pour profiter de ses combinaisons de bonne marche, en belles routes, et lui imprimer le mouvement de la direction.» [Das Velociped, oder Zweirad, oder einfach «Véloce», ist ein Transportgestell, eine zweibeinige Maschine, von aufrechter Statur, mit rotierenden Füssen, das vom «Véloceman», seinem Fahrer, angetrieben und gesteuert wird. [...] Der «Véloceman» sitzt auf und muss sich mit Händen, Füssen und dem ganzen Körper mit seinem Gestell vereinigen, um dessen schnelle Fahrt auf schönen Strassen zu geniessen und es den Bewegungen des Lenkers folgen zu lassen.]

39 Carstensen/Ebert 2012, 27.

40 Schuler 2022, 112–115.

41 Zu Regulierung und Einführung der Velokontrolle in Basel ab 1894 s. Vogt 2022, 194–197.

42 Historisch bezeichnete «Vorort» einen Ort mit Vorrangstellung gegenüber anderen Orten, so in der Alten Eidgenossenschaft bis 1798 jener Kanton, der zur eidgenössischen Tagsatzung einlud und bei den Verhandlungen den Vorsitz führte; daran angelehnt wird in verschiedenen Korporationsverbänden das Leitungsgremium als «Vorort» bezeichnet, s. HLS s.v. Vorort (Martin Körner 2013); s.v. Schweizerischer Handels- und Industrieverein (SHIV), Vorort (Daniel Nerlich/Philipp Hofstetter 2020).

43 Der «Bicycle Club Basel» löste Interlaken ab, s. Gubler 1923, 9.

44 Stählin 1943, 13 f.

45 Ingold 1982, 18; Gubler 1923, 9.

46 «Le Vélo» 2 1893 213 vom 1.7.1893.

47 Weber 1982, 91–92. Die Zeitschrift publizierte auf Deutsch und Französisch («Le Vélosport suisse»); sie überlebte mit mehreren Namenswechseln nur wenig mehr als ein Jahrzehnt, als sich spezialisierte Medien für Velo-, Automobil- und Motorradfahrer sowie die Organe des TCS und ACS durchsetzten.

48 HLS s.v. Emil Birkhäuser (Gabrielle Schmidt-Ott 2002).

49 Die Redaktion des ersten Jahrgangs besorgte der Vizepräsidenten des Zentralkomitees, J.J. Meyré, danach gemäss Nachruf Eduard Burckhardt selber für zwei Jahre, s. «Der Schweizerische Velosport» VII 1897 37, 291–292 vom 10.9.1897.

50 Stählin 1943, 15.

51 Édouard Bruel (1852–1924): Zusammen mit seinem Bruder Paul, den «Bruel Frères», Inhaber einer Geschenkboutique, rue des Allemands 10–12 und der Velohandelsfirma «Bruel Frères», Boulevard Plainpalais 10 in Genf; Direktor der Pariser Firma «Premier Cycle Cie»; frühe Förderer der Genfer Velocipedisten-Vereine; Importeure und Lizenznehmer englischer Premium-Marken; Mitbegründer der «Société Genevoise de Photographie»; Testuz 2020, 101; Zaugg 2020, 40–80, 108–111, 116–117; «Journal de Genève» 58 1887 303 2e éd. vom 23.12.1887; «L'Industrie vélocipédique» 14 1895 1, 109, 341, 371; «La Tribune de Genève» 16 1894 255 vom 31.10.1894.

52 Paul Bruel (1859–1904) aus Genf, Bruder des Édouard Bruel, zusammen die «Bruel Frères». Velociped-Rekordfahrer (Fernfahrt Genf–Paris in fünf Tagen 1878); Vorsteher des «Vélo-Club»; organisierte als Mitglied des Fachkomitees für Maschinen und Transporte der «Exposition Nationale Suisse 1896» in Genf einen Stand der «Société Suisse de Véhicules à Moteur» für zwei Bicyclettes à moteur «Hildebrand & Wolfmüller»; s. «Geschäftsblatt für den obern Teil des Kantons Bern» 31 1884 77 vom 24.9.1884; «Le Journal (Paris)» 4 1895 980 vom 4.6.1895; «Tribune de Genéve» 17 1895 128, 4ème éd. vom 2.6.1895; Gavard 1896, 384–391.

53 Infolge neuer Streitigkeiten entlang der Sprachgrenze überlebte dieses Konstrukt jedoch das Jahr 1896 nicht, zumal mit dem «Touring Club Suisse» (TCS) ein erfolgreicher Konkurrent im Publikumsbereich auftauchte. Auch in Basel bildete sich 1893 auf Initiative von Dr. Eduard Hagenbach (1864–1930), Präsident des «Cyclists' Club», ein «Radfahrer-Verband Basel» mit dannzumal 6 Mitgliedervereinen, s. Stählin 1943, 16, 18 f.; Swiss Cycling beider Basel.

54 «La Bicyclette» 1 1892 6, 85 vom 19.6.1892. [Herr Eduard Burckhardt aus Basel, Präsident des Schweizerischen Velocipedisten-Bundes, ist bereits seit einigen Tagen in Paris. Er hat uns mit seinem Besuch beehrt und uns grosszügigerweise versprochen, als Korrespondent für die Schweiz zu dienen und uns alle interessanten Neuigkeiten aus diesem Land zu berichten.]

55 Er präsidierte gerne insbesondere in der Westschweiz und im Elsass die Organisation von Wettrennen und wurde auch später als Ehrengast eingeladen; s. z.B. «La Tribune de Genève» 14 1892 176 4ème éd. vom 24.7.1892; 17 1895 12 4ème éd. vom 15.1.1895.

56 «Der Schweizerische Velosport» II 1892 25, 1 vom 17.6.1892; 27, 1 vom 1.7.1892.

57 Eine praktikable Regelung der Verzollungproblematik an der Grenze sollte jedoch erst später auf Druck der Tourismuswirtschaft zusammen mit den Verbänden TCS und ACS gelingen. Für Velo- und Motorradfahrer genügte die Präsentation des TCS-Mitgliederausweises, die Automobilisten mussten sich ein «Triptyque» oder «Carnet de passage» beschaffen, s. Bericht im «Journal du Jura» 58 1921 61 vom 15.3.1921.

58 «Le Vélosport Suisse» II 1892 26, 205–206 vom 25.6.1892; dieser Artikel ist mit B. signiert, stammt daher mit Sicherheit vom «Redaktor» Eduard Burckhardt persönlich. Das Thema wird er in seiner letzten Rede als Zentralpräsident wieder aufnehmen, und die Art der Ironie findet sich auch in erhaltenen Privatbriefen. [Ist es denn unmöglich, ein schickes Kostüm zu erfinden, keineswegs schockierend, geeignet zum Treten der Pedale [...] eine griechische oder montenegrinische Tracht in modisch-urbanen Farben, ein Bergler-Kostüm mit Pariser Eleganz – irgendetwas, alles was Sie wollen, bloss keine langen Röcke – und keine Hüte mit flatternden Bändern!]

59 «Der Schweizerische Velosport» VII 1897 37, 291–292 vom 10.9.1897.

60 «Der Schweizerische Velosport» I 1891 23, 97–98 vom 5.6. 1891; 24, 102–103 vom 12.6.1891.

61 «Der Schweizerische Velosport» III 1893 19, 46 vom 12.5.1893.

62 NZZ 115 1894 105 Erstes Blatt vom 16.4.1894. «Die Basler Velovereine unter ihrem Präsidenten Eduard Burckhardt gaben ihr Mandat an der 15. Delegiertenversammlung des S.V.B. am 3. Dezember 1893 in Aarau zurück. Als neuer Vorort wurde Zürich gewählt.», s. Gubler 1923, 13.

63 KB-BS 1894/30, 612–617: § 5 Absatz 2.

64 Zur Burkhard'schen Stadtmauer s. Matt/Rentzel 2002, 220 Abb. 85.

65 Zum Beispiel «La Tribune de Genève» 17 1895 12 vom 15.1. 1895; 17 1895 48 4ème éd. vom 26.2.1895.

66 HLS s.v. Fahrrad, Velo (Christoph Maria Merki 2021).

67 «Journal de Genève» 58 1887 303 2ème éd. vom 23.12.1887. [Was die Zukunft des Zweirades angeht, glaubt Herr Bruel nicht an den baldigen Siegeszug des Dampf- oder des Elektroantriebs; es wurden zwar Versuche unternommen, aber ohne ernstzunehmenden Erfolg, und auf jeden Fall wird es sehr

schwer sein, Fahrzeuge zu bauen, die durch ihre Einfachheit, ihre Steifigkeit und ihren Preis die Hoch- und Niederräder, wie sie heute gebaut werden, verdrängen könnten.]

68 «Der Schweizerische Velosport» IV 1894 16, XXVI vom 20.4.1894.

69 Nach dem Tod von Samuel Stähelin 1892 übernahm Ernsts Bruder (Johann) Friedrich Stähelin-Bernoulli (Abb. 2) diese Rolle, s. SHAB X 1892 58, 230 vom 10.3.1892; 266, 1080 vom 20.12.1892.

70 SHAB XI 1893 265, 1077 vom 21.12.1893.

71 AB-BS 1887, 44: Kaufmann an der Missionsstrasse 23; AB-BS 1888, 44: Agentur «Ed. Burckhardt» an der gleichen Adresse.

72 Explizit formuliert beim Einstieg in das Motoren-Geschäft (Abb. 67).

73 Erstmals in BN 49 1893 263 Beilage vom 28.9.1893; Ditzler/Rollé Ditzler 2025; sowie 17-Mal in SHAB XI 1893 175 vom 1.8.1893 bis XI 1893 247 vom 25.11.1893. Ferner wiederholt in der NZZ, in «Der Bund», in «Der Schweizerische Velosport» und in der «Tribune de Genève».

74 SWA, Versicherungen A 1058; SHAB XI 1893 219, 894 vom 14.10.1893; 230, 935 vom 31.10.1893.

75 BN 59 1894 29 vom 31.1.1894.

76 SHAB XII 1894 110, 449 vom 2.5.1894; Verlängerung bis 1898, s. SHAB XIV 1896 107, 441 vom 15.4.1896.

77 SHAB XII 1894 110, 448 vom 2.5.1894; Inserat in SHAB XII 1894 120, 490 vom 17.5.1894. S.a. SHAB XIII 1895 244, 1018 vom 2.10.1895; XIV 1896 107, 441 vom 15.4.1896.

78 Alborn 2009, 37. Eigene, religiös verankerte Lebensversicherungen betrieben in England die Quäker («Religious Society of Friends»), die protestantisch-anglikanische Kirche sowie die Katholiken; diese Bindungen lösten sich gegen Ende des Jahrhunderts unter dem Marktdruck auch für «Star»: «[...] the Star insisted in 1900 that it had ‹long since ceased to appeal exclusively to the Wesleyan body› [...]» [[...] die Star Lebensversicherungen bekräftigten 1900, dass sie schon lange aufgehört hatten, sich exklusiv an die Wesleyanischen Gemeinschaften zu richten [...]]. In Basel gab es seit 1860 eine Methodisten-Gemeinde, s. Inforel: «Religionsgemeinschaften und Institutionen» 2024. Eine direkte Beziehung von Eduard Burckhardt zu dieser ist nicht belegt, aber eine Buchbestellung im Nachlass könnte auf entsprechende Sympathien hindeuten.

79 SHAB XII 1894 23, 91 vom 1.2.1894; XIII 1895 107, 453 vom 28.4.1895.

80 «Der Schweizerische Velosport» IV 1894 16, XXVI vom 20.4.1894; 18, XXVI vom 4.5.1894.

81 Zum Beispiel «Le Vélosport Suisse» 5 1895 16 vom 19.4.1895.

82 SHAB XIII 1895 49, 200 vom 26.2.1895. Die Lebensversicherungs-Gesellschaft «L'Urbaine» hatte ihrerseits schon per 14.2.1894 den Wechsel zur Basler Firma «C. Im Obersteg» von Carl Johann Im Obersteg als Generalbevollmächtigtem bekanntgegeben, s. SHAB XII 1894 41, 163 vom 22.2.1894.

83 Illustration am Beispiel der «Basler Leben und Volksversicherung» in Escher/Lüond 2013, 40 f.; Prospekte der beiden Haupt-Versicherungen der «Ed. Burckhardt», s. SWA, Zirkular-Sammlung HS 255 A 12–75: Burckhardt Ed.

84 Ditzler/Rollé Ditzler 2025.

Kapitel 5

1 «Radfahr-Chronik» 7 1894 57, 1167, 1169 vom 18.4.1894.

2 Die erste derartige Konstruktion wurde von Louis-Guillaume Perreaux 1868 in Paris patentiert und 1874 erstmals gefahren, s. Kohler 2022, 134–135.

3 S.a. «Leipziger Tageblatt und Anzeiger» 88 1894 204 Morgen-Ausgabe vom 23.4.1894.

4 Rauck 1986, 86. Kohler 2022, 134–135: «Eine lückenlose Ahnengalerie [des Motorrads] lässt sich vom Fahrrad herleiten.» Das war den damaligen Protagonisten bewusst, denn sie sprachen nicht von Motorrad, sondern nutzten Begriffe wie «Motor-Zweirad», «Motor-Bicyclette», «Motor-Fahrrad» oder «Motor-Velo». Diese Formulierungen werden nachstehend verwendet, um die ursprünglich enge Verbundenheit zwischen den beiden heute verschiedenen Fahrzeugtypen herauszustreichen.

5 Heinrich Hildebrand (1855–1928): Münchner Ingenieur, Zeitungsverleger, Unternehmer, Erfinder; Maschinenbau-Studium in München. Mitte 1880er-Jahre Mitbegründer erster deutscher Fahrrad-Verbände, s. (Rauck 1986, 86): «[Er] war ein Fahrrad-Sportler und in der Zweirad-Branche tätig. Mit der Fahrrad-Firma Ch. N. Schad, München, Kaulbachstraße 9, stand er in enger geschäftlicher Verbindung. Für dieses Unternehmen machte er viele Auslandsreisen, vor allem nach England, um Geschäftskontakte zu knüpfen und auch, um englische Maschinen einzukaufen. Außerdem gründete er 1887 die erfolgreiche Zeitschrift ‹Radfahr-Humor und Radfahr-Chronik›. Mit diesem Blatt, vor allem durch die vielen Annoncen des In- und Auslandes, verdiente er ein beträchtliches Vermögen, mit dem er den Bau eines Motor-Zweirades finanzieren konnte.» Baute mit Bruder Wilhelm 1889–1893 ein Dampf-Zweirad; liess 1893 eine «Befestigungsvorrichtung für Gegenstände verschiedener Art an Fahrrädern» von Amand Ritter in der Schweiz unter der Nr. 7270, Klasse 112, patentieren; Auftrag an Alois Wolfmüller (und Hans Geisenhof) zur Entwicklung einer ersten, benzinbetriebenen Motor-Bicyclette und Aufbau der Serienproduktion von «Hildebrand & Wolfmüller» an diversen Standorten in München; 1894–1895: Treiber der Lancierung mit weltweiten Patentierungen und Werbekampagnen; nach dem Zusammenbruch des Projekts Umzug nach Berlin; Versuche mit Kohlensäure-Motoren für Flugzeuge und Luftschiffe mit seinen Söhnen; weitere 11 Patente 1899–1901; 1921–1925: «Auto-Motoren-Industrie GmbH» zum Bau von Fahrrad-Hilfsmotoren und eines Motorrads mit Tretkurbel. Patent Nr. 7270: SHAB XII 1894 5, 20 vom 15.2.1894. Nachruf: «Münchner Neueste Nachrichten» 81 1928 241: Sport-Zeitung vom 4.9.1928; DMA NL 006; Espacenet s.v. Heinrich Hildebrand; NDB 9 (1972) s.v. Hildebrand, Heinrich (Hans Christoph Graf von Seherr-Thoß); Rauck 1986; Spies 1988.

6 Alois Wolfmüller (1864–1948): Ingenieur und Erfinder aus Landsberg a. L.; Maschinenbauschule Hildburghausen/Thüringen. 1891: Anstellungen bei der «Bielefelder Maschinenfabrik (vorm. Dürrkopp & C°)» und der «Benz & C°, Rheinischen Gasmotoren-Fabrik Mannheim»; 1893: in Landsberg Versuche mit Verbrennungsmotoren und Flugtechnik, u.a. Korrespondenz mit Flugpionier Otto Lilienthal; nach Auflösung der «Hildebrand & Wolfmüller» 1899–1901: Betrieb einer Flugmaschinenfabrik in Unterföhring (Konkurs); ab 1901: in Landsberg bis ans Lebensende Tüfteleien um Flugapparate, Suche nach Finanzmitteln, Patenstreitigkeiten; Mitglied mehrerer flugtechnischer Vereinigungen. S. DMA NL 058; Rauck 1986; Spies 1988; Schwipps 2005; NDB 28 (2024) s.v. Wolfmüller, Alois (Georg Seiler).

7 «Münchner Neueste Nachrichten» 47 1894 267 vom 12.6. 1894. Es handelte sich um die früheste, offizielle Darstellung des Gründungszusammenhangs der Firma «Hildebrand & Wolfmüller». Heinrich Hildebrand verteidigte in seiner Zuschrift die Ansprüche von Alois Wolfmüller als dem Erfinder des Motor-Zweirads, gerichtet gegen dessen Miterfinder Hans Geisenhof, der am Tag zuvor in einem Leserbrief in den «Münchner neuesten Nachrichten» 47 1894 265 vom 11.6.1894 in Erinnerung rief, dass nicht Heinrich Hildebrand, sondern Alois Wolfmüller und er die Erfinder der Motor-Bicyclette seien. Dies wurde in den «Münchner Neueste Nachrichten» 47 1894 255 Morgen-Blatt vom 5.6.1894 so berichtet. Heinrich Hildebrand definierte in seinem Schreiben auch die Rollen, die die Beteiligten eingenommen haben: «Erst im letzten Jahre wurde der Techniker Geisenhof aus purer Freundschaft durch den Ingenieur Wolfmüller zur Ausführung hinzugezogen. Anreger und eiserner Verfechter der Idee ist Herr Heinrich Hildebrand. Die Bezeichnung ‹Erfinder› kann einzig und allein nur Herr Alois Wolfmüller für sich in Anspruch nehmen.» Wichtig in diesem Zusammenhang sind auch der Artikel «Das Motor-Zweirad, das neueste Verkehrsmittel», s. «Radfahr-Chronik» 7 1894 57, 1167, 1169 vom 18.4.1894; sowie der Nachruf auf Heinrich Hildebrand, s. «Münchner Neueste Nachrichten» 81 1928 241: Sport-Zeitung vom 4.9.1928.

8 Pierre Giffard (1853–1922): Französischer Literat und einflussreicher Journalist; schrieb ab 1871 für diverse Pariser Zeitungen, oft unter dem Pseudonym «Jean sans terre» (Johann Ohneland) und «Arator» (ein spätantiker Dichter). 1880: Redaktor des «Figaro»; 1888: des «Le Petit Journal»; 1896: des «Le Vélo». Sah seine Mission in der Popularisierung moderner Techniken vom Velociped bis zum Automobil und vom Telefon bis zum Phonographen; organisierte Sportveranstaltungen als mediale Spektakel für Reportagen, u.a. 1891: Radrennen Paris–Brest–Paris, 1892: Langlaufrennen Paris–Belfort; 1894: erstes Automobilrennen (pferdelose Fahrzeuge) Paris–Rouen; schrieb modernistische Bestseller wie 1891 «La Reine Bicyclette» [Königin Fahrrad], 1899 «La fin du cheval» [Das Ende des Pferdezeitalters]; um 1900 radikale Parteinahme für Dreyfus im Gegensatz zu Autoritäten wie Albert de Dion oder die Gebrüder Michelin. S. Giffard 1891; Giffard/Robida 1899/2015; Seray 2008; Wikipedia: «Pierre Giffard» 2024.

9 «Le Petit Journal» 32 1894 11650 vom 18.11.1894, geschrieben von Pierre Giffard unter dem Pseudonym «Jean sans Terre». [Wann wird der Mensch erscheinen, der dieses Pferd eines zu Ende gehenden Jahrhunderts, auf dem wir heute dahinrollen, mit einer anderen Kraft als derjenigen unserer Waden bewegen wird? Ist derjenige überhaupt schon geboren, welcher die praktische und individuelle Fortbewegung über lange Distanzen revolutionieren wird, der – ausgehend von der zierlichen Tret-Bicyclette – plötzlich mit einem Motor-Velo daherkommt? […] Seit fünf Jahren, das heisst seitdem auf unsere Initiative hin diese Frage die Welt des Velocipeds bewegte, suchte ein Münchner Ingenieur namens Wolfmüller nach der Lösung des Problems.]

10 «Münchner Neueste Nachrichten» 81 1928 241: Sport-Zeitung vom 4.9.1928.

11 Johann (Hans) Geisenhof (1873–1943): Ingenieur und Erfinder aus Landsberg am Lech. Entwickelte mit Alois Wolfmüller und Finanzierung durch Heinrich Hildebrand 1893–1894 in Bamberg, Landsberg und München ein funktionsfähiges «Zweirad mit Petroleum- oder Benzinmotor» (DRP 78553). Rauck 1986, 86: «Für seine Arbeit am Motorrad engagierte Wolfmüller seinen Schulkameraden Hans Geisenhof, der in Landsberg am Lech in der Werkstatt seines Vaters arbeitete. Da er auch bei Carl Benz in Mannheim war, hieß es, daß ‹er viel von Motoren verstehe›»; Geisenhof war nicht beteiligt an der Gründung der Firma «Hildebrand & Wolfmüller» in München; 1903: Gründung der «Münchner Industriegesellschaft m.b.H.» zur Produktion von Motoren (Partner Ingenieur Ernst Libotte); 1908: Motorenfabrik «Hans Geisenhof» in Landsberg am Lech; 1910: Patente für «Ölpumpe mit Rundschiebersteuerung», 1917: für «Werkzeughalter für Werkzeugmaschinen» und Verkauf von «Gleichstrommotoren» in München. S. «Münchner Neueste Nachrichten» 47 1894 267 vom 12.6.1894; «Deutscher Reichs-Anzeiger und Königlich Preussischer Staats-Anzeiger» 1903 104, 19 vom 4.3.1903; 1908 186, 7 vom 8.8.1908; 1910 130, 15 vom 6.6.1910; «Münchner Neueste Nachrichten» 70 1917 105 vom 28.2.1917; Spies 1988; Schwipps 2005, 34; Kehl 2024.

12 Anmeldung am 19. Januar 1894, s. «Deutscher Reichs-Anzeiger und Königlich Preussischer Staats-Anzeiger» 1895 165, 6 vom 16.7.1894; Klasse 63. W. 9723: Zweirad mit Petroleum- oder Benzinmotorenbetrieb. Erteilung am 20. Januar 1894, s. «Deutscher Reichs-Anzeiger und Königlich Preussischer Staats-Anzeiger» 1895 255, 8 vom 29.10.1894; Klasse 63. Nr. 78553; s.a. «Radfahr-Chronik» 8 1894 2, 39 vom 6.10.1894; «Münchner Neueste Nachrichten» 47 1894 517 Morgen-Blatt vom 8.11.1894. Ausgegeben am 17. Dezember 1894, s. Spies 1988, 42–49.

13 Britisches Patent Nr. 7542 vom 16.4.1894, Französisches Patent Nr. 237843 vom 17.4.1894 und US-Patent 547511 vom 8.4.1895 (nur auf Alois Wolfmüller lautend), s. Rauck 1986, 90. Wichtig im vorliegenden Zusammenhang ist auch das italienische Patent «Biciclo a motore», registro generale Vol. XXIX No. 36959, registro attestati Vol. LXXII No. 344 vom 2.8.1894, ausgestellt vom Regno d'Italia, Ministero di agricoltura industriale e commercio; erstellt haben es «Guzzi, Ravizza & C.», Mailand; eingereicht wurde es bei der Prefettura di Milano, s. DMA NL 6/13. Im Findbuch des Archivs des Deutschen Museums finden sich weitere Dossiers zu Patenten für Spanien, Portugal, Schweden, Norwegen, Ungarn und Russland, die mit dem Motor-Zweirad in Verbindung stehen, s. DMA NL 058 Findbuch.

14 Die Zeitschrift «Radfahr-Humor» erschien erstmals am 1. Oktober 1887 in München anfänglich alle zwei Wochen jeweils am 1. und am 15. des Monats. Ab dem 15. Juni 1888 wurde sie ergänzt um die Beilage «Rundschau für die Fabrikation und Handel», die hauptsächlich aus Inseraten und einigen Meldungen aus der Veloindustrie bestand. Ab dem 1. Oktober 1889 resp. dem 3. Jahrgang, hiess diese Beilage «Radfahr-Chronik» und war als ein vollständiges «Radfahr-Sport- und Fachblatt» konzipiert, das im Umfang den «Radfahr-Humor» deutlich übertraf, aber weiterhin nicht separat abonniert werden konnte. Im für diese Untersuchung relevanten Zeitraum 1893 bis 1896, d.h. vom siebten bis neunten Jahrgang, erschien die «Radfahr-Chronik» jeweils am Mittwoch und am Samstag sowie der «Radfahr-Humor» jeden Mittwoch. Alle hier relevanten Beiträge erschienen im Teil «Radfahr-Chronik» und werden deshalb so zitiert.

15 «Radfahr-Chronik» 7 1894 57, 1167, 1169 vom 18.4.1894; s.a. Spies 1988, 18.

16 «Radfahr-Chronik» 7 1894 61, 1263, 1265 vom 2.5.1894.

17 Mike Kron bezeichnete das Versuchs-Modell als Prototyp, s. Kron 2008, 52. Dieser Nomenklatur wird hier gefolgt.

18 Spies 1988, 37, 56; als Quelle fungierte Scholz 1926, 42.

19 «Radfahr-Chronik» 7 1894 93, 2057 vom 22. August 1894. Es erschien erstmals in einem Inserat in «Radfahr-Chronik» 7 1894 94, 2100 vom 25.8.1894.

20 Eine längere Darstellung findet sich in «Radfahr-Chronik» 7 1894 93, 2055, 2057 vom 22.8.1894. Dort wird kein Bezug auf die patentierte Ausführung genommen, obwohl (oder vielleicht gerade weil) offensichtliche Differenzen bestehen: Vorder- und Hinterrad sind gleich gross, Abdeckung über die obere Hälfte des Hinterrades. Auch die Tatsache, dass die Vorgängerin des Prototyps noch über liegende Auslassventile verfügte, blieb unerwähnt. Dafür führte der Bericht ein frühes Modell an, das noch Pedale besass, aber aus Sicherheitsgründen verworfen wurde. Im gleichen Text stellten «Hildebrand & Wolfmüller» zudem eine Weiterentwicklung, das sogenannte «neue Modell» mit verbesserten Bremseinrichtungen vor: «Die am Motor-Zweirad angeordneten Bremsvorrichtungen sind folgende: Am Vorderrad wirkt die gewöhnliche Druckbremse. Unter dem Zwillings-Cylinder ist eine neuartige Bodenbremse angebracht, welche mittelst der Füsse nach Verlassen der Fussraste in Wirkung gesetzt wird. Diese Bremse greift direkt am Boden in der Spur der beiden Räder an. Selbstredend wird bei Bethätigung der Bremse auch die Funktion des Motors eingestellt, sodass ausserdem die Kolben in den Cylindern (infolge Luftkompression) als pneumatische Bremse auf das Triebrad wirken.» S. a. «Radfahr-Chronik» 7 1894 73, 1567 vom 13.6.1894, wo von «Mustermaschinen» die Rede war. Diese Konstruktion wurde wahrscheinlich nie einem Publikum vorgestellt, da kein Foto davon existiert. Das Cliché fand allerdings Verwendung in den Inseraten, erstmals in «Radfahr-Chronik» 7 1894 94, 2100 vom 25.8.1894. Die Autoren danken Mike Kron für die hilfreichen Hinweise in dieser Sache.

21 Unter dem Begriff «Prototyp» werden somit das «Versuchs-Modell» und das «neue Modell» gemäss der Terminologie von «Hildebrand & Wolfmüller» subsumiert, s. «Radfahr-Chronik» 7 1894 93, 2055 vom 22.8.1894.

22 Erstmals abgebildet in «Radfahr-Chronik» 8 1895 27, 480 vom 2.1.1895.

23 Wie das automatische Abschalten des Motors «nach Verlassen der Fussraste» beim Prototyp hätte funktionieren sollen, blieb unerklärt; beim Serien-Modell musste die Dekompression von Hand betätigt werden.

24 «Radfahr-Chronik» 8 1895 44, 817 vom 2.3.1895. Bei dieser Formulierung handelte es sich um eine verkürzte Version der Beschreibung in DRP 78553 «Zweirad mit Petroleum- oder Benzinmotorenantrieb», s. Spies 1988, 43. Für die Bezeichnung der Teile wurden die Begriffe von Mike Kron verwendet, s. Kron 2008 und Abb. 57.

25 «Radfahr-Chronik» 7 1894 63, 1515 vom 9.5.1894. Sie referierten dabei auf einen Beitrag in der Zeitschrift «Der Radmarkt» Nr. 134 unter dem Titel «Die Motorfrage». Dessen Verfasser plädierte darin für die Verwendung eines elektrischen Antriebs. Der Text stand den Autoren nicht zur Verfügung. Was genau unter dem Begriff Torpedo verstanden wurde, konnte nicht geklärt werden.

26 «Bayerische Handelszeitung» 24 1894 25, 194 vom 23.6.1894. Schwipps bemerkte dazu, dass Heinrich Hildebrand und Alois Wolfmüller zuerst erfolglos versucht hätten, ihre Patente zu verkaufen, und schliesslich selbst die Produktion aufnahmen. Zudem vermutete er, dass Hans Geisenhof zu diesem Zeitpunkt finanziell abgefunden worden war und die Patentrechte somit bei den beiden Gesellschaftern oder der Firma lagen, s. Schwipps 2005, 34. Zur Adresse Kaulbachstrasse s. Abb. 46. Die Ergebnisse der vorliegenden Studie lassen vermuten, dass Heinrich Hildebrand und Alois Wolfmüller 1894 den Aufbau einer Produktion in Deutschland von allem Anfang an anvisiert haben, der Verkauf der Patente für die Schweiz, Italien und Frankreich dagegen aktiv betrieben wurde. Hans Geisenhof war tatsächlich nie erkennbar in den Geschäften der «Hildebrand & Wolfmüller» involviert.

27 «Allgemeine Zeitung (München)» 96 1894 196 Abendblatt vom 18.7.1894; s. a. «Radfahr-Chronik» 7 1894 89, 1950 vom 8.8.1894.

28 «Radfahr-Chronik» 7 1894 78, 1687 vom 30.6.1894.

29 Die anvisierte Produktionsmenge nannte Alois Wolfmüller in seinen Erinnerungen, s. Schwipps 2005, 34.

30 «Münchner Neueste Nachrichten» 47 1894 255 Morgen-Blatt vom 5.6.1894. Die dort erwähnte «nähere Beschreibung» in der Sportzeitung der «Münchner Neuesten Nachrichten» konnte nicht gefunden werden. S. a. «Rosenheimer Anzeiger» 40 1894 127 vom 7.6.1894. Bei der «Rennbahn am Schyrenplatze» handelte es sich um die «Wettfahrbahn mit erhöhten Kurven, amtlich gemessen 500 m» des «Münchner Velociped-Clubs» mit dem Clubhaus an der Schyrenstrasse 4, s. z. B. in der samstäglich erscheinenden «Radfahr-Club-Chronik» in der «Radfahr-Chronik» 7 1894 80, 1800 vom 7.7.1894.

31 «Radfahr-Chronik» 7 1894 80, 1737, 1739 vom 7.7.1894. Diese Meldung erschien in der Samstagsausgabe am Tag der Veranstaltung. Sie musste schon vor dem Anlass aufgesetzt worden sein, zumal der Redaktionsschluss für die Samstagsausgabe am Mittwochabend um 6 Uhr festgesetzt war. Ein Geheimnis bleibt, wie es möglich war, schon vorab die sekundengenauen Fahrzeiten über verschiedene Strecken wie 3000 Meter, 4000 Meter, 15 Kilometer, etc. zu kennen.

32 S. a. «Illustrierte schweizerische Handwerker-Zeitung» 10 1894 28, 393 vom 6.10.1894.

33 «Allgemeine Zeitung (München)» 96 1896 196 Zweites Morgenblatt vom 18.7.1894; «Radfahr-Chronik» 7 1894 85, 1865 vom 25. Juli 1894. Der Besteller des 200. Motor-Velos wurde sogar genannt: Fried. Straetling, Fahrradhändler in Bochum.

34 «Radfahr-Chronik» 7 1894 84, 1840 vom 21.7.1894. Dass es sich bei besagtem «L. Burckhardt» tatsächlich um Eduard Burckhardt handelte, ergibt sich aus dem Fortgang der Geschichte. Wiederum wurde die Liste vor den tatsächlichen Ereignissen erstellt, denn der Redaktionsschluss war am Mittwoch, den 18. Juli 1894, um 6 Uhr am Abend. Ab «Radfahr-Chronik» 7 1894 86, 1886 vom 28.7.1894 wird die «Ed. Burckhardt» als Hauptvertretung für die Kantone gemäss Abb. 48 genannt.

35 Das Datum ergibt sich aus der Übertragung des Alleinverkaufs für einige Kantone der Schweiz an die «Ed. Burckhardt» am 20. Juli 1894 in Abb. 48.

36 Zitiert in der NZ 34 1894 176 Zweites Blatt vom 31.7.1894; das Original erschien in: «Der Schweizerische Velosport» 4 1894 30(?); leider fehlen im einzigen, verfügbaren Bestand in der «Schweizerischen Nationalbibliothek» die für diese Arbeit so wichtigen Ausgaben von Juli bis Dezember 1894. Wesentliche Textpassagen finden sich auch in der Beschreibung der Motor-Bicyclette in «Allgemeine Zeitung (München)» 96 1894 131 vom 13.5.1894, wohl aus der Feder von Heinrich Hildebrand. Im Rückblick kommentierte Bourdache 1989, 31: «À vrai dire, ce papier était une annonce publicitaire déguisée.» [Eigentlich war das Dokument eine verkappte Werbeanzeige.]

37 «Radfahr-Chronik» 7 1894 84, 1840 vom 21.7.1894.

38 SHAB XIII 1895 32, 129 vom 8.2.1895; zwischen dem deutschen und dem schweizerischen Patent bestehen redaktionelle Differenzen, doch sind die Ansprüche identisch.

39 Amand Jean Baptiste Ritter-Roesch (1858–1931): Bauernsohn aus Village-Neuf/Huningue. 1878–1881: Ingenieur-Studium an der «École Centrale des Arts et manufactures» in Paris; ab 1888: Führung des «Patentbureau A. Ritter» an der Heumattstrasse 3 in Basel; ab 1894: Birsigstrasse 2; ab 1898: zusammen mit seinem Neffen Jean Lucien Amand Braun-Schoepfer. Prominentes Mitglied des exklusiven, kartellistischen «Schweizerischen Patentanwalts-Syndikats». Alle rund um die Aktivitäten von Eduard Burckhardt und Lorenz Popp relevanten Patentschriften stammten aus A. Ritters Bureau, das bis in die 1920er-Jahre über 5000 Patente bearbeitete. Nach der Abtretung des Elsass an das Deutsche Reich 1871 aktiver Vertreter französischer Interessen in Basel, u. a. im «Comité central de la Colonie française de Bâle», durch Gründung der «École française» u. a. Unterstützungsvereine sowie durch militärische Agentendienste für Frankreich. Aussenhandelsberater und Handelskammervertreter für schweizerisch-französische Wirtschaftsbeziehungen; erhielt 1921 dafür mehrere Orden Frankreichs. S. SHAB VI 1888 121, 907 vom 13. 11. 1888; XIII 1895 248, 1037 vom 7. 10. 1895; XVII 1899 84, 335 vom 26. 10. 1899; Munch 2019; Chachereau 2022, 246–254, 436; Espacenet s. v. A. Ritter. Zum «Schweizerischen Patentanwalts-Syndikat» s. Chachereau 2022, 247–254. Er analysierte diese «petit groupe dominant d'agents de brevets» [kleine Gruppe von dominanten Patentanwälten], die das Geschäft beherrschten, indem sie in den zwei Jahrzehnten nach der Neuschaffung des Schweizer Patentrechts 1888 Verhandlungspartner des Amtes für Geistiges Eigentum waren und 60–80 % aller Patenteinträge (davon A. Ritter jeweils ein Fünftel) einreichten; erstmals genannt in SHAB XIII 1895 286, 1190 vom 22. 11. 1895. Neben Amand Ritter gehörten dazu: Edmond Imer-Schneider, Genf; E. [Emil] Blum & C°, Zürich; [Julius Alfred] Bourry-Séquin & C°, Zürich; Eduard von Waldkirch, Bern; Alfred Mathey-Doret, La Chaux-de-Fonds.

40 «Radfahr-Chronik» 7 1894 96, 2121 vom 1. 9. 1894.

41 «Radfahr-Chronik» 7 1894 98, 2167 vom 8. 9. 1894. Die 500. Bestellung wurde von H. Egli-Diethelm, Fahrradhändler in Winterthur aufgegeben.

42 Wie streng die Regelung mit den Anzahlungen gehandhabt wurde, ist nicht dokumentiert. Bekannt ist allerdings, dass Max Türkheimer aus Mailand für seine Bestellung über 77 Maschinen im Herbst 1894 «nur» eine Anzahlung von 3000 Mark leistete, s. ASMi, C. A. sent. civ. 497/1896, 15. S. «Radfahr-Chronik» 7 1894 96, 2122 vom 1. 9. 1894 mit der ersten Erwähnung von Max Türkheimer als Vertreter für den nördlichen Teil Italiens.

43 «La Tribune de Genève» 16 1894 193 4ème éd. vom 18. 8. 1894; «La Gruyère» 13 1894 67 vom 22. 8. 1894, jeweils ohne Angabe des Verfassers.

44 «L'Industrie Vélocipédique» 13 1894 10 vom 25. 8. 1894, wohl «Le Vélo-Sport Suisse» 4 1894 30(?) zitierend.

45 Das geht aus einem Schreiben der Firma «Hildebrand & Wolfmüller» an die Firma «August Knopf, Fahrradhandlung» in Halberstadt, vom 26. Juli 1895 hervor, s. DMA NL 058/269; eine gleichlautende Auskunft dürfte auch Eduard Burckhardt erhalten haben.

46 «Deutscher Reichs-Anzeiger und Königlich Preussischer Staats-Anzeiger» 1894 187, 3 vom 10. 8. 1894. Der dort als Quelle zitierte Münchner (?) «Vorwärts» konnte nicht ausfindig gemacht werden.

47 «Radfahr-Chronik» 7 1894 86, 1910 vom 28. 7. 1894.

48 «Radfahr-Chronik» 7 1894 93, 2055 vom 22. 8. 1894.

49 Erstmals in «Radfahr-Chronik» 7 1894 95, 2100 vom 28. 8. 1894.

50 «Radfahr-Chronik» 7 1894 100, 2201 vom 15. 9. 1894; s. a. «Münchner Neueste Nachrichten» 47 1894 428 vom 17. 9. 1894.

51 «Generalanzeiger für die Stadt und Kreis Düren. Dürener Zeitung» 4 1894 74 vom 15. 9. 1894.

52 «Generalanzeiger für die Stadt und Kreis Düren. Dürener Zeitung» 5 1895 24 vom 23. 3. 1895.

53 Franz Haselberger jun. schilderte in der «St. Pöltner Zeitung» 35 1895 13/14 vom 28. 3./4. 4. 1895 rückblickend in blumig-ironischem Ton das Erlebnis seines Besuchs in München im September 1894.

54 «St. Pöltner Zeitung» 35 1895 13/14 vom 28. 3./4. 4. 1895.

55 «Le Petit Journal» 32 1894 11650 vom 18. 11. 1894. [Und siehe da, heute steht die Motor-Bicyclette, vollständig ausgerüstet aus dem Hirn ihres Erfinders, und besser noch, aus seiner Werkstatt entsprungen [wie in der Mythologie die bewaffnete Göttin Athena aus dem Hirn des Zeus]! Sie fährt mit 35 Stundenkilometern, wenn man sie nicht auf 40 treibt. Und sie befindet sich in Paris, oder zumindest in der Umgebung. Und ich habe gestern, wie in einem süssen Traum, fantastische zehn Kilometer auf ihrem Sattel zurückgelegt, der ganz den Sätteln der Velos entspricht. Fünf Jahre lang hat ein Ingenieur aus München, Wolfmüller, nach der Lösung des Problems gesucht. Vor vier Monaten hat er sie gefunden. Erst vor einem Monat ist seine erste Bicyclette auf die Strasse gekommen, und die vierte, die Nummer 4 ihrer Bauart, durfte ich gestern testen.]

56 Brief von «Hildebrand & Wolfmüller» an «August Knopf, Fahrradhandlung» in Halberstadt am 17. 10. 1895, s. DMA NL 058/269.

57 «Radfahr-Chronik» 8 1894 15, 264 vom 21. 11. 1894; 16, 272 vom 24. 11. 1894.

58 NZZ 115 1894 307 Zweites Abendblatt vom 5. 11. 1894.

59 Das ergibt sich daraus, dass diese Maschine im Dezember 1894 in Paris gegen ein Serien-Modell ausgetauscht wurde, s. «Le Vélo» 3 1894 740 vom 10. 12. 1894.

60 «Le Vélo» 3 1894 692 vom 23. 10. 1894: «Monsieur, Si je prends la liberté de vous écrire sans vous connaître, il faut que je sois sûr que ce que je vais dire vous intéressera. Je veux vous parler de la bicyclette à pétrole. Vous savez sans doute qu'à Munich il existe une fabrique (Hildebrand et Wolfmuller) qui occupe 70 ouvriers, et qui ne construit que des bicyclettes à moteur. La première machine est sortie de l'usine la semaine dernière et bientôt toute l'Allemagne sera sillonnée par un millier de ces machines. J'ai assisté personnellement aux essais et suis émerveillé de la légèreté et de la puissance du nouveau moteur. A peine une bicyclette a été livrée au public que déjà 800 sont commandées au prix de 850 francs! Quel succès quand elles seront connues et appréciées par le grand public et à l'étranger! Maintenant j'arrive au but de ma lettre. Ayant rencontré par hasard un jeune homme, technicien très capable, celui-ci m'a proposé de faire un modèle de bicyclette à moteur à pétrole absolument irréprochable comme construction, léger et puissant à la fois, faisant facilement 40 kilomètres à l'heure, s'arrêtant instantanément, presque sans secousse, avec tous les perfectionnements possibles. Cette machine nous coûtera 500 à 600 francs, moteur compris. Vous voyez donc d'ici quel bénéfice énorme une maison établie en France pourrait en tirer. Je me propose donc de venir à Paris et d'y établir une fabrique aussitôt que notre modèle sera fini et après avoir trouvé le capital nécessaire. Maintenant je voudrais savoir si je peux compter sur votre concours et si, par exemple, vous pourriez me recommander un homme du métier avec qui nous puissions nous associer. J'ai habité à Paris pendant dix

ans et peux fournir des références de premier ordre. J'exige de même de mon associé futur. Je ne doute pas qu'il n'y ait un million à gagner. Vous qui êtes un peu du métier, me donnerez raison du moment que je peux promettre la machine tant cherchée, rêvée, enfin parfaite. C'est avec un très grand plaisir que je recevrai votre lettre si vous voulez bien me répondre. Veuillez agréer, monsieur, mes salutations distinguées. X…» [Sehr geehrter Herr, wenn ich mir die Freiheit nehme, Ihnen zu schreiben, ohne Sie zu kennen, muss ich sicher sein, dass das, was ich sagen werde, Sie interessiert. Ich möchte mit Ihnen über das Motor-Velo sprechen. Sie wissen wahrscheinlich, dass es in München eine Fabrik [Hildebrand & Wolfmüller] gibt, die 70 Arbeiter beschäftigt und ausschliesslich Motor-Bicyclettes herstellt. Letzte Woche verliess die erste Maschine das Werk und bald werden Tausende von ihnen in ganz Deutschland unterwegs sein. Ich war persönlich bei den Tests dabei und bin begeistert vom niedrigen Gewicht und der Leistung des neuen Motors. Obwohl noch kaum ein Velo bisher ausgeliefert wurde, sind bereits 800 Exemplare zum Preis von 850 Francs bestellt worden! Welch ein Erfolg, wenn diese in der breiten Öffentlichkeit und im Ausland bekannt und geschätzt werden! Jetzt komme ich zum Kern meines Briefes. Nachdem ich zufällig einen jungen Mann kennengelernt hatte, einen sehr fähigen Techniker, schlug dieser mir vor, ein Modell einer Motor-Bicyclette zu bauen, mit einer absolut tadellosen Konstruktion, zugleich leicht und leistungsstark, die problemlos 40 Kilometer pro Stunde schafft, sofort stoppt, fast ruckelfrei läuft, mit allen möglichen Verbesserungen. Diese Maschine wird uns inklusive Motor 500 bis 600 Francs kosten. Sie können also sehen, welchen enormen Gewinn eine in Frankreich ansässige Firma daraus ziehen könnte. Ich schlage daher vor, nach Paris zu kommen und dort eine Fabrik zu errichten, sobald unser Modell fertig ist und das nötige Kapital gefunden ist. Nun möchte ich wissen, ob ich auf Ihre Unterstützung zählen kann und ob Sie mir beispielsweise einen Mann vom Fach für eine Zusammenarbeit empfehlen könnten. Ich habe zehn Jahre in Paris gelebt und kann erstklassige Referenzen vorweisen. Dasselbe verlange ich auch von meinem zukünftigen Partner. Ich habe keinen Zweifel daran, dass es eine Million zu gewinnen gibt. Sie, der in der Branche einigermassen erfahren ist, werden mir zustimmen, wenn ich versprechen kann, dass es die vielfach gesuchte, erträumte und endlich perfekte Maschine ist. Es ist mir eine grosse Freude, Ihre briefliche Antwort zu erhalten. Bitte nehmen Sie meine freundlichen Grüsse entgegen. X…] Den Namen des Absenders gab Pierre Giffard nicht bekannt. Auch wurde der Preis irrtümlich mit 850 Francs anstelle von 850 Mark, resp. 1062.50 Francs angegeben. Diese Preiskorrektur hat Édouard Bruel am nächsten Tag in einem Leserbrief an «Le Vélo» vorgenommen, s. «Le Vélo» 3 1894 693 vom 24.10.1894.

61 «Le Vélo» 3 1894 692 vom 23.10.1894. Die «Revue Vélocipédique» vom 20. Oktober 1894 mit dem erwähnten Artikel über «Hildebrand & Wolfmüller» stand den Autoren nicht zur Verfügung. [Jetzt haben wir nicht nur eine Motor-Bicyclette, die tatsächlich fährt, sondern noch eine zweite, die auch gefahren werden möchte.]

62 «Le Vélo» 3 1894 693 vom 24.10.1894; Paul Rousseau (1868–1941) war zu dieser Zeit «directeur-gérant» (Herausgeber) der Tageszeitung «Le Vélo». [Herr Paul Rousseau, Direktor des «Le Vélo», Paris: Da ich vielleicht der Einzige in Paris bin, der das Motor-Velo von Hildebrand und Wolfmüller in München gesehen und gefahren hat, kann ich mit Sachkenntnis darüber sprechen und bestätigen, dass alles Gute, das über dieses gesagt wird, von der Realität übertroffen wird. Diese Erfindung weist solche besonderen Eigenschaften auf, dass ich nicht glaube, dass sie nachgeahmt oder gefälscht werden könnte. Die Maschine wiegt 50 Kilogramm und ist auf eine Geschwindigkeit von 30 Kilometern pro Stunde ausgelegt. Nur beträgt der Preis nicht 850 Francs, sondern 850 Mark, also 1062.50 Francs ab München. Um innerhalb einer angemessenen Zeit, d.h. in ein, zwei oder drei Monaten, eine zu bekommen, muss man den Vertretern, die das Glück haben, über die ersten Bestellnummern zu verfügen, eine sehr hohe Prämie zahlen. Es ist unwahrscheinlich, dass die Maschine am «Salon du Cycle» [7.–26.12.1894] ausgestellt wird, und wir glauben jedenfalls nicht, dass wir eine in Frankreich haben werden, bevor das Patent hier verkauft und verwertet wird.]

63 «L'Industrie Vélocipédique» 13 1894 11 vom 25.11.1894, wohl «Le Vélosport Suisse» zitierend, wobei die Fahrten tatsächlich etwa einen Monat vor der Publikation dieses Artikels stattgefunden hatten. [Seit etwa zehn Tagen macht diese berühmte Maschine in der Schweiz ihre Aufwartung. Öffentliche und private Testfahrten fanden in Zürich, Genf und Bern statt, immer vor zahlreichem Publikum. Überall der gleiche Erfolg, überall die gleiche Begeisterung. Von Basel aus wurden in verschiedene Richtungen Ausflüge über unwegsames Gelände unternommen; sie bewiesen, wie angenehm und einfach es ist, mit diesem Velo zu reisen.]

64 NZZ 115 1894 298 Abendblatt vom 27.10.1894: «Die Versuche [in der Hardau] wurden von den Erfindern, den Herren Hildebrand und Wolfmüller in München, selbst geleitet.»

65 «La Tribune de Genève» 16 1894 252 vom 27.10.1894 und 254 vom 28.10.1894. Die Demonstrationsfahrt in Bern fand erst am 18. Januar 1895 statt, s. «Der schweizerische Velosport» 5 1895 4, 26 vom 25.1.1895.

66 Duncan o.D. (ca. 1926), 373: «[Hildebrand] and Wolfmüller made several specially finished and well-tuned up machines for propaganda purposes.» [Hildebrand & Wolfmüller stellten mehrere speziell gefertigte und präparierte Maschinen für Werbezwecke her.] Ebenso rückblickend Franz Haselberger jun. aus Österreich in der «St. Pöltner Zeitung» 35 1895 14 vom 4.4.1895: «Etwas früher als zur bestimmten Stunde trafen wir auf der Rennbahn ein. Wir beeilten uns absichtlich möglichst zeitlich dort hinzukommen, damit wir bei der Instandsetzung des Fahrzeuges Augenzeugen sein könnten. Doch dieser fromme Wunsch sollte uns nicht in Erfüllung gehen. Bei unserer Ankunft war das Feuerpferd schon in vollster Thätigkeit und sauste wie ein geölter Blitz an uns vorüber. War es uns damals schon auffallend, dass man uns zum Beispiel die so hochwichtige Manipulation des ‹Anbrennens der Zünderlampe› nicht demonstriert hatte, so finde ich das heute im Interesse des Fabrikanten sehr selbstverständlich. Denn gerade die richtige Behandlung der ‹Zünderlampe› hat seine eigenen Mucken.»

67 Zitat aus einem aktenkundigen Brief von Eduard Burckhardt an Max Türkheimer am 31.12.1894: «Quelle macchine colle quali fecimo delle prove pubbliche costì ed in qualche altro luogo, potevano bastare a fare delle dimostrazioni, ma a dei viaggi lunghi non avrebbero resistito.», s. ASMi, C.A. sent. civ. 497/1896, 37–38. Der angesprochene Ort ist im Protokoll nicht vermerkt, doch vermutlich sprach er die Demonstrationsfahrt auf der Traberrennbahn in Mailand am 27. November 1894 an, s. Abb. 64.

68 NZZ 115 1894 298 Abendblatt vom 27.10.1894; s.a. «Berner Volksfreund» 1894 259 vom 2.11.1894.

69 «La Tribune de Genève» 16 1894 255 vom 31.10.1894. Als Fahrer genannt wurde Arnold Bozino (1870–1945), s. «Le

Vélo» 3 1894 699 vom 30.10.1894; er war einer der bekannten Genfer Velostars, s. Fischer 2024, 174 mit Foto.

70 NZ 34 1894 259 vom 4.11.1894; s.a. BN 50 1894 299 vom 3.11.1894; «Allgemeine Schweizer Zeitung» 22 1894 258 vom 3.11.1894. Die beiden letzteren Meldungen beinhalteten nur die Anzeige der Veranstaltung.

71 Im Bericht über seinen ersten Besuch in München am 20.7.1894 schrieb Eduard Burckhardt: «Der Preis stellt sich auf 1065 Fr. ab München, wozu circa 50 bis 60 Fr. Fracht und Zoll zu rechnen wären. Eine sofortige Anzahlung von 375 Fr. per Maschine ist unerläßliche Bedingung der Fabrik.», s. NZ 34 1894 176 Zweites Blatt vom 31.7.1894. Die Diskussion mit oder ohne Zoll war von Bedeutung, denn die Zölle fielen deutlich höher als die Frachtkosten aus. Es gibt in den überlieferten Dokumenten nur eine Angabe zu diesen Posten: Am 23. Juli 1897 bezahlte die «Ed. Burckhardt» für zwei Benz Velocipede, die am 9. Juli 1897 von Mannheim aus verschickt wurden, insgesamt 38.92 Franken für die Fracht und 138.20 Franken für den Zoll, s. StABS, Gerichtsarchiv PP 1.362 No. 517 1897: Kontokorrent von A. Schmidt-Lanz über die Geschäftstätigkeit Juli bis August 1897.

72 Lorenz Popp-Scheidl: Technische Hauptstütze von Eduard Burckhardt beim Projekt «Hildebrand & Wolfmüller» und dem Verkauf von Benz-Automobilen; Sohn eines Bayreuther Zuckersieders evangelischer Religion; Ausbildung wohl zum Schlosser in München; gemäss eigenen Angaben seit 1894 in der Schweiz; kurze Velorenn-Karriere als Mitglied des «Cyclist's Club Basel» Sommer 1895–Herbst 1896. Nach seinen Anstellungen in Basel 1906: Wegzug nach Zürich und ab 1911: Aufbau einer Marken-Garage «L. Popp» am Utoquai 29. Einbürgerung in Zürich am 5. Juli 1916. 1932: Teilnahme am historischen Corso der ersten Zürcher Autoschau mit den beiden aufbewahrten «Popp-Patent-Motorwagen», s. Mémoriav 1932. Langsamer Niedergang des Geschäfts in der Weltwirtschaftskrise bis zum Konkurs 1938/1939. S. Stadtarchiv Bayreuth StadtABT_STA_Nr19_Bd4: Geburtsregister; StVBT_Nr10252_537 ff. Auszüge zu Lorenz Popp und seiner Familie; StdA München, Steuerliste Signatur: DE-1992-PMB-B313: Dossier zu Lorenz Popp; StABS, Niederlassungskontrolle PD-REG 14a 9-5 Nr. 35740: keine präzisen Angaben zu Zeit und Ort der Wohnsitznahme in Basel; jedoch Strassenkontrolle PD-REG 14a 1-1/530; AB-BS 1898, 307; StdA München Eintrag 455/1950/B/München IV, Signaturen: DE-1992-STANM-1979; DE-1992-STANM-6024 «Heiratseintrag für Lorenz Popp und Kreszenz Scheidl» sowie die zugehörigen Aufgebotsunterlagen; SHAB XXIX 1911 182, 1258 vom 22.7.1911; StAZH, N 14.46; Z 790.525; Z 790.527 Akten «Lorenz Martin Popp»; Verkehrshaus der Schweiz 2022: Korrespondenzen des Sohnes Lorenz Popp; Ditzler/Rollé Ditzler 2022, 72–77; haarsträubend falsch ist Wikipedia: «Popp (Automobilhersteller)» 2024, wonach Lorenz Popp aus Basel «der Importeur von Benz & Cie für die Schweiz» gewesen sei, zudem Verwechslung von Lorenz Popp mit dem Pariser Autohersteller Richard Popp (Versuche, eine Korrektur zu erwirken, scheiterten).

73 Carl (Karl) Schlotterbeck-Simon (1869–1945): Begründer der ersten Grossgarage der Schweiz «C. Schlotterbeck Automobile A.-G.» in Basel. Einziger Sohn eines Basler Schuhmachermeisters; kaufmännische Lehre bei einem Drogisten; Volontariat bei einer Strassburger Bank; Lehr- und Wanderjahre nach Genf, Paris, London; 1894: kaufmännischer Angestellter bei dem Basler Carrossier «Reinbolt & Christé»; als Mitglied des Basler «Cyclist's Club» erfolgreicher Velosportler und Kollege von Lorenz Popp; ab 1897: Leitung der Basler Filiale der Zürcher Generalvertretung für Peugeot Fahrräder und Automobile «J. Badertscher & Cie» mit finanzieller Beteiligung; 1899: erstmals Verkauf eines Peugeot; ab 1900: selbständig als «Carl Schlotterbeck, Handel in Automobilen und Velos»; Lehraufenthalt bei Peugeot und sukzessive Diversifizierung der Markenvertretungen; 1901: vergrösserte Geschäfte mit Werkstätten an der Steinentorstrasse 16; 1904: am Steinenring 45. Zu Werbezwecken Teilnahme an zahlreichen Rennen, u.a. dem ersten Rennen «Dornach–Gempen» 1911; nach dem Ersten Weltkrieg Vertretung von amerikanischen Marken; 1927–1928: Errichtung einer ikonischen Architektur für eine multifunktionale Grossgarage nach amerikanischem Vorbild an der Viaduktstrasse (Abriss 1994). S. Stählin 1943, 67; Schlotterbeck 1934; A.C.S. Sektion Basel 1933; StABS, Handel und Gewerbe GGG 1.7. 1898–1907 Automobile und Motorvelokontrollen; SHAB XIV 1906 500, 1997 vom 10.12.1906; Rollé Ditzler 2022, 50–56.

74 Dass Lorenz Popp und Carl Schlotterbeck als Fahrer im Einsatz waren, s. Stählin 1943, 67. Er bezog sich wahrscheinlich auf den Bericht in den verschollenen Ausgaben von «Der Schweizerische Velosport». Zitat, s. Schlotterbeck 1934, 8–9.

75 «Le Vélo» 3 1894 699 vom 30.10.1894: «D'ailleurs vous aurez bientôt l'occasion de la [bicyclette-moteur à benzine de la construction de MM. Hildebrandt et Wolfmuller, de Munich] voir de près, car les propriétaires partent lundi [de Genève] avec M. Bruel pour Paris; ils emmènent une machine avec eux.» [Übrigens werdet ihr bald die Gelegenheit bekommen, die Motor-Bicyclette von Hildebrand & Wolfmüller aus der Nähe zu betrachten, denn die beiden Eigentümer sind am Montag in Begleitung von Herrn Bruel von Genf nach Paris abgereist; sie führen eine Maschine mit.]

76 «Le Petit Journal» 32 1894 11650 vom 18.11.1894: «[...] un ingénieur suisse qui habite à Paris depuis vingt ans [...]» [[...] ein Schweizer Ingenieur, der seit 20 Jahren in Paris lebt [...]]; s.a. Bourdache 1989, 26. Mehr konnte über diese Person nicht in Erfahrung gebracht werden.

77 Zu den Spekulationen über Herrn «de G...» s. Bourdache 1989, 26–28; Duncan o.D. (ca. 1926), 373: «[...] a rich Marquis (of Paris) who had seen the machines running successfully around Munich.» [[...] ein reicher Marquis (von Paris), der die Maschinen mit Erfolg in der Umgebung von München fahren sah.] «Hildebrand & Wolfmüller» berichteten über einen «Herr de Gerval», s. «Münchener Ratsch-Kathl» 7 1895 26 vom 30.3.1895: «Als neuer deutlicher Beweis, wie sehr man die neue Erfindung im Auslande würdigt, ist es zu bezeichnen, daß dieser Tage Monsieur de Gerval aus Paris in Begleitung mehrerer fremder Herren eigens nach München kam, um die Etablissements und Fabriklokalitäten obiger Firma zu besichtigen. Monsieur de Gerval, der bereits vor einiger Zeit das Patent von Frankreich den Herren Hildebrand und Wolfmüller abgekauft hat, eröffnete der Firma, dass er sich entschloßen habe, auch das belgische Patent zu kaufen. In Erwägung des Umstandes, daß diese Patente ziemlich bedeutende Summen Geldes kosten, glauben wir daraus schliessen zu können, daß die Herren Patentkäufer sehr wohl den Wert der Erfindung zu würdigen wußten und sprechen daher die neuerlichen Patentankäufe sehr für die Güte und Trefflichkeit des Motor-Zweirads.» S.a. «Allgemeine Zeitung (München)» 97 1895 90 vom 31.3.1895; «Radfahr-Chronik» 8 1895 53, 1033 vom 3.4.1895; «Münchner Neueste Nachrichten» 48 1895 154 Vorabend-Blatt vom 3.4.1895.

78 Das französische Abenteuer wurde in der Zeit heftig kommentiert und ist daher relativ gut dokumentiert, s. Duncan o.D. (ca. 1926); Spies 1988, 18–19. Dass der Aufbau markanter Schutzzölle zwischen den Ländern am Ende des 19. Jahrhunderts eine Rolle für die Entscheidung zu einer

lokalen Produktion spielte, zeigt u. a. das o. e. Zitat von Eduard Burckhardt gemäss NZ 34 1894 259 vom 4.11.1894; die untersuchten Quellen thematisieren diesen Aspekt nicht, sodass er grundlegend neu aufgerollt werden müsste; dazu allgemein Eysoldt 1913; Haller 2019, 108–109. Zum Preis des französischen Patents s. Bourdache 1989, 22; «Le Petit Journal» 3 1894 793 vom 29.11.1894: «Duncan & Suberbie, qui viennent de fonder la Société française de construction des cycles Rudge, viennent d'avoir l'idée heureuse de s'approprier la fabrication de la bicyclette automobile Hildebrand et Wolfmuller, dont le brevet français été payé 500,000 francs par MM. Schuler et L. de B... [...]» [Duncan & Suberbie, die gerade die Französische Gesellschaft zum Bau von Velos der Marke Rudge gegründet haben, hatten die glückliche Idee, die Herstellung des Motor-Velos von Hildebrand und Wolfmüller zu übernehmen, deren französisches Patent von den Herren Schuler und L. de [G...] für 500 000 Francs gekauft wurde.] Demnach hätte das belgische Patent 250 000 Francs gekostet. Duncan o. D. (ca. 1926), 373, 375 sprach von 30 000 £ (750 000 Francs) für das französische Patent, erwähnte das belgische aber nicht. Die neuen Besitzer des Patents verlangten andererseits von «Duncan, Suberbie & Cie» eine Lizenzgebühr von 20 £ (500 Francs) pro Stück für die ersten 500 verkauften Einheiten.

79 Herbert Osbaldeston (H. O.) Duncan (1862–1945): Englischer Bicycle-Champion, Journalist, Fahrradhändler und -hersteller aus begüterter Landlord-Familie. 1879–1890: internationale Siege, ab 1883: trainiert von Louis Suberbie; mit diesem 1885–1886: Herausgabe des «Le Veloceman»; «Humber»-Vertretung in Paris; 1892: mit Suberbie Bau des Pariser Velodroms «Buffalo»; Anfang 1895: Gründung der «Compagnie française de construction de vélocipèdes Duncan Suberbie & Cie» (Kapital 1,5 Million Francs), umfassende Lizenz-Verwertung der Marke «Rudge» in Frankreich; arbeitete 1895–1896: für eine britische Firma zur Akquisition und Verwertung von Motorwagenpatenten; 1898–1916: Generalagent für Grossbritannien der «Société de Dion-Bouton et Cie», damals grösster Autohersteller der Welt; Autor von Werken zum Velosport und zur Automobilgeschichte, darunter insbesondere Duncan o. D. (ca. 1926). S. a. «Le Véloce-Sport» 10 1894 507 vom 22.11.1894; «Le Petit Journal» 3 1894 793 vom 29.11.1894; «Journal des Chemins de fer» 54 1895 6016/3, 38 vom 19.1.1895; «Le Journal Financier» 30 1896 1484 vom 29.3.1896; «L'équipe» 1 1946 2 vom 2.3.1946; Suberbie/Duncan 1890, 173–193; Bourdache 1989; Wikipedia: «Herbert Osbaldeston Duncan» 2023.

80 Louis Suberbie (1862–1913): Sportler, Rennorganisator, Velozeitungs-Redaktor, Fahrradhändler und -hersteller aus Pau, damals englisch-amerikanische Sportstation. Studien in Bordeaux; 1880: Gründer des «Véloce-Club béarnais» mit erstem Velodrom Frankreichs; organisierte Rennen für internationale Champions, dabei ab 1883: Freundschaft mit H. O. Duncan; mit diesem Vertretungen von englischen Marken in Bordeaux, dann Montpellier; 1885–1886: Redaktor des «Le Veloceman»; «Rudge»-Vertretung in Lyon, dann der «Coventry-Machinists Company» in Paris; 1888: erstes Pariser Geschäft für Bicycles und Bicyclettes an der Rue Halévy 16; Gründung von «Le Monde sportif/La Revue des Sports»; Lancierung und Marketing für die Marke «Gladiator» von Alexandre Darracq (1896 Verkauf an ein englisches Konsortium); Handbuchautor mit Duncan; zur Biografie s. «Le Monde illustré» 38 1894 1931, 208 vom 3.3.1894; «Le Véloce-Sport» 10 1894 507 vom 22.11.1894.

81 «Le Vélo» 3 1894 728 vom 28.11.1894. [Vor fünf Tagen [am 23. November 1894] kam [H. O.] Duncan, um [die Motor-Bicyclette] zu sehen. Inmitten einer Gruppe von Herren, die der Anblick des erstaunlichen Dings in grosse Aufregung versetzte, stieg der ehemalige Rennfahrer, einst Rivale von Leuten wie [Frédéric] de Civry und Charles Terront, nachdem er sich ein paar erklärende Worte zu ihrem Mechanismus angehört hatte, flink auf die Maschine. Wir glaubten, wir würden ihn nie wieder sehen; er fuhr so schnell, die Beine ruhend, in der Haltung eines sehr entspannten Mannes. Duncan kehrt jedoch zum Ausgangspunkt zurück, wo er erklärte, dass er nur widerwillig vom Feuerpferd abgestiegen sei.] Frédérik de Civry (1861–1893) und Charles Terront (1857–1932) waren Velorennfahrer-Kollegen von H. O. Duncan, s. Mémoire du cylisme 2013.

82 Duncan o. D. (ca. 1926), 374–375. [Ich habe nie das erste Gefühl beim Fahren eines Velos, das aus eigener Kraft angetrieben wird, vergessen. Das Gefühl, ohne Anstrengung über Stock und Stein dahinzufahren, war wunderbar. [...] Von diesem Moment an glaubte ich fest an die Motor-Bicyclette und sagte ihr eine grosse Zukunft voraus.]

83 «Le Vélo» 3 1894 728 vom 28.11.1894: «Nos excellents amis Duncan et Suberbie, qui sont aussi les amis du monde vélocipédique parisien tout entier, viennent de faire ce qu'on peut appeler un coup de maître. [...] Si, par mes conseils, j'ai pu influencer quelque peu sur la décision de MM. Schuler et de G... en leur conseillant d'accepter les propositions de Duncan et de Suberbie, je m'en estimerai très heureux.» [Unsere grossen Freunde Duncan und Suberbie, die auch Freunde der gesamten Pariser Radsportwelt sind, haben gerade etwas geschafft, was wir als Meisterleistung bezeichnen können. [...] Wenn ich durch meinen Rat, die Vorschläge von Duncan und Suberbie anzunehmen, die Entscheidung der Herren Schuler und de G... ein wenig beeinflusst habe, würde ich mich sehr glücklich schätzen.]

84 «Le Vélo» 3 1984 728 vom 28.11.1894. Grundlegend für die Geschichte der «Hildebrand & Wolfmüller» in Frankreich ist Bourdache 1989, 20–34, der sich zu guten Teilen auf Duncan o. D. (ca. 1926), 371–380 stützt. H. O. Duncan kolportierte zwar alle Übertreibungen von Heinrich Hildebrand getreulich, äusserte sich jedoch gegenüber der Produktion in Frankreich kritisch.

85 Giffard 1891.

86 «Le Vélo» 3 1894 728 vom 28.11.1894.

87 «Le Petit Journal» 32 1894 11661 vom 29.11.1894 (ganzer Abschnitt): «Il ne se passe pas de jour qu'on ne nous écrive pour nous demander l'adresse de M. Schuler qui, avec M. de G..., a introduit en France la fameuse bicyclette à pétrole. M. Schuler nous avait prié d'attendre, avant de répondre à l'avalanche des lettres, que le choix d'un constructeur fût fait à Paris pour la nouvelle machine. La chose est aujourd'hui décidée. Les constructeurs de la bicyclette à pétrole pour toute la France, ainsi que des tricycles et quadricycles auxquels le nouveau moteur peut s'adapter, sont MM. H. O. Duncan et Suberbie, 16, rue Halévy, les concessionnaires bien connus de la marque Rudge à Paris. Dans les mains de ces hommes de valeur, la bicyclette nouvelle ira loin; et la révolution qui va s'ouvrir dans la locomotion routière pourra compter comme l'une des plus importantes du siècle qui finit. Ce siècle, en effet, aura commencé par les chemins de fer, c'est-à-dire par le transport à grande vitesse en commun. Il finira par la locomotion individuelle. C'est bien le cas de rééditer la phrase périodique de l'humanité surprise: – Où allons-nous?». [Es vergeht kaum ein Tag, an dem man uns nicht nach der Adresse von Herrn Schuler fragt, der zusammen mit Herrn de G... die berühmte Motor-Bicyclette in Frankreich eingeführt hat. Herr Schuler hatte uns gebeten, vor der Beantwortung der Flut von Briefen abzuwarten, bis in Paris ein Hersteller für die neue Maschine gefunden sei. Heute ist die Sache entschieden. Die Hersteller der

Motor-Bicyclette für ganz Frankreich sowie der Dreiräder und Vierräder, für die der neue Motor verwendet werden kann, sind die Herren H. O. Duncan und Suberbie, rue Halévy 16, die bekannten Händler der Marke Rudge in Paris. In den Händen dieser beiden tüchtigen Männer wird das neue Fahrrad weit kommen und die Revolution, die sich im Strassenverkehr anbahnt, kann als eine der wichtigsten des zu Ende gehenden Jahrhunderts gelten. Denn dieses Jahrhundert hat mit der Eisenbahn begonnen, das heisst mit dem kollektiven Transport mit hoher Geschwindigkeit. Es wird mit der individuellen Mobilität enden. Deshalb kann man den immer wiederkehrenden Satz der überraschten Menschheit zitieren [im Sinne eines philosophischen Wortspiels]: – Wohin gehen wir?]

88 Duncan o. D. (ca. 1926), 375–376. [Daraufhin organisierte man für Suberbie einen Besuch in München, wo das Motorrad hergestellt wurde. Er kehrte mit begeisterten Berichten über deren kommerziellen Erfolg zurück. Eine sehr grosse Fabrik, so erklärte er, werde gebaut, und die Motoren und Fahrradteile seien inzwischen in hunderten Stück in jeder verfügbaren Werkstatt in der bayerischen Hauptstadt hergestellt worden. Er fügte hinzu, dass die deutsche Firma ständig Aufträge buche – jeweils mit einer Kaution von [15 Pfund] [ca. 375 Franken], obwohl die Lieferung erst einige Monate später zugesagt werde. Diese Kautionen schafften also eine grosse Menge zusätzlichen Kapitals für die Herstellung der Motor-Velos. Pullinger und der Autor [H. O. Duncan] waren gegen die Herstellung der Maschine in Mengen; Suberbie, die Patentinhaber und Giffard wollten ‹alles oder nichts›! Da die Erfindung jedoch in Deutschland so zufriedenstellend zu funktionieren schien, blieb uns nichts anderes übrig, als das Geschäft in Frankreich in gleicher Weise voranzutreiben.] Duncan schrieb, dass die Kaution 50 Pfund resp. ca. 1250 Franken oder 1000 Mark, betragen habe. Das wurde im Text auf 15 Pfund, resp. 375 Franken oder 300 Mark, wie Eduard Burckhardt berichtete, korrigiert. Nach der Beschreibung von H. O. Duncan beinhaltete das «System Hildebrand» Elemente eines Schneeballsystems (Ponzi-Schema), zumindest solange keine Lieferungen in grösseren Mengen erfolgten.

89 Thomas Pullinger war erst per 1. Dezember 1894 bei «Duncan, Suberbie & Cie» eingetreten, s. «Le Vélo» 3 1894 731 vom 1. 12. 1894. Thomas Charles Willis Pullinger-Sittwell (1867–1945) war britischer Motorfahrzeug-Ingenieur und Erfinder. Er stammte aus einer katholisch-apostolischen Familie in Dartfort in der Grafschaft Kent. Zu Beginn Mechaniker und Zeichner bei englischen Maschinen- und Bicycle-Herstellern; 1891: tätig bei einer englisch-französischen Zusammenarbeit der Fahrradmarken «Humber» und «Gladiator», dann u. a. beim Investor und frühen Motorfahrzeughersteller Alexandre Darracq (1851–1931). Ab Dezember 1894: Eintritt bei «Duncan, Suberbie & Cie», s. «Le Vélo» 3 1894 731 vom 1. 12. 1894; 1896: Bau einzelner Kleinwagen bei Produzenten in Lyon; 1902–1904: zurück in England bei «Sunbeam Motor Car Company» in Wolverhampton, dann «Humber's Beeston» in Nottinghamshire; ab 1910: Produktionsingenieur bei der ersten schottischen Automobilproduzentin «Arrol-Johnston Car Company Ltd.»; 1916–1918: «Beardmore-Halford-Pullinger» (BHP) zur Produktion von Kriegsflugzeugen. Danach Rückzug als Farmer in Jersey. S. Nickols und Karslake 1956, 17–32; Wikipedia: «Thomas Pullinger» 2021; Espacenet s. v. Thomas Charles Pullinger.

90 Bourdache 1989, 24: «Plus sérieuse est l'objection soulevée par T.-C. Pullinger, Anglais bon teint, […] et, semble-t-il, seul technicien de l'équipe [Duncan, Suberbie & Cie]. Pullinger se met à examiner de près la Wolfmüller, allant jusqu'à la démonter pour en étudier le coût approximatif de fabrication. Son verdict est tout ce qu'il y a de plus défavorable. La machine n'a subi aucun essai sérieux estime-t-il, et de plus il ne croit pas à son avenir commercial.» [Wichtiger ist der Einwand von T.-C. Pullinger, eines waschechten Engländers […] und offenbar der einzige Techniker im Team von «Duncan, Suberbie & Cie». Pullinger nimmt die Wolfmüller unter die Lupe, zerlegt sie sogar, um die ungefähren Herstellkosten zu ermitteln. Sein Urteil könnte nicht ungünstiger ausfallen. Er meint, die Maschine sei keinen ernsthaften Tests unterzogen worden, und ausserdem glaube er nicht an ihre kommerzielle Zukunft.]; s. a. Duncan o. D. (ca. 1926), 375, 379: «[Pullinger's] private opinion was that the machine, as it then stood, did not offer much prospect of a commercial success. Indeed, he was entirely opposed to its manufacture.» [Pullingers persönliche Meinung war, dass die Maschine, so wie sie damals ausgeführt war, wenig Aussicht auf einen kommerziellen Erfolg hatte. Tatsächlich war er total gegen die Aufnahme der Produktion.]

91 Duncan o. D. (ca. 1926), 376; s. a. Bourdache 1989, 24: Aufgrund der intern divergierenden Einschätzungen der Chancen und Risiken des Geschäfts habe die begrenzte Stückzahl einen Kompromiss dargestellt.

92 Das in Abb. 52–53 gezeigte Bild der Motor-Bicyclette ist vermutlich noch ein Prototyp mit einer Schnur und Federzug als Kolbenrückholung, aber ohne Abdeckung. Fotos mit Charles Terront im Sattel s. «Radfahr-Chronik» 8 1895 32, 571, 573 vom 19. 1. 1895.

93 Der angesprochene zweite «Salon du Cycle» (Internationale Velo-Ausstellung) wurde ursprünglich vom 5.–20. Dezember 1894 angesagt, s. «Le Vélo» 3 1894 687 vom 18. 10. 1894; Radfahr-Chronik 8 1894 1, 11 vom 3. 10. 1894. Zum neuen Eröffnungsdatum s. «Le Vélo» 3 1894 732 vom 3. 12. 1894; zur Schliessung am 25. Dezember 1894 s. «Le Vélo» 3 1894 756 vom 26. 12. 1894.

94 «Le Vélo» 3 1894 737 vom 7. 12. 1894; 756 vom 16. 12. 1894; 761 vom 31. 12. 1894.

95 «La Locomotion Automobile» 1 1894 1 vom 1. 12. 1894: «Les essais de la bicyclette à pétrole de MM. Duncan et Suberbie ont été suspendus jusqu'au retour de M. Pullinger, ingénieur de ces Messieurs, qui est parti mardi soir 4 courant, par l'Orient-Express pour Munich, avec l'ancienne bicyclette qui servait de type et qui va être changée contre le nouveau modèle, fabriqué par MM. Wolfmüller et Hildebrand, avec des fractionnements très importants et encore de nouvelles simplifications.» [Die Versuche mit dem Motor-Velo der Herren Duncan und Suberbie wurden bis zur Rückkehr von Herrn Pullinger, deren Ingenieur, ausgesetzt. Er ist am Dienstagabend um vier Uhr mit dem Orient-Express nach München aufgebrochen. Bei sich hatte er die alte Motor-Bicyclette, die als Muster diente und die gegen das neue Modell der Herren Wolfmüller und Hildebrand, mit sehr wichtigen (fractionnements?) und weiteren Vereinfachungen, ausgetauscht werden soll.] S. a. «Le Vélo» 3 1894 735 vom 5. 12. 1894; 737 vom 7. 12. 1894; 738 vom 8. 12. 1894. Es konnten trotz der vielen Klagen über die Qualität der «Hildebrand & Wolfmüller» keine detaillierten technischen Beschreibungen der konkreten Änderungen gefunden werden.

96 «Le Vélo» 3 1894 735 vom 5. 12. 1894. [Heinrich Hildebrand erklärte gestern, den 4. Dezember 1894, dass das neue Modell, das er im Tausch für den in den Tests verwendeten, ursprünglichen [nach der hier verwendeten Nomenklatur handelt es sich um den Prototyp] zurückschicken werde, sehr verbessert und sehr vereinfacht sei. Dieses neue Modell wird am Sonntag oder Montag, den 9. oder 10. Dezember 1894, eintreffen und wir können es bis zum Ende des

«Salon du Cycle» am 26. Dezember 1894 täglich um 2 Uhr auf dem Boulevard Maillot in Betrieb sehen.] Duncan o.D. (ca. 1926), 376 schrieb die überarbeitete Konstruktion fast vollumfänglich Thomas Pullinger, dem Werksleiter von «Duncan, Suberbie & Cie», zu: «Pullinger had considerably improved the appearance of the machine and it looked very smart and business-like.» [Pullinger hatte das Erscheinungsbild der Maschine erheblich verbessert und sie sah sehr schick und geschäftsmässig aus.] Wieviel Pullinger tatsächlich im Serien-Modell steckte, bleibt offen. Nach den hier vorgelegten Quellen begann der Redesign-Prozess in München schon vor dem Kontakt mit «Duncan, Suberbie & Cie».

97 Cartorum: «Porte Maillot – Le Restaurant Gillet à Paris 17e» 2024.

98 «Le Vélo» 3 1894 740 vom 10.12.1894. [Heute um zwei Uhr beginnen vor dem Restaurant Gillet die Versuchsfahrten mit der Motor-Bicyclette von Hildebrand und Wolfmüller erneut – ausser bei schlechtem Wetter. Sie werden durchgeführt von Herrn Pullinger, Ingenieur der Firma Duncan, Suberbie & Cie. Es handelt sich um ein verbessertes Modell, das Herr Pullinger aus München mitgebracht hat und dieses Mal funktioniert. Herr Pullinger hat gegenüber verschiedenen Personen, die ihn gestern getroffen haben, versichert, dass dieses Modell dem ersten weit überlegen sei. Es hat alle diejenigen begeistert, die ihn bei seinen Versuchen assistiert haben.]

99 «Le Vélo» 3 1894 741 vom 11.12.1894. [Die Maschine ist vereinfacht worden und entsprechend sehr schön anzuschauen. Alle Komplikationen des ersten Modells sind verschwunden; das Manövrieren wurde spürbar erleichtert und der Gang ist unendlich geschmeidiger geworden.]

100 «Le Vélo» 4 1895 767 vom 6.1.1895.

101 Spies 1988. Er verweist auch auf eine ausführliche Beschreibung der Motor-Velos von «Hildebrand & Wolfmüller» in «The Automotor And Horseless Vehicle Journal» 1 1897 5, 175–178 vom 17.2.1897, s. Spies 1988, 52–55. Es handelte sich um einen Abdruck aus «Scientific American» 75 1896 24, 421, 425–426 ohne Nennung eines Autors.

102 Kron 2008. Vom Serien-Modell hat Mike Kron die Konstruktionszeichnungen im Bestand des «Deutschen Museums» in München gefunden.

103 Kron 2008, 56; s.a. «Radfahr-Chronik» 7 1894 61, 1263, 1265 vom 2.5.1894; «Allgemeine Zeitung (München)» 96 1894 131 vom 13.5.1894.

104 So stand es im Patent von Alois Wolfmüller und Hans Geisenhof, s. Spies 1988, 42.

105 Der Begriff «Treibstangen» wurde aus der Patentschrift von Alois Wolfmüller und Hans Geisenhof übernommen, s. Spies 1988, 43.

106 Spies 1988, 11.

107 Bei 250 Umdrehungen pro Minute erreichte man eine Geschwindigkeit von 26 Kilometern pro Stunde. Eine Geschwindigkeit von 30 Kilometern pro Stunde verlangte 285 Umdrehungen pro Minute.

108 Duncan o.D. (ca. 1926), 376: «The driving wheel was made of solid metal to give it the necessary weight and to act in place of a fly-wheel.» [Das Antriebsrad war aus solidem Metall gefertigt, um ihm das nötige Gewicht zu verleihen, damit es wie ein Schwungrad wirkte.]

109 Kron 2008, 54.

110 S. Abb. 66. Im Cliché des Serien-Modells war die Kolbenrückholung nicht montiert, s. Abb. 54. Im Patent ist sie als Schnur, gespannt mit einer Feder beschrieben, s. Spies 1988, 44.

111 Spies 1988, 44. Im Wortlaut des Patents steht dazu: «Um eine grössere Arbeitsleistung des Motors auf das Treibrad übertragen zu können, ist eine Rückzugvorrichtung [...] eingeschaltet. Die Kurbeln wirken daher sowohl beim Vor- als auch beim Rückgang der Kolben treibend.» In einer englischen Publikation wird sie als «Anfahrhilfe» bezeichnet, s. Spies 1988, 14.

112 Während des Ansaugens strömte die Luft vor dem Eintritt in die Zylinder durch den Benzintank und nahm dort die flüchtigen Bestandteile des Leichtbenzins auf. Die Beheizung des Benzintanks durch den direkt darunterliegenden, heissen Motor unterstützte den Prozess. S. Uhl 1986, 240–242 zum Prinzip des Oberflächenvergasers allgemein; Spies 1988, 54 zur Lösung von Alois Wolfmüller.

113 Cronmüller 1986, 300 zur Glührohrzündung allgemein; Spies 1988, 55 zur Lösung von Wolfmüller.

114 Spies 1988, 17. Das war nicht ungefährlich, wie Duncan o.D. (ca. 1926), 376 nach einer Reihe von Unfällen in Frankreich beschrieb: «These and similar accidents are to be attributed less to the danger of the bicycle itself as to the fact that people at that time did not understand that great precautions had to be taken in handling petrol with a specific gravity of 680.» [Diese und ähnliche Unfälle sind weniger auf die Gefährlichkeit der Motor-Bicyclette selbst zurückzuführen, als vielmehr darauf, dass die Leute damals nicht verstanden, dass im Umgang mit Benzin mit einer Dichte von 680 [Gramm/Liter] grosse Vorsicht geboten war.]

115 Im Serien-Modell wurde auf die Zünderventile verzichtet, s. Abb. 57. Das galt noch nicht für das Patent, s. Spies 1988, 48–49. Es handelte sich wahrscheinlich um die wichtigste Vereinfachung beim Übergang vom Prototyp zum Serien-Modell, s. «Le Vélo» 3 1894 735 vom 5.12.1894.

116 Spies 1988, 43, 46: In ihrem Patent bezeichneten Alois Wolfmüller und Hans Geisenhof dieses Teil als «Kapsel». In Abb. 44 ist bei genauem Hinschauen erkennbar, dass beim Prototyp die Abgase der Glührohrzündung durch eine separate Leitung entlang dem unteren Gestellrohr nach oben geführt wurden.

117 Kron 2008, 56. Eduard Burckhardt spricht in seinem Bericht aus München davon, dass «Vermittelst einer Scala, die an der Lenkstange angebracht ist, läßt sich die Schnelligkeit nach Belieben regulieren [...]», s. NZ 34 1894 176 Zweites Blatt vom 31.7.1894. Diese «Scala an der Lenkstange» ist in Abb. 44 ersichtlich. Sie erforderte, dass zur Änderung der Geschwindigkeit von den Fahrerinnen und Fahrer eine Hand vom Lenker genommen werden musste.

118 Das Schmiermittel wurde nicht aufgefangen, sondern tropfte aus den hinten offenen Zylindern auf die Strasse.

119 Die Schmalspurreifen «Veith's Radial-Pneumatic» waren ein neues Produkt, angeboten von der Firma «Hölter & Hartmann» in Frankfurt a. Main, welche die Erfindung von Friedrich Veith anfänglich vermarktete, s. «Sächsische Radfahrer-Bundes-Zeitung» 3 1894 9 vom 21.4.1894.

120 Eduard Burckhardt sprach in seinem Bericht aus München davon, dass «[...] um anzuhalten und abzusteigen genügt ein Druck auf einen Knopf», s. NZ 34 1894 176 Zweites Blatt vom 31.7.1894. Von diesem Prinzip konnte keine Beschreibung gefunden werden.

121 Die Klotzbremse fehlte beim Prototyp, s. Abb. 44; ebenso im Patent, s. Spies 1988, 42–49.

122 Mages 2024.

123 Spies 1988, 60: Anleitung von «Hildebrand & Wolfmüller».

124 Spies 1988, 29.

125 Duncan o. D. (ca. 1926), 376: Er spielte dabei auf die «Guy Fawkes Night» oder «Bonfire Night» jeweils am 5. November in England an. [Man kann sich gut vorstellen, dass ein solches Arrangement für die Laufruhe nicht gerade förderlich war. Tatsächlich fühlte sich der Fahrer wie ein Guy Fawkes in einem ungefederten Eselskarren hin- und hergeschüttelt.]

126 «Münchner Neueste Nachrichten» 48 1894 154 Vorabend-Blatt vom 3. 4. 1895.

127 «La Locomotion Automobile» 1 1894 1 vom 1. 12. 1894: «MM. Hildebrand et Wolfmuller ont livré à divers clients il y a moins de quinze jours les 50 premières bicyclettes à pétrole; ils ont reçu des commandes pour 500 de ces machines et ont été obligés d'acheter un terrain pour agrandir leur usine.» [Die Herren Hildebrand und Wolfmüller lieferten vor weniger als zwei Wochen die ersten 50 Motor-Velos an verschiedene Kunden aus; sie erhielten Aufträge für 500 dieser Maschinen und sahen sich gezwungen, ein Grundstück kaufen, um ihre Fabrik zu erweitern.]

128 «Allgemeine Zeitung (München)» 96 1894 360 vom 30. 12. 1894. S. a. «Le Vélo» 3 1894 741 vom 11. 12. 1894.

129 «Radfahr-Chronik» 7 1894 18, 332 vom 1. 12. 1894; 23, 413 vom 19. 12. 1894; 24/25, 439 vom 22. 12. 1894; 26, 468 vom 29. 12. 1894.

130 «Radfahr-Chronik» 7 1894 15, 258 vom 21. 11. 1894.

131 «Le Vélo» 3 1894 692 vom 23. 10. 1894.

132 Erstmals in «Radfahr-Chronik» 8 1895 39, 712 vom 13. 2. 1895. Dieses Inserat nannte noch keinen Preis für das Serien-Modell.

133 Die erste Ausgabe erschien in «Münchner Neueste Nachrichten» 48 1895 60 Vorabend-Blatt vom 6. 2. 1895.

134 «Radfahr-Chronik» 8 1894 38, 690 vom 9. 2. 1894.

135 Der Kauf des belgischen Patents durch das französische Konsortium erfolgte erst Ende März 1895, s. «Münchener Ratsch-Kathl» 7 1895 26 vom 30. 3. 1895. Unerklärt bleibt, warum «Duncan, Suberbie & Cie» als Ansprechpartner in Frankreich nicht wie Max Türkheimer in Italien genannt wurden, s. Abb. 51.

136 «L'Industrie Vélocipédique» 13 1894 11 vom 25. 11. 1894; s. a. NZZ 115 1894 307 Zweites Abendblatt vom 5. 11. 1894. [Wir erfahren auch, dass sich eine Gruppe von Freunden aus Genf, Zürich und Basel zu einer Gesellschaft konstituiert hat, mit dem Ziel, die Patente der Herren Hildebrand und Wolfmüller in München, der Erfinder dieses Motor-Fahrrades, zu erwerben und zu verwerten. Die kaufmännische Leitung wurde Herrn Ed. Burckhardt in Basel anvertraut, der mehrere Jahre Präsident des Schweizerischen Velocipedisten-Bundes war. Jeweils ein Kollege aus Zürich und aus Genf wird ihm zur Seite gestellt. Es werden die notwendigen Vorkehrungen getroffen, um sofort mit der Grossproduktion der interessanten Maschine zu beginnen.]

137 Max (Moses Maximilian, Massimiliano) Türkheimer (1860–1936): Kaufmann in Mailand, aus Deutschland stammend. Handelte ab 1888 mit Fahrrädern und Bestandteilen; produzierte 1905–1908 mit einem Turiner Teilhaber im Rahmen der «OTAV (Società Anonima Officine Turkheimer per Automobili e Velocipedi)» diverse Fahrzeuge; auch beteiligt an einer «Junior & OTAV Cars Ltd.» in London; 1911 Liquidation dieser Geschäfte; danach Produktion von Stationärmotoren und Zubehör. S. Biffignandi/Boscarelli 2020, 22; Anselmi/Cherrett 1969; Türkheimer (Nachruf) 1936; Wikipedia: «Officine Turkheimer per Automobili e Velocipedi» 2023.

138 ASMi, C. A. sent. civ. 497/1896, 10.

139 ASMi, C. A. sent. civ. 497/1896, 15.

140 ASMi, T. C. P. sent. civ. 84/1896, 9: «Intanto sarebbe stato nell'anno 1894 e più precisamente sul finire di quell'anno che il Sig. Massimiliano Türkheimer convenne colla Ditta Hildebrand e Wolfmüller di Monaco che questa gli avesse a somministrare alcuni (e cioè 70) velocipedi a motore.» [1894, genauer gesagt gegen Ende desselben Jahres, verständigte sich Herr Max Türkheimer mit der Firma [Hildebrand & Wolfmüller] in München über die Lieferung einiger (d. h. 70) Motor-Bicyclettes.] Das genaue Datum des Schreibens ist nicht bekannt, muss aber gemäss dem weiteren Verlauf der Geschehnisse vor dem 12. 12. 1894 erfolgt sein; die Zahl von 77 zu liefernden Motor-Bicyclettes sowie die Vergabe der Allein-Vertretung in Italien ergibt sich aus ASMi, C. A. sent. civ. 497/1896, 21: «Gli impegni di quest'ultima Ditta verso il Türkheimer riguardavano non solo la somministrazione di bicicli a motore (pare in Numero di 77), ma anche la di lei rappresentanza esclusiva per l'Italia concessa al Türkheimer.» [Die Verpflichtungen von [Hildebrand & Wolfmüller] gegenüber Max Türkheimer betrafen nicht nur die Bereitstellung von Motorrädern (offenbar 77), sondern auch die Vergabe der Alleinvertretung für Italien.] Die Zahl von 77 Motor-Bicyclettes als Gegenstand dieser Vereinbarung bestätigen weitere Plädoyers, s. ASMi, C. A. sent. civ. 497/1896, 22, 33; ASMi, T. C. P. sent. civ. 84/1896, 20. Den Preis von 650 Mark pro Stück, s. ASMi, C. A. sent. civ. 497/1896, 20.

141 ASMi, T. C. P. sent. civ. 84/1896 und ASMi, C. A. sent. civ. 497/1896. Den Hinweis auf diese beiden Gerichtsprozesse fand sich in StABS, Gerichtsarchiv A 456 VI, 87–102.

142 Giuseppe Bergmann (1850–1922): Mailänder Advokat von Eduard Burckhardt bzw. der «Schweizerischen Motorfahrrad-Gesellschaft» im Civil- und Appellationsgerichts-Prozess 1896 gegen den Mailänder Geschäftspartner Max Türkheimer. Das Büro existiert heute noch: Studio Bergmann 2024. Zu Fortunato Cases konnten keine weiteren Informationen gefunden werden.

143 NZZ 115 1894 307 Zweites Abendblatt vom 5. 11. 1894; SHAB XIII 1895 197, 825 vom 2. 8. 1895; StABS, Gerichtsarchiv PP 1.362 No. 517 1897, Dossier Gläubiger No. 44: Ed. Crémieux & Cie et al.; StALU, Obergericht Verhandlungs-Protokoll 1896, XA 23/139, 10. 4. 1895, 231–232.

144 Édouard Crémieux-Koechlin (1856–1913): Banquier in Genf, Inhaber der «Ed. Crémieux & Cie»; Schwager des Emil Burckhardt-Koechlin durch Heirat mit der Schwester Adèle Koechlin (1858–1912), Stroux: KO-13A-539, von dessen Frau Sophie Koechlin (1849–1920), Stroux: Ko50-13A-536. Diverse Finanzbeteiligungen, u. a. im Sektor des lokalen Schiffsverkehrs. Ab 1894: Président des exklusiven «Pneu-Club» für Amateur-Radsportler aus der Finanzbranche; Förderer des Bootssports. S. «La Tribune de Genève» 17 1895 14 4ème édition vom 17. 1. 1895; 17 1895 48 4ème édition vom 26. 2. 1895; SHAB XV 1897 288, 1181 vom 20. 11. 1897; StABS, Gerichtsarchiv PP 1.362 No. 517 1897, Dossier Gläubiger No. 44: Ed. Crémieux & Cie.

145 Emil Burckhardt-Koechlin (1842–1908), Stroux: Bu04-12W-73. Basler Kaufmann und Seidenbandfabrikant, ab 1871: im Holsteinerhof wohnend; ab 1868: Associé der Seidenbandfabrikation «Lucas Preiswerk»; 1885–1892: unbeschränkt haftender Gesellschafter mit Gustav Senn-Simmoth; 1892–1899: «Burckhardt & Senn»; Ausbau mehrerer Fabrikstandorte mit neusten technischen Anlagen; 1899:

Rückzug aus der nachfolgenden «Senn & C°». S. SWA Mémoires Lucas Preiswerk; A.C.S. Sektion Basel 1933, 11 mit Abb.; «Allgemeine Schweizer Zeitung» 23 1896 115 vom 17.5.1896; Burckhardt-Koechlin 1908.

146 Georges Hochreutiner (1856–1952): Chemiker und Industrieller aus St. Gallen; Studium der Chemie in Lausanne; arbeitete ab 1887 in Industriebetrieben in Frankreich, Ungarn, Algerien. Mitgründer der Genfer «Sté Cuénod, Sauter & Cie», Herstellerin von Dynamos (ab 1918 «S.A. des Ateliers de Sécheron»); Mitarbeit beim ersten Niagarafall-Kraftwerk; ab 1897: Direktor einer metallurgischen Fabrik zur Bearbeitung von Edelmetallrückständen in Pesay b. Genf und La Chaux-de-Fonds; Mitglied des Verwaltungsrats der «Électrochimie» in Paris; 1935: Rückzug nach Lausanne. S. «L'Impartial» XVII 1897 5221 5ème édition vom 4.12.1897; «Bulletin technique de la Suisse Romande» 60 1934 8, 94 vom 14.4.1934; Notices nécrologiques 1952; Wächter/Schurter 1902, 104.

147 Charles Alexy (1856–1911) aus Genf: Bruder des bekannten Musikers und Professors der Genfer Musikakademie Adrien Alexy (1858–1946). Revisor der «Société Anonyme du vélodrome de Varembé», d.h. aus dem Umkreis der Velocipedisten und der «Bruel Frères» sowie Mitglied der «Société Genevoise de Photographie». S. «La Tribune de Genève» 17 1895 40 4ème édition vom 16.2.1895; «Journal de Genève» 82 1911 168 2ème édition vom 22.6.1911; «Revue Suisse de Photographie» III 1891 1, 3.

148 Albert Bardet (1862–1935) aus Genf: Ausbildung in Zahnmedizin in London, praktizierend ab 1881 als Zahnarzt in Genf. Bekannter von Paul Bruel. Um 1900: Beteiligung an einer Parfum- und Zahnpastafirma; 1908–1909: drei medizintechnische Patente; 1920: Präsident des «Aéro-Club Genève»; zuletzt Professor für zahnärztliche Chirurgie der Universität Genf. S. «Courrier de Genève», 17 1884 77 vom 26.6.1884; SHAB XVIII 1900 388, 1556 vom 29.11.1900; XXVII 1909 1, 4 vom 4.1.1909; u.a. «La Tribune de Genève» 20 1898 3 4ème édition vom 4.4.1898; 42 1920 76 vom 30.3.1920; «Die Berner Woche in Wort und Bild» 25 1935 16, 316 vom 20.4.1935; Espacenet s.v. Albert Bardet.

149 René Thury-Leuthold (1860–1938): Autodidaktischer Elektrotechniker und Erfinder aus Etoy/Waadt in Genf; Mechanikerlehre im väterlichen Atelier «Société Genevoise d'Instruments de Physique» (SIP). 1877–1879: Bau eines Dampf-Tricycle mit James Nussberger; 1880–1881: Aufenthalt in Amerika u.a. bei Edison; 1882: kurze Tätigkeit bei «Bürgin & Alioth», der Firma von Emil Bürgin-Turner und Rudolf Alioth in Basel; 1883–1910: Chefingenieur und produktiver Entwickler bei der Genfer «Sté Cuénod, Sauter & Cie» (ab 1918 «S.A. des Ateliers de Sécheron»); 1910–1938: selbständiger Berater und weltweit anerkannter Experte mit hohen Auszeichnungen, u.a. Dr. h.c. der ETH; Inhaber von einem Dutzend Patenten im elektrotechnischen Bereich. S. Ducry 2006; Schmid 1978, 21–23; Wüger 1963; HLS s.v. René Thury (Serge Paquier 2024); Espacenet s.v. René Thury.

150 Schmid 1967, 21–23.

151 Jakob Ringger (?–1899) aus Stallikon in Zürich; ab 1883: Inhaber der «A. Ringger», Bahnhofstrasse 14, zur Herstellung von Fournituren und zahnärztlichen Utensilien; 1892: erster Präsident der «Rennbahngenossenschaft des Velo-Club der Stadt Zürich» in der Hardau (1911 aufgelassen); ausgetreten 1893, 1895: wieder als Beisitzer im Vorstand; Zahnarzt in Zürich, bis 1.4.1896 Bahnhofstrasse 73. S. SHAB I 1883 3, 21 vom 15.1.1883 II. Theil; X 1892 104, 413 vom 28.4.1892; XI 1893 167, 680 vom 19.7.1893; XIII 1895 310, 1295 vom 19.12.1895; AB-ZH 1896, 404; StAZH Z 834.20 Spruchbuch: Schreiben von Eduard Burckhardt vom 22.3.1895, 121; Wächter/Schurter 1902, 104.

152 Heinrich Treichler-Müller (?-?): Kaufmann und Unternehmer aus Zürich. Er war ein Sohn von Heinrich Treichler-Beck (1827–1883) mit der «Wöschi», s. NZZ 73 1893 195 Zweites Blatt vom 12.7.1884; Wieser 1998. Nach dem Tod des Vaters 1884: Gründung mit Verwandten der «H. Treichler & Cie: Waschanstalt, Badeanstalt, Putzfadenwascherei, Schiffbauerei und Schiffvermietherei»; 1893: als Vertreter der «Daimler-Motoren-Gesellschaft, Cannstatt» genannt; Firmenbeteiligungen 1896–1901: «Treichler & Cie Badanstalt zur Adlerburg», Stadelhoferplatz 3; «Treichler & Cie, Schiffbau», Rüdenplatz 4; «Treichler & Cie, Waschanstalt Zürich», Seestrasse 353. Nach Rückzug aus den Geschäften tätig als technischer Delegierter der «Hydorion Internationale Wäscherei-Maschinen-Gesellschaft Zürich». S. SHAB II 1884 101, 839 vom 18.12.1884; 19 1901 6, 21 vom 8.1.1901; XXIV 1906 226, 902 vom 26.5.1906; AB-ZH 1896, 515;

153 Max Behrens (?–?): Ingenieur in Zürich; Sohn des Sello Behrens (Berliner, in Riesbach/Zürich 1885 eingebürgert). 1890: Kommanditär bzw. Prokurist der «Zollinger, Wagner & Cie», Fabrikation von Werkzeugmaschinen und Gewehrbestandteilen in Dübendorf; Konkurs der Firma 1892; ab 1893: Inhaber der «Max Behrens Werkzeug- und Maschinenfabrikation», Seestrasse 294, Zürich-Wollishofen; verkaufte u.a. Fahrräder der Marke «Turicum»; ab 1.9.1894 Kollektivgesellschaft «Behrens & Denzler» bzw. ab 1896 Alleininhaber; Verwaltungsrat der «AG Schlossbrauerei Nürensdorf»; 1897: Auflösung der Firma «Max Behrens» und Konkurs 1898. S. SHAB VIII 1890 147, 731 vom 15.10.1890; XII 1894 34, 135 vom 15.2.1894; XII 1894 197, 807 vom 3.9.1894; XIV 1896 136, 561 vom 18.5.1896; StAZH, MM 2.247 RRB 1885/0063; Z 712.53.

154 Ferdinand Birrer (1861–1937) aus Luzern: Inhaber einer Spezerei-, dann einer renommierten Velo- und Spielwarenhandlung in Luzern; bekannter Kunstturner; fuhr als einer der ersten Luzerner ein Benz-Automobil und verkaufte die Marke kurze Zeit, nebst Schreibmaschinen. 1912–1917: Präsident des «Velohändler-Verbands der Innerschweiz». S. SHAB II 1883 14 II. Theil, 103 vom 6.2.1883; XXX 1912 86, 586 vom 2.4.1912; StALU Obergericht Verhandlungs-Protokoll 1896; «Luzerner Tagblatt» 44 1895 200 vom 18.8.1895; 86 1937 141 vom 18.6.1937.

155 StALU, Obergericht Verhandlungs-Protokoll 1896, 231–232.

156 Wächter/Schurter 1902, 104.

157 Gemäss Advokat Dr. Ryf, Vertreter der «Schweizerischen Motorfahrrad-Gesellschaft» im Prozess gegen Heinrich Treichler am 6. Juni 1896; dabei ging es an diesem Tag um die Zuständigkeit des Civilgerichts im Fall der Weigerung von Heinrich Treichler zur Zahlung eines Teils der Einlage, s. StAZH, Z 834 Spruchbuch, 715.

158 StABS, Gerichtsarchiv PP 1.362 No. 517 1897, Dossier Gläubiger No. 44: Ed. Crémieux & Cie et al.; s.a. Tabelle 5. Wann genau die Kaufsummen ausgehandelt und bezahlt wurden, geht aus den vorliegenden Dokumenten nicht hervor.

159 Sarasin 1997, 58. Man kann annehmen, dass Eduard Burckhardt von den Vorgängen in Genf inspiriert war, s. z.B. Inserat von M.A. Séguin als «Représentant pour la Suisse française» von Daimler in «La Tribune de Genève» 14 1892 271 4ème éd. vom 13.11.1892. Dabei spielte der lokale Schiffbau eine wichtige Rolle, s. «La Tribune de Genève» 15 1893 150 4ème éd. vom 25.6.1893.

160 Ditzler/Rollé Ditzler 2025.

161 StALU, Obergericht Verhandlungs-Protokoll 1896, 232.

162 ASMi, T.C.P. sent. civ. 84/1896, 9–10.

163 ASMi, T.C.P. sent. civ. 84/1896, 10. Möglicherweise fand dieses Treffen zeitgleich mit der Demonstration der Motor-Bicyclettes auf der Mailänder Traberrennbahn am 27. November 1894 statt, s. Abb. 64. Dort wurden zwei Maschinen eingesetzt.

164 Übersicht über die Vorgänge um das italienische Patent in Bezug auf die «Motor-Bicyclettes System Hildebrand & Wolfmüller» und den Verkauf solcher Fahrzeuge durch die «Schweizerische Motorfahrrad-Gesellschaft» an Max Türkheimer im Plädoyer des Anwalts der Schweizer Gesellschaft vor dem Appellationsgericht in Mailand am 3.12.1896, s. ASMi, C.A. sent. civ. 497/1896, 9–12: «Sul finire dell'anno 1894 il Turkheimer convenne colla Ditta Hildebrand e Wolfmuller di Monaco, che questa gli somministrasse una quantità di bicicli detti a motore; ma poi con lettera 12 Novembre la Ditta di Monaco gli partecipava che, avendo ceduto il brevetto per l'Italia alla Società Svizzera dei veicoli a motore residente in Basilea, non poteva più eseguire il contratto, spettando esclusivamente alla compratrice il diritto di introdurre in Italia quei veicoli; e che il Signor Burckhardt direttore di questa Società sarebbe venuto a Milano ad intendersi con esso Turkheimer. Pensi (?) nel frattempo qualche macchine la Ditta di Monaco trasmise a Milano al committente, che rimarcò subito la cattiva prova delle stesse, e se ne lagnò anche col Burckhardt quando infatti venne a Milano per trattare sull'affare; ma nelle trattative sembrando al Burckhardt che il Turkheimer non fosse disposto a rilevare il contratto cosi come era stato stipulato colla Ditta di Monaco, la quale doveva fatturare le macchine al prezzo di marchi 650 con garanzia di perfetta costruzione, di ottimo materiale e di regolare funzionamento, ne derivò una lunga e astiosa corrispondenza fra le tre Ditte perché quella di Monaco ripeterà che il Türkheimer doveva assai intendersi esclusivamente colla Società Svizzera, che disponeva intieramente del brevetto italiano nonche dei prodotti di essa cedente in quando fossero da rendergli in Italia. La Società Svizzera invece non tralasciava di rassicurare il Türkheimer che coll'assumere la patente italiana aveva assunto tutte le consegne di macchine per l'Italia, come pure tutti i diritti relativi a prezzi; forniture ecc. ed invece il Türkheimer dichiarava di continuo, tanto scrivendo a Monaco, quanto scrivendo alla Società di Basilea, che non intendeva di liberare la Ditta Hildebrand, né di riconoscere per sua contraente la Società Svizzera, perché questa non gli dava un formale affidamento di rilevare intieramente il contratto. La Società Svizzera ebbe poi a consentire che in attesa di un accordo, la Ditta Hildebrand continuasse la spedizione di bicicli; a norma del di lei contratto al Türkheimer, a Milano, con che però questi versasse i relativi importi ad essa Società cessionaria (che asseriva di aver rilevato dalla Ditta di Monaco tutte quelle macchine, sborsando alla Ditta stessa una somma considerevole). Perciò la Ditta di Monaco si prestò a trasmettere a Milano delle macchine, ma il Türkheimer non desistette dai lamenti, sì pel ritardo nelle spedizioni, che per la cattiva riuscita delle macchine, delle quali cose teneva informata la Società Svizzera, e con lei pure lagnava si perché mentre si asseriva cessionaria della Ditta di Monaco non garantiva meglio l'esecuzione degli impegni da questa assunti.» [Am Ende des Jahres 1894 vereinbarte Max Türkheimer mit der Firma [Hildebrand & Wolfmüller] in München die Lieferung einer Anzahl von sogenannten Motor-Bicyclettes. Diese teilte ihm mit Schreiben vom 12. November mit, dass sie, nachdem sie das italienische Patent an die [Schweizerische Motorfahrrad-Gesellschaft] mit Sitz in Basel abgetreten hatte, den Vertrag nicht mehr erfüllen könne, da allein dem Käufer des Patents das Recht zustehe, diese Fahrzeuge in Italien einzuführen; und dass Herr Burckhardt, Direktor dieser Firma, nach Mailand kommen würde, um sich mit ihm zu verständigen. In der Zwischenzeit lieferte die Firma in München [Hildebrand & Wolfmüller] einige Maschinen nach Mailand an den Auftraggeber Max Türkheimer, der sofort die schlechte Qualität bemängelte und sich auch bei Eduard Burckhardt darüber beklagte, als dieser nach Mailand kam, um die Vertragsangelegenheiten zu besprechen. In den Verhandlungen schien Max Türkheimer nicht bereit gewesen zu sein, den Vertrag so zu übernehmen, wie er zwischen ihm und [Hildebrand & Wolfmüller] vereinbart worden war, d.h. die Motor-Bicyclettes zu einem Preis von 650 Mark mit Garantie für fehlerfreie Konstruktion, geeignete Werkstoffe und reibungslosen Betrieb. Daraus ergab sich ein langer und mühsamer Briefwechsel zwischen den drei Firmen, zumal [Hildebrand & Wolfmüller] wiederholten, dass sich Max Türkheimer ausschliesslich an die Schweizer Firma zu wenden habe, die über das italienische Patent verfüge und die darauf basierenden Produkte in Italien verkaufe. Die [Schweizerische Motorfahrrad-Gesellschaft] versäumte es jedoch nicht, Max Türkheimer zu versichern, dass sie mit der Übernahme des italienischen Patents alle Lieferungen von Maschinen nach Italien, sowie alle Rechte bezüglich Preise, Lieferungen usw. übernommen habe. Stattdessen erklärte Max Türkheimer immer wieder, wenn er sowohl nach München, als auch nach Basel schrieb, dass er weder die Absicht habe, die Firma [Hildebrand & Wolfmüller] aus der Verpflichtung zu entlassen, noch die [Schweizerische Motorfahrrad-Gesellschaft] als seinen Vertragspartner anzuerkennen, da letztere ihm keine formelle Zusicherung gab, seinen Vertrag [mit Hildebrand & Wolfmüller] in allen Teilen zu übernehmen.Dann sagte die [Schweizerische Motorfahrrad-Gesellschaft] zu, dass, bis zum Vorliegen eines Vertrages, [Hildebrand & Wolfmüller] die Lieferung von Motor-Bicyclettes fortsetzen sollen, auf Basis des [alten] Vertrags. Die aus den Lieferungen resultierenden Einnahmen hätten an die Patentinhaberin zu fliessen (die behauptete, von [Hildebrand & Wolfmüller] in München alle diese Maschinen übernommen zu haben und ihnen dafür eine beträchtliche Summe bezahlt zu haben). Also beeilte sich die Firma in München, Motor-Bicyclettes nach Mailand zu schicken, aber Max Türkheimer hörte nicht auf zu reklamieren, einmal wegen den Verzögerungen bei den Lieferungen, einmal wegen der schlechten Qualität der Motor-Bicyclettes. Darüber informierte er auch die [Schweizerische Motorfahrrad-Gesellschaft] und beklagte, dass sie die Einhaltung der Verpflichtungen durch [Hildebrand & Wolfmüller] nicht besser gewährleistet habe.] Zur Darstellung dieser Vorgänge aus Sicht von Fortunato Cases, des Anwalts von Max Türkheimer, s. ASMi, T.C.P. sent. civ. 84/1896, 9–19, ohne Widersprüche zur obigen Darstellung.

165 ASMi, T.C.P. sent. civ. 84/1896, 16.

166 StABS, Gerichtsarchiv A 456 VI: Klage, 104, 118: «Ende 1894 hatte sich die Beklagte [Schweizerische Motorfahrrad-Gesellschaft] mit der Klägerin [Maschinenbau-Gesellschaft Basel] in Verbindung gesetzt behufs Erstellung einer Anzahl solcher Motor-Fahrräder durch diese aufgrund der vorhandenen von den Erfindern hergestellten Pläne, Modelle und Zeichnungen»; das Schreiben von Eduard Burckhardt dazu datierte vom 3.1.1895.

167 Emil Bürgin-Turner (1848–1933): Basler Ingenieur und Erfinder; Humanistisches Gymnasium, Mechanikerlehre bei

«Socin & Wick», Ingenieur-Studium am Polytechnikum Zürich. 1872–1875: beschäftigt in der «Schweiz. Lokomotiv- und Maschinenfabrik» Winterthur; 1876–1880: bei der «Société Raoul Pictet & Cie» in Genf; Aufenthalte in den USA, u.a. Bekanntschaft mit Edison; 1881: Gründung mit Ludwig Rudolf Alioth in Basel der ersten schweizerischen elektrotechnischen Werkstätte zur Herstellung von Glühlampen und Dynamos; 1884: Gründung der ersten schweizerischen Eisfabrik in Basel; Einführung der Produktion flüssiger Kohlensäure; ab 1888: Delegierter des Verwaltungsrats der «Maschinenbau-Gesellschaft Basel». Inhaber von 11 Patenten, u.a. Neuerung an Motor-Zweirädern, Aufhängevorrichtung an Büchergestellen, Siphonflasche, Feuerungsanlage mit Rauchverzehr. S. Jegher 1933; Wüger 1973; HLS s.v. Emil Bürgin (Niklaus Landolt 2005); Madörin 2024; Espacenet s.v. Emil Bürgin.

168 Exposition universelle internationale de 1889 à Paris 1889: Groupe VI, Classe 62: Électricité, Suisse No. 5.

169 SHAB VI 1888 60, 468 vom 5.5.1888: «‹Maschinenbau-Gesellschaft Basel›, gegründet am 1. Mai 1888 durch Ankauf der Maschinenfabrik, Eisengiesserei und Kesselschmiede der Firma ‹Socin & Wick›»; s.a. Inserat in «Der Bund» 47 1896 254 Erstes Blatt vom 11./12.9.1896.

170 StABS Erziehungsacten Q 9 Kollokationstabellen des Humanistischen Gymnasiums 1859–1865.

171 ASMi, C.A. sent. civ. 497/1896, 32–33: «In sostanza lo stesso Burckhardt con sua lettera 31 Dicembre 1894 informava il Türkheimer dei motivi del ritardo da parte della Ditta di Monaco ad eseguire la spedizione delle biciclette commessele, ed erano che si trattava di cosa nuova, non ancora esperimentata, non ancora perfetta, che abbisognava di continue riforme, e la cui fabbricazione incontrava continui ostacoli ed impedimenti. Ma dunque né la Ditta di Monaco, né la rilevataria Società Svizzera, erano in grado di somministrare le 77 biciclette commesse dal Türkheimer!» [Im Wesentlichen teilte Burckhardt in seinem Brief vom 31. Dezember 1894 Max Türkheimer mit, warum sich die Lieferung der zugesagten Fahrräder durch die Münchner Firma verzögert hatte; nämlich, weil es sich um ein neues, noch nicht erprobtes, noch nicht ausgereiftes Produkt handelte, das laufend verbessert werden müsse und dessen Herstellung immer wieder auf Schwierigkeiten und Hindernisse stosse. Weder die Münchner Firma noch die übernehmende Schweizerische Gesellschaft seien in der Lage, die 77 von Max Türkheimer bestellten Motor-Velos zu liefern!]

172 Zum Gesamtbetrag: 77 × 650 Mark = 50 050 Mark. S. ASMi, T.C.P. sent. civ. 84/1896, 14–15 mit der leicht abweichenden Version des Anwalts von Max Türkheimer, der den Händlerpreis nannte und die Lieferverpflichtung betonte: «Ritornando dunque ai carteggi dalla Ditta Svizzera convenuta inviati all'attore, è un fatto positivo e da niuno contestato che a partire dal 31 Dicembre 1894 la convenuta si dichiara edotta che il Türkheimer deve ricevere da Monaco una data quantità di machine con certi determinati numeri a marchi 650 per marchi 50,000 di cui erano stati anticipati 3000 ad Hildebrand e Wolfmüller con avvertenza che fosse qualche numero lo potrebbe ricevere più presto dalla Svizzera, ma se invece facesse più presto Monaco allora spedirebbe Monaco.» [Zurück zur Korrespondenz, die von der beklagten Schweizer Firma an den Kläger Max Türkheimer geschickt wurde mit der unbestrittenen und positiven Mitteilung, dass sich die Beklagte ab dem 31. Dezember 1894 bekennt, dass Max Türkheimer von München eine bestimmte Anzahl Maschinen mit bestimmten [Bestellnummern] à 650 Mark pro Stück für insgesamt 50 000 Mark erhält. Davon wurden [Hildebrand und Wolfmüller] bereits 3000 Mark als Vorauszahlung überwiesen. Zudem wies Burckhardt darauf hin, dass Türkheimer die Motor-Bicyclettes aus der Schweiz erhalten würde, falls er schneller liefern könne und umgekehrt.]

173 StABS, Gerichtsarchiv A 456 VI: Klage, 104, 118–119, d.h. ab Beilage 8 zur Klage; der Inhalt der Beilagen 8–10 kann allerdings nur vermutet werden, da sie im Gerichtsprotokoll nicht angesprochen wurden.

174 StABS, Gerichtsarchiv A 456 VI: Klage, 104.

175 StALU, Obergericht Verhandlungs-Protokoll 1896, 232; s.a. Tabelle 5.

176 René Thury aus nicht bekannten Gründen; Max Behrens wohl infolge wirtschaftlicher Probleme, denn er geriet 1898 in Konkurs, s. StAZH, Z 712.53; seine Einlage verblieb bei 2000 Franken; s.a. Tabelle 5.

177 Wächter/Schurter 1902, 104.

178 StABS, Gerichtsarchiv PP 1.362 No. 517 1897, Dossier Gläubiger No. 44: Ed. Crémieux & Cie et al. Leider konnten weder der Vertrag vom 1.11.1894 noch das Protokoll der Sitzung vom 17.1.1895 im Wortlaut gefunden werden.

179 «Der schweizerische Velosport» 5 1895 4, 27 vom 25.1.1895.

180 «Le Vélosport Suisse» 5 1895 4, 26 vom 25.1.1895.

181 Dafür verlangte er später Schadensersatz von der «Schweizerischen Motorfahrrad-Gesellschaft», s. ASMi, T.C.P. sent. civ. 84/1896, 3: «[...] nonché delle spese fatte per le Esposizioni di Milano e di Torino, e quelle di viaggio e stipendio rifuse al monteur mandato espressamente della fabbrica, di réclame, prove ad Asti e Firenze e giacenze ecc. in complessive £ 2179.50.» [[...] sowie die Kosten für die Ausstellungen in Mailand und Turin, die vom Werk nicht bezahlten Reise- und Lohnkosten für den eigens von der Fabrik geschickten Monteur, sowie für die Reklame, die Demonstrationen in Asti und Florenz, Lagerbestände usw. in Höhe von insgesamt 2179,50 Lire.]

182 Ceirano, Giovanni Battista (1865–1948): einer von vier Uhrmacher-Söhnen aus Cuneo; mit den Brüdern Giovanni, Matteo, Ernesto ab 1883 in Turin als Veloverkäufer, -hersteller (Marke «Welleyes»), ab 1898: Voiturettes und Automobile unter verschiedenen Firmen- und Markennamen; 7 Patente zu Erfindungen im Fahrzeugbereich; 1895: als exzellenter Mechaniker Demonstrationsfahrer für Max Türkheimers «Hildebrand & Wolfmüller» in Oberitalien. Am 28. Mai 1895 bestritt er neben Paul Bruel das erste italienische Auto-Rennen (eigentlich eine Demonstrationsfahrt) von Turin nach Asti; 1904–1929: Gründung weiterer Autofirmen, die in FIAT aufgingen. Mazzonis 1963 kommt zum Schluss: «Non è facile raccontare, anche brevemente, la storia dei Ceirano e delle loro automobili, perché le notizie che di essi ci sono pervenute risaltano stranamente incerte, frammentarie, contradditorie, e loro esuberanti parallele attività hanno contribuito ad ingarbugliare la matassa. [...] Lavoratori tenaci, estrosi e geniali, con il senso della meccanica innato, i Ceirano rimasero, in pratica, sempre degli artigiani, anche quando si trovarono a capo di centinaia e centinaia di operai, perché quelle e loro natura semplice, ingenua, quasi primitiva. E proverbiale rimase anche il loro carattere turbolento, impulsivo, che non solo con gli altri, ma nemmeno fra loro. Questo è il principale motivo delle molte aziende da essi create; facevano e disfacevano società, officine, fabbriche con una facilità, una leggerezza impressionanti, come si trattasse di cambiar casa.» [Es ist nicht einfach, auch nur kurz die Geschichte der Ceiranos und ihrer Autos zu erzählen, denn die Nachrichten über sie waren seltsam unsicher, fragmentarisch, widersprüchlich. Ihre

überschwänglichen, parallelen Aktivitäten trugen dazu bei, dass sich ihre Geschichte als sehr kompliziert erweist. [...] Hartnäckige, extrovertierte und geniale Arbeiter mit angeborenem Sinn für das Mechanische, blieben die Ceiranos praktisch immer Handwerker, selbst wenn sie an der Spitze von Hunderten von Arbeitern standen, weil sie von einfacher, naiver, fast primitiver Natur waren. Und sprichwörtlich blieb auch ihr turbulenter, impulsiver Charakter, nicht nur gegenüber anderen, sondern auch untereinander. Das ist der Hauptgrund für ihre vielen Unternehmen; sie haben Gesellschaften, Werkstätten, Fabriken mit einer beeindruckenden Mühelosigkeit und Leichtigkeit geschaffen und aufgelöst, als ginge es um einen Wohnungswechsel.] S. a. Treccani s. v. Ceirano, Giovanni; Espacenet; Wikipedia: «Giovanni Battista Ceirano» 2023.

183 In diesem Zusammenhang wurden genannt Angelo Scarienzi in ASMi, C. A. sent. civ. 497/1896, 1; Peracchi und Bozzi in ASMi, T. C. P. sent. civ. 84/1896, 3–4. Alle diese Personen konnten nicht näher identifiziert werden.

184 Giuseppe Alberti, aus Florenz. Vertreter von Max Türkheimer für Motorräder «Hildebrand & Wolfmüller». Nur aus Bericht in «Allgemeine Zeitung (München)» 97 1895 49 vom 18. 2. 1895 bekannt. S. a. Abb. 75.

185 Heinrich Wilhelm Schladitz (1844–1903): Schlosser und Unternehmer. Um 1878: Gründung einer Nickelplattierungsgesellschaft «H. W. Schladitz» in Dresden; 1881–1886: «Schladitz und Bernhard», Geldschrank, Vernickelungs-, Schleif- und Polieranstalt; 1888 «Dresdener Velociped-Fabrik Schladitz & Bernhard»; 1891: «H. W. Schladitz, Fahrrad-, Geldschrank- und Maschinenfabrik, sowie Vernickelungsanstalt»; 1894: Patentierung einer Fahrradbremse; ab 1896: als Direktor der an der Dresdner Börse kotierten «Actiengesellschaft Fahrrad- und Maschinenfabrik (vormals ‹H. W. Schladitz›) zu Dresden», die er für rund 790 000 Mark an Investoren verkaufte; 1898–1902: Filialfabrik in Bodenbach/Böhmen (heute Děčín in Tschechien); 1901: «Akt.-Ges. Panzerkassen- Fahrrad- u. Maschinen-Fabriken vorm. H. W. Schladitz»; 1916–1932: Schladitz-Werke AG. S. Espacenet s. v. Heinrich Schladitz; Verein VeloKultur 2020; Köhler 2020; «Allgemeine Zeitung» (München) 97 1895 73, Morgenblatt vom 13. 3. 1895.

186 StABS, Gerichtsarchiv A 439 II: Klage, 806. Etwa gleichlautende Formulierung von der «Maschinenbau-Gesellschaft Basel», s. StABS, Gerichtsarchiv A 456 VI: Klage, 104.

187 StABS, Gerichtsarchiv A 439 II: Klage, 806–807. Die Firma Schladitz verlangte die Zurverfügungstellung eines Mustergestells sowie diverser Pressteile (Benzinkessel, Hinterrad, Wasserbehälter und eine Benzinlampe) als Vorbedingung für die Produktionsaufnahme, worauf Eduard Burckhardt sie beschied, sie solle die Teile bei «Hildebrand & Wolfmüller» besorgen. StABS, Gerichtsarchiv A 439 II: Klage, 808: «[...] über die Zahlungsbedingungen schreibt [H. W. Schladitz]: ‹Bezüglich der Zahlungsbedingungen gestatte ich mir zu bemerken, dass mir die Herren Hildebrand & Wolfmüller, für welche ich 400 Gestelle im Auftrag habe Mk. 10,000.– anzahlten und mir für die Restbeträge nach jeder Lieferung Dreimonatsaccepte geben und bitte ich um Ihre gefl. Rückäusserung, wie sie diese Angelegenheit wünschen.›»

188 StABS, Gerichtsarchiv A 439 II: Klage, 805–814. Die «Schweizerische Motorfahrrad-Gesellschaft» bezog für 22 145.70 Franken Teile von «H. W. Schladitz» in Dresden; Tabelle 5.

189 ASMi, T. C. P. sent. civ. 84/1896, 16–17 (die unterstrichenen Texte sind Zitate aus einem Schreiben von Eduard Burckhardt und so im Gerichtsprotokoll auch vermerkt). «Vi ripetiamo volontieri che noi abbiamo assunto l'impegno di fornirvi tutte quelle macchine che all'epoca in cui subentrammo all'azienda erano fissate a Monaco a meno che dette macchine, a seconda del loro turno d'iscrizione non possono essere eseguite prima da Monaco stessa. Svantaggi riguardo alla consegna sono tutti a vostro favore. Non ci fu impronto alcun obbligo da Monaco, ma abbiamo avuto l'intenzione fin da principio di procedere con tutti i riguardi e di rispettare tutto il possibile gli impegni esistenti. Tutti i nostri rapporti con voi dimostrano se siamo eventualmente pronti di concludere un nuovo contratto con voi sulle basi di quello che avete prima combinato colla Ditta Hildebrand e Wolfmüller; e via continuando di questo passo si giunge fino all'epoca (4 Febbraio 1895) in cui Burckhardt in forma ufficiale ed in nome della Società Svizzera accetta un'offerta di Türkheimer per 100 motori bicicli a marchi 650 rispettivamente a franchi 812,50 da Monaco, rispettivamente dalla Svizzera, e 46 detti a franchi 1000 franco di dazio e porto costi (ossia a Milano), constatando che si va avvicinandosi ad una definitiva conclusione sul terreno degli affari, sebbene la scrivente Società non sia in grado di accettare tal quale la offerta ed esibendo in giornata, con relativo impegno fino al 7 Febbraio 1895, 80 motori a ruote a franchi 812.50 netti dalla Svizzera e 70 detti a franchi 1100 netti, franchi di porto (senza dazio) assieme 150 pezzi da consegnarsi gradatamente dal marzo fino all'agosto 1895.» [Gerne wiederholen wir, dass wir uns verpflichtet haben, Ihnen alle Maschinen zu liefern, die zu der Zeit, als wir das Geschäft übernommen haben, mit München vereinbart waren. Eine Ausnahme besteht, wenn diese Maschinen aufgrund der Reihenfolge der Bestellungen in München nicht früher hergestellt werden können. Nachteile in Bezug auf die Lieferung sind alle zu Ihren Gunsten. München hat uns keinerlei Verpflichtungen auferlegt, aber wir wollten von Anfang an mit aller Sorgfalt vorgehen und die bestehenden Verpflichtungen so weit als möglich einhalten. Alle unsere Beziehungen zu Ihnen zeigen, dass wir eventuell bereit sind, einen neuen Vertrag auf der Grundlage dessen zu schliessen, was Sie zuvor mit der Firma [Hildebrand und Wolfmüller] vereinbart haben; und so ging es weiter bis (am 4. 2. 1895) Burckhardt offiziell und im Namen seiner Gesellschaft ein Angebot von Max Türkheimer für 100 Motor-Fahrräder à 650 Mark respektive à 812.50 Franken aus München respektive der Schweiz, und 46 solche à 1100 Franken franko Zoll und Transportkosten (d. h. Mailand) entgegennahm; insgesamt 150 Stück sukzessive zu liefern ab März bis August 1895. Dabei stellte er fest, dass man sich einem endgültigen Abschluss nähere, obwohl seine Gesellschaft nicht in der Lage sei, das Angebot in der vorliegenden Form anzunehmen. Bis zum 7. 2. 1895 offenbleibend, bot er 80 Motorräder à 812.50 Franken netto aus der Schweiz und 70 à 1100 Franken franko Transportkosten (ohne Zoll), insgesamt 150 Stück, die schrittweise von März bis August 1895 geliefert werden sollten.] Anmerkung: Der im Zitat genannte Preis von 1000 Lire statt 1100 Lire war mit Sicherheit ein Schreibfehler im Gerichtsprotokoll, der hier korrigiert wurde.

190 ASMi, C. A. sent. civ. 497/1896, 17–18: «Rimaneva tra le parti in causa solo ad appianarsi qualche differenza sui prezzi, del resto tutto era combinato ma tardava l'arrivo delle macchine, del che si lagnava il Türkheimer con entrambe. Le case contraenti e mentre da Monaco gli si riseriveva di rivolgersi a Basilea, da quest'ultima città si rispondeva tenendo fermo sulla intesa per la esecuzione del contratto fatto a Monaco e sulla base di £ 812,50, ma avertendo che per la consegna della sede di Monaco 406–429 si poteva far calcolo appena per i primi di giugno [...]» [Es blieben zwischen den Parteien nur noch einige kleinere

Preisdifferenzen. Im Übrigen war alles geregelt. Aber die Ankunft der Maschinen verzögerte sich, worüber sich Max Türkheimer bei den Vertragspartnern beklagte. Von München erhielt er die Antwort, dass er sich an Basel wenden solle. Basel hielt an der Vereinbarung über die Ausführung des in München [1894] gemachten Vertrages auf der Grundlage von 812.50 Lire fest, aber mit dem Hinweis, dass die Lieferung der Bestellnummern 406–429 von München erst in den ersten Tagen Juni [1895] erfolgen könne.] Über den Inhalt der noch vorhandenen Preisdifferenzen schweigen sich die Protokolle aus; vermutlich ging es um die Verrechnung der Transportkosten und Zölle.

191 ASMi, C.A. sent. civ. 497/1896, 21–22 (die unterstrichenen Texte sind Zitate aus einem Schreiben von Eduard Burckhardt und so im Gerichtsprotokoll auch vermerkt). «Fra le molte lettere che si potrebbero qui riferire, basterà poi menzionare quella 27 Febbraio 1895, colla quale la Società Svizzera persino intimava al Türkheimer di ritirarsi dall'affare se non si induceva a riconoscerla come arbitra assoluta della vendita di quei motori in Italia; ma anche da quella lettera non si comprende se intenda parlare del contratto già esistente colla Hildebrand per le 77 biciclette di Monaco, o di un contratto nuovo per altre macchine da somministrarsi da essa Società Svizzera: Sapete che noi abbiamo acquistato e pagato tutto l'intero affare dei motori a ruote per la Svizzera e l'Italia. Questi paesi sono interamente di nostra spettanza. Questo fatto lo dovete accettare o bene o male, oppure ritirarsi dall'affare. Ad anta degli schiarimenti che vi abbiamo dati, sembra che voi facciate sempre calcolo su Monaco. [...] Non vi desiderate a credere che dovete sciogliersi da Monaco ecc ecc.» [Unter den vielen Briefen, auf die man sich beziehen könnte, genügt es, jenen vom 27. Februar 1895 zu erwähnen, in dem die [Schweizerische Motorfahrrad-Gesellschaft] Max Türkheimer sogar aufforderte, sich aus dem Geschäft zurückzuziehen, wenn er sich nicht vorstellen könne, dass sie die einzige Entscheidungsbefugte in Sachen Verkauf dieser Motor-Bicyclettes in Italien sei. Aber auch aus diesem Brief geht nicht hervor, ob die [Schweizerische Motorfahrrad-Gesellschaft] über den bereits bestehenden Vertrag mit [Hildebrand & Wolfmüller] bezüglich der 77 Motor-Bicyclettes aus München oder von einem neuen Vertrag für von ihr zu liefernden Maschinen sprechen will: Sie wissen, dass wir das ganze Geschäft mit den Motor-Bicyclettes für die Schweiz und Italien gekauft und bezahlt haben. Diese Länder fallen in unsere Zuständigkeit. Das müssen Sie im Guten wie im Schlechten hinnehmen oder sich aus dem Geschäft zurückziehen. Trotz unseren Erläuterungen scheinen Sie noch immer mit München zu rechnen. [...] Sie wollen nicht glauben, dass Sie sich von München trennen müssen etc. etc.]

192 ASMi, T.C.P. sent. civ. 84/1896, 23: «Ma il Türkheimer allora si senti in dovere di avvertire, ed avverti la controparte che se aveva scritto alla casa di Monaco di volersi attenere esclusivamente a lui, gli era perché la casa di Basilea non si spiegava mai sulla invocata garanzia dal contratto di Monaco, di questa comunicazione il Sig. Burckhardt si limitò ad accusare ricevuta.» [Doch Max Türkheimer fühlte sich in der Pflicht, die Stimme zu erheben und darauf hinzuweisen, dass, wenn er [Hildebrand & Wolfmüller] geschrieben habe, so sei das, weil die [Schweizerische Motorfahrrad-Gesellschaft] sich nie zu den im Münchner Vertrag festgelegten Garantien geäussert habe; Herr Burckhardt habe nur deren Empfang bestätigt.]

193 Man kann wohl davon ausgehen, dass die Kosten für den Transport und den Zoll wie schon bisher abgemacht verrechnet wurden.

194 ASMi, T.C.P. sent. civ. 84/1896, 20–21 (die unterstrichenen Texte sind Zitate aus einem Schreiben von Eduard Burckhardt und so im Gerichtsprotokoll auch vermerkt). «Ciò diede luogo alla autorizzazione conferita dalla Società Svizzera alla Società di Monaco di spedire la macchina N 244 e cosi pure di fare la consegna eventuale d'altre macchine in conto delle 77 acquistate, e la stessa Società Svizzera que faceva finire la dichiarazione univa la fattura del Numero inviato e prometteva di mandare al suo tempo la fattura anche di quelle che sarebbero state spedite di (?) poi scrivendo ulteriormente a Türkheimer che avrebbe eseguita l'ordinazione conferitale di 80 biciclette a motore brevetto Hildebrand e Wolfmüller a £ 1100 da consegnarsi successivamente sino a fine Luglio al più tardi con promessa che nel frattempo si farà da essa Società di Basilea contemporanea consegna anche delle macchine ordinate a Monaco per lo meno la prima serie di esse. A questo la Schweizerische faceva seguire l'altra dichiarazione ora si è raggiunto l'accordo.» [Dies führte dazu, dass die [Schweizerische Motorfahrrad-Gesellschaft] [Hildebrand & Wolfmüller] ermächtigte, die Motor-Bicyclette Nummer 244 und auch eventuell andere Maschinen auf Rechnung der schon akquirierten 77 zu liefern. Die Schweizer Gesellschaft erstellte dazu die Papiere und die Rechnung für die gelieferten Motor-Bicyclettes. Sie versprach, die weiteren Lieferungen zu gegebener Zeit ebenfalls in Rechnung zu stellen. Danach schrieb sie weiter an Max Türkheimer, dass sie die Bestellung der 80 ‹Motor-Bicyclettes System Hildebrand & Wolfmüller› zum Preis von 1100 Lire ausgelöst habe und mit der Lieferung spätestens Ende Juli beginne; auch in der Zwischenzeit versprach sie, Motor-Bicyclettes zu liefern, die, mindestens für die erste Serie, in München bestellt würden. Nachfolgend erklärte die [Schweizerische Motorfahrrad-Gesellschaft]: Jetzt wurde eine Einigung erzielt.]

195 Das genaue Datum des Vertragsabschlusses ist nicht bekannt. Das letzte Schreiben in diesem Zusammenhang ist mit 12. März 1895 datiert, s. ASMi, C.A. sent. civ. 497/1896, 20.

196 StABS, Gerichtsarchiv A 456 VI: Klage, 105: «Während der Ausführung [der Motor-Bicyclettes] hatte der Chef [...] Herr E. Burckhardt sowie dessen Angestellter, Schlosser Popp, freien Zutritt zu den Werkstätten der [Maschinenbau-Gesellschaft Basel].»

197 AB-BS 1898, 307: «Monteur»; es handelte sich eher um eine Stellen-/Funktionsbezeichnung; auch Eduard Burckhardt kündigte ihn in seinem Bericht aus München als «Monteur» an.

198 StABS, Strassenkontrolle PD-REG 14a 1-1/530: Umzug am 1.2.1897 vom Müllerweg 144 an die Sulzerstrasse 13; s.a. AB-BS 1894 ff. Wann Lorenz Popp in Basel Wohnsitz genommen hat, lässt sich aus den Akten nicht genau rekonstruieren; aufgrund des Tempos, das Eduard Burckhardt beim Bau der Motor-Bicyclettes vorlegte, dürfte er sofort nach der Abmeldung in München nach Basel (an den Müllerweg 144?) übergesiedelt sein.

199 In der kurzen Schweizer Velorenn-Karriere konnten folgende Resultate von Lorenz Popp eruiert werden: 1.9.1895: VIII. Bundesrennen des Schweizerischen Velocipedisten-Bundes in Zürich, Junior Bicyclette 2000 Meter: 3. (NZZ 116 1895 243 1. Abendblatt); 22.6.1896: Internationales Velo-Rennen in Basel, Eröffnungsfahren 1000 Meter: 2. / Schweizerisches Record-Fahren 30 000 Meter: 2. («Der Bund» 47 1896 173); 23.–25.7.1896: Éliminatoires du Grand Prix de l'Exposition à Genève, IVe série: 3. / Essais de record du tour de piste 400 mètres: 3. / Internationale tandem

2000 mètres 1ère série: 3. (Popp-Käser) («La Tribune de Genève» 18 1896 172 4ème éd.); 27.7.1896: Grand concours international de vélocipédie à Genève, Handicap international 870 mètres: 3. («Le National Suisse» 41 1896 177); 30.8.1896: IX. Bundesrennen des Schweizerischen Velocipedisten-Bundes in Basel, Bicyclette-Meisterschaftsfahren 10 000 Meter: 3. («Der Bund» 47 1896 243 2. Blatt); 3.10.1896: II. Centralschweizerisches Velorennen, Meisterschaftsfahren des Vierwaldstättersees: 2. / Schlussrennen: 2. («Der Bund» 47 1896 278 2. Blatt).

200 Eine Liste der Lohnbezüger im Sommer 1897 findet sich in: StABS, Gerichtsarchiv PP 1.362 No. 517 1897, Kontokorrent von A. Schmidt-Lanz über die Geschäftstätigkeit Juli bis August 1897.

201 (Heinrich) Emanuel Bernoulli (1865–1925), Stroux: BnK-10-Em; aus Basel. Ca. 1896–1898 Kassier und Buchhalter von Eduard Burckhardt, daneben eigene Agentur am Müllerweg 120; Sohn des Kaufmanns und Verwalters der Kunsthalle Emanuel August Bernoulli-Müller, Stroux: BnK-10-Em. Gemäss AB-BS 1890–1892 als Commis bei den Eltern Eulerstrasse 11 wohnhaft; 1910–1918: Buchhalter am Petersgraben 22. S. StABS, Gerichtsarchiv PP 1.362 No. 517 1897, Kollokationsplan, 2: dort verzeichnet als «Herr Emanuel Bernoulli, Kassier & Buchhalter»; HFLS s.v. Heinrich Emanuel Bernoulli.

202 Emil Benoit (?–?): eventuell 1883 Vorstandsmitglied des «Velo-Club Biel»(?); aktives Mitglied des «Bicycle-Club Basel». S. StABS, Handel und Gewerbe GGG 1.5. Velokontrolle 1-2199; «Tagblatt der Stadt Biel» 21 1883 214, 6; Stählin 1943, 6.

203 Adolf Schmidt-Lanz (?–?). 1887: «Inspecteur» für «La Providence» (Eduards letzte Arbeitgeberin in Belgien) in der Schweiz; 1891: selbständiger Vertreter der «Soleil»-Lebensversicherungen; 1891–1898: Inhaber der Geschirrhandlung «Ad. Schmidt-Lanz» in Aarau; ab 1893/1894: Aargauer Rechtsdomizil der «Star Lebensversicherungen» und der «Oberrheinischen Versicherungs-Gesellschaft»; nach Mitte 1897 nahtlose Übernahme der Versicherungs-Generalvertretungen der «Ed. Burckhardt» durch eine neue Firma «Schmidt & Staehelin» zusammen mit Fritz (Friedrich) Stähelin-Bernoulli (Abb. 2), Cousin von Eduard und jüngerem Bruder von dessen erstem Compagnon in Basel, Ernst Stähelin. S. SHAB V 1887 13, 95 vom 3.2.1887; IX 1891 65, 269 vom 23.3.1891; XI 1893 232, 943 vom 3.11.1893; XIII 1895 57, 238 vom 6.3.1895; SHAB XV 1897 216, 885 vom 20.8.1897; SHAB XV 1897 277, 1135 vom 5.11.1897; SHAB XII 1894 146, 597 vom 18.6.1894; SHAB XV 1897 284, 1163 vom 16.11.1897; SHAB XVI 1898 108, 443 vom 5.4.1898; StABS, Gerichtsarchiv PP 1.362 No. 517 1897, Dossier Gläubiger No. 48: Adolf Schmidt-Lanz; Tabelle 11.

204 SHAB V 1887 13, 95 vom 3.2.1887; IX 1891 65, 269 vom 23.3.1891; XI 1893 232, 943 vom 3.11.1893; SHAB XII 1894 146, 597 vom 18.6.1894.

205 SWA HS 255 A 12–75.

206 Details in SWA HS 255 A 12–75. Das Kleingedruckte dazu lautete: «Alter 40 Jahre, Jahresprämie Fr. 325.–, nach dem Ergebnis der bisherigen Gewinn-Vertheilungen.»

207 Details in SWA HS 255 A 12–75. Die Differenzen zwischen den ausgewiesenen Bonuszahlungen in Abb. 77 und denjenigen in Abb. 78 konnten nicht aufgelöst werden.

208 ASMi, T.C.P. sent. civ. 84/1896, 21: «Burckhardt personalmente poi e nella preindicata sua qualità aveva egli pure, nel 20/3/95 dato affidamento a Türkheimer che la Società Svizzera aveva accettato anche l'ordinazione delle nuove 80 macchine le condizioni (persino sulla valuta) imposte dallo stesso Türkheimer fra cui era quella della precedenza d'esecuzione del contratto delle 70 macchine di antica commissione, su quella delle 80 macchine a franchi 1100. Due tratte di £ 4000 l'una in conto ed in garanzia delle spedizioni fatte o da farsi da Monaco furono dal Sig. Burckhardt rimesse al Türkheimer per l'accettazione e da questi accettate e ritornate […]» [Dann, am 20. März 1895, vertraute Eduard Burckhardt persönlich Max Türkheimer an, dass die [Schweizerische Motorfahrrad-Gesellschaft] der Bestellung der 80 neuen Maschinen (sogar in Bezug auf die Währung) zugestimmt habe. Dazu gehörte auch die Forderung von Max Türkheimer, dass die 70 Maschinen aus der alten Bestellung vor den 80 à 1100 Franken zu erfolgen habe. Zwei Wechsel über 4000 Lire auf Rechnung und in Garantie der von München aus erfolgten und zu erfolgenden Lieferungen wurden von Eduard Burckhardt an Max Türkheimer geschickt und von diesem zurückgeschickt […]]

209 StABS, Gerichtsarchiv A 439 II: Klage, 808: «Gleiche Verhältnisse wie München» forderten die Basler in Bezug auf die Zahlungsbedingungen.

210 StAZH, Z 834.20.1 Spruchbuch, 113–115, in Teilen auch StABS, Gerichtsarchiv A 456 VI: Klage, 104–105.

211 StAZH, Z 834.20.1 Spruchbuch, 121. Jakob Ringger hat den Vertrag abgezeichnet, ebenso Georges Hochreutiner, s. Wächter/Schurter 1902, 104: «Unterschrift: rechts der Stempel ‹Schweiz. Motorfahrrad-Gesellschaft›, darunter die Unterschrift ‹Ed. Burckhardt›, links davon ohne Zusatz untereinander ‹G. Hochreutiner› und ‹J. Ringger›.»

212 Spies 1988, 31–33; Kron 2008, 54 zur Problematik dieser Nummern.

213 StABS, Gerichtsarchiv A 456 VI: Urteil, 150.

214 «Münchner Neueste Nachrichten» 48 1895 154 Vorabend-Blatt vom 3.4.1895; «Münchener Ratsch-Kathl» 7 1895 28 vom 6.4.1895; «Allgemeine Zeitung (München)» 97 1895 101 Morgenblatt vom 11.4.1895.

215 Schwipps 2005, 34. Im Nachruf auf Heinrich Hildebrand ist von 1200 Beschäftigten bereits im Jahr 1894 die Rede, s. «Münchner Neueste Nachrichten» 81 1928 241: Sport-Zeitung vom 4.9.1928. Duncan nannte als Jahr für diesen Beschäftigungsstand 1893, s. Duncan o.D. (ca. 1926), 373. Diese Angaben sind vor allem wegen der zeitlichen Einordnung falsch! Auf welche Quelle sich die beiden über 30 Jahre später stützten, konnte nicht eruiert werden.

216 Die passend gemachten Teile einer Teilegruppe erhielten je eine spezielle, eingepunzte Nummer, damit sie nach dem Vernickeln und Lackieren wieder richtig zusammengesetzt werden konnten, s. Spies 1988, 31–33, 70–71; Kron 2008, 54.

217 StABS, Gerichtsarchiv A 456 VI: Klagbeantwortung, 130.

218 Duncan o.D. (ca. 1926), 379: «We soon found that the ‹Petrolette› listed at £ 60 was costing us nearer £ 100 after adding unforeseen incidental expenses. For instance, we had not calculated that before it could be tuned up to run satisfactorily, each machine had to be taken to pieces three or four times at the works.» [Wir stellten schnell fest, dass uns die für 60 Pfund [1513 Franken/Francs, 1220 Mark] kalkulierte «Pétrolette» nach Einrechnung der unvorhergesehenen Zusatzkosten eher 100 Pfund [2522 Franken/Francs, 2034 Mark] kostete. So hatten wir beispielsweise nicht damit gerechnet, dass jede Maschine, bevor sie zufriedenstellend lief, im Werk drei- oder viermal zerlegt werden musste.]

219 Neben den bereits genannten Firmen «Hölter & Hartmann» aus Frankfurt am Main für die «Veith's Pneumatic»

und «H. W. Schladitz» aus Dresden für die Gestelle lassen sich in der «Neuen Münchner Gerichts-Zeitung» nach der Zahlungseinstellung von «Hildebrand & Wolfmüller» im August 1895 eine Anzahl Lieferanten feststellen, die Wechselforderungen anmeldeten, wobei die Namen nur verkürzt vermerkt wurden.

«Neue Münchner Gerichts-Zeitung» 2 1895 61–73:
Andreas Sedlmayer, Wechselforderung 3337,20 Mark, 18.8.1895;
Robert Sedlmayer, Wechselforderung 3591,90 Mark, 18.8.1895;
Schneider, Wechselforderung 1281,09 Mark, 21.8.1895;
Adler, Wechselforderung 4000,00 Mark, 21.8.1895;
Berliner Werkzeugfabrik, Wechselforderung 2202,64 Mark, 21.8.1895;
Bauer, Wechselforderung 1338,72 Mark, 21.8.1895;
Bayerische Vereinsbank, Wechselforderung 1120,00 Mark, 25.8.1895;
Faul & Kubics, Wechselforderung 846,95 Mark, 25.8.1895;
Kron, Wechselforderung 487,85 Mark, 25.8.1895;
Kron, Wechselforderung 400,00 Mark, 25.8.1895;
Kron, Wechselforderung 460,00 Mark, 25.8.1895;
Marschütz & Cie, Wechselforderung 400,00 Mark, 8.9.1895;
Schwarzenberg, Wechselforderung 800,32 Mark, 22.9.1895;
Maschinenbaugesellschaft, Wechselforderung 400,00 Mark, 22.9.1895;
?, Wechselforderung 300,00 Mark, 29.9.1895;
Mosse, Wechselforderung 1790,00 Mark, 29.9.1895;
Fahr, Wechselforderung ? Mark, 29.9.1895.

Im Antrag der Gläubigerversammlung vom 2. November 1896 an das Königliche Amtsgericht München I betreffend den Zwangsvergleich im Konkurs von «Hildebrand & Wolfmüller» werden zusätzlich die Namen der folgenden Gläubiger genannt: Kram, Allondo und Katzenberger, s. DMA NL 058/046. Sie haben die Gläubigerversammlung vorzeitig verlassen.

220 Das war die Erfahrung der «Daimler-Motoren-Gesellschaft» (DMG) ab 1890, s. Hanf 1980, 25: «Erfahrene Arbeitskräfte für den Motorenbau zu bekommen, war damals sehr schwierig, wenn nicht unmöglich. [...] Im Zuge der schnellen Ausweitung der Produktion nach 1890 mußte seitens der DMG von hohen Anforderungen bei den Neueingestellten abgerückt werden mit der Folge, daß schon bald die qualitative Ausführung der abgelieferten Motoren nicht mehr den Ansprüchen der Kundschaft entsprach und der gute Ruf der Firma aufs Spiel gesetzt wurde. Bereits im dritten Geschäftsjahr (1892/93) mußten 21% der ausgelieferten und fakturierten Motoren, 1893/94 immer noch 16% als ‹Retourwaren› zurückgenommen werden.» Hanf bezog sich dabei auf Sass 1962, 203.

221 Förster 1992, 188; 192.

222 Siebertz 1943, 148: «Beim Wagenbauer Kalkreuther wurden die in Fahrgestell und Fahrmechanismus fertigen Wagen karossiert, mit Sitzen, Polsterung und Verdeck versehen.» Anmerkung: Das Werk von Paul Siebertz ist zeitbedingt chauvinistisch und parteiisch ausgefallen. Es huldigte dem Erfinderparadigma ohne Einschränkungen. Seine Beschreibungen der Technik und der Fabrikationsprozesse sind dennoch wertvoll.

223 StABS, Gerichtsarchiv A 456 VI, 104, 112. Ein Lieferdatum dafür wurde in der Klageschrift der «Maschinenbau-Gesellschaft Basel» nicht genannt, da die Abwicklung dieses Auftrags keinen Grund für eine Klage darstellte.

224 DMA NL 058/386: «Mittheilungen über das Motor-Zweirad» Nr. 7 vom 1.5.1895; Inserat «Nachrichten über das Motor-Zweirad» von «Hildebrand & Wolfmüller». S. a. «Münchner Neueste Nachrichten» 48 1895 166 Vorabend-Blatt vom 10.4.1895; «Allgemeine Zeitung (München)» 97 1894 101 Morgenblatt vom 11.4.1895; «Münchener Ratsch-Kathl» 7 1895 30 vom 13.4.1895.

225 Anmeldeschluss war am 15.4.1895, s. Inserat in BN 51 1895 74 vom 17.3.1895. Zu den Ausstellern, s. Gavard 1896, 384–391: Groupe 34 Matériel de Transport et de Communication No. 3965: Maschinenbau-Gesellschaft Basel – Motor-Fahrräder; No. 3986: Société Suisse de Véhicules à Moteur – Bicyclettes à moteur à pétrole.

226 «Le Vélo» 4 1895 358 vom 7.4.1894: «Pétrolette dans le Casino: L'annonce des essais de la bicyclette à pétrole avait amené hier, un nombreux public au Casino de Paris. On l'avait déjà vue évoluer sur les routes et dans les allées du Bois, mais on ne se doutait pas qu'elle put marcher aussi bien dans un espace relativement restreint. Ceux qui doutaient de la facilité de direction de la pétrolette n'auront plus maintenant aucune hésitation. On a pu voir M. Allard tourner dans cette salle sur un parquet ciré, évoluer sur lui-même, s'arrêter, repartir, sans à-coups, sans chocs, sans dérapage, faire des virages qu'on n'aurait pas osé aborder avec une machine à pédale. Différentes personnes ont essayé la machine et ont pu se rendre compte de la facilité de direction et de mise en marche de la bicyclette à pétrole. Le modèle mis en expérience était le premier sorti des usines de Croissy. Dès à présent, MM. Duncan et Suberbie peuvent produire trois machines par jour et, incessamment, les agents de la célèbre marque dans les départements pourront recevoir les commandes qu'ils attendent avec impatience.» [Pétrolette im Casino: Die Ankündigung der Testfahrten mit der Motor-Bicyclette hatte gestern ein grosses Publikum ins «Casino de Paris» gelockt. Man hatte sie schon auf den Strassen und den Alleen des [Bois de Boulogne] gesehen, aber man ahnte nicht, dass sie auch auf relativ engem Raum so gut gefahren werden konnte. Wer an der einfachen Lenkung der Motor-Bicyclette gezweifelt hatte, der wurde nun eines Besseren belehrt. Man konnte Herrn Allard in diesem Saal auf einem spiegelblank gewachsten Parkett beobachten, wie er sich drehte, anhielt, wieder anfuhr, ohne Ruckeln, ohne zu schleudern, Kurven fuhr, wie man es sich mit einem Tretrad nie getraut hätte. Verschiedene Personen probierten die Maschine aus und konnten feststellen, wie einfach sie zu steuern und zu starten ist. Das getestete Modell war das erste, das die Fabrik in Croissy verliess. Ab sofort können die Herren Duncan und Suberbie drei Maschinen pro Tag produzieren und die Vertreter der berühmten Marke in den Departementen können nun die sehnsüchtig erwarteten Bestellungen in Empfang nehmen.] S. a. «Allgemeine Zeitung (München)» 97 1895 103 vom 13.4.1895.

227 StABS, Gerichtsarchiv A 439 II: Klage, 806.

228 StABS, Gerichtsarchiv A 456 VI: Klagbeantwortung, 123.

229 In StABS, Gerichtsarchiv A 456 VI: Klage, 110 werden die folgenden Liefertermine genannt: 1 Gestell am 4. April, 3 Gestelle am 2. Mai, 10 Gestelle am 15. Mai, 15 Gestelle am 24. Mai, 10 Gestelle am 30. Mai und 15 Gestelle am 6. Juni; dazu stand in der Klageschrift: «Dieses waren die letzten. Die übrigen 46 Stück blieben ungeliefert.» Diese Lieferungen werden bestätigt von «H. W. Schladitz», s. StABS, Gerichtsarchiv A 439 II, 808–809.

230 Der Verteidiger von Eduard Burckhardt, Giuseppe Bergmann, sprach von dessen zunehmender Bereitschaft zur Anerkennung der Mängel, s. ASMi, C.A. sent. Civ. 497/

1896, 36–37. «Che tanto la Ditta di Monaco quanto la Società Svizzera riconoscessero mano mano i difetti delle macchine, sostituendo altre alle già trasmesse, e procurando pezzi per le riparazioni, lo dimostrano le lettere 28 Febbraio, 2, 9 e 23 Marzo 1895 della Ditta di Monaco, non che 21 Gennaio, 30 Marzo, 10 e 26 Aprile, 2, 4 Maggio 1895 della Società Svizzera; [...].» [Sowohl die Münchner [Hildebrand & Wolfmüller] als auch die Schweizer Firma [Schweizerische Motorfahrrad-Gesellschaft] anerkannten nach und nach die Mängel der Maschinen, ersetzten bereits gelieferte durch neue und besorgten Ersatzteile für Reparaturen, wie die Briefe vom 28. Februar, 2., 9. und 23. März 1895 von [Hildebrand & Wolfmüller] sowie vom 21. Januar, 30. März, 10. und 26. April, 2. und 4. Mai 1895 der [Schweizerischen Motorfahrrad-Gesellschaft] beweisen; [...]]

231 ASMi, T.C.P. sent. civ. 84/1896, 23–25. «Intanto le poche macchine ricevute da Türkheimer in onta alla réclame che questi loro faceva e che la controparte non esito a riconoscere, davano alla prova dei risultati cui egli non esitò a qualificare pessimi. La Schweizerische ebbe ad assumettere i difetti dei bicicli a motore ma li chiamava piccolezze e suggerì a Türkheimer di assumersi un monteur a spese di lui per verificare i difetti e ripararli, ed alla minaccia di una probabile risoluzione del contratto, tant'erano gravi i fatti occasionati da quei malsicuri motori, opponeva di non poter alterare le macchine contrattate per Milano, si scusava di dover ritardare la spedizione delle nuove macchine contrattate e proponeva di mandarne una o due di quelle fabbricate a Monaco. Giò notava a Türkheimer che, contrariato dai ritardi negli arrivi e dalla cattiva costruzione dei bicicli, per il che si lagnava colla Società di Monaco scrisse a Basilea protestando di non voler pagare come macchine nuove Svizzere, due macchine di ripiego provenienti da Monaco e facendo notare l'assoluta imperfezione d'una machina (N 244) da lui rimandata e simile a tutte le altre ricevute e ch'erano ferme presso i clienti.» [Währenddessen bedeuteten die wenigen, von Max Türkheimer erhaltenen Motor-Bicyclettes eine ausgesprochen schlechte (schändliche) Reklame, was die Gegenseite ohne zu zögern anerkannte; in den Tests erzielten sie Resultate, die ganz klar als miserabel zu bewerten waren. Die [Schweizerische Motorfahrrad-Gesellschaft] hatte die Mängel an den Motor-Bicyclettes zu übernehmen, aber sie bezeichnete sie als Kleinigkeiten und schlug Max Türkheimer vor, einen Monteur auf dessen Kosten zu beschäftigen, der die Mängel überprüft und repariert. Angesichts der Schwere der Vorfälle, drohte Max Türkheimer mit der Kündigung des Vertrags. Trotzdem entgegnete Eduard Burckhardt, dass er die Bestellung der Motor-Bicyclettes nicht ändern könne und schlug vor, ein oder zwei in München hergestellte Motor-Bicyclettes zu schicken. Zudem entschuldigte er sich dafür, dass sich die Lieferung von neuen Motor-Bicyclettes verzögern werde. Max Türkheimer beklagte sich über die schlechte Qualität in München und schrieb daraufhin nach Basel und protestierte, dass er nicht zwei Ersatzmaschinen aus München anstelle neuer aus der Schweiz bekommen wolle. Er wies auf den absolut schlechten Zustand einer Maschine (Nr. 244) hin, die er zurückgeschickt hatte. Das galt auch für alle anderen, die er erhalten hätte, und ebenfalls für solche, die schon bei Kunden stünden.]

232 ASMi, T.C.P. sent. civ. 84/1896, 25. Der Name des Monteurs wird dort nicht erwähnt – es könnte sich um Lorenz Popp gehandelt haben.

233 StABS, Gerichtsarchiv A 456 VI: Klage, 106.

234 Dr. Hermann Stumm-Gerber (1867–1940): Hochangesehener Advokat und Notar in Basel, Mitglied in Verwaltungsräten verschiedener industrieller Unternehmungen, Bankrat der «Basler Kantonalbank», Präsident der «Schweizerischen Sodafabrik» u.a.m.; grosser Musik- und Kunstfreund; langjährig Vorstandsmitglied der «Allgemeinen Musikgesellschaft». S. «Le National Suisse» 34 1889 216 vom 13.9.1889: Preisträger schon als Student; s.u. v.a. «Journal du Jura» 1895 97 vom 25.4.1895: Président du Comité «Chemin de Fer par la Vallée de Lucelle»; NZZ 130 1909 173, 2. Abendblatt vom 24.6.1909; 161 1940 1284, Abendausgabe vom 6.9.1940.

235 StABS, Gerichtsarchiv A 456 VI: Klagbeantwortung, 124.

236 Bezüglich des Verhaltens von Emil Bürgin-Turner hielten Eduard Burckhardt und Hermann Stumm fest: «Herr Bürgin interessirte sich aber selbst sehr für die Maschine, er ließ eine solche nach seiner Idee auf seine Kosten bauen und gieng sogar soweit, einzelne seiner sogenannten Verbesserungen patentieren zu laßen [...] Nach dem weiter oben angeführten fällt die Behauptung der Klägerin [Maschinenbauch-Gesellschaft Basel], die erwähnten Verhandlungen seien der Grund einer Verzögerung in der Lieferung der Gestelle gewesen, von selbst dahin. Gestelle waren immer genug da weit mehr als die Klägerin verwenden konnte, da sie selbst eben mit ihren Arbeiten bedeutend im Rückstand war.», s. StABS, Gerichtsarchiv A 456 VI Klagbeantwortung, 124.

237 Schweizer Patent Nr. 10547, Klasse 112: «Neuerung an Motorzweirädern mit Kohlenwasserstoff-Zwillingsmotor» vom 21.6.1895, Vertreter: Amand Ritter, s. SHAB XIII 1895 286, 1189 vom 22.11.1895. Ein zweites Patent konnte nicht eruiert werden: Nr. 2194, Klasse 112: «Steuerungssupport für Kohlenwasserstoff-Zwillingsmotor-Fahrräder» vom 11.6.1895, Vertreter: Amand Ritter; s. SHAB XIII 1895 163, 688 vom 25.6.1895; SHAB XV 1897 207, 854 vom 9.8.1897.

238 Pikant ist dabei, dass Emil Bürgin dem vom Gericht bestellten Experten erklärte, «die Maschinenbaugesellschaft hätte die Treibstangen zu liefern gehabt», s. StABS, Gerichtsarchiv A 456 VI: Gutachten, 132; StABS, Gerichtsarchiv A 456 VI: Schreiben Dr. Stumm vom 23. Mai 1898, 136.

239 «Sächsische Radfahrer-Bundes-Zeitung» 3 1894 9 vom 21.4.1894.

240 Die Vorteile, die Emil Bürgin-Turner als Grundlage für seinen Patentanspruch geltend machte, waren:
«1. Indem die Schubstangen [Treibstangen] parallel und nicht divergierend geführt sind, wird die Reibung und folglich die Abnutzung der Triebachsen [Hinterachse] erheblich reduziert und wird infolgedessen ein besserer Nutzeffekt des Motors erzielt.
2. Da die Triebachse aus einem Stück hergestellt ist, so ist ein Lockerwerden der Antriebkurbeln, wie dies beim Motor-Fahrrad [...] vorkommen kann, nicht zu befürchten.
3. Weil die Lager der Triebachse am Fahrradgestell weiter auseinander zu liegen kommen, wird eine viel größere Stabilität für die Triebachse erzielt, und es kann auch der Radreifen des Treibrades viel breiter genommen werden, wodurch derselbe der Abnützung besser widersteht.»

241 Adolf Prinzhorn-Günzler (1847–1913): Chemiker, Erfinder und langjähriger technischer Direktor der «Continental Caoutchouc & Guttapercha Cie» in Hannover; aus Diepholz/Niedersachsen. Studium der Chemie an der TH Hannover. 1874–1905: leitete zusammen mit dem kaufmännischen Direktor Siegmund Seligmann (1853–1925) die Firma, danach im Aufsichtsrat; 1892: erste deutsche Herstellerin von Fahrrad- und 1898: von Automobil-Luftreifen; 1904: weltweit erste Herstellerin von Profilreifen; zählte mit «Dunlop» und «Michelin» zu den führenden Unternehmen

der Gummi- und Reifenindustrie. S. NDB 24 (2010) s.v. Seligmann, Siegmund (Alexander Engel); StABS, Gerichtsarchiv A 456 VI: Klage, 106–107; Schröder 2024; Espacenet s.v. Adolf Prinzhorn.

242 StABS, Gerichtsarchiv A 456 VI: Klage, 106–107. Auch «Hildebrand & Wolfmüller» standen mit Continental in Kontakt, s. DMA N 058/046: Dokument Zwangsvergleichsvorschlag von Rechtsanwalt Dr. Löwenfeld am 2. November 1896. Auf der einzigen, erhaltenen Seite der angehängten Tabelle mit den zugelassenen Konkursforderungen figurierte auf der (letzten) Zeile mit der Nr. 64 die «Continental Caoutchuc & Guttapercha Cie» in Hannover mit einem Betrag von 5503.65 Mark.

243 StABS, Gerichtsarchiv A 456 VI: Klage, 106–107.

244 StABS, Gerichtsarchiv A 456 VI: Klage, 107–108.

245 StABS, Gerichtsarchiv A 456 VI: Klage, 110. S.a. StABS, Gerichtsarchiv A 456 VI: Klagbeantwortung, 124–125: Die «Schweizerische Motorfahrrad-Gesellschaft» bestritt in der Klagbeantwortung die Sachlage: «Die Gummireifen kommen zu allerletzt auf die Maschine, wenn alles andere fertig ist. Die Klägerin [Maschinenbau-Gesellschaft Basel] wird wohl nicht im Ernste behaupten wollen, sie sei wegen den Gummireifen in ihrer Fabrikation auch nur einen Augenblick aufgehalten worden. Nicht ohne triftigen Grund wurde mit dem definitiven Bezug der Pneumatics gezögert, die Probereifen von Hannover genügten eben nicht. Wären die Arbeiten der Klägerin richtig vorgerückt, und wäre die Reifen-Frage einmal wirklich akut geworden, so hätte man sich bald entschieden gehabt. Der richtige Reifen wurde inzwischen gefunden. Es ist durchaus unrichtig, wenn behauptet wird, daß mit der Erstellung der Pneumatics indirect die übrigen Radstücke des Hinterrades wie Speichen etc. im Zusammenhang hiengen. Das Hinterrad hatte gar keine Speichen, sondern Eisenplatten.» Wann und wie die Reifenfrage geklärt wurde, geht aus den vorhandenen Gerichtsprotokollen nicht hervor. Im Urteil zitierten die Richter aus einer Beilage: «In der Folge machte Beklagte [Schweizerische Motorfahrrad-Gesellschaft] mit Dunlopreifen Versuche und schrieb an Klägerin, die Continental tauge nichts. Klägerin konnte eine definitive Antwort überhaupt nicht erhalten.», s. StABS, Gerichtsarchiv A 456 VI: Urteil, 145.

246 ASMi, C.A. sent. civ. 497/1896, 12–13: «Finalmente si addivenne fra la Società Svizzera ed il Türkheimer alla convenzione 17 Maggio 1895 colla quale, allo scopo di sciogliere in via amichevole la vertenza insorta pel ritardo nelle spedizioni da Monaco (e pei quali ritardi il Türkheimer aveva più volte anche minacciato di protestare e rompere il contratto sotto pena di risarcimento dei danni da parte delle Ditte contraenti) esso Türkheimer si obbligò a ricevere ed a pagare 150 macchine da spedirglisi in diverse riprese dal Maggio 1895 al Marzo 1896, le prime 70 (che sarebbero quelle che la Ditta di Monaco non aveva ancora spedite malgrado il contratto) da pagarsi al convenuto prezzo di £ 812.50, e le altre al prezzo di £ 1100 per pezzo. Le macchine dovevano consegnarsi con garanzia di perfetta costruzione, materiale e funzionamento, e sarebbero provate, prima della spedizione, dalla Società Svizzera, ed all'arrivo a Milano dal Türkheimer entro giorni 14 al più tardi. Nella convenzione si fece espressa distinzione fra la spedizione della 1°. serie di 70 macchine (quella del primo contratto) e quella della 2°. serie di 80 macchine (secondo contratto), anche per pattuire che il compratore prometteva di fare il suo possibile per anticipare il tempo delle consegne; e d'altra parte la Società avrebbe facoltà di ridurre le consegne dei mesi posteriori, in quanto che si tratta delle macchine contrattate al prezzo di franchi 1100. A norma del riparto delle consegne mensili, le macchine della prima serie, in numero di 70, dovevano essere consegnate in quantità rispettiva di N 20, altre 20, e poi 15 e 15, nei mesi di Maggio, Giugno, Luglio ed Agosto 1895. La stessa Società oggi appellante ammette nella sua conclusionale che la consegna delle macchine nuove (80) doveva incominciare col Settembre 1895.» [Schliesslich kam es zwischen der [Schweizerischen Motorfahrrad-Gesellschaft] und Max Türkheimer zum Abkommen vom 17. Mai 1895, in dem sich Max Türkheimer zur gütlichen Beilegung des Streits wegen verspäteter Lieferungen aus München (wegen denen er sich mehrfach unter Protest und Androhung von Vertragsauflösung mit Schadensersatz an die Vertragsnehmer gewandt hatte) verpflichtete, 150 Maschinen anzunehmen und zu bezahlen. Sie mussten ihm in mehreren Etappen zwischen Mai 1895 und März 1896 geliefert werden. Die ersten 70 (die die Firma in München trotz bestehendem Vertrag noch nicht geliefert hatte) zum Preis von 812.50 Lire, und die anderen zum Preis von 1100.– Lire. Die Maschinen müssen mit Garantie für fehlerfreie Konstruktion, geeignete Werkstoffe und reibungslosen Betrieb geliefert werden und deshalb vor der Auslieferung von der [Schweizerischen Motorfahrrad-Gesellschaft] und nach Eintreffen in Mailand von Max Türkheimer innerhalb von 14 Tagen spätestens getestet werden. In der Vereinbarung wurde explizit zwischen der Lieferung der ersten Serie von 70 Maschinen (erster Vertrag) und der Lieferung der zweiten Serie von 80 Maschinen (zweiter Vertrag) unterschieden, auch um zu vereinbaren, dass der Käufer verspreche, sein Bestes zu tun, um sich auf die künftigen Lieferzeiten einzurichten. Andererseits wurde die [Schweizerische Motorfahrrad-Gesellschaft] ermächtigt, die Lieferungen der folgenden Monate zu reduzieren, insofern es sich um die Maschinen handelte, die zum Preis von 1100 Franken kontrahiert wurden. Gemäss der zeitlichen Staffelung der Lieferungen sollten die Liefermengen 20, 20, 15 und 15 in den Monaten Mai, Juni, Juli und August 1895 betragen. Die [Schweizerische Motorfahrrad-Gesellschaft] bestätigt in ihrer Schlussfolgerung, dass ihre Lieferung von 80 neuen Maschinen spätestens im September 1895 beginnen muss.]

247 ASMi, C.A. sent. civ. 497/1896, 14–15: «Da un prospetto delle macchine ricevute, che il Türkheimer produce in causa [...], risulterebbe che fino al giorno 11 Maggio erano giunte a Milano N 18 macchine, che altre nove vi giunsero il 24, ed altre due il 29 stesso mese, e che prima dello stesso mese di Maggio non ne erano giunte che N 9.» [Folgt man einer Aufstellung über die nach Mailand gelieferten Maschinen, die Max Türkheimer für das Gericht erstellte, so ergibt sich, dass bis zum 11. Mai 18 Maschinen eintrafen, weitere neun am 24. und zwei weitere am 29. Vor dem Monat Mai trafen nur neun Stück ein.] Folgerichtig stellte Max Türkheimer später im Jahr fest, dass aus der ersten Lieferung noch 41 Motor-Bicyclettes fehlten, s. ASMi, T.c.p. sent. civ 84/1896, 28. Die neun vor Mai 1895 gelieferten Motor-Bicyclettes zählten somit aus Sicht von Max Türkheimer nicht zum Lieferumfang aus den Vereinbarungen mit der «Schweizerischen Motorfahrrad-Gesellschaft»; sie wurden (zumindest teilweise) zurückgeschickt. Die genauen Hintergründe dazu blieben unklar.

248 Erstmals in BN 51 1895 84 2. Beilage vom 27.3.1895; s.a. Ditzler/Rollé Ditzler 2025.

249 Möglich ist, dass der schlechte Geschäftsgang der «Daimler-Motoren-Gesellschaft» (DMB) mit andauernden Verlusten, die am 10. Oktober 1894 zum Ausschluss von Gottlieb Daimler aus der Firma führten, eine Rolle spielte, s. Hanf 1980, 29–32.

250 StadtASH, D IV.01.73.C.04/17: Brief vom 2.8.1897 von Wilhelm Preiswerk an Eugen Im Hof.

251 StABS, Gerichtsarchiv PP 1.362 No. 517 1897, Gläubiger No. 47: Ed. Preiswerk-Groben, Erben; s. a. Tabelle 11.

252 StABS, Gerichtsarchiv PP 1.362 No. 517 1897, Brief vom 12.8.1894 von Eduard Burckhardt an seine Stiefmutter Wilhelmine Stuckert-Lepper betr. die Absicherung des familiären Darlehens von 20 000 Franken: Er sei mit der Bezahlung der Lebensversicherungen und den Schuldzinsen am Limit und könne einer Reduktion der Laufzeit (bei gleicher Auszahlungssumme) nicht zustimmen; s. a. Tabelle 11.

253 «Le Journal» 4 1895 980 vom 4.7.1895. [In der vergangenen Woche fand ein Autorennen über die 56 Kilometer lange Strecke von Turin nach Asti (Italien) statt. Gewonnen haben die beiden Motor-Velos der «Schweizerischen Motorfahrrad-Gesellschaft». Die erste dieser Bicyclettes fuhr Paul Bruel. Die beiden Motor-Velos legten die Strecke trotz bergigen Strassen und 20 Kilometer mit klebrigem Schlamm in 2:30 Stunden zurück und lagen damit eine Dreiviertelstunde vor dem ersten Automobil nach System Daimler.]

254 [Beim internationalen Rennen für Motorfahrzeuge von Turin nach Asti (60 Kilometer) am 27. Mai gewannen die Motorfahrräder H. und W. die ersten beiden Preise und absolvierten die Strecke in 2½ Stunden mit mehr als ¾ Stunden Vorsprung vor den Nachfolgenden.]

255 Carella 1994, 6. [Um 11 Uhr traf die (Motor-Bicyclette Hildebrand & Wolfmüller) mit voller Geschwindigkeit und unter Applaus (in Asti) ein. Um 11:15 Uhr folgte ein zweites, sodann um 11:30 Uhr kommt ein Auto von Daimler mit vier Plätzen und vier Personen an. Man erwartet noch einen Benz mit vier Rädern und zwei Plätzen sowie einen Dampf-Wagen von Scaverani mit vier Rädern und sechs Plätzen. Aber diese beiden letzten Fahrzeuge lassen auf sich warten und das Publikum wird ungeduldig.] S. a. «Le Journal (Paris)» 4 1895 980 vom 4.6.1895.

256 S. z. B. Wikipedia: «Storia dell'automobilismo (1895): La prima corsa italiana: la Torino–Asti–Torino» 2024.

257 Carella 1994, 6.

258 ASMi, T. C. P. sent. civ. 84/1896, 38–39: «[...] mehr noch, diese Maschinen sind in höchstem Masse lebensgefährlich [...]»

259 StABS, Gerichtsarchiv A 456 VI, Klage, 108.

260 Es könnte sich um Heinrich Treichler gehandelt haben, weil seine Unterschrift 1897 auf Dokumenten fehlte, welche die Gesellschafter der «Schweizerischen Motorfahrrad-Gesellschaft» betrafen, s. StABS, Gerichtsarchiv PP 1.362 No. 517 1897, Dossier Gläubiger No. 44: Ed. Crémieux & Cie et al.; ferner kam es am 4. Juni 1896 zu einem Gerichtsverfahren zwischen ihm und der Gesellschaft über ausstehende Einlagen, s. StAZH, Z 834.1.1 Spruchbuch, 715; s. a. Abb. 71.

261 StABS, Gerichtsarchiv A 439 II, Klage, 809.

262 StABS, Gerichtsarchiv A 456 VI, Klage, 108: «Die Folge war, daß die Klägerin [Maschinenbau-Gesellschaft Basel] am 1. August 1895 von der Beklagten [Schweizerische Motorfahrrad-Gesellschaft] den Auftrag erhielt, die Vorderradgabeln der sämtlichen von dieser an erstere bereits gelieferten und noch zu liefernden Gestelle zu verstärken.» Es fehlen genauere Dokumente darüber, wie dies geschah. Man könnte vermuten, dass die Gabelbrücken in einer stabileren Ausführung gefertigt wurden und ganze Gabeln ausgetauscht worden sind (mit Dank an Mike Kron für diesen Hinweis).

263 ASMi, T. C. P. sent. civ. 84/1896, 2–3: «Il Sig. Massimiliano Türkheimer residente in Milano dietro ricorso diretto al Sig. Presidente di questo tribunale in conformità degli articoli 70, 71 codice di commercio e 924 codice di Procedura civile chiedeva in odio della Società Svizzera dei veicoli a motore ed effettivamente otteneva in data dal 9 Giugno 1895 – 1° la nomina di un perito che fu scelto nella persona del Sig. Cav. Giuseppe Ricordi di qui per verificare la qualità e condizione di alcuni velocipedi a motore già speditili e di quelle tuttora giacenti in dogana e dichiarare se funzionavano regolarmente e presentare poi la sua relazione da confermarsi con giuramento avanti il medesimo Sig. Presidente entro giorni 20.» [Unter Berufung auf § 70, 71 des Handelsgesetzes und § 924 der Prozessordnung und nach Rücksprache mit dem Präsidenten dieses Gerichts erhob Max Türkheimer am 9. Juni 1895 Klage gegen die [Schweizerische Motorfahrrad-Gesellschaft] und verlangte: 1. Die Ernennung eines Gutachters in der Person von Giuseppe Ricordi um die Qualität und den Zustand einiger Motor-Bicyclettes, die gerade versandt wurden und solche, die sich noch am Zoll befinden, zu prüfen und ihre reguläre Funktionsfähigkeit zu beurteilen. Seinen Bericht soll er innerhalb von 20 Tagen unter Eid dem gleichen Präsidenten vorlegen.]

264 Giuseppe Ricordi-Barrett (1853–1902): italienischer Automobilpionier in Mailand. Unabhängiger technischer Gutachter im Prozess Max Türkheimers gegen Eduard Burckhardts «Schweizerische Motorfahrrad-Gesellschaft», welcher zum Schluss kam, dass die «Hildebrand & Wolfmüller» konstruktionsbedingt als «lebensgefährliche Maschinen» angesehen werden musste. Er stammte aus einer berühmten Musikalien-Verlegerfamilie; unternehmerische Tätigkeiten auf dem Gebiet der Bicycles, Fotoapparate, Dampfboote. 1893: Eigenbau einer «carrozza a vapore»; 1894: Werbefahrt mit einem Benz-Automobil von Mailand nach Neapel und zurück. Generalimporteur von Benz-Motoren aller Art und Generalvertreter der «Maison Parisienne des Voitures Automobiles (Système Benz)»; Vertrieb von modifizierten «Ricordi-Benz»-Fahrzeugen auf Originalchassis sowie weiterer, französischer Marken. Gründete den «Veloce-Club di Milano» und 1897 den «Club Automobilisti di Milano». Teilnahme an zahlreichen sportlichen Wettbewerben, auch auf Tricycles und Automobilen. 1905/06: führte ein Sohn die «Società Italiana Costruzione Automobili Ricordi-Molinari» (aufgegangen in «Serpollet Italiana S. A.»). S. Cancellieri 2020.

265 StABS, Gerichtsarchiv A 456 VI: Klagbeantwortung, 91–92.

266 Die Zahl von 23 Motor-Bicyclettes, die von Giuseppe Ricordi sichergestellt wurden, s. StABS Gerichtsarchiv A 456 VI: Klage, 89. Aus den Mailänder Gerichtsprotokollen geht diese Information nicht hervor, s. ASMi, T. c. p. sent. civ 84/1896, 30: «[...], la perizia dell'Ingegnere Cav. Ricordi poté vertire soltanto sulle biciclette provenienti da Monaco in pochissima parte giacenti presso il Türkheimer che le aveva ritirate, e per una parte maggiore (20) giacenti in dogana.» [[...], die Expertise des Ingenieurs Cav. Ricordi konnte sich nur auf die aus München gelieferten Motor-Bicyclettes erstrecken, von denen wenige von Max Türkheimer zurückgehalten wurden und ein grosser Teil (20) beim Zoll lagerte.]

267 Eine ausführliche Dokumentation der Ergebnisse des Gutachtens von Giuseppe Ricordi fand sich leider nicht; die Kenntnis des Inhalts wurde in den Gerichtsverhandlungen vorausgesetzt, in den Plädoyers teilweise herangezogen und deshalb nur in Auszügen protokolliert. S. ASMi, C. A. sent. civ. 497/1896, 39: «Compendiando adunque le risultanze della perizia Ricordi si rileva che dopo molti

e diligenti esperimenti fatti in concorso anche di esperti macchinisti, e dopo molte indagini tecniche, il perito ebbe a concludere tutte indistintamente le macchine sulle servibilità delle quali oggi si disputa, non possono funzionare regolarmente, e per la loro costruzione il perito non crede che si possa affidare senza pericolo la vita di un uomo ad una di simili macchine. Il perito ha rimarcato che ebbe cura, come gli venne ingiunto col Decreto Presidenziale 9 Giugno 1895, di prendere in deposito le macchine stesse comprese quelle che si trovavano ancora alla Dogana non ancora da nessuno toccate. Rimancò poi in ispecie quanto al loro funzionamento, che la messa in marcia delle macchine è lenta e difficile sicché non si riesce a metterle in moto se non dopo lunghi e faticosi tentativi da disanimare chiunque voglia servirsi di una di tali macchine; che facilmente il motore si arresta, ed è pure rimarcabile una ineguaglianza di andamento, ripetibili questi difetti dal modo e congegni di loro costruzione etc. etc.» [Nach vielen und sorgfältigen Versuchen, an denen auch erfahrene Maschinisten teilnahmen, und nach vielen technischen Untersuchungen kam der Gutachter zum Schluss, dass unterschiedslos alle Maschinen, deren Bedienbarkeit wir heute (vor dem Gericht) diskutieren, nicht regelmässig funktionieren können und man diese Konstruktion, so glaubt der Gutachter, nicht ohne Gefahr für das Leben jemandem anvertrauen kann. Der Gutachter wies darauf hin, dass er darauf geachtet habe, wie er im Präsidialdekret vom 9. Juni 1895 angewiesen wurde, die untersuchten Maschinen zu verwahren, einschliesslich derjenigen, die sich am Zoll befanden, die noch von niemandem berührt worden waren. Die Untersuchungen bezüglich der Funktionsweise ergab, dass das Starten der Maschinen langsam und schwierig ist, sodass man sie nur nach langen und mühsamen Anläufen in Bewegung setzen kann und jeden entmutigt, der eine solche Maschine fahren will. Dazu kommt, dass der Motor leicht zum Stillstand kommt. Bemerkenswert ist auch der unregelmässige Gang. Diese Mängel sind das Ergebnis der Art und Weise und der Mechanik der Konstruktion etc. etc.]

268 ASMi, T.C.P. sent. civ. 84/1896, 8. Das Protokoll dieser Verhandlung ist nicht erhalten.

269 ASMi, T.C.P. sent. civ. 84/1896, 31. «È vero che nel giorno 9 Giugno l'attore invocò la perizia ed il sequestro delle macchine, ma era questo un motivo sufficiente perché la venditrice cessasse dalla consegna delle macchine nel Giugno.» [Zwar berief sich die Klägerin am 9. Juni auf das Gutachten und die Beschlagnahme der Maschinen, doch war das für die Verkäuferin Grund genug, die Auslieferung der Maschinen im Juni zu stoppen.]

270 StABS, Gerichtsarchiv A 439 II, 810 Klage: «Nachdem beide Sendungen nicht mehr in Händen des Klägers waren, gieng diesem folgendes Telegramm zu: ‹Fakturierte Gestelle nicht absenden, Brief abwarten›. Dieses Telegramm wurde ausgefertigt in Dresden am 18. Juli 1895 Nachmittags 4.50 Uhr.»

271 Feststellung der «Maschinenbau-Gesellschaft Basel» in StABS, Gerichtsarchiv A 456 VI, 110 Klage: «Von diesen 100 Gestellen, [wurden geliefert [...]], wodurch die Gesamtzahl auf 54 stieg. [...] Dieses waren die letzten. Die übrigen 46 Stück blieben ungeliefert.»

272 «Münchner Neueste Nachrichten» 48 1895 284 und mit fast identischem Inhalt «Münchener Ratsch-Kathl» 7 1895 50 Beilage, beide vom 22.6.1895; Spies 1988, 27.

273 Dabei konzentrierte sich Eduard Burckhardt auf Motorfahrzeuge mit Verbrennungsmotoren, obwohl in dieser Zeit auch Automobile mit Dampf- oder mit Elektroantrieb als Alternativen verfügbar waren.

274 Die Schreibweise der Firma folgt Förster 1992, 186–187: «Benz & Co, Rheinische Gasmotoren-Fabrik» (offene Handelsgesellschaft) ab 1. Oktober 1883 und «Benz & Cie, Rheinische Gasmotoren-Fabrik» (Aktiengesellschaft) ab 10. Mai 1899; allerdings beachteten schon die Zeitgenossen diese Unterscheidung nicht strikte.

275 StABS, Gerichtsarchiv PP 1.362 No. 517 1897, Dossier Gläubiger No. 43: Benz & Co, Mannheim; s.a. Tabelle 10.

276 AB-München 1895, 15, 111, 148, 326: Hoflieferant, auch als «Kunstanstalt für Photolithographie, Autotypie und Zinkographie, Lithographie-Arbeiten aller Art, Schnellpressenbetrieb».

277 SHAB VIII 1895 187, 785 vom 23.7.1895.

278 SHAB XIII 1895 197, 825 vom 2.8.1895.

279 Paraphrase einer Aussage des Rechtsvertreters der «Schweizerischen Motorfahrrad-Gesellschaft» im Prozess gegen Heinrich Treichler, s. StAZH,Z 834 Spruchbuch, 715.

280 Zur Feststellung im Protokoll der Gläubigerversammlung im Konkursverfahren gegen «Hildebrand & Wolfmüller» s. DMA NL 058/046 Dokument Antrag der Gläubigerversammlung vom 2. November 1896 an das Königliche Amtsgericht München I betreffend den Zwangsvergleich im Konkurs von «Hildebrand & Wolfmüller». Zu Dr. Theodor Löwenfeld s. AB-München 1897, 294.

281 «Münchener Ratsch-Kathl» 7 1895 61 vom 31.7.1895.

282 Die Kopie dieses Antrags findet sich in DMA N 058/046: Dokument Konkurseröffnungs-Beschluss vom 2. Oktober 1895, s. Abb. 89. Zur Anwendung kam «Die Konkurs-Ordnung für das Deutsche Reich vom 10. Februar 1877»: § 97 Abs. 1: «Der Antrag eines Gläubigers auf Eröffnung des Verfahrens ist zuzulassen, wenn die Forderung des Gläubigers und die Zahlungsunfähigkeit des Gemeinschuldners glaubhaft gemacht werden.», s. Graf 1877, 75.

283 Den Autoren stand in dieser Frage nur das Protokoll der Gläubigerversammlung im Konkursverfahren gegen «Hildebrand & Wolfmüller» zur Verfügung, s. DMA NL 058/046 Dokument Antrag der Gläubigerversammlung vom 2. November 1896 an das Königliche Amtsgericht München I betreffend dem Zwangsvergleich im Konkurs von «Hildebrand & Wolfmüller». Die zu diesem Dokument gehörende Liste der zugelassenen Forderungen fehlte im Dossier.

284 «Münchner Neueste Nachrichten» 48 1895 379 vom 19.8.1895: «München, 16. August. Die Motor- und Fahrradfabrik Hildebrand & Wolfmüller ist in Zahlungsschwierigkeiten und stellte die Zahlungen ein.»

285 «General Anzeiger für Duisburg und Umgegend» 14 1895 192 vom 19.8.1895. Die Meldung beruft sich auf «Münchner Neueste Nachrichten» 48 1895 379 vom 19.8.1895.

286 Der Produktionsstopp erfolgte somit nicht erst Ende Oktober 1895, wie in der einschlägigen Literatur behauptet wird, sondern etwa drei Monate früher, s. z.B. Spies 1988, 20. Damit dürften alle bisher gemachten Schätzungen der Produktion in München von 800 und mehr Einheiten deutlich zu hoch gegriffen sein, s. Limpf 1983, 15–16.

287 «Schwäbischer Merkur» 1895 194 Mittagsblatt vom 20.8.1895.

288 «Frankfurter Zeitung und Handelsblatt» 39 1895 231 vom 21.8.1895: «Motorfahrradfabrik Hildebrand und Wolfmüller, München. Aus München, 20. d.M., wird uns geschrieben: ‹Die heutige Gläubigerversammlung beschloß mit allen gegen eine Stimme, einen siebengliedrigen Ausschuß

einzusetzen, welcher die weitere Geschäftsführung zu übernehmen hat, und dem es anheimgestellt ist, ob er das Moratorium aufrecht erhalten oder den Konkurs anmelden soll. Einige Betheiligten haben Zuschüsse in beträchtlicher Höhe zur Erhaltung des Geschäfts und zur Vermeidung des Konkurses in Aussicht gestellt. Von einer Seite wird die Gründung einer Aktiengesellschaft poussiert.›»

289 Das erste Schreiben von Eduard Burckhardt in dieser Sache datiert vom 5. September 1895, s. StABS, Gerichtsarchiv A 456 VI, 109: Klage, 120.

290 «Frankfurter Zeitung und Handelsblatt» 39 1895 261 Abendblatt vom 20.9.1895: «Aus München, 19. d. M., wird uns geschrieben: ‹Eine bayerische, nicht hier domizilierende Bank verhandelt darüber, die Motorfahrradfabrik Hildebrand u. Wolfmüller dahier in eine Aktiengesellschaft umzuwandeln.›»; s. a. 40 1895 255 Abendblatt vom 27.9.1895: «24. Sept., 10.20 V. Den Gläubigern der Motorfahrradfabrik Hildebrand und Wolfmüller werden 50 pCt. in Baar, der Rest in zu schaffenden Aktien angeboten. Die Annahme dieses Vorschlages gilt als Voraussetzung für die Bildung der Aktiengesellschaft.»

291 Konkursordnung für das Deutsche Reich § 97 Abs. 2: «Wird der Antrag [auf Konkurseröffnung] zugelassen, so hat das Gericht den Schuldner zu hören und, sofern dieser nicht seine Zahlungsunfähigkeit oder Zahlungseinstellung einräumt, die erforderlichen Ermittelungen anzuordnen.», s. Graf 1877, 75.

292 «Deutscher Reichs-Anzeiger und Königlich Preussischer Staats-Anzeiger» 1985 240, 11 vom 28.10.1895: Abdruck der drei Anzeigen zur Eröffnung der Konkursverfahren über die Vermögen der Firma «Hildebrand & Wolfmüller» und deren Gesellschafter Heinrich Hildebrand und Alois Wolfmüller. S. a. «Allgemeine Zeitung (München)» 97 1895 276 Abendblatt vom 5.10.1895.

293 Konkursordnung für das Deutsche Reich § 160: «Sobald der allgemeine Prüfungstermin abgehalten und so lange nicht die Vornahme der Schlußvertheilung genehmigt worden ist, kann auf den Vorschlag des Gemeinschuldners zwischen diesem und den nicht bevorrechtigten Konkursgläubigern ein Zwangsvergleich geschlossen werden.», s. Graf 1877, 104, 106 zu § 161: «Der Vergleichsvorschlag muß angeben, in welcher Weise die Befriedigung der Gläubiger erfolgen, sowie ob und in welcher Art eine Sicherstellung derselben bewirkt werden soll.»; 110 zu § 169: «Zur Annahme des Vergleichs ist erforderlich, daß 1. die Mehrzahl der in dem Termine anwesenden stimmberechtigten Gläubiger dem Vergleiche ausdrücklich zustimmt, und 2. die Gesammtsumme der Forderungen der zustimmenden Gläubiger wenigstens drei Viertheile der Gesammtsumme aller zum Stimmen berechtigenden Forderungen beträgt. Wird nur eine der Mehrheiten erreicht, so kann der Gemeinschuldner bis zum Schlusse des Termins die einmalige Wiederholung der Abstimmung in einem neuen Termine verlangen. Das Gericht hat denselben zu bestimmen und im Termine zu verkünden.»; 113 zu § 178: «Der rechtskräftig bestätigte Zwangsvergleich ist wirksam für und gegen alle nicht bevorrechtigten Konkursgläubiger, auch wenn dieselben an dem Konkursverfahren oder an der Beschlußfassung über den Vergleich nicht Theil genommen oder gegen den Vergleich gestimmt haben. Die Rechte der Gläubiger gegen Mitschuldner und Bürgen des Gemeinschuldners werden nicht berührt.»

294 DMA N 058/046: Dokument Zwangsvergleichsvorschlag von Rechtsanwalt Dr. Löwenfeld am 2. November 1896.

295 DMA N 058/046: Dokument Zwangsvergleichsvorschlag von Rechtsanwalt Dr. Löwenfeld am 2. November 1896. Diesem Glauben an die Werthaltigkeit der Patente widersprach der Vertreter der Gläubiger trocken: «Die gemeinschuldnerischen Firmeninhaber werden sich übrigens bemühen, ihre Gläubiger schon vor Ablauf von zwei Jahren mit der Zwangsvergleichsquote zu befriedigen, wenn es ihnen gelingen könnte, das eine oder andere der in der Masse befindlichen Patente, die sich bisher allerdings als unverkäuflich erwiesen haben, oder etwa neu zu erwerbende Patente zu verkaufen.» [Unterstreichung durch die Autoren].

296 StABS, Gerichtsarchiv A 456 VI: Klage, 112. Dazu gehört, dass «H.W. Schladitz» Mitte Juli 1895 zehn komplette Motor-Bicyclettes zum Kauf anbot. Darauf erhielt sie von Eduard Burckhardt auch auf Nachfrage keine Antwort mehr, s. StABS, Gerichtsarchiv A 439 II: Klage, 810.

297 ASMi, T. C. P. sent. civ. 84/1896, 28. «In linea però di fatto non contestato nel 28 Settembre 1895, quando mancavano 41 macchine a completare le 70 contrattate a Monaco, la Società convenuta faceva notificare a Türkheimer la diffida colla quale lo avvisava d'aver consegnato all'agenzia Danzas di Basilea 20 delle sue biciclette ed in ottobre non fu fatta offerta di merce. Alló 2 Novembre 1895 fu notificata altra diffida per le 10 biciclette che sarebbero state dell'ottobre ma intanto cadeva in fallimento la Ditta di Monaco. Prima però del 17 maggio si era già concordato fra le parti che non si doveva spedire la merce col mezzo dell'agenzia Danzas ma direttamente a Milano. Sulla violazione di quest'accordo l'attore fonda già la sua domanda anche di violazione del contratto conchiuso riguardo alle 80 biciclette. Sorto il dubbio che non esistesse il deposito delle 30 macchine, per cui oggi si deducono appositi capitoli di prova, furono fatte pratiche dalle quali risulti che Danzas non voleva lasciar vedere le macchine senz'ordine di giustizia. Allora Türkheimer andò a Basilea e si recò presso Danzas col notaio Stoecklin e quivi fu trovato certo Laurent Werzinger dipendente dal Danzas il quale disse di considerare il deposito e custodia delle biciclette a motore come un segreto professionale e che senza ordine del Sig. Burckhardt, socio della Ditta costruttrice e suo committente nulla avrebbe lasciato vedere. È telefonatosi a Burckhardt, questi rispose negando la invocata visione delle 30 biciclette. È chiaro che essendo cosi mancata persino la possibilità di vedere le macchine Svizzere, la perizia dell'Ingegnere Cav. Ricordi poté vertire soltanto sulle biciclette provenienti da Monaco in pochissima parte giacenti presso il Türkheimer che le aveva ritirate, e per una parte maggiore (20) giacenti in dogana.» [Unbestritten ist, dass am 28. September 1895, als 41 der 70 in München in Auftrag gegebenen Fahrzeuge noch fehlten, die beklagte Gesellschaft [Schweizerische Motorfahrrad-Gesellschaft] Max Türkheimer eine Mitteilung schickte, sie habe 20 seiner Motor-Bicyclettes bei Danzas in Basel angeliefert, und dass sie im Oktober keine Maschinen liefern werde. Am 2. November 1895 schickte sie eine weitere Mitteilung betreffend 10 Motor-Bicyclettes, die im Oktober hätten geliefert werden sollen, wobei die Münchner Firma inzwischen in Konkurs ging. Doch schon vor dem 17. Mai war zwischen den Parteien vereinbart worden, dass die Ware nicht über die Agentur Danzas, sondern direkt nach Mailand verschickt werde. Mit diesem Verstoss gegen die Vereinbarung hatte die Klägerin Max Türkheimer bereits ihre Klage auf Verletzung des Vertrags über die ganzen 80 Fahrräder begründet. Nachdem an der Existenz des Lagers mit den 30 Maschinen Zweifel aufkamen, werden heute im Folgenden dafür insofern Beweise vorgelegt, als Danzas keine Besichtigung der Maschinen ohne gerichtliche Anordnung zuliess. Dannzumal reiste Max Türkheimer nach Basel und begab sich zusammen

mit dem Notar Stoecklin zu Danzas. Dort fanden sie einen gewissen Laurent Werzinger vor, der bei Danzas angestellt war [tatsächlich Miteigentümer der Danzas & Cie, Holbeinstrasse 2, Basel], der sagte, er betrachte die Hinterlegung und Verwahrung der Motorräder als Geschäftsgeheimnis und ohne Anweisung von Herrn Burckhardt, Gesellschafter der Herstellerin und sein Auftraggeber, würde er keinesfalls eine Besichtigung zulassen. Man telefonierte Burckhardt und dieser verweigerte die verlangte Besichtigung der 30 Fahrräder. Somit ist klar, dass, da es nicht einmal die Möglichkeit gab, die Schweizer Maschinen zu sehen, die Expertise des Ingenieurs Cav. Ricordi sich nur auf die aus München gelieferten Fahrräder erstrecken konnte, die sich zum kleinsten Teil bei Max Türkheimer befanden, nämlich jene, die er [von Kunden] zurückgenommen hatte, und zum grössten Teil (20) beim Zoll lagerten.]

298 Wann die zugrundeliegenden Transaktionen stattfanden, ist nicht bekannt.

299 AB-BS 1896, 431: Dr. Wilhelm Vischer-Iselin, Aeschenvorstadt 6.

300 Die Angaben zur notariellen Beglaubigung sowie die Liste der Bestände machte der Anwalt Giuseppe Bergmann in der Berufung gegen das Urteil des Zivilgerichts in Mailand; ASMi, C.A. sent. civ. 497/1896, 4–5: «Macchine complete a Basilea N 32, macchine complete a Ginevra N 15, totale macchine complete N 47, pezzi sciolti: 20 intelaiature con cilindri, 16 intelaiature senza cilindri, 54 forchette rinforzate per le ruote anteriori e relativi pezzi di rinforzo, 45 cilindri completi, 20 cilindri trapanati, 75 serbatoi d'acqua, 10 selle terminate e 10 taschini per gli istrumenti, oltre il blocco di casse con parti minori delle bicilette a motore.» Die «Maschinenbau-Gesellschaft Basel» ihrerseits listete am 8. November 1895 ihre Bestände auf, s. StABS, Gerichtsarchiv A 456 VI: Klage, 111; über die Ergebnisse gibt das Gerichtsprotokoll keine Auskunft.

301 Gerichtsarchiv A 456 VI: Urteil, 146: «Die Klägerin [Maschinenbau-Gesellschaft Basel] berechnete ihre bisherigen Leistungen auf Fr. 45,200.–, woran die Beklagte [Schweizerische Motorfahrrad-Gesellschaft] Fr. 23,000.– angezahlt hatte und wollte gegen Zahlung des Restes von Fr. 22,200.– 17 fertige Maschinen und die vorhandenen Bestandteile für die übrigen 83 im derzeitigen Stadium der Fabrikation der Beklagten überlassen.»

302 16132.70/1062.50 = 15,18 ≈ 15. Im «Exposé général» sind die Kosten für Versand und Zoll separat ausgewiesen, s. Tabelle 5.

303 Der Beweis für obige Aussage ist nicht vollständig stringent. Tatsächlich könnte sich Eduard Burckhardt für den genannten Betrag auch 20 Maschinen beschafft haben: 16132.70/812.50 = 19,86 ≈ 20. Das würde allerdings der in Tabelle 4 genannten Zahl der Motor-Bicyclettes in Basel widersprechen.

304 ASMi, T.C.P. sent. civ. 84/1896, 3.

305 ASMi, T.C.P. sent. civ. 84/1896, 46–47. «Piaccia al Ro Tribunale, ogni contraria e diversa istanza rejetta, e con sentenza provvisoriamente esecutiva non ostante appello e senza cauzione. Essere risolto per fatto e colpe della società convenuta il contratto per acquisto di 150 veicoli a motore a fornirsi all'attore M. Türkheimer, coll'obbligo nella medesima di rifondere a quest'ultimo i danni derivati e derivabili da liquidarsi in ulterior corso di giudizio, condannata intanto al pagamento di una provvisionale da £ 5000, nonché delle spese fatte per le Esposizioni di Milano e di Torino, e quelle di viaggio e stipendio rifuse al monteur mandato espressamente della fabbrica, di reclame, prove ad Asti e Firenze e giacenze ecc. in complessive £ 2179.50. Dovere la Società convenuta restituire e pagare tosto all'attore la complessiva somma di Franchi oro 12267.50 e italiane £ 8000 da più riprese rimessele dal Sig. Türkheimer, cogli interessi del 6% dalla data dei singoli versamenti, e rifondergli le spese del giudizio, di perizio e di custodia delle macchine depositate, oltre a quello di trasporto delle macchine nello stabilimento Ricordi, benzina, olio, facchinaggio ed assistenza per le prove, in complessive Lire 190 ed oltre a ital. Lire 1977.50 per spese di porto, condotta e dazio delle macchine stesse.» [Möge es dem hohen Gericht gefallen, unter Ablehnung aller gegenteiliger und abweichender Anträge, und mit einem provisorisch vollstreckbaren Urteil, trotz Berufung und ohne Kaution: Der Vertrag über den Kauf von 150 Motorfahrzeugen, zu liefern an den Kläger Max Türkheimer, wird aufgrund des Gebarens und Verschulden des beklagten Unternehmens gekündigt, mit der Verpflichtung, diesem den daraus resultierenden und abzuleitenden Schaden zu ersetzen, der im weiteren Verlauf des Verfahrens festzustellen ist. In der Zwischenzeit wird er verurteilt zur Zahlung eines vorläufigen Betrags von 5000 Lire sowie der Kosten für die Ausstellungen in Mailand und Turin; die Reise- und Gehaltskosten, die dem von der Fabrik ausdrücklich beauftragten Monteur erstattet wurden; die Kosten für Reklame und die Tests in Asti und Florenz, Lager usw., insgesamt 2179.50 Lire. Die beklagte Gesellschaft wird verurteilt, Herrn Türkheimer den Gesamtbetrag von 12267.50 Goldfranken sowie 8000 italienische Lire, die schon überwiesen wurden, unverzüglich dem Kläger zu bezahlen mit einem Zins von 6 Prozent ab dem Datum der einzelnen Überweisungen. Zusätzlich sind zu bezahlen die Kosten für die Beurteilung, Begutachtung und Aufbewahrung der hinterlegten Maschinen, die Kosten für den Transport der Maschinen zur Firma von [Giuseppe] Ricordi, Benzin, Öl, Arbeiten und Unterstützung bei den Tests, insgesamt 190 Lire, und zusätzlich ital. 1977.50 Lire für Fracht, Abwicklung und Zölle auf die Maschinen selbst.] Anmerkung: Die Berechnung des Betrags von 12267.50 Franken oder Lire kann aus den Angaben im Gerichtsprotokoll nicht rekonstruiert werden.

306 StABS, Gerichtsarchiv A 456 VI: Klage, 117; sowie Klagbeantwortung, 126–127:

Material		17000.– Franken
Arbeitslöhne		11600.– Franken
Aufschlag auf die Arbeitslöhne für Generalunkosten [~120%]		13878.– Franken
Verstärkung Vorderradgabeln (54 × 15.–)	810.– Franken	
Firmenschilder (100 × 3.–)	300.– Franken	1110.– Franken
Verlust aus Abbruch der Produktion		1612.– Franken
Total Forderung brutto		45200.– Franken
Diverse geringe Kosten		157.71 Franken
Lieferung Motor-Velos (5 × 840.–)		4200.– Franken
./. Anzahlung		-23000.– Franken
./. Verschiedene geleistete Zahlungen (3)		-2344.70 Franken
Total Forderung netto		24213.01 Franken

Der Aufschlag auf die Arbeitslöhne wurde als Residuum ermittelt und damit der Aufschlagsfaktor berechnet.

307 StABS, Gerichtsarchiv A 456 VI: Urteil, 146.

308 StABS, Gerichtsarchiv A 456 VI: Klagbeantwortung, 125–126.

309 ASMi, T.C.P. sent. civ. 84/1896, 6–7.

310 ASMi, T.C.P. sent. civ. 84/1896: Diritto 38–39. «[...] ma siccome il Tribunale ha già dichiarato che a pronunciar la rescissione a carico della casa Svizzera basta la inesecuzione a lei addebitata, riuscirebbe superfluo al collegio di tener calcolo di tutte queste considerazioni, e in realtà, come di

ulteriori motivi per la pronuncia non se ne occuperà, ma viceversa deve occuparsene come fonte di maggiori danni derivatine al Türkheimer il quale dopo di aver addotto in propria difesa ed il diritto di garanzia legale di cui all'articolo 1498 codice civile e quello della garanzia contrattuale, annovera tra le fonti del suo danno morale il grave discredito alla propria Ditta derivato dai difetti di costruzione inerenti a quelle macchine tanto numerosi et tanto gravi da renderli inservibili all'uso cui erano destinate, e per di più pericolosissime all'incolumità personale e persino alla vita di chiunque si attentasse di adoperarle.» [[...] aber da das Gericht schon festgestellt hat, dass die der Schweizer Firma zur Last gelegte Nichterfüllung ausreicht, um den Vertrag aufzuheben, ist es überflüssig, dass sich das Kollegium mit weiteren Gründen befasst. Dagegen muss es sich mit der Ursache eines grösseren Schadens befassen, nachdem sich Max Türkheimer zu seiner eigenen Verteidigung auf das Recht der gesetzlichen Gewährleistung nach Artikel 1498 des bürgerlichen Gesetzbuchs und der vertraglichen Garantie zum Schutz gegen eine Verletzung seiner psychischen Gesundheit und schweren Verunglimpfungen berufen hat. Sie sind die Folge der Konstruktionsmängel dieser Maschinen, die so zahlreich und so schwerwiegend sind, dass sie für den Zweck, für den sie bestimmt waren, unbrauchbar sind und darüber hinaus die persönliche Unversehrtheit und sogar das Leben eines jeden auf das Höchste gefährden, der versucht, sie zu verwenden.]

311 StABS, Gerichtsarchiv A 439 II: Klage, 810.

312 StABS, Gerichtsarchiv A 439 II: Klage, 811: «Ihre Weigerung, die klägerischen Gestelle abzunehmen und zu bezahlen, begründete die Beklagte [Schweizerische Motorfahrrad-Gesellschaft] damit, die Lieferfrist sei nicht eingehalten worden. Die Lieferzeit war vertraglich auf Ende April festgesetzt, da der Kläger lange ohne Mustergestell und Pressteile war, konnte er die Lieferfrist nicht einhalten. Die Beklagte hat dagegen protestiert, nach Ablauf der Lieferfrist wohl aber weitaus den grössten der Lieferungen erhalten und angenommen und dadurch den Beweis geliefert, dass sie gegen die Ueberschreitung der Lieferfrist keine Einwendungen zu machen habe, sondern im Gegenteil damit einverstanden sei.»

313 StABS, Gerichtsarchiv A 439 II: Klage, 811.

314 StABS, Gerichtsarchiv A 439 II: Vergleich, 813.

315 DMA N 058/046: Dokument Zwangsvergleichsvorschlag von Rechtsanwalt Dr. Löwenfeld am 2. November 1896.

316 Wir halten explizit fest, dass es sich hier um eine Indizienkette handelt, da leider keine weiteren Dokumente erhalten sind, die diesen Vorgang eindeutig bestätigen. Hier macht sich das Fehlen der dem Vorschlag zum Zwangsvergleich im Konkursverfahren von «Hildebrand & Wolfmüller» angehängten Tabelle mit den zugelassenen Konkursforderungen in DMA N 058/046 (Dokumente Gutachten des Gläubigerausschusses und Protokoll Zwangsvergleichstermin) schmerzlich bemerkbar.

317 StABS, Gerichtsarchiv A 456 VI, 146–148.

318 Duncan o. D. (ca. 1926), 380. Schon am 20. Dezember 1895 wurden «Duncan, Suberbie & Cie» in die Aktiengesellschaft «Anciens Établissements Duncan, Suberbie & Cie» umgewandelt und gleichzeitig das Eigenkapital auf 500 000 Francs halbiert, s. «Archives commerciales de la France» 23 1896 7 vom 22.1.1896. Kurz darauf wurde sie liquidiert, s. «Le Journal Financier» 30 1896 1484 vom 29.3.1896: «L'assemblée extraordinaire des actionnaires de la Companie Française des anciens Établissements Duncan, Suberbie & Cie, au capital de 550.000 fr., rue Halévy, a voté la dissolution de la Compagnie. Liquidateurs: MM. Suberbie et Delassalle.» [Die ausserordentliche Generalversammlung der ‹Companie Française des anciens Établissements Duncan, Suberbie & Cie› mit einem Aktienkapital von 550 000 französischen Francs und Domizil an der rue Halévy [in Paris], hat die Auflösung der Gesellschaft beschlossen. Als Liquidatoren bestimmt wurden die Herren Suberbie und Delassalle.] Ob das Aktienkapital nach dem Kapitalschnitt 500 000 oder 550 000 Francs betrug, konnte nicht abschliessend geklärt werden.

319 ASMi, C.A. sent. civ. 497/1896; Giudica, 44: «Respinta ogni contraria istanza ed ogni eccezione, non che l'interposta appellazione, si confermarsi in ogni parte la appellata Sentenza 25 [84] pubblicata il 30 Gennaio 1896 del locale Tribunale Sezione V° condannata le appellante Società Schweizerische Motorfahrzeug Gesellschaft a rifondere al Sig Türkheimer le spese di questo appello che sulla prodotta parcella si liquidano in £ 1693 (mille seicento novantatré) oltre quelle di questa Sentenza sua spedizione e notificazione.» [Unter Zurückweisung aller gegenteiliger Anträge [...] bestätigt [das Appellationsgericht] das angefochtene Urteil Nr. 84 vom 30. Januar 1896 des lokalen Gerichts Sektion V° und verurteilt die [Schweizerische Motorfahrrad-Gesellschaft] zur Zahlung an Herrn Türkheimer den Betrag von 1693 Lire.]

320 StABS, Gerichtsarchiv A 456 VI, Urteil, 147.

321 S. «Deutscher Reichs-Anzeiger und Königlich Preussischer Staats-Anzeiger» 1897 2, 16 vom 4.1.1897; s.a. «Bayerische Handelszeitung» 27 1896 2, 18 vom 9.1.1897; «Münchner Neueste Nachrichten» 50 1897 9 Vorabend-Blatt vom 8.1.1897. Die Aufhebung der Konkursverfahren gegen Alois Wolfmüller in «Bayerische Handelszeitung» 28 1898 2, 24 vom 15.1.1898; gegen Heinrich Hildebrand in 22, 368 vom 4.6.1898.

322 Das Zustandekommen des Zwangsvergleichs hätte für die Aufhebung des Konkurses gereicht; Konkursordnung für das Deutsche Reich § 175: «Sobald der Vergleich rechtskräftig bestätigt ist, beschließt das Gericht die Aufhebung des Konkursverfahren [...]», s. Graf 1877, 112.

323 Das französische Patent wurde noch von Joseph Huzelstein, einem bekannten Velorennfahrer und -händler, genutzt, s. «Le Vélo: journal quotidien de vélocipédie» 5 1896 1,385 vom 16.9.1896: «Le coureur Hutzelstein est bien connu de nos lecteurs. C'est lui qui exploite aujourd'hui, après MM. Duncan et Suberbie, la fameuse bicyclette à pétrole Hildebrand et Wolfmuller.» [Der [Velo-]Rennfahrer Huzelstein (!) ist unseren Lesern gut bekannt. Er ist es, der heute, in der Nachfolge der Herren Duncan und Suberbie, das berühmte Motorfahrrad Hildebrand & Wolfmüller vermarktet.]

324 StABS, Gerichtsarchiv A 456 VI, 88–89.

325 Schwipps 2005, 35–36. Duncan o. D. (ca. 1926), 379 bestätigte das Urteil von Wolfmüller: «The [Hildebrand] double-tube ignition was more than usually primitive.» [Die Glührohrzündung mit zwei Röhrchen war ungewöhnlich primitiv.] Albert de Dion empfahl ihm, eine elektrische Zündung zu verwenden, aber: «As a matter of fact, the principle of electric ignition did not seem particularly promising in view of the possibilities of further complications; but we ascertained – when it was too late – that the electric device was very simple and very effective. We stuck with obstinacy to the tube ignition, but all our experiments or small improvements failed to give good results.» [Tatsächlich schien das Prinzip der elektrischen Zündung angesichts der möglichen Komplikationen nicht besonders vielversprechend zu sein; aber wir stellten fest – als es zu spät

war –, dass es sehr einfach und effektiv war. Wir hielten hartnäckig an der Glührohrzündung fest, aber alle unsere Versuche oder kleinen Verbesserungen führten zu keinen guten Resultaten.]

326 Paul Frederick Gans-Fabrice (1866–1915) entstammte einer Frankfurter Unternehmerdynastie. 1891 schloss er sein Studium in Strassburg ab und siedelte nach Paris über, weil er sich für die neue Flugzeugindustrie interessierte. 1895 besass er ein Elektroauto, einen Motor-Wagen von Benz und ein Motorrad. Er beschäftigte sich damals intensiv mit Zündvorrichtungen, die er auch patentierte (z.B. DRP 114803). In diese Zeit fiel auch die Beschäftigung mit der Drucklampe. 1897 errang er den 2. Platz in der «Coupe des Motocycles» auf einer «Bicyclette cadre Wolfmuller, moteur transformé» [Gestell von Wolfmüller, Motor umgebaut], s. «Le Journal» 6 1897 1729 vom 22.6. 1897: «Perfectionnée par Gans de Fabrice, qui y appliqua un allumeur imité du thermocautère Paquelin, ce qui permettait d'obtenir de très hautes températures.» [Perfektioniert von (Paul) Gans de Fabrice, der eine dem (gasbetriebenen) Thermokauter (zur schnellen Blutstillung in der Medizin mittels eines heissen Platinstifts) von Claude André Paquelin (1836–1905) nachempfundene Zündung verwendete, die es ermöglichte, höchste Temperaturen zu erreichen.], s. B., A.-M. 1897, 459. Berühmt wurde Paul Gans durch die Gründung der «Bayerischen Flugschule» bei Oberschleissheim 1910, der Vorgängerin der «Königlich Bayerischen Fliegertruppe». Er blieb bis zu seinem Tod 1916 der Fliegerei in allen ihren Formen verbunden. S. Gans/Groening 2008, 288–291.

327 Nach Auskunft von Mike Kron hat Paul Gans vermutlich eine Vorrichtung eingebaut, mit welcher der Treibstoff unter Druck in die Brennkammer befördert wurde und so einen konstanten Fluss erzeugte. Dieses Verfahren kannte man auch von anderen Glührohrzündungen.

328 Das Cliché in Abb. 93 verwendete die Velohandlung von August Hildebrand für die Ankündigung, dass in ihrem Laden eine Motor-Bicyclette eingetroffen sei, s. «Münchner Neueste Nachrichten» 48 1895 163 Einzige Tages-Ausgabe vom 8.4.1895.

329 Am 11. März 1897 erschien ein Inserat der «Hildebrand & Wolfmüller Motor-Fahrrad-Fabrik München», Wittelsbacherstrasse 3/I, für «Motoren für Kleinbetriebe», die gegen Aufpreis über eine elektrische Zündung verfügten, s. «Allgemeine Zeitung (München)» 100 1897 70 Morgenblatt vom 11.3.1897. s.a. (Schwipps 2005, 42). Eine Spur führte 1897 noch nach England. Von der Automobilausstellung im Royal Aquarium in London vom 1.–22. Mai wurde in «The Automotor And Horseless Vehicle Journal» 1 1897 8, 307 vom 15.5.1897 berichtet, dass «Messrs. Hildebrand show two well-finished specimens of a motor-tandem and a motor-cycle; as do Messrs. Duncan.» [Die Herren Hildebrand zeigen zwei gut gemachte Exemplare eines Motor-Tandems und eines Motor-Velos; ebenso die Herren Duncan.]

330 «Frankfurter Zeitung und Handelsblatt» 41 1896 108 Erstes Morgenblatt vom 18.4.1897; der zitierte Text war Teil der Begründung zu einem bemerkenswerten Aufruf von «Hildebrand & Wolfmüller» zu Wettfahrten zwischen der Motor-Bicyclette und Velofahrern.

331 Duncan o.D. (ca. 1926), 376: [Nichtsdestotrotz war es eine wunderbare Erfindung, und der Fahrer hatte viel Freude und Vergnügen mit der Maschine, wenn der Motor richtig lief.]

332 «Münchner Neueste Nachrichten» 81 1928 241: Sport-Zeitung vom 4.9.1928.

Kapitel 6

1 «Allgemeine Schweizer Zeitung» 23 1896 115, 2. Blatt vom 17.5.1896.

2 Carl Friedrich Benz-Ringer (1844–1929): Deutscher Ingenieur und Automobilpionier aus Mühlburg bei Karlsruhe; baute in Mannheim 1885 den «Benz Patent-Motowagen Nr. 1», der als erstes funktionsfähiges Automobil gilt. 1864: Abschluss Studium Maschinenbau; 1871: Gründung der «Carl Benz und August Ritter, Mechanische Werkstätte»; ab 1878: Beschäftigung mit dem Gasmotor und Entwicklung eines Zweitakt-Stationärmotors; 1882: Gründung der «Gasmotorenfabrik Mannheim AG», die er 1883 bereits wieder verlässt, weil die Partner ihm die Entwicklung eines Automobils (pferdelosen Fahrzeugs) nicht gestatten; 1883: Gründung der «Benz & C°, Rheinische Gasmotoren-Fabrik Mannheim» als offene Handelsgesellschaft mit den Partnern Max Rose und Friedrich Wilhelm Esslinger, die in ihrem Mannheimer Handelsgeschäft u.a. Velos verkaufen; Basis der Firma sind Zweitakt-Stationärmotoren; 1885: Fertigstellung des «Patent-Motorwagens Nr. 1» mit drei Rädern und Tests innerhalb des Werksgeländes; am 29. Januar 1886 Anmeldung Patent «Fahrzeug mit Gasmotorenbetrieb» (DRP 37435); 1890: Eintritt von Julius Ganss und Friedrich von Fischer anstelle von Rose und Esslinger; 1893: erstes vierrädriges Auto: die Victoria, gefolgt vom Vis-à-Vis und Velociped. Die «Benz & C°» steigt bis zum Ende des Jahrhunderts zum grössten Autohersteller der Welt auf; 1899 Umwandlung in die «Benz & Cie» Aktiengesellschaft; 1901 fällt der Absatz der Firma mangels neuer Modelle dramatisch und Carl Benz verliert die Position des Chefkonstrukteurs; 1903: Carl Benz verlässt seine Firma; 1906: Gründung der «Carl Benz Söhne» in Ladenburg zusammen mit seinem Sohn Eugen und (später) auch Richard; 1912 verlässt Carl Benz seine Firma, die bis 1923 besteht und zieht sich auf das Altenteil zurück; er stirbt 1929 in Ladenburg. S. Benz 1925/2012; Förster 1992; Niemann 1994; Seiffert 2009; Siebertz 1943.

3 Gottlieb Daimler-Kurtz (-Hartmann) (1834–1900): Deutscher Ingenieur und Automobilpionier aus Schorndorf. 1848–1856: Lehre als Büchsenmacher, anschliessend vier Jahre im Elsass; 1857–1863: Maschinenbaustudium an der Polytechnischen Schule Stuttgart, Studienreisen mit Stationen im Elsass, Paris, Oldham, Leeds, Manchester und Coventry; Stellen in Maschinenfabriken; 1872: Anstellung als Technischer Direktor und Mitglied der Geschäftsleitung der «Gasmotoren-Fabrik Deutz»; 1882 Entlassung bei Deutz nach Differenzen mit Nicolaus August Otto und Gründung einer Versuchswerkstatt in Cannstatt; 1883: Patent «Gasmotor» (DRP 28022) nach dem Viertaktprinzip; 1884: Patent «Neuerungen an Gasmotoren» (DRP 28243); 1885 Konstruktion des «Reitwagens»; 1886 erste Fahrt mit einem Automobil auf Basis einer Americaine-Kutsche; daneben erste Fahrten mit Motorbooten auf dem Neckar; 1889 Lizenzvertrag mit «Panhard & Levassor» in Paris resp. mit Louise Sarazin-Cayrol (1847–1916) und Beginn der Serienproduktion; 1890 Gründung der «Daimler-Motoren-Gesellschaft» (DMG) zusammen mit Max Duttenhofer und Wilhelm Lorenz; 1894: nach Streit mit den Kapitalgebern muss er die Firma verlassen; 1896: Rückkehr in den Aufsichtsrat. Schon vor seiner Anstellung bei Deutz wurde Gottlieb Daimler vom Konstrukteur Wilhelm Maybach (1846–1929) begleitet und unterstützt. S. Seiffert 2009, 40–164.

4 Die Geschichte des Verbrennungsmotors beginnt 1673 mit der «Explosionspumpe» oder dem «moteur à poudre» des niederländischen Naturwissenschaftlers Christiaan Huy-

gens. Grundlegend für das Verständnis seiner Geschichte und derjenigen des Motor-Wagens sind Ickx 1971 und Seiffert 2009. Ickx schreibt mit einer prononciert französischen Optik. Sein Anliegen in der hier zitierten zweiten Auflage ist die Hervorhebung der Rolle von Émile Levassor [Émile Levassor-Sarrazin (1843–1897)] bei der Entstehung des Automobils. Seifferts Fokus liegt auf einer Neubewertung der Rolle von Gottlieb Daimler als Antwort auf die von Karl Maybach nach dessen Tod gemachten, abwertenden Äusserungen über dessen Beiträge an ihren gemeinsamen Erfindungen.

5 Benz 1925/2012, 44.

6 Seiffert 2009, 168–171.

7 Im Patent von Carl Benz steht dazu: «Das zum Betrieb des Motors nöthige Gas wird aus leichtverdunstenden Oelen, wie Ligroin, dargestellt.», s. Benz & Co, Mannheim 1886.

8 Benz 1925/2012, 44–58; Seiffert 2009, 171–178; Siebertz 1943, 68–73.

9 Das galt auch für Gottlieb Daimler und Karl Maybach, s. Seiffert 2009, 71–91.

10 Benz 1925/2012, 69.

11 Seiffert 2009, 91–93; Bericht von Adolf und Paul Daimler über ihre Erfahrungen mit dem «Petroleum-Reitwagen», in «Automobil Revue» 1 1906 5, 85 vom 1.3.1906.

12 Benz 1925/2012, 73–75.

13 Seiffert 2009, 100.

14 Ickx 1971, 178.

15 Interessanterweise nahmen die Zeitgenossen von diesen Ereignissen keine Notiz, wie Pierre Giffard zu berichten wusste: Giffard/Robida 1899/2015, 165–166. Das widerspiegelte sich in historischen Werken über die Weltausstellungen z. B. von Bacha 2005, Carré et al. 2012, Raynaud 2024 und sogar in der speziell auf diejenige von 1889 bezogene Publikation von Wyss 2010; «Exposition universelle internationale de 1889 à Paris» 1889: Die Exponate von «Panhard & Levassor» und Émile Roger mit «Moteurs à gaz et au pétrole» [Gas- und Benzinmotoren] wurden in der Abteilung «Classe 52: Machines et appareils de la mécanique générale» [mechanische Maschinen und Apparate allgemein] ausgestellt; eine eigene Kategorie «Motor-Wagen» fehlte auch im Katalog, obwohl Émile Roger einen «Patent-Motor-Wagen Benz» unter dieser Bezeichnung vorstellte. Die historisch wichtigen Kontakte fanden ausserhalb des offiziellen Rahmens der Weltausstellung statt, s. Vermeylen/Krebs 2016, 27–29.

16 Émile Roger (1850–1897): Generalvertreter von Benz in Frankreich für dessen Stationärmotoren und Automobile; Bauernsohn aus Châteauvillain/Dépt. Haute Marne. 1866–1869: Ingenieur-Ausbildung an der «École des arts et métiers» in Châlons-sur-Marne; arbeitete als Zeichner bei diversen Maschinenbau-Unternehmen in Paris; als Unteroffizier im Deutsch-Französischen Krieg 1870/71; 1879–1882: Atelier-Direktor der «Société de location de locomobiles» in Paris; 1883: selbständiger Fabrikant von Gas- und Benzinmotoren; ab 1888: Generalvertreter von Benz für Frankreich und Vorstellung eines dreirädrigen Benz-Patentmotorwagens an der «Exposition universelle 1889»; zur Vermeidung von Höchstzöllen Bezug einzelner Wagenbestandteile aus Mannheim zur Montage in Paris sowie Verkauf unter der Marke «Roger-Benz»; zu Werbezwecken erfolgreiche Beteiligung an den Rennen Paris–Rouen 1894 und Paris–Bordeaux–Paris 1895; 1896: Gründung der «Compagnie Anglo-Française des Voitures Automobiles (Système Roger)», während die Benz-Vertretung an die «Maison Parisienne des Voitures Automobiles (Système Benz)» überging. S. «La Science française: revue populaire illustrée» 7 1897 2, 285–286; «Le Chauffeur/Année du Technologiste» 4/59 1897 22 vom 10.12.1897; «Paris-Vélo» 4 1896 1019 vom 4.10.1896; «La Locomotion Automobile» 5 1898 15, 230–237; 6 1898 2, 19; «Le Temps» 36 1896 12903 vom 28.9.1896; Seiffert 2009, 184–186.

17 Vermeylen/Krebs 2016, 43–52; 62: Der Titel des Prospekts von «Panhard & Levassor» von 1892 lautete «Voitures & Bateaux mûs par Moteurs à Pétrole (Système Daimler).» [Autos & Boote angetrieben von Benzinmotoren (System Daimler).] Er unterstrich die Bedeutung des Bootsbaus für die frühe Nachfrage nach Benzinmotoren.

18 Zu Armand Peugeot-Fallot (1849–1915) s. Dumont 1976.

19 Dumont 1976, 18; Vermeylen/Krebs 2016, 40. Sowohl Peugeot als auch «Panhard & Levassor» bauten später eigene Motoren.

20 «Panhard & Levassor» begannen schon um 1883 mit der Produktion von Gasmotoren nach System «Otto & Langen». Ab 1886 stellten sie ein paar wenige Dampfmaschinen und ab 1888 eine grössere Zahl von Gasmotoren nach «System Benz» her, s. Vermeylen/Krebs 2016, 53–54. Diese dienten als Stationärmotoren wahrscheinlich primär als Antrieb für ihre Bandsägen und anderen Werkzeugmaschinen. An der Weltausstellung 1889 war die Firma mit vier verschiedenen Ständen vertreten, s. Exposition universelle internationale de 1889 à Paris 1889:
Classe 52, No. 334: Moteurs à vapeur, moteurs à gaz et à pétrole, dynamomètre. [Dampfmaschinen, Gas- und Benzinmotoren, Dynamometer.]
Classe 53, No. 58: Machines à scier les métaux à froid, machines à affûter. [Maschinen zum Kaltsägen von Metallen, Schleifmaschinen.]
Classe 57, No. 52: Scieries et machines-outils pour le travail du bois. [Sägewerke und Werkzeugmaschinen für die Holzbearbeitung.]
Classe 65, No. 110: Canot mû par un moteur à pétrole. [Motorboot angetrieben von einem Benzin-Motor an einem speziellen Quai entlang der Seine.]

21 Die Firma «Benz & C°», Mannheim, ca. 700 Stück, s. Förster 1992, 193; «Panhard & Levassor», Paris, ca. 500 Stück, s. Vermeylen 2006, 5–14; Peugeot, Audincourt und Valentigney, ca. 300 Stück, s. Dumont 1976, 437.

22 Lelièvre/Dulier 1969, 45–69, 71–89.

23 Zu den frühesten gehörten Alexandre Darracq (1855–1931) in Frankreich, die «Fahrzeugfabrik Eisenach AG» in Deutschland, die Gebrüder Charles Edgar und James Frank Duryea (1861–1938 bzw. 1869–1967), die bereits 1893 ihren «Duryea» in den USA vorstellten.

24 «Geschäftsblatt für den obern Teil des Kantons Bern» 39 1892 54 vom 6.7.1892.

25 «Der Bund» 43 1892 189 vom 7.7.1892.

26 «Der Bund» 43 1892 266 vom 22.9.1892; s. a. ein Peugeot in Luzern in: «Täglicher Anzeiger für Thun und das Berner Oberland» 17 1893 217 vom 13.9.1893.

27 «Gazette du Valais» 40 1894 27 vom 4.4.1894.

28 «La Suisse libérale» 31 1894 72 vom 28.3.1894. Edgar Sautter (1848–1932) war Geschäftsführer der «Compagnie genevoise des colonies suisses de Sétif» und Amateurfotograf, s. Bibliothèque de Genève: «Edgar Sautter» 2024. [Benzin-Wagen. – Vorbei an den staunenden Passanten fuhr am Ostersonntag [25. März 1894] zwischen ein Uhr dreissig und zwei Uhr ein von mehreren Personen besetztes Fahrzeug ohne Pferdegespann durch unsere Stadt [Neuenburg].

Es handelte sich um einen Wagen mit Benzinmotor, den Herr Edgar Sautter aus Genf und zwei seiner Freunde in Valentigney bei der Firma Peugeot gekauft und abgeholt hatten. Das neu erfundene Gefährt fährt auf vier breiten Vollgummirädern; unter dem Hinterteil befindet sich ein Zweizylinder-Benzinmotor, unter der Vorderachse ein Öltank. Die bewegliche Vorderachse wird von einem gewöhnlichen Velolenker gesteuert. Die Fahrgäste sitzen auf zwei Bänken, von wo aus sie den Wagen steuern und die Geschwindigkeit regeln können. Nachdem er in Grandson übernachtet hatte, fuhr Herr Sautter am Montagmorgen um 9 Uhr von dort in Richtung Genf weiter. Die normale Geschwindigkeit beträgt 18 Kilometer pro Stunde. Die Maschine kann Rampen bis zwölf Prozent Steigung erklimmen.] S. a. «Feuille d'Avis de Neuchâtel» 79 1894 72 vom 28.4.1894 ; «La Gruyère» 13 1894 25 am gleichen Tag; «La Tribune de Genève 16 1894 72 4ème éd., «La Liberté» 24 1894 72, «Courrier de Genève» 28 1894 72 alle vom 29.3.1894; «Le National suisse» 39 1894 79 vom 30.3.1894.

29 «Le National suisse» 16 1894 80 vom 1.4.1894. [Um dieselbe Zeit, als ein Benzin-Wagen, von Grandson nach Genf fahrend, die Strassen von Lausanne passierte, fuhr ein gleichartiges Fahrzeug in Vevey herum. Letzteres stammte von einer Firma in Mannheim, deren Vertreter die Herren Gilliéron & Amrein in Vevey sind. Es ist vierplätzig und kann auf normaler Strasse eine Geschwindigkeit von 20 Kilometern [pro Stunde] erreichen; das Anhalten ist sofort möglich. Es kann Rampen von 10 Prozent bewältigen. Der Preis beträgt 5000 Franken; die [Betriebs-]Kosten 2 bis 3 Rappen pro Kilometer. Eine einfache Handbewegung an einer kleinen Kurbel reicht aus, um anzufahren, zu beschleunigen, zu verlangsamen oder anzuhalten.] Die Benz Victoria hatte der Genfer Herrenschneider Hermann Lammers gekauft, s. «La Tribune de Genève» 16 1894 76 4ème éd. vom 7.4.1894.

30 SHAB IX 1891 32, 127 vom 13.2.1891; die Gründung erfolgte per 31. Januar 1891 an der Rue de Lausanne 37 in Vevey. Die beiden Partner waren François Gilliéron von Corsier-sur-Vevey und Oscar Amrein von Malters.

31 Das Auto wurde von «Benz & C°» am 4. Juni 1894 ab Mannheim versandt, s. StABS, Gerichtsarchiv PP 1.362 No. 517 1897, Dossier Gläubiger No. 43: Benz & C°, Mannheim; die Händlerpreise für Velocipede, die ihm später verrechnet wurden, betrugen ab 1896 1700 oder 1720 Mark und waren somit tiefer (Tabelle 10). Der Detailhandelspreis eines Benz Velocipeds betrug 2000 Mark oder 2500 Franken bei Benz und 2700 Franken bei der «Ed. Burckhardt» (Tabelle 7).

32 A. C. S. Sektion Basel 1933, 11 mit Abb.

33 «Thuner Wochenblatt» 59 1896 69 vom 26.8.1896.

34 Benz 1925/2012, 35, ohne Erwähnung von F. W. Esslinger; Förster 1992, 186–187; Niemann 1994; Seiffert 2009, 165–204.

35 Benz 1925/2012, 72.

36 Benz 1925/2012, 69–75.

37 Förster 1992, 194; zu den in Abb. 100 und Abb. 101 genannten technischen Daten s. Oswald 2018, 19; 21–22.

38 Förster 1992, 193.

39 Wir danken Gerhard Heidbrink für die Aufarbeitung der Daten.

40 Zur Berechnung der Automobilverkäufe pro Kopf der Bevölkerung:

Land	Jahr	Bevölkerung	Autoverkäufe 1894–98	… pro 1 Mio. Einwohner
Deutsches Reich	1890	49 428 000	319	6,5
Frankreich	1891	38 095 000	467	12,3
Schweiz	1888	2 933 000	80	27,3

Quelle: Brockhaus 1894–1896, Bd. 2, 925 s. v. Bevölkerung.

41 «Basler Nachrichten» 52 1896 26 vom 27.1.1896.

42 Zur genauen Terminierung der verschiedenen Inserateserien s. Ditzler/Rollé Ditzler 2025.

43 Ditzler/Rollé Ditzler 2025.

44 Brockhaus 1894–1896, Bd. 14, 613–614 s. v. Schreibmaschine.

45 König/Siegrist 1981, 224–233.

46 «Basler Nachrichten» 52 1896 106 vom 20.4.1896.

47 Ditzler/Rollé Ditzler 2025; regelmässig auch in NZZ 117 1896 117 2. Abendblatt vom 27.4.1896 bis 117 1896 361 2. Abendblatt vom 28.12.1896.

48 Warum in der Remise der «Ed. Burckhardt» 1897 trotzdem eine Victoria mit 3-PS-Motor stand (Tabelle 9), bleibt ungeklärt. Eine Sichtung der Händlerpreise von Benz in Tabelle 10 hat keine Unterschiede bei diesen Modellen erkennen lassen, die auf den Kauf eines billigeren Modells schliessen lassen.

49 fotoCH s. v. SADAG; HLS s. v. Thévoz, Frédéric (Jacques Barrelet 2011): Gründer war 1894 ein renommierter Landschaftsfotograf und Mitglied der «Société Genevoise de Photographie».

50 Jean Kölla-Hausheer (1860–1929): Fotograf in Thun und Bern; Mitglied einer Fotografinnen- und Fotografen-Dynastie aus Zürich und Rapperswil; Lehre bei seiner Mutter Alwina Kölla-Gossauer. Bis 1886: Weiterbildung in Paris; Eröffnung eines Ateliers in Thun; 1889–1916: aktives Mitglied des «Schweizerischen Photographen Vereins /Union des Photographes Suisses»; 1891: «Präsident des Velo-Club Thun»; 1893: Heirat der begüterten Marguerite Hausheer und Bau einer Villa an der Allmendstrasse. Breites Spektrum an Aufnahmen und Reportagen: Militär, Veranstaltungen, Prominente, Firmendokumentation, Heimatsujets, Verkehr. Gewinner zahlreicher internationaler Medaillen. S. fotoCH s. v. Alwina Kölla-Gossauer; Jean Kölla; SHAB IV 1886 86, 599 vom 15.9.1886; X 1892 46, 181 vom 26.2.1892.

51 «Geschäftsblatt für den obern Teil des Kantons Bern» 43 1896 55 vom 8.7.1896. Ähnlich in «Täglicher Anzeiger für Thun und das Berner Oberland» 20 1896 163 vom 11.7.1896: «(Eingesandt.) Herr Photograph Kölla fährt mit einem vierräderigen, zweiplätzigen Wagen, der mit einem Benzin-Motor getrieben wird, öfters durch die Straßen unter steter Bewunderung des Publikums, das dem Zauberwagen lange nachsieht. Die Kosten eines solchen Straßenwagens, der sehr kommod ist, belaufen sich dem Vernehmen nach auf über tausend Franken.» Eduard Burckhardt hatte am 23. Juni 1896 in Mannheim abgehend das Benz Velociped N° 393 erhalten, das er sehr wahrscheinlich für Jean Kölla bestellt hatte (Tabelle 10).

52 Emil Suter-Dardenne (1850–1936): Mechaniker, Fotograf, autodidaktischer Erfinder und Fabrikant optischer Geräte mit internationalem Renommee aus Eptingen; Sohn eines Seilers und Kohlehändlers; kaufmännische Lehre in Basel und Paris; eigene Manufaktur seit 1878 in Basel; ab 1883: «E. Suter, optische Werkstätte» an der Austrasse 2; 1885–1897: Byfangweg 16; ab 1898: Feierabendstrasse 32 mit eigener

Sternwarte; ab 1913: «Optische Anstalt E. Suter A. G.» (Liquidation 2006). S. fotoCH s. v. Emil Suter-Dardenne; s. v. Eduard Spelterini (Schweizer); AB-BS 1883 ff.; SHAB I 1883 60 II. Theil, 476 vom 4. 1. 1883; X 1892 131 vom 4. 6. 1892, 525; XXXI 1913 123, 886 vom 15. 5. 1913; «Revue Suisse de Photographie» II 1890 2, 49; XI 1899 8, 259 u. v. a. Ausgaben; A. C. S. Sektion Basel 1933; StABS, Handel und Gewerbe GGG 1.7. 1898–1907 Automobile und Motorvelokontrollen; BN 92 1936 71 vom 12. 3. 1936; NZ 108 1950 472 vom 12. 10. 1950.

53 Jean Kölla kaufte 1898 bereits einen zweiten, grösseren Wagen und nutzte die Fahrzeuge intensiv beruflich, s. Abb. 150. Suter-Dardenne übernahm Eduards Autogeschäft nach dessen Tod und wurde zu einem der ersten Präsidenten das «A. C. S. Sektion Basel», s. Abb. 147; A. C. S. Sektion Basel 1933.

54 Bei den ersten drei Fahrzeugen dürfte es sich um die Victorias für Emil Burckhardt-Koechlin und Emil Suter-Dardenne sowie das Velociped von Jean Kölla gehandelt haben.

55 «Allgemeine Schweizer Zeitung» 23 1896 115, 2. Blatt vom 17. 5. 1896. Die «Allgemeine Schweizer Zeitung» erschien 1873–1902; sie wurde von politisch konservativ ausgerichteten Baslern gegründet, nachdem radikale (heute freisinnige) Politiker die «Basler Nachrichten» 1872 übernommen hatten. Mit der Übernahme der «Basler Nachrichten» durch konservative Kreise nach der Jahrhundertwende wurde ihr Erscheinen eingestellt, s. Tréfás 2016, 39, 53.

56 Die Hypothek war zinslos, aber Eduard Burckhardt musste ihm ein Vorkaufsrecht auf die Liegenschaft einräumen, s. StABS, Gerichtsarchiv PP 1.362 No. 517 1897, Dokument Hypotheken-Obligation Wilhelm Preiswerk-Imhoff; s. a. Tabelle 11.

57 StABS, Gerichtsarchiv PP 1.362 No. 517 1897, Dossier Immobilienkollokation.

58 «Journal de Genève» 67 1896 96 2ème éd. vom 23. 4. 1896; 67 1896 107 2ème éd. vom 6. 5. 1896; 67 1896 115 2ème éd. vom 16. 5. 1896.

59 «Zuger Nachrichten» 44/1896 Unterhaltungs-Beilage vom 30. 5. 1896.

60 Gavard 1896; Imer-Schneider 1896.

61 StAZH, YY 22.24, 582–583, wobei nur die Einlage für das Schweizer Patent, d. h. ein Zehntel von 60 000 Franken, eingeklagt wurde.

62 StABS, Gerichtsarchiv PP 1.362 No. 517 1897, Dossier Gläubiger No. 32: F. Schlatter, Maler, Leonhardsgraben 43, Basel.

63 Dabei muss festgestellt werden, dass sowohl «Panhard & Levassor» als auch Peugeot in der hier betrachteten Periode nur wenige Fahrzeug in die Schweiz lieferten. Der Lizenzvertrag für die Motoren von Daimler sah vor, dass die Schweiz und das Elsass nicht von Frankreich aus beliefert werden durften. Der oben genannte Verkauf eines Peugeots an Edgar Sautter führte deshalb zu einem Konflikt mit der «Daimler-Motoren-Gesellschaft» (DMG) als Lizenzgeberin, s. Dumont 1976, 18. «Panhard & Levassor» lieferten 1896 zwei und bis 1899 insgesamt acht Autos in die Schweiz, s. Vermeylen/Krebs 2016, 51. Peugeot nahm die Produktion mit eigenen Motoren ab 1897 auf, s. Dumont 1976, 18.

64 Eigene Berechnungen aufgrund von Daten des «Mercedes-Benz Konzernarchivs» ergänzt durch Informationen aus Tabelle 10. Eine Lieferung nach Basel im Jahr 1896 kann aufgrund des «Conto-Corrents» nicht der «Ed. Burckhardt» zugeordnet werden und wurde somit als direkte Bestellung eines Einzelnen gewertet.

65 Die Bruttomarge wurde aus den im Prospekt (Abb. 110–113) genannten Verkaufspreisen sowie den Händlerpreisen in Tabelle 10 für verschiedenen Modelle berechnet, über alle von der «Ed. Burckhardt» importierten Fahrzeuge, abzüglich des persönlichen Velocipeds von Eduard Burckhardt vom 4. Juni 1895 wegen dem Spezialpreis, insgesamt 32 Autos.

66 StABS, Gerichtsarchiv PP 1.362 No. 517 1897, Dossier Gläubiger No. 43: Benz & C°, Mannheim.

67 Laux 1976, 38–39.

68 «La Locomotion Automobile» 5 1898 15, 230–237 vom 14. 4. 1898.

69 Die beiden genannten Fahrzeuge liefen unter der Marke «Maison Parisienne des Voitures Automobiles (Système Benz)» und erzielten die Ränge elf und zwölf von 14 Angekommenen mit einem Schnitt von 16,73 resp. 15,76 Kilometern pro Stunde; der siegreiche «Panhard & Levassor» erzielte einen Schnitt von 25,25 Kilometer pro Stunde, s. Lelièvre/Dulier 1969, 87.

70 StABS, Gerichtsarchiv PP 1.362 No. 517 1897, Dossier Gläubiger No. 48: Adolf Schmidt-Lanz; s. a. Tabelle 11.

71 Furger 2022, 33–39.

72 StABS, Handel und Gewerbe GGG 1.7. 1898–1907 Automobile und Motorvelokontrollen; während man in Basel seit 1894 als Velofahrer eine Nummer lösen musste, galt diese Vorschrift für Automobile erst ab dem 25. Mai 1898 nach der Ausweitung der Meldepflicht auf Motorräder und «Motor-Fuhrwerke» gemäss KB-BS 1898 «Verordnung über das Radfahren» vom 11. Mai 1898.

73 Johann Traugott Engeli-Schönholzer (?–1907) aus Sulgen/Thurgau. Ab 1888 in Basel; ab 1890 als Dekorateur und Tapetenhändler; 1894: Mitglied des «Bicycle-Club Basel» mit Eduard Burckhardt; ab 1895: Erfindung von abwaschbaren, lichtechten Tapeten aus appretierter, bedruckter Baumwollgaze; 1898: Fabrikbau an der Grenzacherstrasse auf 23 ha; aus der «Engeli & Cie» wurde 1900 die «Salubra AG» mit Basler Kapitalgebern im Verwaltungsrat und Engeli als Direktor bis 1908; lancierte als Erster Marken-Tapetenkollektionen; ab 1901: weltweite Erfolge mit Läden in Paris, London, Lissabon, Mexico bis in die 1930er-Jahre; 1976: Teil der Forbo-Gruppe. S. StABS, Handel und Gewerbe GGG 1.5. Velokontrolle 1-2199; 1,7 1898–1907 Automobile und Motorvelokontrollen; Sektion Basel des A. C. S. 1933; SHAB VIII 1890 164, 800 13. 11. 1890; XVI 1898 48, 196 vom 17. 2. 1898; XXVI 1908 98, 694 vom 21. 4. 1908; SWA HS 224 Firmenarchiv Salubratapeten-Fabrik 1898–1983

74 Ferdinand Rüsch-Burckhardt (1863–1937): Rentier/Privatier aus Speicher im Kanton Appenzell Ausserrhoden in Basel; Sohn der reichen Zürcher Witwe Johanna Amalia Rüsch, geb. Jakob (1831–1911), zweite Ehefrau des Kaufmanns, Gerbereibesitzers, Zunftpolitikers und Förderers des Basler Kunstvereins Johann Jakob Im Hof (1815–1900). Studien der Jurisprudenz u. a. in Berlin; ab 1888: Aktionär mit den Eltern bei Gerbereien im Badischen; mit Unterbrüchen residierend im Stadtpalais seiner Mutter «Haus zum Kirschgarten» – eines der grössten, historischen Patrizierdomizile und heute Teil des Historischen Museums Basel, s. Museen Basel: «Haus zum Kirschgarten» 2024, sowie als Eigentümer auf dem Landgut Neuhof in Reinach BL (ab 1899 Betriebsgesellschaft «Neuhof-Schönberg Pfaff & Cie», 1903–1929 Alleininhaber, Rinder- und Pferdezucht); Teilnahme 1890 als Delegierter des Schweizerischen Juristenvereins an einem internationalen Gefängnis-Kongress in St. Petersburg; Mitgründer und Verwaltungsrat des Hotel- und Kurbetriebs «Neues Stahlbad St. Moritz»; Heirat 1891 mit Emilie Burckhardt (1871–1933), Stroux: Bu04-13WE-75. Dadurch

Schwiegersohn des Emil Burckhardt-Koechlin; 1892–1898: Verwaltungsrat der «Basler Löwenbräu AG»; 1903: Co-Direktor der Brennereigenossenschaft Aesch-Dornach; Besitz einer grossen Schweinezucht in Rohrberg/Courroux; 1913: Geschäftsführer der «Patentschuhkappensteife-Fabrik Herkules G. m. b. H.» in Staufen/Deutschland; 1920–1928: Mitinhaber der «Herkules AG» (Waren der Schuhindustrie etc.) in Basel; ab 1929: Präsident des Verwaltungsrats der «Laboratorium Tasch AG» (Pharmazeutisches Labor); ab 1928: im ehemals schwiegerväterlichen «Holsteinerhof» wohnend und Verkauf des Neuhofs an die Einwohnergemeinde Basel-Stadt. S. AB-BS 1891–1929; Buess 1978; StABS, HGB 1 51/39; HLS s.v. Friedrich Miescher (Urs Boschung 2008); Buess 1978 mit Abb.; «Le National Suisse» 35 1890 130 vom 4.6.1890; «Karlsruher Zeitung» 1888 359 vom 29.12.1888; 1913 280 vom 13.10.1913; «Der Bund» 41 1890 104 vom 16.4.1890; SHAB X 1892 275, 1116 vom 30.12.1895; XVI 1898 76, 312 vom 11.3.1898; XVII 1899 226, 911 vom 10.7.1899; XXI 1903 447, 1785 vom 1.12.1903; XLVI 1928 85, 722 vom 12.4.1928; XLVII 1929 233, 2005 vom 5.10.1929; «Tagblatt von Baselland» 1903 13 vom 16.1.1903; «Le Jura» 40 1890 92 vom 18.11.1890; 53 1903 55 vom 10.7.1903; «Oberländer Tagblatt» 53 1929 304 vom 28.12.1929; Sektion Basel des A.C.S. 1933; StABS, Handel und Gewerbe GGG 1.7. 1898–1907 Automobile und Motorvelokontrollen; Ditzler/Rollé Ditzler 2022, 74 f.

75 Paul Schlumberger-Suter: aus Montbéliard, Commis; 1901–1910: Prokurist bei Emil Suter-Dardenne; Heirat mit Irma Suter 1900 (einer Verwandten von Emil?). S. StABS, Handel und Gewerbe GGG 1.7. 1898–1907 Automobile und Motorvelokontrollen; A.C.S. Sektion Basel 1933; SHAB XIX 1901 3, 10 vom 4.1.1901; XXVIII 1910 254, 1727 vom 5.10. 1910.

76 Ebenso prominent wie das «Haus zum Kirschgarten», heute Verwaltungssitz des Universitätsspitals Basel, s. Rebmann 2012.

77 Charles Friedrich Küpfer-Bender: Architekt in Basel; publizierte «auf 12 Blättern in Farbendruck ein Wappenbuch der Schweizerstädte», wohl ebenso «Burgen und Schlösser der Schweiz» (undatierter «Lichtdruck G. Wolf» UBH Falk 2560a:10;13–14) sowie u.a. Übersichtspläne für das Historische Museum 1895 und das Gundeldingerschulhaus 1896 («Verfertiger/-in [ ] Küpfer» gemäss StABS, Planarchiv E 2, 114; N 6,2–6,7). S. Basler Jahrbuch 1886, 266; Sektion Basel des A.C.S. 1933; StABS, Handel und Gewerbe GGG 1.7. 1898–1907 Automobile und Motorvelokontrollen.

78 Arnold Suter-Ludwig(-Bender) (1849–1923?): Kaufmann aus Eptingen in Basel. 1884: mit seinem Bruder Emil Suter-Dardenne Gründung der «Gebrüder Suter/Suter Frères», Steinkohlehandlung an der Austrasse 2; ab 1885: Alleininhaber; ab 1897: zusammen mit Jean Joerin-Suter aus Pratteln «A. Suter & C°»; 1898–1903: Verwaltungsrat in der «Actiengesellschaft Steinbruch Brislach»; ab 1921–1923: Vizepräsident der «Allgemeinen Kohlehandels A.G.». Langjähriger Aktuar und Kassier des «Automobil Club Basel». S. SHAB II 1884 9, 58 vom 31.1.1884; III 1885 75, 492 vom 18.7.1885; XV 1897 174, 716 vom 1.7.1897; XVI 1898 273, 1140 vom 30.9.1898; XXXIX 1921 113, 886 vom 2.5.1913; AB-BS div. Jahre; A.C.S. Sektion Basel 1933; StABS, Handel und Gewerbe GGG 1.7. 1898–1907 Automobile und Motorvelokontrollen.

79 Wilhelm Breuckmann-Zehnder (?–1906): Kaufmann von Starrkirch/Solothurn in Basel. 1883–1886: «Wm Breuckmann jr.», konzessionierte, gesamtschweizerisch tätige Auswanderungsagentur der «Norddeutschen Lloyd», endete im Konkurs; daneben zusammen mit Adolf Breuckmann von Fontainemelon/Neuchâtel Inhaber der «W. A. Breuckmann's Söhne»; ab 1893: mit Vater Wilhelm aus Frankfurt die «W. Breuckmann & Söhne», Steinkohlehandlung en gros; 1900: Patent für ein Druckluft-Einlass- und Sicherheitsventil für Pneumatikreifen. S. AB-BS 1885, 32; SHAB I 1883 1, 7 vom 4.1.1883; I 1883 46 II. Theil, 417 vom 31.1.1883; XI 1893 22, 89 vom 28.1.1883; XXIV 1906 192, 766 vom 4.5.1906; StABS, Handel und Gewerbe GGG 1.7. 1898–1907 Automobile und Motorvelokontrollen; AB-BS 1898, 51; Espacenet s.v. Breuckmann Wilhelm.

80 Paul Amans-Schäfli (1880–1923): Kaufmann und Agent für Rohseide in Basel; zusammen mit seiner Frau um 1900 Übernahme der vom Vater 1882 gegründeten Firma «P. Amans & Cie Agentur und Kommission in Rohseide». Kulturell interessiert, u.a. Mitglied der «Schweizerischen Gesellschaft für Volkskunde», der «Genossenschaft Heimatschutz» und der «Historischen und Antiquarischen Gesellschaft zu Basel». S. SHAB I 1883 2, 6 vom 11.1.1883; XVIII 1900 168, 675 vom 8.5.1900; StABS, Handel und Gewerbe GGG 1.7. 1898–1907 Automobile und Motorvelokontrollen; Sektion Basel des A.C.S. 1933, 12; «Korrespondenzblatt der Schweizerischen Gesellschaft für Volkskunde» 5 1915 10–11, 88; Lüdin, Dieter: «Paul Henry Amans» o.D.

81 A.C.S. Sektion Basel 1933, 12. Die Darstellung in Merki 2002, 69: «Auch in der Schweiz wurde [wie in Deutschland] der Automobilismus erst um die Jahrhundertwende als soziale Erscheinung greifbar […]» blendet diese Vorgeschichte mit den Pionieren und den «early adopters», namentlich jene in Genf und in Basel, aus.

82 Alexander Clavel-Merian (1847–1910) aus Kleinhüningen/Basel: Sohn des Erfinders der Herstellung von Fuchsin (Anilinrot) Alexander Clavel-Linder (1805–1873); Lehrjahre u.a. in der Seidenindustrie von Lyon; übernahm 1873 die Seidenfärberei an der Rebgasse (die abgetrennte Farbstofffabrikation im Klybeck wurde später zur CIBA); residierte im Clavel-Gut Kleinhüningen, hielt einen Wildtierpark für seine Jagdleidenschaft und je einen Goldfisch- und Badeteich; einer der ersten Kunden von Eduard Burckhardt (Abb. 95). S. HLS s.v. Clavel, Alexander (Antonia Schmidlin 2023); Pettermand 1910.

83 Christian Schmid-Kistler: 1898 Konditor am Spalenberg 55. S. Handel und Gewerbe GGG 1.7. 1898–1907 Automobile und Motorvelokontrollen.

84 Die Liste ergibt sich aus: StABS, Gerichtsarchiv PP 1.362 No. 517 1897, Kollokationsplan IV. Guthaben. S. a. Tabelle 11.

85 Ott 2011, s. a. Tabelle 11.

86 S. Tabelle 11.

87 S. Tabelle 11.

88 «Bietenholz & C°» war der Regionalvertreter für die Motor-Wagen von Benz in Zürich seit Oktober 1896. S. z.B. NZZ 117 1896 298 Zweites Abendblatt vom 26.10.1896: «Bietenholz & Cie», Maschinenbau und technisches Bureau, Stampfenbachstrasse 17; SHAB XIV 1896 216, 892 vom 1.8.1896. S. a. Tabelle 11.

89 Wie seine Konkurrenten entwickelte Carl Benz seine Technik und die Modellpalette laufend weiter; der Benz Motor-Wagen «Comfortable» basierte auf dem Modell Velociped; generell galt, dass Benz Jahr für Jahr Modelle mit höherer Leistung präsentierte, s. Oswald 2018, 17, 19, 21–26.

90 StABS, Gerichtsarchiv PP 1.362 No. 517 1897, diverse Korrespondenz mit Emil Suter-Dardenne.

91 Ab 1897 verzichtete Eduard Burckhardt auf eine tägliche Präsenz in den Basler Nachrichten, s. Ditzler/Rollé Ditzler 2025. In der NZZ 118 1896 113 Zweites Abendblatt vom

23.4.1896 bis 118 1896 333 Zweites Abendblatt vom 30.11.1896 diese Inserate ebenfalls regelmässig.

92 Siebertz 1943, 148 in Bezug auf die Lackierung bei Benz in Mannheim: «Daraufhin kamen sie [nach der Rückkehr von Kalkreuther] im Rohbau zum Probefahren, und erst nach dessen Abschluß mußte der Lackierermeister Mitschele die Lackierung vornehmen, die zu jener Zeit drei bis vier Wochen dauerte. Unsere Kundschaft verlangte ja, daß ein Motorwagen genau so fein wie eine Hofkutsche des Großherzogs lackiert sei.»

93 Dass Emil Suter-Dardenne die Autos und andere Gegenstände aus der Remise an der Schönbeinstrasse 42 vor Beginn der Ganten kaufen konnte, ist auf Betreiben von Wilhelm Preiswerk-Imhoff zustande gekommen, s. StABS, Gerichtsarchiv PP 1.362 No. 517 1897, Diverse Quittungen, Abrechnungen und Gantrodel, darin der Schriftverkehr bezüglich dieses Vorgangs.

94 StABS, Gerichtsarchiv PP 1.362 No. 517 1897, IV, Inventarium.

95 StABS, Gerichtsarchiv PP 1.362 No. 517 1897, Dossier Gläubiger No. 32: F. Schlatter, Maler, Leonhardsgraben 43, Basel; sowie Abb. 128; AB-BS 1898, 350.

96 StABS, Gerichtsarchiv PP 1.362 No. 517 1897, Dossier Gläubiger No. 32: F. Schlatter, Maler, Leonhardsgraben 43, Basel.

97 August Horch (1868–1951): Maschinenbauingenieur und Erfinder aus Winningen/Mosel. Gründer der Automobilfirmen «Horch» und «Audi»; Schmiedelehre, Ingenieurstudium in Mittweida; 1891–1899: beschäftigt bei Maschinenbauern in Rostock, Leipzig und ab 1896 bei Carl Benz in Mannheim; gründete 1899 die «Horch & Cie» in Köln-Ehrenfeld zum Bau von Automobilen, 1904: verlagert nach Zwickau als «A. Horch & Cie Motorwagenwerke Actiengesellschaft»; mangels Kapital ausgeschieden; nach Rechtsstreitigkeiten 1909/1910 Konkurrenzgründung in Zwickau der «August Horch» bzw. «Audi Automobilwerke GmbH»; zunächst nur für Reparaturen, dann Automobil und Panzer-Konstruktionen; 1920–1933: Rückzug als Sachverständiger nach Berlin und Ehrenämter u.a. als Rennleiter; involviert in die Bildung der «Auto Union AG» in Zschopau bis 1939; kompromittiert als Kollaborateur des Nazi-Regimes, dennoch geehrt von der Ingolstädter Nachkriegs-Neugründung der heutigen Audi AG. S. NDB 9 (1972) s.v. Horch, August (Walther Herrmann); Espacenet s.v. August Horch; Horch 1937.

98 Horch 1937, 55–56. Christoph Maria Merki stellt dazu fest: «Zwar kamen Pannen sehr viel häufiger vor als heute, doch ist es nicht so, daß die Wagen alle paar Kilometer stehengeblieben wären.», s. Merki 2002, 42. Im Gegensatz dazu weist August Horch darauf hin, dass Panne nicht gleich Panne war. Wiederauflegen einer Kette, das Spannen von Riemen, Wassernachfüllen, Wiederaufziehen eines Reifens waren Routinetätigkeiten, die mit beschränktem Zeitverlust durchgeführt werden konnten. Sie galten als fester Bestandteil einer Fahrt und waren auch nicht unbedingt erwähnenswert. Entscheidend bleibt die Aussage von August Horch, dass man nicht wissen konnte, ob, wie im obigen Beispiel, die Fahrt zweieinhalb oder sechs Stunden dauerte. Für das Auto als «Sportgerät» war das für diejenigen, die sich den Spass deswegen nicht verderben liessen, akzeptabel. Für das Auto als «Arbeitsgerät» war es eine gravierende Einschränkung des Einsatzbereichs, wobei sich die Grenze mit der Zeit verschob. Zu den Begriffen «Sport- und Arbeitsgerät» s. Merki 2002, 58–59.

99 Lelièvre und Dulier 1969, 87.

100 Fernand Gabriel-Cerisay(-Detrez) (1878–1943) war ein früher professioneller Auto-Rennfahrer, s. N. N.: «Fernand Gabriel», o. D.

101 Dulier 1966.

102 Von der Mühll 1944, 55–56; Furger 2022, 47. Die Autorin, Johanna Von der Mühll-von Thur (1894–1974) war eine Künstlerin, Schriftstellerin und Kunsthistorikerin in Basel.

103 Merki 2002, 38.

104 Aus einer breiteren historischen Perspektive s. Bundi 2024.

105 Furger 2014, 11–14: Charles Heimburger-Volz betrieb seine Manufaktur in Basel 1888–1910; sein erster Auftrag für eine Automobil-Karosserie war der «Popp-Patent-Motorwagen» 1898.

106 James Laux sah diesen Wendepunkt in der Autostadt par excellence vor dem Ersten Weltkrieg, Paris, schon 1905 erreicht, s. Laux 1976, 21. Zu seiner methodischen Basis s. Hoffer 1963, 92. Das waren immer noch überwiegend von Chauffeuren gesteuerte Autos. Zur Norm wurde der Selbstfahrer in Europa erst nach dem Zweiten Weltkrieg, s. Ditzler 2022. In den USA begann die Entwicklung mit einer gewissen Verzögerung, doch erfolgte der Übergang zur Massenfertigung deutlich früher als in Westeuropa, s. Seltzer 1928, 17–19, 45–53.

107 «Der Freisinnige» 50 1902 148 vom 23.12.1902. Die Erhebung war Teil der Vorbereitungsarbeiten zum interkantonalen «Konkordat über eine einheitliche Verordnung betreffend den Motorwagen- und Fahrradverkehr (vom Bundesrat am 13. Juni 1904 genehmigt)». Es war der erste Anlauf, den Verkehr, welcher der Hoheit der Kanton unterstand, gesamtschweizerisch einheitlich zu regeln. Dem Konkordat nicht beigetreten waren damals die Kantone Uri, Thurgau und Graubünden; Zahlen für Basel: Handel und Gewerbe GGG 1.7. 1898–1907 Automobile und Motorvelokontrollen.

108 Juillerat 2004.

109 Santal 2014, 34–41 mit einer breiteren Übersicht; s. a. Asséo/Batou 1987, 57–60; Merki 2002, 69 ff.

110 Asséo/Batou 1987. Sie beziehen sich auf Fridenson 1972/1998, 31, wobei dieser auf den grossen Kapitalbedarf der jungen Automobilindustrie hinwies, aber keine Analyse der Finanzierung lieferte. Eine Schlüsselfigur in diesem Zusammenhang war Charles-Frédéric (Fritz) Bentz-Audéoud (1861–1937) aus Nyon mit seiner «Société française pour l'Industrie et les Mines» in Paris, s. Laux 1976, 45–46; Lèger 2022.

111 «Basler Nachrichten» 52 1896 321 vom 25.11.1896.

112 Eggenschwiler-Göldin (Eggenschwyler), Wilhelm (1875–?) aus Basel. Mechaniker-Geselle bei Eduard Burckhardt zur Zeit der Benz-Vertretung; wohnhaft Aeschenvorstadt 54; 1899–1900: Monteur/Mechaniker, heiratete 1899 die Zettlerin Marie Louise Göldlin; registrierte 1900 ein Automobil Nr. 36 (gleichentags wie Carl Schlotterbeck Nr. 37) sowie 1901 ein Auto Nr. 29 als «Chefmechaniker». S. AB-BS 1898–1902; StABS. Erwähnungen: StABS, Gerichtsarchiv PP 1.362 No. 517 1897, Dossier Gläubiger No. 55 in Note von Dr. med. Hans Vogelbach vom 20. August 1897 betreffend Behandlung der Angestellten Popp und Eggenschwiler im März und April 1897 sowie in Dokumenten zum Verkauf der Motorwagen: Schreiben der Gerichtsschreiberei an W. Preiswerk-Imhoff vom 2. Februar 1898 betreffend Kauf der Motorwagen durch Emil Suter-Dardenne: «Die durch den Monteur Eggenschwyler s. Zt. vorgenommene & und in's Inventarium aufgenommene Schätzung […]»; StABS, Kirchenarchiv V 43.3 Münstergemeinde Trauungsregister;

Handel und Gewerbe GGG 1.7. 1898–1907 Automobile und Motorvelokontrollen.

113 Darunter verstand man Wirtschaftsgebäude oder Schuppen hinter oder in Innenhöfen von Wohngebäuden zum Abstellen von Wagen, Kutschen, Geräten, Werkzeugen etc.

114 Ditzler/Rollé Ditzler 2025.

115 Das Baugeschäft von Karl Fritz-Zimmermann lieferte zwischen dem 24. und 29. Oktober 1896 die Inneneinrichtung: Werkbank, Falzdielenwand, Pritschen, etc. für 213.20 Franken, s. StABS, Gerichtsarchiv PP 1.362 No. 517 1897, Dossier Gläubiger No. 71: Karl Fritz, Baugeschäft, Jurastrasse 24, Basel.

116 Vermieter war Jos. Meister-Wittmann, Flaschenbiergeschäft und Mineralwasserhandlung an der Utengasse 15; der Jahreszins betrug 900 Franken, s. StABS, Gerichtsarchiv PP 1.362 No. 517 1897, Dossier Gläubiger No. 23. S. a. AB-BS 1897, 255.

117 StABS, Gerichtsarchiv PP 1.362 No. 517 1897: Inventarium.

118 Für kleinere Mengen, im vorliegenden Fall 4 Kilogramm, bezahlte er 50 Rappen pro Kilogramm und für grössere Mengen, im vorliegenden Fall 134 Kilogramm, 35 Rappen pro Kilogramm.

119 Auf der Rechnung von «Woodtli & Kuhn» sind keine Mengen angegeben, sodass die Menge mit einem Preis von 40 Rappen pro Kilogramm ermittelt wurde.

120 StABS, Gerichtsarchiv PP 1.362 No. 517 1897, Dossier Gläubiger No. 5: Rudolf Buri, Droguenhandlung, Leonhardsgraben 9, Basel; es handelte sich um einen Betrag von 61.75 Franken am 29. Juli 1896.

121 Oswald 2018, 19 resp. 21–22.

122 Gemäss Chemical Book 2019 beträgt die Dichte von Ligroin 770 Gramm/Liter (bei 20 Grad).

123 Bis Ende 1896 hatte die «Ed. Burckhardt» 16 Velocipedes und 4 Victorias importiert, sodass der mittlere Benzinverbrauch bei 16 Litern pro 100 Kilometer lag: $(16 \times 14 + 4 \times 22{,}5)/20 = 15{,}7 \approx 16$ Liter. Die minimal geleistete Strecke belief sich somit auf $404/0{,}77/16 \times 100 = 3279$ Kilometer, resp. im Durchschnitt pro Auto $3279/20 = 164$ Kilometer pro Jahr.

124 Umgerechnet mit 40 Rappen pro Kilogramm Benzin, da «Woodtli & Kuhn» auf ihrer Rechnung keine Mengenangaben machten. Unter Berücksichtigung, dass je zwei Velocipede und Victorias in der Remise abgestellt waren, ergibt sich ein mittlerer Verbrauch von $((25-2) \times 14 + (6-2) \times 22{,}5)/27 = 15{,}3 \approx 16$ Liter pro 100 Kilometer. Die minimal geleistete Strecke belief sich somit auf $380/0{,}77/16 \times 100 = 3084$ Kilometer, resp. im Durchschnitt pro Auto $3084/27 = 114$ Kilometer im ersten halben Jahr.

125 Cronmüller 1986, 300–301. Verwendet wurden Batterien der Typen B.3., C.3. und D.3., wahrscheinlich aus dem Sortiment der «Kölner Accumulatoren-Werke Gottfr. Hagen», Kalk bei Köln. Die Eigenschaften der genannten Batterietypen konnten nicht ermittelt werden.

126 StABS, Gerichtsarchiv PP 1.362 No. 517 1897, Dossier Gläubiger No. 18, 45 und 67.

127 AB-BS 1896, 208.

128 Inserat in «Kölnische Zeitung» 1893 42 Morgen-Ausgabe vom 16. 1. 1893, mit Angabe der Patente.

129 StABS, Gerichtsarchiv PP 1.362 No. 517 1897, Kontokorrent von A. Schmidt-Lanz über die Geschäftstätigkeit Juli bis August 1897.

130 StABS, Gerichtsarchiv PP 1.362 No. 517 1897, Dossier Gläubiger No. 23: Jos. Meister, Basel.

131 Brockhaus 1894–1896, Bd. 13, 118 s. v. Die photographischen Apparate.

132 SHAB XIV 1896 321, 1320 vom 28. 11. 1896. «Marion & C°» war bereits seit den 1850er-Jahren eine innovative Herstellerin von Fotoplatten, Filmen, Fotoapparaten und einer breiten Palette Zubehör, die das Fotografieren ab den 1880er-Jahren auch für Amateure zugänglich machten; es bestand u. a. eine Filiale in Paris, s. Klary 1888, Anhang Werbung, 2; Historic Camera: «Marion & Company – Photographic History», 2013.

133 Newhall 1972, 129.

134 AB-BS 1896, 475.

135 «Revue Suisse de Photographie» I 1889 1, 3–7.

136 fotoCH s. v. «Société Genevoise de Photographie»; «Revue Suisse de Photographie» III 1891 1, 3

137 fotoCH s. v. Jean Kölla; SHAB X 1892 46, 181 vom 26. 1. 1892; Präsidium Velo-Club Thun; «Revue Suisse de Photographie» XIV 1902, 281 ff.

138 AB-BS 1883 ff.; 1887–1930 Mitgründer und Vorsitzender der «Photographischen Gesellschaft Basel», s. fotoCH s. v. Emil Suter-Dardenne. Er gewann an der Landesausstellung 1896 in Genf und 1897 in Bruxelles eine Goldmedaille; s. a. «Revue Suisse de Photographie» II 1890 2, 49; XI 1899 8, 259 u. v. a. Ausgaben.

139 Wladimir D'Illin (1863–1904): Russischer Staatsbürger und Offizier, betrieb ab 1894 in Genf 1895–1901 mit Paul Jacom (1843–?) das Fotoatelier «D'Illin & Jacom», danach «W. d'Illin» bzw. «D'Illin & Philippe/S. A. Ph. I. R», rue du Mont-Blanc 3. 1896: Vizepräsident des «Bicycle-Club Genève», u. a. spezialisiert auf Velosport-Fotografie; 1896: beteiligt bei der Gründung des TCS; aktiv in der «Société Suisse des Photographes»; Silbermedaillen an der «Exposition Nationale Suisse 1896» in Genf und «Exposition Universelle Paris 1900»; 1902–1903: mit Georges Hochreutiner im Verwaltungsrat der AG «Excursions Suisses», Reisebüro eines anderen Russen in Genf. S. «Paris-Vélo, Journal quotidien du matin» 2 1894 182, 3 vom 2. 6. 1894; «La Tribune de Genève» 16 1894 23, 4ème éd. vom 28. 1. 1894; 17 1895 4ème éd.; «Courrier de Genève» 30 1896 208, 3 vom 5. 9. 1896; «Le Progrès» 36 1895 12996, 2 vom 9. 12. 1895; SHAB XIII 1895 194, 815 vom 31. 7. 1895: «Exploitation d'un atelier de photographie et commerce d'objets et de marchandises se rattachant à la profession de photographie»; XIX 1901 253, 1010 vom 12. 7. 1901; XX 1902 137, 546 vom 9. 4. 1902; 235, 938 vom 19. 6. 1902; «Revue Suisse de Photographie» 10 1898 1, 27; 14 1902, 286; fotoCH s. v. Wladimir D'Illin; D'Illin & Jacom.

140 «Paris-Vélo, Journal quotidien du matin» 2 1894 182 vom 2. 6. 1894; 4 1896 903 vom 8. 9. 1896; «La Tribune de Genève» 16 1894 126 4ème éd. vom 1. 6. 1894; 17 1895 12 vom 15. 1. 1895; 48, 4ème éd. vom 26. 2. 1895; 133 4ème éd. vom 8. 6. 1895

141 «Revue Suisse de Photographie» 10 1898 1, 27: «Herr D'Illin hat die ganz besondere Begabung, den russischen Bauern in allen Phasen von der Trunkenheit, bis er sich im Staub wälzt, nachzuahmen. Er hat übrigens eine sehr schöne Stimme und hat sich mit seinen russischen Liedern beliebt gemacht.»

142 Eduard war zum 10. Jubiläum des «Bicycle-Club Genève» eingeladen, musste aber per Depesche kurzfristig absagen, s. «La Tribune de Genève» 17 1895 12 4ème vom 15. 1. 1895; an der Veranstaltung mit 100 Teilnehmenden glänzte D'Illin mit Hochs auf den Club und auf die «franco-russische» Freundschaft, um dann nach russischer Art sein Champagnerglas auf dem Boden zu zerschmettern.»

143 Gegründet wurde die Firma am 26. Juli 1895, s. SHAB XIII 1895 194, 815 vom 31.7.1897.

144 Die Gründung der Zweigniederlassung in Basel erfolgte per 1. Dezember 1896, s. SHAB XIV 1896 321, 1320 vom 28.11.1896.

145 StABS, Gerichtsarchiv PP 1.362 No. 517 1897, Dossier Gläubiger No. 42: D'Illin & Jacom, Genf.

146 Ein Konvolut von offenen Rechnungen in StABS, Gerichtsarchiv PP 1.362 No. 517 1897, Dossier Gläubiger No. 42: D'Illin & Jacom, Genf zeigt, dass beste Adressen in Paris und Mailand zu den Bezugsquellen gehörten.

147 StABS, Gerichtsarchiv PP 1.362 No. 517 1897, Dossier Gläubiger No. 42: D'Illin & Jacom, Genf.

148 StABS, Gerichtsarchiv PP 1.362 NO. 517 1897: Inventarium: Rubrik VII «Photographien & photographische Bedarfsartikel».

149 StABS, Gerichtsarchiv PP 1.362 No. 517 1897, Inventarium.

150 «Le Petit Journal» 32 1894 11661 vom 29.11.1894: «Les constructeurs de la bicyclette à pétrole pour toute la France, ainsi que des tricycles et quadricycles auxquels le nouveau moteur peut s'adapter, sont [Duncan, Suberbie & Cie ...]» [Die Hersteller der Motor-Bicyclette für ganz Frankreich, sowie der Drei- und Vierräder für die der neue Motor verwendet werden kann, sind [Duncan, Suberbie & Cie ...]] Zwar bezog sich dieser Hinweis auf den französischen Vertrag, doch ist anzunehmen, dass sich der entsprechende Passus auch im Schweizer Pendant fand.

151 Spies 1988, 64: Die Skizze des dort gezeigten Modells wird als «Motorrad-Tandem» mit vier Rädern bezeichnet; es handelte sich deshalb um eine andere Konstruktion als das von der «Ed. Burckhardt» angebotene «Motor-Tandem-Bicyclette» mit zwei Rädern; s. a. Abb. 85.

152 «Le Vélo» 4 1895 1047 vom 13.10.1895.

153 «Le Vélo» 4 1895 1113 vom 18.12.1895. [Das Quadricycle von Duncan und Suberbie erregt die Bewunderung und das Verlangen aller Besucher. Es gehört nicht zu den schweren «Karosseriebewegern», die Tausende von Kilogramm wiegen. Es ist ganz «veloartig» gebaut, wenn ich mich so ausdrücken darf. Das bedeutet, es besteht komplett aus zusammengelöteten Stahlrohren, wie ein einfaches Velo, und das Auge ruft gleichzeitig die zwei scheinbar gegensätzlichen Vorstellungen hervor: Leichtigkeit und Stabilität. Der verwendete Motor ist derjenige, der sich schon in der Motor-Bicyclette bewährt hat. Die Steuerung geht sehr leicht und eine einfache Handbewegung reicht, um die Geschwindigkeit zu ändern oder den Motor auszukuppeln. Der Wagenkasten sitzt auf mit Gummireifen bestückten Rädern sowie Stahlfedern. Damit ist es das ideale Fahrzeug für die Spazierfahrt.]

154 «Le Vélo» 4 1895 1110 vom 21.12.1895.

155 Eine Beschreibung mit mehr Informationsgehalt als diejenige in «Le Vélo» 4 1895 1110 vom 21.12.1895 konnte nicht gefunden werden.

156 Boyer 1995, 40–47.

157 Leider konnten in den einschlägigen Archiven keine Dossiers zur Firma Aemmer gefunden werden.

158 Das geht aus dem «Kataster der belasteten Standorte Kanton Basel-Stadt» hervor, der sich auf das ehemalige Betriebsgelände der «Aemmer & Cie» bezieht, s. Kanton Basel-Stadt: «Katasterauszug B1793 Aemmer & Cie Maschinenfabrik und Eisengiesserei» 2016.

159 SHAB I 1883 1, II. Theil, 6 vom 4.1.1883. Die Gründung erfolgte früher.

160 Ferdinand Aemmer-Girod (1863–1927), aus St. Beatenberg (Bern) in Basel; Lehrjahre am Technikum Winterthur und in einer Maschinenfabrik in Madrid; seit 1893 Kommanditär der von seinem Vater Ferdinand Aemmer-Spitteler 1883 in Basel gegründeten «Aemmer & Cie», Maschinenfabrik und Eisengiesserei; 1915–1927: Verwaltungsratspräsident der «Aemmer & Cie AG» (Liquidation 1933); Inhaber mehrerer Patente (Filterpresse, Knochenmühle, Stabrost für Feuerungen); Auftragsbeziehung mit «Ed. Burckhardt» zum Bau einer «dreirädrigen Motor-Bicylette». S. SHAB I 1883 1, 6 vom 6.1.1883; XXXIII 1915 84, 494 vom 13.4.1915; XLVI 1928 203, 1684 vom 30.8.1928; LI 1933 136, 1425 vom 14.6.1933; Espacenet s. v. Ferdinand Aemmer-Girod. Nachruf: NZZ 148 1927 2257, Morgenausgabe vom 28.12.1927.

161 SHAB XI 1893 103, 413 vom 24.4.1893.

162 AB-BS 1898, 3.

163 Ditzler/Rollé Ditzler 2025.

Kapitel 7

1 «Der Schweizerische Velosport» 7 1897 37 vom 10.9.1897. Zur Todesursache s. StABS, Bürgerkontrolle (ca. 1879–1894) PD-REG 14a 12-2: Nr. 3582; Bestattungsregister JD-REG 6d (1) 1-1 von 1897 Eintrag Nr. 961 mit der richtigen Todesursache; s. a. KB-BS 1897/7, 134.

2 Universität Basel: «Massini, Rudolf (1845–1902)» 2024.

3 StABS, Gerichtsarchiv PP 1.362 No. 517 1897, Dossier Gläubiger No. 22: Rechnung vom 28.7.1897.

4 StABS, Kirchenarchiv BB 34a 6 St. Leonhard.

5 Jean Bindschädler, Advokat aus Zürich, war Beisitzer und Aktuar der «Rennbahngenossenschaft des Velo-Club der Stadt Zürich», s. SHAB XI 1893 167, 680 vom 19.7.1893; 258, 1049 vom 11.12.1893.

6 «Der Schweizerische Velosport» 7 1897 51, 291–292 vom 17.12.1897.

7 KB-BS 1897-2, 140.

8 KB-BS 1897-2, 764; SHAB XV 1897 298, 1222 vom 2.12.1897.

9 StABS, Gerichtsarchiv A 456 VI: Urteil, 96–102.

10 N. N. 1936; s. a. Anselmi/Cherrett 1969.

11 StABS, Gerichtsarchiv A 456 VI: Urteil, 159.

12 StABS, Gerichtsarchiv A 456 VI: Nachtragsgutachten, 138; s. a. StABS, Gerichtsarchiv A 456 VI: Urteil, 158–159:

Forderung bei Vollendung des Auftrags (100 × 825.–)		82 500.– Franken
./. Gestelle von «H.W. Schladitz» (100 × 231.25)		−23 125.– Franken
Von der Maschinenbau-Gesellschaft Basel zu leisten		59 375.– Franken
Anteil ausgeführte Arbeiten	54,7 Prozent	32 478.12 Franken
Gewinnzuschlag	10 Prozent	3247.81 Franken
Verstärkung Vorderradgabeln (54 × 15.–)	810.– Franken	
Firmenschilder (100 × 3.–)	300.– Franken	1110.– Franken
Verlust aus Abbruch der Produktion		−1612.– Franken
Total Forderung brutto (gerundet)		35 224.– Franken
Kleinere Lieferungen		157.71 Franken
Lieferung Motor-Velos (5 × 840.–)		4200.– Franken
./. Anzahlung		−23000.– Franken
./. Verschiedene geleistete Zahlungen		−2344.70 Franken
Total Forderung netto		14 237.01 Franken

13 Die neu berechnete Brutto-Forderung belief sich auf 35 224 Franken, anstatt den auf Basis einer Vollkostenrechnung von der «Maschinenbau-Gesellschaft Basel» ermittelten 45 200 Franken. Die Verrechnung weiterer Forderungen und Zahlungen inklusive der Anzahlung von 23 000 Franken blieb unverändert, s. StABS, Gerichtsarchiv A 456 VI: Klage, 117; sowie Klagbeantwortung, 126–127.

14 SHAB XVI 1898 13, 52 vom 15. 1. 1898; ab sofort «Schweizerische Motorfahrrad-Gesellschaft Ed. Burckhardt & Cie in Liq.».

15 Abb. 71; s. a. Tabelle 11.

16 StadtASH, D IV.01.73.C.04/17: Brief vom 2. 8. 1897 von Wilhelm Preiswerk an Eugen Im Hof.

17 StABS, Gerichtsarchiv PP 1.362 No. 517 1897.

18 StABS, Gerichtsarchiv PP 1.362 No. 517 1897: Inventarium.

19 StABS, Gerichtsarchiv PP 1.362 No. 517 1987: Erbverzichtserklärungen der blutsverwandten Halbgeschwister bzw. deren Nachkommen, da erstere alle bereits verstorben waren.

20 AB-BS 1898, 404.

21 Jean Kölla vertrieb 1898 Motor-Wagen von Benz im Berner Oberland: «Durch Uebereinkommen mit dem Generaldepot des Herrn Suter in Basel bin ich in der Lage, die Benz-Motorwagen im Berner Oberland zu den Originalpreisen zu liefern. Ich empfehle mich den tit. Interessenten für jede Auskunft.»; erstmals in «Der Bund» 49 1898 64 vom 6. 3. 1898 bis 49 1898 89 vom 31. 3. 1898; dazu bot er auch Fahrunterricht an; in einem der Inserate verkaufte er sein Benz Velociped «wegen Anschaffung eines grösseren» (des Comfortable, Abb. 150).

22 SHAB XV 1897 198, 814 vom 28. 7. 1897; XV 1897 210, 861 vom 12. 8. 1897.

23 Fritz (Friedrich) Stähelin-Bernoulli (1867–1936), Stroux: Sn65-12S-98.

24 SHAB XV 1897 216, 885 vom 20. 8. 1897; XV 1897 277, 1136 vom 5. 11. 1897; XV 1897 284, 1163 vom 16. 11. 1897.

25 In dieser Summe sind die Erlöse der Gant der in der Remise in St. Ludwig (Saint-Louis) gelagerten Gegenstände von 196.70 Franken enthalten (Gantkosten: 1.25 Franken), s. StABS Gerichtsarchiv PP 1.362 No. 517 1897, Kollokationsplan; s. a. Tabelle 11.

26 Im Kollokationsplan wurden die Immobilien-Rechnung und die Konten der Pfandcreditoren netto ausgewiesen, sodass die entsprechenden Grössen 159 624.95 resp. 128 432.76 Franken betrugen, s. StABS, Gerichtsarchiv PP 1.362 No. 517 1897, Kollokationsplan. Zur Überleitung s. Tabelle 11.

27 StABS, Gerichtsarchiv PP 1.362 No. 517 1897, Diverse Quittungen, Abrechnungen und Gantrodel.

28 StABS, Gerichtsarchiv MM 3 14, 110.

29 StABS, Gerichtsarchiv PP 1.362 No. 517 1897, Dossier Gläubiger No. 44: Ed. Crémieux & Cie et al.

30 StABS, Gerichtsarchiv LL 6 1899–1902; SHAB XVII 1899 16, 61 vom 18. 1. 1899; XVII 1899 18, 70 vom 19. 1. 1899; XVII 1899 75, 299 vom 8. 3. 1899. Es handelte sich um den Konkursantrag No. 65720 vom 23. November 1898.

31 Dieses Dokument konnte nicht gefunden werden.

32 StABS, Gerichtsarchiv G^1 8 Zivilgericht Konkurse Aug. 1896–1904 März; SHAB VII 1899 277, 1115 vom 30. 8. 1899. Leider konnte kein Dossier mit den Beilagen zum Gerichtsprotokoll gefunden werden.

33 StAZH, Z 834.20.1 Spruchbuch in Zivilsachen der 3. Abteilung, 126. Das Zitat diente der Begründung der Klage der «Maschinenbau-Gesellschaft Basel» gegen die ehemaligen Gesellschafter und Mitglieder der Kommission der «Schweizerischen Motorfahrrad-Gesellschaft» Jakob Ringger und Georges Hochreutiner.

34 Eine genaue Aufschlüsselung ist nicht möglich. Die Schätzung beruht auf dem Quotienten (3501,35−2303,85)/15599,67 ≈ 7,5 Prozent, d. h. der Differenz zwischen der erhaltenen Auszahlung aus dem Nachlass von Eduard Burckhardt und dem im Text genannten Total der erhaltenen Auszahlungen, bezogen auf die Forderung im Antrag auf Konkurseröffnung gegen die «Schweizerische Motorfahrrad-Gesellschaft Ed. Burckhardt & Cie in Liq.», s. a. Tabelle 11.

35 SHAB XVII 1899 350, 1412 vom 11. 11. 1899.

36 Wächter/Schurter 1902, 104.

37 StAZH, Z 834.20.1 Spruchbuch, 127 bzw. StAZH, YY 7.114, 723.

38 BGer Urteils-Sammlung IV. Trimester, Folio 25, Sitzung vom 8. November 1901; s. a. Wächter/Schurter 1902.

39 StABS, Gerichtsarchiv PP 1.362 No. 517 1897, Dossier Gläubiger No. 51: Lorenz Popp; s. a. Abb. 164.

40 AB-BS 1899, 173. Der Standort konnte dank paralleler Aufnahmen identifiziert werden, z. B. StABS, NEG A 2045; 2046.

41 Ditzler/Rollé Ditzler 2022, 74–77 zu den Details. Ernest Schmid nannte als Beifahrer irrtümlich Eduard Burckhardt, s. Schmid 1967, 80.

42 Es handelte sich um den «Mischhahn F^0 […] mit drei Öffnungen», s. Popp 1898, 2; Schmid 1967, 82.

43 Wolfmüller/Geisenhof 1894; Spies 1988, 52–55.

44 Popp 1898; Verkehrshaus der Schweiz 2022.

45 «Behälter R» im Patent-Motor-Wagen, s. Popp 1898; Schmid 1967, 82. Dieser Kondensationstopf fand sich auch über dem Motor des Benz Velocipeds, s. Benz 1925/2012, 56–58.

46 Dieser Wert beruht zweifellos auf einem Missverständnis. Es gibt keinen Grund, warum der zweisitzige «Popp-Patent-Motorwagen» mit quasi identischer Antriebstechnik eine so viel höhere Leistung als die Motor-Bicyclette von «Hildebrand & Wolfmüller» erzielt haben soll, s. Schmid 1967, 78. Dabei ist zu bedenken, dass eine spezifische Leistung pro Liter Hubraum von 4,5 PS um 1900 einen Spitzenwert darstellte, den allenfalls die besten Motorenbauer mit Zwangssteuerung der Einlassventile, Schwimmervergaser und elektrischer Zündung erreichten, s. Oswald 2018, 26; Vermeylen/Krebs 2016, 78.

47 StABS, Gerichtsarchiv PP 1.362 No. 517 1897, Dossier Gläubiger No. 51: Lorenz Popp. Die offene Frage war, ob diese Motor-Bicyclettes nicht Eduard Burckhardt, sondern der «Schweizerischen Motorfahrrad-Gesellschaft» gehörten.

48 Mit diesem Profil lässt sich Lorenz Popp mit dem drei Jahre jüngeren Louis Chevrolet vergleichen, der sich ohne höhere Ausbildung, aber mit einem grossen Flair für die neuen Maschinen, in Frankreich und ab 1900 in den USA einen guten Ruf als Techniker erarbeitete. Beide schafften es jedoch nicht, ihren Traum von einer eigenen Automobilproduktion zu realisieren und dauerhaft ein finanziell unbeschwertes Leben führen zu können. Zu Louis Chevrolet (1878–1941): Sohn eines Uhrmachers in La Chaux-de-Fonds, 1886 ins Burgund nach Beaune übergesiedelt; ab 1890 Lehre als Velomechaniker und Kutschenbauer; arbeitete ab 1899 in der Automobilindustrie in Paris; 1900 Auswanderung über Montreal nach New York City. Er wurde ein bekannter Rennfahrer. 1911 Gründung der Marke Chevrolet zusammen mit dem Finanzmann William Durant. 1915 verliess Chevrolet die Firma im Streit und gründete die Rennwagenfirma Frontenac, für die auch seine Brüder Arthur und Gaston fuhren. 1920 und 1921 Siege im «Indianapolis 500», im ersten Jahr mit Gaston am Steuer. Konstrukteur war Cornelius van Ranst (1892–1972). 1923 Konkurs. Danach wenig erfolgreiche Versuch im Flugzeugmotorenbau. Ab 1933 für kurze Zeit Mechaniker bei Chevrolet (!). Danach mit gesundheitlichen Problemen kämpfend bis zu seinem Tod 1941. S. Sinzig 2011.

49 Irrtümlich so bezeichnet bei Schmid 1967, 78.

50 Wikipedia: «4. Badisches Infanterie-Regiment ‹Prinz Wilhelm› Nr. 112» 2023; StABS, Gerichtsarchiv PP 1.362 No. 517 1897, Dossier Gläubiger No. 51: Lorenz Popp. Gemäss der Deutschen Wehrordnung § 8, Abs. 1 galt: «Junge Leute von Bildung, welche sich während ihrer Dienstzeit selbst bekleiden, ausrüsten und verpflegen, und welche die gewonnenen Kenntnisse in dem vorgeschriebenen Umfange dargelegt haben, werden schon nach einer einjährigen aktiven Dienstzeit im stehenden Heere – vom Tage des Dienstantritts an gerechnet – zur Reserve beurlaubt.», s. John 1981, 54.

51 StABS, Gerichtsarchiv PP 1.362 No. 517 1897, Dossier Gläubiger No. 51: Lorenz Popp.

52 «Der Schweizerische Velosport» 6 1896 42, 355 vom 16. 10. 1896.

53 John 1981, 60. Abgesehen von der Reduktion der Dienstzeit von drei auf ein Jahr beinhaltete der «Einjährig-Freiwillige Dienst» die oben genannten, weiteren Privilegien.

54 StABS, PD-REG 14a 1-1 21. Vielleicht handelte es sich um ein «pied-à-terre» gedacht für die Zeit seines Wehrdiensts.

55 StABS, Gerichtsarchiv PP 1.362 No. 517 1897, Dossier Gläubiger No. 42: D'Illin & Jacom, Genève.

56 Der Einjährig-Freiwillige Militärdienst zielte auf Gymnasiasten, sodass von Personen ohne Abitur ein Befähigungsnachweis verlangt werden konnte; mit der Entbindung vom Nachweis der wissenschaftlichen Befähigung wurde Lorenz Popp attestiert, zu den «kunstverständigen oder mechanischen Arbeitern zu gehören, welche in der Art ihrer Thätigkeit Hervorragendes leisten», s. Deutsche Wehrordnung 1888 § 89, Abs. 6.

57 StABS, Gerichtsarchiv PP 1.362 No. 517 1897, Dossier Gläubiger No. 51: Lorenz Popp.

58 Die Gründe für den Wechsel von Suter-Dardenne zu Ferdinand Rüsch-Burckhardt sind nicht klar. Zur Anstellung bei Ferdinand Rüsch-Burckhardt s. StABS, Handel und Gewerbe GGG 1.7. Motorwagen 1898–1907. Als Lorenz Popp am 3. Februar 1899 ein Auto (wahrscheinlich seinen Zweisitzer) anmeldete, nannte er als Beruf (zum ersten Mal) «Mechaniker». Der Beamte ergänzte den Eintrag mit dem Hinweis «bei Herr Rüsch», s. Ditzler/Rollé Ditzler 2022, 73–74.

59 Ditzler/Rollé Ditzler 2022, 73–74.

60 Ditzler/Rollé Ditzler 2022, 75.

61 Lorenz Popp zeigte seine beiden Motor-Wagen am Auto-Corso anlässlich der Zürcher Auto-Schau 1932, s. Mémoriav 1932.

62 Ditzler/Rollé Ditzler 2022, 76.

63 SHAB XIII 1895 2, 6 vom 3. 1. 1895; ab 1897 firmierte sie als «Basilisk Metallwerke Gebrüder Gueng» von Karl und Franz Gueng mit dem Zweck Fahrradfabrik, Eisenkonstruktionen, Emaillierwerk. S. SHAB XV 1897 134, 550 vom 15. 5. 1897; Konkurs Ende 1898: SHAB XVI 1898 357, 1467 vom 28. 12. 1898.

64 SHAB XVII 1899 118, 477 vom 10. 4. 1899.

65 No. 8787 (GB18998787), eingereicht am 26. April 1899 und erteilt am 28. Oktober 1899.

66 No. 2141 (AT 2141), eingereicht am 29. April 1899 und erteilt am 15. April 1900.

67 No. 4781 (AT 4781), eingereicht am 29. April 1899 und erteilt am 1. April 1901.

68 Schmid 1967, 78.

69 Die Autos in dieser Klasse mussten mit mindestens vier Personen besetzt sein.

70 «Allgemeine Automobil-Zeitung» 1 1900 45/II, 14 vom 11. 11. 1900; die zweite Erwähnung betraf einen Hersteller von Luxuswagen aus Chemnitz.

71 Der Motor ist ebenfalls abgebildet in Schmid 1967, 81.

72 Wikipedia: «Sans garantie du gouvernement» 2023.

73 S. a. Schmid 1967, 81, ohne Erklärung.

74 Verkehrshaus der Schweiz 2022. Das Auto entspricht der Beschreibung im Patent, s. Popp 1898; Schmid 1967, 82.

75 S. Schmid 1967, 80–81. Mit diesem Wagen hat Lorenz Popp am 19. Oktober 1900 an der «Fernfahrt Dresden–Leipzig» und an der «Motorwagen-Ausstellung zu Leipzig» vom 19.–23. Oktober 1900 teilgenommen.

76 Da die Motoren in den «Popp-Patent-Motorwagen» immer liegend eingebaut waren, ist es unzulässig, den Motor mit Kurbelkasten und Wassermantel (Abb. 168) zusammen mit dem zweisitzigen «Popp-Patent-Motorwagen» zu zeigen, s. etwa Knecht 1993, 76–77. Da Lorenz Popp vermutlich 1904 in Paris verbrachte, ist es denkbar, dass der stehende Motor tatsächlich dort entstanden ist.

77 So z. B. Schmid 1967, 78.

78 Oswald 2018, 26.

79 AB-BS 1903, 375.

80 StABS, Handel und Gewerbe GGG 1.7. Motorwagen 1898–1907; Ditzler/Rollé Ditzler 2022, 74.

81 SHAB XXII 1904 390, 1560 vom 13.10.1904.

82 StdA München, Steuerliste DE-1992-PMB-B313.

83 Die Möglichkeit des «einjährig-freiwilligen Diensts» gab es auch in der Wehrordnung für das Königreich Bayern: Die neue Wehrordnung und Heerordnung für das Königreich Bayern 1889.

84 StABS, PD-REG 14a 1-1 152. Zur Firma von Carl Schlotterbeck s. Schlotterbeck 1934; Rollé Ditzler 2022, 50–56.

85 AB-BS 1906, 405.

86 Angaben zu anderen Details aus der Biografie von Lorenz Popp wie die Teilnahme an der Fernfahrt «Dresden–Leipzig» 1900 oder seiner Heirat mit Kreszenz Carolina Scheidl in München 1905 finden sich in Ditzler/Rollé Ditzler 2022, 76. S. a. der «Heiratseintrag für Lorenz Popp und Kreszenz Scheidl» (Eintrag: 455/1950/B/München IV; Signatur: DE-1992-STANM-1979) sowie die zugehörigen Aufgebotsunterlagen in StdA München DE-1992-STANM-6024; Schlotterbeck 1934.

87 Ditzler/Rollé Ditzler 2022, 74–76.

88 SHAB XXIV 1906 500, 1907 vom 10.12.1906; XXVI 1908 82, 573 vom 2.4.1908; XXVII 1909 41, 281 vom 19.2.1909; XXVII 1909 138, 994 vom 5.6.1909.

89 Johann Badertscher-Brodbeck, aus Lauperswil (Bern). Velo- und später Autohändler in Zürich. Seine Basler Zweigstelle übernahm Carl Schlotterbeck. S. SHAB XV 1897 108, 443 vom 15.4.1897. S. a. «Badertscher & C° Automobil A.-G.»: SHAB XXIV 1906 500 Zweites Blatt, 1996 10.12.1906; in dieser Firma ist auch Lorenz Popp mit Kollektivprokura zu zweien angestellt.

90 SHAB XIV 1906 500, 1997 vom 10.12.1906.

91 SHAB XXIX 1911 182, 1258 vom 22.7.1911; StAZH, N 14.46 Lorenz Martin Popp.

92 StAZH, Z 790.525 und Z 790.527; Korrespondenzen seines Sohnes Lorenz Popp; Dokuzentrum «Verkehrshaus der Schweiz».

Kapitel 8

1 StABS, Gerichtsarchiv PP 1.362 No. 517 1897, Dossier Gläubiger No. 42: D'Illin & Jacom, Genève.

2 StABS, Gerichtsarchiv A 456 VI, Urteil, 147.

3 «Revue du Touring Club Suisse et de l'Automobile Club Suisse» 3 1899 vom 1. Juli.

4 StABS, Handel und Gewerbe GGG 1.5. Velokontrolle 1-2199; 1.7. 1898–1907 Automobile und Motorvelokontrollen.

5 Automobil-Revue 2 1907 12, 284–288 vom 8.6.1907.

6 Schlotterbeck 1934.

7 StABS, Gerichtsarchiv PP 1.362 No. 517 1897: Inventarium.

8 StABS, Gerichtsarchiv PP 1.362 No. 517 1897, Dossier Gläubiger No. 55 in Note von Dr. med. Hans Vogelbach vom 20. August 1897 betreffend Behandlung der Angestellten Popp und Eggenschwiler im März und April 1897.

9 Ditzler/Rollé Ditzler 2022, 74.

10 In Anlehnung an Dejung 2020, welcher mit den «Unbekannten Intermediären» allerdings die grossen Welthandelsfirmen meint, die im 19. Jahrhundert u. a. in der Schweiz im Windschatten der Kolonialmächte entstanden und mit akkumuliertem Know-how, kurzfristigem Kapitaleinsatz und familiär-patronaler Firmenkultur für die Warenflüsse sorgten. S. Dejung 2020, 148: «Ganz allgemein zeigt die Geschichte von Handelsfirmen, dass Märkte nicht automatisch durch Angebot und Nachfrage entstehen, sondern dass es ökonomische Akteure braucht, die aufgrund ihrer spezifischen Kompetenzen diese Märkte schaffen beziehungsweise Dienstleistungen – wie Selektion und Aufbereitung von Waren, Organisation des Transports, Lagerhaltung, Kreditgewährung oder Herstellung von Kundenkontakten – bereit stellen, damit räumlich getrennte Käufer und Verkäufer miteinander in Beziehung treten können.» Es war diese Rolle, die Eduard Burckhardt, in einem kleineren Rahmen, wahrgenommen hat und die man gut mit «Unternehmer» umschreiben kann.

9.5 Quellen und Nachschlagewerke

NB Die Zugriffe auf die nachstehend genannten digitalen Portale erfolgten zwischen Juli 2023 und Januar 2025.

AB-BS — Adressbuch der Stadt Basel 1789–2015
StABS, STA H 43; https://dls.staatsarchiv.bs.ch/

AB-München — Adressbuch für München, Bayerische Staatsbibliothek
https://opacplus.bsb-muenchen.de/title/BV008012465

AB-Mulhouse — Livre d'adresses 1878–1880 de Mulhouse
Archives de Mulhouse

AB-Rotterdam — Adressbuch von Rotterdam 1808–1939, Stadsarchief Rotterdam
https://stadsarchief.rotterdam.nl/zoek-en-ontdek/adresboeken/

Almanachs du Commerce et de l'Industrie de Bruxelles 1820–1969, Les Archives de la Ville de Bruxelles
https://archives.bruxelles.be/almanachs.

Arch.be — Archives de l'État en Belgique, Personensuche
https://www.arch.be/index.php?l=fr&m=moteurs-de-recherche&r=rechercher-des-personnes.

ASMi — Archivio di Stato di Milano
- C. A. sent. civ. 497/1896: Corte d'Appello di Milano, sentenza civile n. 497/1896
- T. C. P. sent. civ. 84/1896: Tribunale civile e penale di Milano, sentenza civile n. 84/1896

Benz & Cº, Mannheim: Patent «Fahrzeug mit Gasmotorenbetrieb» (DRP 37435), eingereicht am 29. Januar 1886, ausgegeben am 2. November 1886, Berlin 1886
https://worldwide.espacenet.com/patent/search/family/043501018/publication/DE37435C?q=%22Fahrzeug%20mit%20Gasmotorenbetrieb%22

BGer — Urteils-Sammlung IV. Trimester, Folio 25, Sitzung vom 8. November 1901

BM Archives — Basel Mission Archives
https://www.bmarchives.org/.
- BHG-03.08.06: Privatkorrespondenz Wilhelm Preiswerk-Imhoff 1917–1934
- Dossier V.556: Witwen-Korresp. zu Reuther, Hermann (1836–1884)
- QQ-30.014.0003: Pfarrhaus (erbaut 1865–1866) in Sta. Leopoldina. Kirche erb. 1868–1869 v. Reuther, Pastor in Brasilien
- QQ-30.014.0004: Evang. Schule in Sta. Leopoldina. Erbaut von H. Reuther im Jahre 1866
- QS-30.001.0429.01, QS-30.029.0006: Porträts Pfarrer Reuther, Hermann, Brasilien
- QS-30.108.0008: Porträt Peter Burckhardt-Im Hof M. d. Com. 1844, geb. 1787–1848

Brockhaus 1894–1896 — Autorenkollektiv, F. A. Brockhaus, Konversationslexikon, Bd. 1–17, 14. Auflage (Leipzig/Berlin/Wien 1894–1896)
https://www.retrobibliothek.de/retrobib/stoebern.html?werkid=100150

Bürgin-Turner, Emil: — Patent «Neuerung an Motorzweirädern mit Kohlenwasserstoff-Zwillingsmotor» (CH 10547), eingereicht am 21. Juni 1895, ausgegeben am 31. Dezember 1895, Bern 1895
https://worldwide.espacenet.com/patent/search/family/004201369/publication/CH10547A?q=emil%20b%C3%BCrgin

CH-BAR — Schweizerisches Bundesarchiv Bern
Dossier E2#1000/44#2271* Rotterdam, Schweizer Unterstützungsverein «Helvetia»

DLL — Deutsches Literatur-Lexikon
https://www.degruyter.com/database/dllo/html?lang=de (2017).

DMA — Archiv des Deutschen Museums, München
- NL 006 Findbuch des Archivs des Deutschen Museums: Hildebrand Heinrich (1855–1928)
- NL 058 Findbuch des Archivs des Deutschen Museums: Wolfmüller, Alois (1864–1948)
- NL 058/046 Dokument Antrag der Gläubigerversammlung vom 2. November 1896 an das Königliche Amtsgericht München I betreffend den Zwangsvergleich im Konkurs von «Hildebrand & Wolfmüller»
- NL 058/046: Dokumente Gutachten des Gläubigerausschusses und Protokoll Zwangsvergleichstermin
- NL 058/046: Dokument Zwangsvergleichsvorschlag von Rechtsanwalt Dr. Löwenfeld am 2. November 1896
- NL 6/13
- NL 058/269 Schreiben der Firma «Hildebrand & Wolfmüller» an die Firma «August Knopf, Fahrradhandlung» in Halberstadt vom 26. 7. 1895
- FS 002904

Encyclopedia of Christianity 2016 — Kurian, George Thomas/Lamport, Mark A. (Hgg.), The Encyclopedia of Christianity in the United States, Bd. 1–5, Lanham/MD 2016

Espacenet
Europäisches Patentamt, Patentsuche
https://worldwide.espacenet.com/patent

fotoCH
Fotografie in der Schweiz und in Liechtenstein
https://foto-ch.ch

Grand Larousse
Larousse, Pierre (Hg.), Grand Dictionnaire universel du XIXe siècle, Bd. 1–17, Paris 1866–1888

Genealogie GL
Johann Jakob Kubly-Müller, Genealogie des Kantons Glarus, Ms., o. J., Landesarchiv Glarus

HLS
Historisches Lexikon der Schweiz
https://hls-dhs-dss.ch/de

HFLS
Historisches Familienlexikon der Schweiz
http://www.hfls.ch/humo-gen

Kanton Basel-Stadt
- «Feierabendstrasse 24: Betsaal der katholisch-apostolischen Gemeinde (Beschlussdatum: 26. 11. 2024)»: Denkmalverzeichnis (SG 497.300) vom 23. 6. 1981, in Kraft seit: 1. 7. 1981: «Feierabendstrasse 24: Betsaal der katholisch-apostolischen Gemeinde», RRB vom 8. 4. 2008 (bestätigt durch Bundesgerichtsurteil vom 9. 2. 2009) https://www.gesetzessammlung.bs.ch/app/de/texts_of_law/497.300/versions/6530
- «Katasterauszug B1793 Aemmer & Cie Maschinenfabrik und Eisengiesserei» 2016: Amt für Umwelt und Energie (Hg.): Kataster der belasteten Standorte Kanton Basel-Stadt, «Katasterauszug B1793 Aemmer & Cie Maschinenfabrik und Eisengiesserei», Basel 2016 https://map.geo.bs.ch/file_proxy/AK_KatasterDerBelastetenStandorte/kbs_bs_B1793.pdf

KB-BS
Kantonsblatt Basel-Stadt
StABS, STA DS BS 2

Mon.Herit.Brussels
Région de Bruxelles-Capitale: Inventaire du patrimoine architectural
https://monument.heritage.brussels/fr

NDB
Neue Deutsche Biographie, hrsg. von der Historischen Kommission bei der Bayerischen Akademie der Wissenschaften, Bde. 1–28, Berlin 1953–1924
https://www.deutsche-biographie.de

NNWB
Molhuysen, Philipp Christiaan/P. J. Blok, Petrus Johannes (Hgg.), Nieuw Nederlandsch Biografisch Woordenboek Bd. 1–10, Leiden 1911–1937
https://resources.huygens.knaw.nl/retroboeken/nnbw/#page=0&accessor=accessor_index&view=homePane

Popp, Lorenz: Patent «Motorwagen» (CH 17300), eingereicht am 23. Juni 1898, ausgegeben am 31. Mai 1899, Bern 1899
https://worldwide.espacenet.com/patent/search/family/004217235/publication/CH17300A?q=%22Ch%2017300%22

SHAB
Schweizerisches Handelsamtsblatt
https://www.e-periodica.ch

Staatskalender der Schweizerischen Eidgenossenschaft = Annuaire de la Confédération Suisse
UBH Om XI 7

StABS
Staatsarchiv Basel-Stadt
- Bürgerkontrolle PD-REG 14a 12-2 ca. 1879–1894
- Burckhardt'sches Familienarchiv PA 594a MM 42; 43; 46
- Chronik PA 564 A: Chronik der Familie Stuckert von 1795 bis 1915 (erstellt von Otto Stuckert, versehen mit Nachträgen bis 1985)
- Erbschaftsamt GA-REG 6b 2-2 (1) Inventarkontrolle 1786–1924
- Erziehungsacten Q 9 Kollokationstabellen des Humanistischen Gymnasiums 1859–1865
- Handel und Gewerbe GGG 1.5. ca. 1890–1913 Velokontrollen
- Handel und Gewerbe GGG 1.7. 1898–1907 Automobile und Motorvelokontrollen
- HGB Historisches Grundbuch der Stadt Basel
- Gerichtsarchiv A 439 II, 805–814: Gerichtsprotokoll der Klage vom 18. Februar 1896 in Sachen «H. W. Schladitz, Dresden» gegen «Schweiz. Motorfahrrad-Gesellschaft Ed. Burckhardt & Cie»
- Gerichtsarchiv A 456 VI, 103–159: Gerichtsprotokoll der Klage vom 18. 5. 1897 in Sachen «Maschinenbau-Gesellschaft Basel, Aktiengesellschaft» gegen «Schweiz. Motorfahrrad-Gesellschaft Ed. Burckhardt & Cie», Kommanditgesellschaft
- Gerichtsarchiv A 456 VI, 87–102: Gerichtsprotokoll der Klage vom 22. 4. 1898 in Sachen Maximilian Türkheimer in Mailand, Villa Longroni No 10, gegen «Schweiz. Motorfahrrad-Gesellschaft Ed. Burckhardt & Cie, in Liq.»
- Gerichtsarchiv G1 8 Zivilgericht Konkurse
- Gerichtsarchiv LL 6.1–6.2 Konkursbegehren 1893–1902
- Gerichtsarchiv PP 1.362 No. 517 1897 Dossier Eduard Burckhardt
- Kirchenarchiv BB 34a 6 St. Leonhard Sterbe- und Beerdigungsregister des Sigrist 1891–1901
- Kirchenarchiv V 43.3 Münstergemeinde Trauungsregister
- Kirchenarchiv Münstergemeine V 47a 2 u. 3 Tauf- und Trauungsregister des Sigrists 1858–1880
- Kirchenarchiv X 8,9 St. Alban Taufregister 1860–1884
- Kirchenarchiv Y 10,5 St. Elisabethen Taufregister nebst Konfirmandenregister 1701–1863
- Niederlassungskontrolle PD-REG 14a 9-5: Eintrag Lorenz Popp
- Privatarchiv PA 132 373 Andres, Basel
- Planarchiv E 2, 114; N 6,2–6,7
- Privatarchiv PA 663f E 13 Preiswerk-Burckhardt, Eduard (1829–1895)
- Ratsbücher P 8 Neue Bürger seit 1804

- Strassenkontrolle PD-REG 14a 1-1/530 Sulzerstrasse 13: Eintrag Lorenz Popp
- Vereine und Gesellschaften DD 11 «Feuer- und Lebensversicherungs-Gesellschaft L'Urbaine» in Paris

StadtABT — Stadtarchiv Bayreuth
- StadtABT_STA_Nr19_Bd4 (Geburtsregister); StVBT_Nr10252_537ff.: Auszüge zu Lorenz Popp und seiner Familie

StALU — Staatsarchiv Luzern
- Obergericht Verhandlungs-Protokoll 1896, XA 23/139, 10.4.1895, 231–233: Gerichtsprotokoll 214, Provokation für Herrn Ferdinand Birrer, Velo-Handlung, Luzern, Provokant vm. Herrn Eduard Burckhardt, Austrasse 85 in Basel, zu Handen der übrigen Teilhaber der Motor-Fahrradgesellschaft

StadtASH — Stadtarchiv Schaffhausen
- Nachlass D IV.01.73 Im Hof (Familie)

StadtAT — Stadtarchiv Thun

StA-Rotterdam — Stadsarchief Rotterdam
Einheitsportal https://stadsarchief.rotterdam.nl
- Bevölkerungsregister 1850–1910 https://stadsarchief.rotterdam.nl/zoek-en-ontdek/info-bevolkingsregister
- Personensuche https://stadsarchief.rotterdam.nl/zoek-en-ontdek/stamboom

StAZH — Staatsarchiv Zürich
- MM 3.30 RRB 1916/1939 Landrecht., 1916.08.17
- YY 22.24 Protokolle bzw. Spruchbücher des Handelsgerichts, 1867–1950.12: Spruchbuch, 1896
- YY 7.114 Spruchbuch in Zivilsachen der ersten und zweiten Appellationskammer, 1901.01–1901.06
- Z 712.53 Behrens, Max, Ingenieur, von und in Zürich 2, 1898.03–1898.11
- Z 834 Januar 1 Spruchbuch in Civilsachen 1. Abteilung I. Band, 715, Bundesgericht
- Z 834.20.1 Spruchbuch in Zivilsachen der 3. Abteilung, 1–1048, 1901.01.11–1901.06.19

StdA München — Stadtarchiv München
- Eintrag Lorenz Popp 455/1950/B/München IV
- DE-1992-STANM-1979
- DE-1992-STANM-6024 «Heiratseintrag für Lorenz Popp und Kreszenz Scheidl»
- Steuerliste DE-1992-PMB-B313: Dossier zu Lorenz Popp

SWA — Schweizerisches Wirtschaftsarchiv Basel
- B 1.6 J. Hardmeyer-Jenny (Hg.), Catalogue officiel de la quatrième Exposition Nationale Zurich 1883, 1ère éd. (Zürich 1883)
- B 1.8 «Offizielle Zeitung der Schweizerischen Landesausstellung», Zürich 1883
- H + I C 510 Dokumentensammlung «Knopf und Cie»(Warenhaus), Basel
- HS 255 A 12-75 Zirkular-Sammlung. B, Geschäftszirkulare von der Firma «Passavant & Co, Bank in Basel», Burckhardt Ed.
- HS 372 W 3 l 1 «Notizen über den Lebenslauf von Emil Bürgin», aufgenommen von Traugott Geering ca. 1903
- HS 407 Personenarchiv Burckhardt-Iselin, Rosine
- Mémoires Lucas Preiswerk: Personenarchiv Preiswerk-Forcart, Lucas, Bandfabrikant. Memoires, die ehrwürdige Firma «Lucas Preiswerk», jetzt «Senn & Co» betreffend. Privatarchive HS 286, 5 Seiten Typoskript, o. D. https://doi.org/10.7891/e-manuscripta-102094
- UBW Lexika CH 24 Annuaire du Commerce Suisse Chapalay & Mottier, Genève 1887/1891/1894/1895
- Versicherungen A 1058 Dossier «Oberrheinische Versicherungs-Gesellschaft Mannheim»
- Versicherungen A 1233–1234 Dossier «La Providence»

Treccani — Enciclopedia Italiana/Dizionario Biografico
https://www.treccani.it/biografico/.

UBH — Universitätsbibliothek Basel Hauptbibliothek
- Falk 2560a:10;13-14: Burgen und Schlösser der Schweiz. Gezeichnet von F. Küpfer; Hg. vom Verfasser, Basel, o. D.
- NL 79: Nachlass Gustav Teichmüller (1832–1888): B 2866–2871 Korrespondenz zwischen F. W. Stuckert, H. Peter, P. Stuckert und Prof. G. Teichmüller 1871–1879

Wolfmüller, Alois/Geisenhof, Hans: Patent «Zweirad mit Petroleum- oder Benzinmotorbetrieb» (DRP 78553), eingereicht am 19. Januar 1894, ausgegeben am 29. Oktober 1894, Berlin 1894

Wolfmüller, Alois/Geisenhof, Hans: Patent «Motorzweirad» (CH 9047), eingereicht am 27. Juli 1894, ausgegeben am 15. März 1895, Bern 1895 https://worldwide.espacenet.com/patent/search/family/004197878/publication/CH9047A?q=Wolfm%C3%BCller%2C%20Alois

Zeitungen und Zeitschriften

BSB Bayerische Staatsbibliothek
www.digitale-sammlungen.de/de
- Allgemeine Zeitung (München): Abb. 75: bsb00085575_00539_u001?page=6%2C; Abb. 79: bsb00085576_00123_u001?page=4%2C5
- Bayerische Handelszeitung
- Radfahr-Chronik (Beilage zur Zeitschrift Radfahr-Humor): Abb. 43: bsb11520420?page=1002%2C1003; Abb. 44: bsb11520420?page=1146%2C1147; Abb. 45: bsb11520421?page=1072%2C1073; Abb. 46: bsb11520420?page=806%2C807; Abb. 49: bsb11520420?page=1146%2C1147; Abb. 50: view/bsb11520421?page=158%2C159; Abb. 51: bsb11520421?page=446%2C447; Abb. 64: bsb11520421?page=678%2C679; Abb. 65: bsb11520421?page=950%2C951
- Münchener Ratsch-Kathl
- Münchner Neueste Nachrichten: Abb. 74: bsb00129956_00349_u001?page=6%2C7
- Neue Münchner Gerichts-Zeitung
- Rosenheimer Anzeiger

Belgische Zeitungen
belgicapress.be, Koninklijke Bibliotheek/Bibliothèque royale
https://www.belgicapress.be

Deutscher Reichs-Anzeiger und Königlich Preußischer Staats-Anzeiger
https://digi.bib.uni-mannheim.de/periodika/reichsanzeiger

Deutsches Zeitungsportal, Deutsche Digitale Bibliothek, Stiftung Preußischer Kulturbesitz
https://www.deutsche-digitale-bibliothek.de/newspaper.
- Allgemeine Sport-Zeitung. Wochenschrift für alle Sportarten
- Frankfurter Zeitung und Handelsblatt
- Generalanzeiger für die Stadt und Kreis Düren. Dürener Zeitung
- General Anzeiger für Duisburg und Umgegend
- Karlsruher Zeitung
- Kölnische Zeitung
- Leipziger Tageblatt und Anzeiger
- Neue Badische Landes-Zeitung
- Sächsische Radfahrer-Bundes-Zeitung
- Schwäbischer Merkur

Englischsprachige Zeitschriften
- The Automotor and Horseless Vehicle Journal
  https://archive.org/details/TheAutomotorJournal1896ToSeptember1898/page/n9/mode/2up
- Scientific American
  https://archive.org/details/scientific-american-1845-1909

Französische Zeitungen und Zeitschriften, Bibliothèque Nationale de France
https://gallica.bnf.fr/accueil/de/content/accueil-de?mode=desktop
- Journal des Chemins de fer
- La Bicyclette
- La Science française: revue populaire illustrée
- Le Chauffeur/Année du technologiste
- Le Journal (Paris)
- Le Journal Financier
- La Locomotion Automobile
- Le Monde illustré
- Le Petit Journal
- L'équipe
- Le Temps
- Le Vélo (Musée National du Sport)
- Le Véloce-Sport
- L'Industrie Vélocipédique
- Paris-Vélo, Journal quotidien du matin

Niederländische Zeitungen 1618–1995, KB De Nationale Bibliotheek van Nederland,
https://www.delpher.nl/nl/kranten
https://www.delpher.nl/nl/tijdschriften
- Algemeen Handelsblad
- Arnhemsche Courant
- Het nieuws van de dag: kleine courant
- Het Vaderland
- Landbouw Courant
- Leeuwarder Courant
- Nederlandsche Staatscourant
- Nieuwe Amsterdamsche Courant: Algemeen Handelsblad
- Nieuwe Rotterdamsche Courant: staats-, handels-, nieuws- en advertentieblad
- Rotterdamsch Nieuwsblad
- Weekblad van het regt

Österreichische Zeitungen und Zeitschriften, Österreichische Nationalbibliothek
https://anno.onb.ac.at
- Allgemeine Automobil-Zeitung
- St. Pöltner Zeitung

Schweizer Printmedien
- Allgemeine Schweizer Zeitung 1873–1902 UBH Ztg 6
- Automobil-Revue
  https://www.zwischengas.com.
- BN Basler Nachrichten UBH Ztg 3
- Der Schweizerische Velosport. Officielles Organ des Schweiz. Velocipedisten-Bundes/Le Vélosport Suisse. Organe officiel de la Fédération Vélocipédique Suisse et de l'Union Vélocipédique Suisse Schweizerische Nationalbibliothek: Jg. 1 1891–7 1897
- Le Journal de Genève
  https://www.letempsarchives.ch
- NZZ Neue Zürcher Zeitung UBH Ztg 15
- NZ National-Zeitung UBH Ztg 10
- Revue du Touring Club Suisse et de l'Automobile Club Suisse 1899 (Touring Club Suisse TCS)
- Schaffhauser Nachrichten Schweizerische Nationalbibliothek

Zeitungsportal der Schweizerischen Nationalbibliothek und Partner
https://www.e-newspaperarchives.ch/.
- Berner Tagwacht
- Berner Volksfreund
- Courrier de Genève
- Der Bund
- Die Berner Woche in Wort und Bild
- Feuille d'Avis de Neuchâtel
- Geschäftsblatt für den obern Teil des Kantons Bern
- La Gazette du Valais
- La Gruyère
- La Liberté
- L'Impartial
- Intelligenzblatt für die Stadt Bern
- La Suisse libérale
- La Tribune de Genève
- Journal du Jura
- Le Jura
- Le National Suisse
- Luzerner Tagblatt
- Oberländer Tagblatt
- Täglicher Anzeiger für Thun und das Berner Oberland
- Tagblatt der Stadt Biel
- Tagblatt von Baselland
- Thuner Wochenblatt
- Zuger Nachrichten

Zeitschriftenportal der ETH-Bibliothek Zürich
https://www.e-periodica.ch
- BZGA, Basler Zeitschrift für Geschichte und Altertumskunde
- Bulletin technique de la Suisse Romande
- Illustrierte schweizerische Handwerkerzeitung
- Revue Suisse de Photographie
- Schweizerische Bauzeitung
- SHAB, Schweizerisches Handelsamtsblatt

9.6 Sekundärliteratur

A. C. S. Sektion Basel 1933 | A. C. S. Sektion Basel: 35 Jahre Automobil Club von Basel – 30 Jahre Sektion Basel des Automobil Club der Schweiz: Jubiläums-Denkschrift 1898 – 1903 – 1933, Basel 1933.

Alborn 2009 | Alborn, Timothy L.: Regulated Lives: Life Insurance and British Society 1800–1914, Toronto 2009.

Anselmi/Cherret 1969 | Anselmi, Angelo Tito/Cherrett, Angela: «The O. T. A. V. Car – designed by Max Türkheimer», in: Veteran and Vintage Magazine 13, 1969, 7, 206–208.

Arlettaz 1979 | Arlettaz, Gérald: Émigration et colonisation suisses en Amérique 1815–1918 (Archives fédérales suisses: Études et sources no 5), Bern 1979.

Asséo/Batou 1987 | Asséo, David/Batou, Jean: «Genève et l'automobile avant 1914: une histoire d'amour et de haine», in: Revue du Vieux Genève 17, 1987, 57–64.

B., A.-M. 1897 | B., A.-M.: «Motocycle», in: Berthelot, André (Hg.): La grande encyclopédie: inventaire raisonné des sciences, des lettres et des arts / par une société de savants et de gens de lettres (Tome 24: «moissonneuse»–«nord»), Paris 1897, 458–463.

Bacha 2005 | Bacha, Myriam: Les expositions universelles à Paris de 1855 à 1937, Paris 2005.

Bellet 1844 | Bellet, Louis: Explications des assurances sur la vie, Paris 1844.

Benz 1925/2012 | Benz, Carl: Lebensfahrt eines deutschen Erfinders: Erinnerungen eines Achtzigjährigen, Hamburg 1925/2012.

Bergier 1983 | Bergier, Jean-François: Die Wirtschaftsgeschichte der Schweiz: Von den Anfängen bis zur Gegenwart, Zürich/Köln 1983.

Berruyer 1869 | Berruyer, Alfred: Manuel du véloceman ou Notice, système, nomenclature, pratique, art et avenir des vélocipèdes, Grenoble 1869.

Bibliothèque de Genève: «Edgar Sautter» 2024 | Bibliothèque de Genève, Iconographie «Edgar Sautter» (www.bge-geneve.ch/iconographie/personne/edgar-sautter).

Biffignandi/Boscarelli 2020 | Biffignandi, Donatella/Boscarelli, Lorenzo: «Repertorio dei costruttori minori di area milanese dalle origini al 1925», in: Boscarelli 2020, 50–67.

Boscarelli 2020 | Boscarelli, Lorenzo (Hg.): All'ombra dei grandi: De Vecchi e altri pionieri dell'automobile a Milano (Monografia AISA 126), Milano 2020.

Bourdache 1989 | Bourdache, Jean: La Moto en France 1894–1914: Au temps où l'histoire de la moto s'écrivait en français, Fontainebleau 1989.

Bourguinat/Vogt 2020 | Bourguinat, Nicolas/Vogt, Gilles: La guerre franco-allemande de 1870: une histoire globale, Paris 2020.

Boyer 1995 | Boyer, Pierre: De l'Automobile … à l'Aéronautique: De Dion-Bouton, Rennes 1995.

Buess 1978 | Buess, Heinrich: «Der Neuenburger Arzt Louis Guillaume (1833–1924), ein fast vergessener Pionier des staatlichen Gesundheitsdienstes», in: Gesnerus (Fachzeitschrift für Geschichte der Medizin und der Naturwissenschaften) 35, 1978, 1–2, 230–241.

Bundi 2024 | Bundi, Simon: «Fahrfreude und Faszination: Die Lust aufs Auto», in: ViaStoria, Wege und Geschichte 01/2024, Wynigen 2024, 19–23.

A. J. Burckhardt 1858 | Burckhardt, Antistes Jacob: Predigt über Joh. XI, 25. 26, gehalten bei der Leichenbestattung von Frau Rosina Stuckert, geb. Burckhardt, Mittwochs den 17. März 1858, Basel 1858.

Burckhardt/Ryser 2012 | Burckhardt, Bernhard/Ryser, Werner: «Eine Tour d'Horizon durch die Familiengeschichte: Die Burckhardts», in: Akzent, Magazin für Kultur und Gesellschaft, Juni/Juli, 2012, 6–11.

Burckhardt-Koechlin 1908 | N. N.: Zum Andenken an Herrn Emil Burckhardt-Koechlin sel. (Leichenrede), Basel 1908.

Bürgin 1958 | Bürgin, Arnold: Geschichte des Geigy-Unternehmens von 1758 bis 1939: Ein Beitrag zur Basler Unternehmer- und Wirtschaftsgeschichte, Basel 1958.

Cancellieri 2020 | Cancellieri, Gianni: «Giuseppe Ricordi: fu lui il primo», in: Boscarelli 2020, 46–49.

Carella 1994 | Carella, Antonio: «La prima corsa automobilistica italiana Torino–Asti–Torino 1895», in: Rivista Ufficiale del Registro Fiat Italiano 6, 1994, 2, 2–8.

Carré et al. 2012 | Carré, Anne-Laure/Corcy, Marie-Sophie/Demeulenaere-Douyère, Christiane/Hilaire-Pérez, Liliane: Les expositions universelles en France au XIXe siècle: techniques, publics, patrimoines. Actes du colloque international, Conservatoire national des arts et métiers, Paris, 14–16 juin 2010, organisé par le Laboratoire HTTP-CNAM, la Bibliothèque du CNAM, le Musée des arts et métiers et les Archives nationales (CNRS), Paris 2012.

Carstensen/Ebert 2012 | Carstensen, Trine Agervig/Ebert, Anne-Katrin: «Cultures in Northern Europe: From ‹Golden Age› to ‹Renaissance›», in: Ison, Stephen/Parkin, John (Hgg.): Cycling and Sustainability (Transport and Sustainability 1), Bingley 2012, 23–58.

Cartorum: «Porte Maillot – Le Restaurant Gillet à Paris 17e» 2024 | Cartes postales anciennes Paris, 2024 (https://cartorum.fr/carte-postale/5990/paris-17e-porte-maillot-le-restaurant-gillet).

Cérésole 1860 | Cérésole, Victor: Lausanne und Einiges über den Canton Waadt: nebst kurtzer Biographie Edward Gibbon's, 2. vermehrte Auflage, Lausanne 1860.

Chachereau 2022 | Chachereau, Nicolas: Les débuts du système suisse des brevets d'invention (1873–1914), Neuchâtel 2022.

Chemical Book 2019 «Ligroin» | Chemical Book 2019 s. v. «Ligroin» (www.chemicalbook.com/ChemicalProductProperty_DE_CB9248175.htm).

Christ 2005 | Christ, Heinrich: Zwischen Religion und Geschäft. Die Basler Missions-Handlungs-Gesellschaft und ihre Unternehmensethik, 1850–1971 (Beiträge zur europäischen Überseegeschichte 103), Stuttgart 2005.

Claassen 1889 | Claassen, Johannes: Die sieben Sendschreiben der Offenbarung S. Johannis und die Kirchengeschichte. Mit einem Vorwort von C. Z. S. (als Manuskript gedruckt), Stuttgart 1889.

Cronmüller 1986 | Cronmüller, Walter: «Ohne Strom geht nichts», in: von Fersen 1986, 300–325.

Cycling Tourists' Club (CTC) 2024 | We are Cycling UK 2024 (www.cyclinguk.org/history).

Dejung 2013 | Dejung, Christof: Die Fäden des globalen Marktes: eine Sozial- und Kulturgeschichte des Welthandels am Beispiel der Handelsfirma Gebrüder Volkart 1851–1999 (Industrielle Welt Band 85), Köln 2013.

Dejung 2020 | Dejung, Christof: «Unbekannte Intermediäre: Schweizerische Handelsfirmen im 19. und 20. Jahrhundert», in: Traverse: Zeitschrift für Geschichte 17, 2020, 1, 139–155.

Deutsche Wehrordnung 1888 | Deutsche Wehrordnung vom 22. November 1888, gez. Wilhelm, ggz. v. Boetticher, Berlin 1888.

Die neue Wehrordnung und Heerordnung für das Königreich Bayern 1889 | Die neue Wehrordnung und Heerordnung für das Königreich Bayern vom 26. Januar 1889, Vollständige Textausgabe mit vielen Anmerkungen, Bamberg 1889.

Ditzler 2022 | Ditzler, Christoph: «Betrachtungen zum Auto nach dem Zweiten Weltkrieg», in: Musfeld 2022, 255–263.

Ditzler/Rollé Ditzler 2022 | Ditzler, Christoph/Rollé Ditzler, Ilse: «Die ersten Basler Automobilisten und zwei Methusaleme: Puzzleteile zur frühen Autogeschichte Basels», in: Musfeld 2022, 64–79.

Ditzler/Rollé Ditzler 2025 | Ditzler, Christoph/Rollé Ditzler, Ilse: Ein Glücksritter als Wegbereiter der Motorisierung: Die Inserate der «Ed. Burckhardt» in den «Basler Nachrichten» (1894–1897), Zusatzband, Anhang 9.10, Basel/Berlin 2025.

Dommann 2001 | Dommann, Monika: «Verbandelt mit dem Welthandel: Spediteure und ihre Papiere seit dem 18. Jahrhundert», in: WerkstattGeschichte 20, 2001, 58, 29–48.

Ducry 2006 | Ducry, Emmanuel: «Thury, René», in: Archives Ville de Genève, 2006 (https://archives.geneve.ch/archive/eac/thury_reneISAAR).

Dulier 1966 | Dulier, Jean-Robert: La grandiose et meurtrière course Paris–Madrid 1903: Clôture tragique des épreuves automobiles sur route, Clermont-Ferrand 1966.

Dumont 1976 | Dumont, Pierre: Peugeot sous le signe du lion, Paris 1976.

Duncan o. D. (ca. 1926) | Duncan, Herbert Osbaldeston: The World on Wheels, Paris o. D. (ca. 1926).

Ebert 2004 | Ebert, Anne-Katrine: «Cycling Towards the Nation: The Use of the Bicycle in Germany and the Netherlands 1880–1940», in: European Review of History/Revue européenne d'histoire 11, 2004, 4, 347–364.

Edelmetall-Service (ESG): «Münzkatalog/Münzlexikon» 2024 | ESG Edelmetall-Service GmbH & Co. KG, D-76287 Rheinstetten, «Münzkatalog/Münzlexikon» 2024 (www.scheideanstalt.de/muenzkatalog).

Edwards 2018 | Edwards, Michael: The Tricycle Book 1895–1902: Part One, Brighton 2018.

Escher/Lüond 2013 | Escher, Markus von/Lüond, Karl: Sicherheit als Prinzip: 150 Jahre und eine Zukunft für die Basler, Basel 2013.

Exposition universelle internationale de 1889 à Paris | Exposition universelle internationale de 1889 à Paris: Catalogue général officiel, Tome sixième: Groupe VI. – Outillage & Procédés des industries mécaniques. – Électricité. Classe 48, et Classes 50 à 66, Lille 1889.

Eysoldt 1913 | Eysoldt, Grete: Der Zollkrieg zwischen Frankreich und der Schweiz (1. Januar 1893 bis 19. August 1895), Stuttgart 1913.

Fels 1982 | Fels, Hansjürg (Hg.): 100 Jahre SRB: 1883–1983, Zürich 1982.

Fisch 2002 | Fisch, Jörg: Europa zwischen Wachstum und Gleichheit 1850–1914 (Handbuch der Geschichte Europas 8), Stuttgart 2002.

Fischer 2024 | Fischer, Stéphane: «Le temps des premiers coureurs cyclistes à Genève», in: Stahl Gretsch et al. 2024, 170–179.

Fluck 2004 | Fluck, Marlon Ronald: Basler Missionare in Brasilien: Auswanderung, Erweckung und Kirchenwerdung im 19. Jahrhundert (Basler und Berner Studien zur historischen und systematischen Theologie 72), Lausanne 2004.

Förster 1992 | Förster, Wolfram: «Benz & Cie Rheinische Automobil- und Motorenfabrik AG: Eine unternehmensgeschichtliche Skizze», in: Badische Heimat: Zeitschrift für Landes- und Volkskunde, Natur- Umwelt- und Denkmalschutz 72, 1992, 2, 183–230.

Fridenson 1972/1998 | Fridenson, Patrick: Histoire des Usines Renault: 1. Naissance de la grande entreprise 1898–1939, Paris 1972/1998.

Furger 2014 | Furger, Andres: Carrosserie Heimburger in Basel, Oltingue 2014.

Furger 2022 | Furger, Andres: «Von den Kutschen der Belle Époque zu den Automobilen des Art Déco», in: Musfeld 2022, 26–47.

Gäbler 2000 | Gäbler, Ulrich: «Evangelikalismus und Réveil», in: Gäbler, Ulrich/Sallmann, Martin (Hgg.): Der Pietismus im neunzehnten und zwanzigsten Jahrhundert (Geschichte des Pietismus 3), Göttingen 2000, 27–84.

Gans/Groening 2008 | Gans, Angela von/Groening, Monika: Die Familie Gans 1350–1963: Ursprung und Schicksal einer wiederentdeckten Gelehrten- und Wirtschaftsdynastie, Ubstadt-Weiher 2008.

Gavard 1896 | Gavard, Alexandre: Exposition Nationale Suisse Genève 1896: Catalogue officiel des Exposants, Genève 1896.

Giffard 1891 | Giffard, Pierre: La Reine Bicyclette, Paris 1891.

Giffard/Robida 1899/2015 | Giffard, Pierre/Robida, Albert: La fin du cheval (réédition, Transports & Mobilités 2), Valencienne 1899/2015.

Gnehm 2000 | Gnehm, Michael: Vom Buch der Bücher zum Haus der Bücher: Zum 200jährigen Jubiläum des Antiquariats Erasmushaus, Haus der Bücher, Basel 2000 (https://static1.squarespace.com/static/57beabc2d482e9578928f635/t/5ea6afb63617b61d04687571/1587982277583/Zum+200+j%C3%A4hrigen+Jubil%C3%A4um+des+Erasmhaus+-+Haus+der+B%C3%BCcher_ohne+Anschnitt.pdf).

Graf 1877 | Graf, Eduard: Konkursordnung für das Deutsche Reich vom 10. 2. 1877: Mit Einleitung, dem Reichseinführungsgesetze, Anmerkungen und Register, 2. Auflage, Nördlingen 1877.

Gramlich 2016 | Gramlich, Eva Maria (Hg.): 2 Räder – 200 Jahre: Freiherr von Drais und die Geschichte des Fahrrades: Katalog zur großen Landesausstellung 11. 11. 2016–26. 6. 2017, Mannheim 2016.

Gubler 1923 | Gubler, Theo: 40 Jahre S. R. B.: Die Entwicklung des Schweizerischen Radfahrer-Bundes von 1883 bis 1923, Zürich 1923.

Habicht 2008 | Habicht, Peter: Basel: Mittendrin am Rande. Eine Stadtgeschichte, 2. Auflage, Basel 2008.

Hafner 2024 | Hafner, Urs: «Konservative Kontinuitäten: Das Patriziat zwischen Bewahren und Erneuern», in: Kury 2024, 164–207.

Haller 2019 | Haller, Lea: Transithandel: Geld- und Warenströme im globalen Kapitalismus, Berlin 2019.

Hanf 1980 | Hanf, Reinhardt: «Im Spannungsfeld zwischen Technik und Markt: Zielkonflikte bei der Daimler-Motoren-Gesellschaft im ersten Dezennium ihres Bestehens», in: Treue, Wilhelm/Pohl, Hans (Hgg.): Zeitschrift für Unternehmensgeschichte (Beiheft 17), Wiesbaden 1980.

Hauser et al. 1986 | Hauser, Andreas/Weber, Berchtold/Rebsamen, Hanspeter/Birkner, Othmar/Röllin, Peter/Stutz, Werner: Inventar der neueren Schweizer Architektur (INSA 2), Basel/Bellinzona/Bern/Zürich 1986.

Hein/van de Laar 2020 | Hein, Carola/van de Laar, Paul: «The Separation of Ports from Cities: The Case of Rotterdam», in: Carpenter, Angela/Lozano Rodrigo (Hgg.): European Port Cities in Transition: Moving Towards More Sustainable Sea Transport Hubs (Strategies for Sustainability), Berlin 2020, 265–286.

Helm 1975 | Helm, Johannes: «Wer – wann – wo? Biographische Notizen aus dem Markgräflerland», in: Das Markgräflerland 37, 1975, 3–4, 149–267.
Henking 1929/1930 | Henking, Karl: «Nekrolog Eugen Christoph Im Hof», in: Mitteilungen der Naturforschenden Gesellschaft Schaffhausen 1–6, 1929/1930.
Historic Camera 2013 | Historic Camera: Free Resource for Historical Photography Information. «Marion & Company – Photographic History» 27. April 2013 (https://historiccamera.com/cgi-bin/librarium2/pm.cgi?action=app_display&app=datasheet&app_id=2442&).
Hoffer 1963 | Hoffer, Eric: The Ordeal of Change: Essays, New York City 1963.
Horch 1937 | Horch, August: Ich baute Autos: Vom Schmiedelehrling zum Autoindustriellen, Berlin 1937.
Ickx 1971 | Ickx, Jacques: Ainsi naquit l'automobile, 2ième édition, Lausanne 1971.
Imer-Schneider 1896 | Imer-Schneider, Edmond: «Les Automobiles à l'Exposition», in: Journal Officiel Illustré de l'Exposition Nationale Suisse Genève No. 40 du 30 Octobre 1896, 484–488.
Inforel: «Religionsgemeinschaften und Institutionen» 2025 | Inforel: Information Religion: «Evangelisch-methodistische Kirche», 2025 (https://www.inforel.ch/wissen/portraets-der-religionscommunity/emk-schweiz).
Ingold 1982 | Ingold, Ernst: «Im ‹Slalom› durch 100 Jahre S. R. B.», in: Fels 1982, 11–45.
Janner 2012 | Janner, Sara: Zwischen Machtanspruch und Autoritätsverlust: Zur Funktion von Religion und Kirchlichkeit in Politik und Selbstverständnis des konservativen alten Bürgertums im Basel des 19. Jahrhunderts (Basler Beiträge zur Geschichtswissenschaft 184), Basel/Berlin 2012.
Jegher 1933 | Jegher, Carl: «Emil Bürgin», in: Schweizerische Bauzeitung 102, 1933, 4, 191–192.
John 1981 | John, Hartmut: Das Reserveoffizierkorps im Deutschen Kaiserreich 1890–1914: Ein sozialgeschichtlicher Beitrag zur Untersuchung der gesellschaftlichen Militarisierung im Wilhelminischen Deutschland, Frankfurt am Main/New York 1981.
Juillerat 2004 | Juillerat, Romain-Paul: 125 ans École de mécanique, Genève 2004.
Kammerer et al. 2023 | Kammerer, Odile/Jacqué, Bernard/Vitoux, Marie-Claire: Nouvelle histoire de Mulhouse, Mulhouse 2023.
Kannenberg 2007 | Kannenberg, Michael: Verschleierte Urtafeln. Endzeiterwartung im württembergischen Pietismus zwischen 1818 und 1848, Göttingen 2007.
Kaufmann 1930 | Kaufmann, Rudolf: Gregor Staechelin und seine Familie, Basel 1930.
Kehl 2024 | Kehl, Burkhard: «Geisenhof», in Archiv Axel Oskar Mathieu, 2024 (https://archiv-axel-oskar-mathieu.de/pdfs/Geisenhof.pdf).
Klary 1888 | Klary, Charles: Guide de l'amateur photographe, Paris 1888.
Knecht 1933 | Knecht, Walter: Geschichte der Verbrennungsmotoren-Entwicklung in der Schweiz, Umiken 1993.
Köhler 2020 | Köhler, Marco: «Die Geschichte der Schladitz-Werke», in: Der Knochenschüttler: Zeitschrift für Liebhaber historischer Fahrräder 69, 2020, 1, 2122.
Kohler 2022 | Kohler, Thomas: «Das Motorrad: Konjunkturen eines emotionsgeladenen und identitätsbildenden Mediums», in: Musfeld 2022, 130–159.
König/Siegrist 1981 | König, Mario/Siegrist, Hannes: «Kaufleute und Techniker – Qualifikation, Arbeitserfahrung, Bewusstsein und Organisation 1870–1920», in: Schweizerisches Sozialarchiv (Hg.): Arbeitsalltag und Betriebsleben: Zur Geschichte industrieller Arbeits- und Lebensverhältnisse in der Schweiz. Schweizerisches Sozialarchiv zum Jubiläum seines 75jährigen Bestehens, Diessenhofen 1981, 211–266.
Kriemer 2017 | Kriemer, Daniel: Basler Lesegesellschaft 1825–1915: Eine Kollektivbiographie im sozialen und politischen Kontext der Basler Geschichte des 19. Jahrhunderts, Basel/Hochwald 2017.
Kron 2008 | Kron, Mike: «Die Erste zum Zweiten: Hildebrand & Wolfmüller gelten als die ersten in Serie gebauten Motorräder. Nach über 110 Jahren legt Restaurator Mike Kron wieder eine Kleinserie von 10 Stück auf», in: Motorrad Classic 2008, 2, 50–57.
Kuhn 2002 | Kuhn, Thomas K.: «Diakonie im Schatten des Chiliasmus. Christian Heinrich Zeller (1779–1860) in Beuggen», in: Kuhn/Sallmann 2002, 93–110.
Kuhn/Sallmann 2002 | Kuhn, Thomas K./Sallmann, Martin (Hgg.): Das «Fromme Basel». Religion in einer Stadt des 19. Jahrhunderts, Basel/Berlin 2002.
Kury 2024 | Kury, Patrick (Hg.): Die beschleunigte Stadt 1856–1914 (Stadt.Geschichte.Basel 6), Basel 2024.
Kühschelm 2024 | Kühschelm, Oliver: «Wirtschaft und Wirtschaften: Keine Industriellen ohne Dienstmägde», in: Kury 2024, 210–257.
«La Sécurité Générale» 1870 | Almanach de «La Sécurité Générale Compagnie Anonyme d'assurances à primes fixées contre les accidents de toute nature», Paris 1870.
Lal/Fortune 2000 | Lal, Brij V./Fortune, Kate: The Pacific Islands: An Encyclopedia, Honolulu 2000.
Laux 1976 | Laux, James M.: In First Gear: The French Automobile Industry to 1914, Liverpool 1976.
Léger 2022 | Léger, Alain Y., Société française pour l'Industrie et les Mines: «Charles-Frédéric (Fritz) Bentz» (1896–1907), 2022 (https://www.entreprises-coloniales.fr/empire/Indusmine.pdf).
Lelièvre/Dulier 1969 | Lelièvre, Jean-Marie/Dulier Robert: Conquête de la vitesse: Les courses d'automobiles de 1895 à 1900, Clermont-Ferrand 1969.
Limpf 1983 | Limpf, Martin: Das Motorrad: seine technische und geschichtliche Entwicklung, dargestellt anhand der einschlägigen Fachliteratur (Abhandlungen und Berichte des Deutschen Museums 51,1), München 1983.
Linder 1899 | Linder, August Gottlieb: Burckhardt-Kern, Samuel. Zur Erinnerung an Herrn Samuel Burckhardt-Kern, geboren den 15. Dezember 1821, gestorben den 26. Mai 1899 (Leichenrede), Basel 1899.
Lisle 1906 | Lisle, George: Accounting in Theory and Practice: A Text-Book for the Use of Accountants, Solicitors, Book-Keepers, Investors, and Business Men, Edinburgh/London 1906.
Lüdin, Dieter: «Paul Henry Amans» o. D. | Geneanet, o. D., Lüdin, Dieter: Stammbaum «Paul Henry Amans» o. D. (https://gw.geneanet.org/luedin?n=amans&oc=&p=paul+henry).
Madörin 2024 | Madörin, Dominik: «Maschinenbau-Gesellschaft Basel», in tram-bus-basel.ch, 13. April 2024 (https://wp.tram-bus-basel.ch).
Mages 2024 | Mages, Emma: «Bayerns Gemeinden: Wappen/Geschichte/Geografie: Stadt München», in: Bayerisches Staatsministerium für Wissenschaft und Kunst (Hg.), Haus der bayerischen Geschichte, München 2024 (https://hdbg.eu/gemeinden/index.php/detail?rschl=9162000).
Matt/Rentzel 2002 | Matt, Christoph Ph./Rentzel, Philippe: «Burkhard'sche und Innere Stadtmauer: neu betrachtet. Archäologische und petrographische Untersuchungen», in: Jahresbericht der Archäologischen Bodenforschung Basel-Stadt 2002, 131–253.
Mazzonis 1963 | Mazzonis, Vittorio: «La dinastia dei Ceirano nella storia dell'automobile», in: Torino Motori 13, 1963, 2, 62–66.

Mémoriav 1932 | Mémoriav: «Revue d'automobiles à Zurich – Zürcher Autoschau 1932» (www.youtube.com/watch?v=XDj6Idy5j_g).

Merki 2002 | Merki, Christoph Maria: Der holprige Siegeszug des Automobils 1895–1930: Zur Motorisierung des Straßenverkehrs in Frankreich, Deutschland und der Schweiz, Wien/Köln/Weimar 2002.

Mertens 1944 | Mertens, Jacques E.: La naissance et le développement de l'étalon-or 1696–1922. Les faits et les théories. Essai de synthèse économique et sociologique (Université de Louvain: Collection de l'école des sciences politiques et sociales 131), Louvain 1944.

Michaelis/Morgenstern 2013 | Michaelis, Kristina/Morgenstern, Ulf: Kaufleute, Kosmopoliten, Kunstmäzene. Die Gelnhäuser Grossbürgerfamilien Becker und Schöffer, Hamburg 2013.

Miescher 1923 | Miescher, D. E.: Zur Erinnerung an Herrn Hans Burckhardt-Burckhardt, geb. 4. Dez. 1840, gest. 5. Jan. 1923 (Leichenrede), Basel 1923.

Munch 2019 | Munch, Paul-Bernard: «Amand Ritter: Ingénieur à Bâle et Chevalier en France», in: Bulletin de la Société d'histoire Huningue, Village-Neuf et de la région frontalière 64, 2019, 65–66.

Munzinger 1865 | Munzinger, Walther: Motive zu dem Entwurfe eines schweizerischen Handelsrechtes, Bern 1865.

Museen Basel: «Haus zum Kirschgarten» 2024 | Historisches Museum Basel, «Haus zum Kirschgarten», Basel 2024 (www.museenbasel.ch/de/museen/historisches-museum-basel-haus-zum-kirschgarten).

Musfeld 2022 | Musfeld, Stephan (Hg.): Unterwegs auf eigenen Rädern: Basler Verkehrsgeschichte(n) 1833–2022, Basel 2022.

Türkheimer (Nachruf) 1936 | N. N.: «La morte di Max Turkheimer: pioniere del motociclismo in Italia», in: Motociclismo 22, 1936, 42, 19–20.

N. N.: «Fernand Gabriel» o. D. | Motorsport Memorial: Lest we Forget «Fernand Gabriel», o. D. (http://www.motorsportmemorial.org/LWFWIW/focusLWFWIW.php?db2=LWF&db=ms&n=2630).

Neuenschwander 1994 | Neuenschwander, Heidi: «Die Lenzburger Auswanderung nach Amerika im 19. Jahrhundert», in: ARGOVIA: Jahresschrift der Historischen Gesellschaft des Kantons Aargau 106, 1994, 290–303.

Newhall 1972 | Newhall, Beaumont: The History of Photography: From 1839 to the Present Day, revised and enlarged edition, London 1972.

Nickols/Karslake 1956 | Nickols, Ian/Karslake, Kent: Motoring Entente: The Story of Sunbeam, Talbot, Darracq, London 1956.

Niemann 1994 | Niemann, Harry: Benz & Cie: Zum 150. Geburtstag von Karl Benz, Stuttgart 1994.

Niesky: «Herrnhuter Brüdergemeine» 2024 | Evangelische Brüdergemeine Niesky, Historie «Herrnhuter Brüdergemeine», Niesky 2024 (https://niesky.ebu.de/historie).

Notices nécrologiques 1952 | Notices nécrologiques: «Georges Hochreutiner 1856–1952», in: Bulletin de la Société vaudoise des sciences naturelles 65, 1952, 282, 375.

Obélis: «Burckhardt-Burckhardt, Hans (Johann Emanuel)» | Obélis, Université de Lausanne: Élites suisses. Bases de données des élites suisses 2024 s. v. «Burckhardt-Burckhardt, Hans (Johann Emanuel)» (www2.unil.ch/elitessuisses/personne.php?id=92433).

Obélis: «Stächelin-Allgeier, Gregor» | Obélis, Université de Lausanne: Élites suisses. Bases de données des élites suisses 2024 s. v. «Stächelin-Allgeier, Gregor» (www2.unil.ch/elitessuisses/personne.php?id=91350).

Oswald 2018 | Oswald, Werner: Mercedes Benz Personenwagen 1886–1986, Stuttgart 2018.

Ott 2011 | Ott, Eugen: Schloss Wart: Aus der Welt der Barone und Gutsherren, Zürich 2011.

Penot 1870 | Penot, Achille: Société industrielle de Mulhouse. Rapport sur le Cercle mulhousien. Séance du 26 janvier 1870, Mulhouse 1870.

Pettermand 1910 | Pettermand, Ami Constant: Zur Erinnerung an Herrn Alexander Clavel-Merian, geboren den 19. Juli 1847, gestorben den 27. Sept. 1910 (Leichenrede), Basel, 1910.

Pfister 2024 | Pfister, Benedikt: «Alles neu! Menschen, Milieus und Quartiere», in: Kury 2024, 62–113.

Preiswerk 1862 | Preiswerk, Samuel: Leichenrede bei der Bestattung des Herrn Bürgermeister Felix Sarasin, gehalten im Münster Freitags den 24. Januar 1862, Basel 1862.

Rauck 1986 | Rauck, Max J. B.: «Das Serienmotorrad wurde 90 Jahre alt», in: In Kultur & Technik: Zeitschrift des Deutschen Museums 10, 1986, 2, 82–94.

Raynaud 2024 | Raynaud, Gaëtan: Audacieux 19e siècle: Expositions universelles de Paris 1855–1900, Saint-Savin-sur-Gartempe 2024.

Rebmann 2012 | Rebmann, Roger Jean: «Der Holsteinerhof», in: altbasel.ch, 16. September 2012 (https://altbasel.ch/haushof/holsteinerhof.html).

Reck 1975 | Reck, Joseph: «Die ältesten Industriebetriebe von Goldach», in: Rorschacher Neujahrsblatt 1975, 41–50.

Reimer 1989 | Reimer, Hans-Dieter: «Katholisch-Apostolische Gemeinde», in: Müller, Gerhard (Hg.): Theologische Realenzyklopädie Bd. XVIII: «Katechumenat/Katechumenen» – «Kirchenrecht», Berlin/New York 1989, 40–43.

Revue des Deux Mondes | Société de la Revue des Deux Mondes (Hg.), L'histoire de la Revue des Deux Mondes, Paris 2025 (https://www.revuedesdeuxmondes.fr/qui-sommes-nous).

Ritzmann 2006 | Ritzmann, Heiner: «Amerika, Amerika! Zur Auswanderung aus der Schweiz in die Vereinigten Staaten im Zeitraum 1816–1968», in: Lüthi, Barbara/Abegg Bruno (Hgg.): Small Number – Big Impact: Swiss Immigration to the USA, Zürich 2006, 16–21.

Rollé Ditzler 2022 | Rollé Ditzler, Ilse: «Carl Schlotterbeck: Pionier des Auto-Marketings», in: Musfeld 2022, 54–56.

Rösler 1996 | Rösler, Jörg: «Die misslungene Integration Elsass-Lothringens in das Deutsche Reich nach 1871 als warnendes Beispiel», in: BZGA 96, 1996, 127–145.

C. Roth 1878 | Roth, Carl: Zur Erinnerung an Frau Susanna Burckhardt geb. Im Hof sel.: Leichenrede und Personalien bei deren Beerdigung Sonntags, den 8. December 1878, Basel, 1878.

D. Roth 1993 | Roth, Dorothea: «Das Bild der Frau in der Basler Leichenrede 1790–1914. Erscheinungsformen des bürgerlichen Patriarchats im 19. Jahrhundert», in: BZGA 93, 1993, 5–77.

Rott 2016 | Rott, Bärbel: «Alexander von Humboldt brachte Guano nach Europa – mit ungeahnten globalen Folgen», in: HiN/Internationale Zeitschrift für Humboldt-Studien 17, 2016, 32, 84–111 (www.hin-online.de/index.php/hin/article/view/234).

Salm 2011 | Salm, Rebekka: «Johann Rudolf Burckhardt und der Basler Pietismus», in: BZGA 111, 2011, 59–67.

Santa Leopoldina Espírito Santo | Instituto Brasileiro de Geografia e Estatistica, «Santa Leopoldina Espírito Santo», Rio de Janeiro 2025 (https://cidades.ibge.gov.br/brasil/es/santa-leopoldina/historico).

Santal 2014 | Santal, Jean Marie: Genève: Haut lieu du sport automobile de 1898 à 1950, Corseaux 2014.

Sarasin 1997 | Sarasin, Philipp: Stadt der Bürger: Bürgerliche Macht und städtische Gesellschaft. Basel 1846–1914, 2. überarbeitete und erweiterte Auflage, Göttingen 1997.

Sartorius 1890 | Sartorius, Karl: Zur Erinnerung an Herrn Konrad Zäslin-Stähelin: Personalien und Leichenrede.

Donnerstag 11. September 1890 vorgetragen in der Elisabethenkirche zu Basel von K. Sartorius, Pfarrer St. Chrischona bei Basel 1890, St. Chrischona bei Basel 1890.
Sass 1962 | Sass, Friedrich: Geschichte des deutschen Verbrennungsmotorenbaues von 1860 bis 1918, Berlin/Heidelberg 1962.
Schär 2015 | Schär, Bernhard C.: Tropenliebe: Schweizer Naturforscher und niederländischer Imperialismus in Südostasien um 1900, Frankfurt am Main 2015.
Schelbert 1967 | Schelbert, Leo: «Die Wanderungen der Schweizer: ein historische Ueberblick», in: Saeculum 18, 1967, 4, 403–430.
Schlotterbeck 1934 | Schlotterbeck, Carl: 1900–1934: Mit dem Fahrrad, Motorrad und Auto zur Gross-Garage Schlotterbeck – Die Geschichte einer Entwicklung, Basel 1934.
Schmid 1967 | Schmid, Ernest: Automobiles suisses des origines à nos jours, Grandson 1967.
Schmid 1978 | Schmid, Ernest: Voitures suisses: La construction automobile en Suisse de 1868 à nos jours, 2ième édition, Lausanne 1978.
Scholz 1926 | Scholz, Wilhelm: Festschrift zum fünfundzwanzigjährigen Bestehen des Reichsverbandes der Automobilindustrie 1901–1926, Berlin 1926.
Schröder 2024 | Schröder, Reinald: Adolf Prinzhorn (1847–1913): Direktor der Continental Gummiwerke und grosser Sohn der Stadt, Hannover 2024.
Schub 1900 | Schub, H. O.: «Die alkoholfreien Wirtschaften der Schweiz», in: Zeitschrift für Schweizerische Statistik 36, 1900, 4, 449–458.
Schuler 2022 | Schuler, Urs: «Alles fährt Rad! Basels langlebigstes Individualverkehrsmittel», in: Musfeld 2022, 100–129.
Schwipps 2005 | Schwipps, Werner: Alois Wolfmüller: Erfinder und Flugtechniker, 2. Auflage, Oberhaching 2005.
Seiffert 2009 | Seiffert, Reinhard: Die Aera Gottlieb Daimlers: Neue Perspektiven zur Frühgeschichte des Automobils und seiner Technik, Wiesbaden 2009.
Seiss 1884/1887 | Seiss, Joseph August: Die Offenbarung Jesu Christi der gläubigen Gemeinde ausgelegt in Vorträgen. Deutsche, autorisierte Ausgabe nach dem englischen Original bearbeitet von Athanasius Stuckert, Basel 1884/1887.
Seltzer 1928 | Seltzer, Lawrence H.: A Financial History of the American Automobile Industry, Boston/New York 1928.
Seray 2008 | Seray, Jacques: Pierre Giffard: Précurseur du journalisme moderne. Du Paris-Brest à l'affaire Dreyfus, Toulouse 2008.
Siebertz 1943 | Siebertz, Paul: Karl Benz: Ein Pionier der Verkehrsmotorisierung, München/Berlin 1943.
Sigerist 2015 | Sigerist, Stefan: Schweizer in europäischen Seehäfen und im spanischen Binnenland: Biographische Skizzen zu Emigration und Remigration seit der frühen Neuzeit, Bochum 2015.
Sinzig 2011 | Sinzig, Martin: Louis Chevrolet: Der Mann, der dem Chevy seinen Namen gab, Frauenfeld 2011.
Sonndorfer 1900 | Sonndorfer, Rudolf: Die Technik des Welthandels. Ein Handbuch der Internationalen Handelskunde für Kaufleute, Ex- und Importeure, Spediteure, Banquiers, Industrielle, Landwirte, für Consulate, für Eisenbahn- und Schifffahrts-Gesellschaften, für Studierende, 2. vollständig umgearbeitete und vermehrte Auflage, Wien/Leipzig 1900.
Spielmann 2020 | Spielmann, Benjamin: Im Übrigen ging man zu Fuss: Alltagsmobilität in der Schweiz von 1848 bis 1939, Basel/Frankfurt am Main 2020.
Spies 1988 | Spies, Jan: Die Braunschweiger Hildebrand & Wolfmüller: Das erste Serienmotorrad der Welt (Veröffentlichungen aus dem Städtischen Museum Braunschweig: Arbeitsberichte 57), Braunschweig 1988.
St. Paul's Evangelical Lutheran Church o. D. | St. Paul's Evangelical Lutheran Church Jersey City/NY (https://www.stpaulsjerseycity.org/about).
Staehelin-Kutter 1966 | Staehelin-Kutter, Ernst: «Der Basler Seidenbandweber Johann Jakob Wirz als Hellseher und Gründer der Nazarenergemeinde», in: Basler Stadtbuch 1966, 50–77.
Stahl Gretsch et al. 2024 | Stahl Gretsch, Laurence-Isaline/Fiette, Alexandre/Berberat, Julien (Hgg.): Vélo: Équilibres en mouvement, Lausanne 2024.
Stählin 1943 | Stählin, Oskar: 60 Jahre SRB: Jubiläumsschrift, Zürich 1943.
Stalder 2002 | Stalder, Paul: «Fromme Zeitschriften in Basel im 19. Jahrhundert», in: Kuhn/Sallmann 2002, 199–204.
Stoskopf 2022 | Stoskopf, Nicolas: «Histoire de la Banque de Mulhouse (1872–1929)», in: Annuaire historique de Mulhouse, 2022, 1–28.
Stroux | Stroux, Matthias: Patrizier-Familien Basel, «stroux.org» Version 22. 9. 2023, Berlin (https://www.stroux.org/patriz_f/vnQV_r.pdf).
Stuckert/Burckhardt 1873 | Stuckert-Lepper, Friedrich Wilhelm/Burckhardt-Kern, Samuel: David in Verfolgung und Trübsal: Eine Dichtung in Gesprächen nach Andeutungen der heil. Schrift, Basel 1873.
Suberbie/Duncan 1890 | Suberbie, Louis/Duncan, Herbert O.: L'entraînement à l'usage des vélocipédistes, coureurs et touristes et des amateurs des Sports Athlétiques, Paris 1890.
Swiss Cycling beider Basel | www.cyclingbeiderbasel.ch/verbandsgeschichte.
Technologiepark Blumenegg AG | Technologiepark Blumenegg AG, «Geschichte», Goldach o. D. (www.tpblumenegg.ch/geschichte).
Testuz 2020 | Testuz, Patrick: Le cyclisme autrefois à Genève: Ses coureurs, ses beaux vélodromes et ses balades champêtres, Genève 2020.
Tréfás 2016 | Tréfás, David: Kleine Basler Pressegeschichte (Publikationen der Universitätsbibliothek Basel 43), Basel 2016.
Uhl 1986 | Uhl, Walter: «Am Anfang stand der Docht», in: von Fersen 1986, 240–285.
Universität Basel | Universität Basel: «Unigeschichte», Basel 2024:
- «De Lachenal, Friedrich (1772–1854)» (https://unigeschichte.unibas.ch/materialien/rektoren/friedrich-de-lachenal).
- «Massini, Rudolf (1845–1902)» (https://unigeschichte.unibas.ch/materialien/rektoren/rudolf-massini).
- «Teichmüller, Gustav (1832–1888)» (https://unigeschichte.unibas.ch/fakultaeten-und-faecher/philhist-fakultaet/philosophie/gustav-teichmueller).

van de Laar/van de Schoor 2019 | van de Laar, Paul/van de Schoor, Arie: «Rotterdam's Superdiversity from a Historical Perspective (1600–1980)», in: Scholten, Peter/Crul, Maurice/van de Laar, Paul (Hgg.): Coming to Terms with Superdiversity: The Case of Rotterdam, Cham 2019, 21–55.
van de Laar/van Jaarsveld 2004 | van de Laar, Paul/van Jaarsveld, Mies: Historische Atlas van Rotterdam. De groei van de stad in beeld, Amsterdam 2004.
Verein VeloKultur 2020 | Verein VeloKultur: «Schladitz (Dresden, Backnang, Gevelsberg i. W.)», in: fahrrad-wiki, 10. März 2020 (www.fahrrad-wiki.de/index.php?title=Schladitz_(Dresden,_Backnang,_Gevelsberg_i._W.)).
Verkehrshaus der Schweiz 2022 | Verkehrshaus der Schweiz: Auskunftsblatt der Sammlung des Verkehrshauses der Schweiz (Strassenverkehr): Patentmotorwagen Popp (VHS-255), Luzern 2022.
Vermeylen 2006 | Vermeylen, Bernard: Panhard & Levassor entre tradition et modernité, 2. Auflage, Boulogne-Billancourt 2006.

Vermeylen/Krebs 2016 | Vermeylen, Bernard/Krebs, Philippe: Panhard & Levassor: Pionnier de l'industrie automobile, Nanterre 2016.

Vöchting-Oeri 1965 | Vöchting-Oeri, Luise: «Eigentümlichkeiten pietistischen und rationalistischen Denkens in der Basler Kindererziehung im 19. Jahrhundert», in: BZGA 65, 1965, 215–230.

Vögelin 1968 | Vögelin, Hans Adolf: «Die Entwicklung des Äusseren St. Johann-Quartiers», in: Neujahrsblatt der Gesellschaft zur Beförderung des Guten und Gemeinnützigen 146, 1968.

Vogt 2022 | Vogt, Daniel: «Muess es denn allewyl dätsche?» 200 Jahre Verkehrsregelung in Basel zwischen Sanktion und Prävention», in: Musfeld 2022, 190–223.

Von der Mühll 1944 | Von der Mühll, Johanna: Basler Sitten: Herkommen und Brauch im häuslichen Leben einer städtischen Bürgerschaft (Volkstum der Schweiz 5), Basel 1944.

von Fersen 1986 | Fersen, Olaf von (Hg.): Ein Jahrhundert Automobiltechnik: Personenwagen, Düsseldorf 1986.

von Salis 1899 | von Salis, Arnold: Zur Erinnerung an Herrn Eduard Bernoulli-Riggenbach, geboren 17. November 1819, gestorben den 12. Oktober 1899 (Leichenrede), Basel 1899.

W. Schöffer & Co in Rotterdam 1905 | W. Schöffer & C° in Rotterdam: Ein Beitrag zur Geschichte des Kaffeehandels. Aus den «Lebens-Erinnerungen von Wilhelm Schöffer», den Freunden der Firma gewidmet anlässlich deren 50-jährigem Bestehens, Zürich 1905.

Wächter/Schurter 1902 | Wächter, Hermann/Schurter, Emil: Blätter für Zürcherische Rechtsprechung. Neue Folge der Blätter für Handelsrechtliche Entscheidungen I. Band, Zürich 1902.

Wanner 1959 | Wanner, Gustav Adolf: Die Basler Handels-Gesellschaft A. G. 1859–1959, Basel 1959.

Wanner 1984 | Wanner, Gustav Adolf: Eduard und Wilhelm Preiswerk. Präsidenten der Basler Handels-Gesellschaft (Pioniere der Wirtschaft und Technik 39), Zürich 1984.

Weber 1982 | Weber, Paul-Eric: «92 Jahre Verbandszeitung: Neun Jahrzehnte Kampf für den S. R. B.» in: Fels 1982, 91–96.

Wecker 2000 | Wecker, Regina: «1833–1910: Die Entwicklung zur Grossstadt», in: Kreis, Georg/Wartburg, Beat von (Hgg.): Basel: Geschichte einer städtischen Gesellschaft, Basel 2000, 195–224.

Weidkuhn 1966 | Weidkuhn, Peter: Strukturlinien des Baslerischen Pietismus, in: Archiv für Schweizerische Volkskunde 62, 1966, 160–192.

Wieser 1998 | Wieser, Christoph: «Das Waschschiff Treichler von Gottfried Semper: Ein verlorengegangenes Zürcher Kuriosum», in: Neue Zürcher Zeitung 219, 1998, 284, 37.

Wikipedia

- «4. Badisches Infanterie-Regiment ‹Prinz Wilhelm› Nr. 112» 2023 (https://de.wikipedia.org/wiki/4._Badisches_Infanterie-Regiment_%E2%80%9EPrinz_Wilhelm%E2%80%9C_Nr._112), 11. 10. 2023.
- «Achilles de Khotinsky» 2024 (https://nl.wikipedia.org/wiki/Achilles_de_Khotinsky), 20. 7. 2024.
- «Giovanni Battista Ceirano» 2023 (https://de.wikipedia.org/wiki/Giovanni_Battista_Ceirano), 13. 5. 2023.
- «Herbert Osbaldeston Duncan» 2023 (https://de.wikipedia.org/wiki/Herbert_Duncan), 8. 5. 2023.
- «Officine Turkheimer per Automobili e Velocipedi» 2023 (https://de.wikipedia.org/wiki/Officine_Turkheimer_per_Automobili_e_Velocipedi), 17. 12. 2023.
- «Pierre Giffard» 2024 (https://fr.wikipedia.org/wiki/Pierre_Giffard), 23. 1. 2024.
- «Popp (Automobilhersteller)» 2024 (https://de.wikipedia.org/wiki/Popp_(Automobilhersteller)), 14. 2. 2024.
- «Sans garantie du gouvernement» 2023 (https://fr.wikipedia.org/wiki/Sans_garantie_du_gouvernement), 4. 6. 2023.
- «Storia dell'automobilismo (1895): La prima corsa italiana: la Torino–Asti–Torino» 2024 (https://it.wikipedia.org/wiki/Storia_dell%27automobilismo_(1895)#La_prima_corsa_italiana:_la_Torino-Asti-Torino), 18. 4. 2024.
- «Swiss Cycling» 2024 (https://de.wikipedia.org/wiki/Swiss_Cycling), 19. 3. 2024.
- «Thomas Pullinger» 2021 (https://en.m.wikipedia.org/w/index.php?title=Thomas_Pullinger&action=history), 3. 9. 2021.

Wüger 1963 | Wüger, Hans: «René Thury 1860–1938», in: Bulletin des Schweizerischen Elektrotechnischen Vereins (SEV) 54, 1963, 18, 775.

Wüger 1973 | Wüger, Hans: «Emil Bürgin 1848–1933», in: Bulletin des Schweizerischen Elektrotechnischen Vereins (SEV) 64, 1973, 8, 481.

Wyss 2010 | Wyss, Beat: Bilder von der Globalisierung: Die Weltausstellung von Paris 1889, Berlin 2010.

Zaugg 2020 | Zaugg, Jürg: Vélocipèdes in Genève 1869–1892, Olten 2020.

Zimmermann-Burckhardt 1846 | Zimmermann-Burckhardt, Karl: Leichenrede bei der Beerdigung von Herrn Ed. Burckhardt-Burckhardt, V. D. M., gehalten am 17. Dezember 1846, Basel 1846.

9.7 Abbildungsverzeichnis und Bildnachweis

Abb. 26 Schreiben von Adèle Reuther-Hindenlang an die «Civilgerichtsschreiberei Basel-Stadt» vom 9. 8. 1897. [StABS, Gerichtsarchiv PP 1.362 No. 517 1897.]

Abb. 27 Eduard Burckhardt (in die Kamera blickend) als Präsident des «Bicycle Clubs Basel» 1892. [Ausschnitt aus Abb. 29.]

Abb. 28 Vorder- und Rückseite der Fahne des «Bicycle-Club Basel» mit dem Gründungsjahr. [Foto Stephan Musfeld. Pantheon Basel.]

Abb. 29 Der «Bicycle-Club Basel» um 1892. [Foto Archiv Bundesamt für Sport (BASPO).]

Abb. 30 Titelblatt des ersten Jahrgangs von «Der Schweizerische Velosport», sowie Logo des S. V. B. [«Der Schweizerische Velosport» I 1891 2, 1 vom 9. 1. 1895.]

Abb. 31 Inserat für Tabake der Marken «Edelweiss», «Hut ab» oder «Sakrisch guat» für Velofahrer. [«Der Schweizerische Velosport» IV 1894 11, V vom 16. 3. 1894.]

Abb. 32 Inserat für Tabake der Marken «Dulcisima», «Aida» und «Kleine Schweizerin» für Velofahrer. [«Der Schweizerische Velosport» IV 1894 12, XIV vom 23. 3. 1894.]

Abb. 33 Inserat «Dokumenten-Mappe. [«Der Schweizerische Velosport» III 1895 1, III vom 5. 1. 1894.]

Abb. 34 Inserat «Ade»-Sicherheitskassen. [SHAB XII 1894 47, 190 vom 1. 3. 1894.]

Abb. 35 Inserat «Oberrheinische Versicherungs-Gesellschaft». [BN 50 1894 82 Beilage vom 29. 3. 1894.]

Abb. 36 Inserat «Hamburg-Bremer Feuer-Versicherungs-Gesellschaft». [BN 50 1894 32 vom 3. 2. 1894.]

Abb. 37 Die «Ed. Burckhardt» als «Versicherungs-Bureaux sämmtlicher Branchen». [«Der Schweizerische Velosport» IV 1894 16, XXVI vom 20. 4. 1894.]

Abb. 38 Inserat «Oberrheinische Versicherungs-Gesellschaft Mannheim» 1895. [«Der Schweizerische Velosport» VII 1895 16, XIII vom 19. 4. 1895.]

Abb. 39 Das erste Inserat «Star Lebensversicherungs-Gesellschaft» 1894. [«Der Schweizerische Velosport» IV 1894 19 vom 11. 5. 1894.]

Abb. 40 Kombiniertes Inserat «Star» und «Oberrheinische Versicherungs-Gesellschaft» 1894. [BN 50 1894 206, Beilage vom 2. 8. 1894.]

Abb. 41 Inserat «Star» mit dominantem Emblem 1894. [BN 50 1894 227 vom 23. 8. 1894.]

Abb. 42 Letzte Inserate-Rechnung der «Basler Nachrichten» nach dem Tod von Eduard Burckhardt. [StABS, Gerichtsarchiv PP 1.362 No. 517 1897, Dossier Gläubiger No. 27: Basler Nachrichten.]

Abb. 43 Portrait Heinrich Hildebrand ca. 1894. [«Radfahr-Chronik» 7 1894 87, 1897 vom 1. 8. 1894.]

Abb. 44 Prototyp der «Hildebrand & Wolfmüller». [«Radfahr-Chronik» 7 1894 93, 2055 vom 22. 8. 1894.]

Abb. 45 Draufsicht auf den Ventilmechanismus und die beiden Glührohre gemäss Patent. [«Radfahr-Chronik» 8 1895 44, 817 vom 2. 3. 1895.]

Abb. 46 Das erste Inserat «Motor-Zweiräder» von «Hildebrand & Wolfmüller» 1894. [«Radfahr-Chronik» 7 1894 78, 1700 vom 30. 6. 1894.]

Abb. 47 Ankündigung Versteigerung Grundstück und Fabrikgebäude von «Hildebrand & Wolfmüller» 1896. [«Kölnische Zeitung» 1896 176 Erste Morgen-Ausgabe vom 25. 2. 1896.]

Abb. 48 Inserat Alleinverkauf «Hildebrand & Wolfmüller» durch die «Ed. Burckhardt» in verschiedenen Kantonen der Schweiz. [BN 50 1894 232 vom 28. 8. 1894.]

Abb. 49 Arbeitssaal von «Hildebrand & Wolfmüller» im Sommer 1894. [«Radfahr-Chronik» 7 1894 93, 2043 vom 22. 8. 1894.]

Abb. 50 Inserat «Hildebrand & Wolfmüller» mit der Nennung von 72 Vertretern in Deutschland und verschiedenen europäischen Städten im Herbst 1894. [«Radfahr-Chronik» 8 1894 1, 8 vom 3. 10. 1894.]

Abb. 51 Inserat «Hildebrand & Wolfmüller» mit der Mitteilung über den Verkauf der Patente für die Schweiz, Italien und Frankreich am 24. November 1894. [«Radfahr-Chronik» 8 1894 16, 272 vom 24. 11. 1894.]

Abb. 52 Inserat «Duncan, Suberbie & Cie» mit allen Fahrzeugen ihrer Produktpalette. [«Le Vélo» 3 1894 734 vom 4. 12. 1894.]

Abb. 53 Inserat «Duncan, Suberbie & Cie» für die Motor-Bicyclette. [«Le Vélo» 3 1894 757 vom 27. 12. 1894.]

Abb. 113 Prospekt der «Ed. Burckhardt» für «Patent-Motor-Wagen System Benz» Seite 4 1896.
[Mercedes-Benz Konzernarchiv.]

Abb. 114 Inserat «Ed. Burckhardt» für das Benz Velociped (Motorwagen Nr. 4) 1896.
[BN 52 1896 109 vom 23.4.1896.]

Abb. 115 Inserat «Ed. Burckhardt» für die Benz Victoria (Motorwagen Nr. 5) 1896.
[BN 52 1896 115 vom 29.4.1896.]

Abb. 116 Inserat einer anonymen «Erste schweizer. Motor-Wagen-Fabrik Aktien-Gesellschaft».
[BN 52 1896 122 vom 6.5.1896.]

Abb. 117 «Gegen-Inserat» der «Ed. Burckhardt» für «Motor-Wagen (System Benz)».
[BN 52 1896 126 vom 10.5.1896.]

Abb. 118 Inserat «Ed. Burckhardt» für «Voitures automobiles (Système Benz)».
[«Journal de Genève» 67 1896 96 2ème éd. vom 23.4.1896.]

Abb. 119 Blick in die Maschinenhalle an der Zweiten Schweizerischen Landesausstellung vom 1. Mai–18. Oktober 1896 in Genf.
[Foto Bibliothèque de Genève, vg p 2192.]

Abb. 120 Die Verkäufe von «Motor-Wagen System Benz» in der Schweiz 1894–1898.
[Erstellt aufgrund von Daten aus dem Mercedes-Benz Konzernarchiv und ergänzt durch die Autoren.]

Abb. 121 Erste Seite des Conto-Corrent von «Benz & Co» für das Geschäft mit der «Ed. Burckhardt».
[StABS, Gerichtsarchiv PP 1.362 No. 517 1897, Dossier Gläubiger No. 43: Benz & Co, Mannheim.]

Abb. 122 Wechsel der «Benz & Co, Rheinische Gasmotorenfabrik Mannheim» über 3710 Mark vom 18.5.1897: Vorderseite.
[StABS, Gerichtsarchiv PP 1.362 No. 517 1897, Dossier Gläubiger No. 43: Benz & Co, Mannheim.]

Abb. 123 Wechsel der «Benz & Co, Rheinische Gasmotorenfabrik Mannheim» über 3710 Mark vom 18.5.1897: Rückseite.
[StABS, Gerichtsarchiv PP 1.362 No. 517 1897, Dossier Gläubiger No. 43: Benz & Co, Mannheim.]

Abb. 124 Inserat «Ed. Burckhardt» für «Voitures Automobiles Système Benz (Roger)» September 1896.
[«Le Temps» 36 1896 12903 vom 28.9.1896.]

Abb. 125 Inserat «Ed. Burckhardt» für «Motor-Wagen (System Benz)» Oktober 1896.
[BN 52 1896 279 vom 13.10.1896.]

Abb. 126 Inserat «Ed. Burckhardt» für «Star Lebensversicherungen» November 1896.
[BN 52 1896 317 vom 20.11.1896.]

Abb. 127 Inserat «Ed. Burckhardt» für «Motor-Wagen (System Benz)» März 1897.
[BN 53 1897 77 vom 20.3.1897.]

Abb. 128 Rechnung von Friedrich Schlatter für die Bemalung von neuen und alten Benz-Motor-Wagen vom 14. August 1897.
[StABS, Gerichtsarchiv PP 1.362 No. 517 1897, Dossier Gläubiger No. 32: F. Schlatter, Maler, Leonhardsgraben 43, Basel.]

Abb. 129 Rechnung von Friedrich Schlatter für die Bemalung von neuen und alten Benz-Motor-Wagen vom 8.9.1897.
[StABS, Gerichtsarchiv PP 1.362 No. 517 1897, Diverse Quittungen, Abrechnungen und Gantrodel.]

Abb. 130 Inserat «Ed. Burckhardt» für «Motor-Wagen (System Benz)» November 1896.
[BN 52 1896 321 vom 25.11.1896.]

Abb. 131 Zeitgenössisches Foto der Remise am Schützengraben 8 in Basel April 1897.
[Foto Mercedes-Benz Classic.]

Abb. 132 Blick auf die «Magazine» am Schützengraben 6 und 8 etwa in den 1930er-Jahren vor dem Abriss.
[Foto StABS, AL 45, 7-100-4.]

Abb. 133 Frontaler Blick auf die Magazine am Schützengraben Nr. 6 und 8 etwa in den 1930er-Jahren.
[Foto StABS, AL 45, 7-101-5.]

Abb. 134 Die Firmenlogos von wichtigen Zulieferen der «Ed. Burckhardt» im Geschäft mit Motor-Wagen.
[StABS, Gerichtsarchiv PP 1.362 No. 517 1897; Mercedes-Benz Konzernarchiv.]

Abb. 135 Schreiben der «Ed. Burckhardt» an Alexander Clavel-Merian vom 30.8.1897.
[StABS, Gerichtsarchiv PP 1.362 No. 517 1897, Diverse Quittungen, Abrechnungen und Gantrodel.]

Abb. 136 Inserat «d'Illin & Jacom» in Basel im November 1896.
[BN 52 1896 337 1. Beilage vom 11.12.1896.]

Abb. 137 Inserat «d'Illin & Jacom» in Basel im Mai 1897.
[BN 53 1897 133 vom 18.5.1897.]

Abb. 138 Der Thuner Fotograf Jean Kölla auf einer selbst fabrizierten, «mobilen Kamera», bevor er sich bei Eduard Burckhardt sein Benz Velociped kaufte.
[Foto StadtAT SAT_4_1_S_1_1-64e_3(1).]

Abb. 139 Emil Suter-Dardenne in jungen Jahren.
[«Revue Suisse de Photographie» XI 1899 8, 259–260.]

Abb. 140 Die Firmenlogos von Lieferanten der «d'Illin & Jacob, Basel», resp. Eduard Burckhardt im Fotogeschäft.
[StABS, Gerichtsarchiv PP 1.362 No. 517 1897]

Abb. 141 Inventarium über den Nachlass von Eduard Burckhardt.
[StABS, Gerichtsarchiv PP 1.362 No. 517 1897, Inventarium.]

Abb. 142 Inventarium über den Nachlass von Eduard Burckhardt.
[StABS, Gerichtsarchiv PP 1.362 No. 517 1897, Inventarium.]

Abb. 143 Rechnung Firma «Aemmer & Cie» vom 30.7.1897.
[StABS, Gerichtsarchiv PP 1.362 No. 517 1897, Gläubiger No. 1: Aemmer & Cie, Basel.]

Abb. 144 Der Mann von Welt fährt Tricycle! [Photographie de presse Zulimo Chiesi, in «La Vie au grand air: Revue illustrée de tous les sports» 1 1898 2, 26 vom 15.4.1898.]

Abb. 145 Inserat Firma «Aemmer & Cie» im Januar 1894.
[BN 50 1894 17 Beilage vom 19-.1.1894.]

Abb. 146 Die Todesanzeige von Eduard Burckhardt.
[«Allgemeine Schweizer Zeitung» 24 1897 167 vom 20.7.1897.]

Abb. 147 Inserat Emil Suter-Dardenne als General-Agentur für die Schweiz der «Benz & Co» im August 1897.
[BN 53 1897 221 vom 17.8.1897.]

Abb. 148 Schreiben von Emil Suter-Dardenne am 2. Februar 1898.
[StABS, Gerichtsarchiv PP 1.362 No. 517 1897, diverse.]

Abb. 149 Ein Benz Landauer nach Basel geliefert Oktober 1897.
[Foto Mercedes-Benz Classic.]

Abb. 150 Jean Kölla mit Gattin und Kind in einem Benz Comfortable 1899.
[StadtAT SAT_4_1_S_1_1-2g_4.]

Abb. 151 Anzeige der «Star Lebensversicherungs-Gesellschaft» im November 1897.
[SHAB XV 1897 277, 1135 vom 5.11.1897.]

Abb. 152 Anzeige der «Oberrheinischen Versicherungs-Gesellschaft Mannheim» im November 1897.
[SHAB XV 1897 284, 1163 vom 16.11.1897.]

Abb. 153 Bekanntmachung gerichtliche Liegenschaftsgant Januar 1898.
[BN 54 1898 7 vom 8.1.1898; danach am 14. und 19.1.]

Abb. 154 Bekanntmachung gerichtliche Gant Februar 1898.
[BN 54 1898 49 vom 19.2.1898; danach am 22., 24. und 25.2.]

Abb. 155 Bekanntmachung gerichtliche Gant März 1898.
[BN 54 1898 62 vom 5.3.1898; danach am 8.3.]

Abb. 156 Bekanntmachung gerichtliche Gant März 1898.
[BN 54 1898 75 vom 18.3.1898; danach am 19. und 21.3.]

Abb. 157 Bekanntmachung gerichtliche Gant April 1898.
[54 1898 89 vom 1.4.1898; danach am 2.4.]

Abb. 158 Bekanntmachung gerichtliche Gant Juli 1898.
[BN 54 1898 175 vom 2.7.1898.]

Abb. 159 Kollokationsplan zur Verwertung des Nachlasses von Eduard Burckhardt vom 29.10.1898.
[StABS, Gerichtsarchiv PP 1.362 No. 517 1897, Kollokationsplan.]

Abb. 160 Bekanntmachung gerichtliche Gant Juli 1898.
[BN 55 1899 123 vom 6.5.1899; danach am 7. und 9.5.; s.a. SHAB XVII 1899 153, 617 vom 6.5.1899.]

Abb. 161 Bekanntmachung gerichtliche Gant Juli 1898.
[BN 55 1899 206 vom 30.7.1899.]

Abb. 162 Der zweisitzige «Popp-Patent-Motorwagen» 1898.
[Foto Jacob Wilhelm Ochs. Dokuzentrum «Verkehrshaus der Schweiz».]

Abb. 163 Porträt von Ferdinand Rüsch-Burckhardt vor 1888.
[Foto Karl Taeschler-Signer. UBH Portr BS Ruesch F 1863, 1a.]

Abb. 164 Schreiben von Lorenz Popp an die «Civilgerichtsschreiberei Basel-Stadt» vom 10.9.1897.
[StABS, Gerichtsarchiv PP 1.362 No. 517 1897, Dossier Gläubiger No. 51: Lorenz Popp.]

Abb. 165 Protokoll der gerichtlichen Gant vom 24. und 25.2.1898.
[StABS, Gerichtsarchiv PP 1.362 No. 517 1897, Diverse Quittungen, Abrechnungen und Gantrodel.]

Abb. 166 Protokoll der gerichtlichen Gant vom 24. und 25.2.1898.
[StABS, Gerichtsarchiv PP 1.362 No. 517 1897, Diverse Quittungen, Abrechnungen und Gantrodel.]

Abb. 167 Liegender Zweizylinder-Motor Popp.
[Dokuzentrum «Verkehrshaus der Schweiz».]

Abb. 168 Stehender «Moteur Système L. Popp breveté S.G.D.G.».
[Dokuzentrum «Verkehrshaus der Schweiz».]

9.8 Tabellenverzeichnis

9.9 Personenregister

[«EB» = Eduard Burckhardt]

9.10 Die Inserate der «Ed. Burckhardt» in den «Basler Nachrichten» (1894–1897)

Die «Basler Nachrichten» haben sich als die wichtigste Inseratenplattform der Firma «Ed. Burckhardt» erwiesen. Sie hat ab Ende September 1893 bis Juli 1897 regelmässig in dieser Tageszeitung inseriert. Insgesamt konnten 550 Inserate verzeichnet werden. Deren Abfolge und Inhalt sind eine wichtige Quelle gewesen, um die Chronologie der verschiedenen Geschäftsaktivitäten zu verstehen. Die Häufigkeiten der Annoncen, aufgeschlüsselt nach den einzelnen Produkten pro Quartal, ist in Abb. 102 dargestellt.

Angesichts der Bedeutung dieser Inserateserie für die vorliegende Untersuchung haben sich die Autoren zusammen mit dem Verlag entschlossen, die als Arbeitsgrundlage erstellte Zusammenstellung in einem Zusatzband zu veröffentlichen. Er ist nur in elektronischer Form verfügbar:

Ditzler, Christoph/Rollé Ditzler, Ilse: Ein Glücksritter als Wegbereiter der Motorisierung: Die Inserate der «Ed. Burckhardt» in den «Basler Nachrichten» (1894–1897), Zusatzband, Basel 2025. ISBN: 978-3-7965-5403-2.

www.doi.org/10.24894/978-3-7965-5403-2

Das Signet des Schwabe Verlags
ist die Druckermarke der 1488 in
Basel gegründeten Offizin Petri,
des Ursprungs des heutigen Verlags-
hauses. Das Signet verweist auf
die Anfänge des Buchdrucks und
stammt aus dem Umkreis von
Hans Holbein. Es illustriert die
Bibelstelle Jeremia 23,29:
«Ist mein Wort nicht wie Feuer,
spricht der Herr, und wie ein
Hammer, der Felsen zerschmeisst?»